수제비 2022

#가독성
#두음법칙
#커뮤니티

수험생 입장에서 제대로 쓴 비법서

제4판

빅데이터 분석기사 필기

Vol. 2

2021년 기출 복원문제 2·3회 수록

첫째, 비전공자를 위한 최고의 비법서!

두음 쌤, 잠깐! 알고 가기, 학습 Point 등 다양한 장치 마련

둘째, 최강 커뮤니티를 통한 실시간 피드백!

예상 족보, 데일리 문제, FAQ 자료 등 제공

빠른 피드백과
다양한 콘텐츠를 제공하는
학습지원센터 가기
cafe.naver.com/soojebi

NCS 정보처리기술사 연구회 지음

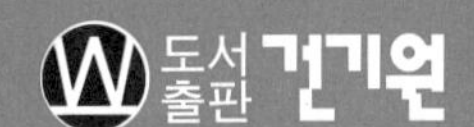

이 책의 목차

2권

III 빅데이터 모델링

Chapter 01 분석 모형 설계

Chapter 02 분석 기법 적용

IV 빅데이터 결과 해석

Chapter 01 분석 모형 평가 및 개선

Chapter 02 분석 결과 해석 및 활용

부록 명견만리 최종모의고사 / 백전백승 기출문제

부록 정답 및 해설

접근 전략

빅데이터 모델링 단원은 빅데이터 분석기사의 존재의 이유이자 핵심입니다. 회귀분석, 군집 분석, 연관성 분석, 다변량 분석 등 핵심적인 분석 이론을 다루고 있습니다. 복잡한 수식과 통계이론이 나와서 크게 어려움을 느끼실 수 있습니다. 다만 나올 수 있는 문제는 한정적이기 때문에 선택과 집중이 필요하며 최대한 점수를 획득하겠다는 마음가짐으로 학습에 임하시길 바랍니다!

미리 알아두기

회귀 분석(Regression Analysis)

회귀 분석은 하나 이상의 독립변수들이 종속변수에 미치는 영향을 추정할 수 있는 통계기법입니다.

군집 분석(Cluster Analysis)

군집 분석은 각 개체에 대해 관측된 여러 개의 변숫값에서 유사한 성격을 갖는 몇 개의 군집으로 집단화하여 군집들 사이의 관계를 분석하는 다변량 분석 기법입니다.

앙상블(Ensemble)

앙상블은 여러 가지 동일한 종류 또는 서로 상이한 모형들의 예측/분류 결과를 종합하여 최종적인 의사결정에 활용하는 기법입니다.

비모수 통계

비모수 통계는 평균이나 분산 같은 모집단의 분포에 대한 모수성을 가정하지 않고 분석하는 통계적 방법입니다.

데이터 마이닝(Data Mining)

데이터 마이닝은 대용량 데이터 내에 존재하는 패턴을 탐색하고 통계적 기법들을 활용하여 유용한 정보, 지식 등을 추출하는 과정입니다.

핵심 키워드 베스트 일레븐(Best Eleven)

로지스틱 회귀 분석, 의사결정나무, 인공신경망, 서포트 벡터 머신, 연관성 분석, 다변량 분석, 시계열 분석, 베이지안 기법, 딥러닝 분석, 앙상블 분석, 비모수 통계

빅데이터 모델링

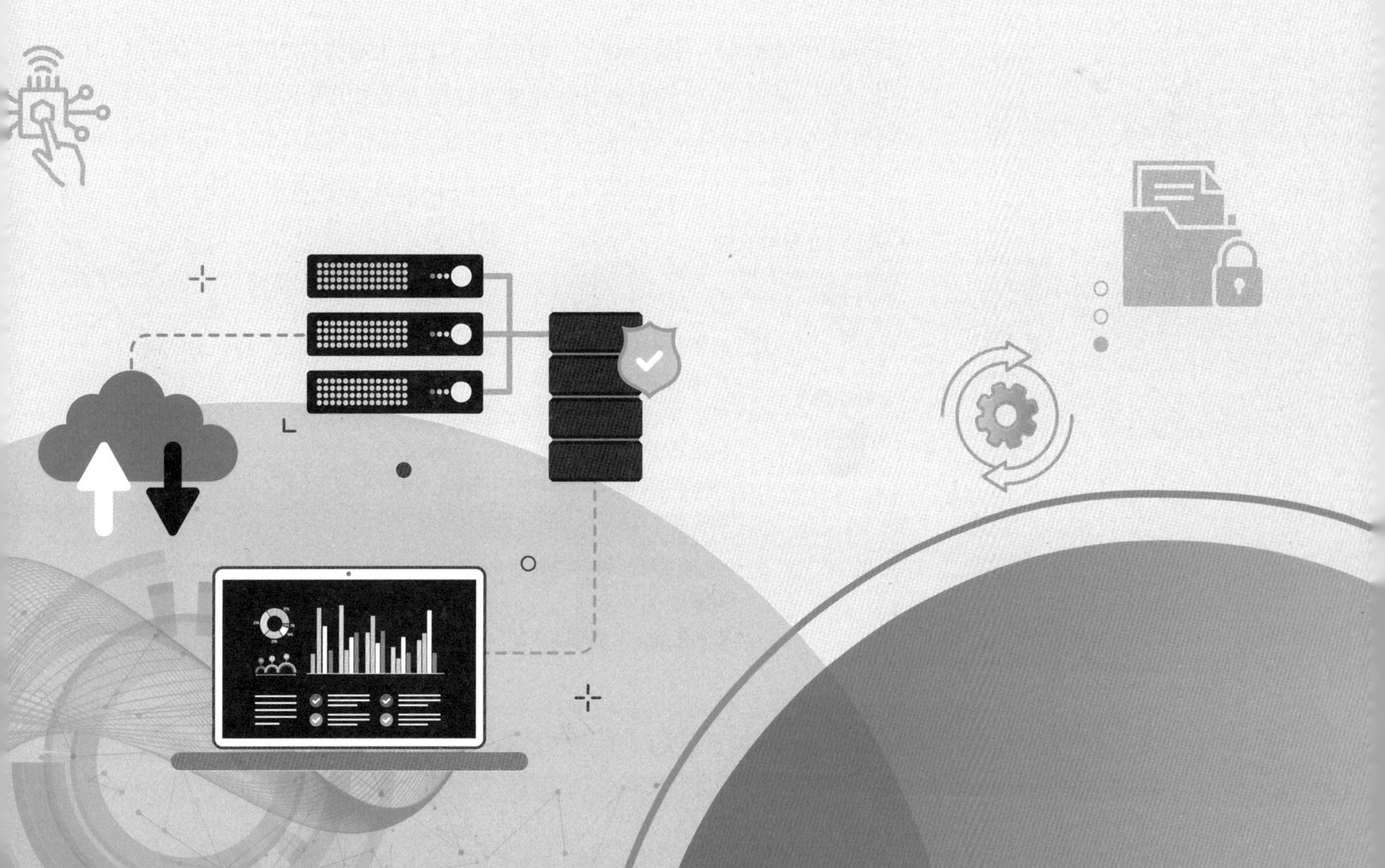

분석 모형 설계

1 분석 절차 수립

1 분석 모형 선정 ★★★

- 분석 목적에 부합하고 수집된 데이터의 변수들을 고려하여 적합한 빅데이터 분석 모형을 선정한다.
- 현상에서 패턴을 발견하는 것은 탐색적 데이터 분석(EDA)이며, 현상에서 인과적인 결론을 도출하는 것은 통계적 추론, 현상을 예측하는 것은 기계학습(머신러닝)이다.
- 통계, 데이터 마이닝, 머신러닝 기반 분석 모델 기법을 고려하여 적합한 빅데이터 분석 모델을 선정한다.

> **잠깐! 알고가기**
> 모형(Model; 모델)
> 모형은 객체, 시스템, 또는 개념에 대한 구조나 작업을 보여주기 위한 패턴, 계획, 설명이다.

(1) 통계기반 분석 모형 선정

- 불확실한 상황에서 객관적인 의사결정을 수행하기 위해 데이터를 수집하고, 처리, 분류, 분석 및 해석하는 일련의 체계를 통계분석이라고 한다.
- 어떤 현상을 추정하고 예측을 검정하는 확률·통계적 기법으로는 기술 통계, 상관 분석, 회귀 분석, 분산 분석, 주성분 분석, 판별 분석 등이 있다.

⊗ 통계기반 분석 모형

구분	설명
기술 통계 (Descriptive Statistics)	• 데이터 분석의 목적으로 수집된 데이터를 확률·통계적으로 정리 · 요약하는 기초적인 통계 • 평균, 분산, 표준편차, 왜도와 첨도, 빈도 등 데이터에 대한 대략적인 통계적 수치를 계산하고 도출 • 막대그래프, 파이 그래프 등 그래프를 활용하여 데이터 파악 • 분석 초기 단계에서 데이터 분포의 특징 파악
	• 두 개 이상의 변수 간에 존재하는 상호 연관성의 정도를 측정하여 분석하는 방법 • 변수의 개수 및 데이터 속성에 따라서 세부 모델들로 분류

<table>
<tr><th>구분</th><th>설명</th></tr>
<tr><td>상관 분석
(Correlation Analysis)</td><td>
<table>
<tr><td>단순상관 분석</td><td>두 변수 사이의 연관 관계 분석</td></tr>
<tr><td>다중상관 분석</td><td>셋 또는 그 이상의 변수들 사이의 연관 정도를 분석</td></tr>
<tr><td>변수 간의 상관 분석</td><td>데이터의 속성에 따라서 수치적, 명목적, 순서적 데이터 등을 가지는 변수 간의 분석</td></tr>
</table>
</td></tr>
<tr><td>회귀 분석
(Regression Analysis)</td><td>
• 하나 이상의 독립변수들이 종속변수에 미치는 영향을 추정할 수 있는 통계 기법
• 독립변수와 종속변수의 개수 및 특성에 따라 단순선형 회귀, 다중선형 회귀, 다항 회귀, 곡선 회귀, 로지스틱 회귀, 비선형 회귀로 분류
<table>
<tr><td>단순선형 회귀</td><td>• 독립변수가 1개이며, 종속변수와의 관계가 직선</td></tr>
<tr><td>다중선형 회귀</td><td>• 독립변수가 K개이며, 종속변수와의 관계가 선형(1차 함수)</td></tr>
<tr><td>다항 회귀</td><td>• 독립변수와 종속변수와의 관계가 1차 함수 이상인 관계(단, 독립변수가 1개일 경우에는 2차 함수 이상)</td></tr>
<tr><td>곡선 회귀</td><td>• 독립변수가 1개이며 종속변수와의 관계가 곡선</td></tr>
<tr><td>로지스틱 회귀</td><td>• 종속변수가 범주형(2진 변수)인 경우 적용
• 단순 로지스틱 회귀 및 다중, 다항 로지스틱 회귀로 확장 가능</td></tr>
<tr><td>비선형 회귀</td><td>• 회귀식의 모양이 선형관계로 이뤄져 있지 않은 모형</td></tr>
</table>
</td></tr>
<tr><td>분산 분석
(Analysis of Variance; ANOVA)</td><td>
• 두 개 이상의 집단 간 비교를 수행하고자 할 때 집단 내의 분산(총 평균과 각 집단의 평균 차이에 의해 생긴 분산)의 비교로 얻은 분포를 이용하여 가설검정을 수행하는 방법
• 복수의 집단을 비교할 때 분산을 계산함으로써 집단 간에 통계적인 차이를 판정하는 분석 방법
• 독립변수와 종속변수의 수에 따라서 일원분산 분석, 이원분산 분석, 다변량 분산 분석으로 분류
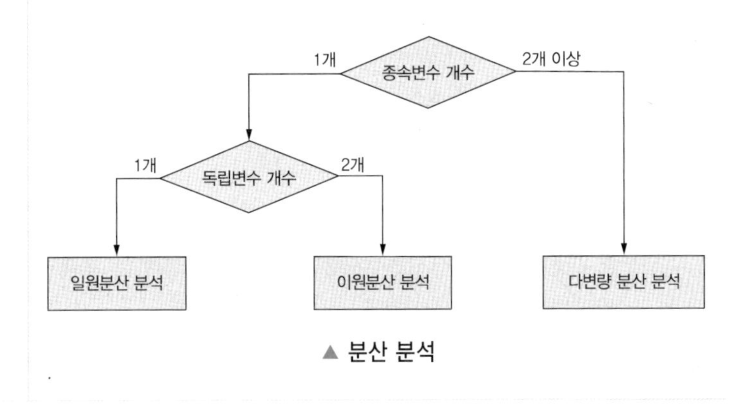

▲ 분산 분석
</td></tr>
</table>

잠깐! 알고가기

분산(Variance)
분산은 그 확률변수가 기댓값으로부터 얼마나 떨어진 곳에 분포하는지를 가늠하는 숫자이다.

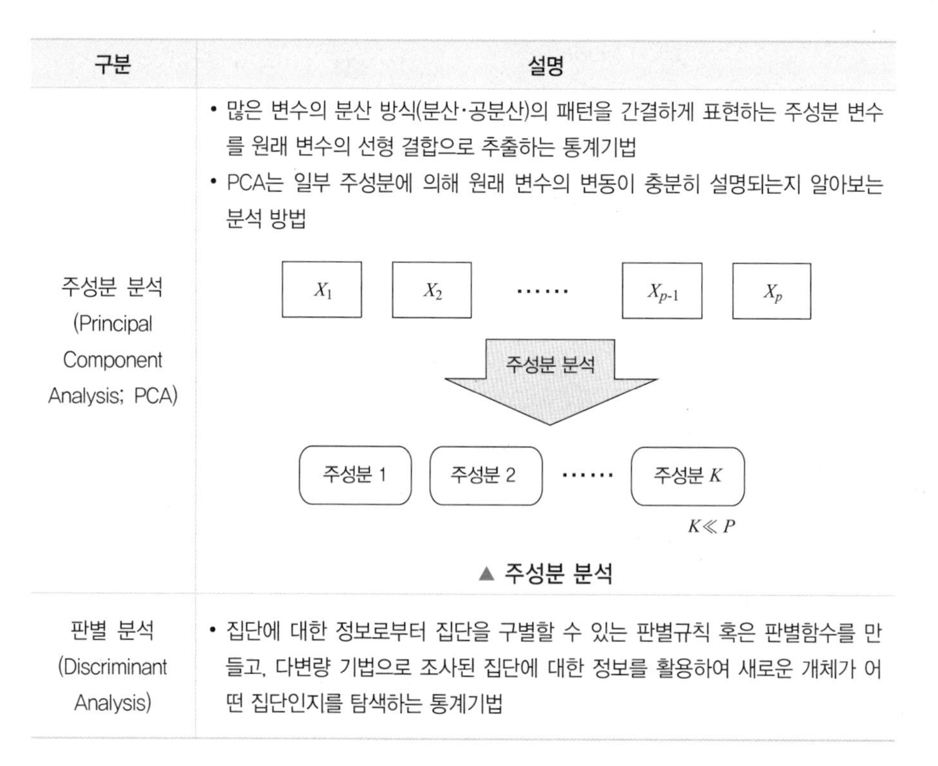

구분	설명
주성분 분석 (Principal Component Analysis; PCA)	• 많은 변수의 분산 방식(분산·공분산)의 패턴을 간결하게 표현하는 주성분 변수를 원래 변수의 선형 결합으로 추출하는 통계기법 • PCA는 일부 주성분에 의해 원래 변수의 변동이 충분히 설명되는지 알아보는 분석 방법 X_1 X_2 …… $X_{p\text{-}1}$ X_p → 주성분 분석 → 주성분 1, 주성분 2, ……, 주성분 K ($K \ll P$) ▲ 주성분 분석
판별 분석 (Discriminant Analysis)	• 집단에 대한 정보로부터 집단을 구별할 수 있는 판별규칙 혹은 판별함수를 만들고, 다변량 기법으로 조사된 집단에 대한 정보를 활용하여 새로운 개체가 어떤 집단인지를 탐색하는 통계기법

통계기반 분석 모형은 문제로 출제되기 좋습니다. 각 분석 모형의 설명을 잘 보고 넘어가시면 좋겠습니다.

(2) 데이터 마이닝 기반 분석 모형 선정

① 데이터 마이닝(Data Mining) 개념

- 데이터 마이닝은 대용량 데이터로부터 데이터 내에 존재하는 패턴, 관계 혹은 규칙 등을 탐색하고 통계적인 기법들을 활용하여 모델화하며 이를 통해 데이터 분석 및 더 나아가 유용한 정보, 지식 등을 추출하는 과정이다.
- 데이터 마이닝 기능 중 하나인 기술(Description)은 사람, 상품에 관한 이해를 증가시키기 위해 데이터가 가지고 있는 특징을 나타내고 설명에 대한 답을 제공할 수 있다.

② 데이터 마이닝 기반 분석 모델 분류

데이터 마이닝 기반 분석 모델은 분류(Classification), 예측(Prediction), 군집화(Clustering), 연관규칙(Association Rule) 모델이 있다.

데이터 마이닝 기반 분석 모델
「**분예군연**」
분류 모델 / **예**측 모델 / **군**집화 모델 / **연**관규칙 모델
→ 분하다! 아직 예비군 1년 차라

㉮ 분류 모델(Classification Model) 21년 2회

- 분류 모델은 범주형 변수 혹은 이산형 변수 등의 범주를 예측하는 것으로, 다수의 속성 혹은 변수를 가지는 객체들을 사전에 정해진 그룹이나 범주 중의 하나로 분류하는 모델이다.
- 분류 모델로는 통계적 기법, 트리 기반 기법, 최적화 기법, 기계학습 모델이 있다.

㈏ 예측 모델(Prediction Model)

- 예측 모델은 범주형 및 수치형 등의 과거 데이터로부터 특성을 분석하여 다른 데이터의 결괏값을 예측하는 기법이다.
- 예측 모델 기법으로는 회귀 분석, 의사결정나무, 인공신경망 모델, 시계열 분석 등이 있다.

⊗ 예측 모델 기법

기법	설명
회귀 분석 (Regression)	• 관찰된 연속형 변수들에 대해 두 변수 사이의 모형을 구한 뒤 적합도를 측정해 내는 분석 방법
의사결정나무 (Decision Tree)	• 의사결정 규칙(Rule)을 트리구조로 도표화하여 분류(Classification)와 예측(Prediction)을 수행하는 분석 방법 • 판별 분석, 회귀 분석 등과 같은 변수(Parameter) 모형을 분석하기 위해 사전에 이상값(Outlier)을 검색할 때도 사용 가능 • 의사결정나무 자체를 분류 또는 예측 모형으로 사용
시계열 분석 (Time Series Analysis)	• 연도별, 분기별, 월별 등 시계열로 관측되는 자료를 분석하여 미래를 예측하기 위한 분석 기법
인공신경망 (Artificial Neural Network; ANN)	• 사람 두뇌의 신경세포인 뉴런이 전기신호를 전달하는 모습을 모방한 예측 모델

㈐ 군집화 모델(Clustering Model) 21년2회

- 군집화는 이질적인 집단을 몇 개의 동질적인 소집단으로 세분화하는 작업이다.
- 각 개체에 대해 관측된 여러 개의 변숫값에서 유사한 성격을 갖는 몇 개의 군집으로 집단화하여 군집들 사이의 관계를 분석하는 다변량 분석 기법이다.
- 군집방법은 크게 계층적 방법과 비 계층적 방법으로 구분한다.

⊗ 군집방법

<table>
<tr><th>방법</th><th colspan="2">설명</th></tr>
<tr><td rowspan="3">계층적 방법</td><td colspan="2">• 사전에 군집 수를 정하지 않고 단계적으로 단계별 군집결과를 산출하는 방법
• 계층적 방법의 기법으로 병합적 방법(Bottom-up)과 분할적 방법(Top-down)이 있음</td></tr>
<tr><td>병합적 방법
(Agglomerative)</td><td>각 객체를 하나의 소집단으로 간주하고 단계적으로 유사한 소집단들을 합쳐 새로운 소집단을 구성하는 방법</td></tr>
<tr><td>분할적 방법
(Division)</td><td>전체 집단으로부터 시작하여 유사성이 떨어지는 객체들을 분리하는 방법</td></tr>
</table>

예측(Prediction)
- 일반적으로 데이터 분석에서 말하는 예측이라는 용어는 시간상으로 미래의 의미를 포함하지는 않는다.
- 시계열 분석에서는 시간상으로 미래의 데이터를 예측하며 미래예측(Forecasting)이라는 용어를 사용하기도 한다.

예측 모델 기법
「**회의 시인**」
회귀 분석 / **의**사결정나무 / **시**계열 분석 / **인**공신경망

군집화는 사전에 정의된 집단과 이들의 구분을 위한 사전정보가 존재하지 않는다는 점에서 분류와 구분됩니다.

방법	설명
비 계층적 방법	• 군집을 위한 소집단의 개수를 정해놓고 각 객체 중 하나의 소집단으로 배정하는 방법 • 비 계층적 방법의 기법으로 k-평균 군집 등이 있음 • k-평균 군집은 K개 소집단의 중심좌표를 이용하여 각 객체와 중심좌표 간의 거리를 산출하고, 가장 근접한 소집단에 배정한 후 해당 소집단의 중심좌표를 업데이트하는 방식으로 군집하는 방식 K=2 K=4 ▲ k-평균 군집(K=2일 때와 K=4일 때)

연관 분석은 연관규칙 분석, 연관성 분석, 연관규칙 학습 등 다양한 용어로도 불립니다.

㉣ 연관규칙 모델(Association Rule Model)

- 연관규칙은 데이터에 숨어 있으면서 동시에 발생하는 사건 혹은 항목 간의 규칙을 수치화하는 기법이다.
- 연관규칙 모델을 사용하는 연관 분석은 장바구니 분석이라고도 불리며 주로 마케팅에서 활용된다
- 연관 분석은 고객의 구매데이터를 분석하여 '어떠한 상품이 또 다른 어떠한 상품과 함께 판매될 확률이 높은가?'와 같은 연관된 규칙을 도출하는 기법이다.

데이터 마이닝 기반 분석 모델 분류 사례

1. 분류 모델(Classification Model) 사례
   - 신용평점자들에 대해서 저신용, 중간, 고신용 등과 같이 분류할 수 있고, 개별 고객의 재무 배경 및 구매 내역에 대한 데이터를 평가하는 경우 이를 "낮음", "중간" 또는 "높음" 신용 위험으로 분류할 수 있다.
   - 학습한 내용을 활용해서 숫자 이미지를 분류할 수 있다.

2. 예측 모델(Prediction Model) 사례
   - 소비자의 신용 기록 및 과거 구매를 검토하여 향후 신용 위험이 될지 여부를 예측할 수 있다.

- 또한, 현시점 후 6개월 동안 고객의 이탈이나 추가적인 서비스를 신청할 수 있는 고객들을 예측할 수 있다.

3. 군집화 모델(Clustering Model) 사례
   - 가처분 소득이 얼마인지 또는 상점에서 얼마나 자주 쇼핑하는지에 따라 청중의 여러 인구 통계를 다른 그룹으로 묶을 수 있다.
   - 학생들 교복의 표준 치수를 정하기 위해 학생들의 팔길이, 키, 가슴둘레를 기준으로 묶을 수 있다.

4. 연관규칙 모델(Association Rule Model) 사례
   - 고객이 특정 품목을 구매할 때 종종 두 번째 관련 품목도 구매한다는 것을 알 수 있다. 일반적으로 온·오프라인상에서 '구매 한 사람' 섹션을 채우는 데 사용된다.

(3) 머신러닝 기반 분석 모형 선정 21년2회

머신러닝 기반의 데이터 분석 기법은 일반적으로 목적변수(혹은 반응변수, 목표변수, 출력 목푯값 등으로 표현) 존재 여부 등에 따라 지도 학습(Supervised Learning)과 비지도 학습(Unsupervised Learning; 자율 학습), 강화학습(Reinforcement Learning), 준지도 학습(Semi-Supervised Learning)으로 구분한다.

학습 POINT

머신러닝은 정말 중요한 개념입니다. 지도 학습, 비지도 학습의 개념과 유형을 잘 보고 넘어가시길 권장합니다!

머신러닝 기반의 데이터 분석 기법

「지비강준」

지도 학습 / 비지도 학습 / 강화학습 / 준지도 학습

→ 지드래곤, 비, 서강준

① 지도 학습

㉮ 지도 학습(Supervised Learning) 개념

- 지도 학습은 정답인 레이블(Label)이 포함되어 있는 학습 데이터를 통해 컴퓨터를 학습시키는 방법이다.
- 지도 학습은 설명변수와 목적변수 간의 관계성을 표현해내거나 미래 관측을 예측해내는 것에 초점이 있으며 주로 인식, 분류, 진단, 예측 등의 문제 해결에 적합하다.
- 지도 학습은 분석하고자 하는 목적변수(혹은 반응변수, 종속변수)의 형태가 수치형(양적 변수)인가 범주형(질적 변수)인가에 따라 분류와 수치예측 방법으로 다시 나눌 수 있다.

지도 학습에서 주로 인식, 분류, 진단 예측 등의 문제 해결에 활용된다는 것을 눈여겨보시기 바랍니다.

㉯ 지도 학습 기법

지도 학습 기법에는 로지스틱 회귀, 인공신경망 분석(ANN), 의사결정나무, 서포트 벡터 머신(SVM), 랜덤 포레스트, 감성 분석 등이 있다.

지도 학습 기법
「로인의 서랜감」
로지스틱 회귀 / **인**공신경망 분석 / **의**사결정나무 / **서**포트 벡터 머신 / **랜**덤 포레스트 / **감**성 분석

비지도 학습은 지도 학습과 다르게 예측의 문제보다는 주로 현상의 설명, 특징·패턴 도출, 분류 등의 문제 해결에 활용한다는 것을 기억해두시기 바랍니다.

잠깐! 알고가기
자기 조직화 지도
(SOM; Self-Organizing Map)
차원축소와 군집화를 동시에 수행하며, 고차원으로 표현된 데이터를 저차원으로 변환하여 보는 비지도 학습 기반 클러스터링 기법이다.

⊗ 지도 학습 기법

기법	설명
로지스틱 회귀 (Logistic Regression)	반응변수가 범주형인 경우 적용되는 회귀 분석 모형
인공신경망 분석 (Artificial Neural Network; ANN)	인간의 뉴런 구조를 모방하여 만든 기계학습 모델
의사결정나무 (Decision Tree)	데이터들이 가진 속성들로부터 분할 기준 속성을 판별하고, 분할 기준 속성에 따라 트리 형태로 모델링하는 분류 및 예측 모델
서포트 벡터 머신 (Support Vector Machine)	데이터를 분리하는 초평면(Hyperplane) 중에서 데이터들과 거리가 가장 먼 초평면을 선택하여 분리하는 지도 학습 기반의 이진 선형 분류 모델
랜덤 포레스트 (Random Forest)	의사결정나무의 특징인 분산이 크다는 점을 고려하여 배깅과 부스팅보다 더 많은 무작위성을 주어 약한 학습기들을 생성한 후 이를 선형 결합하여 최종 학습기를 만드는 방법
감성 분석 (Sentiment Analysis)	어떤 주제에 대한 주관적인 인상, 감정, 태도, 개인의 의견들을 텍스트로부터 뽑아내는 분석

② 비지도 학습

㉮ 비지도 학습(Unsupervised Learning; 자율학습) 개념

- 비지도 학습은 입력 데이터에 대한 정답인 레이블(Label)이 없는 상태에서 훈련 데이터를 통해 학습시키는 방법이다.
- 비지도 학습은 목적변수(혹은 반응변수, 종속변수, 목표변수, 출력값)에 대한 정보 없이 학습이 이루어지는 방법이다.

㉯ 비지도 학습 특징

- 예측의 문제보다는 주로 현상의 설명(Description)이나 특징 도출, 패턴 도출 등의 문제에 많이 활용된다.
- 일반적으로 명확하고 목적이 있는 지도 학습 기법과 비교하면 비지도 학습 기법은 사전정보가 없는 상태에서 유용한 정보나 패턴을 탐색적으로 발견하고자 하는 데이터 마이닝의 성격이 더 강하다.
- 자율학습 혹은 비지도 학습에 속하는 대표적인 기법은 군집화(Clustering), 차원 축소 기법, 연관 관계분석(장바구니 분석), 자율학습 인공신경망(자기 조직화 지도 등)의 기법이 있으며, 최근 관심이 높아지고 있는 딥러닝(Deep Learning) 기법에서도 입력 특성들의 차원을 축소하는 단계에서 비지도 학습 기법이 적용된다.

비지도 학습 알고리즘 사례

- 비지도 학습은 주어진 데이터를 알려지지 않은 일정 특성들로 나누는 데 활용되기도 한다.
- 구글 포토나 애플 포토와 같은 이미지 처리 앱에서도 비지도 학습을 활용하여 사진 분류 기능을 구현한다.
- 군집화 알고리즘을 사용하여 인물별로 앨범을 만들어주는 기능이다.
- 앨범을 만들어 주는 기능은 얼굴 하나하나를 인식하고 알아보는 것이 아니라, 비슷한 얼굴을 가진 사진을 모아주는 알고리즘으로 구현된다.
- 누군가가 나온 사진을 선택해서 그 사람이 나온 사진들을 모아주는 기능을 통해 인물별 앨범 만들기 기능이 구현된 것이다.

③ 강화 학습

㉮ 강화 학습(Reinforcement Learning) 개념

- 강화 학습은 선택 가능한 행동 중 보상을 최대화하는 행동 혹은 행동 순서를 선택하는 학습 방법이다.

㉯ 강화 학습 특징

- 컴퓨터가 선택한 행동(Action)에 대한 반응에 따라 보상(Reward)이 주어진다.
- 행동의 결과로 나타나는 보상을 통하여 학습을 진행한다.
- 보상을 최대한 많이 얻도록 하는 행동을 유도하도록 학습을 진행한다.

④ 준지도 학습

㉮ 준지도 학습(Semi-Supervised Learning) 개념

- 준지도 학습은 정답인 레이블(Label)이 포함되어 있는 훈련 데이터와 레이블(Label)이 없는 훈련 데이터를 모두 훈련에 사용하는 학습 방법이다.

㉯ 준지도 학습 특징

- 레이블이 일부만 있어도 데이터를 다룰 수 있다.
- 일반적으로 정답인 레이블이 포함된 훈련 데이터가 적고 정답인 레이블이 없는 훈련 데이터를 많이 갖고 있다.

(4) 변수에 따른 분석 기법 선정

- 변수의 유형 및 개수를 확인하는 단계로 이에 따른 모델을 검토한다.

① 변수의 개수에 따른 분석 기법

㊙ 변수 분석

구분	설명
단일변수 분석	• 변수 하나에 대해 기술 통계 확인을 하는 기법 • 연속형 변수는 히스토그램이나 박스 플롯을 사용해서 평균, 최빈수, 중위수 등과 함께 각 변수의 분포를 확인 • 범주형 변수의 경우 막대형 그래프(Barplot)를 사용해서 빈도수 체크
이변수 분석	• 변수 2개 간의 관계를 분석하는 기법 • 변수의 유형에 따라 적절한 시각화 및 분석 방법 선택
다변수 분석	• 세 개 이상의 변수 간의 관계를 시각화, 분석하는 기법 • 범주형 변수가 하나 이상 포함된 경우 변수를 범주에 따라 쪼갠 후, 단변수나 이변수 분석 방법에 따라 분석 • 세 개 이상의 연속형 변수가 포함된 경우 연속형 변수를 범주형 변수로 변환한 후 분석

> **잠깐! 알고가기**
>
> 히스토그램(Historgram)
> 히스토그램은 하나의 속성에 대한 데이터의 분포를 시각적으로 표현하는 그래프이다.
>
> 박스 플롯(Boxplot)
> 박스 플롯은 많은 데이터를 그림을 이용하여 집합의 범위와 중앙값을 빠르게 확인할 수 있으며, 또한 통계적으로 이상값이 있는지 빠르게 확인이 가능한 시각화 기법이다.

- 이변수이면 다음과 같이 변수 간 관계를 확인하여 분석 방법을 선정한다.

	그래프	분석 방법
연속형×연속형	• (추세선이 있는) Scatter Plot	• 상관성 분석(Correlation) 분석 (두 변수 간 상관관계 여부)
범주형×범주형	• 누적 막대 그래프 • 100% 기준 누적 막대그래프	• 카이제곱(Chi-Square) 분석 (두 변수가 독립적인지 여부)
범주형×연속형	• 누적 막대그래프 • 범주별 Histogram	범주의 종류에 따라 • 2개: T-Test • 3개 이상: ANOVA (집단 별 평균 차가 유의한지 여부)

▲ 변수 분석 방법

> **학습 POINT ★**
>
> - 변수의 속성에는 범주형, 수치형이 있고 수치형에는 이산형, 연속형이 있습니다. 변수에 대한 상세한 설명은 1과목 3장에서 다시 확인해 보세요.
> - 독립변수 및 종속변수에 대한 상세한 설명은 2과목 1장에도 있으니 참고해 주세요.

② 독립변수와 종속변수의 데이터 유형에 따른 분석 기법 21년 2회

- 독립변수와 종속변수가 주어져 있는 경우에는 이들을 이용하여 주어진 독립변수에 대한 종속변수의 값을 예측, 분류하는 분석 모델을 개발한다.
- 독립변수와 종속변수의 데이터 유형(연속형, 범주형)에 따라서 다양한 통계적 혹은 데이터 마이닝 기반 분석 기법들의 분류가 가능하다.

> **잠깐! 알고가기**
>
> 데이터 마이닝(Data Mining)
> 데이터 마이닝은 대규모로 저장된 데이터 안에서 체계적이고 자동적으로 통계적 규칙이나 데이터 간의 관계, 패턴, 추세를 발견하고, 이를 의미 있는 정보로 변환하여 기업 의사결정에 활용하는 기술이다.

		종속변수(Y)	
		연속형 변수	이산형/범주형 변수
독립변수 (X)	연속형 변수	• 회귀 분석 • 인공신경망 모델 • K-최근접 이웃기법 • 의사결정나무(회귀 나무)	• 로지스틱 회귀 분석 • 판별 분석 • K-최근접 이웃기법 • 의사결정나무(분류 나무)
	이산형/범주형 변수	• 회귀 분석 • 인공신경망 모델 • 의사결정나무(회귀 나무)	• 인공신경망 모델 • 의사결정나무(분류 나무) • 로지스틱 회귀 분석

▲ 독립변수와 종속변수가 주어진 경우 분석 기법

독립변수(X)	
연속형 변수	이산형/범주형 변수
• 주성분 분석 • 군집 분석	• 연관성 규칙 • 판별 분석
상관 분석	

▲ 독립변수만 주어진 경우 분석 기법

(5) 분석 기법 선정 고려사항

- 분석 모형을 구축하는 목적과 입력되는 데이터, 변수의 해석 가능 여부에 따라 기법을 선택한다.
- 단일 모형을 선택하거나 다수의 모형을 조합한 앙상블 기법을 선택한다.

 학습 POINT

앙상블 기법은 3과목 2장의 고급 분석 기법에 있고, 앙상블 기법의 하나인 분석 모형 융합은 4과목 1장의 분석 모형 개선에도 있으니 참고해 주세요.

(6) 분석 모형 활용 사례

⊗ 분석 모형 기법 및 활용 사례

기법	기법 설명	활용 사례
연관규칙학습	변인 간에 주목할 만한 상관관계가 있는지를 찾아내는 방법	• 커피를 구매하는 사람이 탄산음료를 더 많이 사는가? • 치킨을 먹는 사람은 어떤 종류의 음료를 많이 마실까?
분류 분석	문서를 분류하거나 조직을 그룹으로 나눌 때, 또는 온라인 수강생들을 특성에 따라 분류할 때 사용	• 이 사용자는 어떤 특성을 가진 집단에 속하는가?
유전자 알고리즘	최적화가 필요한 문제의 해결책을 자연선택, 돌연변이 등과 같은 메커니즘을 통해 점진적으로 진화시켜 나가는 방법	• 응급실에서 응급 처치 프로세스를 어떻게 배치하는 것이 가장 효율적인가?
기계학습	알려진 특성을 활용하여 훈련 데이터를 학습시키고 예측하는 기법	• 기존의 시청 기록을 바탕으로 시청자가 현재 보유한 영화 중에서 어떤 것을 가장 보고 싶어 할까?

기법	기법 설명	활용 사례
회귀 분석	독립변수의 조작에 따른 종속변수의 변화를 확인하여 두 변수 간의 관계를 파악할 때 사용	• 구매자의 나이가 구매 차량의 유형에 어떤 영향을 미치는가?
감성 분석	특정 주제에 대해 말하거나 글을 쓴 사람의 감정을 분석	• 새로운 환불 정책에 대한 고객의 평가는 어떤가?
소셜 네트워크 분석	특정인과 다른 사람이 몇 촌 정도의 관계인가를 파악할 때 사용하고, 영향력 있는 사람을 찾아낼 때 사용	• 고객들 간 관계망은 어떻게 구성되어 있나?

2 분석 모형 정의 ★★★

(1) 분석 모형 정의 개념 21년 2회, 3회

- 분석 모형 정의는 분석 모형을 선정하고 모형(Model)에 적합한 변수를 선택하여 모형의 사양(Specification)을 작성하는 기법이다.
- 선택한 모델에 가장 적합한 변수를 선택하기 위해 매개변수(Parameter)와 초매개변수(Hyper Parameter)를 선정한다.

매개변수와 초매개변수는 혼동되는 만큼 문제로 내기 좋습니다. 각 개념별 설명을 유심히 봐주시길 당부드립니다.

⊗ 매개변수와 초매개변수 개념

구분	설명
매개변수 (Parameter)	• 모델 내부에서 확인이 가능한 변수로 데이터를 통해서 산출이 가능한 값 • 예측을 수행할 때, 모델에 의해 요구되어지는 값들 • 매개변수가 모델의 성능을 결정 • 매개변수는 측정되거나 데이터로부터 학습 • 사람에 의해 수작업으로 측정되지 않음 • 종종 학습된 모델의 일부로 저장 ㉠ 인공신경망에서의 가중치, 서포트 벡터 머신에서의 서포트 벡터, 선형 회귀나 로지스틱 회귀 분석에서의 결정계수
초매개변수 (Hyper Parameter)	• 모델에서 외적인 요소로 데이터 분석을 통해 얻어지는 값이 아니라 사용자가 직접 설정해주는 값 • 모델의 매개변수값을 측정하기 위해 알고리즘 구현 과정에서 사용 • 초매개변수는 주로 알고리즘 사용자에 의해 결정 • 경험에 의해 결정 가능한 값 • 예측 알고리즘 모델링의 성능 등의 문제를 위해 조절 ㉠ 학습률(Learning Rate), 의사결정나무의 깊이(Depth), 신경망에서 은닉층(Hidden Layer)의 개수, 서포트 벡터 머신에서의 코스트값인 C, KNN에서의 K의 개수

(2) 분석 모형 정의 고려사항

- 분석 대상인 데이터에 비해 모델이 너무 간단하면 과소 적합이 발생하고, 모델을 너무 복잡하게 선택하면 과대 적합이 발생하므로 적절한 모델을 사용한다.

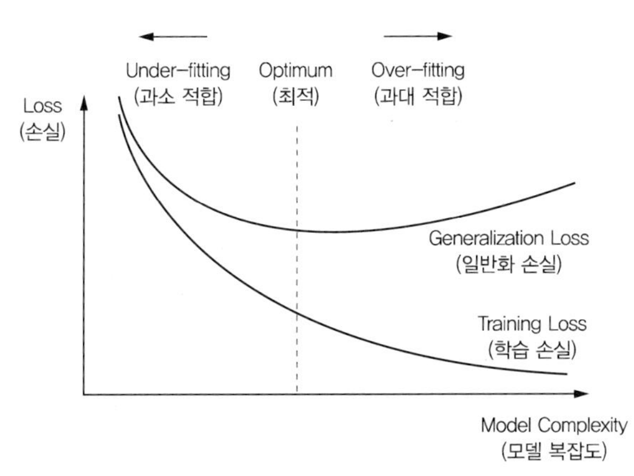

▲ 과소 적합과 과대 적합

- 모형에 적합하지 않은 오류 및 편향이 발생하지 않도록 주의한다.

⊗ 부적합 모형 현상

현상	설명
모형 선택 오류	• 적합하지 않은 함수 모형 생성
변수 누락	• 종속변수와 하나 또는 둘 이상의 독립변수 사이에 관계가 있지만 모델을 생성할 때 누락되는 경우
부적합 변수 생성	• 관련이 없는 변수가 모델에 포함된 경우 • 편향(Bias)을 발생시키지는 않으나 과대 적합을 발생시켜 예측 성능을 저하시킴
동시 편향	• 종속변수가 연립 방정식의 일부인 경우 동시 편향 발생

3 분석 모형 구축 절차 21년 3회 ★

분석 모형 구축은 요건 정의, 모델링, 검증 및 테스트, 적용 단계로 진행한다.

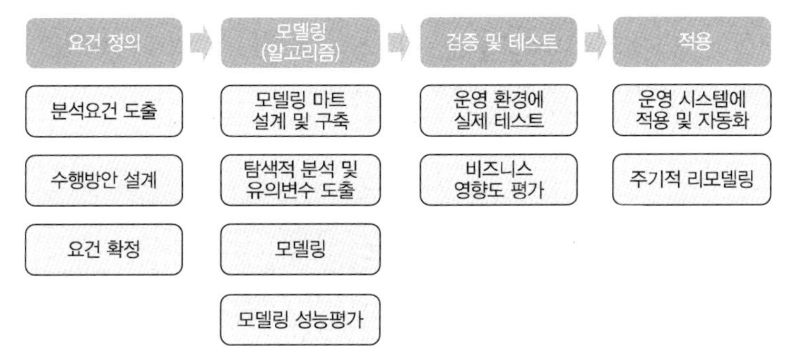

▲ 분석 모형 구축 절차

잠깐! 알고가기

과소 적합(Under-fitting)
- 과소 적합은 적정 수준의 학습이 부족하여 실제 성능이 떨어지는 현상이다.
- 데이터 수집 시 단편화된 방법으로 인한 학습 부족 현상이다.

과대 적합(Over-fitting)
- 과대 적합은 훈련 데이터에 대한 성능은 좋지만, 실제 데이터에 성능이 떨어지는 현상이다.
- 지나친 차수 증가로 인한 활용성의 부족 현상이다.

잠깐! 알고가기

연립 방정식
(Simultaneous Equations)
방정식의 일종으로, 2개 이상의 미지수를 포함하는 방정식이다.

예 $3x+4y=24$, $4x+3y=22$는 x, y 2개의 미지수를 포함하는 방정식 2개의 집합

분석 모형 구축 절차
「**요모검적**」
요건 정의 / **모**델링 / **검**증 및 테스트 / **적**용
→ 요모조모 따지니 검은 적막이 흐르네

기계학습 기반 분석 절차는 비즈니스 이해 및 문제 정의 → 데이터 수집 → 데이터 전처리와 탐색 → 데이터에 대한 모델훈련 → 모델 성능 평가 → 모델 성능 향상 및 현업 적용 순으로 진행된다.

(1) 요건 정의

- 기획단계의 분석과제 정의를 통해 도출된 내용을 요건 정의로 구체화하는 과정이다.
- 분석 요건 도출, 수행방안 설계, 요건 확정 단계로 수행한다.
- 분석 과정을 설계하고, 구체적인 내용을 실무담당자와 협의한다.

학습 POINT ★

분석 모형 구축 절차는 중요도가 높은 부분은 아닙니다. 두음쌤의 도움을 받아 핵심만 짚고 넘어가세요!

⊗ 요건 정의 단계 상세 절차

절차	상세 설명
분석요건 도출	• 기획단계보다 상세하게 분석요건을 추출, 분석, 명세화하고 종합적으로 적합성을 검토 • 데이터 분석 업무의 배경, 주요 이슈, 기대효과, 제약 사항을 사전에 정의하고 이해관계자들과 협의하여 확정 • 기존 분석 자료와 정보를 기반으로 분석요건과 개인정보 보호, 접근 통제 등 정보 보안 정책을 누락 없이 식별
수행방안 설계	• 간단한 탐색적 분석을 수행하여 가설을 수립해 분석 가능성을 검토 • 권한 및 계정을 확보하여 데이터베이스 접근 환경을 구축하고, 분석 대상 데이터의 존재 여부를 확인하는 등 간단한 기초분석을 수행 • 수행방안 설계의 최종 산출물은 분석계획서와 WBS가 있음 분석계획서: • 핵심 분석항목과 구체적인 범위 지정 WBS: • 항목 간의 선·후행 관계를 검토하고 납기가 지연되지 않도록 일정을 조율 • 데이터 오류 또는 분석 수행 오류 등으로 인한 재작업 시간도 분석 일정에 반영 • 필수와 선택 분석항목을 사전에 구분하여 우선순위를 부여하고 우선순위가 높은 필수 분석항목이 작업 대상에서 누락되지 않도록 확인
요건 확정	• 요건도출과 분석계획으로 수립된 기획안을 이해관계자와 공유하여 최종 요건을 확정 • 확정된 요건을 종료 이후에 변경하는 일이 없도록 주의

잠깐! 알고가기

WBS(Work Breakdown Structure; 작업분해체계)
WBS는 프로젝트 목표달성을 위해 책임/산출물 중심으로 실행 작업을 분할한 계층구조 체계 및 범위 관리 도구이다.

(2) 모델링

- 모델링은 요건 정의에 따라 상세 분석 기법을 적용해 모델을 개발하는 과정이다.
- 모델링 단계는 모델링 마트 설계 및 구축, 탐색적 분석과 유의 변수 도출, 모델링, 모델링 성능 평가 단계로 수행된다.

㉿ 모델링 단계 상세 절차

절차	상세 설명
모델링 마트 설계 및 구축	• 다양한 원천 데이터로부터 분석 대상 데이터를 획득 • 분석 대상 데이터를 탐색, 정제, 요약 등의 전처리를 통해 변수들을 식별 • 분석 대상 데이터를 구조화하여 모델 마트를 설계 • 전처리한 분석 대상 데이터를 적재해 모델 마트를 구축
탐색적 분석과 유의 변수 도출	• 유의미한 변수를 파악하기 위해 목푯값별로 해당 변수의 분포된 값을 보고 해당 변수의 구간에서 차이가 큰지를 파악 • 시뮬레이션을 통해 사전에 수립된 분석 모형의 타당성과 적합성을 판단해 반복적으로 보정 • 최적화를 위해 분석 모형 및 데이터의 유의성을 반복적으로 보정 • 최소한의 시간에 탐색적 분석을 완료하여 단위 분석에 대한 예상 소요 시간을 추정 • 탐색적 분석과 유의변수 도출 과정에서 정보가 부족하면 신속하게 추가 변수를 개발
모델링	• 다양한 모델링 기법 중에서 업무 특성에 적합한 기법을 선택하거나 여러 모델링 기법을 결합해 적용 • 프로세스 및 자원에 대한 제약이 있고 입력값이 확률 분포이면 시뮬레이션 기법을, 프로세스 및 자원에 대한 제약이 있고 상숫값을 가질 때는 최적화 기법을 사용 • 경우에 따라 시뮬레이션과 최적화를 결합해 적용 • 데이터 마이닝 모델링은 통계적 모델링이 아니므로 지나치게 통계적 가설이나 유의성을 적용하지 않음
모델링 성능 평가	• 데이터 마이닝에서는 정확도, 정밀도, 재현율, 향상도 등의 값으로 판단 • 시뮬레이션에서는 처리량(Throughput), 평균대기시간(Average Waiting Time) 등의 지표 활용 • 최적화에서는 최적화 이전의 객체 함숫값(Object Function Value)과 최적화 이후의 값의 차이를 구하여 평가 • 분석 모형이 적합한지 판단 기준을 수립하고 분석 모형별 훈련 데이터 집합을 구축 • 구축된 훈련 데이터로 분석 모형을 조정 • 훈련 데이터로 조정한 분석 모형에 검증 데이터를 적용하여, 훈련 데이터 기반 결과와 검증 데이터 기반 결과를 비교 분석

(3) 검증 및 평가

- 분석 데이터를 훈련과 평가 데이터로 분리한 다음, 분석 데이터를 이용해 자체 검증 후 실제 평가에서는 신규 데이터 모델을 적용해 결과를 도출하는 단계이다.
- 모든 모델링에서는 반드시 검증 및 평가를 거친다.
- 평가 데이터의 비율은 일반적으로 분석 데이터 세트의 20~40% 정도를 이용한다.

모델링 절차

「**마탐모성**」

모델링 **마**트 설계 및 구축 / **탐**색적 분석과 유의 변수 도출 / **모**델링 / 모델링 **성**능평가 → 마블 탐색하여 모두 성공하기

잠깐! 알고가기

정확도(Accuracy)
정확도는 실제 분류 범주를 정확하게 예측한 비율이다.

정밀도(Precision)
정밀도는 '참'으로 예측한 비율 중에서 실제로 '참'인 비율이다.

재현율(Recall)
재현율은 실제 참을 참으로 분류한 비율이다.

향상도(Lift)
향상도는 항목 집합 X가 주어지지 않았을 때의 항목 집합 Y의 확률 대비 항목 집합 X가 주어졌을 때 항목 집합 Y의 확률 증가 비율이다.

잠깐! 알고가기

투자 대비 효과 정량화 기법
투자 대비 효과 정량화 기법에는 총소유비용(TCO; Total Cost of Ownership), 투자 대비 효과(ROI; Return On Investment), 순 현재 가치(NPV; Net Present Value), 내부 수익률(IRR; Internal Rate of Return), 투자회수기간(PP; Payback Period)이 있다.

⊗ 모델링 단계 상세 절차

절차	상세 설명
운영 상황에서 실제 테스트	• 운영 상황에서 실제 테스트는 분석결과를 업무 프로세스에 가상으로 적용해 검증하는 실무 적용 직전의 활동 • 구축 및 조정된 분석 모형을 테스트하기 위한 유사 운영환경을 구축 • 구축한 유사 운영환경에서 분석 모형을 테스트하기 위한 절차 설계 • 설계 절차에 따라 테스트하고 그 결과를 분석 • 테스트 결과를 분석 모형에 반영하고 반복하여 테스트 • 최종 테스트 결과를 분석 모형의 실제 운영환경에 적용 • 분석 모형의 유형에 따라 과대 적합, 과소 적합이 발생하지 않도록 주의
비즈니스 영향도 평가	• ROI를 산출해 해당 분석에 투자한 비용 대비 재무 효과가 200~300% 이상임을 증명 • 모델링 성과에서의 재현율이 증가하거나 향상도가 개선되어 발생하는 정량적 효과에 대해 비즈니스적인 효과를 제시 • 투자 대비 효과 정량화 기법으로 비즈니스 영향도를 평가 • 시뮬레이션에서는 처리량, 대기시간, 대기행렬의 감소를 통한 정량적 효과를 제시 • 최적화에서는 목적함수가 증가한 만큼의 정량적 효과를 제시

(4) 적용

분석결과를 업무 프로세스에 완전히 통합해 실제 일, 주, 월 단위로 운영하는 단계이다.

⊗ 적용 단계 상세 절차

절차	상세 설명
운영 시스템에 적용과 자동화	• 선정된 기법으로 분석 모형을 실제 운영환경에 적용하는 활동 • 실시간 또는 배치 스케줄러를 실행하여 주기별로 분석 모델의 성과를 DBMS에 기록하고, 조기경보 시스템을 구성 • 분석 모델을 자동으로 모니터링하고 이상 시에만 확인하는 프로세스 수립 • R STUDIO에서 제공하는 샤이니(SHINY)를 이용해 모델링 결과를 사용자 작업 파일과 서버상의 파일을 이용해 배포
주기적 리모델링	• 데이터 마이닝, 최적화 모델링 결과를 정기적(분기, 반기, 연 단위)으로 재평가해 결과에 따라 필요시 분석 모형을 재조정 • 데이터 마이닝은 동일한 데이터를 이용해 학습을 다시 하거나 변수를 추가하는 방법 적용

지피지기 기출문제

01 학생들의 교복의 표준 치수를 정하기 위해 학생들의 팔길이, 키, 가슴둘레를 기준으로 할 때 어떤 방법이 가장 적절한 기법인가? 21년 2회

① 이상치 ② 군집
③ 분류 ④ 연관성

해설

군집	각 개체에 대해 관측된 여러 개의 변숫값에서 유사한 성격을 갖는 몇 개의 군집으로 집단화하여 군집들 사이의 관계를 분석하는 다변량 분석 기법
분류	범주형 변수 혹은 이산형 변수 등의 범주를 예측하는 것으로, 다수의 속성 혹은 변수를 가지는 객체들을 사전에 정해진 그룹이나 범주 중의 하나로 분류하는 모델
연관성	데이터에 숨어있으면서 동시에 발생하는 사건 혹은 항목 간의 규칙을 수치화하는 것

02 다음 중 Label을 통해서만 학습하는 기법으로 옳은 것은? 21년 2회

① 지도 학습 ② 비지도 학습
③ 강화 학습 ④ 준지도 학습

해설 레이블을 통해서만 학습하는 기법은 지도 학습이다.

지도 학습	정답인 레이블(Label)이 포함되어 있는 훈련 데이터를 통해 학습시키는 방법
비지도 학습	입력 데이터에 대한 정답인 레이블(Label)이 없는 상태에서 훈련 데이터를 통해 학습시키는 방법
강화 학습	선택 가능한 행동들 중 보상을 최대화하는 행동 혹은 행동 순서를 선택하는 학습 방법
준지도 학습	정답인 레이블(Label)이 포함되어 있는 훈련 데이터와 레이블(Label)이 없는 훈련 데이터를 모두 훈련에 사용하는 학습 방법

03 다음 중 비지도 학습 알고리즘의 사례로 옳은 것은? 21년 2회

① 과거 데이터를 기준으로 날씨 예측
② 제품의 특성, 가격 등으로 판매량 예측
③ 페이스북 사진으로 사람을 분류
④ 부동산으로 지역별 집값을 예측

해설 페이스북 사진으로 사람을 분류하기 위해 비지도 학습을 활용한다.

항목	비지도 학습	지도 학습
설명	• 레이블이 없는 훈련 데이터를 사용하여 시스템이 스스로 학습하는 방법	• 정답인 레이블이 포함되어 있는 훈련 데이터를 통해 컴퓨터를 학습시키는 방법
특징	• 예측의 문제보다는 주로 현상의 설명, 특징·패턴 도출, 분류 등의 문제 해결에 활용	• 주로 인식, 분류, 진단 예측 등의 문제 해결에 활용

04 독립변수가 연속형이고 종속변수가 이산형일 때 사용하는 분석 모형은? 21년 2회

① 주성분 분석 ② 로지스틱 회귀 분석
③ 회귀 분석 ④ 군집 분석

해설 독립변수와 종속변수가 주어진 경우 분석 기법은 다음과 같다.

		종속변수(Y)	
		연속형 변수	이산형/범주형 변수
독립변수(X)	연속형 변수	• 회귀 분석 • 인공신경망 모델 • K-최근접 이웃기법 • 의사결정나무(회귀 나무)	• 로지스틱 회귀 분석 • 판별 분석 • K-최근접 이웃 기법 • 의사결정나무(분류 나무)
	이산형/범주형 변수	• 회귀 분석 • 인공신경망 모델 • 의사결정나무(회귀 나무)	• 인공신경망 모델 • 의사결정나무(분류 나무) • 로지스틱 회귀 분석

지피지기 기출문제

05 다음 중 초매개변수(Hyper Parameter)로 설정 가능한 것은? 21년 2회

① 편향(Variance)
② 기울기(Bias)
③ 서포트 벡터(Support Vector)
④ 은닉층(Hidden Layer) 수

해설 초매개변수로 설정 가능한 예시로는 학습률(Learning Rate), 의사결정나무의 깊이(Depth), 신경망에서 은닉층(Hidden Layer)의 개수 등이 있다.

06 다음 중 매개변수(Parameter), 초매개변수(Hyper Parameter)에 대한 것으로 적절하지 않은 것은? 21년 2회

① 매개변수는 사람에 의해 수작업으로 설정한다.
② 매개변수는 측정되거나 데이터로부터 학습된다.
③ 초매개변수는 학습을 위해 임의로 설정하는 값이다.
④ 초매개변수의 종류에는 은닉층의 수, 학습률 등이 있다.

해설 사람에 의해 수작업으로 설정하는 것은 매개변수가 아닌 초매개변수이다.

07 다음 중 매개변수(Parameter)와 초매개변수(Hyper Parameter)에 대한 설명으로 옳지 않은 것은? 21년 3회

① 매개변수는 종종 학습된 모델의 일부로 저장된다.
② 초매개변수는 모델의 알고리즘 구현 과정에서 사용한다.
③ 매개변수는 사람에 의해 수작업으로 측정되지 않는다.
④ 초매개변수는 주어진 데이터로부터 학습을 통해 모델 내부에서 결정되는 변수이다.

해설 초매개변수는 데이터로부터 학습을 통해 얻어지는 것이 아닌 사용자가 직접 설정해주는 값이다.

08 다음 중 기계학습 기반 분석 절차로 가장 알맞은 것은 무엇인가? 21년 3회

① 비즈니스 이해 및 문제 정의 → 데이터 수집 → 데이터 전처리와 탐색 → 데이터에 대한 모델훈련 → 모델 성능 평가 → 모델 성능 향상 및 현업 적용
② 비즈니스 이해 및 문제 정의 → 데이터 전처리와 탐색 → 데이터 수집 → 데이터에 대한 모델훈련 → 모델 성능 평가 → 모델 성능 향상 및 현업 적용
③ 데이터 전처리와 탐색 → 비즈니스 이해 및 문제 정의 → 데이터 수집 → 데이터에 대한 모델훈련 → 모델 성능 평가 → 모델 성능 향상 및 현업 적용
④ 데이터 전처리와 탐색 → 데이터 수집 → 비즈니스 이해 및 문제 정의 → 데이터에 대한 모델훈련 → 모델 성능 평가 → 모델 성능 향상 및 현업 적용

해설 기계학습 기반 분석 절차는 비즈니스 이해 및 문제 정의 → 데이터 수집 → 데이터 전처리와 탐색 → 데이터에 대한 모델훈련 → 모델 성능 평가 → 모델 성능 향상 및 현업 적용 순으로 진행된다.

정답 01 ② 02 ① 03 ③ 04 ② 05 ④ 06 ① 07 ④ 08 ①

천기누설 예상문제

01 다음 모형 중 최근 인공지능 기술의 발전과 함께 주목받고 있는 딥러닝 기법에 기반을 두고 있는 모형은?

① 유전자 알고리즘(Genetic algorithm)
② 신경망(Artificial Neural Networks) 모델
③ 의사결정나무(Decision Tree) 모델
④ 규칙기반(Rule-Based) 모델

해설 • 유전자 알고리즘은 최적화가 필요한 문제의 해결책을 자연 선택, 돌연변이 등과 같은 메커니즘을 통해 점진적으로 진화시켜 나가는 방법이다.
• 의사결정나무는 각 데이터들이 가진 속성들로부터 분할 기준 속성을 판별하고, 분할 기준 속성에 따라 트리 형태로 모델링하는 분류 예측 모델이다.
• 규칙기반 모델은 규칙(조건 설정)을 사용해 조건 분기 프로그램 등을 실행하는 모델이다.
• 딥러닝 기법에 기반을 두고 있는 모형은 신경망 모델이다.

02 머신러닝 알고리즘은 크게 지도 학습(Supervised Learning)과 비지도 학습(Unsupervised Learning)으로 나눌 수 있다. 이러한 측면에서 보기 중 나머지와 성격이 다른 것은?

① 군집 분석 ② 분류 분석
③ 감성 분석 ④ 회귀 분석

해설 군집 분석은 비지도 학습에 해당하며, 나머지는 지도 학습에 해당한다.

03 다음 중 비지도 학습 기법은 무엇인가?

① SOM ② 인공신경망
③ SVM ④ 랜덤 포레스트

해설

지도 학습	랜덤 포레스트, 인공신경망, SVM
비지도 학습	SOM

04 다음에서 설명하는 데이터 분석 기법으로 가장 적절한 것은?

> 은행에서 대출 심사를 할 때, 소득, 카드 사용액, 나이 등 해당 고객의 개인적인 정보를 바탕으로 그 고객이 대출 상환을 잘하는 집단에 속할지 그렇지 않은 집단에 속할지를 예측할 수 있다.

① 유전자 알고리즘 ② 분류 분석
③ 소셜 네트워크 분석 ④ 연관규칙 학습

해설 분류 분석은 문서를 분류하거나 조직을 그룹으로 나눌 때 또는 온라인 수강생들을 특성에 따라 분류할 때 사용하는 데이터 마이닝 기법이다.

05 다음은 빅데이터 활용 기법 중 하나이다. 가장 올바른 것은?

> • 생명의 진화를 모방하여 최적해(Optimal Solution)를 구하는 알고리즘으로 존 홀랜드(John Holland)가 1975년에 개발
> • 어떤 미지의 함수 $y=f(x)$를 최적화하는 해를 찾기 위해 진화를 모방한 탐색알고리즘

① 인공신경망(Artificial Neural Networks)
② 합성곱 신경망(Convolutional Neural Networks)
③ 유전자 알고리즘(Genetic Aalgorithm)
④ 딥러닝(Deep Learning)

해설 • 인공신경망은 기계학습과 인지과학에서 생물학의 신경망에서 영감을 얻은 통계적 학습 알고리즘이다.
• 합성곱 신경망은 시각적 이미지를 분석하는 데 사용되는 인공신경망이다.
• 딥러닝은 여러 비선형 변환 기법의 조합을 통해 높은 수준의 추상화를 시도하는 기계 학습 알고리즘의 집합이다.
• 어떤 미지의 함수 $y=f(x)$를 최적화하는 해를 찾기 위해, 진화를 모방한 탐색 알고리즘은 유전자 알고리즘이다.

천기누설 예상문제

06 사람, 상품에 관한 이해를 증가시키기 위해 데이터가 가지고 있는 특징을 나타내고 설명에 대한 답을 제공할 수 있는 데이터 마이닝의 기능으로 가장 적합한 것은 무엇인가?

① 기술(Description) ② 연관(Association)
③ 예측(Prediction) ④ 군집(Clustering)

해설 데이터 마이닝 기능 중 하나인 기술(Description)은 사람, 상품에 관한 이해를 증가시키기 위해 데이터가 가지고 있는 특징을 나타내고 설명에 대한 답을 제공할 수 있다.

07 소매점에서 물건을 배열하거나 카탈로그 및 교차판매 등에 적용하기 적합한 데이터 마이닝 기법으로 가장 알맞은 것은 무엇인가?

① 연관 분석 ② 군집
③ 분류 ④ 예측

해설
- 연관 분석은 데이터 간의 관계에서 조건과 반응을 연결하는 분석으로 장바구니 분석(Market Basket Analysis)이라고도 한다.
- 소매점에서 물건을 배열하거나 카탈로그 및 교차판매 등에 적용하기 적합한 데이터 마이닝 기법은 연관 분석이다.
- 연관 분석은 연관규칙 분석, 연관성 분석, 연관규칙 학습 등 다양한 용어로 활용된다.

08 데이터 마이닝 기법 중 항목들 간의 '조건-결과' 식으로 표현되는 유용한 패턴을 발견해내는 방법을 무엇이라 하는가?

① 인공신경망 ② 의사결정나무
③ 연관성 분석 ④ 자기 조직화 지도(SOM)

해설
- 연관성 분석은 기업의 데이터베이스에서 상품의 구매, 서비스 등 일련의 거래 또는 사건들 간의 규칙을 발견하기 위해 적용하며 장바구니 분석 또는 서열 분석이라고 불린다.
- 데이터 마이닝 기법 중 항목들 간의 '조건-결과' 식으로 표현되는 유용한 패턴을 발견해내는 방법은 연관성 분석이다.

09 범주형 변수 혹은 이산형 변수 등의 범주를 예측하는 것으로, 다수의 속성 혹은 변수를 가지는 객체들을 사전에 정해진 그룹이나 범주 중의 하나로 나누는 것은 무엇인가?

① 분류 ② 군집
③ 연관규칙 ④ 예측

해설

분류 모델	범주형 변수 혹은 이산형 변수 등의 범주를 예측하는 것으로, 다수의 속성 혹은 변수를 가지는 객체들을 사전에 정해진 그룹이나 범주 중의 하나로 분류하는 모델
예측 모델	범주형 및 수치형 등의 과거 데이터로부터 특성을 분석하여 다른 데이터의 결괏값을 예측하는 기법
군집화 모델	이질적인 집단을 몇 개의 동질적인 소집단으로 세분화하는 작업
연관규칙 모델	데이터에 숨어 있으면서 동시에 발생하는 사건 혹은 항목 간의 규칙을 수치화하는 모델

10 데이터 분석 모형을 정의할 때 데이터 분석을 통해 얻어지는 값이 아니라 사용자가 직접 세팅해주는 값은 무엇인가?

① 초매개변수(Hyper Parameter)
② 편향(Bias)
③ 결정계수(Coefficient of Determination)
④ 기울기(Slope)

해설 초매개변수는 사용자가 직접 설정해주는 값이다. 경험에 의해 정해지기도 하며 예측 알고리즘 모델링의 문제점을 위해 조절한다.

11 다음 중 비즈니스 모델에서 빅데이터 분석 방법과 사례를 연결한 것으로 부적절한 것은 무엇인가?

① 연관규칙 학습: 맥주를 사는 사람은 콜라도 같이 구매하는 경우가 많은가?
② 분류 분석: 택배 차량을 어떻게 배치하는 것이 가장 비용 효율적인가?
③ 소셜 네트워크 분석: 친분 관계가 승진에 어떤 영향을 미치는가?
④ 회귀 분석: 고객의 만족도가 충성도에 어떤 영향을 미치는가?

해설 분류 분석은 문서를 분류하거나 조직을 그룹으로 나눌 때 또는 온라인 수강생들을 특성에 따라 분류할 때 사용하는 기법으로 사용자가 어떤 특성을 가진 집단에 속하는지 알아볼 때 사용한다.

12 다음은 분석 모형을 정의할 때 설정하는 것이다. 이를 설명한 것으로 가장 적절한 것은 무엇인가?

- 모델 내부에서 확인이 가능한 변수로 데이터를 통해서 산출이 가능한 값이다.
- 예측을 수행할 때, 모델에 의해 요구되는 값들이다.
- 주로 예측자에 의해 수작업으로 측정되지 않는다.

① 신경망 학습에서의 학습률(Learning Rate)
② 매개변수(Parameter)
③ 신경망 학습의 배치 사이즈
④ 정규화 매개변수(Regularization Parameter)

해설 매개변수는 모델 내부에서 확인이 가능한 변수로 데이터를 통해서 산출이 가능한 값이다.

13 다음 중 초매개변수 사례로 가장 부적절한 것은 무엇인가?

① 신경망 학습에서 학습률(Learning Rate)
② 서포트 벡터 머신에서의 코스트값인 C
③ KNN에서의 K의 개수
④ 선형 회귀나 로지스틱 회귀 분석에서의 결정계수

해설 선형 회귀나 로지스틱 회귀 분석에서의 결정계수는 매개변수이다.

14 다음 중 분석 모형을 정의할 때 고려사항으로 가장 부적절한 것은 무엇인가?

① 분석 대상인 데이터에 비해 모델이 너무 간단하면 과소 적합(Under-fitting)이 발생하므로 적합한 모델을 선정한다.
② 종속변수와 하나 또는 둘 이상의 독립변수 사이에 관계가 있는 것은 모델에서 누락시키지 않는다.
③ 관련 있는 변수만을 설정한다.
④ 모델 복잡도와 상관없이 관련 있는 모델을 모두 선택한다.

해설 적합하지 않은 모형을 선택하면 오류가 발생한다. 모델 복잡도를 고려하여 적합한 모델을 선택한다.

천기누설 예상문제

15 다음 중 분석 모형의 구축 절차로 올바른 것은?

① 요건 정의 → 모델링 → 검증 및 테스트 → 적용
② 모델링 → 적용 → 요건 정의 → 검증 및 테스트
③ 요건 정의 → 적용 → 모델링 → 검증 및 테스트
④ 모델링 → 요건 정의 → 검증 및 테스트 → 적용

해설 분석 모형 구축은 요건 정의 → 모델링 → 검증 및 테스트 → 적용 단계로 실행된다.

분석 모형 구축 절차	
요모검적	요건 정의 / 모델링 / 검증 및 테스트 / 적용

16 다음 중 분석 모형의 구축 단계 중 모델링 절차로 올바른 것은?

① 탐색적 분석과 유의 변수 도출 → 모델링 마트 설계 및 구축 → 모델링 → 모델링 성능평가
② 모델링 마트 설계 및 구축 → 탐색적 분석과 유의 변수 도출 → 모델링 → 모델링 성능평가
③ 탐색적 분석과 유의 변수 도출 → 모델링 → 모델링 성능평가 → 모델링 마트 설계 및 구축
④ 모델링 → 탐색적 분석과 유의 변수 도출 → 모델링 성능평가 → 모델링 마트 설계 및 구축

해설

모델링 절차	
마탐모성	모델링 마트 설계 및 구축 / 탐색적 분석과 유의 변수 도출 / 모델링 / 모델링 성능평가

17 다음 중 모델링 단계에서 수행하는 것을 설명한 것으로 가장 부적절한 것은 무엇인가?

① 다양한 모델링 기법 중에서 업무 특성에 적합한 기법을 선택하거나 모델링 기법을 결합해 적용한다.
② 프로세스 및 자원에 대한 제약이 있고 입력값이 확률 분포이면 시뮬레이션 기법을 적용한다.
③ 프로세스 및 자원에 대한 제약이 있고 상수값을 가질 때는 최적화 기법을 사용한다.
④ 시뮬레이션과 최적화 기법 중에서 반드시 한 가지를 선택한다.

해설 비즈니스 및 데이터 특성 등 경우에 따라서 시뮬레이션과 최적화를 결합해 적용할 수 있다.

18 다음 중 분석 모형 구축 절차의 검증 및 테스트 단계를 설명한 것으로 가장 부적절한 것은 무엇인가?

① 분석 데이터를 트레이닝용과 평가 데이터용으로 분리한 다음 분석 데이터를 이용해 자체 검증한다.
② 평가 데이터의 비율은 분석 데이터 세트의 30% 정도를 이용한다.
③ 투자 대비 효과 정량화 기법으로 비즈니스 영향도를 평가한다.
④ 성능 테스트 결과는 마지막에 한 번만 공유한다.

해설 성능 테스트 결과는 일단위로 공유해 모형의 적합성을 판단해야 한다.

정답 01 ② 02 ① 03 ① 04 ② 05 ③ 06 ① 07 ① 08 ③ 09 ① 10 ① 11 ② 12 ② 13 ④ 14 ④ 15 ① 16 ② 17 ④ 18 ④

2 분석 환경 구축

1 분석 도구 선정

- 빅데이터 분석을 위한 대표적인 도구로는 R과 파이썬(Python)이 있다.
- R과 파이썬 모두 오픈 소스 프로그래밍 언어이고 많은 사용자층을 형성하고 있으며 빅데이터 분석 분야에서 많이 사용되고 있는 분석 도구이다.

책에서는 시각화가 기법이 우수하고 좀 더 범용적으로 사용 중인 R을 위주로 작성하였습니다.

(1) R

㉮ R 개념

R은 통계 프로그래밍 언어인 S 언어를 기반으로 만들어진 오픈 소스 프로그래밍 언어이다.

㉯ R 특징

R은 기능, 도구, 환경 측면 관점에서 다양한 특징을 가지고 있다.

R 특징

특징	설명
기능	• 사용자가 제작한 패키지를 직접 추가하여 기능을 확장할 수 있음 • 다양한 그래프 패키지들을 통하여 강력한 시각화 기능을 제공 • R의 핵심 패키지는 R 설치와 함께 설치되고, 이외에도 추가로 다운로드하여 설치가 가능한 15,000개 이상의 패키지가 있음
도구	• R의 가장 큰 장점 중 하나는 방대한 양의 패키지와 즉시 사용 가능한 평가 데이터를 CRAN(The Comprehensive R Archive Network)을 통하여 다운받을 수 있음 • R Studio는 R을 좀 더 쉽고 편하게 사용하기 위해 개발된 통합 개발 환경(IDE)
환경	• R은 Microsoft Windows, Mac OS, Linux 등 다양한 OS를 지원 • R은 인터프리터 언어라는 이유로 처리 속도가 느리다는 평가도 있으나, 상용버전인 S-PLUS보다 많은 경우에 있어 속도가 빠름

잠깐! 알고가기

패키지(Package)
- 사용자들이 R을 쉽게 접근할 수 있게 도와주는 R의 기능과 데이터의 집합이다.
- R에서 새로운 패키지를 설치, 사용할 때의 명령어와 순서는 install.packages("패키지명")로 패키지를 설치하고 library(패키지명)로 패키지를 불러와 사용한다.

인터프리터(Interpreter)
소스 코드를 기계어로 번역하는 컴파일러와 반대로 소스 코드를 한 줄씩 읽으면서 바로 실행하는 컴퓨터 프로그램 또는 환경이다.

(2) 파이썬

㉮ 파이썬(Python) 개념

R과 거의 같은 작업 수행이 가능한 C언어 기반의 오픈 소스 프로그래밍 언어이다.

㉯ 파이썬 특징

파이썬은 학습, 문법, 기능, 도구, 환경 관점에서 다양한 특징을 가지고 있다.

R과 파이썬을 설명하는 문제가 출제될 수 있습니다. 주요 특징을 잘 보시길 권장합니다!

⊗ 파이썬 특징

특징	설명
학습	• 프로그래밍 언어 자체가 어렵지 않고 초보자도 쉽게 배울 수 있음
문법	• 다른 언어와는 다르게 들여쓰기를 이용하여 블록을 구분하는 문법을 사용
기능	• 파이썬에도 좋은 시각화 라이브러리가 있지만, R과 비교하면 선택의 폭이 좁음
도구	• 주피터 노트북(Jupyter Notebook), 파이참(PyCharm), PTVS(Python Tools Visual Studio) 등의 여러 배포 버전의 통합 개발 환경(IDE; Intergrated Development Environment)이 있으나 R과 같은 대표적인 통합 개발 환경은 없음 • 여러 배포 버전을 살펴보고 필요에 맞는 프로그램을 이용 필요
환경	• Microsoft Windows, Mac OS, Linux 등 다양한 OS를 지원 • 파이썬에도 PYPI(PYthon Package Index)로 사용자들이 작성한 패키지를 다운로드 및 설치가 가능

학습 POINT

데이터 분할 부분은 개념을 가볍게 읽고 넘어가는 정도로 학습하시길 권장합니다.

잠깐! 알고가기

훈련 데이터(Training Data)
훈련 데이터는 알고리즘의 학습을 위한 데이터이다.

검증 데이터 (Validation Data)
검증 데이터는 트레이닝 세트로 학습된 모델의 예측/분류 정확도를 계산하기 위한 검증 데이터이다.

평가 데이터(Testing Data)
학습된 모델의 성능이 어느 정도 만족스러운지 평가하기 위한 실제 데이터이다.

2 데이터 분할 ★

(1) 데이터 분할 개념

- 데이터 분할은 데이터를 훈련 데이터, 검증 데이터, 평가 데이터로 분할하는 작업이다.
- 데이터 분할을 하는 이유는 모형이 주어진 데이터에 대해서만 높은 성능을 보이는 과대 적합의 문제를 예방하여 2종 오류인 잘못된 귀무가설을 채택하는 오류를 방지하는 데 목적이 있다.

(2) 데이터 분할 시 고려사항

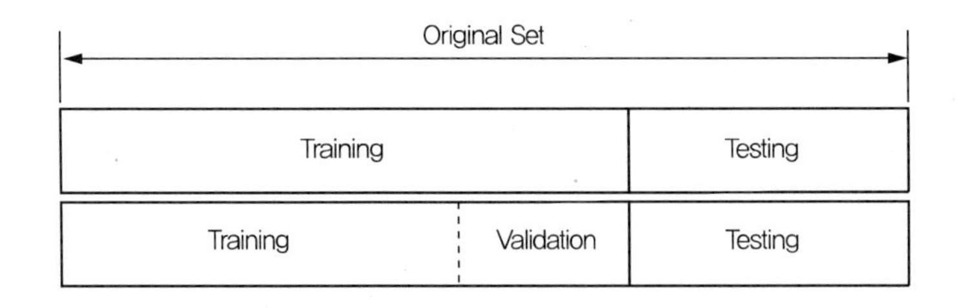

▲ 데이터 분할

- 훈련 데이터와 검증 데이터는 학습 과정에서 사용하며 평가 데이터는 학습 과정에 사용되지 않고 오로지 모형의 평가를 위한 과정에만 사용된다.
- 검증 데이터를 사용하여 모형의 학습 과정에서 모형이 제대로 학습되었는지 중

간에 검증을 실시하고, 과대 적합과 과소 적합의 발생 여부 등을 확인하여 모형의 튜닝에도 사용한다.

- 학습이 완료된 모형에 대하여 한 번도 사용하지 않은 평가 데이터를 통하여 모형을 평가하며, 이때 사용된 결과가 모형의 평가 지표가 된다.
- 데이터를 일반적으로 훈련 데이터와 검증 데이터를 60~80% 사용하고, 평가 데이터를 20~40%로 분할하지만 절대적인 기준은 아니다.
- 훈련 데이터를 한 번 더 분할하여 훈련 데이터와 검증 데이터로 나누어서 사용한다.
- Early Stopping을 사용할 수 있다.
- 데이터가 충분하지 않을 경우 훈련 데이터와 평가 데이터로만 분할하여 사용하기도 한다.

지피지기 기출문제

01 다음 중 데이터 분할에 대한 설명으로 가장 올바르지 않은 것은 무엇인가? 21년 3회

① 데이터는 학습, 검증, 평가 데이터로 구분한다.
② 훈련 데이터를 한 번 더 분할하여 훈련 데이터와 검증 데이터로 나누어서 사용한다.
③ Early Stopping을 사용할 수 있다.
④ 평가 데이터는 학습에 사용할 수 있다.

해설 데이터 분할 과정에서 평가 데이터는 학습 과정에 사용되지 않고 오로지 모형의 평가를 위한 과정에만 사용된다.

정답 01 ④

천기누설 예상문제

01 다음 R에 대한 설명 중 가장 옳지 않은 것은?

① 통계 프로그래밍 언어인 S 언어를 기반으로 만들어졌다.
② R은 다양한 OS를 지원하지만 리눅스 OS에서는 사용이 불가능하다.
③ R은 패키지(Package)와 평가 데이터를 CRAN을 통하여 다운받아서 사용이 가능하다.
④ 로버트 젠틀맨(Robert Gentleman)과 로스 이하카(Ross Ihaka)가 만든 오픈 소스 프로그래밍 언어이다.

해설 R은 Microsoft Windows, Mac OS, Linux 등 다양한 OS를 지원한다.

02 다음 중에서 데이터 분할과정에서의 훈련 데이터와 검증 데이터, 평가 데이터의 설명 중 가장 옳지 않은 것은?

① 훈련 데이터와 검증 데이터는 학습 과정에서 사용된다.
② 데이터가 충분하지 않을 경우 훈련 데이터와 평가 데이터로만 분할하여 사용하기도 한다.
③ 평가 데이터는 학습 과정에서 과적합 발생 여부 등을 파악하고 모형의 튜닝에도 사용이 된다.
④ 데이터를 일반적으로 훈련 데이터와 검증 데이터를 60~80% 사용하고, 평가 데이터를 20~40%로 분할하여 사용한다.

해설 평가 데이터는 학습 과정에서는 사용되지 않는다.

정답 01 ② 02 ③

분석 기법 적용

1 분석 기법

학습 POINT

회귀 분석은 매우 중요합니다. 기본 개념과 주요 내용은 두음쌤의 도움을 받아 숙지하시고 집중해서 학습해 주세요!

1 회귀 분석 ★★★

(1) 회귀 분석(Regression Analysis) 개념

- 회귀 분석은 독립변수와 종속변수 간에 선형적인 관계를 도출해서 하나 이상의 독립변수들이 종속변수에 미치는 영향을 분석하고, 독립변수를 통해 종속변수를 예측하는 분석 기법이다.
- 변수들 사이의 인과관계를 밝히고 모형을 적합(Fit)하여 관심 있는 변수를 예측하거나 추론하기 위한 분석 방법이다.

개념 박살내기

회귀 분석 사례

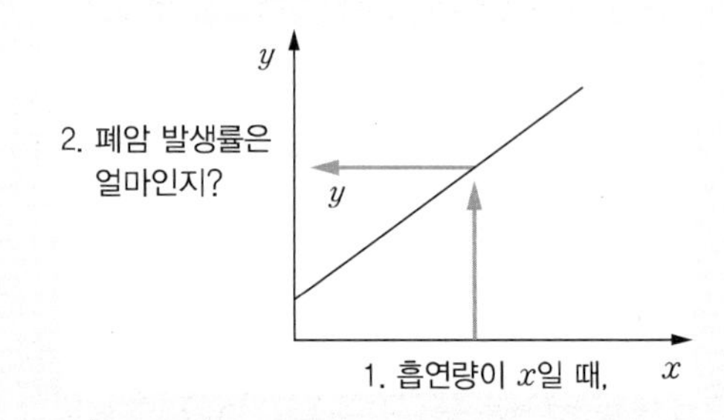

▲ 흡연량과 폐암 발생률 관계 회귀 분석

- 그림에서 흡연량 x는 독립변수이고, 폐암 발생률은 y로 종속변수이다.
- 사전에 측정된 환자의 흡연량(독립변수)과 폐암 발생률(종속변수) 데이터를 통해 인과관계가 있는 회귀식을 추정하면 새로운 환자의 흡연량으로 폐암 발생률을 예측할 수 있다.

① 회귀 분석 변수

회귀 분석에서 사용되는 변수는 결과에 영향을 주는 변수인 독립변수와 독립변수에 의해 영향을 받는 종속변수로 구분을 할 수가 있으며 다양한 다른 이름으로 명명된다.

⊗ 회귀 분석 변수

변수 구분	변수명
영향을 주는 변수(x)	독립변수(Independent Variable), 설명변수(Explanatory Variable), 예측변수(Predictor Variable)라고 명명될 수 있음
영향을 받는 변수(y)	종속변수(Dependent Variable), 반응변수(Response Variable), 결과변수(Outcome Variable)라고 명명될 수 있음

② 회귀 모형의 가정 21년 2회, 3회

- 회귀 분석은 선형성, 독립성, 등분산성, 비상관성, 정상성의 5가지 가정을 만족시켜야 한다.
- 5가지 기본 가정을 만족하지 않으면 제대로 된 회귀 모델을 생성할 수 없다.

⊗ 회귀 모형의 가정

가정	설명
선형성	• 독립변수와 종속변수가 선형적이어야 한다는 특성 • 독립변수의 변화에 따라 종속변수도 일정 크기로 변화
독립성	• 단순선형 회귀 분석에서는 잔차와 독립변수의 값이 서로 독립적이어야 한다는 특성 • 다중선형 회귀 분석에서는 독립변수 간 상관성이 없이 독립적이어야 함 • 통계량으로는 더빈-왓슨 검정을 통해 확인 가능
등분산성	• 잔차의 분산이 독립변수와 무관하게 일정해야 한다는 특성 • 잔차가 고르게 분포되어야 함
비상관성	• 관측치와 잔차는 서로 상관이 없어야 한다는 특성 • 잔차끼리 서로 독립이면 비상관성이 있다고 판단
정상성 (정규성)	• 잔차항이 정규분포의 형태를 이뤄야 한다는 특성 • Q-Q plot에서는 잔차가 대각 방향의 직선의 형태를 띠면 잔차는 정규분포를 따른다고 할 수 있음 • 통계량으로는 샤피로-윌크 검정, 콜모고로프-스미르노프 검정 등을 통해 확인 가능

③ 회귀 모형 검증 21년 2회

적합한 모형을 선택한 후에는 모형이 적절한지 확인한다.

회귀 모형 가정

「선독등비정」

선형성 / 독립성 / 등분산성 / 비상관성 / 정상성

→ 선영이는 독서실에서 등비수열을 정석으로 배웠다.

잠깐! 알고가기

더빈-왓슨 검정 (Durbin-Watson test)
회귀 모형 오차항이 자기 상관이 있는지에 대한 검정이다.

Q-Q plot
그래프를 그려서 정규성 가정이 만족되는지 시각적으로 확인하는 방법이다.

샤피로-윌크 검정 (Shapiro-Wilk test)
오차항이 정규분포를 따르는지 알아보는 검정으로, 회귀 분석에서 모든 독립변수에 대해서 종속변수가 정규분포를 따르는지 알아보는 방법이다.

콜모고로프-스미르노프 검정 (Kolmogorov-Smirnov test)
데이터가 어떤 특정한 분포를 따르는가를 비교하는 검정 기법이다. 비교 기준이 되는 데이터를 정규분포를 가진 데이터로 두어서 정규성 검정을 실시할 수 있다.

⊗ 회귀 모형의 체크리스트

체크리스트	설명
회귀 모형이 통계적으로 유의미한가?	• F-통계량을 통해 확인 • 유의수준 5% 하에서 F-통계량의 p-값이 0.05보다 작으면 추정된 회귀식은 통계적으로 유의하다고 볼 수 있음
회귀계수들이 유의미한가?	• t-통계량을 통해 각 독립변수가 종속변수에 미치는 영향을 파악 • 해당 계수의 t-통계량과 p-값 또는 이들의 신뢰구간 확인
회귀 모형이 얼마나 설명력을 갖는가?	• 회귀식 자체의 유의성을 확인하는 것 • 모형의 설명력은 결정계수(R^2)로 판단 • 결정계수(R^2)는 전체 변동 중 회귀 모형에 의해 설명되는 변동의 비율로 표본에 의해 추정된 회귀식이 주어진 자료를 얼마나 잘 설명하는가를 보여주는 값 • 결정계수는 0~1값을 가지며, 높은 값을 가질수록 추정된 회귀식의 설명력이 높음
회귀 모형이 데이터를 잘 적합하고 있는가?	• 잔차를 그래프로 그리고 회귀진단을 함
데이터가 가정을 만족시키는가?	• 선형성, 독립성, 등분산성, 비상관성, 정상성 가정을 만족시켜야 함

회귀모형의 잔차를 분석하는 문제가 출제되었습니다.
모집단의 실젯값과 회귀선과의 차이인 오차를 알 수 없기 때문에 표본에서 나온 관측값과 회귀선의 차이인 잔차(Residual)를 이용합니다.
개념 박살내기의 내용을 잘 보고 이해하시길 권장합니다!

개념 박살내기

회귀 모형의 잔차 분석

- 다음 그림은 회귀 모형의 잔차와 예측값을 나타낸 잔차산점도(Residual Plot)이다.

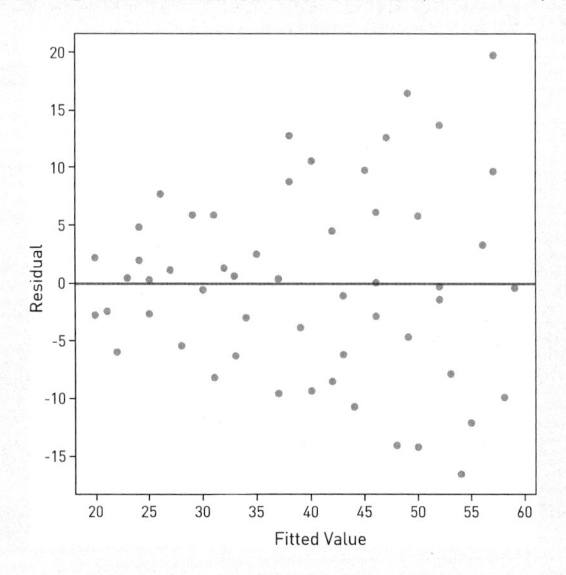

- 회귀 모형에서는 잔차항에 대한 정규성, 등분산성, 독립성에 대한 가정이 성립해야 회귀 분석 결과가 타당한 것이 된다.

- 이 중에서 등분산성을 만족시키기 위해 회귀 모형을 통해 예측된 값이 크든 작든 모든 값들에 대하여 잔차의 분산이 동일하다는 가정이 전제되어야 한다.
- 그림은 오차의 분산이 설명변수의 영향을 받아 관측치에 따라 나팔 혹은 깔때기 모양으로 달라진 것으로 등분산성 가정에 맞지 않는다.
- 이때, 가중최소 자승법(WLS; Weighted Least Squre)을 사용하거나, 종속변수 변환을 수행하여 문제를 해결한다.
- 가중최소 자승법은 오차의 등분산성 가정이 의심스럽거나, 이상치(Outlier)의 영향을 덜 받는 회귀 모형을 만들고자 할 경우 사용한다.
- 종속변수 변환은 종속변수를 로그로 변환하여 수행하는 것이 일반적으로 사용하는 형태이다.

잠깐! 알고가기

가중최소 자승법
(WLS; Weighted Least Square)
가중최소 자승법은 가중 오차 제곱합을 최소화시키는 회귀 모형을 찾는 방법으로 이분산성의 문제를 해결할 수 있다.

(2) 회귀 분석 유형 21년2회

회귀 분석은 독립변수 및 종속변수의 개수 및 특성에 따라 단순선형 회귀, 다중선형 회귀, 다항 회귀, 곡선 회귀, 로지스틱 회귀, 비선형 회귀와 같이 분류한다.

회귀 분석 유형

종류	수식	모형
단순선형 회귀	$Y=\beta_0+\beta_1X+\epsilon$	• 독립변수가 1개이며, 종속변수와의 관계가 직선
다중선형 회귀	$Y=\beta_0+\beta_1X_1+\beta_2X_2+\ldots+\beta_kX_k+\epsilon$	• 독립변수가 K개이며 종속변수와의 관계가 선형(1차 함수)
다항 회귀	독립변수가 2개(k=2)이고 2차 함수인 경우 $Y=\beta_0+\beta_1X_1+\beta_2X_2+\beta_{11}X_1^2+\ldots+\beta_{22}X_2^2+\beta_{12}X_1X_2+\epsilon$	• 독립변수와 종속변수와의 관계가 1차 함수 이상인 관계(단, 독립변수가 1개일 경우에는 2차 함수 이상)
곡선 회귀	2차 곡선인 경우 $Y=\beta_0+\beta_1X+\beta_2X^2+\epsilon$ 3차 곡선인 경우 $Y=\beta_0+\beta_1X+\beta_2X^2+\beta_3X^3+\epsilon$	• 독립변수가 1개이며, 종속변수와의 관계가 곡선
로지스틱 회귀	$Y=\frac{e^X}{1+e^X}=\frac{1}{1+e^{-X}}$ $=\frac{\exp(\beta_0+\beta_1X_1+\cdots+\beta_kX_k)}{1+\exp(\beta_0+\beta_1X_1+\cdots+\beta_kX_k)}$	• 종속변수가 범주형(2진 변수)인 경우 적용 • 단순 로지스틱 회귀 및 다중, 다항 로지스틱 회귀로 확장 가능
비선형 회귀	$Y=\alpha e^{-\beta X}+\epsilon$	• 회귀식의 모양이 미지의 모수들의 선형관계로 이뤄져 있지 않은 모형

회귀 분석 유형
「**단다 항곡 로비**」
단순선형 / **다**중선형 / **다항** / **곡**선 / **로**지스틱 / **비**선형 회귀
→ 단독으로 다니며 항(한)곡으로 로비

학습 POINT

e^x를 $\exp(x)$로도 표기합니다.

Ⅲ 빅데이터 모델링

① 단순선형 회귀 분석(Simple Linear Regression Analysis)

㉮ 단순선형 회귀식

- 단순선형 회귀 모형은 회귀 모형 중에서 가장 단순한 모형이다.
- 독립변수와 종속변수가 각각 한 개이며 오차항이 있는 선형관계로 이뤄져 있다.

잠깐! 알고가기

변수(Variable)
수학에서 쓰이는 수식에 따라서 변하는 값이다.

계수(Coefficient)
'인자'의 뜻으로 쓰이며 보통 식 앞에 곱해지는 상수이다.

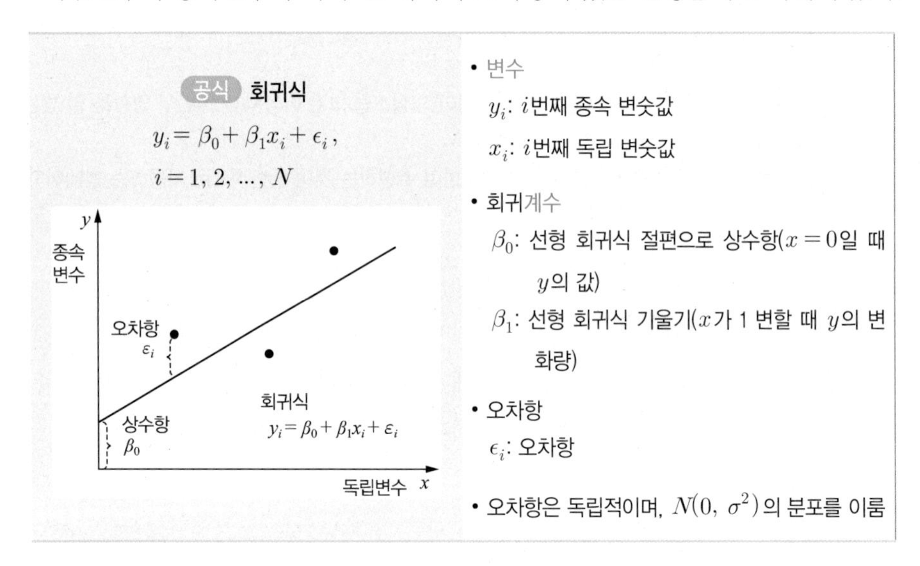

잠깐! 알고가기

최소제곱법
(Least Square Method; 최소자승법; 최소제곱근사법; 최소자승근사법)
최소제곱법은 어떤 계의 해방정식을 근사적으로 구하는 방법으로, 근사적으로 구하려는 해와 실제 해의 오차의 제곱의 합이 최소가 되는 해를 구하는 방법이다.

㉯ 회귀계수의 추정

- 회귀계수는 최소제곱법을 사용하여 추정한다.
- 오차의 제곱 합이 최소가 되는 추세선이 가장 합리적인 추세선이고, 이를 통해 회귀 분석을 실행한다.

학습 POINT

편차(Deviation), 오차(Error), 잔차(Residual)는 의미가 비슷하기 때문에 확인해두고 가면 좋을 것 같습니다.

편차	관측치가 평균으로부터 떨어져 있는 정도(평균과의 차이)
오차	모집단에서 실젯값이 회귀선과 비교해 볼 때 나타나는 차이
잔차	표본에서 나온 관측값이 회귀선과 비교해볼 때 나타나는 차이

⊗ 회귀 분석 추정식

순서	공식	설명
1	$y_i - (\beta_0 + \beta_1 x_i) = \epsilon_i$	오차항 ϵ_i을 구함
2	$(\epsilon_i)^2 = (y_i - (\beta_0 + \beta_1 x_i))^2$	오차항의 제곱을 구함
3	$\sum_{i=1}^{N}(\epsilon_i)^2 = \sum_{i=1}^{N}(y_i - (\beta_0 + \beta_1 x_i))^2$	주어진 값 i =1부터 N까지의 합($\sum$)을 구함
4	$\sum_{i=1}^{N}(y_i - (\beta_0 + \beta_1 x_i))^2$	가장 최소가 되는 회귀계수 β_0, β_1값을 찾음 (가장 최솟값을 찾는 것을 추정한다고 함)
5	추정한 회귀식 $\hat{y} = \hat{\beta}_0 + \hat{\beta}_1 x_i$	$\hat{y}$: y의 예측값 $\hat{\beta}_0$: β_0의 추정치 $\hat{\beta}_1$: β_1의 추정치

- 최소제곱법에 의해 추정된 회귀식은 x, y의 평균점을 지난다.

㉰ 회귀 분석의 검정 21년 2회

회귀 분석 결과가 적합한지 아래와 같이 검증한다.

⊗ 회귀 분석 검정

<table>
<tr><th>구분</th><th>설명</th></tr>
<tr><td>회귀계수 검정</td><td>• 회귀계수 β_1이 0이면 입력변수(x)와 출력변수(y)는 인과관계가 없음
• 즉, 회귀계수 β_1이 0이면 적합된 추정식은 의미가 없음</td></tr>
<tr><td>결정계수 (R^2)</td><td>• 결정계수(R^2)는 전체 데이터를 회귀 모형이 얼마나 잘 설명하고 있는지를 보여주는 지표로 회귀선의 정확도를 평가
• 결정계수(R^2)는 전체 제곱합에서 회귀 제곱합의 비율

$R^2=\frac{\text{회귀 제곱합}}{\text{전체 제곱합}}=\frac{SSR}{SST}=\frac{SSR}{SSR+SSE},\ 0 \leq R^2 \leq 1$

<table>
<tr><td>전체 제곱합(SST; Total Sum of Squares)</td><td>관측된 값(y_i)과 평균($\bar{y}$)과의 차이를 보여주는 값
$\sum_{i=1}^{n}(y_i-\bar{y})^2$</td></tr>
<tr><td>회귀 제곱합(SSR; Regression Sum of Squares)</td><td>회귀선에 의해서 설명되는 변동 값
$\sum_{i=1}^{n}(\hat{y_i}-\bar{y})^2$</td></tr>
<tr><td>오차 제곱합(SSE; Error Sum of Squares)</td><td>회귀선에 의해서 설명되지 않는 변동 값
$\sum_{i=1}^{n}(y_i-\hat{y})^2$</td></tr>
</table>

y SST SSE SSR 0 x
● 관측치(y_i) ----- 예측값($\hat{y}_i$) ── 관측치 평균값($\bar{y}$)</td></tr>
<tr><td>회귀직선의 적합도 검토</td><td>• 결정계수(R^2)를 통해 추정된 회귀식이 얼마나 타당한지 검토(결정계수(R^2)가 1에 가까울수록 회귀 모형이 자료를 잘 설명함)
• 독립변수가 종속변수 변동의 몇 %를 설명하는지 나타내는 지표</td></tr>
</table>

② 다중선형 회귀 분석(Multi Linear Regression Analysis) 21년2회

㉮ 다중선형 회귀 분석 회귀식

공식 다중선형 회귀 분석 회귀식

$$Y = \beta_0 + \beta_1 X_1 + \beta_2 X_2 + ... + \beta_k X_k + \epsilon$$

구분	설명
변수	• Y: 종속변수 • $X_1, X_2, \cdots, X_k$: 독립변수
회귀계수	• β_0: 회귀식 절편으로 상수항 • $\beta_1, \beta_2, \cdots, \beta_k$: 회귀식 기울기
오차항	• ϵ: 오차항

잠깐! 알고가기

통계적 유의성

통계적 유의성은 모집단에 대한 가설이 가지는 통계적 의미를 말하는 것으로 어떤 실험 결과 자료를 두고 '통계적으로 유의하다.'라고 하는 것은 확률적으로 봐서 의미가 있다는 뜻이다.

㉯ 모형의 통계적 유의성

- 모형의 통계적 유의성은 F-통계량으로 확인한다.
- 유의수준 5% 하에서 F-통계량의 p-값이 0.05보다 작으면 추정된 회귀식은 통계적으로 유의하다고 볼 수 있다.
- n은 표본의 개수, k는 변수의 개수일 때 F-통계량은 아래와 같이 구할 수 있다.

귀무가설(H_0): $\beta_1 = \beta_2 = \cdots = \beta_k = 0$

대립가설(H_1): $\beta_1 \sim \beta_k$ 중에서 적어도 하나는 0이 아니다.

요인	제곱합	자유도	제곱평균	F-통계량
회귀	회귀 제곱합(SSR)	k	회귀 제곱평균(MSR) $\mathrm{MSR} = \frac{\mathrm{SSR}}{k}$	$\mathrm{F} = \frac{\mathrm{MSR}}{\mathrm{MSE}}$
오차	오차 제곱합(SSE)	$n-k-1$	잔차 제곱평균(MSE) $\mathrm{MSE} = \frac{\mathrm{SSE}}{n-k-1}$	
계	전체 제곱합(SST)	$n-1$	총 제곱평균(MST) $\mathrm{MST} = \frac{\mathrm{SST}}{n-1}$	

- F-통계량이 크면 p-값이 0.05보다 작아지고 이렇게 되면 귀무가설을 기각하므로 모형이 유의하다고 결론지을 수 있다.

㉰ 다중선형 회귀 분석의 검정

⊗ 다중선형 회귀 분석 검정

구분	설명
회귀계수의 유의성	• 회귀계수의 유의성은 회귀계수 유의성 검토와 같이 t-통계량을 통해 확인 • 모든 회귀계수의 유의성이 통계적으로 검증되어야 선택된 변수들의 조합으로 모형을 활용할 수 있다.
결정계수 (R^2)	• 결정계수(R^2)는 전체 데이터를 회귀 모형이 얼마나 잘 설명하고 있는지를 보여주는 지표로 회귀선의 정확도를 평가
수정된 결정계수 (Adjusted R^2)	• 결정계수는 독립변수의 유의성과 관계없이 독립변수가 많아질수록 증가하는 성질이 있음 • 이런 단점을 보완하기 위해서 다중선형 회귀 분석에서는 수정된 결정계수를 사용 $R_a^2 = 1 - \frac{(n-1)(1-R^2)}{n-p-1} = 1 - \frac{(n-1)\left(\frac{SSE}{SST}\right)}{n-p-1} = 1-(n-1)\frac{MSE}{SST}$ • n: 표본의 개수 • p: 독립변수의 개수 • MSE: 잔차제곱합 • 수정된 결정계수는 보통 결정계수보다 작게 계산되는 특징이 있음 • 수정된 결정계수는 설명력이 떨어지는 독립변수가 추가될 때는 감소하는 성질을 가지고 있으므로 모형 선택의 관점에서 이용됨
모형의 적합성	• 모형이 적합한지 잔차와 종속변수의 산점도로 확인
다중공선성 (Multicollinearity)	• 다중 회귀 분석에서 독립변수들 사이에 선형관계가 존재하면 회귀계수의 정확한 추정이 난해함 • 다중 공선성 검사 방법으로는 분산팽창 요인, 상태지수가 있음 [분산팽창 요인 (VIF)] 4보다 크면 다중공선성이 존재, 10보다 크면 심각한 문제가 있는 것으로 해석 [상태지수] 10 이상이면 문제가 있고, 30보다 크면 심각한 문제가 있다고 해석 • 다중 선형 회귀 분석에서 다중공선성의 문제가 발생하면 문제가 있는 변수를 제거하거나 주성분 회귀, 능형 회귀 모형을 적용하여 문제를 해결 • 회귀 분석에서 사용된 모형의 일부 독립변수가 다른 독립변수와 상관 정도가 높아서 데이터 분석 시 부정적 영향을 미치는 성질

VIF(Variation Inflation Factor)
다중 회귀 모델에서 독립변수 간 상관관계가 있는지 측정하는 척도이다.

다중공선성(Multicollinearity)
회귀 분석에서 독립변수들 간에 강한 상관관계가 나타나는 문제이다.

주성분 회귀(PCR; Principal Component Regression)
독립변수들의 주성분들을 추출한 후 이 주성분들을 이용해서 회귀 모델을 만드는 기법이다.

능형 회귀(Ridge Regression)
선형 회귀 분석에서는 최소제곱합을 최소로 하는 회귀계수를 추정한다. 능형 회귀 분석에서는 최소제곱합에 패널티 항을 추가하여 추정한다. 이는 축소 방법(Shrinkage Method) 중 하나로, 모형에 분산을 줄여주는 효과가 있다.

회귀 분석 결과에 대한 모형 적합성 검정

① 회귀 모형의 통계적 유의성 검증

- F-통계량을 통해 회귀 모형의 통계적 유의성을 확인할 수 있다.
- F-통계량은 MSR/MSE로 계산되며, F-통계량이 크다는 것은 회귀 모형에 의해 설명되는 변동이 많다는 것을 의미하므로 F-통계량이 클수록 회귀 모형은 통계적으로 유의하다.
- F-통계량이 커질수록 p-값이 작아지고, 유의수준 0.05(5%)에서 F-통계량에 의해 계산된 p-값이 0.05보다 작으면 모형이 통계적으로 유의하다고 볼 수 있다.

학습 POINT

$e+x$는 10^x값을 말하고, $e-x$는 10^{-x}를 말합니다.

$1.62e-14=1.62\times10^{-14}$

$1.62e+14=1.62\times10^{14}$

② 회귀계수의 유의성 검증

- 각 독립변수가 종속변수에 미치는 영향은 t-통계량을 통해서 파악할 수 있다.
- t-통계량(t value)은 회귀계수/표준오차(Estimate/Std.Error)로 계산된다.

	Estimate	Std.Error	t value	Pr(>|t|)
(Intercept)	-17.5791	6.7584	-2.601	0.0123
X1	3.9324	0.4155	9.464	1.49e-12

- 위의 표에서 X1의 회귀계수는 3.9324이고 표준오차는 0.4155다.
- 이를 통해 t-통계량을 계산하면 3.9324/0.4155=9.464259928이 된다.
- 표준오차가 작을 때 t-통계량이 크기 때문에 t-통계량이 클수록 회귀계수는 유의하다.
- t-통계량이 커질수록 p-값이 작아지고, 유의수준 0.05(5%)에서 t-통계량에 의해 계산된 p-값이 0.05보다 작으면 모형이 통계적으로 유의하다고 볼 수 있다.

③ 모형의 설명력

- 모형의 설명력은 결정계수 R^2로 확인할 수 있다.
- 결정계수는 전체 변동 중 회귀 모형에 의해 설명되는 변동의 비율로 표본에 의해 추정된 회귀식이 주어진 자료를 얼마나 잘 설명하는지를 보여주는 값이다.
- 결정계수는 SSR/SST, SST=SSE+SSR로 계산된다.
- 결정계수는 0과 1 사이의 값으로 나타나는데, 결정계수가 1에 가까울수록 회귀 모형이 주어진 자료를 잘 설명한다고 할 수 있다.

Df	R^2	F value	Pr(>|F|)
48	0.6511	89.57	1.49e-12

- 모형과 관측 데이터를 통해 R에서 SSR, SSE를 구하면 SSR은 21185, SSE는 11353이다. SST는 SSR과 SSE의 합인 32538이므로 결정계수는 21185/32538=0.6511이 된다.

학습 POINT

변수선택 방법은 2과목 1장 데이터 전처리의 분석 변수 처리에도 있으니 참고해 주세요.

(3) 최적 회귀방정식의 선택 21년 2회

모든 가능한 독립변수들의 조합에 대한 회귀 모형을 생성한 뒤 가장 적합한 회귀 모형을 선택한다.

⊗ 변수선택 방법

유형	설명
전진 선택법 (Forward Selection)	절편만 있는 상수 모형부터 시작해 중요하다고 생각되는 독립변수를 차례로 모형에 추가하는 방식
후진 소거법 (Backward Elimination)	독립변수 후보 모두를 포함한 모형에서 출발해 제곱합의 기준으로 가장 적은 영향을 주는 변수부터 하나씩 제거하면서 더 이상 유의하지 않은 변수가 없을 때까지 독립변수들을 제거하고 이때의 모형을 선택하는 방법
단계적 방법 (Stepwise Method)	변수를 추가하면서 새롭게 추가된 변수에 기인해 기존 변수가 그 중요도가 약화되면 해당 변수를 제거하는 단계별 추가 또는 제거되는 변수의 여부를 검토해 더 이상 없을 때 중단하는 방법

변수선택 방법

「전후단」

전진 선택법 / 후진 소거법 / 단계적 방법

→ 전선 후(뒤에 있는) 제단

(4) 벌점화된 선택기준

- 모형의 복잡도에 벌점(Penalty)을 주는 방법으로 AIC 방법과 BIC 방법을 사용한다.
- 모든 후보 모형들에 대해서 AIC, BIC를 계산하고 그 값이 최소가 되는 모형을 선택한다.

① AIC(Akaike Information Criterion)

- AIC는 실제 데이터의 분포와 모형이 예측하는 분포 사이의 차이를 나타낸 지표이다.

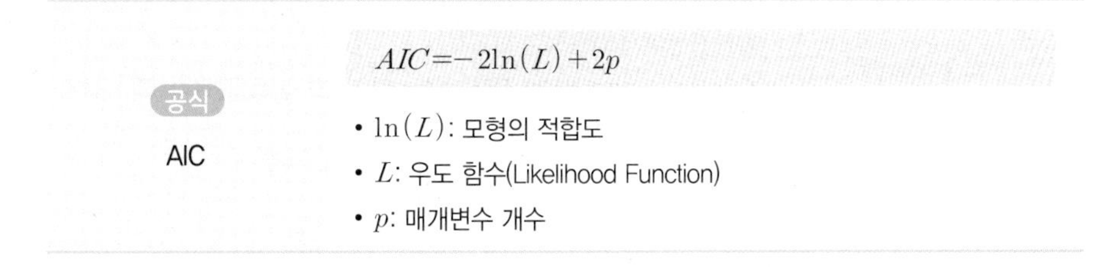

공식

AIC

$$AIC = -2\ln(L) + 2p$$

- $\ln(L)$: 모형의 적합도
- L: 우도 함수(Likelihood Function)
- p: 매개변수 개수

- AIC 값이 낮을수록 모형의 적합도가 높다.
- 어떤 모형이 $2\ln(L)$인 적합도를 높이기 위해서 여러 불필요한 매개변수를 사용할 수도 있다.
- 실제 모형 비교 시 독립변수가 많은 모형이 적합도 면에서 유리하게 되는데, 이는 독립변수에 따라서 모형의 적합도에 차이가 난다는 의미이다.

잠깐! 알고가기

모형의 적합도

실제 자료와 연구자의 연구 모형이 얼마나 부합하는지 평가하는 것

② BIC(Bayesian Information Criterion)

- AIC의 단점은 표본이 커질수록 부정확해진다는 점인데, 이를 보완한 지표가 BIC이다.

공식	
AIC	$BIC = -2\ln(L) + p\ln n$ • $\ln(L)$: 모형의 적합도 • L: 우도 함수(Likelihood Function) • p: 매개변수 개수 • n: 데이터 개수

- AIC는 벌점을 모형의 추정된 매개변수의 개수에 곱하기 2로, BIC는 모형의 추정된 매개변수의 개수에 곱하기 $\ln(n)$으로 되어 있다.
- AIC의 벌점은 표본 크기에 상관없이 일정($2p$)하지만, BIC의 벌점은 표본 크기가 커질수록 $p\ln n$ 함께 커진다.
- BIC는 표본의 크기가 커질수록 복잡한 모형을 더 강하게 처벌한다.

단순선형 회귀 분석의 코드 해석 부분은 가볍게 보시고 넘어가셔도 되겠습니다.

(5) 선형 회귀 분석 코드 해석

⊗ 선형 회귀 분석 R 코드 해석

함수 및 용어	설명
lm()	• 선형 회귀 모형을 수행하는 함수
Residual	• 예측하고자 하는 변수의 실젯값과 회귀 분석으로 얻어진 값 사이에서 표준오차로 인해 발생한 차이
Coefficients	• 회귀 모형에서 사용되는 회귀계수 • 회귀 분석에 의해 계산된 절편(Intercept, β_0)과 각 독립변수(x)의 기울기 값
Significance stars(*)	• 계산된 p-값에 따라 별표로 나타내는 중요도 수준 • ***는 높은 중요도, *는 낮은 중요도를 의미
Multiple R-squared	• 결정계수(R^2) • 모델에 의하여 해석되는 예측의 변동량으로, 모델의 적합성을 평가하는 척도로도 사용 • 1이 최고치이므로 1에 가까운 값이 최적 모델임
Adjusted R-squared	• 수정된 결정계수
F-statistic	• F-통계량
DF	• 자유도(Degree of Freedom) • 샘플에 포함된 관측치의 개수와 모델에 사용된 변수 개수와의 차이
p-value	• 귀무가설이 참이라는 가정에 따라 주어진 표본 데이터를 희소 또는 극한값으로 얻을 확률값

F-통계량

F-통계량은 모집단 분산이 서로 동일($\sigma_1^2 = \sigma_2^2$)하다고 가정되는 두 모집단으로부터, 표본 크기가 각각 n_1, n_2인 독립적인 2개의 표본을 추출하였을 때, 2개의 표본 분산 s_1^2, s_2^2의 비율(s_1^2/s_2^2)이다.

개념 박살내기

다음은 스위스의 47개 프랑스어 사용지역의 출산율(Fertility)과 관련된 변수들을 사용하여 얻은 결과이다.

```
> summary(lm(Fertility~., data=swiss))          # swiss 데이터 세트 집계

Call:                                            # model로 단순선형 회
lm(formula = Fertility ~ ., data = swiss)        귀 모형인 lm() 적용
                                                 (linear model)
Residuals:

    Min      1Q   Median     3Q     Max
-15.2743 -5.2617  0.5032  4.1198  15.3213

Coefficients:                                    # 회귀 모형계수
                                                 (coefficients) 출력
                 Estimate Std. Error t value Pr(>|t|)   # (Intercept) 절편
(Intercept)      66.91518   10.70604   6.250 1.91e-07 ***   # Pr(>|t|) 값이 유의수준
Agriculture      -0.17211    0.07030  -2.448 0.01873 *      0.05보다 작으면 유의하다.
Examination      -0.25801    0.25388  -1.016 0.31546        # Examination은 Pr(>|t|)
Education        -0.87094    0.18303  -4.758 2.43e-05 ***   값 0.31546로 유의하지
Catholic          0.10412    0.03526   2.953 0.00519 **     않다.
Infant.Mortality  1.07705    0.38172   2.822 0.00734 **

---
Signif. codes: 0 '***' 0.001 '**' 0.01 '*' 0.05 '.' 0.1 ' ' 1
                                                 # 결정계수(R^2)는
Residual standard error: 7.165 on 41 degrees of freedom     0.7067이고 수정된 결정
Multiple R-squared: 0.7067, Adjusted R-squared: 0.671       계수는 0.671이다.
F-statistic: 19.76 on 5 and 41 DF, p-value: 5.594e-10       # F-통계량은 19.76, p-
                                                 value는 5.594e-10이므
                                                 로(0.05보다 작으므로)
                                                 귀무가설을 기각한다.
```

2 로지스틱 회귀 분석 ★★★

(1) 로지스틱 회귀 분석(Logistic Regression Analysis) 개념 21년 2회

- 로지스틱 회귀 분석은 독립변수가 수치형이고 반응변수(종속변수)가 범주형(이항형)인 경우 적용되는 회귀 분석 모형이다.
- 새로운 설명변수의 값이 주어질 때 반응변수의 각 범주에 속할 확률이 얼마인지를 추정하여 추정 확률을 기준치에 따라 분류하는 목적으로 사용된다.

학습 POINT

로지스틱 회귀 분석은 반응변수(종속변수)가 이산형이라는 문제와 범주형(이항형)이라는 문제가 모두 출제되었습니다. 이산형 또는 범주형(이항형)이라는 두 가지 표현으로 나올 수 있으니 알아두세요.

잠깐! 알고가기

반응변수 (Response Variable)

- 반응변수는 결과변수, 목적변수, 종속변수라고도 한다.
- 반응변수는 예측 등을 통해 설명이 되는 결과적인 변수이다.

잠깐! 알고가기

사후 확률
(Posterior Probability)
사건 발생 후에 그것이 어떤 원인일 것이라고 생각되는 확률이다.

- 모형의 적합을 통해 추정된 확률을 사후 확률로도 부른다.

공식 로지스틱 회귀 분석

$$Y = \frac{e^X}{1+e^X} = \frac{1}{1+e^{-X}} = \frac{\exp(\beta_0+\beta_1 X_1+\cdots+\beta_k X_k)}{1+\exp(\beta_0+\beta_1 X_1+\cdots+\beta_k X_k)}$$

구분	내용
변수	• Y: 종속변수 • X: 독립변수 • $X_1, X_2, \cdots, X_k$: 독립변수
회귀계수	• β_0: 회귀식 절편(상수항) • $\beta_1, \beta_2, \cdots, \beta_k$: 회귀식 기울기

(2) 로지스틱 회귀 분석 필요성

범위를 표시할 때, [a, b]는 a≤범위≤b이고, (a, b)는 a<범위<b입니다.

- 로지스틱 회귀 분석은 대상이 되는 데이터의 종속변수(y)의 결과는 0과 1 두 개의 경우만 존재하는 데 반해, 단순 선형 회귀를 적용하면 범위[0, 1]를 벗어나는 결과가 나오기 때문에 예측의 정확도가 떨어진다. (종속변수가 범주형(이항형)의 경우 로지스틱 회귀 분석을 사용해야 한다.)

(3) 로지스틱 회귀 분석의 원리

- 로지스틱 모형 식은 독립변수가 $(-\infty, +\infty)$의 어느 숫자이든 상관없이 종속변수 또는 결괏값이 항상 범위 [0, 1] 사이에 있도록 한다. 이는 로짓(Logit) 변환을 수행함으로써 얻어진다.
- 분석 대상이 되는 이항 변수인 0, 1은 로짓을 이용해서 연속변수인 것처럼 바꿔줌으로써 활용할 수 있다. 하지만, 바로 로짓으로 변환하지 못하고 먼저 오즈, 오즈비를 거쳐서 로짓으로 변환해야 한다.

잠깐! 알고가기

오즈(Odds; 승산)
- 실패에 비해 성공할 확률의 비를 의미하며, Odds$=\frac{p}{1-p}$로 계산한다.
- 승산비는 교차비, 승산비, 대응위험이라고도 한다.

㉮ 게임에서 이길 확률이 1/5, 질 확률이 4/5이면 Odds는 1/4이다. 계산된 값은 '5번 중에, 4번 질 동안 1번 이긴다.'라고 해석한다.

Odds$=\frac{p}{1-p}=\frac{1/5}{4/5}=\frac{1}{4}$

① 오즈(Odds)

- 오즈(=승산)는 특정 사건이 발생할 확률과 그 사건이 발생하지 않을 확률의 비다.

오즈(Odds)

$$\text{Odds}(p) = \frac{p}{1-p}$$

- p: 특정 사건(예를 들어 우승)의 발생 확률

예 한국이 축구에서 브라질에 승리할 확률이 20%라고 할 때 Odds는 $\frac{\text{이길 확률}}{1-\text{이길 확률}} = \frac{0.2}{0.8} = \frac{1}{4}$ 이므로 승산은 0.25이다. (질 확률이 4배가 높다.)

② 로짓(Logit) 변환

- 로짓 변환은 오즈에 로그를 취한 함수로서 입력값의 범위가 [0, 1]일 때 출력값의 범위를 $(-\infty, +\infty)$로 조정한다.

로짓 변환

$$\text{Logit}(p) = \log\frac{p}{1-p} = \log \text{odds}(p)$$

- p: 특정 사건(예를 들어 우승)의 발생 확률

- 오즈의 범위를 $(-\infty, +\infty)$로 변환함으로써 다음과 같은 그래프 모양을 갖는다.

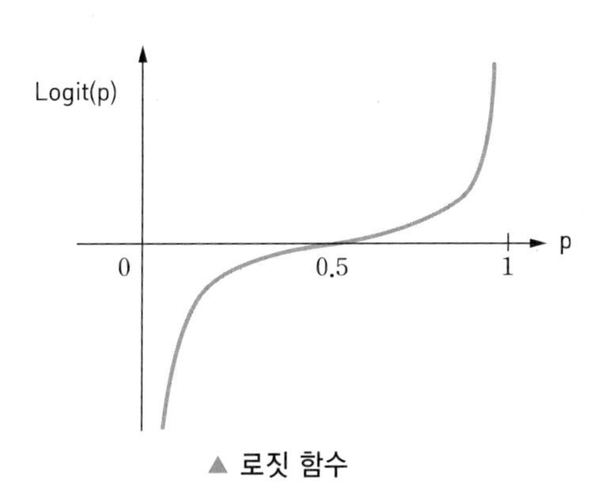

▲ 로짓 함수

- 하지만 로짓 변환도 [0, 1]에 대한 확률값으로 $(-\infty, +\infty)$의 값을 갖는다는 한계점이 있다.
- 이러한 한계를 극복하기 위해 로짓 함수의 식을 조작하여 최종적으로 시그모이드 함수를 사용하여 로지스틱 회귀 분석을 구현한다.

③ 시그모이드 함수

- 시그모이드 함수는 S자형 곡선(시그모이드 곡선)을 갖는 수학 함수이다.
- 로짓 함수는 x의 값이 [0, 1]일 때, y는 $(-\infty, +\infty)$인 함수이다.
- 로짓 함수에 역함수를 취하면 시그모이드 함수가 된다.

시그모이드 함수

$$\text{sigmoid}(x) = \frac{1}{1+e^{-x}}$$

- x의 값이 $(-\infty, +\infty)$일 때, y값은 [0, 1]의 값을 가짐

• 시그모이드 함수의 그래프는 아래와 같다.

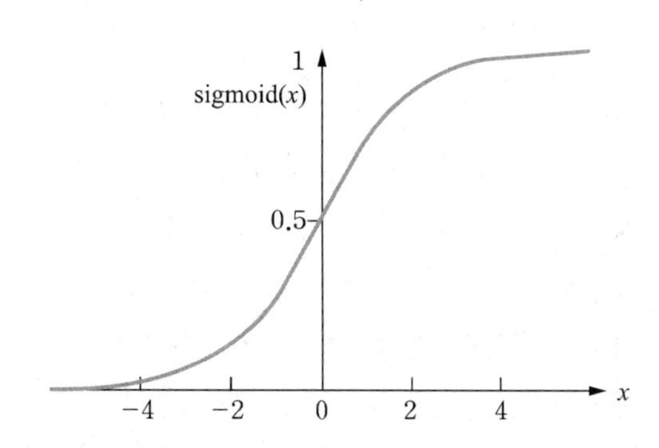

• 시그모이드 함수에서 x값이 ∞에 가까울수록 1에 가깝고, x값이 $-\infty$에 가까울수록 0에 가깝다.

3 의사결정나무 ★★★

> **학습 POINT**
> 의사결정나무는 자주 출제되는 영역 중 하나입니다. 개념과 구성 요소 등을 집중해서 학습하시길 권장합니다.

(1) 의사결정나무(Decision Tree) 개념

• 의사결정나무(Decision Tree) 모형은 의사결정 규칙을 나무(Tree) 구조로 나타내어 전체 자료를 몇 개의 소집단으로 분류하거나 예측하는 분석 방법이다.

	수중	지느러미	물고기
1	Yes	Yes	Yes
2	Yes	No	No
3	No	Yes	No
4	No	No	No

분할 기준 속성
수중
No
Yes
No
지느러미
No
Yes
No
Yes
예측 결과

▲ 의사결정나무 분류 예

• 의사결정나무 기법은 분석의 대상을 분류함수를 활용하여 의사결정 규칙으로 이루어진 나무 모양으로 그리는 기법이다.

• 의사결정나무 구조는 연속적으로 발생하는 의사결정 문제를 시각화해서 의사결정이 이루어지는 시점과 성과 파악을 쉽게 해준다.

• 의사결정나무 기법의 해석이 용이한 이유는 계산 결과가 의사결정나무에 직접적으로 나타나기 때문이다.

> **잠깐! 알고가기**
> 분류함수
> (Classification Function)
> 분류함수는 어느 모집단에서 추출된 것인지를 모르는 새로운 표본이 관측되었을 때 이 표본을 여러 모집단 중에서 어느 하나의 모집단으로 분류(Classification)해 주기 위해 분류의 기준을 사용되는 함수이다.

(2) 의사결정나무의 구성요소

- 의사결정나무는 뿌리 마디, 자식 마디, 부모 마디, 끝마디, 중간 마디, 가지, 깊이 등의 요소로 구성되어 있다.
- 가지분할(Split)은 나무의 가지를 생성하는 과정이며, 가지치기(Prunning)는 생성된 가지를 잘라내어 모형을 단순화하는 과정이다.

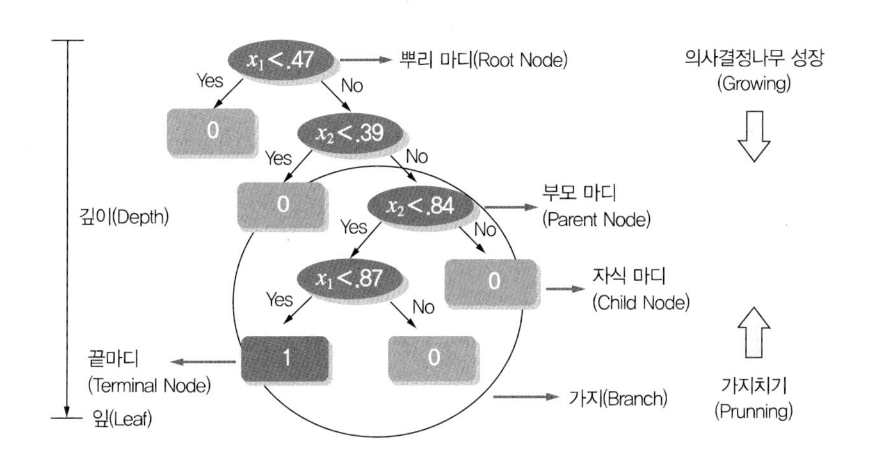

▲ 의사결정나무 개념도

⊗ 의사결정나무의 구성요소

구성요소	설명
부모 마디(Parent Node)	• 주어진 마디의 상위에 있는 마디
자식 마디(Child Node)	• 하나의 마디로부터 분리되어 나간 2개 이상의 마디들
뿌리 마디(Root Node)	• 시작되는 마디로 전체 자료를 포함
끝마디(Terminal Node)	• 잎(Leaf) 노드라고도 불림 • 자식 마디가 없는 마디
중간 마디(Internal Node)	• 부모 마디와 자식 마디가 모두 있는 마디
가지(Branch)	• 뿌리 마디로부터 끝마디까지 연결된 마디들
깊이(Depth)	• 뿌리 마디부터 끝마디까지의 중간 마디들의 수

(3) 해석력과 예측력

- 은행에서 신용평가에서는 평가 결과 부적격 판정이 나온 경우 대상자에게 부적격 이유를 설명해야 하기 때문에 의사결정나무의 해석력에 집중한다.
- 기대 집단의 사람들 중 가장 크고, 많은 반응을 보일 상품 구매 고객의 모집방안을 예측하고자 하는 경우에는 의사결정나무의 예측력에 집중한다.

학습 POINT

해석력은 결과를 해석하고 설명할 수 있는 정도이고, 예측력은 실제 예측의 정확도를 나타내는 정도입니다.

(4) 의사결정나무의 분석

① 의사결정나무의 분석 과정

의사결정나무의 분석 과정
「**성가타해**」
의사결정나무 **성**장 / **가**지치기 / **타**당성 평가 / **해**석 및 예측
→ 성가대가 버스에 타야해

㉧ 의사결정나무의 분석 과정

순서	단계	수행 내용	동작 방식
1	의사결정나무 성장 (Growing)	목표변수(종속변수)와 관계가 있는 설명변수(독립변수)를 추가하고, 분석의 목적과 자료구조에 따라서 분석의 목적과 자료구조에 따라서 적절한 분리 규칙(Splitting Rule)을 찾아서 나무를 성장시키는 과정으로 적절한 정지 규칙(Stopping Rule)을 만족하면 중단	루트 / 뿌리 노드 / A 생성 / B 생성
2	가지치기 (Pruning)	분류 오류(Classification Error)를 크게 할 위험(Risk)이 높거나 부적절한 추론 규칙을 가지고 있는 가지(Branch) 또는 불필요한 가지를 제거하는 단계	루트 / 가지치기 / A No / B Yes
3	타당성 평가	이익 도표(Gain Chart), 위험 도표(Risk Chart) 또는 평가 데이터(Test Data)를 이용하여 교차 타당성(Cross Validation) 등을 이용한 평가 수행 단계	루트 / B / 타당성 분석
4	해석 및 예측	구축된 의사결정나무 모형을 해석하고, 분류 및 예측 모형을 설정하여 데이터의 분류 및 예측에 활용하는 단계	루트 / 루트를 만족시키는 B 최종 / B

학습 POINT

의사결정나무의 성장 부분은 문제로 출제되기는 어렵습니다. 깊게 학습하시지 않아도 괜찮습니다.

② 의사결정나무의 성장

- 학습자료를 (x_j, y_j) $j = 1, 2, 3, 4, \cdots, n$으로 나타내면 $x_j = (x_{j1}, \cdots, x_{jp})$이다.
- 의사결정나무에서 나무 모형의 성장 과정은 x들로 이루어진 입력 공간을 재귀적으로 분할하는 과정이라고 할 수 있다.

㉮ 분류 규칙(Splitting Rule)

- 의사결정나무에서 분리 변수(Split Variable)가 연속형인 경우, $A = x_i \leq s$이다.
- 의사결정나무에서 분리 변수가 범주형{1, 2, 3, 4}인 경우에는, $A = 1, 2, 4$와 $A^c = 3$으로 나눌 수 있다.

- 의사결정나무에서 최적 분할의 결정은 불순도 감소량을 가장 크게 하는 분할이다.
- 각 단계에서 최적 분리 기준에 의한 분할을 찾은 후 각 분할에 대해서도 동일한 과정을 반복한다.

㉯ 분리 기준(Splitting Criterion)

- 분리 기준은 하나의 부모 마디로부터 자식 마디들이 형성될 때, 입력변수(Input Variable)의 선택과 범주(Category)의 병합이 이루어질 기준을 의미한다.
- 어떤 입력변수를 이용하여 어떻게 분리하는 것이 목표변수의 분포를 가장 잘 구별해주는지를 파악하여 자식 마디가 형성되는데, 목표변수의 분포를 구별하는 정도를 순수도, 또는 불순도(Impurity)에 의해서 측정하는 것이다.
- 의사결정나무는 부모 마디의 순수도에 비해서 자식 마디들의 순수도가 증가하도록 자식 마디를 형성해나가게 된다.
- 마디의 순수도를 나타내는 어떠한 것도 분리 기준으로 사용될 수 있으나, 일반적으로는 목표변수의 측도에 따라서 이산형 목표변수에 사용되는 분리 기준과 연속형 목표변수에 사용되는 분리 기준이 사용된다.
- 의사결정나무는 목표변수가 이산형인 경우에는 분류나무(Classification Tree), 연속형인 경우에는 회귀나무(Regression Tree)로 구분되며, 이에 따라 다른 분리 기준을 사용한다.

순수도(Purity)
목표변수의 특정 범주에 개체들이 포함되어 있는 정도를 의미한다.

⊗ 분류나무(이산형 목표변수)에서 사용되는 분리 기준

기준값	분리 기준
카이제곱 통계량의 p-값	p-값이 가장 작은 예측변수와 그 당시의 최적 분리를 통해서 자식 마디 형성
지니 지수 (Gini Index)	불순도를 측정하는 하나의 지수로서 지니 지수를 가장 감소시켜주는 예측변수와 그 당시의 최적 분리를 통해서 자식 마디 선택
엔트로피 지수 (Entropy Index)	엔트로피 지수가 가장 작은 예측변수와 그 당시의 최적 분리를 통해서 자식 마디를 형성

이산형 목표변수에 사용되는 분리 기준
「카지엔」
카이제곱 통계량의 p-값 / 지니 지수 / 엔트로피 지수

⊗ 회귀나무(연속형 목표변수)에서 사용되는 분리 기준

기준값	분리 기준
분산 분석에서 F-통계량	p-값이 가장 작은 예측변수와 그 당시의 최적 분리를 통해서 자식 마디 형성
분산의 감소량	예측 오차를 최소화하는 것과 같은 기준으로 분산의 감소량을 최대화하는 기준의 최적 분리를 통해서 자식 마디 형성

㉰ 정지 규칙(Stopping Rule)

- 의사결정나무에서 정지 규칙과 가지치기라는 순서가 있는데 정지 규칙은 더 이상 분리가 일어나지 않고 현재의 마디가 끝마디가 되도록 하는 규칙이다.
- 정지기준(Stopping Criterion)은 의사결정나무의 깊이(Depth)를 지정, 끝마디의 레코드 수의 최소 개수를 지정한다.

③ 나무의 가지치기(Pruning)

- 의사결정나무에서 너무 큰 나무 모형은 자료를 과대 적합하고, 너무 작은 나무 모형은 과소 적합할 위험성이 있다.
- 의사결정나무의 크기를 모형의 복잡도로 볼 수 있으며 최적의 나무 크기는 대상 자료로부터 추정하게 된다.
- 일반적으로 사용되는 방법은 마디에 속하는 자료가 일정 수(10을 예로 든다면) 이하일 때 분할을 멈추고 비용-복잡도 가지치기(Cost Complexity Pruning)를 활용하여 성장시킨 나무에 대한 가지치기를 한다.

잠깐! 알고가기

과대 적합(Over-fitting)
- 과대 적합은 훈련 데이터에 대한 성능은 좋지만 실제 데이터에 성능이 떨어지는 현상이다.
- 지나친 차수 증가로 인한 활용성의 부족 현상이다.

과소 적합(Under-fitting)
- 과소 적합은 적정 수준의 학습이 부족하여 실제 성능이 떨어지는 현상이다.
- 데이터 수집 시 단편화된 방법으로 인한 학습 부족 현상이다.

(5) 불순도의 여러 가지 척도 21년 3회

목표변수가 이산형 변수인 의사결정나무의 분류 규칙을 선택하기 위해서는 카이제곱 통계량, 지니 지수, 엔트로피 지수를 활용한다.

⊗ 불순도의 여러 가지 척도

구분	공식	설명
카이제곱 통계량	$\chi^2 = \sum_{i=1}^{k} \frac{(O_i - E_i)^2}{E_i}$ (k: 범주의 수, O_i: 실제도수, E_i: 기대도수)	• 데이터의 분포와 사용자가 선택한 기대 또는 가정된 분포 사이의 차이를 나타내는 측정값 • (기대도수)=(열의 합계)×(합의 합계) / (전체합계)
지니 지수 (지니 인덱스)	$\text{Gini(T)} = 1 - \sum_{l=1}^{k} P_l^2$	• 노드의 불순도를 나타내는 값 • 지니 지수의 값이 클수록 이질적(Diversity)이며 순수도(Purity)가 낮다고 볼 수 있음
엔트로피 지수	$\text{Entropy(T)} = -(\sum_{l=1}^{k} P_l \log_2 P_l)$	• 열역학에서 쓰는 개념으로 무질서 정도에 대한 측도 • 엔트로피 지수의 값이 클수록 순수도(Purity)가 낮다고 볼 수 있음 • 엔트로피 지수가 가장 작은 예측변수와 이때의 최적 분리규칙에 따라 자식 마디를 형성함

잠깐! 알고가기

엔트로피(Entropy)
- 엔트로피는 쉽게 표현하면 무질서도. 어떤 계의 '무질서한 정도', 혹은 '규칙적이지 않은 정도'이다.
- 즉 자연 물질이 변형되어, 원래의 상태로 돌아갈 수 없는 현상을 한다.

카이제곱 통계량 구하기

다음과 같은 데이터가 있는 경우 카이제곱 통계량을 구하려고 한다.

	좋음	나쁨	합계
왼쪽	32	48	80
오른쪽	178	42	220
합계	210	90	300

① 기대도수 구하기

	좋음	나쁨
왼쪽	80×210 / 300=56	80×90 / 300=24
오른쪽	220×210 / 300=154	220×90 / 300=66

② 카이제곱 통계량 구하기

$$\chi^2 = \sum_{i=1}^{2}\sum_{j=1}^{2}\frac{(O_{ij}-E_{ij})^2}{E_{ij}}$$

$$=\frac{(32-56)^2}{56}+\frac{(48-24)^2}{24}+\frac{(178-154)^2}{154}+\frac{(42-66)^2}{66}$$

$$=46.75$$

지니 지수 구하기

① 다음 그림을 보고 지니 지수를 구하기

$$\text{Gini(T)}=\left(1-\sum_{l=1}^{k}P_l^2\right)=1-\left(\frac{3}{8}\right)^2-\left(\frac{3}{8}\right)^2-\left(\frac{1}{8}\right)^2-\left(\frac{1}{8}\right)^2=0.69$$

$$\text{Gini(T)}=\left(1-\sum_{l=1}^{k}P_l^2\right)=1-\left(\frac{6}{7}\right)^2-\left(\frac{1}{7}\right)^2=0.24$$

② 아래와 같은 데이터가 있는 경우, 지니 지수 구하기

	Good	Bad	Total
Left	32	48	80
Right	178	42	220
Total	210	90	300

$$\text{Gini(T)}=\left(1-\left(\frac{32}{80}\right)^2-\left(\frac{48}{80}\right)^2\right)\times\frac{80}{300}+\left(1-\left(\frac{178}{220}\right)^2-\left(\frac{42}{220}\right)^2\right)\times\frac{220}{300}=0.35$$

학습 POINT

카이제곱 통계량, 지니 지수, 엔트로피 지수는 중요합니다. 각 공식과 설명을 잘 봐두셔야 합니다. 자세한 내용은 개념 박살내기를 참조해 주세요!

엔트로피 지수 구하기

① 위의 그림을 보고 엔트로피를 구하기

$$\text{Entropy(T)} = -\left(\sum_{l=1}^{k} P_l \log_2 P_l\right) = -\left(\frac{3}{8}\times\log_2\frac{3}{8}\right)\times 2 - \left(\frac{1}{8}\times\log_2\frac{1}{8}\right)\times 2 = 1.81$$

② 아래와 같은 데이터가 있는 경우, 엔트로피 지수 구하기

	Good	Bad	Total
Left	32	48	80
Right	178	42	220
Total	210	90	300

- 엔트로피=엔트로피(Left)P(Left) + 엔트로피(Right)P(Right)
- $\text{Entropy(T)} = -\left(\frac{32}{80}\log_2\frac{32}{80} + \frac{48}{80}\log_2\frac{48}{80}\right)\frac{80}{300} - \left(\frac{178}{220}\log_2\frac{178}{220} + \frac{42}{220}\log_2\frac{42}{220}\right)\frac{220}{300}$

  $= 0.77$

(6) 의사결정나무 알고리즘

의사결정나무의 알고리즘은 필기 문제 형태로 내기 좋습니다. 설명을 보고 어떤 알고리즘인지 맞출 수 있을 정도로 봐주시길 권장합니다!

의사결정나무 알고리즘

「카씨차퀘」

CART / **C**4.5와 C5.0 / **CHA**ID / **QUE**ST

→ 카씨트가 있는 차에서 퀘퀘한 냄새가 났다.

의사결정나무 알고리즘

구분	설명
CART(이진분할; Classification And Regression Tree)	• CART 기법은 각 독립변수를 이분화하는 과정을 반복하여 이진트리 형태를 형성함으로써 분류를 수행하는 알고리즘 • 가장 널리 사용되는 의사결정나무 알고리즘 • 가장 성취도가 좋은 변수 및 수준을 찾는 것에 중점 • 개별 입력변수뿐만 아니라 독립변수들의 선형 결합 중에서 최적의 분리를 구할 수 있음
C4.5와 C5.0	• 가지치기를 사용할 때 학습자료를 사용하는 알고리즘 • 목표변수가 이산형이어야 함 • 불순도의 척도로 엔트로피 지수(Entropy index) 사용 • CART와는 다르게 각 마디에서 다지 분리(Multiple Split)가 가능하며 범주형 독립변수에 대해서는 범주의 수만큼 분리가 일어남
CHAID(다지분할; Chi-squared Automatic Interaction Detection)	• AID(Automatic Interaction Detection)를 발전시킨 알고리즘 • 가지치기하지 않고 나무를 적당한 크기에서 성장을 중지하며 독립변수가 이산형 변수이어야 함 • 불순도의 척도로 카이제곱 통계량을 사용 • 분리 방법은 다지 분리(Multiple Split) 사용 • 분리 변수의 각 범주가 하나의 부 마디(Sub-Node)를 형성

구분	설명
QUEST	• 변수의 선택에서 범주의 개수가 많은 범주형 변수로의 편향이 심각한 CART의 문제점을 개선한 알고리즘 • 변수 선택 편향(Bias)이 거의 없음 • 분리 규칙은 분리 변수 선택과 분리점 선택의 두 단계로 나누어 시행 • 불순도의 척도로 카이제곱 통계량을 사용 • 분리 방법은 이진 분리(Binary Split) 사용

⊗ 알고리즘, 목표변수별 분류 기준

알고리즘	이산형 목표변수	연속형 목표변수
CHAID(다지분리) QUEST(이진분리)	카이제곱 통계량	분산 분석(ANOVA)에서 F-통계량
CART(이진분리)	지니지수	분산의 감소량
C4.5/C5.0(다지분리)	엔트로피 지수	-

(7) 의사결정나무의 활용 및 장단점

① 의사결정나무의 활용

⊗ 의사결정나무의 활용

활용용도	설명
분류	• 여러 예측변수들에 근거해서 관측 개체의 목표변수 범주를 몇 개의 등급으로 분류하고자 하는 경우에 활용
예측	• 자료에서 규칙을 찾아내고 이를 이용해서 미래의 사건을 예측하고자 하는 경우 활용
차원축소 및 변수선택	• 매우 많은 수의 예측변수 중에서 목표변수에 큰 영향을 미치는 변수들을 구분하고자 하는 경우에 활용
교호작용 효과의 파악	• 여러 개의 예측변수들을 결합해서 목표변수에 작용하는 규칙을 파악하고자 하는 경우 활용 • 범주의 병합 또는 연속형 변수의 이산화에 활용: 범주형 목표변수의 범주를 소수의 몇 개로 병합하거나 연속형 목표변수를 몇 개의 등급으로 이산화하고자 하는 경우 활용

② 의사결정나무의 장단점

⊗ 의사결정나무의 장점

장점	설명
해석의 용이성	• 나무 구조에 의해서 모형이 표현되기 때문에 모형을 사용자가 쉽게 이해 가능 • 새로운 개체에 대한 분류 또는 예측을 하기 위해서 뿌리 마디로부터 끝마디까지를 단순히 따라가면 되기 때문에, 새로운 자료에 모형을 적합 시키기가 쉬움 • 나무 구조로부터 어떤 입력변수가 목표변수를 설명하기 위해서 더 중요한지를 쉽게 파악 가능

편향(Bias)
• 편향은 학습 알고리즘에서 잘못된 가정을 했을 때 발생하는 오차이다.
• 높은 편향값은 알고리즘이 데이터의 특징과 결과물과의 관계를 잘못 판단할 수 있는 과소 적합(Underfitting) 문제를 일으킨다.

학습 POINT

의사결정나무의 활용 및 장단점은 표의 앞부분이 중요합니다. 객관식 형태로 내기 정말 좋다는 생각이 드시죠? 이해할 정도로만 설명을 봐주시면 되겠습니다.

예측변수(Predictor)
• 변수(Feature), 속성(Attribute), 차원(Dimension), 관측치(Observation), 독립변수(Independent Variable)라고 한다.
• 예측변수는 다른 변수에 영향을 받지 않고 종속변수에 영향을 주는 변수이다.

교호작용(Interaction)
교호작용이란 독립변수 간의 상호 작용이 종속변수에 영향을 주는 현상이다.

장점	설명
상호작용 효과의 해석 가능	• 두 개 이상의 변수가 결합하여 목표변수에 어떻게 영향을 주는지 쉽게 파악 가능 • 의사결정나무는 유용한 입력변수나 상호작용(Interaction)의 효과 또는 비선형성(Nonlinearity)을 자동으로 찾아내는 알고리즘이라 할 수 있음
비모수적 모형	• 의사결정나무는 선형성(Linearity)이나 정규성(Normality) 또는 등분산성(Equal Variance) 등의 가정을 필요로 하지 않는 비모수적인(Non-Parametric) 방법임 • 의사결정나무에서는 순서형 또는 연속형 변수는 단지 순위(Rank)만 분석에 영향을 주기 때문에 이상값에 민감하지 않다는 장점이 있음
유연성과 정확도가 높음	• 대용량 데이터에서도 빠르게 만들 수 있음 • 설명변수나 목표변수에 수치형 변수와 범주형 변수를 모두 사용 가능 • 모형 분류 정확도가 높음

㉳ 의사결정나무의 단점

단점	설명
비연속성	• 의사결정나무에서는 연속형 변수를 비연속적인 값으로 취급하기 때문에 분리의 경계점 근방에서는 예측 오류가 클 가능성이 있음
선형성 또는 주 효과의 결여	• 선형모형(Linear Model)에서 주 효과(Main Effect)는 다른 예측변수와 관련시키지 않고서도 각 변수의 영향력을 해석할 수 있다는 장점을 가지고 있는데 의사결정나무에서는 선형(Linear) 또는 주 효과(Main Effect) 모형에서와 같은 결과를 얻을 수 없다는 한계점이 있음
비안정성	• 훈련 데이터(Training Data)에만 의존하는 의사결정나무는 새로운 자료의 예측에서는 불안정(Unstable)하여 과대 적합이 발생할 가능성이 있음 • 분석용 자료의 크기가 너무 작은 경우와 너무 많은 가지를 가지는 의사결정나무를 얻는 경우에 빈번히 발생 • 평가 데이터(Test Data)에 의한 교차 타당성(Cross Validation) 평가나 가지치기에 의해서 안정성 있는 의사결정나무를 얻는 것이 필요

4 인공신경망 ★★★

(1) 인공신경망(ANN; Artificial Neural Network)의 개념 21년2회

- 인공신경망은 사람 두뇌의 신경세포인 뉴런이 전기신호를 전달하는 모습을 모방한 기계학습 모델이다.
- 인공신경망은 입력값을 받아서 출력값을 만들기 위해 활성화 함수를 사용한다.
- 인공신경망은 가중치를 알아내는 것이 목적이다.

퍼셉트론은 인공신경망의 가장 기본입니다. 난이도가 높지 않으니 하나하나 읽어 가시길 권장합니다.

(2) 인공신경망의 역사

인공신경망은 1세대, 2세대, 3세대로 구분할 수 있다.

Ⓥ 인공신경망의 역사

구분	주요 내용
1세대(1943~1986년)	• 인공신경망이라는 개념이 최초로 제안됨 • 퍼셉트론이라는 선형 분류가 가능한 순방향 신경망을 제안 • XOR 선형 분리 불가 문제 발생
2세대(1986~2006년)	• 다층 퍼셉트론과 역전파 알고리즘 등장 • 은닉층을 통해 XOR 문제를 해결 • 과적합 문제, 사라지는 경사 현상 문제 발생
3세대(2006년~현재)	• 알파고와 이세돌 바둑 대결로 인공지능 부각 • 딥러닝(CNN, RNN 등) 활용 • 과적합 문제 및 기울기 소실 문제 해결

(3) 인공신경망의 구조

① 퍼셉트론

㉮ 퍼셉트론(Perceptron)의 개념

퍼셉트론은 인간의 신경망에 있는 뉴런의 모델을 모방하여 입력층, 출력층으로 구성한 인공신경망 모델이다.

㉯ 퍼셉트론 구성요소

퍼셉트론의 구조는 입력값, 가중치, 순 입력함수, 활성화 함수, 예측값(출력값)으로 되어 있다.

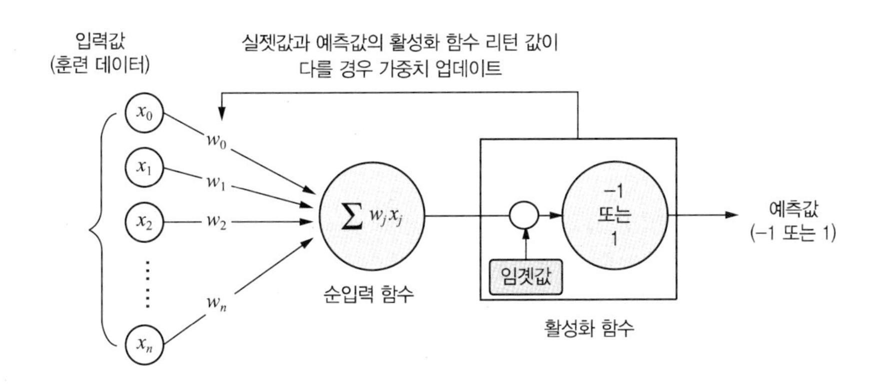

▲ 퍼셉트론 구조도

㉰ 퍼셉트론의 학습 과정

• 입력값(x_1, x_2, ⋯, x_n)과 가중치(w_0, w_1, ⋯, w_n)를 순 입력함수에서 각각 곱하고 모두 더한다.

잠깐! 알고가기

순방향 신경망(Feed Forward Neural Network)
입력데이터가 입력층 → 은닉층 → 출력층의 순서로 전파되어 판별함수 값으로 변환되는 신경망이다.

XOR 선형 분리 불가 문제
퍼셉트론은 XOR을 선형 분리할 수 없는 문제로 다층 퍼셉트론을 통해 XOR를 선형 분리가 가능해졌다.

다층 퍼셉트론(Multi-Layer Perceptrons; MLP)
입력층과 출력층 사이에 하나 이상의 은닉층을 두어 비선형적으로 분리되는 데이터에 대해 학습이 가능한 퍼셉트론이다.

역전파(Back Propagation) 알고리즘
역방향으로 가중치 갱신을 통해 오차를 최소화시키도록 학습시키는 알고리즘이다.

은닉층(Hidden Layer)
인공신경망에서 입력층과 출력층 사이에 위치하여 내부적으로 동작하는 계층이다

기울기 소실 문제(Gradient Vanishing Problem)
• 오차역전파에서 계산 결과와 정답과의 오차를 통해 가중치를 수정하는데, 입력층으로 갈수록 기울기가 작아져 가중치들이 업데이트되지 않아 최적의 모델을 찾을 수 없는 문제이다.
• 계층(Layer)을 이동할 때마다 노드의 활성화 함수의 미분 값을 곱하게 되는데, 시그모이드 함수는 미분 값이 0~0.25로 입력층으로 갈수록 0에 가까워져 기울기가 사라져 가중치가 적용되지 않는다.

활성화 함수(Activation Function)
• 인공신경망 모델에서 입력 신호의 총합을 출력 신호로 변환하는 함수로, 입력 받은 신호를 얼마나 출력할지 결정하고, 다음 단계에서 출력된 신호의 활성화 여부를 결정하는 함수이다.
• 활성화 함수의 유형에는 Step Function, Sign Function, Sigmoid Function, Softmax, ReLU 등이 있다.

- 순 입력함수 값을 활성화 함수의 임곗값과 비교하여 예측값 1 또는 -1을 출력한다.
- 활성화 함수의 예측값이 실제 결과와 다를 경우 가중치를 업데이트하며, 위 과정을 반복하여 학습한다.

학습 POINT

퍼셉트론의 경우 XOR 연산이 불가능하기 때문에 이를 극복하기 위해 다층 퍼셉트론(Multi-Layer Perceptron; MLP)이 등장했습니다.

㉣ 퍼셉트론의 XOR 선형 분리 문제점

- 퍼셉트론은 AND, OR 연산은 선형 분리가 가능했지만, XOR는 선형 분리를 할 수 없는 문제점이 있다.
- 퍼셉트론의 XOR 선형 분리 문제점은 다층 퍼셉트론으로 해결하였다.

⊗ 퍼셉트론의 AND, OR, XOR 연산

<table>
<tr><th>구분</th><th>선형 분리</th><th>그래프</th></tr>
<tr><td>AND
연산</td><td>AND 연산은 입력값(X, Y)이 모두 1인 경우에만 출력값(F)이 1이 됨
<table>
<tr><th>X</th><th>Y</th><th>F</th></tr>
<tr><td>0</td><td>0</td><td>0</td></tr>
<tr><td>0</td><td>1</td><td>0</td></tr>
<tr><td>1</td><td>0</td><td>0</td></tr>
<tr><td>1</td><td>1</td><td>1</td></tr>
</table></td><td>AND 연산은 선형 분리가 가능함
(0,1) (1,1) (0,0) (1,0)</td></tr>
<tr><td>OR
연산</td><td>OR 연산은 입력값(X, Y)이 모두 0인 경우에만 출력값(F)이 0이 됨
<table>
<tr><th>X</th><th>Y</th><th>F</th></tr>
<tr><td>0</td><td>0</td><td>0</td></tr>
<tr><td>0</td><td>1</td><td>1</td></tr>
<tr><td>1</td><td>0</td><td>1</td></tr>
<tr><td>1</td><td>1</td><td>1</td></tr>
</table></td><td>OR 연산도 선형 분리가 가능함
(0,1) (1,1) (0,0) (1,0)</td></tr>
<tr><td>XOR
연산</td><td>XOR 연산은 입력값(X, Y)이 서로 같은 경우에는 출력값(F)이 0, 입력값(X, Y)이 서로 다른 경우에는 출력값(F)이 1이 됨
<table>
<tr><th>X</th><th>Y</th><th>F</th></tr>
<tr><td>0</td><td>0</td><td>0</td></tr>
<tr><td>0</td><td>1</td><td>1</td></tr>
<tr><td>1</td><td>0</td><td>1</td></tr>
<tr><td>1</td><td>1</td><td>0</td></tr>
</table></td><td>XOR 연산은 선형 분리가 불가능함
(0,1) (1,1) (0,0) (1,0)</td></tr>
</table>

② 다층 퍼셉트론 21년 3회

㉮ 다층 퍼셉트론(MLP; Multi-Layer Perceptrons)의 개념

다층 퍼셉트론은 입력층과 출력층 사이에 하나 이상의 은닉층을 두어 비선형적으로 분리되는 데이터에 대해 학습이 가능한 퍼셉트론이다.

㉯ 다층 퍼셉트론 구조

- 입력층, 은닉층, 출력층으로 구성하고 역전파 알고리즘을 통해 다층으로 만들어진 퍼셉트론의 학습이 가능하다.
- 다층 퍼셉트론에서는 활성화 함수로 시그모이드 함수를 사용하였다.

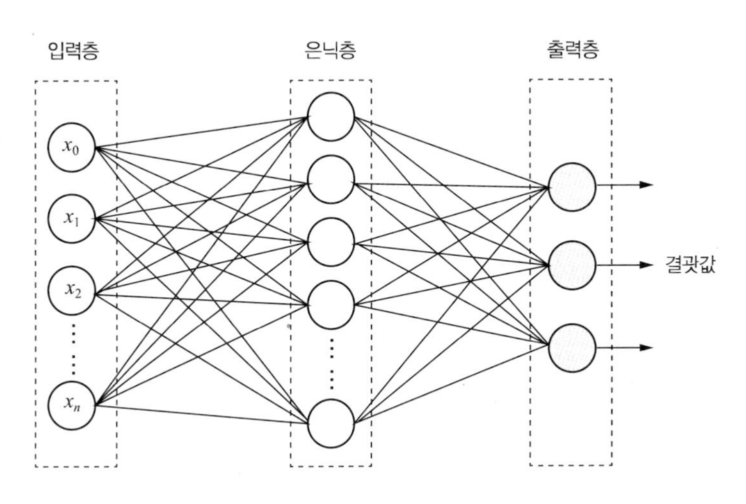

▲ 다층 퍼셉트론 구조

㉰ 다층 퍼셉트론의 문제점

다층 퍼셉트론의 문제점으로 과대 적합, 기울기 소실이 있다.

문제점	내용
과대 적합 (Over-fitting)	• 훈련 데이터가 부족하여 훈련 데이터에는 잘 동작하지만, 실제 데이터에는 예측을 못하는 문제점이 존재함 • 훈련 데이터 부족으로 인한 과적합은 빅데이터 시대가 열리면서 데이터 확보가 용이해져 해결이 됨
기울기 소실	• 역전파 알고리즘은 학습하는 과정에서 출력층 → 은닉층 → 입력층 방향으로 편미분을 진행함 • 다층 퍼셉트론의 활성화 함수인 시그모이드 함수는 편미분을 진행할수록 0으로 근접해져 경사(기울기)가 소실되는 문제점이 발생 • 기울기 소실은 시그모이드 함수 대신 ReLU 함수를 사용하여 문제를 해결함

잠깐! 알고가기

시그모이드 함수 (Sigmoid Function)
시그모이드 함수는 인공 뉴런의 활성화 함수로 실함수로써 유한한 영역을 가지는 집합이고 미분 가능하며, 모든 점에서 음이 아닌 미분 값을 가지고 단 하나의 변곡점을 가지는 함수이다.

잠깐! 알고가기

편미분(Partial Derivative)
편미분은 다변수 함수의 특정 변수를 제외한 나머지 변수를 상수로 생각하여 미분하는 방식이다.

(4) 뉴런의 활성화 함수

① 활성화 함수(Activation Function)의 개념

활성화 함수는 순 입력함수로부터 전달받은 값을 출력값으로 변환해 주는 함수이다.

> **학습 POINT**
> 활성화 함수는 필기 형태로 나오기 좋습니다. 각 그래프를 보고 어떤 활성화 함수인지 맞출 수 있게 준비합시다!

② 활성화 함수의 종류

- 활성화 함수에는 계단함수, 부호함수, 선형함수, 시그모이드 함수, tanh 함수, ReLU 함수 등이 있다.
- 시그모이드 함수는 기울기 소실의 원인이었으며, ReLU 함수를 통해 기울기 소실의 문제를 해결하였다.

◎ 활성화 함수

활성화 함수	그래프	설명
계단함수 (Step Function)	Y, X, +1, 0, −1 $Y=\begin{cases}0, \text{ if } X<0 \\ 1, \text{ if } X\geq 0\end{cases}$	• 임곗값을 기준으로 활성화(y축 1) 또는 비활성화(y축 0)가 됨 예 x축의 0을 기준으로 활성화/비활성화됨
부호함수 (Sign Function)	Y, X, +1, 0, −1 $Y=\begin{cases}-1, \text{ if } X<0 \\ 1, \quad \text{if } X\geq 0\end{cases}$	• 임곗값을 기준으로 양의 부호(+1) 또는 음의 부호(−1)를 출력
시그모이드 함수 (Sigmoid Function)	Y, X, +1, 0, −1 $Y=\frac{1}{1+e^{-X}}$, $(0\leq Y\leq 1)$	• 인공 뉴런의 활성화 함수인 실함수로서 유한한 영역을 가지는 집합이고 미분 가능하며, 모든 점에서 음이 아닌 미분 값을 가지고 단 하나의 변곡점을 가지는 함수 • 활성화 함수를 시그모이드 함수로 사용하면 로지스틱 회귀 모형과 작동원리가 유사해짐(로지스틱 함수라고도 하며 미분이 가능한 함수임) • 기울기 소실의 원인

활성화 함수	그래프	설명
tanh 함수 (tanh Function)	$Y=\frac{e^X-e^{-X}}{e^X+e^{-X}}$	• 하이퍼볼릭 탄젠트 함수라고 함 • 시그모이드 함수와 유사한 활성화 함수
ReLU(Rectified Linear Unit) 함수	$Y=\begin{cases}0, & \text{if } X\le 0\\ X, & \text{if } X>0\end{cases}$	• X값이 0보다 큰 경우 Y값도 지속적으로 증가함 • 시그모이드의 기울기 소실 문제를 해결함 • $X\le 0$인 경우 기울기가 0이기 때문에 뉴런이 죽을 수 있는 단점이 존재함
Leaky ReLU	$Y=\begin{cases}0.01X, & \text{if } X<0\\ X, & \text{if } X\ge 0\end{cases}$	• ReLU 함수의 뉴런이 죽는 현상(Dying ReLU)을 해결
소프트맥스 (Softmax) 함수	$y_k=\frac{e^{a_k}}{\sum_{i=1}^{n}e^{a_i}}$ n : 출력층의 뉴런 수 (총 클래스의 수) k : k번째 클래스	• 출력층에서 다중 클래스 분류 모델을 만들기 위해 사용 • 출력은 0~1 사이의 실수로 출력을 확률로 해석할 수 있음 • 출력의 총합은 1 • 지수함수가 단조증가 함수이기 때문에 원소의 대소 관계는 변하지 않음 • 소프트맥스 함수는 'k번일 확률 / 전체 확률'을 계산함

(5) 인공신경망의 학습 21년3회

① 순전파(Feed Forward Propagation)

- 순전파는 인공신경망에서 순전파는 입력층(Input Layer)에서 출력층(Output Layer)까지 정보가 전달되는 과정이다.
- 입력층(Input Layer)에서 은닉층(Hidden Layer) 방향으로 이동하면서 각 입력값의 가중치(w)를 곱한다.
- 은닉층(Hidden Layer)에서는 가중치가 반영된 입력값의 합계를 활성화 함수로 계산하고 결괏값을 출력층(Output Layer)으로 전달한다.

Dying ReLU

ReLU 함수에서 음의 값을 가지면 전부 0을 출력하여 일부 가중치들이 업데이트되지 않는 문제이다.

잠깐! 알고가기

가중치(Weight)

인공신경망에서, 노드에 입력되는 각 신호가 결과 출력에 미치는 중요도를 조절하는 매개변수(Parameter)이다.

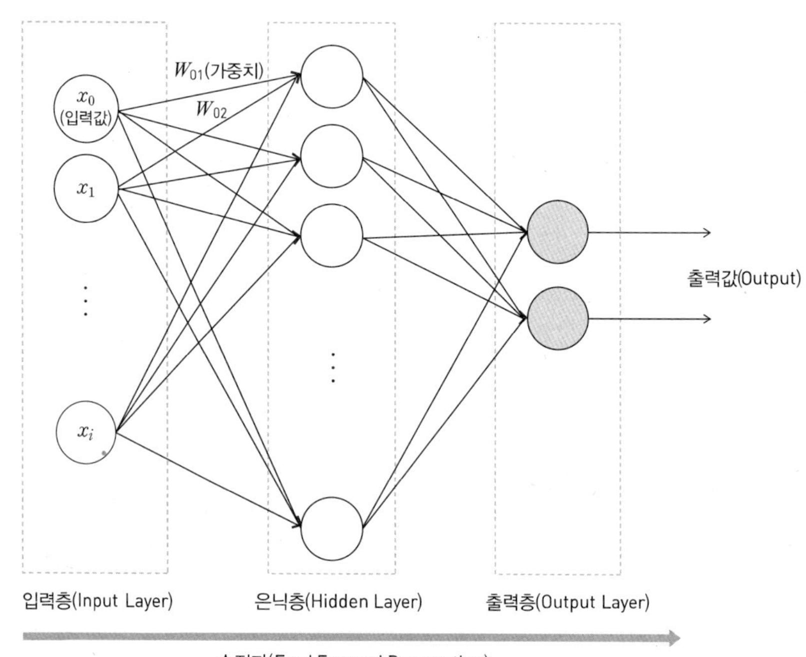

▲ **순전파**(Feed Forward Propagation)

㉮ 손실 함수(Loss Function)

- 손실 함수는 실젯값과 예측값의 차이(오차)를 비교하는 지표이다.
- 손실 함수는 값이 낮을수록 학습이 잘 된 것이라고 볼 수 있고, 정답과 알고리즘 출력을 비교할 때 사용한다.
- 인공신경망 학습에서는 최적의 매개변수(가중치와 편향)를 탐색할 때 손실 함수의 값을 가능한 한 작게 하는 매개변수 값을 찾는다.

손실 함수	설명
평균 제곱 오류 (MSE: Mean Squared Error)	• 출력결과와 데이터 차이 제곱의 평균으로 정답과 오답의 모든 확률을 고려한 손실 함수 (공식) 평균 제곱 오류 $E=\frac{1}{n}\sum_{i=1}^{n}(y_i-\hat{y_i})^2$ • y_i: 훈련 데이터 정답 • $\hat{y_i}$: 훈련 데이터 입력으로 추정한 출력
교차 엔트로피 오차 (CEE: Cross Entropy Error)	• 실제 정답의 확률만을 고려한 손실 함수 • y는 정답만 1이고 나머지는 0인 원-핫 인코딩 레이블 (공식) 교차 엔트로피 오차 $E=-\sum_{i=1}^{n}t_i \log y_i$ • t_i: 훈련 데이터 정답(0 또는 1) • y_i: 훈련 데이터 정답 확률(0~1)

잠깐! 알고가기

원-핫 인코딩(One-Hot Encoding)
- 단어 집합의 크기를 벡터의 차원으로 하고, 표현하고 싶은 단어의 인덱스에는 1을, 다른 인덱스에는 0을 부여하는 단어의 벡터 표현 방식이다.
- 원-핫 인코딩으로 표현된 벡터를 원-핫 벡터(One-Hot Vector)라고 한다.

㉯ 경사 하강법(Gradient Descent Method)

- 경사 하강법은 기울기(경사)를 낮은 쪽으로 계속 이동시켜서 최적의 매개변수를 찾는 기법이다.
- 경사 하강법은 함수의 기울기를 구하고 경사의 절댓값이 낮은 쪽으로 계속 이동시켜 극값에 이를 때까지 반복시키는 기법이다.
- 학습률(η; Learning Rate)은 갱신하는 양(한 번 학습할 때 학습해야 하는 양)으로 사람이 직접 설정하는 초매개변수이다.

$$x_{n+1} = x_n - \eta \frac{\partial f}{\partial x_n} \text{(단, } n \geq 0\text{)}$$

공식

경사 하강법

- η: 학습률(초매개변수로 사람이 직접 설정)
- x_n: n번째 계산된 변수
- x_{n+1}: $n+1$번째 계산된 변수
- $\frac{\partial f}{\partial x_n}$: 함수 f의 기울기(변수 x에 대한 편미분)

✪ 경사 하강법

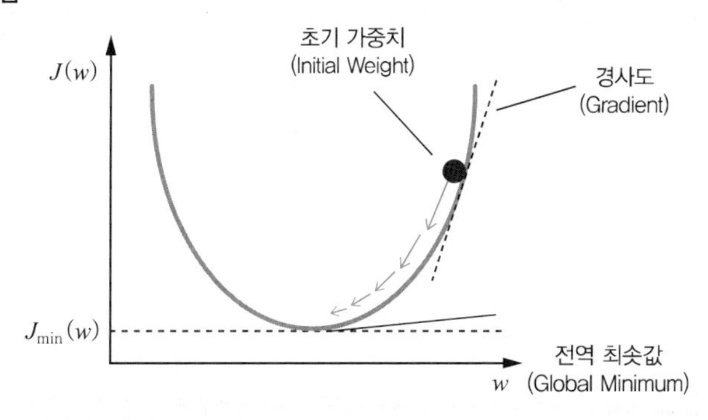

- 어떻게 하면 오류가 작아지는 방향으로 기울기(w) 값을 보정할 수 있는가에 대한 물음이 경사하강법의 핵심이다.
- 속도와 같은 포물선 형태의 2차 함수의 최저점은 해당 2차 함수의 미분 값인 1차 함수의 기울기가 가장 최소일 때이다.
- 경사 하강법은 최초 기울기에서부터 미분을 적용한 뒤 이 미분 값이 계속 감소하는 방향으로 순차적으로 기울기를 업데이트한다.
- 더 이상 미분된 1차 함수의 기울기가 감소하지 않는 지점을 비용 함수가 최소인 지점으로 간주하고 그때의 기울기를 반환한다.

잠깐! 알고가기

매개변수(Parameter)
모델 내부에서 확인이 가능한 변수(Parameter)로 데이터를 통해서 산출이 가능한 값이다.
㉠ 인공신경망의 가중치 매개변수는 훈련 데이터와 학습 알고리즘에 의해서 자동으로 획득한다.

초매개변수(Hyper Parameter)
모델 외적인 요소로 데이터 분석을 통해 얻어지는 값이 아니라 사용자가 직접 설정해 주는 값이다.
㉠ 인공신경망의 학습률 초매개변수는 사람이 직접 설정한다.

㉰ 경사 하강법(Gradient Descent Method)의 한계

- 경사 하강법은 랜덤하게 선택한 가중치를 미분하여 최적값을 찾는 방법이다.
- 전체 데이터를 모두 사용해서 기울기를 계산(Batch Gradient Descent)하기 때문에 학습하는 데 많은 시간이 필요하며, 랜덤하게 선택된 가중치의 위치가 지역 최소점에 근접해 있으면 전역 최솟값(Global Minimum)이 아닌 지역 최솟값(Local Minimum)에 수렴할 수 있다.

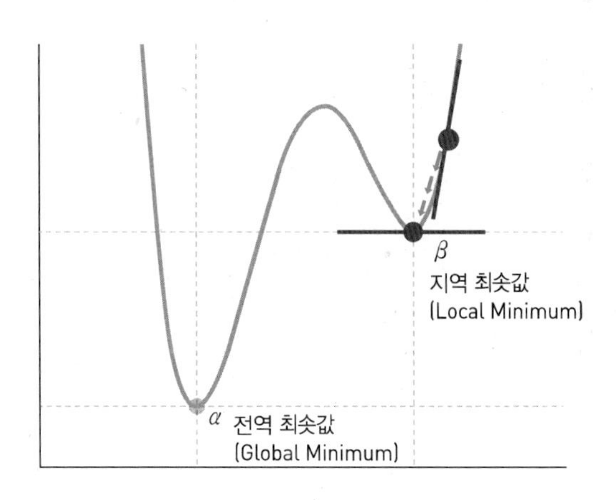

▲ 지역 최솟값(Local Minimum), 전역 최솟값(Global Minimum)

확률적 경사 하강법, 모멘텀 등의 매개변수 최적화 기법은 4과목 1장 2절의 매개변수 최적화 과정에서 자세하게 학습해주세요.

- 경사 하강법의 단점을 극복하기 위해 확률적 경사 하강법, 모멘텀 등의 매개변수 최적화 기법을 사용한다.

② 오차역전파(Back Propagation)

오차역전파는 '오차를 역(반대 방향)으로 전파하는 방법(Backward Propagation of Errors)'이라는 의미이며 '오차역전파법' 또는 '역전파(법)'라고도 한다.

- 오차역전파는 계산 결과와 정답의 오차를 구하고 오차와 관련된 값들의 가중치를 수정하여 오차가 작아지는 방향으로 일정 횟수를 반복해서 수정하는 방법이다.
- 가중치 매개변수의 기울기는 수치 미분으로 구할 수 있다. 수치 미분은 단순하고 구현하기 쉽지만, 계산 시간이 오래 걸려서 오차역전파를 사용하여 효율적으로 기울기를 구한다.
- 수치 미분과 오차역전파의 결과를 비교하여 두 방식으로 구한 기울기의 차이가 거의 없는지를 확인하는 작업을 기울기 확인(Gradient Check)이라고 한다.

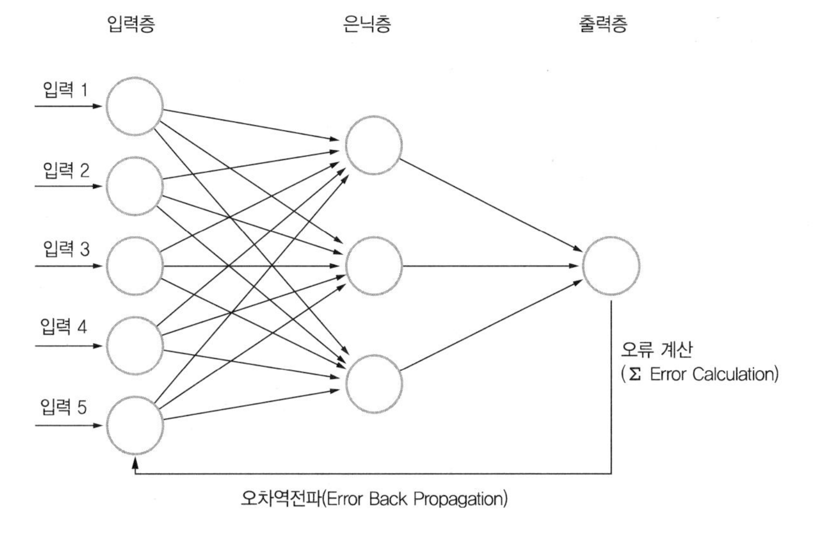

▲ 오차역전파

개념 박살내기

계산 그래프(Computational Graph)

- 계산 그래프는 복수의 노드(Node)와 에지(Edge; 노드 사이의 직선)로 표현되는 그래프 자료 구조이다.
- 계산 그래프에서 계산을 왼쪽에서 오른쪽으로 진행하는 단계를 순전파(Forward Propagation), 오른쪽에서 왼쪽으로 진행하면 역전파(Back Propagation)라고 한다.

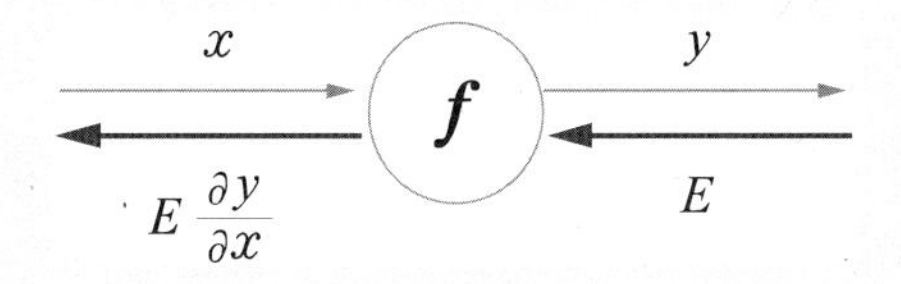

– 순전파: 입력값 x는 노드(f)로 함수변환을 적용하여 y로 출력값 전달
– 역전파: 신호 E에 노드(f)의 편미분(국소적 계산인 x값에 대한 미분)을 곱한 후 엣지(Edge)를 통해 다음 노드로 전달

▲ 계산 그래프

- 계산 그래프는 복잡한 계산을 단순한 국소적 계산으로 분할한다.
- 분할한 각 단계의 계산 결과를 다음 노드로 전달하여 복잡한 계산을 단순화할 수 있다.

③ 인공신경망 학습 절차

- 인공신경망에서의 학습은 가중치와 편향을 훈련 데이터에 적응하도록 조정하는 과정이며 4단계로 수행된다.

㉳ 인공신경망 학습 절차

순서	절차	설명
1	미니배치 학습	• 훈련 데이터 중 일부를 무작위로 추출하는 과정 • 추출한 데이터 묶음을 미니 배치(Mini-Batch)라고 함 (예) 50,000개 훈련 데이터에서 100개 미니배치 추출 • 미니배치의 손실 함수(Loss Function)를 줄이는 것이 목표
2	기울기 산출	• 미니배치의 손실 함숫값을 줄이기 위해 각 가중치 매개변수의 기울기를 구하는 과정 • 기울기는 손실 함수의 값을 가장 작게 하는 방향 제시 • 기울기는 순전파의 수치 미분과 오차역전파를 이용하여 구할 수 있다.
3	매개변수 갱신	• 가중치 매개변수를 기울기 방향으로 조금씩 갱신하는 과정 • 경사하강법(Gradient Descent Method) 적용
4	반복	• 최적값을 찾을 때까지 1~3 과정 반복

- 인공신경망은 분류와 회귀 모두에 이용할 수 있다. 입력 데이터가 어떤 클래스(Class)에 속하는지를 확인할 때에는 분류, 입력 데이터에서 연속적인 수치를 예측할 때에는 회귀를 사용한다.
- 회귀에서는 활성화 함수로 항등 함수를, 분류에서는 소프트맥스 함수를 사용한다.

④ 인공신경망 학습 사례

- 인공신경망의 분류 사례로 손글씨 숫자 인식 방법이 있다.
- 손글씨 숫자 분류를 위해 활성화 함수인 소프트 맥스를 사용한다.
- MNIST(Modified National Institute of Standards and Technology) 데이터 세트는 손으로 쓴 숫자 이미지 집합으로 기계 학습 분야에서 학습 및 테스트에 널리 사용되는 데이터 세트이다.
- MNIST 데이터 세트는 0부터 9까지의 숫자 이미지로 훈련 이미지 60,000장과 시험 이미지 10,000장으로 구성되어 있다.

▲ MNIST 데이터 세트

✪ 손글씨 숫자 인식

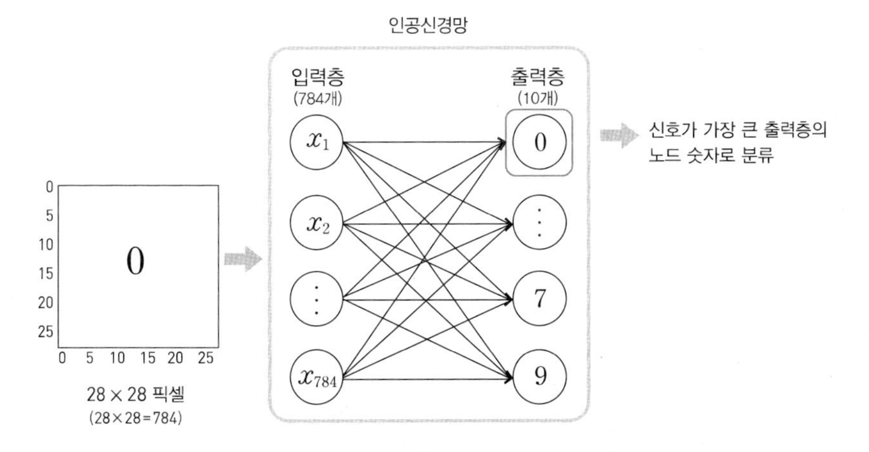

- 이미지 크기가 28x28(=784)이고, 0부터 9까지 10개의 숫자를 구분하는 것이므로 인공신경망에서 입력층은 784개, 출력층은 10개로 구성한다.
- 인식하고자 하는 숫자 이미지를 784x1 벡터로 변환하여 신경망의 입력층에 전달한다.
- 출력층의 신호가 가장 큰 노드의 레이블을 숫자로 인식한다.
- 신호가 가장 큰 노드의 레이블이 0이면 숫자 0으로 판단한다.
- 숫자 이미지가 여러 장일 경우에는 입력 데이터를 배치(Batch)로 묶어 입력층에 한 번에 넘길 수 있다.

5 서포트 벡터 머신 ★★★

(1) 서포트 벡터 머신(SVM; Support Vector Machine) 개념

- 서포트 벡터 머신은 벡터 공간에서 훈련 데이터가 속한 2개의 그룹을 분류하는 선형 분리자를 찾는 기하학적 모델이다.
- 서포트 벡터 머신은 데이터를 분리하는 초평면(Hyperplane) 중에서 데이터들과 거리가 가장 먼 초평면을 선택하여 분리하는 지도 학습 기반의 이진 선형 분류 모델이다.
- 최대 마진(Margin; 여유 공간)을 가지는 비확률적 선형 판별 분석에 기초한 이진 분류기이다.

(2) 서포트 벡터 머신 특징

- SVM은 공간상에서 최적의 분리 초평면(Hyperplane)을 찾아서 분류 및 회귀를 수행한다.

학습 POINT

서포트 벡터 머신은 핵심개념입니다. 모든 내용에 대해 집중 학습을 권장합니다!

잠깐! 알고가기

선형 판별 분석

선형 판별 분석은 모든 그룹의 공분산 행렬은 같다고 가정 하에 관측치로부터 그룹 중심(평균)까지의 거리 제곱이 최소일 경우 해당 관측치는 해당 그룹으로 분류하는 분석이다.

- SVM은 변수 속성 간의 의존성은 고려하지 않으며 모든 속성을 활용하는 기법이다.
- SVM은 훈련 시간이 상대적으로 느리지만, 정확성이 뛰어나며 다른 방법보다 과대 적합의 가능성이 낮은 모델이다.

(3) 서포트 벡터 머신의 구성요소

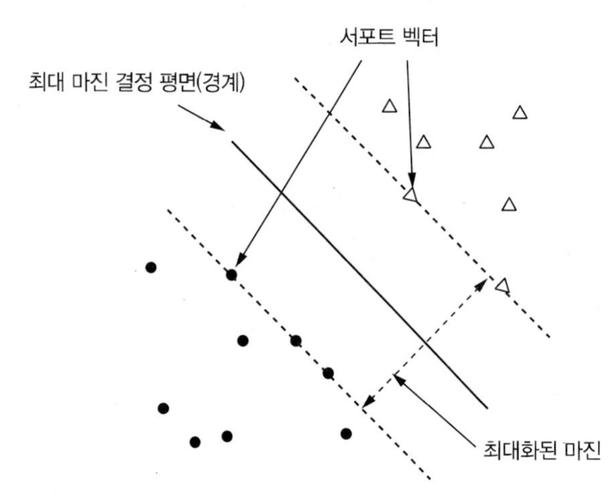

▲ 서포트 벡터 머신의 개념도

서포트 벡터 머신의 구성요소

「**결초마서슬**」

결정 경계 / **초**평면 / **마**진 / **서**포트 벡터 / **슬**랙 변수

⊗ 서포트 벡터 머신의 구성요소

구성요소	설명
결정 경계 (Decision Boundary)	• 데이터 분류의 기준이 되는 경계
초평면 (Hyperplane)	• n 차원의 공간의 $(n-1)$ 차원 평면
마진 (Margin)	• 결정 경계에서 서포트 벡터까지의 거리(즉, 여유 공간) • 최적의 결정 경계는 마진을 최대화(Maximize)
서포트 벡터 (Support Vector)	• 훈련 데이터 중에서 결정 경계와 가장 가까이에 있는 데이터들의 집합
슬랙 변수 (Slack Variables 또는 여유변수)	• 완벽한 분리가 불가능할 때 선형적으로 분류를 위해 허용된 오차를 위한 변수 • Soft Margin SVM에서 사용

✪ 서포트 벡터 머신 구성요소

① 초평면(Hyperplane)

- 데이터 분류를 위해서는 2개를 분리하는 결정영역이 있어야 하고, 이 결정영역을 결정짓기 위해서는 초평면 선택이 필요하다.
- 초평면은 데이터 임베딩 공간에서 한 차원 낮은 부분 공간(Subspace)이다.

- 데이터가 n 차원이라면 초평면은 $(n-1)$ 차원을 가진다.

  ㉨ 3차원 공간의 초평면은 2차원 평면이고, 2차원 공간의 초평면은 1차원 평면

- 최적의 초평면이 되기 위한 조건은 초평면과 결정영역 근처의 데이터와의 거리가 최대가 되어야 한다.

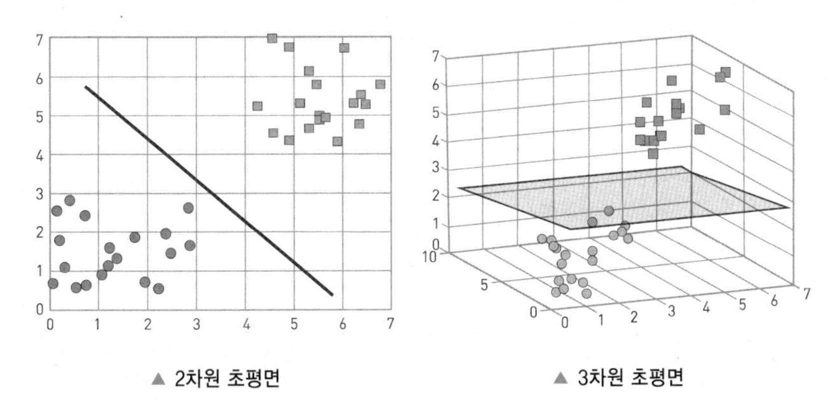

▲ 2차원 초평면 ▲ 3차원 초평면

② 마진(Margin)

- 마진(Margin)은 결정 경계와 서포트 벡터 사이의 거리를 의미한다.
- 아래 그림에서 가운데 실선은 '결정 경계'이고, 그 실선으로부터 동그라미 3개, 세모 2개까지의 점선이 '마진(Margin)'이다.

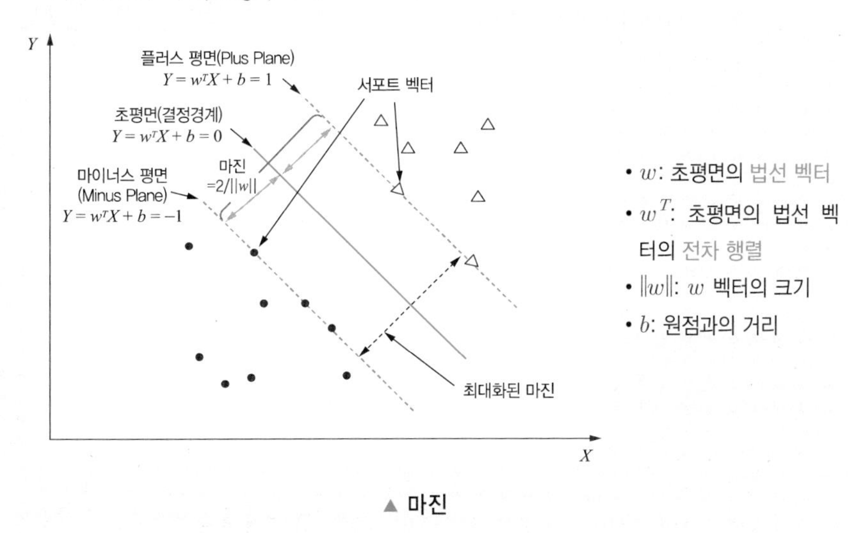

▲ 마진

- w: 초평면의 법선 벡터
- w^T: 초평면의 법선 벡터의 전차 행렬
- $\|w\|$: w 벡터의 크기
- b: 원점과의 거리

- 초평면은 $Y=w^TX+b=0$으로 나타낼 수 있다.
- 초평면은 전체 공간을 두 개의 영역으로 분할하는데, 그림에서 $w^TX+b \geq 1$인 경우(플러스 평면보다 큰 경우) 세모로 분류하고, $w^TX+b \leq -1$인 경우(마이너스 평면보다 작은 경우) 동그라미로 분류한다.
- 마진의 크기는 플러스 평면과 마이너스 평면의 거리를 나타내고, $\frac{2}{\|w\|}$이다.

학습 POINT

마진을 기억하기 위해서 다음처럼 풀면 좋습니다. (기억하기 쉽도록 한 방법입니다.)
플러스 평면의 X를 X^+, 마이너스 평면의 X를 X^-라고 할 때, 플러스 평면의 X^+와 마이너스 평면의 X^- 차이가 마진이라고 할 수 있습니다.

$$\begin{array}{r} w^TX^+ + b = 1 \\ -\ \ w^TX^- + b = -1 \\ \hline w^T(X^+ - X^-) = 2 \end{array}$$

$w^T(X^+-X^-)=2$인데, w^T의 크기는 $\|w\|$이므로, 마진인 (X^+-X^-)는 $\frac{2}{\|w\|}$가 됩니다.

잠깐! 알고가기

법선 벡터(Normal Vector)
한 평면이나 직선에 대해 수직인 벡터이다.

전차 행렬(Transposed Matrix)
행과 열을 교환하는 행렬이다.

③ 최대화된 마진(Margin)

- 최적의 결정 경계를 구하기 위해서는 결정영역의 초평면을 둘러싸고 있는 마진(Margin)을 최대화시켜야 한다.
- 마진은 $\frac{2}{\|w\|}$ 이므로 마진을 최대화한다는 것은 $\|w\|$의 값이 최소가 되도록 하는 것이고, 이 과정이 서포트 벡터 머신의 최적화 과정이다.
- 여기서 서포트 벡터 머신의 장점을 도출할 수 있는데, 서포트 벡터 머신은 서포트 벡터들만 이용하여 클래스의 결정 함수를 나타낼 수 있다는 점이다.
- 모델 매개변수의 개수를 크게 줄여도 대상을 잘 분류할 수 있다는 장점이 있다.

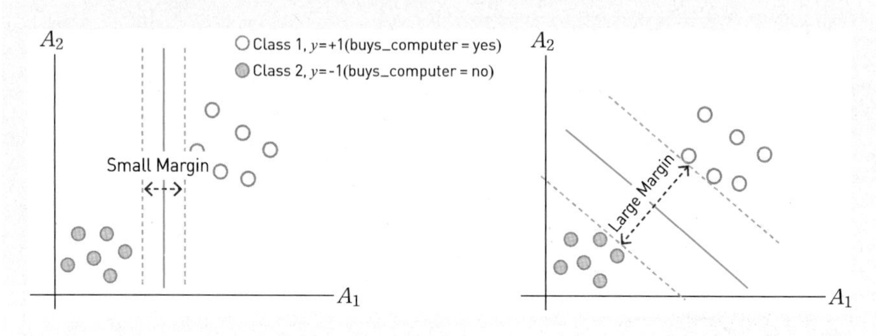

▲ 마진 비교

- 두 그림 모두 데이터를 분리하고 있지만, 마진의 거리가 멀면 멀수록 미래의 데이터를 분류하는 데 있어서 더 정확하게 분류할 수 있다. (최대화된 마진을 통해 데이터의 분류 성능을 최적화할 수 있다.)

(4) 서포트 벡터 머신 종류

SVM에는 하드 마진 SVM과 소프트 마진 SVM으로 나눌 수 있다.

⊗ 서포트 벡터 머신 종류

종류	설명
하드 마진 SVM (Hard Margin SVM)	• 마진의 안쪽이나 바깥쪽에 절대로 잘못 분류된 오 분류를 허용하지 않는 SVM • 노이즈로 인하여 최적의 결정 경계를 잘못 구할 수도 있고, 못 찾을 경우도 발생할 수가 있음
소프트 마진 SVM (Soft Margin SVM)	• 마진의 안쪽이나 바깥쪽에 절대로 잘못 분류된 오 분류를 허용하는 SVM • 하드 마진 SVM은 적용하기가 어려우므로 어느 정도의 오류를 허용하는 소프트 마진 SVM을 주로 이용

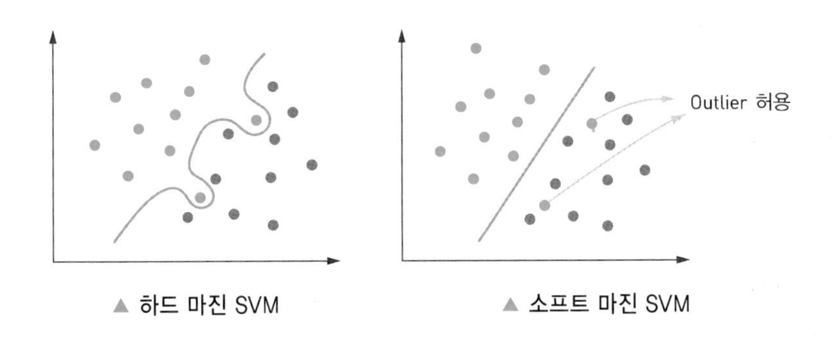

▲ 하드 마진 SVM ▲ 소프트 마진 SVM

(5) 서포트 벡터 머신 적용 기준

선형으로 분리가 가능한지 불가능한지에 따라 적용하는 방식이 다르다.

◎ 서포트 벡터 머신 적용 기준

기준	설명
선형으로 분리 가능한 SVM	• 최적의 결정 경계(또는 초평면)를 기준으로 1과 -1로 구분하여 분류 모형으로 사용
선형으로 분리 불가능한 SVM	• 저차원 공간을 고차원 공간으로 매핑할 경우에 발생하는 연산의 복잡성은 커널 트릭을 통하여 해결이 가능 • 커널 트릭은 커널 함수(저차원에서 함수의 계산만으로 원하는 풀이가 가능한 함수)를 이용하여 고차원 공간으로 매핑 할 경우에 증가하는 연산량의 문제를 해결하는 기법

- 서포트 벡터 머신은 2차원에서 분류할 수 없는 문제를 3차원으로 매핑하여 선형 분류할 수 있다.
- 하지만 이렇게 고차원으로 데이터를 매핑하게 되면 모든 데이터를 고차원으로 매핑한 후에 내적을 해야 하므로 계산량이 무척 많아진다.
- 서포트 벡터 머신은 이런 문제를 해결하기 위해 커널 트릭이라는 방법을 사용하는데, 실제로 데이터를 매핑하여 내적하지 않고 비슷한 효과를 만드는 방법이다.
- 커널 트릭은 내적 함수 k를 통해 각각의 매핑 함수를 정의하지 않고 내적 함수만 정의함으로써 서포트 벡터 머신의 계산량을 줄일 수 있는 장점이 있다.
- 맵핑 공간에서의 내적과 동등한 함수(Equivalent Function)를 커널 함수라 하고, 이를 k로 표현한다.

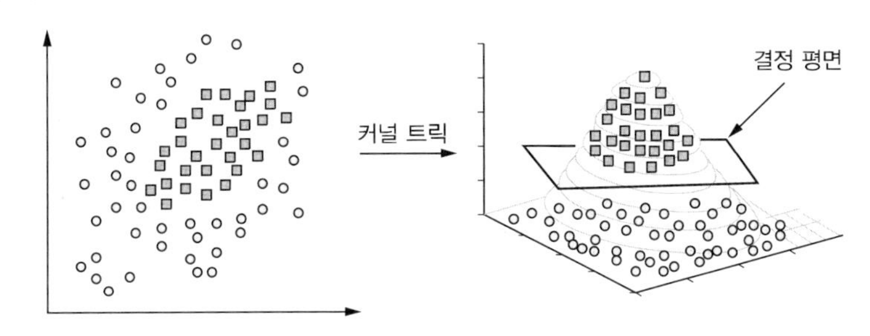

▲ 커널 트릭을 이용한 분류 예

학습 POINT

서포트 벡터 머신에서 적용기준 부분은 가볍게 읽고 넘어가셔도 좋습니다!

잠깐! 알고가기

커널 트릭(Kernel Trick)
커널 트릭은 저차원에서 함수의 계산만으로 원하는 풀이가 가능한 커널 함수를 이용하여 고차원 공간으로 매핑할 경우에 증가하는 연산량의 문제를 해결하는 기법이다.

내적(Inner Product)
두 벡터를 표준 기저 벡터로 나타내었을 때 각 성분끼리의 곱(벡터를 마치 수처럼 곱함)의 합으로 스칼라 곱(Scalar Product)이라고 한다.

- 서포트 벡터 머신에서 자주 사용되는 커널 함수는 아래와 같다.

커널 함수의 종류

종류	설명
선형(Linear) 커널	• 기본 유형의 커널이며, 1차원이고 다른 함수보다 빠름 • 텍스트 분류 문제에 주로 사용함
다항(Polynomial) 커널	• 선형 커널의 일반화된 공식이며, 효과성과 정확도 측면에서 효율이 적어 선호하지 않음
RBF(Gaussian Radial Basis Function) 커널 (= 가우시안 커널)	• 가장 많이 사용하는 커널이며, 비선형 데이터가 있는 경우에 일반적으로 활용됨 • 데이터에 대한 사전 지식이 없는 경우 적절하게 분리할 때 활용됨 • 2차원의 점을 무한한 차원의 점으로 변환
시그모이드(Sigmoid) 커널	• 인공신경망에서 선호되는 커널로서 인공신경망의 다층 퍼셉트론 모델과 유사함

(6) 서포트 벡터 머신의 특징 및 장단점 21년2회

① 서포트 벡터 머신의 특징

- 공간상에서 최적의 분리 초평면(Hyperplane)을 찾아서 분류 및 회귀를 수행한다.
- 서포트 벡터가 여러 개일 수 있다.
- 변수 속성 간의 의존성은 고려하지 않으며 모든 속성을 활용하는 기법이다.
- 훈련 시간이 상대적으로 느리지만 정확성이 뛰어나며, 다른 방법보다 과대 적합의 가능성이 낮은 모델이다.
- 기계학습의 한 분야로 사물 인식, 패턴 인식, 손글씨 숫자 인식 등 다양한 분야에서 활용되고 있는 지도 학습 모델이다.

② 서포트 벡터 머신의 장단점

장점	단점
• 서포트 벡터만을 이용해서 결정 경계를 생성하므로 데이터가 적을 때 효과적 • 새로운 데이터가 입력되면 전체 데이터 포인트와의 거리를 계산하지 않고 서포트 벡터와의 거리만 계산하면 되기 때문에 연산량 최소화 • 정확성이 뛰어나며, 커널 트릭을 활용하여 비선형 모델 분류 가능 • 다른 모형보다 과대 적합의 가능성이 낮고, 노이즈의 영향이 적음	• 데이터 전처리 과정이 중요 • 데이터 세트의 크기가 클 경우 모델링에 많은 시간이 소요됨 • 데이터가 많아질수록 최적화된 테스트를 위한 테스트 과정이 많아져서 다른 모형에 비해 속도가 느림 • 커널과 모델의 매개변수를 조절하기 위해 많은 테스트가 필요

6 연관성 분석 ★★★

(1) 연관성 분석(Association Analysis)의 개념

- 연관성 분석은 데이터 내부에 존재하는 항목 간의 상호 관계 혹은 종속 관계를 찾아내는 분석 기법이다.
- 쇼핑 시 고객들이 물건을 살 때 선택하는 물건의 규칙성을 발견하여 상품 진열 시 연관해서 물건을 보여줄 수 있도록 판매 전략을 수립하는 데 사용된다.
- 연관성 분석은 데이터 간의 관계에서 조건과 반응을 연결하는 분석으로 장바구니 분석, 서열 분석이라고도 한다.

장바구니 분석(Market Basket Analysis)
장바구니 안에 무엇이 같이 들어 있는지에 대한 분석 기법이다.

서열 분석
(Sequence Analysis)
A를 구입한 다음에 B를 구입한다는 것을 분석하는 기법이다.

(2) 연관성 분석 특징

- 목적변수가 없어 분석 방향이나 목적이 없어도 적용이 가능하다.
- 조건 반응(if-then)으로 표현되어 결과를 쉽게 이해하기 쉽다.
- 매우 간단하게 분석을 위한 계산이 가능하다.
- 적절한 세분화로 인한 품목 결정이 장점이지만 너무 세분화된 품목은 의미 없는 결과를 도출한다.
- 연관성 분석은 교차 판매, 묶음 판매, 상품 진열, 거래 후 쿠폰 제공, 온라인 쇼핑의 상품 추천 등에 활용된다.

학습 POINT ★

연관성 분석에서는 지지도, 신뢰도, 향상도가 핵심입니다. 잘 알아두고 넘어가시길 권장합니다!

조건 반응(if-then)
- (Item set A) → (Item set B)
  if A then B: 만일 A가 일어나면 B가 일어난다.

  예 맥주 → 땅콩
  → 맥주를 구매하는 고객은 땅콩을 구매한다.

(3) 연관성 분석 측정지표

연관성 분석의 측정지표로는 지지도, 신뢰도, 향상도가 있다.

연관성 분석 측정지표

측정지표	설명 및 수식
지지도 (Support)	전체 거래 중 항목 A와 B를 동시에 포함하는 거래의 비율 $P(A \cap B) = \frac{A\text{와 } B\text{가 동시에 포함된 거래 수}}{\text{전체 거래 수}}$

연관성 분석 측정지표
「**지신향**」
지지도 / **신**뢰도 / **향**상도
→ 지신(땅의 신)을 위해 향을 피우다.

측정지표	설명 및 수식
신뢰도 (Confidence)	A 상품을 샀을 때 B 상품을 살 조건부 확률에 대한 척도 $\frac{P(A \cap B)}{P(A)} = \frac{A\text{와 } B\text{가 동시에 포함된 거래 수}}{A\text{를 포함하는 거래 수}}$
향상도 (Lift)	규칙이 우연에 의해 발생한 것인지를 판단하기 위해 연관성의 정도를 측정하는 척도 $\frac{P(B \mid A)}{P(B)} = \frac{(A\text{와 } B\text{가 동시에 포함된 거래 수}) \div (A\text{를 포함하는 거래 수})}{(B\text{를 포함하는 거래 수}) \div (\text{전체 거래 수})}$ $= \frac{(A\text{와 } B\text{가 동시에 포함된 거래 수}) \times (\text{전체 거래 수})}{(A\text{를 포함하는 거래 수}) \times (B\text{를 포함하는 거래 수})}$ $= \frac{\text{신뢰도}}{P(B)} = \frac{P(A \cap B)}{P(A) \times P(B)}$

향상도	설명	예시
향상도=1	서로 독립적 관계	과자와 후추
향상도>1	양(+)의 상관관계	빵과 버터
향상도<1	음(−)의 상관관계	설사약과 변비약

수제비–정보처리기사와 빅데이터 분석기사를 구매한 수험생을 기준으로 지지도, 신뢰도, 향상도를 각각 계산한다.

수제비 정보처리기사와 수제비 빅데이터 분석기사 구매 지표분석

판매품목	구매 인원
수제비–정보처리기사만 구매	4,000명
수제비–빅데이터분석기사만 구매	2,000명
동시 구매	1,000명
기타	3,000명
전체 거래량	10,000명

지지도 계산	전체 거래 중 두 책을 모두 구매한 사람의 비율 $\frac{\text{정보처리기사} \cap \text{빅데이터분석기사}}{\text{전체 거래 수}} = \frac{1000}{10000} = 10\%$
신뢰도 계산	정보처리기사를 구매한 수험생 중 빅데이터 분석기사를 구매한 수험생의 비율 $\frac{\text{정보처리기사} \cap \text{빅데이터분석기사}}{\text{정보처리기사를 포함한 거래 수}} = \frac{1000}{5000} = 20\%$

향상도 계산	정보처리기사를 구매한 빅데이터 분석기사도 같이 구매하는 경우의 비율 $\frac{\text{지지도}}{\text{정보처리기사 구매확률} \times \text{빅데이터분석기사 구매확률}} = \frac{0.1}{0.5 \times 0.3} = 0.67$ 향상도가 1보다 작으므로 수제비 정보처리기사와 빅데이터 분석기사는 품목 간에 서로 음(-)의 상관관계에 있다고 판단

(4) 연관성 분석 알고리즘

① 아프리오리(Apriori) 알고리즘

㉮ 아프리오리 알고리즘 개념

- 아프리오리 알고리즘은 가능한 모든 경우의 수를 탐색하는 방식을 개선하기 위하여 데이터들의 발생빈도가 높은 것(빈발항목)을 찾는 알고리즘이다.
- 분석 대상이 되는 항목의 대상을 최소화하여 연관성 도출을 효율화한 연관분석 알고리즘으로 최소 지지도보다 큰 지지도 값을 갖는 빈발항목 집합에 대해서만 연관규칙을 계산하는 알고리즘이다.
- 연관성 분석 시 항목이 많아질수록 조합할 수 있는 연관성 규칙은 기하급수적으로 늘어나기 때문에 항목을 줄여주는 것이 필요하고, 아프리오리 알고리즘을 통해 줄여줄 수 있다.
- 한 항목이 자주 발생하지 않는다면 이 항목을 포함하는 집합들도 자주 발생하지 않는다는 규칙을 적용하여 항목을 줄여준다.

> ㊌ 만약 {수제비}에 대한 지지도가 0.3이라면 {수제비, 칼국수}, {수제비, 만두}에 대한 지지도는 0.3을 넘지 못함. 따라서 {A, B}의 지지도가 사용자가 정한 최소 지지도 요건을 충족시키지 못했을 경우 {A, B}를 포함해서 {A, B, C}, {A, B, D} 등이 포함되어 있는 경우의 수를 계산에서 제외

㉯ 아프리오리 알고리즘 계산 방법

- 아프리오리 알고리즘 계산을 위해서 우선적으로 최소 지지도 경곗값을 정하고, Database에서 후보항목 집합을 생성한다.
- 그 이후에 후보 항목 집합에서 최소 지지도 경곗값을 넘는 빈발항목 집합을 찾아낸다.

• 아프리오리 알고리즘 계산을 위해서는 2가지 규칙을 지켜야 한다.

구분	설명
규칙 1	• 한 항목 집합이 빈발하면, 이 항목 집합의 모든 부분집합은 빈발항목 집합 ㉮ 모든 항목 집합 {a, b, c, d}, 빈발항목 집합 {b, c, d}라면, 이 집합의 부분집합 {b, c}, {b, d}, {c, d}, {b}, {c}, {d}는 빈발항목 집합
규칙 2	• 한 항목 집합이 빈발하지 않다면, 이 항목 집합을 포함하는 모든 집합은 비 빈발항목 집합 ㉮ 모든 항목 집합 {a, b, c, d}, 비 빈발항목 집합 {a, b}라면, 이 집합을 포함하는 {a, b, c},{a, b, d}, {a, b, c, d}는 비 빈발항목 집합

주어진 트랜잭션을 보고, 빈발항목 집합과 비 빈발항목 집합을 찾기 위해서, 최소 지지도 경곗값을 50%로 기준점으로 삼을 때 빈발항목을 찾는 과정은 다음과 같다.

트랜잭션 ID	아이템
1	기저귀, 버터, 맥주
2	기저귀, 맥주
3	기저귀, 빵
4	떡, 사이다

① item들의 선택 횟수를 계산한다.

아이템	횟수
기저귀	3
버터	1
맥주	2
빵	1
떡	1
사이다	1

② 아이템들의 지지도를 구한다.

아이템	지지도
기저귀	3/4
버터	1/4
맥주	2/4
빵	1/4
떡	1/4
사이다	1/4

③ 최소 지지도 경곗값(50%)을 넘는 빈발항목 집합을 구한다.

• 기저귀, 맥주를 빈발항목 집합으로 구한다.

② FP-Growth 알고리즘

㉮ FP-Growth 알고리즘 개념

- FP-Growth 알고리즘은 아프리오리 알고리즘을 개선한 알고리즘으로 FP-Tree라는 구조를 통해 최소 지지도를 만족하는 빈발 아이템 집합을 추출하는 알고리즘이다.
- 데이터 세트가 큰 경우 모든 후보 아이템 세트들에 대하여 반복적으로 계산하는 단점이 있는 아프리오리 알고리즘을 개선한 알고리즘이다.

㉯ FP-Growth 알고리즘 계산 방법

- FP-Growth 알고리즘은 Tree 구조를 활용하여 계산한다.

절차	설명
1단계	모든 거래를 확인해 각 아이템마다의 지지도를 계산하고 최소 지지도 이상의 아이템만 선택
2단계	모든 거래에서 빈도가 높은 아이템 순서대로 순서를 정렬
3단계	부모 노드를 중심으로 거래를 자식 노드로 추가해주면서 트리를 생성
4단계	새로운 아이템이 나올 경우에는 부모 노드부터 시작하고, 그렇지 않으면 기존의 노드에서 확장
5단계	위의 과정을 모든 거래에 대해 반복하여 FP-Tree를 만들고 최소 지지도 이상의 패턴만 추출

㉰ FP-Growth 알고리즘 장단점

장점	단점
• Tree 구조이기 때문에 아프리오리 알고리즘보다 계산 속도가 빠르고 DB에서 스캔하는 횟수도 적음 • 아프리오리 알고리즘은 아이템마다 DB를 스캔하는 반면, FP-Growth는 첫 번째 스캔으로 단일 항목집단을 만들고, 두 번째 스캔으로 Tree 구조를 완성하여 분석하는 방식으로서 2번만 스캔하면 되는 간단한 방식	• 아프리오리에 비해 설계하기 어렵고, 지지도 계산은 무조건 FP-Tree가 만들어져야 가능하다는 단점이 존재

군집 분석 역시 중요 개념입니다. 그림과 수식을 잘 봐가면서 학습에 임하시길 바랍니다.

7 군집 분석 ★★★

(1) 군집 분석(Cluster Analysis)의 개념

- 군집 분석은 관측된 여러 개의 변숫값들로부터 유사성(Similarity)에만 기초하여 n개의 군집으로 집단화하여 집단의 특성을 분석하는 다변량 분석 기법이다.
- 군집 분석의 목적은 레이블이 없는 데이터 세트의 요약 정보를 추출하고, 요약 정보를 통해 전체 데이터 세트가 가지고 있는 특징을 발견하는 것이다.

(2) 군집 분석의 가정

- 군집 내에 속한 개체들의 특성은 동질적이고 서로 다른 군집에 속한 개체들 간의 특성은 이질적이다.
- 군집 내의 응집도(Cohesion)는 최대화하고 군집 간의 분리도(Separation)는 최대화한다.
- 군집의 개수 또는 구조와 관계없이 개체 간 거리를 기준으로 분류한다.
- 개별 군집의 특성은 군집에 속한 개체들의 평균값으로 나타낸다.

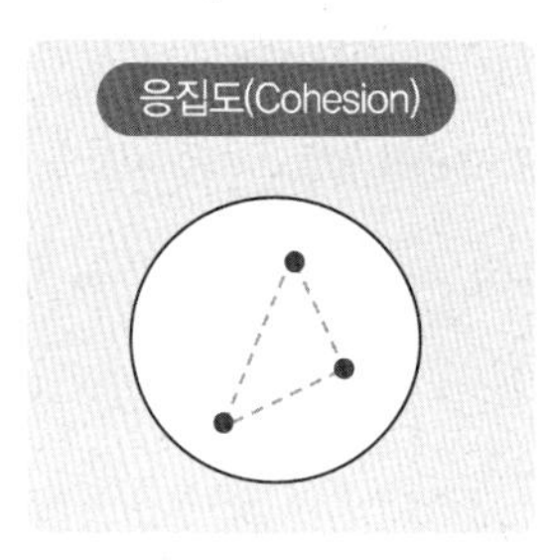

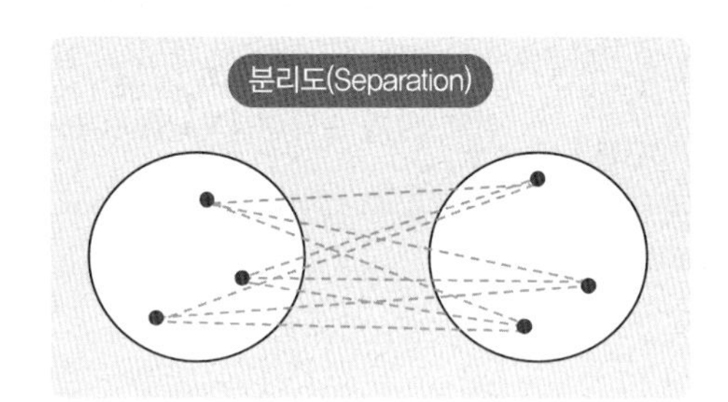

▲ 응집도와 분리도

(3) 분류와 군집 비교

군집 분석(Clustering)은 데이터에 분류의 기준이 없는 비지도 학습 방법이며, 분류 분석(Classification)은 데이터에 분류 변수가 포함된 지도 학습 방법이다.

⊗ 분류와 군집의 차이

구분	분류(Classification)	군집(Clustering)
설명	• 사전 정의된 범주가 있는(Labeled) 데이터로부터 예측 모델을 학습하는 문제 • 입력 데이터와 각 데이터의 클래스 라벨이 함께 제공됨(x_i, $y(x_i)$)	• 사전 정의된 범주가 없는(Unlabeled) 데이터에서 최적의 그룹을 찾아가는 문제 • 클래스에 대한 정보 없이 단순히 입력값만 제공됨 (x_i)

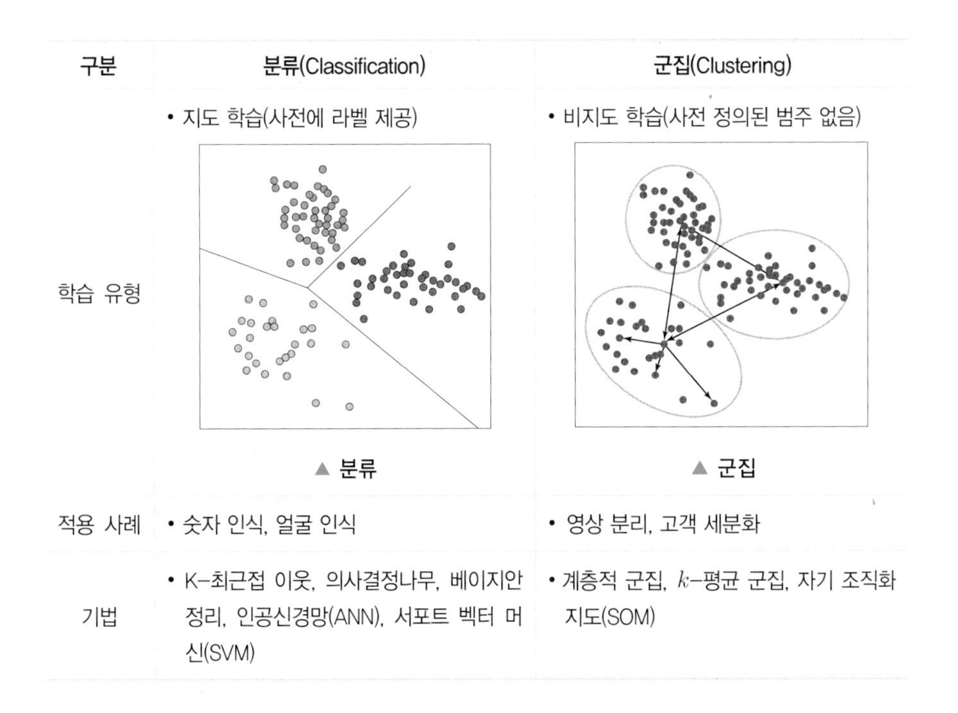

구분	분류(Classification)	군집(Clustering)
학습 유형	• 지도 학습(사전에 라벨 제공) ▲ 분류	• 비지도 학습(사전 정의된 범주 없음) ▲ 군집
적용 사례	• 숫자 인식, 얼굴 인식	• 영상 분리, 고객 세분화
기법	• K-최근접 이웃, 의사결정나무, 베이지안 정리, 인공신경망(ANN), 서포트 벡터 머신(SVM)	• 계층적 군집, k-평균 군집, 자기 조직화 지도(SOM)

(4) 군집 분석의 유형

- 군집 분석의 유형에는 계층 기반, 비계층 기반 군집 분석이 있고, 비계층 기반에는 분할 기반, 분포 기반, 밀도 기반, 그래프 기반 등의 분석 기법이 있다.
- 계층적 군집은 군집의 개수를 미리 정하지 않고 유사한 개체를 묶어 나가는 과정을 반복하여 원하는 개수의 군집을 형성하는 방법이다.
- 비계층적 군집은 미리 군집의 개수를 지정한다.

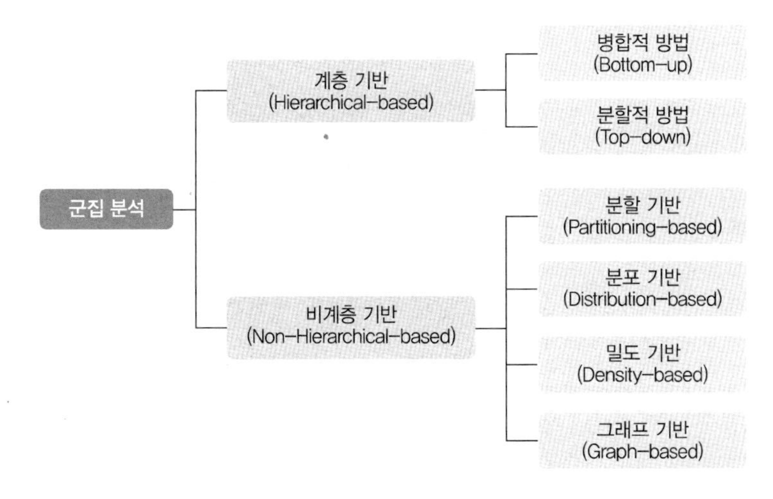

▲ 군집 분석 유형

(5) 군집 간의 거리 계산

- 여러 개의 변숫값 간의 유사성을 알기 위해 변수 간의 거리를 측정한다.
- 거리는 값이 작을수록 관측치가 유사함을 의미한다.

연속형 변수 거리는 필기 문제로 출제되기 좋습니다. 주요 공식과 설명을 알아두고 넘어가시기 바랍니다.

① 연속형 변수 거리

- 연속형 변수 거리로는 유클리드 거리, 맨하탄 거리, 민코프스키 거리, 표준화 거리, 마할라노비스 거리 등이 있다.

연속형 변수 거리 - 수학적 거리

「**수유맨민**」

수학적 거리(**유**클리드 거리 / **맨**하탄 거리 / **민**코프스키 거리)

→ 수유역에 맨날 민원 들어옴

연속형 변수 거리 - 통계적 거리

「**통표마**」

통계적 거리(**표**준화 거리 / **마**할라노비스 거리)

→ 통조림 표고버섯 마늘

⊗ 연속형 변수 거리

구분	종류	공식	설명
수학적 거리	유클리드 (Euclidean) 거리	$d(i,j)=\sqrt{\sum_{f=1}^{p}(x_{if}-x_{jf})^2}$ • p: 차원 • x_{if}: 시작점 • x_{jf}: 끝점	• 두 점 간 차를 제곱하여 모두 더한 값의 양의 제곱근
	맨하탄 (Manhattan) 거리	$d(i,j)=\sum_{f=1}^{p}\lvert x_{if}-x_{jf}\rvert$ • p: 차원 • x_{if}: 시작점 • x_{jf}: 끝점	• 시가(City-block) 거리라고도 불림 • 두 점 간 차의 절댓값을 합한 값
	민코프스키 (Minkowskii) 거리	$d(i,j)=\left[\sum_{f=1}^{p}(x_{if}-x_{jf})^m\right]^{1/m}$ • p: 차원 • x_{if}: 시작점 • x_{jf}: 끝점	• m차원 민코프스키 공간에서의 거리 • $m=1$일 때 맨하탄 거리와 같음 • $m=2$일 때 유클리드 거리와 같음
통계적 거리	표준화 (Standardized) 거리	$d(i,j)=\sqrt{(X_i-X_j)^T D^{-1}(X_i-X_j)}$ • X_i: 시작점 행렬 • X_j: 끝점 행렬 • D: 표본 분산 (대각) 행렬	• 변수의 측정단위를 표준화한 거리
	마할라노비스 (Mahalanobis Distance) 거리	$d(i,j)=\sqrt{(X_i-X_j)^T S^{-1}(X_i-X_j)}$ • X_i: 시작점 행렬 • X_j: 끝점 행렬 • S: 표본 공분산 행렬	• 변수의 표준화와 함께 변수 간의 상관성(분포형태)을 동시에 고려한 통계적 거리

거리는 p차원에서 i점과 j점 사이의 거리를 의미합니다.

- 유클리드 거리는 두 점을 잇는 가장 짧은 직선거리이며, 맨하탄 거리는 좌표에 표시된 두 점 간 절댓값의 차이(직교 좌표계의 좌표축 선분 길이의 합)로 측정하는 거리이다.

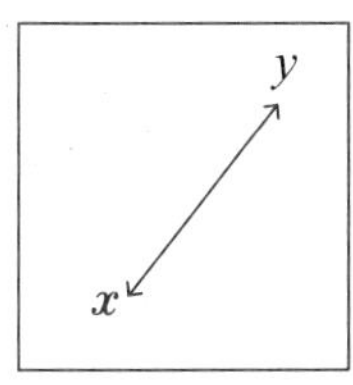

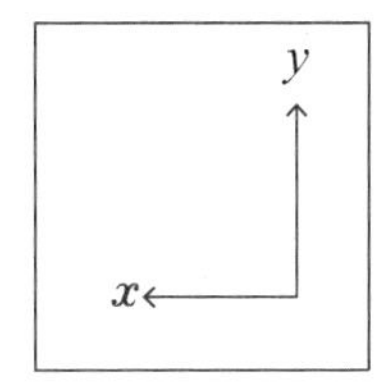

맨하탄(Manhattan) 거리

▲ 유클리드 거리와 맨하탄 거리 비교

- 유클리드 거리는 두 점을 잇는 가장 짧은 직선거리로 피타고라스의 정리로 구할 수 있다.

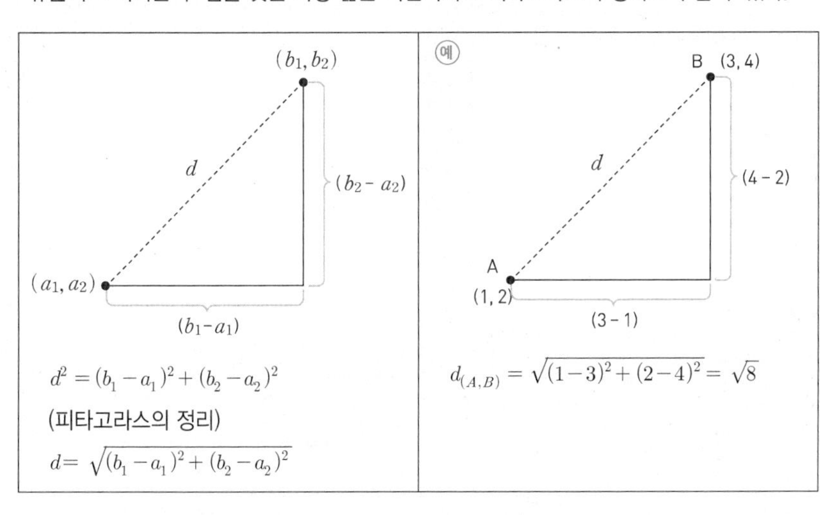

- 맨하탄 거리는 두 점 사이의 거리(절댓값)의 차이로 구할 수 있다.

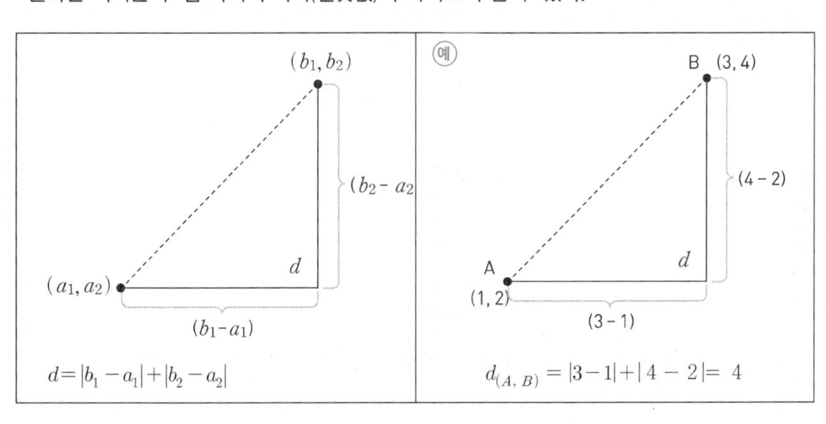

② 명목형 변수 거리

모든 변수가 명목형인 경우에는 개체 i와 j 간 거리의 정의이다.

명목형 변수 거리

「명단자」

명목형 변수 거리 / 단순 일치 계수 / 자카드 계수

$d(i, j)$ = (개체 i와 j에서 다른 값을 가지는 변수의 수) / (총 변수의 수)

명목형 변수 거리

거리	내용
단순 일치 계수 (Simple Matching Coefficient)	• $\frac{\text{매칭된 속성의 개수}}{\text{속성의 개수}}$ • 전체 속성 중에서 일치하는 속성의 비율
자카드(Jaccard) 계수	• $J(A, B) = \frac{\lvert A \cap B \rvert}{\lvert A \cup B \rvert} = \frac{\lvert A \cap B \rvert}{\lvert A \rvert + \lvert B \rvert - \lvert A \cap B \rvert}$ • 두 집합 사이의 유사도를 측정하는 방법 • 0과 1 사이의 값을 가지며 두 집합이 동일하면 1의 값, 공통의 원소가 하나도 없으면 0의 값을 가짐

③ 순서형 변수 거리

순위상관계수(Rank Correlation Coefficient)를 이용하여 거리를 측정한다.

순위상관계수는 2과목에서 봤었죠? 바로 스피어만 순위상관계수입니다. 다시 한 번 봐두세요.

거리	내용
순위상관계수 (Rank Correlation Coefficient)	값에 순위를 매겨 그 순위에 대해 상관계수를 구하는 방법 공식 순위상관계수 $r = 1 - \frac{6\sum_{i=1}^{n} d_i^2}{n(n^2-1)}$ • d_i: i번째 데이터 순위 차 • n: 표본집단 각각의 데이터 수

(6) 계층적 군집 분석

① 계층적 군집(Hierarchical Clustering) 개념

계층적 군집은 유사한 개체를 군집화하는 과정을 반복하여 군집을 형성하는 방법이다.

② 계층적 군집을 형성하는 방법

계층적 군집을 형성하는 방법에는 병합적 방법과 분할적 방법이 있다.

㉡ 계층적 군집을 형성하는 방법

형성 방법	설명
병합적 방법 (Agglomerative)	• 작은 군집으로부터 시작하여 군집을 병합하는 방법 • 거리가 가까우면 유사성이 높음 • R 언어에서 stats 패키지의 hclust()함수와 cluster 패키지의 agnes(), mclust() 함수 이용
분할적 방법 (Divisive)	• 큰 군집으로부터 출발하여 군집을 분리해 나가는 방법 • R 언어에서 cluster 패키지의 diana(), mona() 함수 이용

③ 계통도

- 군집의 결과는 계통도 또는 덴드로그램의 형태로 결과가 주어지며 각 개체는 하나의 군집에만 속하게 된다.
- 항목 간의 거리, 군집 간의 거리를 알 수 있고, 군집 내 항목 간 유사 정도를 파악함으로써 군집의 견고성을 해석할 수 있다.

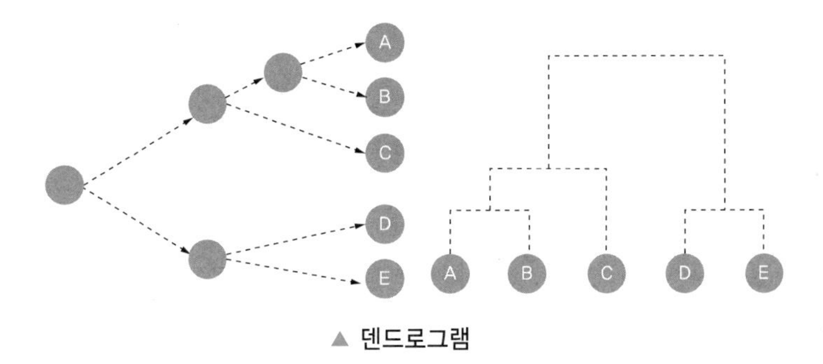

▲ 덴드로그램

덴드로그램(Dendrogram)
군집의 개체들이 결합되는 순서를 나타내는 트리 형태의 구조이다.

④ 군집 간의 연결법

- 개체 간의 유사성(또는 거리)에 대한 다양한 정의가 가능하다.
- 군집 간의 연결법에는 최단연결법, 최장연결법, 평균 연결법, 중심연결법, 와드 연결법이 있다.
- 군집 간의 연결법에 따라 군집의 결과가 달라질 수 있다.

연결법은 그림과 설명을 보고 어떤 연결법을 사용하는지 맞출 수 있을 정도로 학습하시길 권장합니다.

㉡ 군집 간의 연결법

연결법	그림	설명
최단연결법 (Single Linkage Method)		• 두 군집 사이의 거리를 각 군집에서 하나씩 관측값을 뽑았을 때 나타날 수 있는 거리의 최솟값으로 측정해서 가장 유사성이 큰 군집으로 병합해 나가는 방법 • 대부분의 관측치가 멀리 떨어져 있어도 하나의 관측치만 다른 군집과 가까이 있으면 병합 가능하므로 길게 늘어진 사슬 형태의 군집이 형성됨 • 단일연결법(Single Linkage Method)이라고도 함

군집 간의 연결법
「단장중평와」
최단연결법 / 최장연결법 / 중심연결법 / 평균연결법 / 와드연결법
→ 단장(당장) 중평으로 와!

연결법	그림	설명
최장연결법 (Complete Linkage Method)		• 두 군집 사이의 거리를 각 군집에서 하나씩 관측값을 뽑았을 때 나타날 수 있는 거리의 최댓값으로 측정하여 가장 유사성이 큰 군집으로 병합해 나가는 방법 • 내부 응집성에 중점을 둔 방법으로 둥근 형태의 군집이 형성 • 완전연결법(Complete Linkage Method)이라고도 함
중심연결법 (Centroid Linkage Method)		• 두 군집의 중심 간의 거리를 측정하여 가장 유사성이 큰 군집으로 병합해 나가는 방법 • 두 군집이 결합될 때 새로운 군집의 평균은 가중 평균을 통해 구함 • 군집 내 편차들의 제곱합을 고려하여 군집 간 정보의 손실을 최소화하는 방향으로 군집을 형성 • 평균연결법보다 계산량이 적고, 모든 관측치 사이의 거리를 측정할 필요 없이 중심 사이의 거리를 한 번만 계산
평균연결법 (Average Linkage Method)	2 1 4 3	• 모든 항목에 대한 거리 평균을 구하면서 가장 유사성이 큰 군집을 병합해 나가는 방법 • 계산량이 불필요하게 많아질 수 있음 • 단일연결법과 완전연결법보다 이상치에 덜 민감
와드연결법 (Ward Linkage Method)		• 군집 간의 거리에 기반하는 다른 연결법과는 다른 군집 내의 오차제곱합에 기초하여 군집을 수행하는 방법 • 군집의 병합으로 인한 오차제곱합의 증가량이 최소가 되는 방향으로 군집을 형성 • 군집 내 분산을 최소로 하기 때문에 좀 더 조밀한 군집 생성 가능

(7) 비계층적 군집 분석(분할기반 군집: k–평균 군집 알고리즘)

① k–평균 군집(k–Means Clustering) 개념

k–평균 군집은 주어진 데이터를 k개의 군집으로 묶는 알고리즘으로 k개만큼 군집수를 초깃값으로 지정하고, 각 개체를 가까운 초깃값에 할당하여 군집을 형성하고 각 군집의 평균을 재계산하여 초깃값을 갱신하는 과정을 반복하여 k개의 최종군집을 형성하는 방법이다.

② k–평균 군집의 절차(알고리즘)

- k–평균 군집에서 군집의 수(k)는 초매개변수로서 미리 정해 주어야 한다.
- k개의 초기 중심 값은 임의로 선택할 수 있으며 자료 중에서 임의로 선택도 가능하다.

㉳ k-평균 군집의 절차

단계	알고리즘	설명
1	k개 객체 선택	초기 군집 중심으로 k개의 객체를 임의로 선택함
2	할당(Assignment)	자료를 가장 가까운 군집 중심에 할당
3	중심 갱신(New Centroids)	각 군집 내의 자료들의 평균을 계산하여 군집의 중심을 갱신
4	반복	군집 중심의 변화가 거의 없을 때(또는 최대 반복수)까지 단계 2와 단계 3을 반복

- k-평균 군집은 이상값에 민감하게 반응하는 단점이 존재한다.
- 단점을 보완하는 방법으로는 k-중앙값 군집을 사용하거나 이상값을 미리 제거할 수도 있다.

잠깐! 알고가기

k-중앙값(Medoids) 군집
군집을 형성하는 단계마다 평균값 대신 중앙값을 사용하여 군집을 형성한다.

③ k-평균 군집 k 값 선정 기법 21년2회

k-평균 군집 알고리즘에서 k 값을 구하는 기법으로 엘보우 기법, 실루엣 기법, 덴드로그램을 사용한다.

알고리즘	설명
엘보우(Elbow) 기법	• x축에 클러스터의 개수(k 값)를 y축에 SSE($=\sum_{i=1}^{n}(y_i-\hat{y})^2$) 값을 두었을 때 기울기가 완만한 부분(팔꿈치 부분)에 해당하는 클러스터를 선택하는 기법
실루엣(Silhouette) 기법	• 각 군집 간의 거리가 얼마나 분리되어 있는지를 나타내는 기법 • 실루엣 계수는 1에 가까울수록 군집 간 거리가 멀어서 최적화가 잘 되어 있다고 할 수 있고, 0에 가까울수록 군집 간 거리가 가까워서 최적화가 잘 안 되어 있다고 할 수 있음
덴드로그램(Dendrogram)	• 계층적 군집 분석의 덴드로그램 시각화를 이용하여 군집의 개수 결정

(8) 비계층적 군집 분석(분포 기반 군집: 혼합 분포 군집)

① 혼합 분포 군집(Mixture Distribution Clustering)

㉮ 혼합 분포 군집 개념

- 혼합 분포 군집은 데이터가 k개의 모수적 모형의 가중합으로 표현되는 모집단 모형으로부터 나왔다는 가정하에서 자료로부터 모수와 가중치를 추정하는 방법이다
- k개의 각 모형은 군집을 의미하며, 각 데이터는 추정된 k개의 모형 중 어느 모형으로부터 나왔을 확률이 높은지에 따라 군집의 분류가 이루어진다.
- M개 분포(성분)의 가중합으로 표현되는 혼합 모형의 정의는 다음과 같다.

공식

혼합 분포 군집

$$p(x|\theta) = \sum_{i=1} p(x|C_i, \theta_i) p(C_i)$$

- $p(x|C_i, \theta_i)$: 혼합 모델을 이루는 단일 확률밀도 함수
- θ_i: i번째 분포의 모수 벡터
- C_i: i번째 군집(클래스)
- $p(C_i)$: i번째 군집이 혼합 모형에서 차지하는 중요도 또는 가중치(α_i)

- 혼합 모형의 모수를 추정하는 경우 단일 모형과는 달리 표현식이 복잡하여 미분을 통한 이론적 전개가 어렵기 때문에 최대가능도 추정을 위해 EM 알고리즘 등을 이용한다.

㉯ 혼합 분포 군집의 특징

- 확률 분포를 도입하여 군집을 수행한다.
- 군집을 몇 개의 모수로 표현할 수 있고, 서로 다른 크기의 군집을 찾을 수 있다.
- EM 알고리즘을 이용한 모수 추정에서 데이터가 커지면 수렴에 시간이 걸릴 수 있다.
- 군집의 크기가 너무 작으면 추정의 정도가 떨어지거나 어려울 수 있다.
- 이상값에 민감하므로 이상값 제거 등의 사전 조치가 필요하다.

② 가우시안 혼합 모델(GMM; Gaussian Mixture Model)

- 전체 데이터의 확률분포가 k개의 가우시안 분포(Gaussian Distribution; 정규분포)의 선형 결합(Mixture Model)으로 이뤄졌음을 가정하고 각 분포에 속할 확률이 높은 데이터 간의 군집을 형성하는 방법이다.
- GMM에서는 주어진 데이터 $X=\{x_1, x_2, \cdots, x_N\}$에 대하여 적절한 k개 가우시안 분포의 가중치, 평균, 공분산을 추정한다.
- 데이터들이 k개의 가우시안 분포 중에서 어디에 속하는 것이 최적인지 추정(최대가능도 추정)하기 위해 EM 알고리즘을 이용할 수 있다.

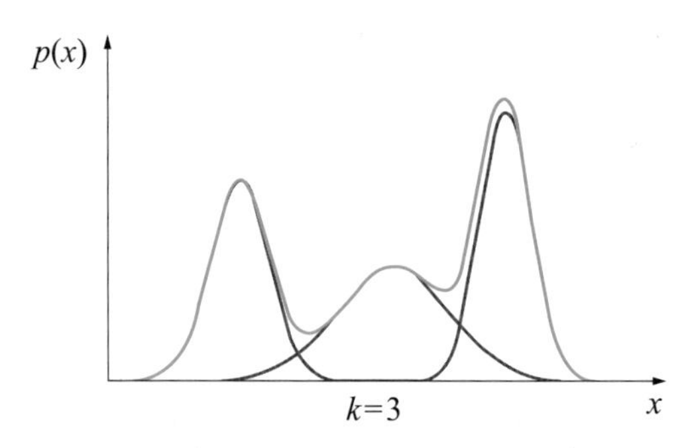

군집화된 모델의 개수(k)=3

▲ 가우시안 혼합 모델(GMM)

공식

가우시안 혼합 모델(GMM)

$$p(x)=\sum_{k=1}^{K}\pi_k N(x|\mu_k,\sum k)$$

$$(0\le \pi_k \le 1, \sum_{k=1}^{K}\pi_k=1)$$

- π_k: 혼합 분포 계수
- $N(x|\mu_k,\sum k)$: 평균이 μ_k이고, 공분산 행렬이 $\sum k$인 정규 분포

③ EM 알고리즘

㉮ EM(Expectation–Maximization) 알고리즘 개념

EM 알고리즘은 관측되지 않은 잠재변수에 의존하는 확률모델에서 최대 가능도나 최대 사후 확률을 갖는 모수의 추정값을 찾는 반복적인 알고리즘이다.

㉯ EM 알고리즘 진행 과정

- EM 알고리즘은 E–단계(E–step), M–단계(M–step)로 진행된다.
- E–단계는 잠재변수 Z의 기대치를 계산하고 M–단계는 잠재변수 Z의 기대치를 이용하여 매개변수를 추정한다.
- 반복을 수행하며 매개변수 추정값을 도출하며 이를 최대 가능도 추정치로 사용한다.

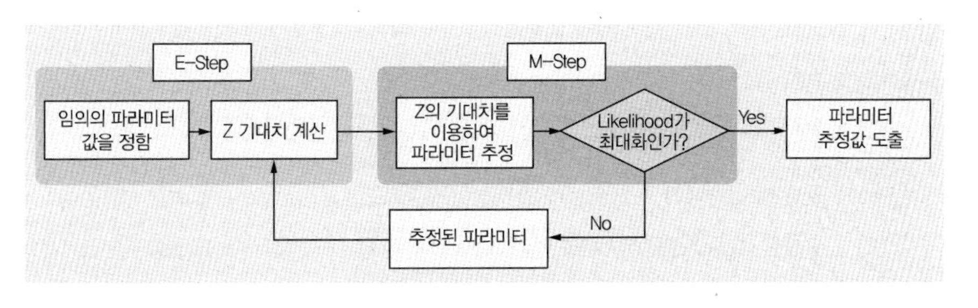

▲ EM 알고리즘의 진행 과정

(9) 비계층적 군집 분석(밀도 기반 군집: DBSCAN 알고리즘)

① DBSCAN의 개념

- DBSCAN은 개체들의 밀도(Density) 계산을 기반으로 밀접하게 분포된 개체들끼리 그룹핑하는 알고리즘이다.
- 클러스터의 개수를 미리 지정할 필요가 없고, 군집 밀도에 따라서 군집을 서로 연결하기 때문에 기하학적인 모양의 군집 분석이 가능하다.

학습 POINT

EM 알고리즘의 개념과 진행 과정을 가볍게 알고 넘어가세요!

잠깐! 알고가기

관측되지 않은 잠재변수 (Unobserved Latent Variable)
직접적으로 관찰되거나 측정이 되지 않은 변수이다.

가능도/우도(Likelihood)
어떤 시행의 결과가 주어졌다고 할 때, 주어진 가설이 참이라면 그 결과가 나오는 정도이다.

최대 사후 확률 (Maximum A Posteriori)
모수의 사전 확률과 결합된 확률을 고려한다.

최대 가능도 (Maximum Likelihood)
어떤 모수가 주어졌을 때, 원하는 값들이 나올 가능도를 최대로 만드는 모수를 선택하는 방법으로 점 추정 방식에 속한다.

② DBSCAN 구성요소

구성요소는 중심점, 이웃점, 경계점, 잡음점이 있다.

◎ DBSCAN 구성요소

구성요소	설명
중심점 (Core Point)	• 주변 반경 내에 최소 데이터 개수 이상의 다른 데이터를 가지고 있는 데이터 • 반경 내에 존재해야 하는 최소 데이터 개수는 일종의 초매개변수로 설정해주어야 함
이웃점 (Neighbor Point)	• 특정 데이터 주변 반경 내에 존재하는 다른 데이터
경계점 (Border Point)	• 중심점은 아니지만, 중심점이 주변 반경 내에 존재하는 데이터 • 중심점을 중심으로 하는 군집에는 포함되며, 주로 군집의 외곽을 이룸
잡음점 (Noise Point)	• 중심점도 아니고 경계점 조건도 만족하지 못하는 이웃점 • 이상치라고도 함

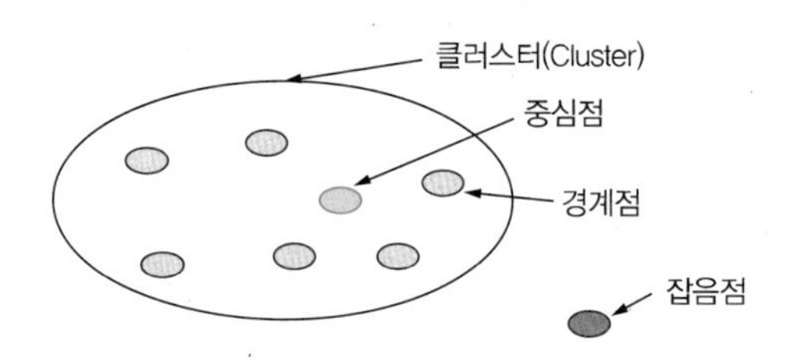

▲ DBSCAN 구성요소

③ DBSCAN 절차

◎ DBSCAN 절차

순서	설명
1	반경(Eps) 내에 최소 점(minPts) 이상이 포함되도록 중심점(Core Point)을 식별한다.
2	모든 비 중심점을 무시하고 인접 그래프에서 중심점과 연결된 구성요소를 찾는다.
3	중심점 외에 속하면 노이즈(Noise)로 할당한다.

잠깐! 알고가기

Eps
개별 포인트를 기준으로 특정 반경의 거리를 뜻한다.

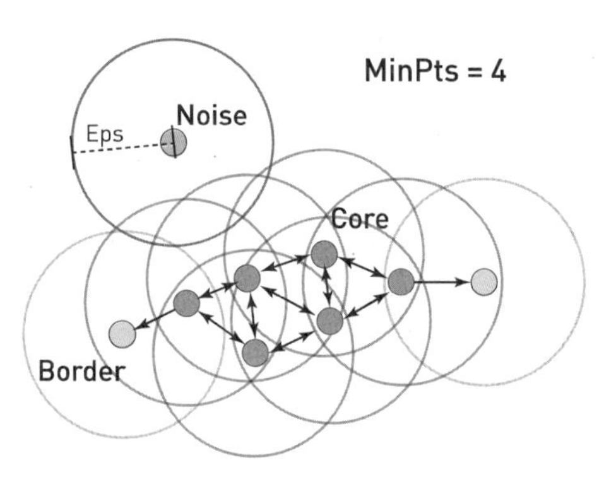

▲ DBSCAN

④ DBSCAN의 장점 및 단점

장점	단점
• k-평균 군집과 같이 클러스터의 수를 정하지 않아도 됨 • 클러스터의 밀도에 따라서 클러스터를 서로 연결하기 때문에 기하학적인 모양을 갖는 군집도로서 잘 찾을 수 있음	• 초매개변수를 결정하기 어렵고, 매개변수의 선택에 민감 • 클러스터들이 다양한 밀도를 가지거나, 차원이 크면 계산에 어려움이 있음

(10) 비계층적 군집 분석(그래프 기반 군집: SOM 알고리즘)

① 자기 조직화 지도(Self-Organizing Maps; SOM) 개념

- SOM은 대뇌피질과 시각피질의 학습 과정을 기반으로 모델화한 인공신경망으로 자율 학습 방법에 의한 클러스터링 방법을 적용한 알고리즘이다.
- 고차원의 데이터를 이해하기 쉬운 저차원의 뉴런으로 정렬하여 지도의 형태로 형상화한 비지도 신경망이다.
- 형상화는 입력변수의 위치 관계를 그대로 보존한다는 특징이 있다.
- 실제 공간의 입력변수가 가까이 있으면 지도상에는 가까운 위치에 있게 된다.

학습 POINT

SOM은 코호넨에 의해 제시, 개발되었으며 코호넨 맵(Kohonen Maps)으로 알려져 있다.

② SOM 구성

SOM은 입력층과 경쟁층으로 구성된다.

SOM 구성

구성	내용
입력층 (Input Layer)	• 입력 벡터를 받는 층으로 입력변수의 개수와 동일하게 뉴런 수가 존재함 • 입력층의 자료는 학습을 통하여 경쟁층에 정렬되는데 이를 지도(Map)라고 부름 • 입력층에 있는 각각의 뉴런은 경쟁층에 있는 각각의 뉴런들과 연결되어 있으며 이때 완전 연결되어 있음
경쟁층 (Competitive Layer)	• 2차원 격자(Grid)로 구성된 층으로 입력 벡터의 특성에 따라 벡터의 한 점으로 클러스터링되는 층 • SOM은 경쟁 학습으로 각각의 뉴런이 입력 벡터와 얼마나 가까운가를 계산하여 연결 강도를 반복적으로 재조정하여 학습하며, 이 과정을 거치면서 연결 강도는 입력 패턴과 가장 유사한 경쟁층 뉴런이 승자가 됨 • 승자 독식 구조로 인해 경쟁층에는 승자 뉴런만이 나타나며, 승자와 유사한 연결 강도를 갖는 입력 패턴이 동일한 경쟁 뉴런으로 배열됨

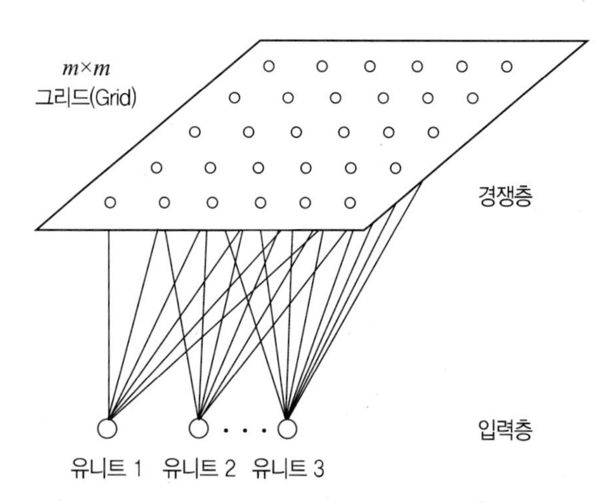

▲ 코호넨 네트워크

③ SOM 학습 알고리즘

SOM 학습 알고리즘은 다음과 같이 구성되어 있다.

학습 POINT

SOM은 문제 형태로 출제되기 용이합니다. 개념을 중심으로 봐주시면 좋겠습니다.

SOM 학습 알고리즘

순서	단계	내용
1	초기화	SOM 맵의 노드에 대한 연결 강도를 초기화
2	입력 벡터	입력 벡터를 제시
3	유사도 계산	유클리드 거리를 사용하여 입력 벡터와 프로토타입 벡터 사이의 유사도(Similarity)를 계산
4	프로토타입 벡터 탐색	입력 벡터와 가장 거리가 짧은 프로토타입 벡터(BMU)를 탐색
5	강도 재조정	BMU와 그 이웃들의 연결 강도를 재조정
6	반복	단계 2로 가서 반복

잠깐! 알고가기

BMU(Best Matching Unit)
SOM의 핵심 개념 중 하나로 입력층과 제일 가까운 뉴런을 말한다.

(11) 군집 분석의 활용

- 군집 분석(Clustering)은 세분화(Segmentation), 이상 탐지(Anomaly), 분리 등에 활용된다.
- 군집 분석은 시장과 고객 차별화, 패턴 인식, 생물연구, 공간데이터 분석, 웹 문서분류 등에도 활용될 수 있다.

유형	주요 사례
세분화	• 사람, 시장, 조직 등의 특성 파악을 위한 시장 세분화 • 신상품 판촉, 교차 판매를 위해 구매패턴에 따른 고객 세분화 • 용도, 크기, 브랜드, 맛 등에 따른 상품 세분화
이상 탐지	• 정상적 거래와 비정상 거래 구분 • 약품 부작용 검사, 통신사에서의 통화 패턴 분석을 통한 이상 탐지
분리	• 대규모 데이터를 작은 데이터 그룹으로 분리

지피지기 기출문제

01 가장 적은 영향을 주는 변수부터 하나씩 제거하면서 더 이상 유의하지 않은 변수가 없을 때까지 설명변수들을 제거하고 이때의 모형을 선택하는 방법은 무엇인가?

21년 2회

① 중위 선택법 ② 전진 선택법
③ 후진 소거법 ④ 단계적 방법

해설 • 가장 적은 영향을 주는 변수부터 하나씩 제거하면서 더 이상 유의하지 않은 변수가 없을 때까지 설명변수들을 제거하고 이때의 모형을 선택하는 방법은 후진 소거법이다.
• 중위 선택법은 존재하지 않는 방법이다.

전진 선택법 (Forward Selection)	절편만 있는 상수 모형부터 시작해 중요하다고 생각되는 설명변수를 차례로 모형에 추가하는 방식
후진 소거법 (Backward Elimination)	독립변수 후보 모두를 포함한 모형에서 출발해 제곱합의 기준으로 가장 적은 영향을 주는 변수부터 하나씩 제거하면서 더이상 유의하지 않은 변수가 없을 때까지 설명변수들을 제거하고 이때의 모형을 선택하는 방법
단계적 방법 (Stepwise Method)	변수를 추가하면서 새롭게 추가된 변수에 기인해 기존 변수가 그 중요도가 약화되면 해당 변수를 제거하는 단계별 추가 또는 제거되는 변수의 여부를 검토해 더 이상 없을 때 중단하는 방법

02 선형 회귀 모형의 가정에서 잔차항과 관련 없는 것은?

21년 2회

① 선형성 ② 독립성
③ 등분산성 ④ 정상성

해설 선형 회귀 모형의 가정은 선형성, 독립성, 등분산성, 비상관성, 정상성이다. 잔차와 관련 없는 것은 선형성이다.

선형성	• 독립변수와 종속변수가 선형적이어야 함 • 독립변수의 변화에 따라 종속변수도 일정 크기로 변화
독립성	• 단순선형 회귀 분석에서는 잔차와 독립변수의 값이 서로 독립적이어야 함 • 다중선형 회귀 분석에서는 독립변수 간 상관성이 없이 독립적이어야 함
등분산성	• 잔차의 분산이 독립변수와 무관하게 일정해야 함 • 잔차가 고르게 분포되어야 함
비상관성	• 관측치의 잔차끼리 상관이 없어야 함 • 잔차끼리 서로 독립이면 비상관성이 있다고 판단
정상성 (정규성)	• 잔차항이 정규분포의 형태를 이뤄야 함 • Q-Q plot에서는 잔차가 대각 방향의 직선의 형태를 띠면 잔차는 정규분포를 따른다고 할 수 있음

03 다음 회귀 모형 결과를 해석한 것으로 옳은 것을 〈보기〉에서 모두 고른 것은?

21년 2회

〈보기〉

	Estimate	Std.Error	t value	Pr(>|t|)
(Intercept)	41.107678	2.842426	14.462	1.62e-14
X1	0.007473	0.011845	0.631	0.00651
X2	−3.635677	1.040138	−3.495	0.00160
X3	−4.784944	0.607110	−2.940	0.53322

가. 유의수준 0.05에서 X1, X2는 유의하다고 할 수 있다.
나. X2의 계수는 41.107678이다.
다. 변수 X3는 회귀 모형에서 제거 가능하다.

① 가 ② 나
③ 가, 다 ④ 가, 나, 다

해설 • X1, X2는 Pr(>|t|) 값이 0.05보다 작으므로 통계적으로 유의하다고 할 수 있다.
• X2의 계수는 -3.635677이다.
• X3는 Pr(>|t|) 값이 0.05보다 커서 통계적으로 유의하지 않으므로 삭제가 가능하다.

지피지기 기출문제

04 회귀 모형의 잔차를 분석한 결과가 아래와 같이 나타날 때, 이에 대한 설명으로 옳은 것은? 21년 2회

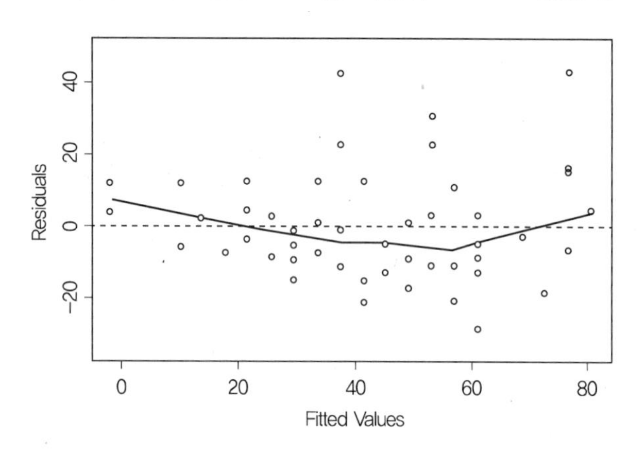

① 잔차가 등분산 가정을 만족한다.
② 종속변수를 log로 변환하여 문제를 해결한다.
③ 독립변수 중 하나를 제곱하여 문제를 해결한다.
④ 잔차가 정규분포를 따른다.

해설 잔차가 등분산 가정을 만족하지 않을 경우에는 종속변수를 log로 변환하거나 WLS(Weighted Least Square)를 사용한다.

05 다음 중 로지스틱 회귀분석에 대한 설명으로 가장 알맞지 않은 것은 무엇인가? 21년 3회

① 독립 변수가 범주형이다.
② 종속변수는 0과 1이다.
③ 로짓 변환을 사용 한다.
④ 시그모이드 함수를 이용한다.

해설 • 로지스틱 회귀 분석은 독립 변수가 수치형이고 반응변수가 범주형인 경우 적용되는 회귀 분석 모형이다.
• 새로운 독립 변수의 값이 주어질 때 반응변수의 각 범주에 속할 확률이 얼마인지를 추정하여 추정 확률을 기준치에 따라 분류하는 목적으로 사용된다.

06 다음 중 선형회귀와 로지스틱 회귀에 대한 설명으로 가장 알맞지 않는 것은 무엇인가? 21년 3회

① 선형회귀에서 잔차는 정규분포를 따른다.
② 선형회귀는 독립변수를 사용해 종속변수의 움직임을 예측한다.
③ 로지스틱 회귀는 종속변수가 이진이며 분류에 사용한다.
④ 선형회귀에서 로짓 변환을 사용한다.

해설 로짓 변환은 로지스틱 회귀에서 사용한다.

07 종속변수가 범주형이고 독립변수가 수치형 변수 여러 개로 이루어진 변수 간의 관계를 분석하기 위해 적용할 수 있는 알고리즘으로 올바른 것은? 21년 2회

① 로지스틱 회귀 분석 ② k-평균 군집
③ 주성분 분석 ④ DBSCAN

해설

구분	설명
로지스틱 회귀 분석	독립변수가 수치형이고 반응변수(종속변수)가 범주형(이항형)인 경우 적용되는 회귀 분석 모형
k-평균 군집 (k-means clustering)	K개 소집단의 중심좌표를 이용하여 각 객체와 중심좌표 간의 거리를 산출하고, 가장 근접한 소집단에 배정한 후 해당 소집단의 중심좌표를 업데이트하는 방식의 군집화 알고리즘
주성분 분석	데이터 분포를 잘 설명함과 동시에 정보의 손실을 최소화하도록 고차원의 데이터를 저차원의 데이터로 변환하는 차원축소 분석 기법
DBSCAN	개체들의 밀도(Density) 계산을 기반으로 밀접하게 분포된 개체끼리 그룹핑하는 군집 분석 알고리즘

08 인공신경망은 어떤 값을 알아내는 게 목적인가?

21년 2회

① 커널값　② 뉴런
③ 가중치　④ 오차

해설 • 인공신경망의 목적은 출력 층에서 계산된 출력과 실제 출력의 값 차이를 최소화시키는 가중치를 알아내는 것이다.
• 인공신경망에서 가중치의 변화에 따른 오차의 변화를 계산한다.
• 인공신경망에서 뉴런(노드)은 인공신경망의 가장 기본적인 단위이다.
• CNN에서 필터를 커널 이라고도 한다.

09 서포트 벡터 머신에 대한 설명으로 옳지 않은 것은?

21년 2회

① 다른 모형에 비해 속도가 빠르다
② 다른 모형보다 과대적합에 강하다.
③ 비선형으로 분류되는 모형에 사용할 수 있다.
④ 서포트 벡터가 여러 개일 수 있다.

해설 서포트 벡터 머신은 데이터가 많아질수록 최적화된 테스트를 위한 테스트 과정이 많아져서 다른 모형에 비해 속도가 느리다.

장점	단점
• 서포트 벡터만을 이용해서 결정 경계를 생성하므로 데이터가 적을 때 효과적 • 새로운 데이터가 입력되면 전체 데이터 포인트와의 거리를 계산하지 않고 서포트 벡터와의 거리만 계산하면 되기 때문에 연산량 최소화 • 정확성이 뛰어나며, 커널 트릭을 활용하여 비선형 모델 분류 가능 • 다른 모형보다 과대 적합의 가능성이 낮고, 노이즈의 영향이 적음	• 데이터 전처리 과정이 중요 • 데이터 세트의 크기가 클 경우 모델링에 많은 시간이 소요됨 • 데이터가 많아질수록 최적화된 테스트를 위한 테스트 과정이 많아져서 다른 모형에 비해 속도가 느림 • 커널과 모델의 매개변수를 조절하기 위해 많은 테스트가 필요

10 다음 중 k-평균 군집 알고리즘을 통해 K 값을 구하는 기법은 무엇인가?

21년 2회

① K-Centroid 기법　② 최장 연결법
③ 엘보우 기법　④ 역전파 알고리즘

해설 k-평균 군집 알고리즘에서 k 값을 구하는 기법으로 엘보우 기법, 실루엣 기법, 덴드로그램을 사용한다.

엘보우 (Elbow) 기법	• x축에 클러스터의 개수(k 값)를 y축에 SSE $(=\sum_{i=1}^{n}(y_i-\hat{y})^2)$ 값을 두었을 때 기울기가 완만한 부분(팔꿈치 부분)에 해당하는 클러스터를 선택하는 기법
실루엣 (Silhouette) 기법	• 각 군집 간의 거리가 얼마나 분리되어 있는지를 나타내는 기법 • 실루엣 계수는 1에 가까울수록 군집 간 거리가 멀어서 최적화가 잘 되어 있다고 할 수 있고, 0에 가까울수록 군집 간 거리가 가까워서 최적화가 잘 안 되어 있다고 할 수 있음
덴드로그램	• 계층적 군집 분석의 덴드로그램 시각화를 이용하여 군집의 개수 결정

11 다음 중 다중공선성을 제거하는 방법으로 가장 올바르지 않은 것은 무엇인가?

21년 3회

① Box-Cox　② 릿지
③ PCA　④ 변수 제거

해설 • 다중공선성은 회귀 분석에서 독립변수들 간에 강한 상관관계가 나타나는 문제를 의미한다.
• 다중공선성은 PCA, 릿지, 변수 제거등을 통해 제거할 수 있다.
• Box-Cox는 선형회귀모형에서 정규성 가정이 성립한다고 보기 어려울 경우에 종속 변수를 정규 분포에 가깝게 변환시키기 위하여 사용하는 기법이다.

12 다음 중 의사결정나무의 분류나무(이산형 목표변수)에서 사용되는 분리 기준이 아닌 것은 무엇인가? 21년 3회

① 지니지수　② 엔트로피 지수
③ 카이제곱 분포　④ 분산 분석에서 F-통계량

해설 분산 분석에서 F-통계량은 회귀나무(연속형 목표변수)에서 사용되는 분리 기준이다.

분류나무(이산형 목표변수)에서 사용되는 분리 기준	카이제곱 통계량의 p-값, 지니 지수, 엔트로피 지수
회귀나무(연속형 목표변수)에서 사용되는 분리 기준	분산 분석에서 F-통계량, 분산의 감소량

13 다음 중 SVM RBF(Radial Basis Function)에 대한 설명으로 가장 옳지 않은 것은 무엇인가? 21년 3회

① 비선형 데이터가 있는 경우에 일반적으로 활용된다.
② 2차원의 점을 3차원의 점으로 변환한다.
③ 가장 많이 사용되는 커널이다.
④ 데이터에 대한 사전 지식이 없는 경우 적절하게 분리할 때 활용된다.

해설 2차원의 점을 무한한 차원의 점으로 변환한다.

14 아래와 같은 거래 데이터 셋(Data Set)이 주어졌을 때 연관규칙 '오렌지, 사과 → 자몽'의 지지도와 신뢰도는 각각 얼마인가? 21년 3회

{오렌지, 사과, 자몽},
{수박, 레몬},
{오렌지, 사과, 레몬, 자몽},
{딸기, 수박, 사과, 레몬},
{딸기, 수박, 레몬, 자몽},
{오렌지, 사과}

① 지지도 : 50%　신뢰도 : 66%
② 지지도 : 50%　신뢰도 : 50%
③ 지지도 : 33%　신뢰도 : 66%
④ 지지도 : 33%　신뢰도 : 50%

해설 지지도와 신뢰도는 다음과 같이 계산된다.

지지도	$P(A \cap B) = \dfrac{A와\ B가\ 동시에\ 포함된\ 거래\ 수}{전체\ 거래\ 수}$
신뢰도	$\dfrac{P(B \mid A)}{P(A)} = \dfrac{A와\ B가\ 동시에\ 포함된\ 거래\ 수}{A를\ 포함하는\ 거래\ 수}$

오렌지, 사과→자몽의 지지도는 $\frac{2}{6} = \frac{1}{3} = 33\%$이며, 신뢰도는 $\frac{2}{3} = 66\%$이다.

15 소프트맥스 함수에 대한 설명으로 가장 올바르지 않은 것은? 21년 3회

① 출력값은 0에서 1 사이의 실수이다.
② 분산 1이 된다.
③ 출력값을 확률로 해석할 수 있다.
④ 출력값의 총합이 1이 된다.

해설
- 소프트맥스 함수는 출력값이 여러 개로 주어지고 목표치가 다범주인 경우 각 범주에 속할 사후 확률을 제공하는 함수이다.
- 출력값은 0과 1 사이의 실수로 확률로 해석할 수 있고, 출력값의 총합은 1이 된다.

16 다음 중 활성화 함수에 대한 설명으로 가장 알맞지 않은 것은 무엇인가? 21년 3회

① 하이퍼볼릭 탄젠트는 -1에서 1의 값을 가진다.
② 부호 함수는 임곗값을 기준으로 활성화 또는 비활성화가 된다.
③ ReLU 함수는 시그모이드의 기울기 소실 문제를 해결하였다.
④ 시그모이드 함수 입력값이 0일 때, 미분값은 0이다.

해설 부호함수는 임곗값을 기준으로 양의 부호 또는 음의 부호를 출력한다.

계단 함수	• 임곗값을 기준으로 활성화(y축 1) 또는 비활성화(y축 0)가 되는 함수
시그모이드 함수	• 인공 뉴런의 활성화 함수인 실함수로서 유한한 영역을 가지는 집합이고 미분 가능하며, 모든 점에서 음이 아닌 미분 값을 가지고 단 하나의 변곡점을 가지는 함수 • 입력값이 0일 때, 미분값은 0이다.
tanh 함수	• 하이퍼볼릭 탄젠트 함수로 -1에서 1의 값을 가지는 함수
ReLU 함수	• x값이 0보다 큰 경우 y값도 지속적으로 증가하고, x값이 0보다 작거나 같은 경우 기울기가 0이기 때문에 뉴런이 죽을 수 있는 단점이 존재하는 함수 • 시그모이드의 기울기 소실 문제를 해결

17 다음은 성별 차이에 따른 우울증 빈도에 대한 결과이다. 카이제곱을 통한 계산식은 무엇인가? (O_i: 관측빈도, E_i: 기대 빈도) 21년 3회

	우울증 있음	우울증 없음	계
여자	400	250	650
남자	200	150	350
계	600	400	1000

① $\chi^2 = \sum_{i=1}^{k} \left| \frac{(O_i - E_i)}{E_i} \right|$

② $\chi^2 = \sum_{i=1}^{k} \frac{(O_i - \hat{E}_i)^2}{E_i}$

③ $\chi^2 = \sum_{i=1}^{k} \frac{(O_i - E_i)^2}{O_i}$

④ $\chi^2 = \sum_{i=1}^{k} \frac{(O_i - E_i)^2}{E_i}$

해설 카이제곱은 데이터의 분포와 사용자가 선택한 기대 또는 가정된 분포 사이의 차이를 나타내는 측정값으로, 계산식은 $\chi^2 = \sum_{i=1}^{k} \frac{(O_i - E_i)^2}{E_i}$

18 인공신경망의 과대 적합(Overfitting)을 방지하는 방법으로 옳지 않은 것은 무엇인가? 21년 3회

① 가중치의 합을 조절한다.
② 설명 노드의 수를 줄여서 가중치의 비중을 조절한다.
③ 학습률을 감소하는 방향으로 변경한다.
④ 에포크(epoch)를 제한한다.

해설 과대 적합을 방지를 위해 설명 노드의 수를 줄이는 것이 아니라 설명 변수의 수를 줄여야 한다.

지피지기 기출문제

19 다음에 이미지를 판별하기 위한 가장 적절한 분석 방법은 무엇인가? 21년 2회

① 군집　② 예측
③ 분류　④ 연관성

해설

군집	각 개체에 대해 관측된 여러 개의 변숫값에서 유사한 성격을 갖는 몇 개의 군집으로 집단화하여 군집들 사이의 관계를 분석하는 다변량 분석 기법
예측	범주형 및 수치형 등의 과거 데이터로부터 특성을 분석하여 다른 데이터의 결괏값을 예측하는 기법
분류	범주형 변수 혹은 이산형 변수 등의 범주를 예측하는 것으로, 다수의 속성 혹은 변수를 가지는 객체들을 사전에 정해진 그룹이나 범주 중의 하나로 분류하는 모델
연관성	데이터에 숨어있으면서 동시에 발생하는 사건 혹은 항목 간의 규칙을 수치화하는 것

20 다음 중 회귀 모형의 가정으로 가장 옳지 않은 것은 무엇인가? 21년 3회

① 등분산성　② 독립성
③ 선형성　④ 일관성

해설 회귀 모형은 데이터가 선형성, 독립성, 등분산성, 비상관성, 정상성의 가정을 만족시킬 수 있어야 한다.

정답 01 ③ 02 ① 03 ③ 04 ② 05 ① 06 ④ 07 ① 08 ③ 09 ① 10 ③ 11 ① 12 ④ 13 ② 14 ③ 15 ② 16 ② 17 ④ 18 ② 19 ③ 20 ④

천기누설 예상문제

01 다음 중 회귀 분석의 가정으로 부적절한 것은?

① 독립성　② 선형성
③ 정상성　④ 이분산성

해설 회귀 분석의 가정은 선형성, 독립성, 정상성, 등분산성, 비상관성이다.

회귀 모형 가정	
선독등비정	선형성 / 독립성 / 등분산성 / 비상관성 / 정상성

02 다중 회귀 분석에 대한 설명으로 가장 부적절한 것은?

① 독립변수의 수가 많아지면 다중공선성의 문제가 발생할 수 있다.
② 회귀식에 대한 검정은 독립변수의 기울기(회귀계수)가 0이 아니라는 가정을 귀무가설, 기울기가 0인 것을 대립가설로 놓는다.
③ 선형성, 독립성, 등분산성, 정상성을 만족하는지 확인한다.
④ 회귀 분석의 가설검정에서 p-값이 0.05보다 작으면 통계적으로 유의한 결과로 받아들일 수 있다.

해설 회귀식에 대한 검정은 독립변수의 기울기(회귀계수)가 0이라는 가정을 귀무가설, 기울기가 0이 아니라는 가정을 대립가설로 놓는다.

03 다음 중 추정된 다중 회귀 모형이 통계적으로 유의미한지 확인하는 방법으로 적절한 것은?

① F-통계량을 확인한다.
② 수정된 결정계수를 확인한다.
③ t-통계량을 확인한다.
④ 잔차와 종속변수의 산점도로 확인한다.

해설 F-통계량을 확인함으로 추정된 다중 회귀 모형이 통계적으로 유의미한지 확인할 수 있다.

04 아래는 단순선형 회귀 분석의 결과이다. 다음 설명 중 부적절한 것은?

```
Call:
lm(formula = Height ~ BodyWeight)

Residuals:
   Min         1Q      Median      3Q
-3.56937  -0.96341  -0.09212  1.04255

Coefficients:
            Estimate  Std.Error  t value  Pr(>|t|)
(Intercept)  0.5        1         -0.5      0.610
Bodyweight   3.2        0.2       16        <2e-16 ***
---
Signif. codes: 0 '***' 0.001 '**' 0.01 '*' 0.05 '.' 0.1 ' ' 1

Residual standard error: 1.452 on 142 degrees of freedom
Multiple R-squared: 0.6466,  Adjusted R-squared: 0.6441
F-statistic: 259.8 on 1 and 142 DF, p-value: < 2.2e-16
```

① 종속변수는 Height이다.
② 독립변수는 Bodyweight이다.
③ 결정계수는 64.66%이고 수정된 결정계수는 64.41%이다.
④ Bodyweight는 통계적으로 유의하지 않다.

해설
- 키(Height)와 몸무게(BodyWeight)에 대한 단순선형 회귀 분석이다.
- lm() 함수는 선형 회귀 분석을 위한 함수이며, 수식은 furmula= Height~BodyWeight이므로 종속변수는 Height, 독립변수는 BodyWeight이다.
- Bodyweight의 p-값(p-value)은 2e-16보다 작다. p-값이 0.05보다 작으므로 통계적으로 유의하다.
- 결정계수(Multiple R-squared)는 0.6466이므로 64.66%이고, 수정된 결정계수(Adjusted R-squared)는 0.6441이므로 64.41%이다.
- Bodyweight의 Pr(>|t|)는 2e-16보다 작다.
- p-value는 유의수준보다 작아야 하고 통계량은 임곗값보다 커야 통계적으로 유의하다.
- Pr(>|t|)는 p-값(p-value)이다. 2e-16은 10의 (-16)승으로 0.0000000000000002와 동일하고, 이 값은 0.05보다 작기 때문에 통계적으로 유의하다.

천기누설 예상문제

05 회귀 분석에서 결정계수(R^2)에 대한 설명으로 부적절한 것은?

① 총 변동 중에서 설명이 되지 않는 오차에 의한 변동이 차지하는 비율이다.
② 회귀 모형에서 입력변수가 증가하면 결정계수도 증가한다.
③ 다중 회귀 분석에서는 최적 모형의 선정기준으로 결정계수 값보다는 수정된 결정계수 값을 사용하는 것이 적절하다.
④ 수정된 결정계수는 적절하지 않은 변수들을 추가할수록 그 값이 감소한다.

해설 • 결정계수는 총 변동 중에서 회귀 모형에 의하여 설명되는 변동이 차지하는 비율이다.
• 회귀 모형에서 입력변수가 증가하면 결정계수도 증가한다.
• 설명변수를 무한대로 늘리면 결정계수가 1로 수렴한다. 해당 요소가 유의하다는 가정하에 모집단을 설명하는 요소를 모델에 많이 추가할수록 설명력이 높아진다. 이런 현상을 방지하기 위해서 수정된 결정계수를 사용한다.

06 아래는 회귀 분석의 결과로 출력되는 Output의 일부이다. 다음 설명 중 가장 부적절한 것은?

```
Call:
lm(formula = speed ~ dist, data = cars)

Residuals:
    Min      1Q  Median      3Q     Max
 -7.5293 -2.1550  0.3615  2.4377  6.4179

Coefficients:
            Estimate Std. Error t value Pr(>|t|)
(Intercept) 8.28391    0.87438    9.474 1.44e-12 ***
dist        0.16557    0.01749    9.464 1.49e-12 ***
```

① 로지스틱 회귀 분석을 사용하였다.
② 독립변수는 dist이다.
③ 종속변수는 speed이다.
④ dist는 통계적으로 유의하다.

해설 lm은 선형 회귀 분석 모형으로 분석할 때 사용하는 R 함수이다.

07 다음 중 최적 회귀방정식을 선택하기 위한 방법을 설명한 것으로 가장 부적절한 것은?

① 가능한 범위 내에서 적은 수의 설명변수를 포함시킨다.
② 모든 가능한 독립변수들의 조합에 대한 회귀 모형을 생성한 뒤 가장 적합한 회귀 모형을 선택한다.
③ 전진 선택법이나 후진 소거법과 동일한 최적 모형을 선택하는 것이 단계적 방법이다.
④ 전진선택법은 절편만 있는 상수 모형부터 시작해 중요하다고 생각되는 설명변수를 차례로 모형에 추가하는 방식이다.

해설 단계적 방법(Stepwise Method)은 기존의 모형에서 예측 변수를 추가, 제거를 반복하여 최적의 모형을 찾는 방법이므로 전진선택법(Forward Selection)과 후진선택법(Backward Elimination)과 동일한 최적의 모형을 가지는 것은 아니다.

08 다음 중 자기 조직화 지도(Self-Organizing Map) 방법에 대한 설명으로 가장 알맞지 않은 것은?

① SOM은 경쟁 학습으로 각각의 뉴런이 입력 벡터와 얼마나 가까운가를 계산하여 연결 강도를 반복적으로 재조정하는 학습 과정을 거치면서 연결 강도는 입력 패턴과 가장 유사한 경쟁층 뉴런이 승자가 된다.
② SOM은 고차원의 데이터를 저차원의 지도 형태로 형상화하기 때문에 시각적으로 이해하기 쉬울 뿐 아니라 변수의 위치 관계를 그대로 보존하기 때문에 실제 데이터가 유사하면 지도상 가깝게 표현된다.
③ SOM은 입력변수의 위치 관계를 그대로 보존하여 입력변수의 정보와 그들의 관계가 지도상에 그대로 나타난다.
④ SOM을 이용한 군집 분석은 역전파 알고리즘을 사용함으로써 군집의 성능이 우수하고 수행속도가 빠르다.

해설 • SOM은 단 하나의 전방 패스를 사용함으로써 속도가 매우 빠르다.
• 역전파 알고리즘은 인공신경망에서 사용한다.

09 College 데이터프레임은 777개의 미국 소재 대학의 각종 통계치를 포함하고 있다. 각 대학에서 등록금(Outstate), 교재 구입비(Books), 기부하는 졸업생 비율(perc.alumni)이 졸업률(Grad.Rate)에 미치는 영향을 알아보기 위해 회귀 분석을 활용하였다. 다음 중 아래의 결과물에 대한 설명으로 가장 부적절한 것은?

```
> summary(lm(Grad.Rate~Outstate + Books
             + perc.alumni, data = College))

Call:
lm(formula = Grad.Rate ~ Outstate + Books + perc.alumni,
data = College)

Residuals:
     Min      1Q    Median     3Q       Max
  -50.399  -8.428  -0.052   8.125    55.453

Coefficients:
             Estimate Std.   Error   t value   Pr(>|t|)
(Intercept) 38.7742967  2.1209693  18.281  < 2e-16 ***
Outstate     0.0018458  0.0001486  12.423  < 2e-16 ***
Books       -0.0006086  0.0029865  -0.204    0.839
perc.alumni  0.3408342  0.0482408   7.065 3.58e-12 ***
---
Signif. codes:  0 '***' 0.001 '**' 0.01 '*' 0.05
'.' 0.1 ' ' 1

Residual standard error: 13.69 on 773 degrees of freedom
Multiple R-squared:  0.3677, Adjusted R-squared: 0.3652
F-statistic: 149.8 on 3 and 773 DF,  p-value: < 2.2e-16
```

① Books는 통계적으로 유의하다.

② 위의 회귀 모형은 대학의 졸업률을 설명하는 데 유의하다.

③ 수정된 결정계수는 36.52%이다.

④ 회귀 모형의 가정을 만족하는지는 판단할 수 없다.

해설 • F-통계량 p-값이 2.2e-16보다 작은 것으로 0.05보다 작아서 유의하다.
• 수정된 결정계수(Adjusted R-squared)는 36.52%이다.
• plot으로 시각화하거나 변수선택 등을 통해 검증하는 것이 없어서 회귀 모형의 가정을 만족하는지는 판단할 수 없다.

10 Hitters 데이터 세트는 메이저리그의 선수 322명에 대한 타자 기록으로 20여 개의 변수를 포함하고 있다. 아래 회귀 모형은 변수선택을 하기 위한 결과물의 일부이다. 다음 중 결과물에 대한 설명으로 부적절한 것은?

```
> model<- lm(Salary~., data=Hitters)
> step(model, direction="backward")
Start: AIC=3046.02
Salary ~ AtBat + Hits + HmRun + Runs + RBI + Walks +
Years + CAtBat + CHits + CHmRun + CRuns + CRBI + CWalks
+ Leaque + Division + PutOuts + Assists + Errors +
NewLeague

             Df   Sum of Sq      RSS       AIC
 CHmRun       1       1138   24201837   3044.0
 CHits        1       3930   24204629   3044.1
 Years        1       7869   24208569   3044.1
 NewLeague    1       9784   24210484   3044.1
 RBI          1      16076   24216776   3044.2
 HmRun        1      48572   24249272   3044.6
 Errors       1      58324   24259023   3044.7
 League       1      62121   24262821   3044.7
 Runs         1      63291   24263990   3044.7
 CRBI         1     135439   24336138   3045.5
 CAtBat       1     159864   24360564   3045.8
 <none>                      24204629   3046.0
 Assists      1     280263   24480963   3047.1
 CRuns        1     374007  244574707   3048.1
 CWalks       1     609408   24810108   3050.6
 Division     1     834491   25035190   3052.9
 AtBat        1     971288   25171987   3054.4
 Hits         1     991242   25191941   3054.6
 Walks        1    1156606   25357305   3056.3
 PutOuts      1    1319628   25520328   3058.0
```

① 단계적 방법을 통한 변수선택을 하고 있다.

② 모든 설명변수가 포함된 모형에서 시작한다.

③ 가장 적은 영향을 주는 변수부터 하나씩 제거한다.

④ 한 번 제거된 변수는 다시 모형에 포함될 수 없다.

해설 R에서 step(model, direction="backward")는 후진 소거법(Backward Elimination)을 통한 변수선택방법이다.

천기누설 예상문제

11 차원의 단순화를 통해 서로 상관성이 있는 변수들 간 복잡한 구조를 분석하는 것이 목적인 주성분 분석에 대한 설명으로 가장 올바르지 않은 것은?

① 차원 감소 폭의 결정은 Scree Plot, 전체 변이의 공헌도, 평균 고윳값 등을 활용하는 방법이 있다.
② 변수들이 서로 상관이 있는 경우, 해석상의 복잡한 구조적 문제가 발생하기 때문에 변수들 사이의 구조를 쉽게 이해하기 위해 주성분 분석이 필요하다.
③ 주성분 분석에서 차원의 저주는 데이터 차원이 증가할 때, 데이터의 구조를 변환하여 불필요한 정보도 최대한 축적하는 차원 감소 방법으로 해결이 필요하다.
④ p개의 변수를 중요한 m(P)개의 주성분으로 표현하여 전체 변동을 설명하는 것으로 m개의 주성분은 원래 변수들의 선형 결합으로 표현된다.

해설 • 주성분 분석은 서로 상관성이 높은 변수들의 선형 결합으로 만들어 기존의 상관성이 높은 변수들을 요약, 축소하는 기법이다.
• 분석을 통해 나타나는 주성분으로 변수들 사이의 구조를 쉽게 이해하기는 어렵다.

12 최적 방정식을 선택하기 위한 방법 중 모든 독립변수 후보를 포함한 모형에서 시작하여 가장 적은 영향을 주는 변수를 하나씩 제거하면서 더 이상 유의하지 않은 변수가 없을 때까지 설명변수를 제거하는 방법은 무엇인가?

① 전진 선택법(Forward Selection)
② 후진 소거법(Backward Elimination)
③ 단계적 방법(Stepwise Method)
④ 기준 기반 방법(Criterion-based Method)

해설 후진 소거법은 독립변수 후보 모두를 포함한 모형에서 출발해 가장 적은 영향을 주는 변수부터 하나씩 제거하면서 더 이상 제거할 변수가 없을 때의 모형을 선택하는 방법이다.

13 아래 회귀 분석 모형의 추정에 대한 설명에서 (㉠)은 무엇인가?

> 단순선형 회귀 분석 모형을 $y_i = \beta_0 + \beta_1 x_i + \epsilon_i$로 표현할 수 있다. 주어진 자료를 가장 잘 설명하는 회귀계수의 추정치는 보통 제곱오차 $\sum_{i=1}^{n}(y_i - (\beta_0 + \beta_1 x_i))^2$을 최소로 하는 값을 구한다. 이와 같이 구해진 회귀계수 추정량을 (㉠)이라고 한다.

① 최소 제곱(Least Square)
② 전체 제곱(Total Square)
③ 회귀 제곱(Regression Square)
④ 최대 우도 추정법(Maximum Likelihood Estimation)

해설 오차를 제곱하여 더한 양의 최솟값을 나타내기 때문에 이것을 '최소 제곱' 추정이라고 한다.

14 다음 중 가중치의 절댓값의 합을 최소화하는 제약조건을 주는 것은?

① 전진 선택법
② Lasso
③ Ridge
④ 주성분 분석

해설 가중치의 절댓값의 합을 최소화하는 제약조건을 주는 것은 라쏘(Lasso), 가중치의 제곱합을 최소화하는 제약조건을 주는 것은 릿지(Ridge) 기법이다.

15 아래는 스위스의 47개 프랑스어 사용지역의 출산율(Fertility)과 관련된 변수들을 사용하여 얻은 결과이다. 다음 중 회귀 모형에 관한 설명을 옳지 않은 것은?

```
> summary(lm(Fertility~., data=swiss))

Call:
lm(formula = Fertility ~ ., data = swiss)

Residuals:
     Min       1Q   Median       3Q      Max
-15.2743  -5.2617   0.5032   4.1198  15.3213

Coefficients:
                 Estimate Std. Error t value Pr(>|t|)
(Intercept)      66.91518   10.70604   6.250 1.91e-07 ***
Agriculture      -0.17211    0.07030  -2.448 0.01873 *
Examination      -0.25801    0.25388  -1.016 0.31546
Education        -0.87094    0.18303  -4.758 2.43e-05 ***
Catholic          0.10412    0.03526   2.953 0.00519 **
Infant.Mortality  1.07705    0.38172   2.822 0.00734 **
---
Signif. codes: 0 '***' 0.001 '**' 0.01 '*' 0.05 '.' 0.1 ' '1
Residual standard error: 7.165 on 41 degrees of freedom
Multiple R-squared: 0.7067, Adjusted R-squared: 0.671
F-statistic: 19.76 on 5 and 41 DF, p-value: 5.594e-10
```

① 유의수준 0.05하에서 Education은 통계적으로 유의하다.
② Examination은 출산율 변동의 원인이다.
③ 위의 회귀 모형은 출산율 변동의 70.67%을 설명한다.
④ 결정계수는 0.7067이다.

해설
- 'Examination'은 p-value 값이 0.31로 통계적으로 유의하지 않으므로 출산율 변동의 원인이라고 판단할 수 없다.
- Multiple R-squared가 0.7067이므로 출산율 변동의 70.67%를 나타낸다.
- 수정된 결정계수(Adjusted R-squared)는 0.671이다.

16 고객의 상품 구매 여부를 예측하기 위해 고객의 거주 지역, 성별, 연령 등의 변수를 사용하여 모델을 수립하려고 할 때, 다음 중 사용 가능한 모형이 아닌 것은?

① 선형 회귀 모형(Linear Regression Model)
② 로지스틱 회귀 모형(Logistic Regression Model)
③ 랜덤 포레스트
④ 서포트 벡터 머신(Support Vector Machine)

해설 선형 회귀 모형은 종속변수가 연속형인 경우에 독립변수가 종속변수에 미치는 영향을 추정할 수 있는 모형이다. 고객의 구매 여부를 예측하기 위해서는 데이터가 어떤 그룹에 속하는지 예측하는 데 사용되는 기법으로 분류기법인 로지스틱 회귀 분석, 의사결정나무, 서포트 벡터 머신 등을 이용해야한다.

17 다음의 앙상블(Ensemble) 방법 중에서 전체 변수 집합에서 부분 변수 집합을 선택하여 각각의 집합에 대해 모형을 생성한 후 결합을 하는 방식의 앙상블 방법은 무엇인가?

① 배깅(Bagging)
② 부스팅(Boosting)
③ 랜덤 포레스트
④ 부트스트랩(Bootstrap)

해설 랜덤 포레스트는 전체 변수 집합에서 부분 변수 집합을 선택하는 것이 배깅과의 가장 큰 차이점이다.

18 다음 중 시계열 예측에서 정상성(Stationary)을 만족한다는 것이 의미하는 것은?

① 평균이 시점에 의존한다.
② 표준편차가 시점에 의존한다.
③ 공분산이 시차에 의존하지 않는다.
④ 분산이 시점에 의존하지 않는다.

해설 시계열 예측에서 정상성을 만족하는 것은 분산이 시점에 의존하지 않는 것을 의미한다.

19 회귀 분석의 가정 중 정상성이란 (㉠)이/가 정규분포를 이뤄야 함을 가정한다. ㉠에 들어갈 용어로 가장 적절한 것은?

① 잔차항 ② 관측치
③ 모든 값 ④ 상수항

해설 회귀 분석의 가정 중 정상성이란 잔차항이 정규분포를 따른다는 것을 의미한다.

20 회귀 모형의 가정 중 독립변수의 모든 값에 대해 오차들의 분산이 일정해야 하는 것을 의미하는 용어는 무엇인가?

① 선형성 ② 독립성
③ 등분산성 ④ 정상성

해설 회귀 분석의 가정 중 독립변수의 모든 값에 대해 오차들의 분산이 일정하다는 것은 등분산성이다.

21 다음 중 회귀 모형에 사용된 독립변수 간의 상관관계가 존재하여 회귀계수 추정치가 불안하고 해석하기 어려워지는 현상을 나타낸 것은 무엇인가?

① 다중공선성(Multicollinearity)
② 추적성(Traceability)
③ 정상성(Stationarity)
④ 정확성(Accuracy)

해설 다중공선성은 회귀 분석에서 독립변수들 간에 강한 상관관계가 나타나는 문제를 의미한다.

22 로지스틱 회귀 모형에 대한 설명으로 옳은 것은?

① 설명변수가 한 개인 경우 종형 그래프를 가진다.
② 설명변수는 모두 연속형이어야 한다.
③ 연속형 반응변수에 대해서도 적용할 수 있다.
④ 분류의 목적으로 사용될 수 있다.

해설 로지스틱 회귀 모형은 반응변수가 범주형인 경우에 적용되는 회귀 분석 모형으로 설명변수의 값이 주어질 때 각 범주에 속할 추정 확률을 기준치에 따라 분류하는 목적으로 사용될 수 있다.

23 다음 중 로지스틱 회귀 모형에서 설명변수가 한 개인 경우 해당 회귀계수의 부호가 0보다 작을 때 표현되는 그래프의 형태로 적절한 것은?

① S자 그래프
② 종 모양 그래프
③ 역 S자 그래프
④ 나팔(부채꼴) 모양 그래프

해설 로지스틱 회귀 모형에서 설명 변수가 한 개인 경우 회귀계수의 부호가 0보다 작을 때는 역 S자 그래프가 그려진다.

24 다음 중 데이터들이 가진 속성들로부터 분할 기준 속성을 판별하고, 분할 기준 속성에 따라 트리 형태로 모델링하는 분류 예측 모델은 무엇인가?

① 배깅 ② 의사결정나무
③ 부스팅 ④ 베이지안

해설 데이터들이 가진 속성들로부터 분할 기준 속성을 판별하고, 분할 기준 속성에 따라 트리 형태로 모델링하는 분류 예측 모델은 의사결정나무이다.

25 colon 대장암 데이터 세트는 1858명의 연령(age), 장의 천공(perfor), 암세포가 확인된 림프절 수(nodes), 암세포의 분화 정도(differ), 대장암 재발 상태(status) 데이터를 포함하고 있다. 아래는 대장암 재발 상태(status)를 판단하기 위해 유의수준 0.05하에서 분석한 결과이다. 다음 설명으로 가장 부적절한 것은?

```
> library(survival)
> colon_rst = na.omit(colon)
> result <- glm(status~age+nodes+differ, data=colon_rst, family=binomial
> summary(result)
Call:
glm(formula = status ~ age + nodes + differ, family = binomial,
    data = colon_rst)

Deviance Residuals:
    Min       1Q   Median       3Q      Max
-2.4213  -1.0497  -0.9404   1.2165   1.4834

Coefficients:
             Estimate Std. Error z value Pr(>|z|)
(Intercept) -0.946157   0.332947  -2.842  0.00449 **
age          0.001577   0.004193   0.376  0.70689
nodes        0.186599   0.018412  10.135  < 2e-16 ***
differ       0.084330   0.097694   0.863  0.38803
---
Signif. codes:  0 '***' 0.001 '**' 0.01 '*' 0.05 '.' 0.1 ' ' 1

(Dispersion parameter for binomial family taken to be 1)

    Null deviance: 2461.7  on 1775  degrees of freedom
Residual deviance: 2322.9  on 1772  degrees of freedom
AIC: 2330.9

Number of Fisher Scoring iterations: 4
```

① 로지스틱 회귀 모형의 적합 결과이다.
② nodes는 통계적으로 유의하다.
③ age는 통계적으로 유의하다.
④ nodes가 높을수록 대장암 재발 가능성이 높다.

해설 • age는 p-값이 0.706890이므로 통계적으로 유의하지 않다.
• nodes의 추정계수가 유의하고 양의 값을 가지므로 nodes가 높을수록 대장암 재발 가능성이 높다.

26 데이터 집합에서 크기가 같은 표본 여러 개를 단순 임의복원 추출하여 분류기를 생성하고 결과를 앙상블(Ensemble)하는 방법은?

① 배깅(Bagging)
② 부트스트랩(Bootstrap)
③ 의사결정나무(Decision Tree)
④ ReLU

해설 • 데이터 집합에서 크기가 같은 표본 여러 개를 단순 임의 복원 추출하여 분류기를 생성하고 결과를 앙상블(Ensemble)하는 방법은 배깅(Bagging)이다.
• 부트스트랩은 주어진 자료에서 단순 랜덤 복원 추출 방법을 활용하여 동일한 크기의 표본을 여러 개 생성하는 샘플링 방법이다.
• 의사결정나무는 데이터들이 가진 속성들로부터 분할 기준 속성을 판별하고, 분할 기준 속성에 따라 트리 형태로 모델링하는 분류 및 예측 모델로 앙상블하는 방법이 아니다
• ReLU는 시그모이드의 사라지는 경사 현상 문제를 해결한 활성화 함수이다.

27 다음 중 의사결정나무에 대한 설명으로 올바르지 않은 것은?

① 의사결정나무는 주어진 입력값에 대하여 출력값을 예측하는 모형으로 단일나무와 귀납 나무 모형이 있다.
② 의사결정나무 기법은 분석의 대상을 분류함수를 활용하여 의사결정 규칙으로 이루어진 나무 모양으로 그리는 기법이다.
③ 부모 마디의 순수도에 비해서 자식 마디들의 순수도가 증가하도록 자식 마디를 형성해 나간다.
④ 의사결정나무 기법의 해석이 용이한 이유는 계산 결과가 의사결정나무에 직접적으로 나타나기 때문이다.

해설 의사결정나무는 주어진 입력값에 대하여 출력값을 예측하는 모형으로 분류나무와 회귀나무 모형이 있다.

천기누설 예상문제

28 다음 중 의사결정나무의 구성요소에 대한 설명으로 올바르지 않은 것은?

① 뿌리 마디(Root Node): 시작되는 마디로 전체 자료를 포함
② 자식 마디(Child Node): 하나의 마디로부터 분리되어 나간 2개 이상의 마디들
③ 중간 마디(Internal Node): 주어진 마디의 상위 마디
④ 끝마디(Terminal Node): 자식 마디가 없는 마디

해설
- 부모 마디(Parent Node)는 주어진 마디의 상위 마디이다.
- 중간 마디(Internal Node)는 부모 마디와 자식 마디가 모두 있는 마디이다.

29 다음 중 의사결정나무의 분석 과정에 대한 설명으로 올바르지 않은 것은?

① 의사결정나무 성장(Growing)은 분석의 목적과 자료 구조에 따라서 적절한 분리 규칙(Splitting Rule)을 찾아서 나무를 성장시키는 과정으로 적절한 정지 규칙(Stopping Rule)을 만족하면 중단한다.
② 가지치기(Pruning)는 분류 오류(Classification Error)를 크게 할 위험(Risk)이 높거나 부적절한 추론규칙을 가지고 있는 가지(Branch) 또는 불필요한 가지를 제거하는 단계이다.
③ 타당성 평가는 단순 도표, 정규식 도표를 이용하여 교차 타당성(Cross Validation) 등을 이용한 평가 수행 단계이다.
④ 해석 및 예측은 구축된 의사결정나무 모형을 해석하고, 분류 및 예측 모형을 설정하여 데이터의 분류 및 예측에 활용하는 단계이다.

해설 타당성 평가는 이익 도표(Gain Chart), 위험 도표(Risk Chart) 또는 평가 데이터(Test Data)를 이용하여 교차 타당성(Cross Validation) 등을 이용한 평가 수행 단계이다.

30 의사결정나무에서 가지가 더 이상 분기가 되지 않고 현재의 마디가 끝마디가 되도록 하는 규칙은 무엇인가?

① 가지치기 ② 정지 규칙
③ 분리 규칙 ④ 분산 규칙

해설 의사결정나무에서 더 이상 분리가 일어나지 않고 현재의 마디가 끝마디가 되도록 하는 규칙은 정지 규칙이다.

31 다음 중 의사결정나무에서 이산형 목표변수에 사용되는 분리 기준에 대한 설명으로 올바르지 않은 것은?

① 카이제곱 통계량의 P값은 P-값이 가장 작은 예측변수와 그 당시의 최적 분리를 통해서 자식 마디 형성된다.
② 지니 지수(Gini Index)는 불순도를 측정하는 하나의 지수로서 지니 지수를 가장 감소시켜주는 예측변수와 그 당시의 최적 분리를 통해서 자식 마디를 선택한다.
③ 분산 분석에서 F-통계량은 P값이 가장 작은 예측변수와 그 당시의 최적분리에 의해서 자식 마디를 형성한다.
④ 엔트로피 지수(Entropy Index)는 엔트로피 지수가 가장 작은 예측변수와 그 당시의 최적 분리를 통해서 자식 마디를 형성한다.

해설 분산 분석에서 F-통계량은 연속형 목표변수에 사용되는 분리 기준이다.

32 다음 중 아래에서 설명하는 용어는 무엇인가?

> 의사결정나무에서 하나의 부모 마디로부터 자식 마디들이 형성될 때, 입력변수(Input Variable)의 선택과 범주(Category)의 병합이 이루어질 기준을 의미한다.

① 분류 규칙 ② 통합 기준
③ 정지 규칙 ④ 분리 기준

해설
- 분리 기준(Splitting Criterion)은 하나의 부모 마디로부터 자식 마디들이 형성될 때, 입력변수의 선택과 범주의 병합이 이루어질 기준을 의미한다.
- 어떤 입력변수를 이용하여 어떻게 분리하는 것이 목표변수의 분포를 가장 잘 구별해 주는지를 파악하여 자식 마디가 형성되는데, 목표변수의 분포를 구별하는 정도를 순수도(Purity), 또는 불순도(Impurity)에 의해서 측정하는 것이다.

33 아래 의사결정나무에서 끝마디(Leaf Node) 'ㄴ'의 지니 인덱스(Gini Index)는 얼마인가?

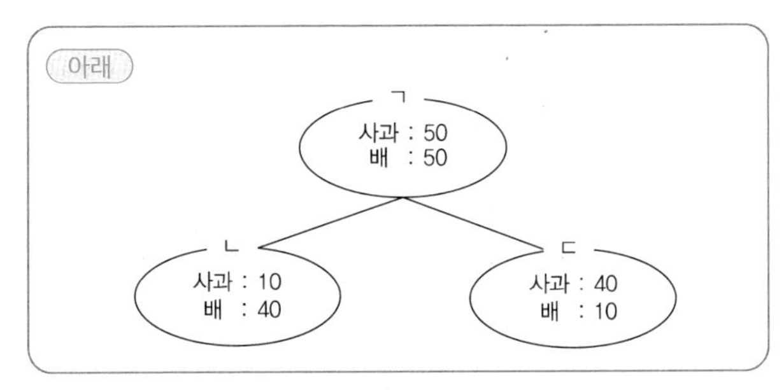

① $\frac{1}{5}$ ② $\frac{4}{5}$
③ $\frac{8}{25}$ ④ $\frac{17}{25}$

해설 끝마디에서 사과의 확률 : $\frac{1}{5}$, 배의 확률: $\frac{4}{5}$이므로 Gini(T) = $1-\sum_{i=1}^{k} P_i^2 = 1-\left\{(\frac{10}{50})^2+(\frac{40}{50})^2\right\} = \frac{8}{25}$이다.

34 다음 중 아래의 식은 의사결정나무의 분류 규칙을 선택하기 위한 척도 중 무엇인가?

> - 각 셀에 대한((실제도수−기대도수)의 제곱/기대도수)의 합
> - 기대도수 = 열의 합계×합의 합계/전체합계
> - $\sum_{i=1}^{k} \chi^2 = \frac{(O_i - E_i)^2}{E_i}$($k$: 범주의 수, O_i: 실제도수, E_i: 기대도수)

① 지니 지수 ② 엔트로피 지수
③ 카이제곱 통계량 ④ F−통계량

해설 카이제곱 통계량은 각 셀에 대한 ((실제도수−기대도수)의 제곱/기대도수)의 합이다.

35 다음 중 아래와 같은 데이터가 있는 경우 카이제곱 통계량은 무엇인가?

	Good	Bad	Total
Left	32	48	80
Right	178	42	220
Total	210	90	300

① 45.35 ② 46.75
③ 44.63 ④ 47.52

해설

	Good	Bad	Total
Left	32(56)	48(24)	80
Right	178(154)	42(66)	220
Total	210	90	300

- Left 기대도수는 80×210/300=56, 80×90/300=24
- Right 기대도수는 220×210/300=154, 220×90/300=66
- 카이제곱 통계량 구하기

$$\chi^2 = \sum_{i=1}^{k} \frac{(O_{ij}-E_{ij})^2}{E_{ij}}$$
$$= \frac{(56-32)^2}{56} + \frac{(24-48)^2}{24} + \frac{(154-178)^2}{154} + \frac{(66-42)^2}{66}$$
$$= 46.75$$

36 다음 중 아래에서 설명하는 의사결정나무 알고리즘은 무엇인가?

- 호주의 연구원 J. Ross Quinlan에 의하여 개발
- 초기 버전은 ID 3(Iterative Dichotomizer 3)로 1986년에 개발
- 가지치기를 사용할 때 학습자료를 사용
- 종속변수가 이산형이며, 불순도의 척도로 엔트로피 지수(Entropy index) 사용

① C4.5와 C5.0 ② CART
③ CHAID ④ QUEST

해설 C4.5와 C5.0는 종속변수가 이산형이며, 불순도의 척도로 엔트로피 지수(Entropy Index)를 사용한다.

37 다음 중 분리 기준으로는 카이제곱 통계량을 사용하고, 분리 방법은 다지 분리를 사용하는 의사결정나무 알고리즘은 무엇인가?

① SOM ② C5.0
③ CHAID ④ EM

해설 분리 기준으로는 카이제곱 통계량을 사용하고, 분리 방법은 다지 분리를 사용하는 의사결정나무 알고리즘은 CHAID이다.

38 다음 중 인간의 뉴런 구조를 모방하여 만든 기계학습 모델으로 가장 알맞은 것은?

① 군집 분석 ② EM 알고리즘
③ 인공신경망 ④ SVM

해설 • 군집 분석은 n개의 개체를 유사한 성격으로 군집화하는 분석 기법이다.
• EM 알고리즘은 혼합 분포 군집에 사용되는 알고리즘이다.
• SVM은 공간상에서 최적의 분리 초평면(Hyperplane)을 찾아서 분류 및 회귀를 수행하는 기법이다.

39 다음 중 SOM(Self-Organizing Maps)에 대한 설명으로 가장 옳은 것은?

① 경쟁 학습으로 연결 강도가 입력 패턴과 가장 차이가 발생하는 경쟁층 뉴런이 승자가 된다.
② 군집 분할을 위하여 역전파 알고리즘을 이용한다.
③ 지도의 형태로 형상화를 하여 입력변수의 위치 관계를 보존하지 않는다.
④ SOM은 입력층과 경쟁층으로 구성된다.

해설 • SOM은 오차역전파 방법이 아닌 경쟁 학습 방법을 사용해서 모형 학습을 진행한다.
• SOM은 지도의 형태로 형상화를 하여 입력변수의 위치 관계를 보존하는 특징이 있다.
• SOM은 입력층과 경쟁층으로 구성된다.

40 다음 중 인공신경망 학습에 대한 설명으로 올바르지 않은 것은?

① 인공신경망에서 순전파는 입력층(Input Layer)에서 출력층(Output Layer)까지 정보가 전달되는 과정이다.
② 인공신경망 학습에서는 최적의 매개변수(가중치와 편향)를 탐색할 때 손실 함수의 값을 크게 하는 매개변수 값을 찾는다.
③ 경사 하강법은 기울기(경사)를 낮은 쪽으로 계속 이동시켜서 최적의 매개변수를 찾는 기법이다.
④ 경사 하강법은 랜덤하게 선택한 가중치를 미분하여 최적값을 찾는 방법이다.

해설 • 손실 함수는 실젯값과 예측값의 차이(오차)를 비교하는 지표이다.
• 인공신경망 학습에서는 최적의 매개변수(가중치와 편향)를 탐색할 때 손실 함수의 값을 가능한 한 작게 하는 매개변수 값을 찾는다.

41 **다층 신경망 모형에서 은닉층(Hidden Layer)의 개수를 너무 많이 설정하게 되면 역전파(Back Propagation) 과정에서 가중치 조정이 이루어지지 않아 신경망의 학습이 제대로 이루어지지 않는다. 이러한 현상을 나타내는 용어는 무엇이라 하는가?**

① 기울기 소실(Vanishing Gradient) 문제
② 지역 최적화(Local Optimization) 문제
③ XOR(eXclusive OR) 문제
④ 과대 적합(Over-fitting) 문제

해설 • 다층 퍼셉트론의 활성화 함수인 시그모이드 함수는 편미분을 진행할수록 0으로 근접해져 경사(기울기)가 소실되는 문제점이 발생한다.
• 지역 최적화 문제는 단시간에 일부 탐색 영역 내에서 최적의 해를 찾아 전체 탐색 영역에서 최적의 해가 아닌 문제이다.
• XOR 문제는 퍼셉트론에서 선형 분리할 수 없는 문제를 의미한다.
• 과대 적합 문제는 훈련 데이터가 부족하여 훈련 데이터에는 잘 동작하지만, 실제 데이터에는 예측을 못 하는 문제이다.

42 **다음 중 오차역전파(Back Propagation)에 대한 설명으로 올바르지 않은 것은?**

① 계산 그래프에서 계산을 왼쪽에서 오른쪽으로 진행하는 단계를 순전파, 오른쪽에서 왼쪽으로 진행하면 역전파라고 한다
② 오차역전파는 계산 결과와 정답의 오차를 구하고 오차와 관련된 값들의 가중치를 수정하여 오차가 작아지는 방향으로 일정 횟수를 반복해서 수정하는 방법이다.
③ 수치 미분과 오차역전파의 결과를 비교하여 두 방식으로 구한 기울기의 차이가 거의 없는지를 확인하는 작업을 기울기 확인(Gradient Check)이라고 한다.
④ 오차역전파의 단점을 극복하기 위하여 확률적 경사 하강법, 모멘텀 등의 매개변수 최적화 기법을 사용한다.

해설 확률적 경사 하강법, 모멘텀 등의 매개변수 최적화 기법은 경사 하강법의 단점을 극복하기 위해서 사용한다.

43 **다음 중 다층 퍼셉트론에서 기울기 소실의 원인으로 가장 알맞은 것은?**

① 시그모이드 함수
② ReLU 함수
③ 계단 함수
④ 부호함수

해설 사라지는 경사 현상은 시그모이드 함수가 원인이었으며, 편미분을 반복할수록 경사가 0으로 수렴하여 기울기 소실의 문제가 있었으며, ReLU 함수로 해결하였다.

44 **다음 중에서 아래 예시의 빈칸( )에 들어가는 활성화 함수(Activation Function)는 무엇인가?**

> 입력층이 직접 출력층에 연결이 되는 단층신경망(Single Layer Neural Network)에서 활성화 함수를 ( )로 사용하면 로지스틱 회귀 모형과 작동원리가 유사해진다.

① ReLU 함수
② 시그모이드(Sigmoid) 함수
③ Softmax 함수
④ 계단(Step) 함수

해설 • 단층신경망(Single Layer Neural Nework)에서 활성화 함수를 시그모이드 함수로 사용하면 로지스틱 회귀 모형과 유사하다.
• 시그모이드 함수는 로지스틱 함수로 불리기도 한다.

천기누설 예상문제

45 다음 인공지능 활성화 함수 중에서 출력값이 여러 개로 주어지고 목표치가 다 범주인 경우 각 범주에 속할 사후 확률을 제공하는 함수로 가장 알맞은 것은?

① 계단함수 ② 부호함수
③ ReLU 함수 ④ Softmax 함수

해설 Softmax 함수는 확률로 변환해 주며, 출력값의 총합은 1이 된다.

46 다음 중 인공신경망 모형에서 활성화 함수인 시그모이드(Sigmoid) 함수의 결괏값으로 가장 올바른 것은 무엇인가?

① $0 \leq y \leq 1$ ② $-1 \leq y \leq 1$
③ -1 또는 1 ④ 0 또는 1

해설 뉴런의 활성화 함수인 항등 함수는 로지스틱 회귀 분석과 유사하며, 0~1의 확률 값을 가진다.

47 다음 중 계산 결과와 정답의 오차를 구하고 오차와 관련된 값들의 가중치를 수정하여 오차가 작아지는 방향으로 일정 횟수를 반복해서 수정하는 방법은 무엇인가?

① 기울기 소실 ② 오차역전파
③ 과대 적합 ④ 경사 하강법

해설 • 다층 퍼셉트론의 활성화 함수인 시그모이드 함수가 편미분을 진행할수록 0으로 근접해져 경사(기울기)가 소실되는 문제점이 발생하는 현상을 기울기 소실이라고 한다.
• 훈련 데이터가 부족하여 훈련 데이터에는 잘 동작하지만, 실제 데이터에는 예측을 못하는 문제점이 존재하는 것은 과대 적합이다.
• 함수의 기울기를 구하고 경사의 절댓값이 낮은 쪽으로 계속 이동시켜 극값에 이를 때까지 반복시키는 기법은 경사 하강법이다.

48 다음은 인공신경망의 무엇에 대한 설명인가?

- 실젯값과 예측값의 차이(오차)를 비교하는 지표이다.
- 값이 낮을수록 학습이 잘 된 것이라고 볼 수 있고, 정답과 알고리즘 출력을 비교할 때 사용한다.
- 최적의 매개변수(가중치와 편향)를 탐색할 때 이것의 값을 가능한 한 작게 하는 매개변수 값을 찾는다.

① 경사 하강법 ② 오차역전파
③ GMM ④ 손실 함수

해설 • 경사 하강법은 함수의 기울기를 구하고 경사의 절댓값이 낮은 쪽으로 계속 이동시켜 극값에 이를 때까지 반복시키는 기법이다.
• 오차역전파는 계산 결과와 정답의 오차를 구하고 오차와 관련된 값들의 가중치를 수정하여 오차가 작아지는 방향으로 일정 횟수를 반복해서 수정하는 방법이다.
• GMM은 전체 데이터의 확률분포가 k개의 가우시안 분포(정규분포)의 선형 결합(Mixture Model)으로 이뤄졌음을 가정하고 각 분포에 속할 확률이 높은 데이터 간의 군집을 형성하는 방법이다.

49 다음 중 서포트 벡터 머신에 대한 설명 중 가장 올바르지 않은 것은?

① 기계학습의 한 분야로 지도 학습 모델이다.
② 다차원 공간상에서 최적의 분리 초평면을 찾아서 분류 및 회귀를 수행한다.
③ 최적의 분리 초평면은 마진을 최소화해야 한다.
④ 마진은 결정 경계에서 서포트 벡터까지의 거리를 말한다.

해설 서포트 벡터 머신은 최대 마진을 가지는 비확률적 선형 판별에 기초한 이진 분류기이다.

50 다음 중 활성화 함수(Activation Function)에 대한 설명으로 올바르지 않은 것은?

① 활성화 함수는 순 입력함수로부터 전달받은 값을 출력값으로 변환해 주는 함수이다.
② 시그모이드 함수는 인공 뉴런의 활성화 함수인 실함수로서 유한한 영역을 가지는 집합이고 미분 가능하며, 모든 점에서 음이 아닌 미분 값을 가지고 단 하나의 변곡점을 가지는 함수이다.
③ ReLU 함수는 x값이 0보다 작은 경우 y값도 지속적으로 증가하는 함수로 시그모이드의 기울기 소실 문제를 해결한 함수이다.
④ 소프트맥스 함수는 출력값이 여러 개로 주어지고 목표 치가 다범주인 경우 각 범주에 속할 사후 확률을 제공한다.

해설 ReLU 함수는 x값이 0보다 큰 경우 y값도 지속적으로 증가하는 함수로 시그모이드의 기울기 소실 문제를 해결한 함수이다.

51 다음 중 서포트 벡터 머신에 대한 설명 중 가장 올바른 것은?

① 분류 및 예측 모두 사용이 가능하다.
② 다른 방법보다 과대 적합의 가능성이 높은 모델이다.
③ 선형으로 분리가 불가능한 분류 문제에는 적용이 불가능하다.
④ 훈련 시간이 상대적으로 빠르고 정확성이 뛰어나다.

해설
• 다른 방법보다 과대 적합의 가능성이 낮은 모델이다.
• 선형으로 분리가 불가능한 분류 문제에는 저차원 공간을 고차원 공간으로 매핑하여 분류가 가능하다.
• 훈련 시간이 상대적으로 느리지만 정확성이 뛰어나다.

52 다음 중 서포트 벡터 머신을 구성하는 요소가 아닌 것은?

① 초평면 ② 결정 경계
③ 슬랙 변수 ④ 지니 지수

해설 지니 지수는 의사결정나무의 불순도 지표이다.

53 다음 중 서포트 벡터 머신에서 선형적으로 완벽한 분리가 불가능할 때 분류를 위해 허용된 오차를 위한 변수는 무엇인가?

① 커널 변수 ② 종속변수
③ 슬랙 변수 ④ 마진

해설 완벽한 분리가 불가능할 때 선형적으로 분류를 위해 허용된 오차를 위한 변수는 슬랙 변수(여유 변수)이다.

54 다음 데이터 마이닝 기법 중에서 카탈로그 배열, 교차 판매 등의 마케팅을 계획할 때 분석하는 방법으로 가장 적절한 것은 무엇인가?

① 분류
② 예측
③ 군집
④ 연관 분석

해설
• 연관 분석은 기업의 데이터베이스에서 상품의 구매, 서비스 등의 거래 또는 사건 간의 규칙을 발견하기 위해 적용하며, 장바구니 분석, 서열 분석이라고도 불린다.
• 연관 분석은 연관규칙 분석, 연관성 분석, 연관규칙 학습 등 다양한 용어로 활용된다.

천기누설 예상문제

55 다음 중 서포트 벡터 머신에서 사용되는 커널로 적합하지 않은 것은 무엇인가?

① 선형 커널
② 다항 커널
③ 가우시안 커널
④ 독립 커널

해설 서포트 벡터 머신에서 사용되는 커널은 다음과 같다.

선형 커널	기본 유형의 커널이며 1차원이고 다른 함수보다 빠름
다항 커널	선형 커널의 일반화된 공식이며, 효과성과 정확도 측면에서 효율이 적어 선호하지 않음
가우시안 커널	일반적으로 사용하는 커널이며, 데이터에 대한 사전 지식이 없는 경우 활용됨
가우시안 RBF 커널	가장 많이 사용하는 커널이며, 비선형 데이터가 있는 경우에 일반적으로 활용됨
시그모이드 커널	인공신경망에서 선호되는 커널로서 인공신경망의 다층 퍼셉트론 모델과 유사함

56 다음 중 서포트 벡터 머신의 특징을 설명하는 것으로 잘못된 것은 무엇인가?

① 서포트 벡터만을 이용해서 결정경계를 생성하므로 데이터가 적을 때 효과적이다.
② 데이터 세트의 크기가 클 경우 모델링에 많은 시간이 소요된다.
③ 다른 모형보다 과대 적합의 가능성이 낮고, 노이즈의 영향이 적다.
④ 정확성이 뛰어나며, 비선형 모델은 분류할 수 없다.

해설 정확성이 뛰어나며, 커널 트릭을 활용하여 비선형 모델 분류가 가능하다.

57 데이터 마이닝 기법 중 항목들 간의 '조건–결과' 식으로 표현되는 유용한 패턴을 발견해내는 방법을 무엇이라고 하는가?

① 인공신경망
② 의사결정나무
③ 연관규칙
④ SOM(Self–Organizing Maps)

해설 연관규칙은 데이터 마이닝 기법 중 항목들 간의 '조건–결과' 식으로 표현되는 유용한 패턴을 발견해내는 방법이다.

58 다음 중 연관 분석의 장점으로 가장 올바르지 않은 것은?

① 목적변수가 없어 분석 방향이나 목적이 없어도 적용이 가능하다.
② 조건 반응(if–then)으로 표현되어 결과를 쉽게 이해하기 쉽다.
③ 매우 간단하게 분석을 위한 계산이 가능하다.
④ 품목 세분화와 관계없이 의미 있는 규칙 발견이 가능하다.

해설 적절한 세분화로 인한 품목 결정이 장점이지만 너무 세분화된 품목은 의미 없는 결과를 도출한다.

59 다음 중에서 '맥주를 사는 사람이 과자를 같이 구매하는 경우가 많은가?'에 대한 문제를 해결하기 위하여 어떤 빅데이터 분석 기법을 사용하는 것이 가장 바람직한가?

① 회귀 분석　　② 연관 분석
③ 군집 분석　　④ 감성 분석

해설 연관 분석은 변인들 간에 주목할 만한 상관관계가 있는지를 찾아내는 방법이다.

60 다음이 설명하는 내용으로 가장 옳은 것은 무엇인가?

- 데이터 내부에 존재하는 항목 간의 상호 관계 혹은 종속 관계를 찾아내는 분석 기법이다.
- 데이터 간의 관계에서 조건과 반응을 연결하는 분석으로 장바구니 분석(Market Basket Analysis), 또는 서열 분석(Sequence Analysis)이라고도 한다.

① 연관 분석　② 시계열 분석
③ 다변량 분석　④ 군집 분석

해설 • 시계열 분석은 시간변수의 흐름에 따른 종속변수의 움직임을 이해하고 예측하는 것을 목표로 하는 분석 기법이다.
• 다변량 분석은 연구자의 연구대상으로부터 측정된 두 개 이상의 변수들의 관계를 동시에 분석할 수 있는 통계기반 분석 기법이다.
• 군집 분석은 주어진 데이터들을 특성에 따라 유사한 것끼리 묶음으로써 각 유형별 특징을 구분 짓는 분석 기법이다.

61 다음은 남학생과 여학생이 선호하는 책에 대한 빈도 교차표이다. 전체에서 1명을 뽑았을 때 그 학생이 남학생일 경우 소설책을 좋아할 확률은 얼마인가?

남학생과 여학생의 선호하는 책

	소설책	여행책
남학생	50	30
여학생	10	20

① 3/10　② 5/8
③ 3/8　④ 6/10

해설 뽑혀진 1명이 남학생일 경우 소설책을 좋아할 확률이므로 조건부 확률을 이용하여 계산한다.

$$P(\text{소설책}|\text{남학생}) = \frac{P(\text{소설책} \cap \text{남학생})}{P(\text{남학생})} = \frac{\frac{50}{110}}{\frac{50+30}{110}} = \frac{5}{8}$$

62 다음은 쇼핑몰의 거래 내역이다. 연관규칙 '우유 → 빵'에 대한 신뢰도(Confidence)는 얼마인가?

아래

항목	거래수
우유	10
빵	20
{우유, 빵}	50
{빵, 초코릿}	20
전체 거래 수	100

① 0.30　② 0.33
③ 0.40　④ 0.83

해설 • 우유(A) → 빵(B)에 대한 신뢰도는 우유를 샀을 때 빵을 살 조건부 확률이다.
• A는 우유 구매, B는 빵 구매라고 할 때 $P(A)$는 우유가 포함된 거래가 있는 확률, $P(A \cap B)$는 우유와 빵을 동시에 거래한 확률이다.
• 우유는 10개, {우유, 빵}은 50개이므로 P(A) 60/100, {우유, 빵}은 50개이므로 $P(A \cap B)$=50/100이다.
• $\frac{P(A \cap B)}{P(A)} = \frac{50/100}{60/100} = 0.83$이다.

63 연관규칙의 측정 지표 중 품목 A, B에 대한 지지도(Support)를 구하기 위한 식으로 올바른 것은?

① (A와 B가 동시에 포함된 거래 수) / (A 또는 B가 포함된 거래 수)
② (A 또는 B가 포함된 거래 수) / (전체거래 수)
③ (A와 B가 동시에 포함된 거래 수) / (A를 포함하는 거래 수)
④ (A와 B가 동시에 포함된 거래 수) / (전체거래 수)

해설

$$P(A \cap B) = \frac{A\text{와 } B\text{가 동시에 포함된 거래 수}}{\text{전체 거래 수}} = \frac{P(A \cap B)}{\text{전체}}$$

64 다음 중 서포트 벡터 머신에 대한 설명으로 올바르지 않은 것은?

① 데이터가 n차원이라면 초평면은 $(n+1)$ 차원을 가진다.
② 최적의 초평면이 되기 위한 조건은 초평면과 결정영역 근처의 데이터와의 거리가 최대가 되어야 한다.
③ 마진(Margin)은 결정 경계와 서포트 벡터 사이의 거리를 의미한다.
④ 최적의 결정 경계를 구하기 위해서는 결정영역의 초평면을 둘러싸고 있는 마진(Margin)을 최대화시켜야 한다.

해설
• 데이터 분류를 위해서는 2개를 분리하는 결정영역이 있어야 하고, 이 결정영역을 결정짓기 위해서는 초평면 선택이 필요하다.
• 초평면은 데이터 임베딩 공간에서 한 차원 낮은 부분 공간(Subspace)이다.
• 데이터가 n차원이라면 초평면은 $(n-1)$ 차원을 가진다.

65 다음 중 연관규칙의 측정지표인 향상도에 대한 설명으로 가장 알맞은 것은?

① 품목 B에 대한 품목 A의 조건부 확률로 나타낸다.
② 품목 A와 B의 구매가 서로 관련이 없는 경우 향상도는 0이다.
③ 향상도가 1보다 크면 해당 규칙은 결과를 예측하는 데 있어 우수하다.
④ 전체거래 중에서 품목 A, B가 동시에 포함된 거래의 비율이다.

해설
• 향상도는 A가 구매되지 않았을 때 품목 B의 구매확률에 비해 A가 구매됐을 때 품목 B의 구매확률의 증가비이다.
• 향상도가 1보다 크면 결과 예측이 우수하다.

66 연관규칙의 측정 지표로서 두 품목의 상관관계를 기준으로 도출된 규칙의 예측력을 평가하는 지표는 무엇인가?

① 지지도 ② 신뢰도
③ 향상도 ④ 정확도

해설 연관규칙의 측정 지표는 지지도, 신뢰도, 향상도이다. 그 중에서 향상도가 두 품목의 상관관계를 기준으로 도출된 규칙의 예측력을 평가하는 지표이다.

67 다음 중 도출된 연관규칙이 얼마나 유의미한지 평가하기 위한 지표 중 아래에서 설명하는 지표는 무엇인가?

• 품목 B를 구매한 고객 대비 품목 A를 구매한 후 품목 B를 구매하는 고객에 대한 확률을 의미한다.
• 만일 이 지표의 값이 1보다 크면 해당 규칙이 결과를 예측하는 데 있어 우수하다고 말할 수 있다.

① 순수도(Purity) ② 신뢰도(Confidence)
③ 향상도(Lift) ④ 지지도(Support)

해설
• 향상도는 A가 구매되지 않았을 때 품목 B의 구매확률에 비해 A가 구매됐을 때 품목 B의 구매확률의 증가비이다.
• 연관규칙 A → B는 품목 A와 품목 B의 구매가 서로 관련이 없는 경우에 향상도가 1이 된다.

68 다음 중 가능한 모든 경우의 수를 탐색하는 방식을 개선하기 위하여 데이터들의 발생빈도가 높은 빈발항목을 찾는 알고리즘은 무엇인가?

① 아프리오리 ② FP-Growth
③ 지지도 ④ 향상도

해설
• 아프리오리 알고리즘은 가능한 모든 경우의 수를 탐색하는 방식을 개선하기 위하여 데이터들의 발생빈도가 높은 것(빈발항목)을 찾는 알고리즘이다.
• FP-Growth 알고리즘은 아프리오리 알고리즘을 개선한 알고리즘으로서 FP-Tree라는 구조를 통해 최소 지지도를 만족하는 빈발 아이템 집합을 추출하는 알고리즘이다.

69 다음 중 각 개체에 대해 관측된 여러 개의 변숫값들로부터 n개의 개체를 유사한 성격으로 집단화하는 다변량 분석 기법으로 가장 알맞은 것은?

① 인공신경망 ② 퍼셉트론
③ 군집 분석 ④ 딥러닝

해설 군집 분석은 각 개체에 대해 관측된 여러 개의 변숫값에서 유사한 성격을 갖는 몇 개의 군집으로 집단화하여 군집들 사이의 관계를 분석하는 다변량 분석 기법이다.

70 군집의 개수를 미리 정하지 않아도 되는 장점으로 탐색적 분석에 사용하는 군집 모형은 무엇인가?

① k-평균 군집 모형
② SOM 모형
③ 혼합 분포 군집 모형
④ 계층적 군집 모형

해설
- 계층적 군집은 군집의 개수를 미리 정하지 않고 유사한 개체를 묶어 나가는 과정을 반복하여 원하는 개수의 군집을 형성하는 방법이다.
- 비계층적 군집은 미리 군집의 개수를 지정한다.

71 군집 간의 거리를 측정하는 방법 중에서 군집 내의 오차 제곱합(Error Sum of Square)에 기초하여 군집을 수행하는 방법은 무엇인가?

① 평균 연결법 ② 와드 연결법
③ 최단 연결법 ④ 중심 연결법

해설 와드 연결법은 다른 연결법과는 다르게 군집 내의 오차 제곱합에 기초한다.

72 다음 중 군집 분석에서의 유사도 측정에 대한 설명으로 가장 올바르지 않은 것은?

① 맨하탄 거리는 각 방향 직각의 이동 거리 합으로 계산된다.
② 표준화 거리는 각 변수를 해당 변수의 표준편차로 변환한 후 유클리드 거리를 계산한 거리이다.
③ 마할라노비스 거리는 변수의 표준편차를 고려한 거리 측도이나 변수 간에 상관성이 있는 경우에는 표준화 거리 사용을 검토해야 한다.
④ 유클리드 거리는 두 점을 잇는 가장 짧은 직선거리이다.

해설
- 변수 간에 상관성까지 고려한 것은 마할라노비스 거리이다.
- 표준화 거리는 변수 간의 상관관계가 고려되지 않는다.
- 연속형 변수 거리는 수학적 거리와 통계적 거리로 나눌 수 있다.
- 수학적 거리에는 유클리드 거리, 맨하탄 거리, 민코프스키 거리가 있고, 통계적 거리에는 표준화 거리, 마할라노비스 거리가 있다.

구분	거리	설명
수학적 거리	유클리드 거리	• 두 점을 잇는 가장 짧은 직선거리
	맨하탄 거리 또는 시가 거리	• 각 방향 직각의 이동 거리 합
통계적 거리	표준화 거리	• 각 변수를 해당 변수의 표준편차로 변환한 후 유클리드 거리를 계산한 거리
	마할라노비스 거리	• 변수들의 산포를 고려하여 표준화한 거리 • 두 벡터 사이의 거리를 산포를 의미하는 표본 공분산으로 나눠주어야 하며, 그룹에 대한 사전 지식 없이는 표본 공분산을 계산할 수 없으므로 사용하기 곤란하다.

73 다음 중 아래는 학생들의 키와 몸무게를 정규화한 데이터이다. 유클리디안 거리를 사용해서 최단연결법을 통해 학생들을 3개의 군집으로 나누고자 할 때 가장 적절한 것은?

사람	(키, 몸무게)
A	(1, 5)
B	(2, 4)
C	(4, 6)
D	(4, 3)
E	(5, 3)

① (A, C), (B), (D, E)　② (A, D), (B), (C, E)
③ (A, E), (C), (B, D)　④ (A, B), (C), (D, E)

해설 2차원에서의 유클리드 거리는
$d(i,j) = \sqrt{(x_i - x_j)^2 + (y_i - y_j)^2}$ 이다.
이를 이용하여 문제의 각 사람별 유클리드 거리를 표로 나타내면

	A	B	C	D	E
A	0				
B	$\sqrt{2}$	0			
C	$\sqrt{10}$	$\sqrt{8}$	0		
D	$\sqrt{13}$	$\sqrt{5}$	$\sqrt{9}$	0	
E	$\sqrt{20}$	$\sqrt{10}$	$\sqrt{10}$	1	0

가장 가까운 {D, E}, 그 다음 가까운 {A, B}를 군집으로 묶고 나면 {C}만 남게 된다. 따라서 {A, B}, {C}, {D, E} 이렇게 3개의 군집으로 나눌 수가 있다.

74 아래 데이터 세트 A, B 간의 유사성을 맨하탄(Manhattan) 거리로 계산하면 얼마인가?

신체정보 \ 대상자	김OO	서OO
키	165	180
몸무게	50	65

① 35　② 30
③ 25　④ 10

해설 A, B 간의 유사성을 맨하탄 거리로 표현하면 다음과 같다.

$$d(x,y) = \sum_{i=1}^{p} |x_i - y_i| = |165 - 180| + |50 - 65| = 30$$

75 다음이 설명하는 명목형 변수 거리로 가장 알맞은 것은?

- 두 집합 사이의 유사도를 측정하는 방법이다.
- 0과 1 사이의 값을 가진다.
- 두 집합이 동일하면 1, 공통의 원소가 하나도 없으면 0의 값을 가진다.
- $J(A,B) = \frac{|A \cap B|}{|A \cup B|}$ 로 거리를 측정한다.

① 자카드 계수　② 단순 일치 계수
③ 맨하탄 거리　④ 유클리드 거리

해설
- 명목형 변수 거리에는 단순 일치 계수, 자카드 계수가 있다.
- 두 집합 사이의 유사도를 측정하고 0과 1 사이의 값을 가지는 것은 자카드 계수이다.

76 다음 중 두 군집 사이의 거리를 각 군집에서 하나씩 관측값을 뽑았을 때 나타날 수 있는 거리의 최솟값으로 측정하는 연결법으로 가장 알맞은 것은?

① 최단연결법　② 최장연결법
③ 중심연결법　④ 평균연결법

해설
- 최장연결법은 두 군집 사이의 거리를 각 군집에서 하나씩 관측값을 뽑았을 때 나타날 수 있는 거리의 최댓값으로 측정한다.
- 중심연결법은 두 군집의 중심 간의 거리를 측정한다.
- 평균연결법은 모든 항목에 대한 거리 평균을 구하면서 군집화한다.

77 아래는 k-평균 군집을 수행하는 절차를 단계별로 기술한 것이다. 다음 중 k-평균 군집 수행 절차로 가장 올바른 것은?

Ⓐ 각 자료를 가장 가까운 군집 중심에 할당
Ⓑ 군집 중심의 변화가 거의 없을 때(또는 최대 반복 수)까지 단계 2와 단계 3을 반복
Ⓒ 초기 군집 중심으로 k개의 객체를 임의로 선택함
Ⓓ 각 군집 내의 자료들의 평균을 계산하여 군집의 중심을 갱신(Update)함

① Ⓒ → Ⓓ → Ⓐ → Ⓑ ② Ⓐ → Ⓓ → Ⓒ → Ⓑ
③ Ⓐ → Ⓒ → Ⓓ → Ⓑ ④ Ⓒ → Ⓐ → Ⓓ → Ⓑ

해설 k-평균 군집의 절차는 다음과 같다.

단계	알고리즘
1	초기 군집 중심으로 k개의 객체를 임의로 선택함
2	각 자료를 가장 가까운 군집 중심에 할당
3	각 군집 내의 자료들의 평균을 계산하여 군집의 중심을 갱신(Update)함
4	군집 중심의 변화가 거의 없을 때(또는 최대 반복 수)까지 단계 2와 단계 3을 반복

78 다음 중 관측되지 않은 잠재변수에 의존하는 확률모델에서 최대 가능도나 최대 사후 확률을 갖는 모수의 추정값을 찾는 반복적인 알고리즘으로 가장 알맞은 것은?

① k-평균 군집 ② 계층적 군집
③ EM 알고리즘 ④ SOM

해설
- k-평균 군집은 각 군집의 평균을 재계산을 반복하여 최종 군집을 형성하는 방법이다.
- 계층적 군집은 유사한 개체를 묶어 나가는 과정을 반복하여 원하는 개수의 군집을 형성하는 방법이다.
- EM 알고리즘은 E-단계, M-단계를 반복적으로 수행한다.
- SOM은 고차원의 데이터를 이해하기 쉬운 저차원의 뉴런으로 정렬하여 지도의 형태로 형상화하는 비지도 신경망이다.

79 k-평균 군집에서 다음이 설명하는 k 값을 구하는 기법은 무엇인가?

- 각 군집 간의 거리가 얼마나 분리되어 있는지를 나타낸다.
- 1에 가까울수록 군집 간 거리가 멀어서 최적화가 잘 되어 있다고 할 수 있다.
- 0에 가까울수록 군집간 거리가 가까워서 최적화가 잘 안 되어 있다고 할 수 있다.

① 덴드로그램 ② 실루엣 기법
③ 엘보우 기법 ④ 박스플롯

해설 각 군집 간의 거리가 얼마나 분리되어 있는지를 나타내는 것은 실루엣 기법이다. 실루엣 계수는 1에 가까울수록 최적화가 잘 되었다고 할 수 있고, 0에 가까울수록 잘 안 되었다고 할 수 있다.

80 다음이 설명하는 비계층적 군집 분석 기법은 무엇인가?

- 전체 데이터의 확률분포가 k 개의 가우시안 분포(정규 분포)의 선형 결합으로 이뤄졌음을 가정하고 각 분포에 속할 확률이 높은 데이터 간의 군집을 형성하는 방법이다.
- 주어진 데이터에 대하여 적절한 k 개의 가우시안 분포의 가중치, 평균, 공분산을 추정한다.

① GMM ② DBSCAN
③ k-평균 군집 ④ SOM

해설 전체 데이터의 확률분포가 정규 분포의 선형 결합으로 이뤄졌음을 가정하고 군집을 형성하는 방법은 가우시안 혼합 모델(GMM : Gaussian Mixture Model)이다.

천기누설 예상문제

81 다음 중 DBSCAN 알고리즘의 구성요소가 아닌 것은?

① 중심점 ② 경계점
③ 최소점 ④ 잡음점

해설 DBSCAN 알고리즘 구성요소는 중심점, 이웃점, 경계점, 잡음점이다. 최소점은 구성요소가 아니다.

중심점 (Core Point)	• 해당 데이터 포인트 주변 반경 내에 최소 데이터 개수 이상의 다른 데이터를 가지고 있을 경우, 중심점(Core Point)라고 함 • 반경 내에 존재해야 하는 최소 데이터 개수는 일종의 초매개변수로 설정해주어야 함
이웃점 (Neighbor Point)	• 특정 데이터 포인트 주변 반경 내에 존재하는 다른 데이터 포인트를 이웃 점(Neighbor Point)이라고 함
경계점 (Border Point)	• 중심점은 아니지만, 중심점이 주변 반경 내에 존재하는 경우에 이를 경계점(Border Point)이라고 함 • 중심점을 중심으로 하는 군집에는 포함되며 주로 군집의 외곽을 이룸
잡음점 (Noise Point)	• 중심점도 아니고 경계점 조건도 만족하지 못하는 이웃점으로 이상치라고도 함

정답 01 ④ 02 ② 03 ① 04 ④ 05 ① 06 ① 07 ③ 08 ④ 09 ① 10 ① 11 ② 12 ② 13 ① 14 ② 15 ② 16 ① 17 ③ 18 ④ 19 ① 20 ③
21 ① 22 ④ 23 ③ 24 ② 25 ③ 26 ① 27 ① 28 ③ 29 ③ 30 ② 31 ③ 32 ④ 33 ③ 34 ③ 35 ② 36 ① 37 ③ 38 ③ 39 ④ 40 ②
41 ① 42 ④ 43 ① 44 ② 45 ④ 46 ① 47 ② 48 ④ 49 ③ 50 ③ 51 ① 52 ④ 53 ③ 54 ④ 55 ④ 56 ④ 57 ③ 58 ④ 59 ② 60 ①
61 ② 62 ④ 63 ④ 64 ① 65 ③ 66 ③ 67 ③ 68 ① 69 ③ 70 ④ 71 ② 72 ③ 73 ④ 74 ② 75 ① 76 ① 77 ④ 78 ③ 79 ② 80 ①
81 ③

② 고급 분석 기법

1 범주형 자료 분석 ★★

• 범주형 자료 분석은 독립변수와 종속변수가 모두 범주형 데이터(명목형/순서형)이거나 둘 중 하나가 범주형 데이터일 때 사용하는 분석 방법이다.
• 범주형 자료 분석은 각 집단 간의 비율 차이를 비교하기 위해 주로 사용된다.
• 범주형 자료 분석은 독립변수와 종속변수의 척도에 따라 분석 기법이 다르다.

척도에 따른 자료 분석 방법

독립변수	종속변수	분석 방법
범주형	범주형	• 분할표 분석 • 카이제곱 검정(교차 분석) • 피셔의 정확 검정
범주형	수치형	• T-검정(T-Test)(독립변수 2개 이하) • 분산 분석(독립변수 3개 이상)
수치형	범주형	• 로지스틱 회귀 분석
수치형	수치형	• 상관 분석, 회귀 분석

(1) 분할표(Contingency Table) 분석

• 분할표를 이용한 범주형 자료 분석은 상대위험도와 승산비를 통하여 분석한다.
• 범주형 자료의 개수에 따라 1개의 범주형 변수에 의한 일원(One-way) 분할표와 2개의 범주형 변수에 의한 이원(Two-way) 분할표, 3개 이상의 범주형 변수에 의한 다원(Multi-way) 분할표로 나눌 수 있다.
• 분할표의 행은 독립변수, 열은 종속변수로 배치한다.
• 분할표의 각 행의 마지막 행과 각 열의 마지막 열에는 총계 데이터를 표시한다. 이러한 행 또는 열을 Margin Sum(주변 합)이라고 부른다.

```
Heavy Never Occas Regul   Sum
   11   189    19    17   236
```

▲ 일원 분할표의 예제

```
Freq None Some  Sum
 115   24   98  237
```

▲ 일원 분할표의 예제

```
      Freq None Some Sum
Heavy    7    1    3  11
Never   87   18   84 189
Occas   12    3    4  19
Regul    9    1    7  17
Sum    115   23   98 236
```

▲ 이원 분할표 예제

• 흡연 빈도에 따른 운동 빈도의 관계를 살펴보기 위한 이원 분할표 예제이다.

학습 POINT

상대위험도는 개념을 중심으로 공식과 결과를 보고 넘어가시기 바랍니다.

① 상대위험도

㉮ 상대위험도(Relative Risk; RR) 개념

- 상대위험도란 관심 집단의 위험률과 비교 집단의 위험률에 대한 비(Ratio)이다.
- 여기에서 위험률은 특정 사건(예를 들어 질병)이 발생할 비율이다.

㉯ 상대위험도 계산

- 상대위험도는 아래의 이원 분할표를 기준으로 다음과 같이 계산할 수 있다.

$$\text{상대위험도}(RR) = \frac{\text{관심 집단의 위험률}}{\text{비교 집단의 위험률}} = \frac{\frac{ⓐ}{ⓐ+ⓑ}}{\frac{ⓒ}{ⓒ+ⓓ}}$$

⊗ 실험군과 대조군에서 사건 발생 여부에 따른 이원 분할표

	사건 발생	사건 발생 안 함	합계
관심 집단	ⓐ	ⓑ	ⓐ+ⓑ
비교 집단	ⓒ	ⓓ	ⓒ+ⓓ
합계	ⓐ+ⓒ	ⓑ+ⓓ	ⓐ+ⓑ+ⓒ+ⓓ

⊗ 상대위험도 결과

상대위험도 값	설명
RR <1	관심 집단의 특정 사건 발생 확률이 낮다고 평가
RR = 1	관심 집단과 특정 사건의 발생에는 연관성이 없다고 평가
RR > 1	관심 집단의 특정 사건 발생 확률이 높다고 평가

학습 POINT

승산과 승산비는 시험에 나올 확률이 높으므로 공식과 개념을 꼭 숙지하세요.

② 승산(Odds) 개념

- 승산은 특정 사건이 발생할 확률과 그 사건이 발생하지 않을 확률의 비다.
- 특정 사건(예를 들어 우승)의 발생 확률을 p라고 하였을 경우 승산(Odds) $= \frac{p}{1-p}$이다.

㉠ 한국이 축구에서 브라질에 승리할 확률이 20%라고 할 때 Odds는 $\frac{\text{이길 확률}}{1-\text{이길 확률}} = \frac{0.2}{0.8} = \frac{1}{4}$ 이므로 승산은 0.25이다. (질 확률이 4배가 높다.)

③ 승산비(Odds Ratio; 교차비; 대응위험도) 개념

승산비는 특정 조건이 있을 때의 성공 승산을 다른 조건이 있을 때의 성공 승산으로 나눈 값이다.

위의 표를 기준으로 승산비의 공식을 구해보면 다음과 같다.

$$\text{승산비(교차비)} = \frac{\text{Odds 1}}{\text{Odds 2}} = \frac{\text{관심 집단의 오즈}}{\text{비교 집단의 오즈}}$$

여기서, 관심 집단에서 특정 사건이 발생할 승산은 $\dfrac{\frac{a}{a+b}}{\frac{b}{a+b}} = \dfrac{a}{b}$ 이고, 비교 집단에서 특정 사건이 발생할 승산은 $\dfrac{\frac{c}{c+d}}{\frac{d}{c+d}} = \dfrac{c}{d}$ 이므로, 승산비 $= \dfrac{\frac{a}{b}}{\frac{c}{d}} = \dfrac{ad}{bc}$ 이다.

위의 공식처럼, 서로 다른 행과 열끼리의 비율로 계산되므로 교차비로도 불린다.

(2) 카이제곱 검정(교차 분석; Chi-Squared Test) 유형 21년 2회

- 카이제곱 검정의 χ^2 값은 편차의 제곱 값을 기대빈도로 나눈 값들의 합이다.
- 카이제곱 검정은 적합도 검정(Goodness of Fit Test), 독립성 검정(Test of Independence), 동질성 검정(Test of Homogeneity) 3가지로 분류할 수 있다.
- 카이제곱 검정은 범주형 자료 간의 차이를 보여주는 분석 방법으로 관찰된 빈도가 기대되는 빈도와 유의하게 다른지의 여부를 검정하기 위해 사용된다.
- 기대빈도는 귀무가설에 따라 계산된다.
- 귀무가설이 기각되면 범주별 기대빈도의 값과 관측빈도의 값의 차이가 충분히 크다고 할 수 있다.
- 기대빈도는 관측빈도의 총합에 범주별 확률(귀무가설)을 곱해서 구해지므로 기대빈도의 합과 관측빈도의 합은 귀무가설의 기각 여부에 상관 없이 같다.
- 카이제곱 검정에서는 기대빈도가 5 이하인 셀이 전체의 20%가 넘지 않아야 되며, 5보다 적으면 사례 수를 증가시켜야 한다.

① 적합도 검정

㉮ 적합도 검정(Goodness of Fit Test)의 개념 21년 2회

- 적합도 검정은 변수가 1개이고 그 변수가 2개 이상의 범주로 구성되어 있을 때 사용하는 일변량 분석 방법이다.
- 적합도 검정은 표본 집단의 분포가 주어진 특정 분포를 따르고 있는지를 검정하는 기법이다.

카이제곱 검정(교차 분석) 유형

「적독동」
적합도 검정 / 독립성 검정 / 동질성 검정
→ 적은 독이 있는 동물이었다.

- 적합도 검정의 자료를 구분하는 범주가 상호 배타적이어야 한다.

㉮ 성별(남자, 여자), 등수

잠깐! 알고가기

귀무가설(Null Hypothesis)
현재까지 주장되어 온 것 또는 기존과 비교하여 변화 혹은 차이가 없음을 나타내는 가설이다.

도수 분포표(Frequency Table)
모집단의 대략적인 분포의 형태, 중심 위치, 산포 등을 파악하기 위한 데이터 정리 방법이다.

- 적합도 검정에서의 귀무가설은 '표본 집단의 분포가 주어진 특정 분포를 따른다.'로 설정한다.
- 관찰 빈도와 기대빈도의 차이가 클수록 귀무가설을 기각할 확률이 높아진다.

공식 적합도 검정 자유도 (자유도) = (범주의 수) - 1

예 범주: 대학교 1학년부터 4학년일 경우
→ 자유도 = 4 - 1 = 3

학년별 수강생의 분포를 조사하였고, 학년별 수강생의 분포가 균일한지를 조사할 때의 도수 분포표이다. (학년별 분포가 동일할 경우의 학년별 기대 비율은 0.25)

⊗ 학년별 수강생 분포

	관측 빈도	기대 확률	기대 빈도
1학년	100(O_1)	0.25	125(E_1)
2학년	120(O_2)	0.25	125(E_2)
3학년	130(O_3)	0.25	125(E_3)
4학년	150(O_4)	0.25	125(E_4)
계	500	1.0	500

㉯ 적합도 검정 방법

⊗ 적합도 검정 방법

순서	방법	설명	
1	가설 설정	귀무가설(H_0)	표본 집단의 분포가 가정한 이론(기대되는 빈도)과 동일
		대립가설(H_1)	표본 집단의 분포가 가정한 이론(기대되는 빈도)과 동일하지 않음
2	카이제곱값 구하기	공식 카이제곱 검정	
		$\chi^2 = \sum_{i=1}^{k} \frac{(O_i - E_i)^2}{E_i}$	- E_i: 기대 빈도 - O_i: 관측 빈도
3	유의성 검정	p-값과 유의수준(예를 들면 유의수준 0.05)을 비교하여, p-값이 유의수준보다 크면 귀무가설을 채택하고 작을 경우에는 귀무가설을 기각	

◎ 학년별 수강생의 수에 대한 적합도 검정 방법에 대한 R 예제

```
> students <- c(100, 120, 130, 150)
> expect   <- c(0.25, 0.25, 0.25, 0.25)
> chisq.test(students, p=expect)

        Chi-squared test for given probabilities

data:  students
X-squared = 10.4, df = 3, p-value = 0.01545
```

▲ 적합도 검정 예제

p-값은 0.01545로 유의수준(0.05)보다 작으므로 귀무가설을 기각한다. 따라서, 학년별 수강생의 비율은 동일하게 25%라고 이야기할 수 없다.

② 독립성 검정

㉮ 독립성 검정(Test of Independence)의 개념 21년 2회

- 독립성 검정은 변수가 두 개 이상의 범주로 분할되어 있을 때 사용되며, 각 범주가 서로 독립적인지, 서로 연관성이 있는지를 검정하는 기법이다.
- 기대빈도는 '두 변수가 서로 상관이 없고 독립적'이라고 기대하는 것을 의미하며 관측빈도와의 차이를 통해 기대빈도의 진위 여부를 밝힌다.

㉠ 학년(1학년, 2학년, 3학년)이라는 범주형 데이터(요인 1)와 선호과목(국, 영, 수)이라는 범주형 데이터(요인 2) 간에 서로 연관성이 있는 것인지 아니면 독립적인지를 판단하는 것과 같은 문제에 독립성 검정을 사용한다.

- 독립성 검정에서의 귀무가설은 '요인 1과 요인 2는 독립적이다'로 설정한다.

공식 **독립성 검정 자유도** (자유도) = {(범주 1의 수) - 1} × {(범주 2의 수) - 1}

㉠ 범주 1이 대학교 1학년부터 4학년이고 범주 2가 학점(A, B, C, D, F)일 경우 자유도는 (4 - 1)× (5 - 1) = 12

㉯ 독립성 검정 방법

⊗ 독립성 검정 방법

<table>
<tr><th>순서</th><th>방법</th><th colspan="2">설명</th></tr>
<tr><td rowspan="2">1</td><td rowspan="2">가설 설정</td><td>귀무가설(H_0)</td><td>요인 1과 요인 2는 독립적</td></tr>
<tr><td>대립가설(H_1)</td><td>요인 1과 요인 2는 독립적이지 않음</td></tr>
<tr><td rowspan="3">2</td><td rowspan="3">카이제곱값 구하기</td><td colspan="2">모든 셀의 기대빈도 대비 오차 제곱의 비율을 계산</td></tr>
<tr><td colspan="2">공식 카이제곱 검정</td></tr>
<tr><td>$\chi^2 = \sum_{i=1}^{m}\sum_{j=1}^{n}\frac{(O_{ij}-E_{ij})^2}{E_{ij}}$</td><td>• E_i: 요인 1의 i와 요인 2의 j번째 기대 빈도
• O_i: 요인 1의 i와 요인 2의 j번째 관측 빈도</td></tr>
<tr><td>3</td><td>유의성 검정</td><td colspan="2">p-값과 유의수준(예를 들면 유의수준 0.05)을 비교하여, p-값이 유의수준보다 크면 귀무가설을 채택하고 작을 경우에는 귀무가설을 기각</td></tr>
</table>

아래의 표는 남녀별로 3개 회사의 커피 선호도를 조사한 결과이고, 성별과 커피 선호도에 관련성이 있는지 확인해보는 검정을 수행한다.

⊗ 예제 – 남녀별 커피 선호도 조사

성별	A 커피	B 커피	C 커피	계
남	30	50	20	100
여	50	40	30	120
계	80	90	50	220

① 가설검정

H_o	성별과 커피 선호도는 관련성이 없다. (독립적이다.)
H_1	성별과 커피 선호도는 관련성이 있다. (독립적이지 않다.)

② 카이제곱합 구하기

E_{11}은 남자이면서 A 커피를 좋아하는 기댓값이다. 귀무가설에서는 $P_{i,}$과 $P_{,j}$는 독립적이라고 가정하므로

$$E_{ij} = P_{i,} \times P_{,j} \times n = \frac{O_{i,}}{n} \times \frac{O_{,j}}{n} \times n = \frac{O_{i,} \times O_{,j}}{n^2} \times n = \frac{O_{i,} \times O_{,j}}{n}$$

$$P_{1,} = P_{남자} = \frac{100}{220},\ P_{,1} = P_{A커피} = \frac{80}{220}$$

$\therefore E_{1,1} = \dfrac{O_{1,} \times O_{,1}}{n} = \dfrac{100 \times 80}{220} = 36.37$이다.

이와 같이 $E_{1,2}, E_{1,3}, E_{2,1}, E_{2,2}, E_{2,3}$를 구하면

$$E_{1,2} = \frac{O_{1,} \times O_{,2}}{n} = \frac{100 \times 90}{220} = 40.91$$

$$E_{1,3} = \frac{O_{1,} \times O_{,3}}{n} = \frac{100 \times 50}{220} = 22.73$$

$$E_{2,1} = \frac{O_{2,} \times O_{,1}}{n} = \frac{120 \times 80}{220} = 43.64$$

$$E_{2,2} = \frac{O_{2,} \times O_{,2}}{n} = \frac{120 \times 90}{220} = 49.09$$

$E_{2,3} = \dfrac{O_{2,} \times O_{,3}}{n} = \dfrac{120 \times 50}{220} = 27.27$ 이 된다.

따라서, $\chi^2 = \dfrac{6.37^2}{36.37} + \dfrac{9.09^2}{40.91} + \dfrac{2.73^2}{22.73} + \dfrac{6.36^2}{43.64} + \dfrac{9.09^2}{49.09} + \dfrac{2.73^2}{27.27} = 6.34$

③ 유의성 검증

카이제곱합을 통하여 구해진 p-값(카이제곱 분포표를 이용하여 구할 수도 있으나 R 언어를 이용하기로 한다.)과 유의수준(이 예에서는 유의수준을 0.05로 한다)을 비교하여, p-값이 유의수준보다 크면 귀무가설을 채택하고 낮을 경우에는 귀무가설을 기각한다.

위의 남녀별 커피 선호도 조사에 대한 독립성 검정을 R을 이용하면 아래와 같다.

```
> man <- c(30, 50, 20)
> woman <- c(50, 40, 30)
> data <- rbind(man, woman)
> chisq.test(data)

        Pearson's Chi-squared test

data:  data
X-squared = 6.3454, df = 2, p-value = 0.04189
```

▲ 남녀별 커피 선호도 조사 독립성 검정 R 코드

p-값은 0.04189로 유의수준인 0.05보다 작으므로 귀무가설을 기각한다. 따라서 성별과 커피 선호도는 독립적이지 않고 관련성이 있다고 할 수 있다.

③ 동질성 검정

㉮ 동질성 검정(Test of Homogeneity)의 개념

동질성 검정은 각각의 독립적인 부모집단으로부터 정해진 표본의 크기만큼 자료를 추출하는 경우에 관측값들이 정해진 범주 내에서 서로 동질한지(비슷하게 나타나고 있는지) 여부를 검정하는 기법이다.

> ㉰ 남학생과 여학생 그룹에 대하여 각 그룹이 선호하는 과목이 같은지 여부를 판단하는 것과 같은 문제에 동질성 검정을 사용

㉯ 동질성 검정 특징

- 독립성 검정은 두 변수가 서로 독립인지 아닌지에 대한 판단이고 동질성 검정은 각 부모집단의 동질성 여부를 검정하는 차이가 있다.
- 동질성 검정에서의 귀무가설은 '모집단은 동질하다'로 설정한다.

> ㉰ 남학생과 여학생이 선호하는 과목은 동일

- 동질성 검정과 독립성 검정은 개념상의 차이만 있을 뿐 계산 방식은 동일하다.

(3) 피셔의 정확 검정(Fisher's Exact Exam)

- 분할표에서 표본 수가 적거나 표본이 셀에 치우치게 분포되어 있을 경우 피셔의 정확 검정을 실시한다.
- 범주형 데이터에서 기대빈도가 5 미만인 셀이 20%를 넘는 경우 카이제곱 검정의 정확도가 떨어지므로 피셔의 정확 검정을 사용한다.

잠깐! 알고가기

기대빈도(Expeated Counts)
- 기대빈도란 두 변수가 독립일 경우에 이론적으로 기대할 수 있는 빈도 분포이다.
- 두 변수 사이에 연관성이 없다는 가정하에 예상되는 빈도이다.

(4) T-검정(T-Test)

- T-검정은 독립변수가 범주형이고, 종속변수가 수치형일 때 두 집단의 평균을 비교하는 검정 방법이다.
- T-검정은 두 집단 간의 평균을 비교하는 모수적 통계 방법으로서 표본이 정규성, 등분산성, 독립성 등을 만족할 경우 적용한다.
- T-검정에는 단일표본 T-검정(One Sample T-Test), 대응표본 T-검정(Paired Sample T-Test), 독립표본 T-검정(Independent Sample T-Test)이 있다.

① **단일표본 T-검정(One Sample T-Test)**

- 단일표본 T-검정은 한 집단의 평균이 모집단의 평균과 같은지 검정하는 방법이다.
- 모집단의 평균이 알려져 있는 경우 하나의 표본 집단의 평균을 구하고 모집단의 평균과 표본 집단의 평균이 같은지를 검정한다.
- 단일표본 T-검정은 실제로 표본 집단의 수가 1개가 된다.

단일표본 T-검정

$$t = \frac{\overline{X} - \mu}{\frac{s}{\sqrt{n}}}$$

- $\overline{X}$: 표본평균
- μ: 모집단의 평균
- s: 표본표준편차
- n: 표본의 수

- 단일표본 T-검정은 실제로 연구자가 측정한 집단의 수는 1개가 되고, 연구자가 측정한 집단의 평균과 기존의 연구를 통해서 제시된 수치와 비교하는 것이다.

ⓔ 연구자가 국내의 고등학교 1학년 학생과 미국의 고등학교 1학년 학생들의 평균 신장을 비교한다고 할 때, 미국 고등학교 1학년 학생들의 평균 신장을 조사한 수치가 있다면 그 수치와 국내에서 고등학교 1학년 학생들을 표집하여 측정한 신장의 평균과 비교할 수 있는데, 이때 사용할 수 있는 통계분석 방법이 단일표본 T-검정이다.

표집(Sampling)
모집단에서 표본을 추출하는 일이다.

② **대응표본 T-검정(Paired Sample T-Test)**

- 대응표본 T-검정은 동일한 집단의 처치 전후 차이를 알아보기 위해 사용하는 검정 방법이다.
- 대응표본 T-검정은 한 그룹의 처치 전 데이터와 처치 후 데이터를 분석하는 방법이다.

대응표본 T-검정

$$t = \frac{\overline{d} - \mu}{\frac{s}{\sqrt{n}}}$$

- $\overline{d}$: 두 표본집단 평균의 차이
- s: 표본표준편차
- μ: 두 모집단 평균의 차이
- n: 표본의 수

- 대응표본 T-검정은 표본(Sample)이 하나, 독립변수가 1개일 때 사용된다.

예) A집단(단일표본)에게 술을 먹였을 때, 안 먹였을 때의 민첩성을 측정(=사전·사후 검사)할 때 사용된다.

③ 독립표본 T-검정(Independent Sample T-Test)

- 독립표본 T-검정은 데이터가 서로 다른 모집단에서 추출된 경우 사용할 수 있는 분석 방법이다.
- 독립된 두 집단의 평균 차이를 검정하는 방법이다.
- 독립표본 T-검정을 하기 전에 반드시 정규성, 등분산성 가정이 만족되는지 먼저 확인한다.
- 독립표본 T-검정에서 다음과 같이 표본의 수에 따라 정상성을 증명한다.

표본의 수에 따른 정상성 증명 방법

표본의 수	정상성 증명 방법
10개 미만	정상성을 만족하지 못한다고 간주하고 비모수적인 방법인 만-위트니 검정(Mann-Whitney Test)을 적용
10개 이상~30개 이하	샤피로-윌크 검정(Shapiro-Wilk Test), 콜모고로프-스미르노프 검정(Kolmogorov-Smirnov Test) 등의 방법을 통해서 정상성을 증명
30개 이상	중심극한정리를 통해서 정상성을 증명

독립표본 T-검정

$$t = \frac{(\overline{X_1} - \overline{X_2}) - (\mu_1 - \mu_2)}{\sqrt{s_p^2\left(\frac{1}{n_1} + \frac{1}{n_2}\right)}}$$

- $\overline{X_1}$: 집단 1의 평균
- $\overline{X_2}$: 집단 2의 평균
- s_p^2: 통합 분산 추정량
- n_1: 집단 1의 표본 수
- n_2: 집단 2의 표본 수

- 독립표본 T-검정은 표본(Sample)이 둘, 독립변수가 1개일 때 사용된다.

예) 한국인과 미국인에게 소주 1병을 먹였을 경우, 각각의 민첩성을 측정할 때 사용된다. 독립변수는 사람(한국인/미국인)이 되고, 종속변수는 민첩성이 된다. 즉, 소주를 먹은 미국인과 한국인에 따라 민첩성에 차이가 있는지를 분석할 때 사용된다.

2 다변량 분석 ★★★

(1) 다변량 분석

① 다변량 분석 개념

- 다변량 분석은 여러 현상이나 사건에 대한 측정치를 개별적으로 분석하지 않고 동시에 분석하는 통계적 기법이다.
- 각 변수를 개별적으로 분석하지 않고 동시에 분석하여 여러 변수 간의 관계성을 고려한다.

학습 POINT

다변량 분석은 중요도가 높은 영역입니다. 그중 다차원 척도법과 주성분 분석은 시험에 출제될 정도로 중요도가 높으니 자세히 알아두시길 권장합니다!

② 다변량 분석의 유형

- 다변량 분석의 유형으로 다중 회귀분석, 다변량 분산 분석, 판별 분석, 다차원 척도법, 군집 분석, 요인 분석 등이 있다.

다변량 분석의 유형

유형	설명
다중 회귀분석	• 독립변수가 K개이며 종속변수와의 관계가 선형(1차 함수)인 회귀분석 기법 • 다수의 독립변수의 변화에 따른 종속변수의 변화를 예측하는 데 활용
다변량 분산 분석 (MANOVA)	• 독립변수가 1개 이상이고 종속변수가 2개 이상일 때 두 집단 간 평균 차이를 검증하는 기법 • 단일변량 분산 분석의 확장된 형태이다.
판별 분석 (Discriminant analysis)	• 분류된 집단 간의 차이를 설명해 줄 수 있는 독립변수들로 이루어진 최적판별식을 찾기 위한 기법 • 여러 특성들을 토대로 주어진 상황에서 응답자들이 어떻게 행동할 것인지를 예측
다차원 척도법 (MDS)	• 개체들 사이의 유사성, 비유사성을 측정하여 2차원 또는 3차원 공간상에 점으로 표현하여 개체들 사이의 집단화를 시각적으로 표현하는 분석 방법
군집 분석 (Cluster Analysis)	• 관측된 여러 개의 변숫값들로부터 유사성(Similarity)에만 기초하여 n개의 군집으로 집단화하여 집단의 특성을 분석하는 기법
요인 분석 (Factor Analysis)	• 데이터 안에 관찰할 수 없는 잠재적인 변수(Latent Variable)가 존재한다고 가정 • 모형을 세운 뒤 관찰 가능한 데이터를 이용하여 해당 잠재 요인을 도출하고 데이터 안의 구조를 해석하는 기법
주성분 분석 (PCA)	• 상관관계가 있는 고차원 자료를 자료의 변동을 최대한 보존하는 저차원 자료로 변환하는 차원축소 방법

(2) 다차원 척도법 21년 2회

① 다차원 척도법(MDS; MultiDimensional Scaling) 개념

다차원 척도법은 개체들 사이의 유사성, 비유사성을 측정하여 2차원 또는 3차원 공간상에 점으로 표현하여 개체들 사이의 집단화를 시각적으로 표현하는 분석 방법이다.

학습 POINT

다차원 척도법에 대해 틀린 설명을 고르는 문제가 21년 2회에서 출제되었습니다.
다차원 척도법의 개념을 중심으로 잘 알아두시길 권장합니다!

② 다차원 척도법 목적

㊙ 다차원 척도법 목적

목적	설명
데이터 축소	데이터에 포함되는 정보를 도출하기 위한 탐색수단으로 활용
의미 부여	데이터가 만들어진 현상이나 과정에 고유의 구조로 의미를 부여
기하적 표현	찾아낸 패턴과 구조를 저차원의 공간에 기하적으로 표현

③ 다차원 척도법 방법

- 개체들의 거리는 유클리드 거리행렬을 이용한다.
- 다차원 척도법에서는 스트레스 값을 이용하여 관측 대상들의 적합도 수준을 나타낸다.
- 스트레스 값은 0에 가까울수록 적합도 수준이 완벽하고 1에 가까울수록 나쁘다.

잠깐! 알고가기

스트레스 값(Stress Value)
다차원 분석에 의해 설명되지 않는 분산의 불일치 정도로서 대상 간의 실제 거리와 추정된 거리 사이의 오차이다.

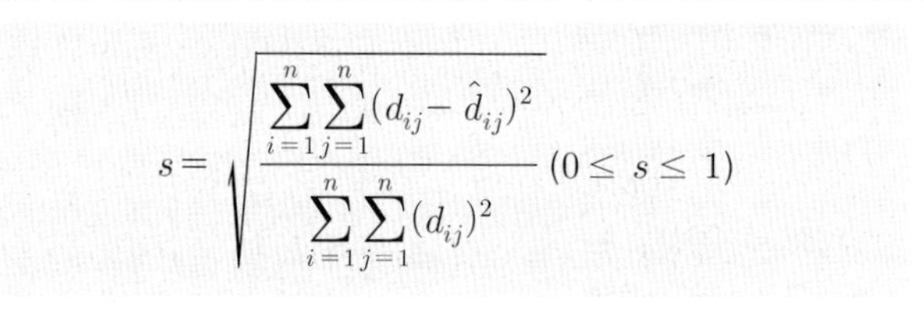

$$s = \sqrt{\frac{\sum_{i=1}^{n}\sum_{j=1}^{n}(d_{ij} - \hat{d}_{ij})^2}{\sum_{i=1}^{n}\sum_{j=1}^{n}(d_{ij})^2}} \quad (0 \leq s \leq 1)$$

스트레스 값 (Stress Value)

- d_{ij} : 개체 i부터 j까지 거리
- $\hat{d}_{ij}$: 추정된 거리

스트레스 값	적합도 수준
0	완벽(Perfect)
0.05 이내	매우 좋은(Excellent)
0.05 ~ 0.10	만족(Satisfactory)
0.10 ~ 0.15	보통(Acceptable, But doubt)
0.15 이상	나쁨(Poor)

④ 다차원 척도법 종류

다차원 척도법 종류로는 계량적 다차원 척도법, 비 계량적 다차원 척도법이 있다.

㊙ 다차원 척도법 종류

종류	내용
계량적 다차원 척도법	• 데이터가 연속형 변수인 경우로 구간 척도나 비율 척도에 사용함 • 유클리드 거리 행렬을 이용하여 개체들 간의 실제거리를 계산하고 개체들 간의 비유사성을 공간상에 표현한다.
비 계량적 다차원 척도법	• 데이터가 순서 척도인 경우에 사용함 • 개체들 간 거리가 순서로 주어진 경우에는 개체들 간 절대적 거리는 무시하고 순서척도를 거리의 속성과 같도록 변환하여 거리를 생성함

⑤ 다차원 척도의 해석

다차원 척도의 해석에는 개체 간 그룹, 개체 간 순서, 축의 해석 등을 고려한다.

해석 기준	설명
개체 간 그룹	공통의 특성을 갖는 개체들은 서로 가깝게 모여 있음
개체 간 순서	중요한 특성(좌표축)에 따라 개체들이 정렬
축의 해석	개체들의 그룹화와 순서화에 따라 좌표축을 해석하거나 새로운 축을 형성

3 주성분 분석 21년 2회, 3회 ★★★

학습 POINT

주성분 분석에 대한 설명으로 틀린 것을 선택하는 문제가 출제될 수 있습니다. 잘 알아두시길 권장합니다!

(1) 주성분 분석(Principal Component Analysis; PCA)의 개념

- 주성분 분석은 상관관계가 있는 고차원 자료를 자료의 변동을 최대한 보존하는 저차원 자료로 변환하는 차원축소 방법이다.
- 주성분 분석은 서로 상관성이 높은 변수들의 선형 결합으로 만들어 기존의 상관성이 높은 변수들을 요약, 축소하는 기법이다.
- 차원축소 시 변수 추출(Feature Extraction) 방법을 사용한다.
- Eigen Decomposition, Singular Value Decomposition을 이용한 행렬분해기법이다.
- PCA는 수학적으로 직교 선형 변환으로 정의한다.
- PCA는 변동 폭이 큰 축을 선택한다.
- 차원축소는 고윳값이 높은 순으로 정렬해서, 높은 고윳값을 가진 고유벡터만으로 데이터를 복원한다.

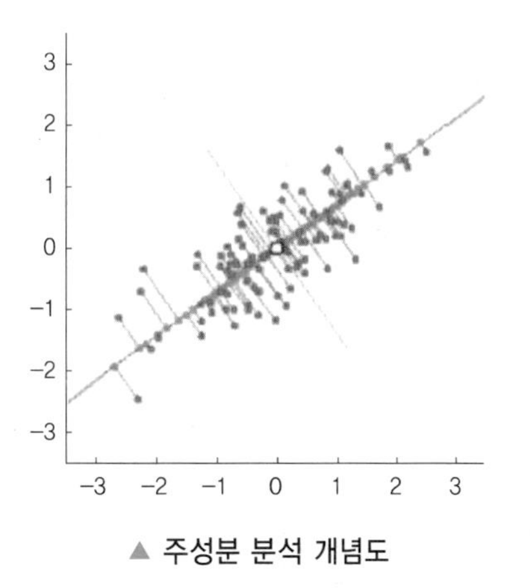

▲ 주성분 분석 개념도

잠깐! 알고가기

차원축소 (Dimensionality Reduction)
많은 변수(Feature)로 구성된 고차원 자료를 축소하여 새로운 차원의 자료를 생성하는 기법이다.

고윳값(Eigenvalue)
고유벡터의 변환되는 스케일 정도를 나타내는 상숫값이다.

고유벡터(Eigenvector)
행렬 변환 결과가 자기 자신의 상수 배가 되는 0이 아닌 벡터이다.

학습 POINT

차원의 저주에 대한 해결 방법은 주성분 분석, 다차원 척도법, t-SNE, LDA 등이 있습니다.

(2) 주성분 분석의 특징

- 누적 기여율이 85% 이상이면 주성분의 수로 결정할 수 있다.
- 차원 감소폭의 결정은 스크리 산점도(Scree Plot), 전체 변이의 공헌도, 평균 고윳값 등을 활용하는 방법이 있다.
- 주성분 분석은 차원의 저주에 대한 접근 방법 중 하나이다.

잠깐! 알고가기

누적 기여율 (Cumulative Proportion)
제1 주성분에서 제 k 주성분까지의 주성분을 이용하여 설명할 수 있는 데이터의 전체 정보량의 비율이다.

학습 POINT

다른 분석의 입력변수로 주성분 분석이나 요인분석을 통해 데이터를 전처리/변환하거나 주성분 분석이나 요인분석을 바로 그 자체로 바로 활용하기도 합니다.

(3) 주성분 분석의 목적

- 주성분 분석의 목적은 차원축소, 다중공선성 해결 등이 있다.

목적	세부 설명
차원축소	• 여러 변수 간에 내재하는 상관관계, 연관성을 이용해 소수의 주성분 또는 요인으로 차원을 축소함으로써 데이터 이해가 용이 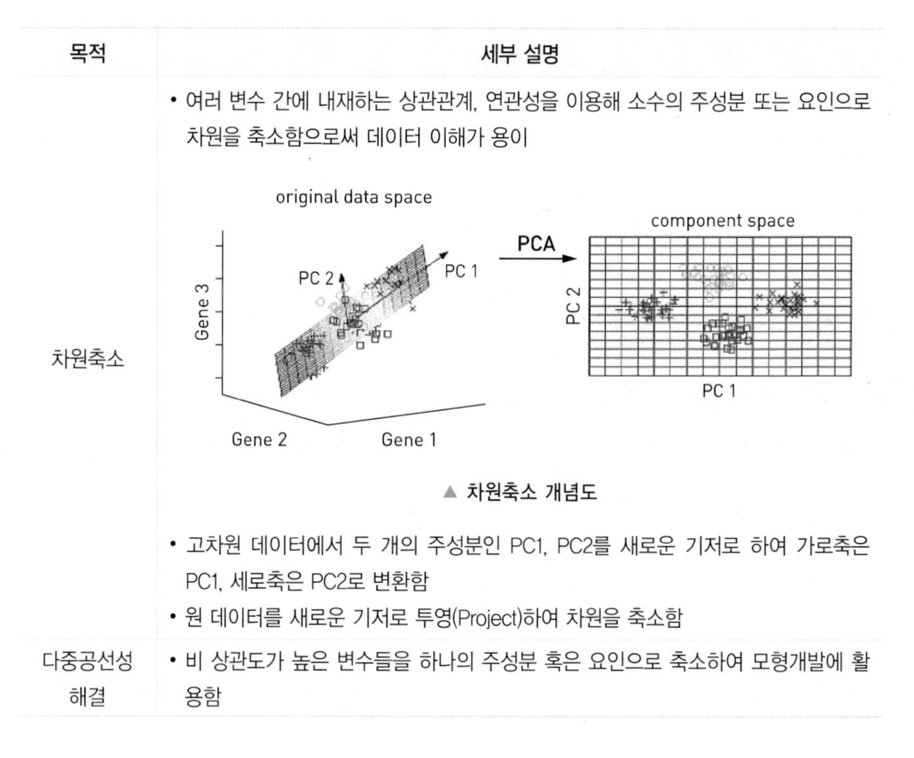 ▲ 차원축소 개념도 • 고차원 데이터에서 두 개의 주성분인 PC1, PC2를 새로운 기저로 하여 가로축은 PC1, 세로축은 PC2로 변환함 • 원 데이터를 새로운 기저로 투영(Project)하여 차원을 축소함
다중공선성 해결	• 비 상관도가 높은 변수들을 하나의 주성분 혹은 요인으로 축소하여 모형개발에 활용함

(4) 주성분 분석 절차

- PCA는 먼저 가장 큰 데이터 변동성을 기반으로 첫 번째 벡터 축을 생성한다.
- 두 번째 축은 이 벡터 축에 직각이 되는 직교 벡터를 축으로 한다.
- 세 번째 축은 다시 두 번째 축과 직각이 되는 벡터를 설정하는 방식으로 축을 생성한다.
- 생성된 벡터 축에 원본 데이터를 투영하면 벡터 축의 개수만큼 차원으로 원본 데이터가 차원축소된다.

순서	절차	설명	예시
1	축 생성	• 데이터 변동성이 가장 큰 방향으로 축 생성함 • 키와 몸무게라는 2개의 축에서 '키-몸무게'라는 하나의 축을 생성함	몸무게 (X2) 키-몸무게 축 키(X1)

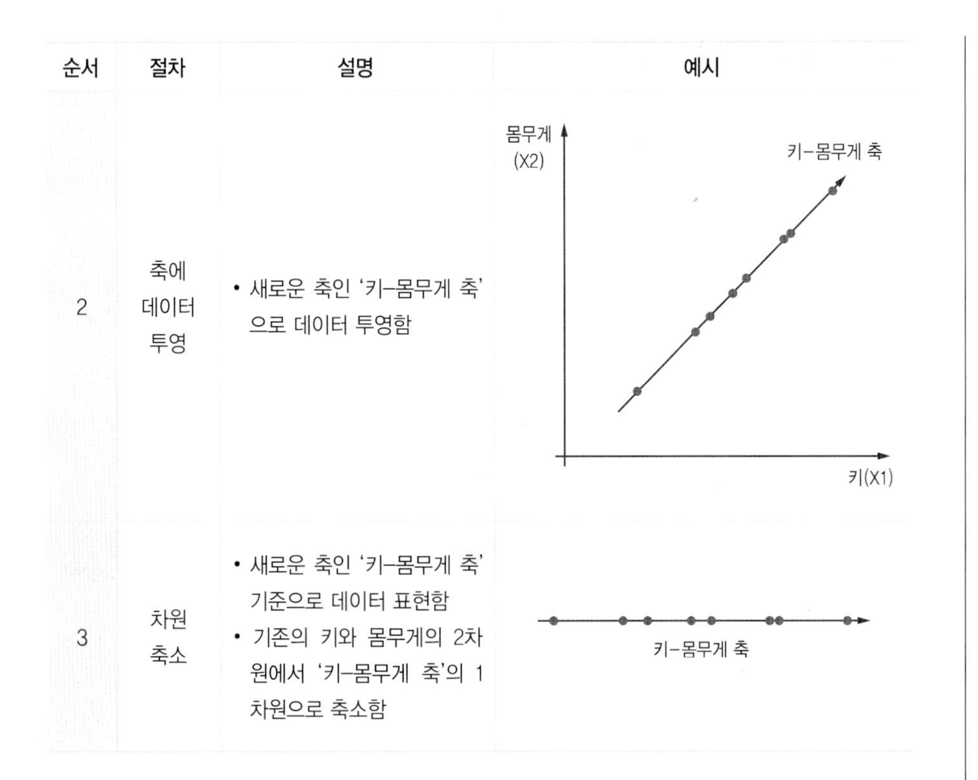

순서	절차	설명	예시
2	축에 데이터 투영	• 새로운 축인 '키–몸무게 축'으로 데이터 투영함	몸무게 (X2) / 키–몸무게 축 / 키(X1)
3	차원 축소	• 새로운 축인 '키–몸무게 축' 기준으로 데이터 표현함 • 기존의 키와 몸무게의 2차원에서 '키–몸무게 축'의 1차원으로 축소함	키–몸무게 축

(5) 주성분 개수 선택 방법 21년 3회

• 주성분 개수를 선택하는 방법으로는 주성분의 누적 기여율과 스크리 산점도(Scree Plot)를 주로 사용한다.

선택 방법	설명

누적 기여율 (Cumulative Proportion)	• 표준편차(Standard Deviation)를 제곱하면 해당 주성분의 분산 값을 구할 수 있음
	• 분산 기여율(Proportion of Variance)은 주성분 분산 대 전체 분산의 비율
	• 분산 기여율이 1에 가까울수록 원래 데이터에 대한 설명력이 큼
	• 누적 기여율은 제1 주성분부터 해당 주성분까지 기여율의 합
	• 누적 기여율이 85% 이상인 지점까지를 주성분의 수로 결정함
	
	예
	`Importance of components:`
	`                        Comp.1    Comp.2    Comp.3     Comp.4`
	`Standard deviation     1.5748783 0.9948694 0.5971291 0.41644938`
	`Proportion of Variance 0.6200604 0.2474413 0.0891408 0.04335752`
	`Cumulative Proportion  0.6200604 0.8675017 0.9566425 1.00000000`
	
	제2 주성분(Comp.2)까지의 누적 기여율은 0.8675017로 85%를 넘으므로 제2 주성분까지를 주성분의 수로 결정함

선택 방법	설명
스크리 산점도 (Scree Plot)	• x축에 주성분, y축에 각 주성분의 분산을 표현한 그래프 • 기울기가 완만해지기 직전까지를 주성분 수로 결정함 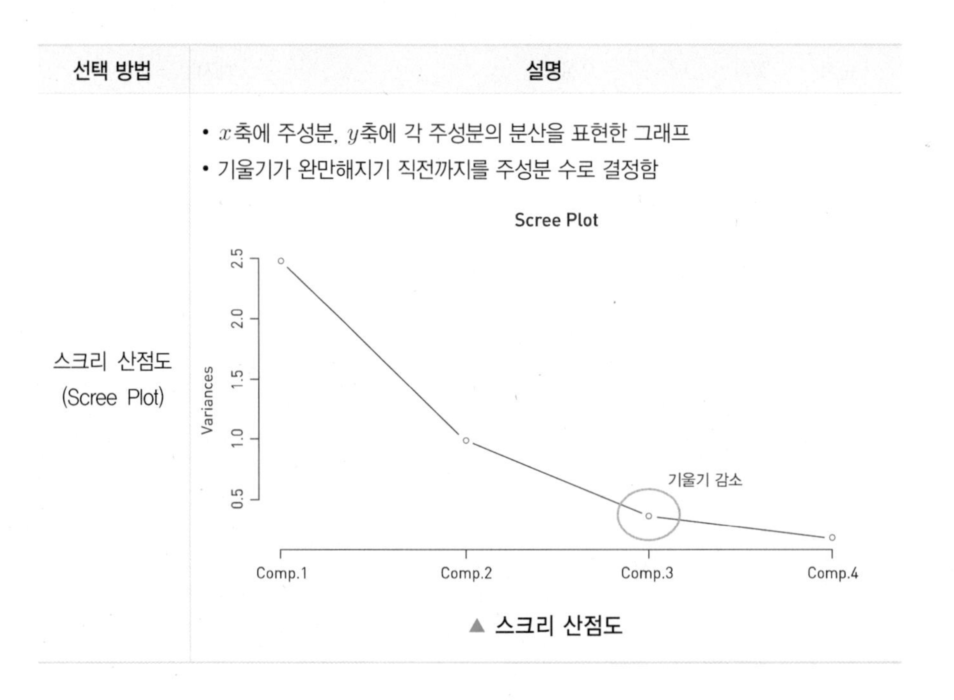 ▲ 스크리 산점도

4 시계열 분석 21년 2회 ★★★

(1) 시계열 분석(Time-Series Data)의 개념

시계열 분석은 연도별, 분기별, 월별 등 시계열로 관측되는 자료를 분석하여 미래를 예측하기 위한 분석 기법이다.

(2) 시계열 분석의 특징

- x축에는 시간, y축에는 관측값을 나타내어 추세를 빠르게 분석한다.
- 시계열 데이터는 규칙적, 불규칙한 특징을 갖는다.

수험생의 궁금증

Q 시계열 분석 특징 부분에 시계열 데이터는 규칙적, 불규칙한 특징을 갖는다. 이 문장이 무슨 뜻인가요? 규칙적, 불규칙한 … 뭐가 맞는 건지요?

A 시계열 데이터는 규칙적인 특징을 가질 수도 있고 불규칙한 특징을 가질 수도 있다
"정상성(Stationary)"을 가진 시계열 데이터를 규칙적 시계열이라고 하고, "비정상성(Non-Stationary)" 시계열이 불규칙적 시계열이라고 합니다.
정상성을 가진 시계열(규칙적 시계열)은 평균(Mean), 분산(Variance), 공분산(Covariance)이 불변하는 특징을 가집니다.

(3) 정상성

① 정상성(Stationary) 개념

- 정상성은 시점에 상관없이 시계열의 특성이 일정하다는 의미이다.
- 시계열 분석을 위해서는 정상성을 만족해야 한다.

② 정상성 조건

- 평균이 일정하다.
- 분산이 시점에 의존하지 않는다.
- 공분산은 단지 시차에만 의존하고 시점 자체에는 의존하지 않는다.

(4) 시계열 모형 21년 2회

시계열 모형에는 자기 회귀 모형, 이동평균 모형, 자기 회귀 누적 이동평균 모형이 있다.

① 자기 회귀 모형(AR 모형; Auto-Regressive Model)

- 자기 회귀 모형은 현시점의 자료가 p 시점 전의 유한개의 과거 자료로 설명될 수 있는 모형이다.

공식 **자기 회귀 모형**

$$Z_t = \phi_1 Z_{t-1} + \phi_2 Z_{t-2} + \cdots + \phi_p Z_{t-p} + a_t$$

- Z_t: 현재 시점의 시계열 자료
- $Z_{t-1}, Z_{t-2}, \cdots, Z_{t-p}$: 1~p 시점 이전의 시계열 자료
- ϕ_p: p 시점이 현재 시점에 어느 정도 영향을 주는지 나타내는 모수
- a_t: 백색잡음과정, 시계열 분석에서 오차항을 의미

⊗ 1차, 2차 자기 회귀 모형

구분	설명
1차 자기 회귀 모형	• 현시점에서 과거 1 시점(바로 이전 시점)의 자료에만 영향을 주는 경우 • AR(1) 모형이라고도 함 $Z_t = \phi Z_{t-1} + a_t$
2차 자기 회귀 모형	• 현시점에서 과거 2 시점까지의 자료에만 영향을 주는 경우 • AR(2) 모형이라고도 함 $Z_t = \phi_1 Z_{t-1} + \phi_2 Z_{t-2} + a_t$

학습 POINT

시계열 분석 정상성 조건 중에 '분산이 시점에 의존하지 않는다'라는 것이 '분산 값은 시간 t에 관계 없이 일정하다'는 의미로 '분산은 시점에 의존하지 않고 일정하다'라고도 할 수 있습니다.

학습 POINT

정상성 조건은 중요하니 눈여겨 봐두세요!

학습 POINT

2021년 2회 시험에서는 시계열 모형의 유형으로 백색잡음, 자기 회귀, 이동평균 모형이 지문으로 출제되었습니다. 잘 챙겨두시길 권장합니다!

시계열 모형

「자이누」

자기 회귀 모형 / 이동평균 모형 / 자기 회귀 누적 이동평균 모형

→ 클럽에서 이성 친구에게 하는 말: 어, 자기야! 이제 자려고 누웠어.

백색잡음과정 (White Noise Process)

백색잡음과정 a_t는 독립이고 같은 분포를 따르며, 평균이 0이고 분산이 σ_a^2인 확률변수이다.

② **이동평균 모형(MA 모형; Moving Average Model)**

- 이동평균 모형은 시간이 지날수록 관측치의 평균값이 지속적으로 증가하거나 감소하는 시계열 모형으로 MA 모형이라고 한다.
- 이동평균 모형은 주기나 불규칙성을 가지고 있는 시계열 데이터의 특성을 토대로 과거의 몇 개 관측치를 평균하여 전반적인 추세를 파악할 수 있는 방법으로 예측치를 구한다.

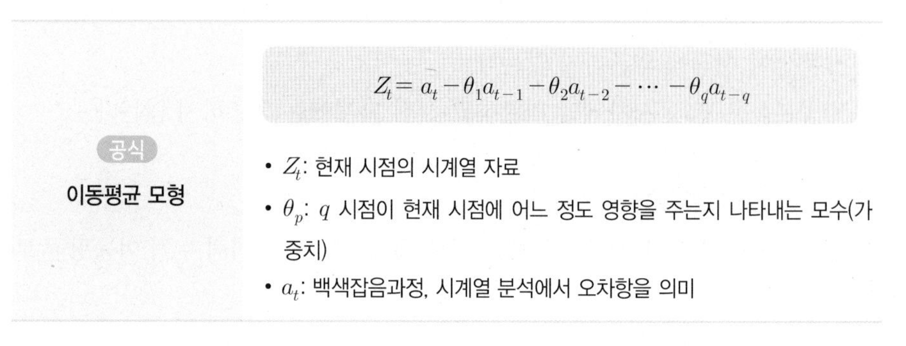

공식

이동평균 모형

$$Z_t = a_t - \theta_1 a_{t-1} - \theta_2 a_{t-2} - \cdots - \theta_q a_{t-q}$$

- Z_t: 현재 시점의 시계열 자료
- θ_p: q 시점이 현재 시점에 어느 정도 영향을 주는지 나타내는 모수(가중치)
- a_t: 백색잡음과정, 시계열 분석에서 오차항을 의미

- 현시점의 자료를 유한개의 백색잡음의 선형결합으로 표현되었기 때문에 항상 정상성을 만족하므로 정상성 가정이 필요 없다.
- 이동평균 모형은 현 시점의 자료를 유한개의 백색잡음의 선형결합으로 표현되어 항상 정상성을 만족한다.
- 모형에 사용하는 시계열 자료의 시점에 따라 1차, 2차, ⋯, q차 등을 사용하지만, 정상 시계열 모형에서는 주로 1, 2차를 사용한다.

잠깐! 알고가기

백색잡음(White Noise)
모든 개별 확률변수들이 서로 독립(Independent)이고 동일한 확률분포를 따르는(Identically Distributed) 확률 과정을 말합니다. (줄여서 I.I.D라고도 함)

1차, 2차 이동평균 모형

구분	모형
1차 이동평균 모형, MA(1) 모형	• 가장 간단한 이동평균 모형 • 같은 시점의 백색잡음과 바로 전 시점 백색잡음의 결합으로 이루어진 모형 $Z_t = a_t - \theta_1 a_{t-1}$
2차 이동평균 모형, MA(2) 모형	• 같은 시점의 백색잡음과 과거 2 시점까지의 백색잡음의 결합으로 이루어진 모형 $Z_t = a_t - \theta_1 a_{t-1} - \theta_2 a_{t-2}$

③ 자기 회귀 누적 이동평균 모형(ARIMA 모형; Auto Regressive Integrated Moving Average Model)

㉮ 자기 회귀 누적 이동평균 모형 개념

- ARIMA 모형은 분기/반기/연간 단위로 다음 지표를 예측하거나 주간/월간 단위로 지표를 리뷰하여 트렌드를 분석하는 기법이다.
- 기본적으로 비정상 시계열 모형이기 때문에 차분이나 변환을 통해 AR 모형이나 MA 모형, ARMA 모형으로 정상화할 수 있다.

시계열(Time Series)
일정 시간 간격으로 배치된 데이터들의 수열이다.

차분(Difference)
비정상 시계열을 정상 시계열 자료로 바꾸기 위해, 평균이 일정하지 않은 경우 현시점에서 이전 시점의 자료를 빼는 방법이다.

㉯ 자기 회귀 누적 이동평균 모형 차수

ARIMA(p, d, q) 모형은 차수 p, d, q가 있다.

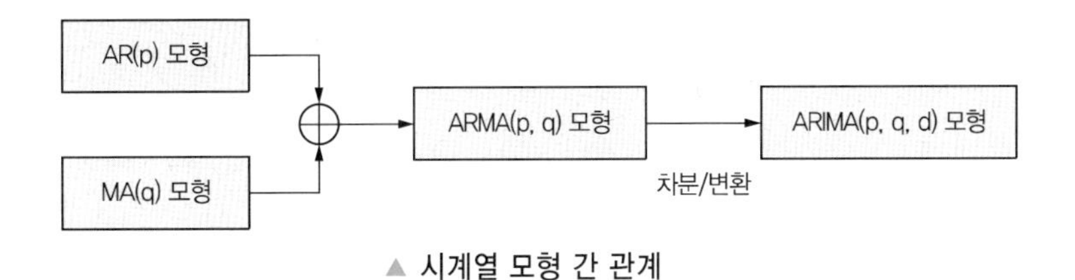

▲ 시계열 모형 간 관계

⊗ 자기 회귀 누적 이동평균 모형 차수

차수	설명
p	AR 모형과 관련이 있는 차수
q	MA 모형과 관련이 있는 차수
d	ARIMA에서 ARMA로 정상화할 때 차분 횟수

자기 회귀 누적 이동평균 모형의 개념과 차수의 의미를 잘 봐두시길 권장합니다!

㉰ 자기 회귀 누적 이동평균 모형과 다른 모형과의 관계

ARIMA(p, d, q) 모형은 차수 p, d, q의 값에 따라 모형의 이름이 다르게 된다.

⊗ 자기 회귀 누적 이동평균 모형 조건에 따른 다른 모형과의 관계

조건	설명
$p=0$	IMA(d, q) 모형이라 부르고, 이 모형을 d번 차분하면 MA(q) 모형이 됨
$q=0$	ARI(p, d) 모형이며, 이를 d번 차분한 시계열 모형이 AR(p) 모형을 따르게 됨
$d=0$	ARMA(p, q) 모형이라 부르고, 이 모형은 정상성을 만족

⊗ ARIMA 차수에 따른 모형

구분	모형
ARIMA(0,0,0)	백색잡음(White Noise) 모형
ARIMA(0,1,0)	확률 보행 모형
ARIMA(p,0,0)	자기회귀(Auto Regression) 모형
ARIMA(0,0,q)	이동평균(Moving Average) 모형

확률 보행 모형(Random Walk Model)
정상성을 나타내지 않는 데이터로서, 누가 봐도 알 수 있는 긴 주기를 갖는 상향 또는 하향 추세가 있으며, 갑작스럽고 예측할 수 없는 방향 변화가 있는 모형으로 금융 시계열 데이터 모형으로 활용된다.

④ 시계열 분해(Time Series Decomposition)

㉮ 시계열 분해 개념

- 시계열 분해는 시계열에 영향을 주는 일반적인 요인을 시계열에서 분리해 분석하는 방법이다.
- 시계열을 분리하는 분해식을 사용한다.

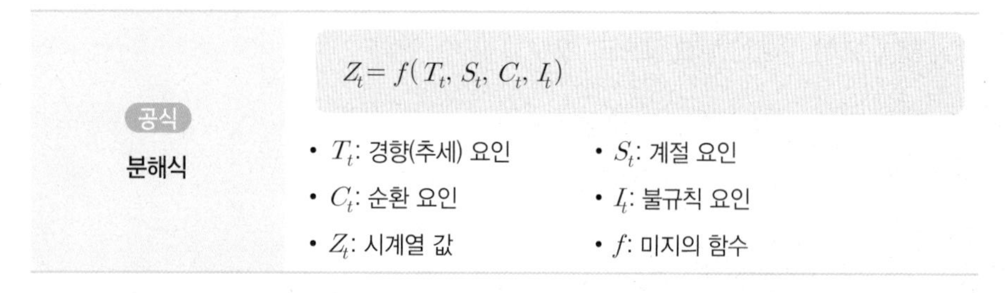

공식 **분해식**

$$Z_t = f(T_t, S_t, C_t, I_t)$$

- T_t: 경향(추세) 요인
- S_t: 계절 요인
- C_t: 순환 요인
- I_t: 불규칙 요인
- Z_t: 시계열 값
- f: 미지의 함수

- 회귀 분석적인 방법을 주로 사용하고 있다.

> **잠깐! 알고가기**
> 회귀 분석(Regression Analysis)적인 방법
> 회귀 분석적인 방법은 관찰된 연속형 변수들에 대해 두 변수 사이의 모형을 구한 뒤 적합도를 측정해 내는 분석 방법이다.

㉯ 시계열 구성요소

시계열 구성요소는 다음 4가지로 분류된다.

> **시계열 구성요소**
> 「추계순불」
> 추세 / 계절 / 순환 / 불규칙
> → 추계행사에는 순대랑 불고기를 먹는다.

시계열 구성요소

구성요소	내용
추세 요인 (Trend Factor)	자료가 어떤 특정한 형태를 취함 예 선형적 추세, 이차식 형태, 지수적 형태 등
계절 요인 (Seasonal Factor)	고정된 주기에 따라 자료가 변화할 경우 예 요일마다 반복, 일 년 중 각 월에 의한 변화, 사분기 자료에서 각 분기에 의한 변화 등
순환 요인 (Cyclical Factor)	알려지지 않은 주기를 가지고 자료가 변화 예 명백한 경제적이나 자연적인 이유가 없이 알려지지 않은 주기를 가지고 변화
불규칙 요인 (Irregular Factor)	추세, 계절, 순환 요인으로 설명할 수 없는 회귀 분석에서 잔차에 해당하는 요인

> **잠깐! 알고가기**
> 잔차(Residual)
> 표본 집단에서 회귀식을 얻고, 그 회귀식을 통해 도출한 예측값과 실제 관측값의 차이이다.

㉰ 시계열 분해 그래프 21년 2회

시계열 분해 그래프의 관측치(Observed)를 통해 추세(Trend), 계절성(Seasonal), 잔차(Residual)를 알 수 있다.

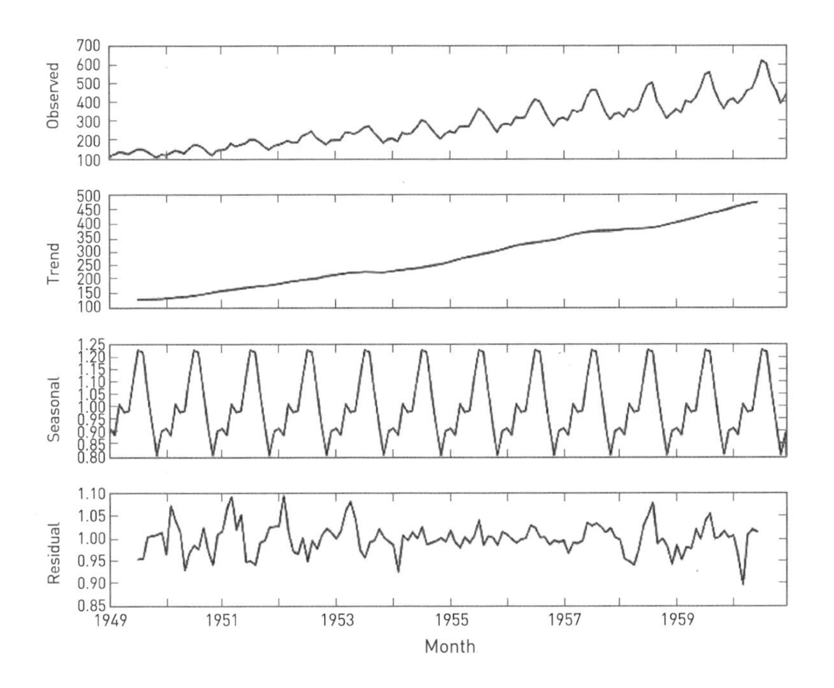

5 딥러닝 분석 ★★★

(1) 딥러닝

① 딥러닝(Deep Learning) 개념

딥러닝은 여러 비선형 변환 기법의 조합을 통해 높은 수준의 추상화를 시도하는 기계 학습 알고리즘의 집합이다.

잠깐! 알고가기

추상화(Abstractions)
다량의 데이터나 복잡한 자료들 속에서 핵심적인 내용 또는 기능을 요약하는 작업이다.

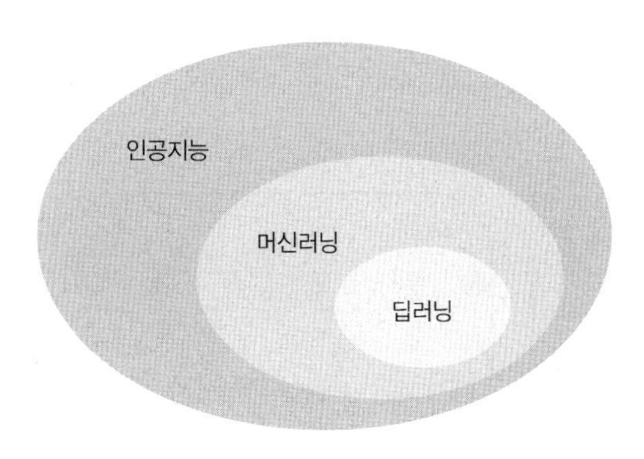

▲ 인공지능, 머신러닝, 딥러닝의 관계

② 딥러닝 부각 이유

- 기존 인공신경망 모델의 문제점인 기울기 소실이 해결되었다.
- 강력한 GPU를 연산에 활용하여 하드웨어 연산속도를 높여 분석시간을 단축하였다.

잠깐! 알고가기

GPU(Graphics Processing Unit)
GPU는 메모리를 빠르게 처리하고, 화면으로 출력할 프레임 버퍼 안의 영상 생성을 가속하도록 설계된 고성능 그래픽 처리 장치이다.

• 빅데이터의 등장과 SNS의 활용이 증가하여 학습에 필요한 데이터 확보가 가능해졌다.

③ 딥러닝 특징 21년 2회

• 오차역전파를 사용한다.
• Sigmoid는 기울기 소실 문제로 인해 ReLU와 같은 활성화 함수를 많이 사용한다.
• 딥러닝은 은닉층을 사용하여 결과에 대한 해석이 어렵다.
• Dropout은 일정한 비율을 가지고 무작위로 신경망을 제거한다.

잠깐! 알고가기

기울기 소실 문제
(Gradient Vanishing Problem)
오차역전파에서 계산 결과와 정답과의 오차를 통해 가중치를 수정하는데, 입력층으로 갈수록 기울기가 작아져 가중치들이 업데이트되지 않아 최적의 모델을 찾을 수 없는 문제이다.
계층(Layer)을 이동할 때마다 노드의 활성화 함수의 미분 값을 곱하게 되는데, 시그모이드 함수는 미분 값이 0~0.25로 입력층으로 갈수록 0에 가까워져 기울기가 사라져 가중치가 적용되지 않는다.

학습 POINT

딥러닝 알고리즘은 모두 중요합니다. 각각의 개념과 특징을 숙지하시길 권장합니다.

(2) 딥러닝 알고리즘

딥러닝 알고리즘에는 DNN, CNN, RNN, GAN 등 다양한 알고리즘이 존재한다.

① DNN 알고리즘

㉮ DNN(Deep Neural Network) 알고리즘 개념

DNN은 은닉층(Hidden Layer)을 심층(Deep) 구성한 신경망(Neural Network)으로 학습하는 알고리즘이다.

㉯ DNN 알고리즘 구조

• DNN 알고리즘은 입력층, 다수의 은닉층, 출력층으로 구성되어 있다.
• 입력층에서 가중치가 곱해져 은닉층으로 이동시키고, 은닉층에서도 가중치가 곱해지면서 다음 계층으로 이동한다.
• 역전파 알고리즘은 출력층 → 은닉층 → 입력층으로 반복적으로 수행되며 최적화된 결과를 도출한다.

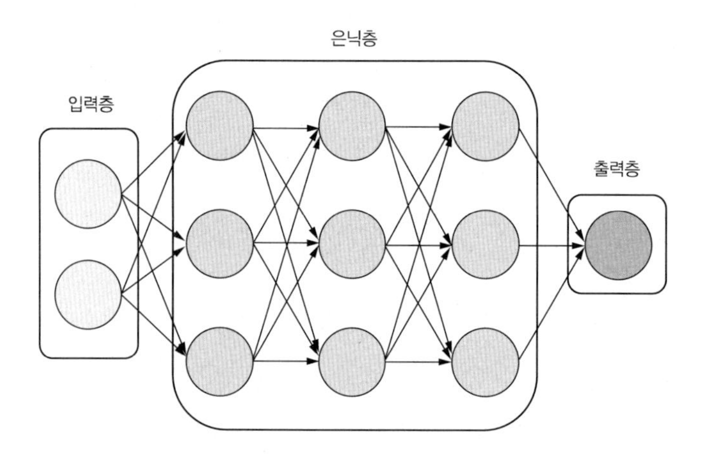

▲ DNN 알고리즘 구조

② CNN 알고리즘 21년2회

㉮ CNN(Convolution Neural Network) 알고리즘의 개념

CNN은 시각적 이미지를 분석하는 데 사용되는 심층신경망으로 합성곱 신경망이라고도 한다.

㉯ CNN 알고리즘의 구조

- 기존 영상처리의 필터 기능(Convolution)과 신경망(Neural Network)을 결합하여 성능을 발휘하도록 만든 구조이다.
- 필터 기능을 이용하여 입력 이미지로부터 특징을 추출한 뒤 신경망에서 분류작업을 수행한다.

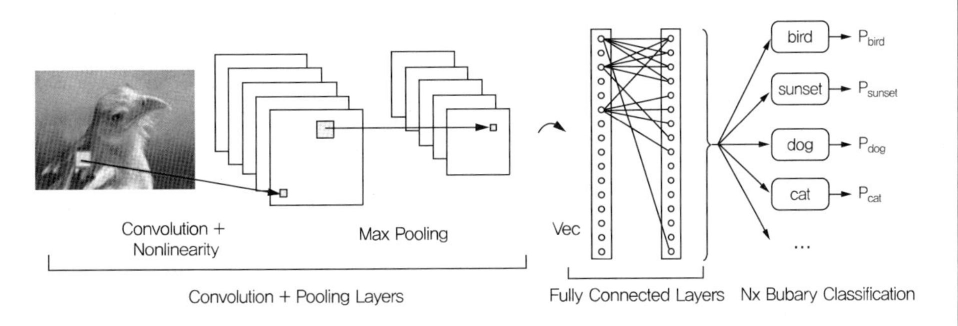

▲ CNN 알고리즘의 구조

㉰ CNN 알고리즘

순서	알고리즘	설명
1	입력층 합성곱(Convolution) 연산	• 사용자가 입력한 이미지에서 필터를 이용하여 특징(Feature)을 추출한 피처 맵을 구성함
2	피처 맵(Feature Maps)에서 서브샘플링(Sub-Sampling) 연산	• 피처 맵에서 서브샘플링 연산을 통해 화면의 크기를 줄임 • 최대 풀(Max Pool), 최소 풀(Min Pool), 평균 풀 연산을 수행 예) 최대 풀(Max Pool) Single Depth Slice x: [1 1 2 4 / 5 6 7 8 / 3 2 1 0 / 1 2 3 4] y Max Pool With 2×2 Filters and Stride 2 → [6 8 / 3 4] • 색에서 가장 큰 값인 6을 선택 • 색에서 가장 큰 값인 8을 선택 • 색에서 가장 큰 값인 3을 선택 • 색에서 가장 큰 값인 4를 선택

잠깐! 알고가기

피처 맵(Feature Maps)
이미지 추출 시, 왜곡, 변형 같은 환경 변화에 잘 적응하는 강인한 특징을 유도한 2차원 맵이다.

서브샘플링(Sub-Sampling)
출력값에서 일부분만을 선택하여 크기를 축소하는 기법이다. 이 과정을 풀링(Pooling) 또는 서브샘플링(Sub-Sampling)이라고 한다. 풀링 기법 중에서는 정해진 구역 안에서 가장 큰 값만 선택하는 최대 풀(Max Pool)을 많이 사용한다.

순서	알고리즘	설명
3	피처 맵에서 합성곱, 서브샘플링을 반복 연산	• 반복 연산을 통해 최적화된 피처 맵을 구성
4	완전연결계층에서 다층 신경망을 이용하여 분류 수행	• 피처 맵을 완전연결 계층의 다층 신경망(MLP; Multi Layer Perceptron) 입력값으로 사용함 • 2차원의 이미지를 1차원 행렬이 되도록 한 후 신경망의 입력에 하나씩 매핑을 수행함 • 최종적으로 분류 과정을 수행하여 Softmax 함수를 이용하여 결과를 확률로 분류

잠깐! 알고가기

완전연결계층 (Fully Connected Layers)
각 뉴런이 다음 계층의 모든 뉴런에 연결된 다층 퍼셉트론이다.

잠깐! 알고가기

스트라이드(Stride)
지정된 간격으로 필터를 순회하는 간격을 의미한다.

패딩(Padding)
이미지의 축소를 방지하기 위해 경곗값에 0인 픽셀을 덧대는 전처리 방식이다.

필터(Filter)
이미지의 특징을 찾아내기 위한 공용 매개변수로, Kernel이라고도 불린다.

㉰ CNN Feature Map 계산 21년2회

스트라이드가 적용되었을 때 원본 이미지의 크기가 $n \times n$, 스트라이드가 s, 패딩이 p, 필터가 $f \times f$일 때 피처 맵의 크기는 다음과 같다.

$$\text{Feature Map} = \left(\frac{n+2p-f}{s}+1,\ \frac{n+2p-f}{s}+1\right)$$
$$= \left(\frac{n+2p-f}{s}+1\right) \times \left(\frac{n+2p-f}{s}+1\right)$$

개념 박살내기

CNN Feature Map 구하기

- CNN에서 원본 이미지가 5*5에서 스트라이드가 1이고, 필터가 3*3일 때 피처 맵을 구해보자.
- 원본 이미지 n의 축이 모두 5이므로 $n=5$, 스트라이드는 1이므로 s=1, 필터의 축이 모두 3이므로 $f=3$, 패딩 p는 사용되지 않았으므로 $p=0$이다.

$$\text{Feature Map} = \left(\frac{5+0-3}{1}+1\right) \times \left(\frac{5+0-3}{1}+1\right) = 3 \times 3$$

- 따라서 (3, 3)이 피처 맵의 크기가 된다.

③ RNN 알고리즘

㉮ RNN(Recurrent Neural Network) 알고리즘의 개념

- RNN은 입력층, 은닉층, 출력층으로 구성되며 은닉층에서 재귀적인 신경망을 갖는 알고리즘이다.
- 음성신호, 연속적 시계열 데이터 분석에 적합하다.
- 장기 의존성 문제와 기울기 소실문제가 발생하여 학습이 이루어지지 않을 수 있다.

잠깐! 알고가기

장기 의존성 문제 (Long-Term Dependency)
현재 노드 위치와 먼 과거 상태를 사용한 문맥 처리가 어려운 문제이다.

㉯ RNN 알고리즘의 구조

- 입력층에서 전달받은 순차적인 데이터를 은닉층으로 전달하며 재귀적 구조이다.
- 확률적 경사 하강법, 시간 기반 오차역전파를 사용해서 가중치를 업데이트한다.

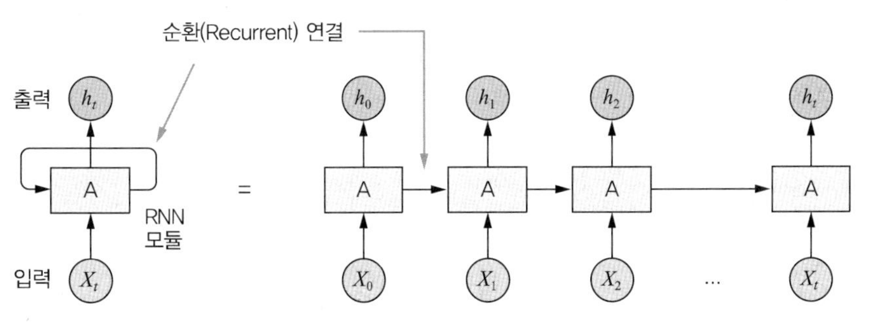

▲ RNN 알고리즘

> **잠깐! 알고가기**
>
> 확률적 경사 하강법(Stochastic Gradient Descent; SGD)
> 손실 함수의 기울기를 구하여, 그 기울기를 따라 조금씩 아래로 내려가 최종적으로는 손실 함수가 가장 작은 지점에 도달하도록 하는 알고리즘이다.
>
> 시간 기반 오차역전파(Back Propagation Through Time)
> 역전파 알고리즘을 사용하여 모든 네트워크 매개변수와 관련하여 비용의 기울기를 찾는 방법이다.

6 비정형 데이터 분석 ★★

(1) 비정형 데이터 분석의 개념

비정형 데이터 안에서 체계적인 통계적 규칙이나 패턴을 탐색하고 이를 의미 있는 정보로 변환함으로써 기업의 의사결정에 적용하는 분석 기법이다.

(2) 비정형 데이터 분석 기법

대표적인 비정형 데이터 분석 기법으로 텍스트 마이닝, 오피니언 마이닝, 웹 마이닝, 사회 연결망 분석이 있다.

㉸ 비정형 데이터 분석 기법

기법	설명
텍스트 마이닝 (Text Mining)	• 텍스트 형태로 이루어진 비정형 데이터들을 자연어 처리 방식을 이용해 정보를 추출하는 기법 • 비정형화된 문서에서 정보를 습득 가능
오피니언 마이닝 (Opinion Mining)	• 주관적인 의견이 포함된 데이터에서 사용자가 게재한 의견과 감정을 나타내는 패턴을 분석하는 기법 • 긍정, 부정, 중립으로 선호도를 판별
웹 마이닝 (Web Mining)	• 웹에서 발생하는 고객의 행위 분석과 특성 데이터를 추출, 정제하여 의사결정에 활용하기 위한 기법
사회 연결망 분석 (SNA; Social Network Analysis)	• 그룹에 속한 사람들 간의 네트워크 특성과 구조를 분석하고 시각화하는 분석 기법

텍스트 마이닝은 비정형 데이터 분석에서 가장 중요한 기법 중 하나입니다. 기본 개념, 기능을 잘 알아두시길 권장합니다!

잠깐! 알고가기

자연어 처리(NLP; Natural Language Processing)
인간이 이해할 수 있는 언어를 기계가 이해할 수 있게 하는 기술이다.

(3) 텍스트 마이닝

① 텍스트 마이닝(Text Mining)의 개념

텍스트 마이닝은 텍스트 형태로 이루어진 비정형 데이터들을 자연어 처리 방식을 이용해 정보를 추출하는 기법이다.

사람들의 말하는 언어를 이해할 수 있는 자연어 처리 기술에 기반한다.

② 텍스트 마이닝 절차

▲ 텍스트 마이닝 절차

⊗ 텍스트 마이닝 절차

<table>
<tr><th>단계</th><th>절차</th><th>설명</th></tr>
<tr><td>1</td><td>텍스트 수집</td><td>• 데이터베이스, 텍스트 기반 문서 등이 수집 대상</td></tr>
<tr><td>2</td><td>데이터 전처리</td><td>• 문서 내 표현된 단어, 구, 절에 해당하는 내용을 가공할 수 있는 데이터로 변환하는 작업
• 크롤링 등으로 데이터 추출 후 HTML 태그나 XML 문법을 제거하는 작업(Text 레벨 전처리)
• 마침표, 문장 부호를 사용하여 문장 구분하는 작업 수행(Sentence 레벨 전처리)
• 문장 토큰화 / 파싱, 불용어 제거, 어간 추출 작업(Token 레벨 전처리)<table><tr><td>문장 토큰화 / 파싱</td><td>텍스트의 단어, 어절을 분리하는 작업</td></tr><tr><td>불용어 (Stopword) 제거</td><td>의미없는 단어(the, of 등) 제거</td></tr><tr><td>어간(Stemming) 추출</td><td>단어들에서 공통 음절을 뽑아내는 작업</td></tr></table></td></tr>
<tr><td>3</td><td>의미 추출</td><td>• 복잡한 의미정보의 표현을 단순화
• 도메인에 적합한 정보를 문서의 의미 데이터로 저장</td></tr>
<tr><td>4</td><td>패턴 분석</td><td>• 의미 데이터를 기반으로 문서를 자동으로 군집화 및 분류</td></tr>
<tr><td>5</td><td>정보 생성</td><td>• 시각화 도구를 통해 효과적으로 정보를 표현</td></tr>
</table>

③ 텍스트 마이닝의 기능

텍스트 마이닝의 기능으로 정보 추출, 문서 요약, 문서 분류, 문서 군집화 등이 있다.

⊗ 텍스트 마이닝의 기능

기능	설명
정보 추출 (Extraction)	• 일반적인 텍스트 문서로부터 사용자가 원하는 정보를 추출하는 작업 • 원하는 정보를 문장의 형식이나 사용자가 이전에 미리 정의한 질의 포맷에 맞추어서 추출
문서 요약 (Summarization)	• 정보 추출에서 더 나아가 문서에서 다룬 중요 내용을 글로 요약하는 기법
문서 분류 (Classification)	• 키워드에 따라 문서를 분류하는 기법으로서 주어진 키워드 집합에 따라 해당 카테고리로 분류
문서 군집화 (Clustering)	• 문서를 분석해 동일 내용의 문서들을 묶는 기법

(4) 오피니언 마이닝

① 오피니언 마이닝(Opinion Mining)의 개념

• 오피니언 마이닝은 주관적인 의견이 포함된 데이터에서 사용자가 게재한 의견과 감정을 나타내는 패턴을 분석하는 기법이다.
• 사람들이 특정 제품 및 서비스를 좋아하거나 싫어하는 이유를 분석하여 여론이 실시간으로 어떻게 변하는지 확인한다.

② 오피니언 마이닝 절차

오피니언 마이닝의 절차로는 특징 추출, 문장 인식, 요약 및 전달 단계를 거친다.

⊗ 오피니언 마이닝 절차

단계	절차	설명
1	특징 추출	• 긍정 및 부정을 표현하는 단어 정보를 추출
2	문장 인식	• 세부 평가 요소와 오피니언으로 구성된 문장을 인식 • 규칙기반 방법, 통계기반 방법을 활용
3	요약 및 전달	• 긍정, 부정 표현의 통계, 주요 문장을 추출하여 요약 생성 • 오피니언 정보를 요약하고 사용자에게 전달

(5) 웹 마이닝

① 웹 마이닝(Web Mining)의 개념

• 웹 마이닝은 데이터 마이닝 기법을 활용하여 웹상의 문서들과 서비스들로부터 정보를 자동으로 추출, 발견하는 기법이다.
• 정보 단위인 '노드'와 연결점인 '링크'를 활용한다.

학습 POINT

웹 마이닝은 상대적으로 중요도가 높지 않습니다. 가볍게 보고 넘어가시길 권장합니다.

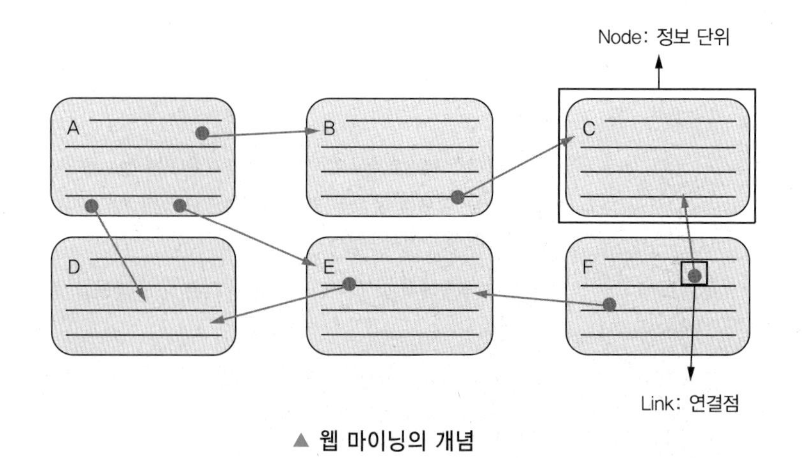

▲ 웹 마이닝의 개념

② 웹 마이닝의 유형

웹 마이닝의 유형으로는 웹 내용 마이닝, 웹 사용 마이닝, 웹 구조 마이닝 등이 있다.

웹 마이닝의 유형

유형	설명
웹 내용 마이닝 (Web Contents Mining)	• 웹 사이트를 구성하는 페이지의 내용 중에서 유용한 정보를 추출 예) 텍스트, 이미지, 사운드 등
웹 사용 마이닝 (Web Usage Mining)	• 웹 로그를 통해 사용자의 행위 패턴을 분석하여 의미 있는 정보 추출 예) 사용자 프로파일, 페이지 접근 패턴 등
웹 구조 마이닝 (Web Structure Mining)	• 웹 사이트의 구조적인 요약 정보를 찾기 위한 기법 • 하이퍼링크를 통한 그래프의 구조적인 정보 이용 예) 웹 페이지, 하이퍼링크 등

(6) 사회 연결망 분석

① 사회 연결망 분석(SNA; Social Network Analysis)의 개념

SNA는 개인과 집단 간의 관계를 노드와 링크로 그룹에 속한 사람들 간의 네트워크 특성과 구조를 분석하고 시각화하는 분석 기법이다.

② 사회 연결망 분석 절차

사회 연결망 분석의 절차로는 데이터 수집, 데이터 분석, 데이터 시각화 단계를 거친다.

Ⓥ 사회 연결망 분석 절차

단계	절차	설명
1	데이터 수집	• 소셜 네트워크 서비스에서 데이터를 수집 • 웹 크롤러, NodeXL 등을 활용
2	데이터 분석	• 수집된 데이터를 바탕으로 분석 수행 • R, Python, NodeXL 등을 활용
3	데이터 시각화	• 분석을 마친 데이터를 파악하기 위한 시각화 수행 • 분석 방향과 필요 정보에 따라 최종 시각화 시행

NodeXL(Network Overview, Discovery, Exploration for Excel)

NodeXL은 Microsoft Excel용 네트워크 분석 및 시각화 소프트웨어 패키지이다.

③ 사회 연결망 분석 주요 속성

사회 연결망 분석 주요 속성으로는 응집력, 구조적 등위성, 명성, 범위, 중계 등이 있다.

Ⓥ 사회 연결망 분석 주요 속성

속성	설명
응집력(Cohesion)	행위자들 간 강한 사회화 관계의 존재
구조적 등위성(Equivalence)	한 네트워크의 구조적 지위와 그 위치가 주는 역할이 동일한 사람들 간의 관계
명성(Prominence)	네트워크에서 누가 권력을 가지고 있는지 확인
범위(Range)	행위자의 네트워크 규모
중계(Brokerage)	다른 네트워크와 연결해주는 정도

④ 사회 연결망 분석 측정지표

SNA의 측정 지표는 시험에 나올 가능성이 있으므로 개념을 알고 가야 합니다. 특히 중심성은 반드시 알고 가세요!

Ⓥ 사회 연결망 분석 측정지표

측정지표	설명
연결 정도(Degree)	• 노드 간의 총 연결 관계 개수를 의미 • 한 노드가 몇 개의 노드와 연결되어 있는지의 정도
포괄성(Inclusiveness)	• 네트워크 내에서 서로 연결된 노드의 개수 • 전체 네트워크에서 연결되어 있지 않은 노드들을 제거하고 남은 노드의 개수
밀도(Density)	• 네트워크 내에서 노드 간의 전반적인 연결 정도 수준을 나타내는 지표 • 연결망 내 전체 구성원이 서로 간에 얼마나 많은 관계를 맺고 있는지를 표현
연결 정도 중심성(Degree Centrality)	• 특정 노드가 연결망 내에서 연결된 다른 노드들의 합 • 노드가 얼마나 많은 노드와 관계를 맺고 있는지를 파악

측정지표	설명
근접 중심성 (Closeness Centrality)	• 각 노드 간의 거리를 바탕으로 중심성을 측정하는 방식 • 직·간접적으로 연결되어 있는 모든 노드 간의 거리를 바탕으로 중심성을 측정
매개 중심성 (Betweenness Centrality)	• 네트워크 내에서 특정 노드가 다른 노드들 사이에 위치하는 정도를 나타내는 지표 • 네트워크 내에서 어디에 위치하는지를 파악함으로써 해당 노드의 영향력을 파악
위세 중심성 (Eigenvector Centrality)	• 자신의 연결 정도 중심성으로부터 발생하는 영향력과 자신과 연결된 타인의 영향력을 합하여 결정하는 방법

위세 중심성은 아이겐 벡터 중심성이라고도 불립니다.

7 앙상블 분석 21년 2회 ★★★

앙상블 분석 또한 중요 개념 중 하나입니다. 앙상블의 개념, 특징을 잘 봐두시길 추천합니다!

(1) 앙상블(Ensemble) 개념

- 앙상블은 여러 가지 동일한 종류 또는 서로 상이한 모형들의 예측/분류 결과를 종합하여 최종적인 의사결정에 활용하는 기법이다.
- 앙상블이란 본래 프랑스어로 '통일, 조화' 등을 나타내는 용어이다.

(2) 앙상블의 특징

⊗ 앙상블의 특징

특징	설명
보다 높은 신뢰성 확보	다양한 모형의 예측 결과를 결합함으로써 단일 모형으로 분석했을 때보다 높은 신뢰성
정확도(Accuracy) 상승	이상값에 대한 대응력이 높아지고, 전체 분산을 감소시킴
원인분석에 부적합	모형의 투명성이 떨어지게 되어 정확한 현상의 원인분석에는 부적합

(3) 앙상블 알고리즘

- 주어진 자료로부터 여러 개의 예측 모형을 만든 후 예측 모형들을 조합하여 하나의 최종 예측 모형을 만드는 방법으로 다중 모델 조합(Combining Multiple Models), 분류기 조합(Classifier Combination)이 있다.

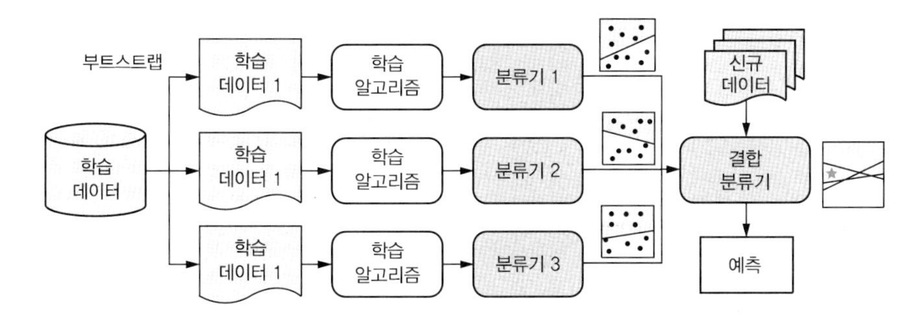

▲ 앙상블 알고리즘

- 앙상블 알고리즘은 여러 개의 학습 모델을 훈련하고 투표를 통해 최적화된 예측을 수행하고 결정한다.

(4) 앙상블 학습 절차

앙상블 학습 절차는 도출 및 생성, 집합별 모델 학습, 결과 조합, 최적 의견 도출로 진행된다.

앙상블 학습 절차

순서	학습 절차	설명
1	도출 및 생성	훈련 데이터에서 여러 학습 집합들을 도출
2	집합별 모델 학습	각 집합으로부터 모델을 학습
3	결과 조합	각 학습 모델로부터의 결과를 조합
4	최적 의견 도출	학습된 모델들의 최적 의견을 도출

(5) 앙상블 기법의 종류

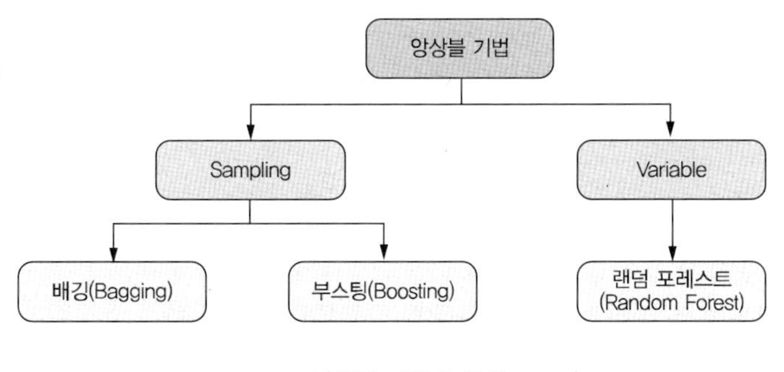

▲ 앙상블 기법의 종류

학습 POINT

앙상블 기법의 배깅, 부스팅, 랜덤포레스트 모두 빈출 가능성이 높은 개념입니다. 집중력 잃지 마시고 계속 봐주시길 권장합니다!

① 배깅

㉮ 배깅(Bagging; Bootstrap Aggregating)의 개념

- 배깅은 훈련 데이터에서 다수의 부트스트랩(Bootstrap) 자료를 생성하고, 각 자료를 모델링한 후 결합하여 최종 예측 모형을 만드는 알고리즘이다.
- 부트스트랩은 주어진 자료에서 동일한 크기의 표본을 랜덤 복원추출로 뽑은 자료를 의미한다.

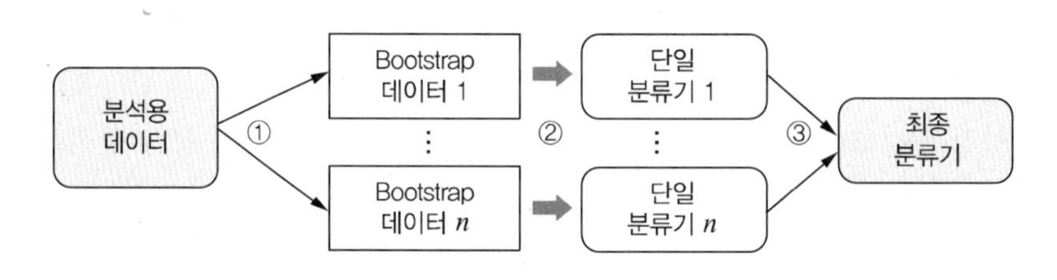

▲ 배깅 기법 개념도

㉯ 배깅 기법 절차

㉱ 배깅 기법 절차

<table>
<tr><th>순서</th><th>절차</th><th colspan="2">설명</th></tr>
<tr><td>1</td><td>부트스트랩 데이터 추출</td><td colspan="2">분석 데이터로부터 n개의 부트스트랩 데이터 추출(동일 크기)</td></tr>
<tr><td>2</td><td>단일 분류자 생성</td><td colspan="2">부트스트랩 데이터에 적합한 모델을 적용하여 n개 단일 분류자 생성</td></tr>
<tr><td rowspan="3">3</td><td rowspan="3">최종 모델 결정</td><td colspan="2">n개의 단일 분류자 중 다수결(Majority Voting) 또는 평균(Average)을 통해 최종 모델 결정</td></tr>
<tr><td>범주형 변수</td><td>다수결(Majority Voting)</td></tr>
<tr><td>연속형 변수</td><td>평균(Average)</td></tr>
</table>

잠깐! 알고가기

보팅(Voting)
여러 개의 머신러닝 알고리즘 모델을 학습시킨 후 새로운 데이터에 대해 각 모델의 예측 값을 가지고 다수결 투표를 통해 최종 클래스를 예측하는 기법이다.

- 보팅은 여러 개의 모형으로부터 산출된 결과를 다수결에 의해서 최종 결과를 선정하는 과정이다.
- 최적의 의사결정나무를 구축할 때 가장 어려운 부분이 가지치기(Pruning)이지만 배깅에서는 가지치기를 하지 않고 최대한 성장한 의사결정나무들을 활용한다.
- 실제 현실에서는 학습 자료의 모집단 분포를 모르기 때문에 평균 예측 모형을 구할 수 없기 때문에 배깅은 이러한 문제를 해결하기 위해 훈련자료를 모집단으로 생각하고 평균 예측 모형을 구하여 분산을 줄이고 예측력을 향상시킬 수 있다.

㉰ 배깅 기법 특징

⊗ 배깅 기법의 특징

구분	설명
목표	• 전반적으로 분류를 잘할 수 있도록 유도 (분산감소)
최적 모델 결정 방법	• 독립수행 후 다수결로 결정 • 연속형 변수와 범주형 변수에 따라 방법이 다름
장점	• 일반적으로 성능 향상에 효과적 • 결측값이 존재할 때 강함
단점	• 계산 복잡도는 다소 높음
적용 방안	• 소량의 데이터(데이터 세트의 관측값의 수)일수록 유리 • 목표변수, 입력변수의 크기가 작아 단순할수록 유리
주요 알고리즘	랜덤 포레스트: 부트스트랩을 통해 조금씩 다른 훈련 데이터에 대해 훈련된 기초 분류기들을 결합시키는 알고리즘

② 부스팅

㉮ 부스팅(Boosting)의 개념

- 부스팅은 잘못 분류된 개체들에 가중치를 적용, 새로운 분류 규칙을 만들고, 이 과정을 반복해 최종 모형을 만드는 알고리즘이다.
- 예측력이 약한 모형(Weak Learner)들을 결합하여 강한 예측 모형을 만드는 방법이다.

학습 POINT

부스팅 기법의 개념도와 특징을 보면서 배깅과 부스팅의 차이를 명확히 하고 넘어가시길 권장합니다.

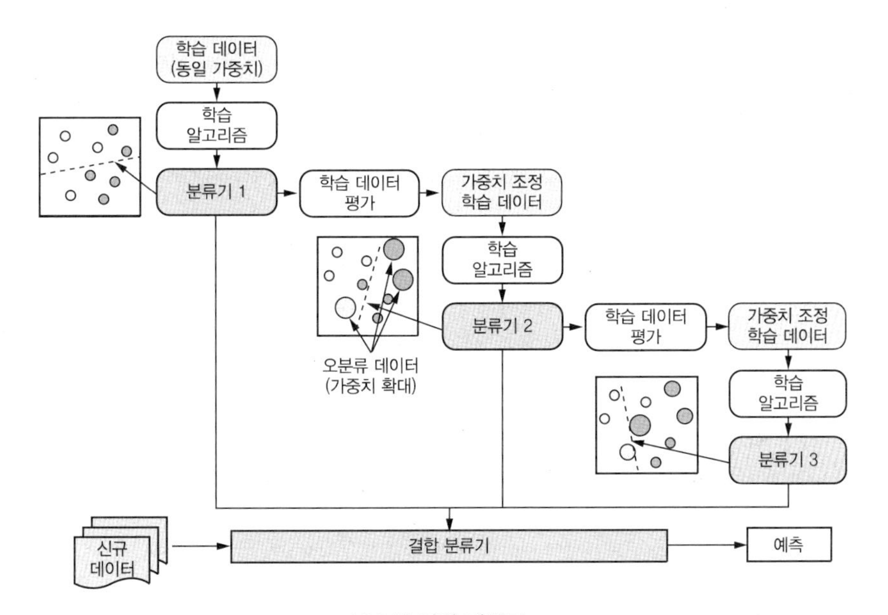

▲ 부스팅 기법 개념도

㉯ 부스팅 기법 절차

㉸ 부스팅 기법 절차

순서	절차	설명
1	동일 가중치 분류기 생성	동일한 가중치의 분석 데이터로부터 분류기 생성
2	가중치 변경 통한 분류기 생성	이전 분석 데이터의 분류 결과에 따라 가중치 변경을 통해 분류기 생성
3	최종 분류기 결정	목표하는 정확성이 나올 때까지 N회 반복 후 최종 분류기 결정

㉰ 부스팅 기법 특징 21년 2회

학습 POINT

앙상블 기법과 알고리즘을 묻는 문제가 출제 되었습니다. 부스팅–GBM이 출제되었으니 잘 알아두시기를 권장합니다.

㉸ 부스팅 기법의 특징

구분	설명
목표	• 분류하기 힘든 관측값들에 대해서 정확하게 분류를 잘하도록 유도(예측력 강화)
최적 모델 결정 방법	• 순차 수행에 따른 가중치 재조정으로 결정 • 이전 분류에서 정 분류 데이터에는 낮은 가중치 부여 • 이전 분류에서 오 분류 데이터에는 높은 가중치 부여
특장점	• 특정 케이스의 경우 상당히 높은 성능을 보임 • 배깅에 비해 성능은 좋지만, 속도가 느리고 과대 적합 발생 가능성이 있음
계산 복잡도	• 다소 높은 계산 복잡도
적용 방안	• 대용량 데이터일수록 유리 • 데이터와 데이터의 속성이 복잡할수록 유리
주요 알고리즘	AdaBoost (Adaptive Boost): 잘못 예측한 데이터에 가중치를 부여하여 오류를 개선하는 알고리즘 GBM (Gradient Boost Machine): 경사 하강법(Gradient Descent)을 이용하여 가중치를 업데이트함으로써 최적화된 결과를 얻는 알고리즘

- 부스팅 방법 중 Freund&Schapire가 제안한 AdaBoost는 이진 분류 문제에서 랜덤 분류기보다 조금 더 좋은 분류기 n개에 각각 가중치를 설정하고 n개의 분류기를 결합하여 최종 분류기를 만드는 방법을 제안했다. (단, 가중치의 합은 1)
- 배깅에 비해 많은 경우 예측 오차가 향상되어 AdaBoost의 성능이 배깅보다 뛰어난 경우가 많다.

학습 POINT

랜덤 포레스트 또한 필기 문제로 출제되기 좋습니다. 개념을 잘 봐주시길 권장합니다.

③ 랜덤 포레스트

㉮ 랜덤 포레스트(Random Forest)의 개념

- 랜덤 포레스트는 의사결정나무의 특징인 분산이 크다는 점을 고려하여 배깅과

부스팅보다 더 많은 무작위성을 주어 약한 학습기들을 생성한 후 이를 선형 결합하여 최종 학습기를 만드는 방법이다.

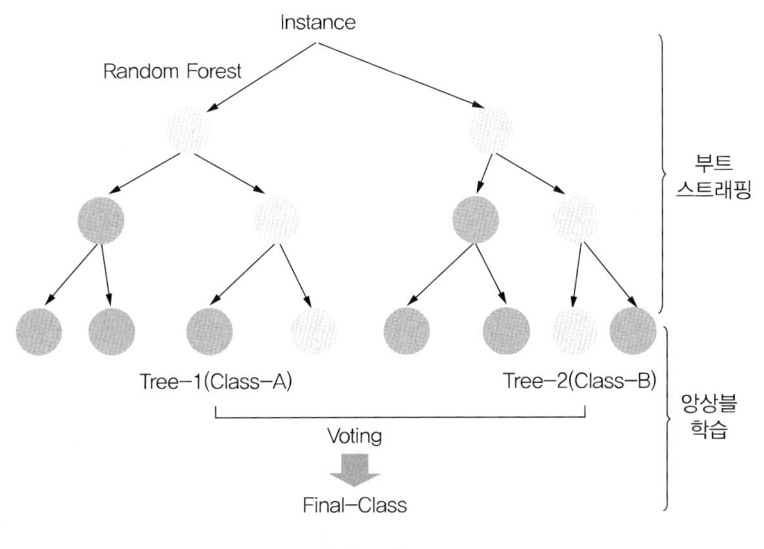

▲ 랜덤 포레스트

㉯ 랜덤 포레스트 특징 21년2회

- 훈련을 통해 구성해 놓은 다수의 나무들로부터 투표를 통해 분류 결과를 도출한다.
- 분류기를 여러 개 쓸수록 성능이 좋아진다.
- 트리의 개수가 많을수록 과대적합(Overfitting) 문제를 피할 수 있다.
- 여러 개의 의사결정 트리가 모여서 랜덤 포레스트 구조가 된다.

㉰ 랜덤 포레스트 절차

⊗ 랜덤 포레스트 절차

순서	절차	설명
1	데이터 추출	분석 데이터로부터 N개의 부트스트랩 데이터 추출
2	대표 변수 샘플 도출	N개의 분류기를 훈련 후 대표 변수 샘플 도출
3	Leaf Node로 분류	대표 변수 샘플들을 의사결정나무의 Leaf Node로 분류
4	최종 모델 결정	Leaf Node들의 선형 결합으로 최종 모델 결정

- 수천 개의 변수를 통해 변수 제거 없이 실행되므로 정확도 측면에서 좋은 성과를 보인다.
- 이론적 설명이나 최종 결과에 대한 해석이 어렵다는 단점이 있지만, 예측력이 매우 높다.

무작위성(Randomness)

- 무작위성은 사건에 패턴이나 예측 가능성이 없는 것을 말한다.
- 무작위성은 인위적인 요소가 없는 성질, 규칙성이 없는 성질을 의미한다.

 학습

랜덤 포레스트 특징에 대한 문제가 출제되었습니다. 설명을 유심히 보고 다른 기법과의 차이를 명확히 알아두시길 권장합니다!

분류기(Classifier)

주어진 데이터를 부류(클래스, 카테고리 등)에 속하는지를 판단하는 프로그램

- 입력변수가 많은 경우, 배깅과 부스팅과 비슷하거나 좋은 예측력을 보인다.

㉱ 랜덤 포레스트 주요기법

기법	설명
배깅을 이용한 포레스트 구성	• 부트스트랩을 통해 조금씩 다른 훈련 데이터에 대해 훈련된 기초 분류기(Base Learner)들을 결합시키는 방법
임의노드 최적화 (Randomized Node Optimization)	• 분석에 사용되는 변수를 랜덤하게 추출하는 것으로서, 훈련단계에서 훈련 목적 함수를 최대로 만드는 노드 분할 함수의 매개변수의 최적값을 구하는 과정 • 노드 분할 함수, 훈련 목적 함수, 임의성 정도로 구성 • 분석을 위해 준비된 데이터로부터 임의복원추출을 통해 여러 개의 훈련 데이터를 추출하고 각각 개별 학습을 시켜 트리를 생성하여 투표 또는 확률 등을 이용하여 최종목표변수를 예측

㉲ 랜덤 포레스트 주요 초매개변수

초매개변수	설명
포레스트 크기	• 총 포레스트를 몇 개의 트리로 구성할지를 결정하는 매개변수 • 포레스트가 작으면 트리들의 구성 및 테스트 시간이 짧은 대신, 일반화 능력이 떨어지는 반면, 포레스트의 크기가 크면 훈련과 테스트 시간은 증가하지만, 포레스트 결괏값의 정확성 및 일반화 능력이 우수
최대 허용 깊이	• 하나의 트리에서 루트 노드부터 종단 노드까지 최대 몇 개의 노드(테스트)를 거칠 것인지를 결정하는 매개변수 • 최대 허용 깊이가 작으면 과소 적합(Under-Fitting)이 일어나고, 최대 허용 깊이가 크면 과대 적합(Over-Fitting)이 일어나기 때문에 적절한 값의 설정 필요
임의성 정도	• 임의성에 의해 서로 조금씩 다른 특성을 갖는 트리로 구성 • 임의성의 정도에 따라 비상관화 수준 결정

8 K-NN(K-최근접 이웃; K-Nearest Neighbor)

(1) K-NN의 개념

- K-NN은 새로운 데이터 클래스를 해당 데이터와 가장 가까운 k개의 데이터를 클래스로 분류하는 알고리즘이다.
- K-NN은 지도학습(Supervised Learning)의 한 종류이다.

(2) K-NN의 특징

K-NN의 특징

특징	설명
지도 학습	• 예측 변수에 따른 정답 데이터 제공
분류와 회귀 사용 가능	• K-NN은 분류와 회귀로 사용 분류: 다수가 속한 클래스로 분류 회귀: 유사한 레코드들의 평균을 예측값으로 사용
수치형 예측 변수 사용	• 모든 예측 변수는 수치형이어야 함
예측 변수 표준화 필요	• 거리 기반의 모형이므로 예측 변수에 대한 표준화 필요
Lazy Model	• 학습 절차 없이 새로운 데이터 들어올 때 거리 측정 • Instance-based Learning이라고도 함
K값에 따른 다른 예측 결과	• K값에 따라 예측 결과가 달라짐

K-NN 알고리즘의 원리

K-NN 알고리즘에서는 새로운 데이터의 클래스(범주)를 해당 데이터와 가장 가까이 있는 K개의 데이터를 클래스(범주)로 결정한다.

① 다음과 같이 6개의 기존 데이터 A~F와 1개의 신규 데이터 N이 있고, 주변에 있는 이웃의 개수를 K라고 한다.

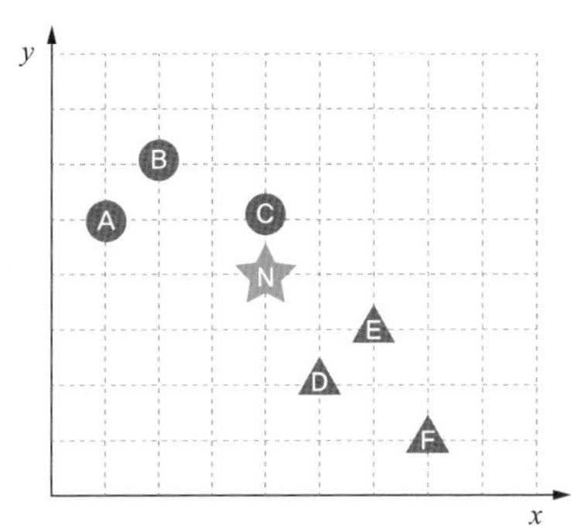

② K=1이라면, 거리가 첫 번째로 가까운 C를 보고 신규 데이터인 N을 동그라미 그룹으로 분류한다.

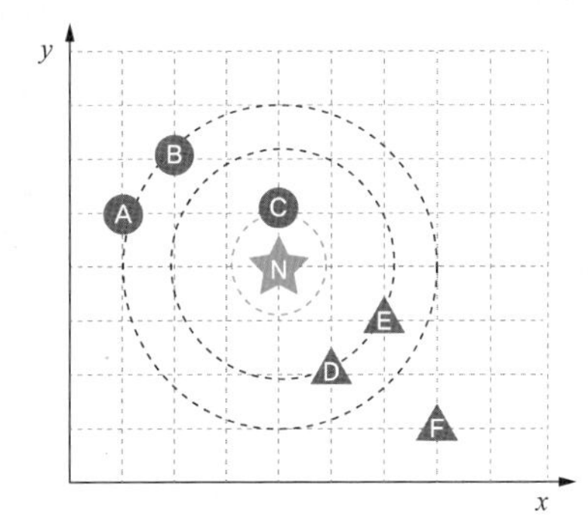

③ 하지만, 만약 K=3이라면 신규 데이터인 N과 거리가 세 번째로 가까운 C, D, E를 보고, N과 가장 가까운 이웃들이 주로 속해있는 클래스(범주)로 N을 분류한다. 이때 그룹이 나눠지면 다수결의 원칙에 따른다. 여기서는 1:2가 되어 N은 세모로 분류된다.

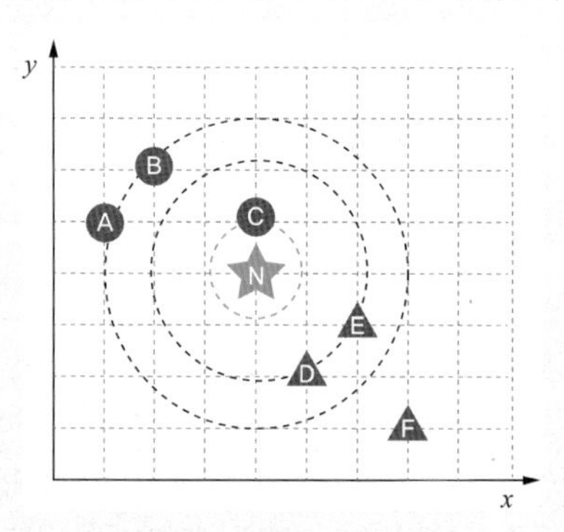

- 2개의 클래스로 분류하는 문제에서는 동률의 투표를 피할 수 있도록 k의 수를 홀수로 선택하는 것이 바람직하다.
- 하지만 3개 이상의 범주로 분류하는 문제에서는 분류될 범주와 데이터의 세부 값 등을 고려하여 적절한 k의 값을 설정해야 한다.

(3) 최적의 K 선택

- K의 선택은 학습의 난이도와 데이터의 개수에 따라 결정될 수 있으며, 일반적으로는 훈련 데이터 개수의 제곱근으로 설정한다.
- K를 너무 크게 설정하면 주변에 있는 점과의 근접성이 떨어져서 분류가 잘 이루어지지 않고 과소 적합이 발생할 수 있다.
- 이상치, 잡음 데이터와 이웃이 될 가능성이 있으므로 적절한 K를 선택하는 것이 중요하다.

만일 학습 데이터에 100개의 값이 있을 때, K=100으로 설정하면 모든 값이 동일한 범주로 분류는 문제가 발생하고, 반면에 K를 너무 작게 설정할 경우, 주변의 다른 이웃들을 충분히 고려하지 못하고 아주 가까이 있는 점 하나에 민감하게 영향을 받기 때문에 과대 적합이 발생할 수 있다.

(4) K-NN의 장·단점

K-NN의 장·단점

K-NN의 장점	K-NN의 단점
• 범주를 나눈 기준을 알지 못해도 데이터를 분류할 수 있음 • 입력 데이터만 주어지면 바로 예측값을 구할 수 있어서 다른 분류 모형과는 달리 학습 과정이 필요 없음 • 이해가 쉽고, 구현이 간단 • 추가된 데이터의 처리가 용이	• 다른 분류 모형과 달리 테스트 데이터의 개수에 따라 시간이 오래 걸림 • 학습 데이터 모두를 거리 계산에 사용하기 때문에 학습 데이터의 양도 계산 시간에 영향을 미침 • K의 값 결정이 어려움 • 수치형 데이터가 아니면 유사도를 정의하기 어려움 • 데이터 내에 이상치가 존재하면 분류 성능에 큰 영향을 받음

K-NN과 K-평균 군집 비교

항목	K-NN	K-평균 군집
유형	지도학습(Supervised Learning)	비지도학습(Unsupervised Learning)
k 의미	근접한 이웃의 수	클래스의 수
최적화 기법	Cross validation, 혼동행렬	엘보우, 실루엣 기법
활용	분류 및 회귀	군집(clustering)

지피지기 기출문제

01 딥러닝에 대한 설명으로 옳은 것은? 21년 2회

① 오차역전파를 사용한다.
② ReLU보다 Sigmoid를 사용한다.
③ 딥러닝은 각 은닉층의 가중치를 통해 모형의 결과를 해석하기 용이하다.
④ Dropout은 무작위 비율로 신경망을 제거한다.

해설 • Sigmoid는 기울기 소실 문제로 인해 ReLU와 같은 활성화 함수를 많이 사용한다.
• 딥러닝은 은닉층을 사용하여 결과에 대한 해석이 어렵다.
• Dropout은 일정한 비율을 가지고 무작위로 신경망을 제거한다.

02 다음 중에서 주성분 분석에 대한 설명으로 가장 적절하지 않은 것은? 21년 2회

① 여러 변수 간에 내재하는 상관관계, 연관성을 이용해 소수의 주성분으로 차원을 축소한다.
② 주성분 분석에서 누적 기여율이 85% 이상인 지점까지 주성분의 수로 결정한다.
③ 데이터 간 높은 상관관계가 존재하는 상황에서 상관관계를 제거할 경우 분석이 어려워진다.
④ 스크리 산점도의 기울기가 완만해지기 직전까지 주성분의 수로 결정할 수 있다.

해설 • 데이터 간 높은 상관관계가 존재하는 상황에서 상관관계를 제거하여 분석의 용이성이 증가한다.
• 주성분 분석에서 누적 기여율이 85% 이상인 지점까지 주성분의 수로 결정한다.
• 스크리 산점도의 기울기가 완만해지기 직전까지 주성분의 수로 결정할 수 있다.

차원축소	여러 변수 간에 내재하는 상관관계, 연관성을 이용해 소수의 주성분 또는 요인으로 차원을 축소함으로써 데이터 이해가 용이
다중공선성 해결	비 상관도가 높은 변수들을 하나의 주성분 혹은 요인으로 축소하여 모형개발에 활용함

03 PCA에 대한 설명으로 옳지 않은 것은? 21년 3회

① 차원축소 시 변수 추출(Feature Extraction) 방법을 사용한다.
② Eigen Decomposition, Singular Value Decomposition을 이용한 행렬분해기법이다.
③ 상관관계가 있는 고차원 자료의 변동을 최대한 제거하는 기법이다.
④ PCA는 수학적으로 직교 선형 변환으로 정의한다.

해설 상관관계가 있는 고차원 자료를 자료의 변동을 최대한 보존하는 저차원 자료로 변환하는 차원축소 방법이다.

04 PCA에 대한 설명으로 옳지 않은 것은? 21년 3회

① 차원 축소는 고윳값이 낮은 순으로 정렬해서, 높은 고윳값을 가진 고유벡터만으로 데이터를 복원한다.
② 변동 폭이 작은 축을 선택한다.
③ 축들은 서로 직교되어 있다.
④ 주성분은 상관성이 높은 변수들을 요약, 축소하는 기법이다.

해설 • 차원축소 시 변수 추출(Feature Extraction) 방법을 사용한다.
• Eigen Decomposition, Singular Value Decomposition을 이용한 행렬분해기법이다.
• PCA는 수학적으로 직교 선형 변환으로 정의한다.
• PCA는 변동 폭이 큰 축을 선택한다.

05 다차원 척도법에 대한 설명으로 옳지 않은 것은?

21년 2회

① 개체들 사이의 유사성, 비유사성을 측정하여 2차원 또는 3차원 공간상에 점으로 표현하여 개체들 사이의 집단화를 시각적으로 표현하는 분석 방법이다.
② 공분산행렬을 사용하여 고윳값이 1보다 큰 주성분의 개수를 이용한다.
③ 스트레스 값이 0에 가까울수록 적합도가 좋다
④ 유클리드 거리와 유사도를 이용하여 구한다.

해설
• 공분산행렬을 사용하여 고윳값이 1보다 큰 주성분의 개수를 이용하는 방법은 PCA이다.
• 스트레스 값은 0에 가까울수록 적합도 수준이 좋고, 1에 가까울수록 나쁘다.

06 CNN에서 원본 이미지가 5*5에서 Stride가 1이고, 필터가 3*3일 때 Feature Map은 무엇인가?

21년 2회

① (1, 1) ② (2, 2)
③ (3, 3) ④ (4, 4)

해설
• 필터는 이미지(Image)를 지정한 간격(Stride)으로 순회하면서 합성곱을 계산한다.
• 이미지는 5*5이고 Stride는 1이므로 필터(3*3)는 아래와 같이 계산한다.

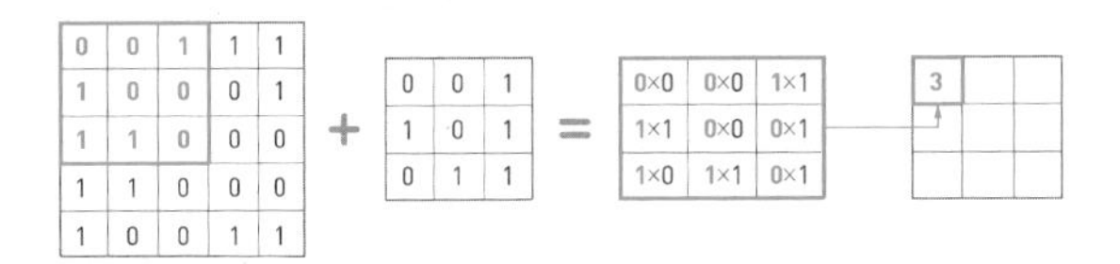

• 이미지에서 필터의 크기인 3*3을 이미지의 값과 계산을 하면 0*0 + 0*0 + 1*1 + 1*1 + 0*0 + 0*1 + 1*0 + 1*1 + 0*1을 계산한 3이 된다.

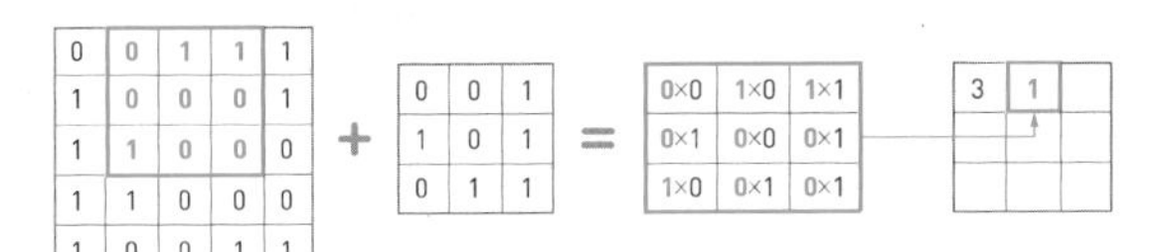

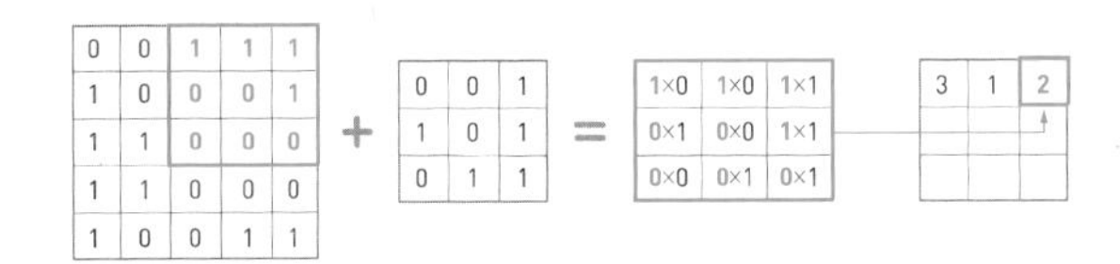

• 위와 같은 과정을 반복하여 3*3 의 Feature Map을 계산한다.

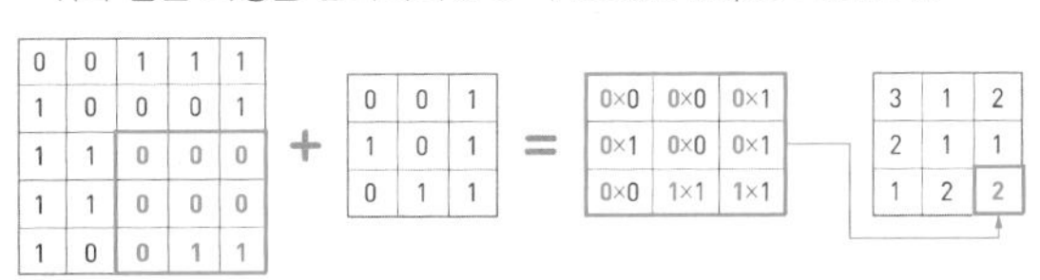

07 아래의 시계열 분해 그래프를 통하여 파악이 가능한 것이 아닌 것은 무엇인가?

21년 2회

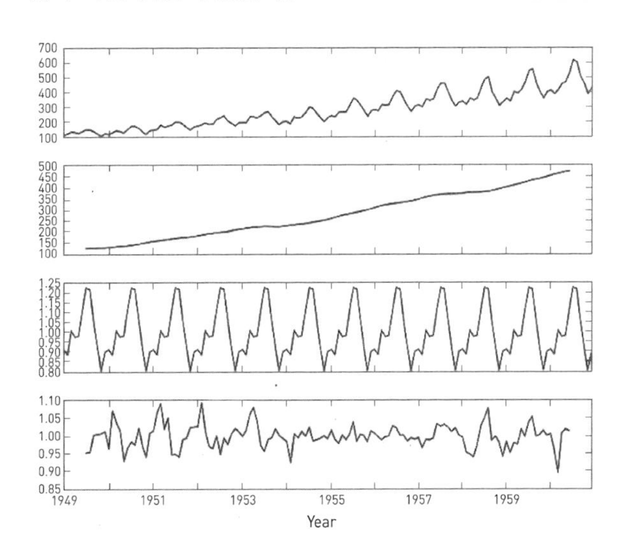

① 계절 ② 추세
③ 예측 ④ 잔차

해설 불규칙은 잔차에 해당된다.

	시계열 구성요소
추계순불	추세 / 계절 / 순환 / 불규칙

지피지기 기출문제

08 다음 중 ARIMA에 대한 설명으로 가장 알맞지 않은 것은? 21년 3회

① 자기회귀 누적 이동평균 모형이다.
② 차분이나 변환을 통해 AR모형이나 MA모형, ARMA 모형으로 정상화할 수 있다.
③ 현시점의 자료를 유한개의 백색잡음의 선형결합으로 표현되어 항상 정상성을 만족한다.
④ ARIMA(p, d, q) 모형은 차수 p, d, q가 있다.

해설 이동 평균 모형(Moving Average Model)은 현시점의 자료를 유한개의 백색 잡음의 선형 결합으로 표현되어 항상 정상성을 만족한다.

09 다음 중 시계열 모형으로 가장 알맞지 않은 것은 무엇인가? 21년 3회

① AR 모형　② MA 모형
③ ARIMA 모형　④ 로지스틱 회귀 모형

해설 시계열 모형으로는 자기 회귀(AR) 모형, 이동평균(MA) 모형, 자기 회귀 누적 이동평균(ARIMA) 모형이 있다.

시계열 모형	
자이누	자기 회귀 모형 / 이동 평균 모형 / 자기 회귀 누적 이동평균 모형

10 다음 중 시계열 구성요소로 가장 알맞지 않은 것은 무엇인가? 21년 3회

① 추세 요인　② 계절 요인
③ 순환 요인　④ 규칙 요인

해설

시계열 구성요소	
추계순불	추세 / 계절 / 순환 / 불규칙

11 다음 중 시계열 모형이 아닌 것은? 21년 2회

① 백색잡음　② 이항분포
③ 자기회귀　④ 이동평균

해설 • ARIMA 차수에 따른 모형은 다음과 같다.

ARIMA(0,0,0)	백색잡음 모형
ARIMA(0,1,0)	확률 보행 모형
ARIMA(p,0,0)	자기 회귀 모형
ARIMA(0,0,q)	이동평균 모형

12 예측력이 약한 모형을 연결하여 강한 모형으로 만드는 기법으로 경사 하강법을 이용하고, 가중치를 업데이트 함으로써 최적화된 결과를 얻는 앙상블 기법과 알고리즘은? 21년 2회

① 배깅 – AdaBoost
② 배깅 – 랜덤 포레스트
③ 부스팅 – 랜덤 포레스트
④ 부스팅 - GBM

해설 • 배깅은 훈련 데이터에서 다수의 부트스트랩 자료를 주어진 자료에서 동일한 크기의 표본을 랜덤 복원추출로 뽑은 자료이며, 점가중치를 주어 표본을 추출하는 기법은 부스팅이다.
• 앙상블 기법은 예측력이 약한 모형을 연결하여 강한 모형으로 만드는 기법이다.

앙상블 기법	주요 알고리즘	알고리즘 설명
배깅 (Bagging)	랜덤 포레스트	부트스트랩을 통해 조금씩 다른 훈련 데이터에 대해 훈련된 기초 분류기들을 결합시키는 알고리즘
부스팅 (Boosting)	AdaBoost (Adaptive Boost)	잘못 예측한 데이터에 가중치를 부여하여 오류를 개선하는 알고리즘
	GBM (Gradient Boost Machine)	경사 하강법(Gradient Descent)을 이용하여 가중치를 업데이트함으로써 최적화된 결과를 얻는 알고리즘

13 랜덤 포레스트에 대한 설명으로 적절하지 않은 것은? 21년 2회

① 훈련을 통해 구성해놓은 다수의 나무들로부터 투표를 통해 분류 결과를 도출한다.
② 분류기를 여러 개 쓸수록 성능이 좋아진다.
③ 트리의 수가 많아지면 Overfit 된다.
④ 여러 개의 의사결정 트리가 모여서 랜덤 포레스트 구조가 된다.

해설 • 의사결정나무가 트리의 수가 많아지면 Overfit이 될 수 있으며, 이 문제를 해결한 알고리즘이 랜덤 포레스트이다.
• 랜덤 포레스트는 여러 개의 의사결정 트리를 모아놓은 구조이며, 훈련을 통해 다수의 나무들로부터 투표를 통해 분류 결과를 도출한다.
• 랜덤 포레스트는 앙상블 기법으로 분류기를 여러 개 쓸수록 성능이 좋아진다.

14 다음 중 훈련 데이터에서 다수의 부트스트랩(Bootstrap) 자료를 생성하고, 각 자료를 모델링한 후 결합하여 최종 예측 모형을 만드는 앙상블 기법으로 가장 알맞은 것은? 21년 3회

① 배깅 ② 부스팅
③ 보팅 ④ 의사결정나무

해설 앙상블 기법 중 다수의 부트스트랩 자료를 생성하여 각 자료를 모델링한 후 결합하여 최종 예측 모형을 만드는 기법은 배깅이다.

배깅	학습 데이터에서 다수의 부트스트랩(Bootstrap) 자료를 생성하고, 각 자료를 모델링한 후 결합하여 최종 예측 모형을 만드는 알고리즘
부스팅	잘못 분류된 개체들에 가중치를 적용, 새로운 분류 규칙을 만들고, 이 과정을 반복해 최종 모형을 만드는 알고리즘

15 다음 중 은닉층이 순환적으로 연결된 것은 무엇인가? 21년 3회

① CNN ② ANN
③ RNN ④ DNN

해설 RNN(Recurrent Neural Network)은 입력층, 은닉층, 출력층으로 구성되며 은닉층에서 재귀적인 신경망을 갖는 알고리즘으로 순환 신경망이라고도 한다.

16 다음 중 인공지능 적용 분야와 기법이 올바르게 주어진 것으로 가장 알맞은 것은? 21년 3회

(가) 음성 인식	(나) 필기체 인식
(다) 사진 이미지 영상	(라) 로봇 최적화

① (가) 순환 신경망, (나) 순환 신경망, (다) 순환 신경망, (라) 강화학습
② (가) 합성곱 신경망, (나) 강화학습, (다) 순환 신경망, (라) 순환 신경망
③ (가) 순환 신경망, (나) 순환 신경망, (다) 합성곱 신경망, (라) 강화학습
④ (가) 합성곱 신경망, (나) 강화학습, (다) 순환 신경망, (라) 순환 신경망

해설 • 순환 신경망(RNN)은 입력층, 은닉층, 출력층으로 구성되며 은닉층에서 재귀적인 신경망을 갖는 알고리즘으로 음성인식, 필기체 인식에 활용된다.
• 합성곱 신경망(CNN)은 시각적 이미지를 분석하는 데 사용되는 심층 신경망이다.
• 강화학습은 선택 가능한 행동 중 보상을 최대화하는 행동 혹은 행동 순서를 선택하는 학습 방법이다.

지피지기 기출문제

17 다음 중 심층신경망에 대한 설명으로 가장 알맞지 않은 것은 무엇인가? 21년 3회

① 은닉층이 1개 존재한다.
② 오파 역전파를 사용한다.
③ 시그모이드는 오차 역전파로 결과 해석이 어렵다.
④ 은닉층(Hidden Layer)를 심층(Deep)으로 구성한다.

해설 심층신경망(DNN) 알고리즘은 입력층, 다수의 은닉층, 출력층으로 구성되어 있다.

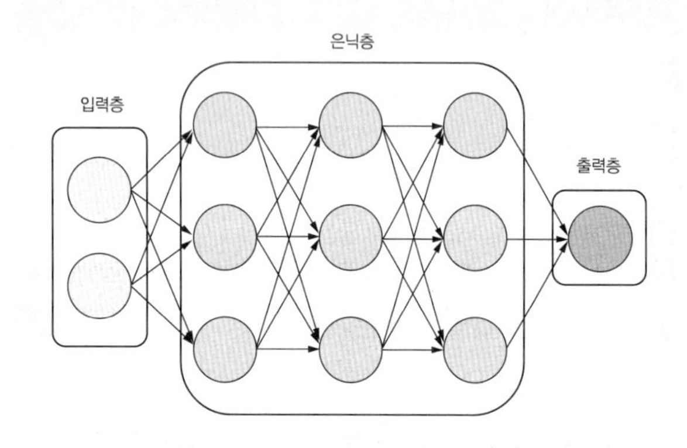

18 다음 중 SNA 중심성으로 가장 알맞지 않은 것은 무엇인가? 21년 3회

① 연결정도 중심성 ② 근접 중심성
③ 매개 중심성 ④ 조화 중심성

해설 • SNA는 개인과 집단 간의 관계를 노드와 링크로 그룹에 속한 사람들 간의 네트워크 특성과 구조를 분석하고 시각화하는 분석 기법이다.
• SNA 중심성으로 연결 정도 중심성, 근접 중심성, 매개 중심성, 위세 중심성 등이 있다.

19 전체 데이터 집합을 동일 크기를 갖는 K개의 부분 집합으로 나누고, 훈련 데이터와 평가 데이터로 나누는 기법은 무엇인가? 21년 2회

① K-Fold ② 홀드아웃(Holdout)
③ Dropout ④ Cross Validation

해설

K-Fold	데이터 집합을 무작위로 동일 크기를 갖는 K개의 부분 집합으로 나누고, 그중 1개 집합을 평가 데이터(Test Set)로, 나머지 (K-1)개 집합을 훈련 데이터(Training Set)로 선정하여 분석 모형을 평가하는 기법
홀드아웃(Holdout)	전체 데이터를 비복원추출 방법을 이용하여 랜덤하게 훈련 데이터(Training Set)와 평가 데이터(Test Set)로 나눠 검증하는 기법
Dropout	인공신경망의 학습 과정에서 신경망 일부를 사용하지 않는 기법
Cross Validation	모델의 일반화 오차에 대해 신뢰할 만한 추정치를 구하기 위해 훈련, 평가 데이터를 기반으로 하는 검증 기법

20 다음 중 적합도 검정 기법으로 올바르지 않은 것은? 21년 2회

① 적합도 검정에서 자유도는 (범주의 수) + 1이다.
② 적합도 검정은 카이제곱 검정 기법의 유형에 속한다.
③ 적합도 검정의 자료를 구분하는 범주가 상호 배타적이어야 한다.
④ 적합도 검정은 표본 집단의 분포가 주어진 특정 이론을 따르고 있는지를 검정하는 기법이다.

해설 적합도 검정에서 자유도는 (범주의 수) − 1이다.

21 다음은 1973년 미국의 지역별 강력 범죄율 데이터를 주성분 분석하여 도출된 결과이다. 제 3 주성분을 기준으로 했을 때의 누적 기여율은 얼마인가? 21년 3회

```
Importance of components:
                          Comp.1    Comp.2    Comp.3     Comp.4
Standard deviation     1.5748783 0.9948694 0.5971291 0.41644938
Proportion of Variance 0.6200604 0.2474413 0.0891408 0.04335752
Cumulative Proportion  0.6200604 0.8675017 0.9566425 1.00000000
```

① 85.69%

② 95.66%

③ 90.00%

④ 99.99%

해설 보기는 미국의 강력 범죄율 데이터인 USArrests에서 4개 주성분의 비율을 나타낸다. 제 3 주성분인 Comp.3에서 누적 기여율(Cumulative Proportion)을 살펴보면 0.9566425를 가지고 있으므로 약 95.66%라는 것을 확인할 수 있다.

정답 01 ① 02 ③ 03 ③ 04 ② 05 ② 06 ③ 07 ③ 08 ③ 09 ④ 10 ④ 11 ② 12 ④ 13 ③ 14 ① 15 ③ 16 ③ 17 ① 18 ④ 19 ① 20 ① 21 ②

천기누설 예상문제

01 흡연 여부에 따른 폐암의 발생 여부를 조사결과 아래와 같이 나왔다고 가정할 때 상대위험도(Relative Risk)는 얼마인가?

	폐암 발생	폐암 없음
흡연	10	900
비흡연	8	902

① $\frac{8}{10}$ ② $\frac{10}{8}$
③ $\frac{10}{902}$ ④ $\frac{8}{900}$

해설 • 상대위험도는 아래의 이원 분할표를 기준으로 다음과 같이 계산할 수 있다.

• $상대위험도(RR) = \frac{관심\ 집단의\ 위험률}{비교\ 집단의\ 위험률} = \frac{\frac{ⓐ}{ⓐ+ⓑ}}{\frac{ⓒ}{ⓒ+ⓓ}}$

	사건 발생	사건 발생 안함	합계
관심 집단	ⓐ	ⓑ	ⓐ+ⓑ
비교 집단	ⓒ	ⓓ	ⓒ+ⓓ
합계	ⓐ+ⓒ	ⓑ+ⓒ	ⓐ+ⓑ+ⓒ+ⓓ

• 따라서 $RR = \frac{\frac{10}{10+900}}{\frac{8}{8+902}} = \frac{10}{8}$

02 흡연 여부에 따른 폐암의 발생 여부를 조사결과 아래와 같이 나왔다고 가정할 때 흡연으로 폐암 발생의 승산비(Odds Ratio)는 얼마인가?

	폐암 발생	폐암 없음
흡연	10	700
비흡연	8	900

① $\frac{70}{72}$ ② $\frac{72}{70}$
③ $\frac{56}{90}$ ④ $\frac{90}{56}$

해설 승산비(Odds Ratio)$=\frac{ad}{bc}$이므로 $\frac{10\times 900}{8\times 700} = \frac{90}{56}$이다.

03 범주형 데이터 분석 기법 중에서 1개의 요인을 대상으로 한 기법으로서 표본 집단의 분포가 주어진 특정 이론을 따르고 있는지를 검정하는 기법은 무엇인가?

① 독립성 검정 ② 적합도 검정
③ 동질성 검정 ④ 런 검정

해설 적합도 검정은 1개의 요인을 대상으로 표본 집단의 분포가 주어진 특정 이론을 따르고 있는지를 검정하는 기법이다.

04 다음은 100명의 남/여학생을 대상으로 A 과목에 대한 수강 신청 여부가 균일한지를 알아보고자 한다. 카이제곱 적합도 검정을 이용하여 이 문제를 풀려고 할 때 χ^2의 값은 얼마인가?

학년	학생수
남	60
여	40
계	100

① 1 ② 2
③ 3 ④ 4

해설 • 주어진 분포표에 대한 상대도수 분포표를 작성한다.

학년	학생수	기대 확률	기대 빈도
남	60	0.5	50
여	40	0.5	50
계	100	1	100

• χ^2의 값을 공식에 대입하여 구한다.

$$\chi^2 = \sum_{i=1}^{k} \frac{(O_i - E_i)^2}{E_i}$$
$$= \frac{(60-50)^2}{50} + \frac{(40-50)^2}{50} = \frac{100}{50} + \frac{100}{50} = 2+2=4$$

05 고등학교 학년별(1학년, 2학년, 3학년)로 3과목(국어, 영어, 수학)에 대한 선호도를 조사하였다. 이때 카이제곱 검정을 하려면 자유도는 얼마인가?

① 4 ② 8
③ 9 ④ 10

해설 카이제곱 검정의 자유도는 {(범주 1의 수) − 1} × {(범주 2의 수) − 1}이므로 $(3-1)\times(3-1)=4$

06 다음 중 한 집단의 평균이 모집단의 평균과 같은지 검정하는 방법은 무엇인가?

① 단일표본 T−검정
② 대응표본 T−검정
③ 다중표본 T−검정
④ 독립표본 T−검정

해설 한 집단의 평균이 모집단의 평균과 같은지 검정하는 방법은 단일표본 T−검정이다.

07 다음 사례에서 설명하는 검정 방법은 무엇인가?

> A집단(단일표본)에게 비타민을 처방했을 때, 처방하지 않았을 때의 민첩성을 측정(=사전·사후 검사)할 때 사용된다.

① ANOVA ② F−검정
③ 독립표본 T−검정 ④ 대응표본 T−검정

해설 동일한 집단의 처치 전후 차이를 알아보기 위해 사용하는 검정 방법은 대응표본 T−검정이다.

08 다음이 설명하는 검정 방법은 무엇인가?

> • 독립된 두 집단의 평균 차이를 검정하는 방법이다.
> • T−검정을 하기 전에 정상성, 등분산성의 가정을 만족하는지 확인한다.

① 독립표본 T−검정 ② F−검정
③ 대응표본 T−검정 ④ Z−검정

해설 독립된 두 집단의 평균 차이를 검정하는 방법은 독립표본 T−검정이다.

09 다음 중 다차원 척도법에 대한 설명으로 가장 옳지 않은 것은?

① 여러 대상 간의 거리가 주어져 있을 때, 대상들을 동일한 상대적 거리를 가진 실수 공간의 점들로 배치시키는 방법이다.
② 주어진 거리는 추상적인 대상들 간의 거리가 될 수도 있고, 실수 공간에서의 거리가 될 수도 있다.
③ 주로 자료들의 상대적 관계를 이해하는 시각화 방법의 근간으로 주로 사용된다.
④ 상관관계가 있는 고차원 자료의 변동을 최대한 보존하는 저차원 자료로 변환시키는 방법이다.

해설 • 다차원 척도법은 원래 차원보다 낮은 차원의 공간으로 위치시켜서 관계를 파악한다. 3차원 이상일 경우 2, 3차원 공간으로 배치시킨다. 그러다보니 차원이 높은 데이터의 경우 실수 공간으로 변환시켜 차원을 낮춘다.
• 차원을 낮추면 원래 데이터들의 위치가 바뀌게 되는데, 그 점들 간의 거리는 변환하기 전의 실제 데이터가 추상적인 대상들(다차원) 간의 거리가 될 수도 있고, 실수 공간(2, 3차원) 간의 거리가 될 수도 있다.

천기누설 예상문제

10 다음 중 주성분 분석에 대한 설명으로 가장 알맞지 않은 것은?

① 다변량 분석 기법이다.
② 상관관계가 있는 자료 분석에 이용될 수 있다.
③ 누적 기여율이 85% 이상이면 주성분의 수로 결정할 수 있다.
④ 자료의 차원을 확대시키는 데 주로 사용된다.

해설 주성분 분석은 차원을 축소하여 분석을 용이하게 한다.

11 다음 중 주성분 분석에서 제1 주성분에서 제 k 주성분까지의 주성분을 이용하여 설명할 수 있는 데이터의 전체 정보량의 비율으로 가장 알맞은 것은?

① 누적 기여율　② 단순 일치계수
③ 자카드계수　④ 순위 상관계수

해설 누적 기여율은 제1 주성분에서 제 k 주성분까지의 주성분을 이용하여 설명할 수 있는 데이터의 전체 정보량의 비율이다. 누적 기여율이 85% 이상이면 주성분의 수로 결정할 수 있다.

12 다음 중 현시점의 자료가 p 시점 전의 유한개의 과거 자료로 설명될 수 있는 모형으로 가장 알맞은 것은?

① 자기 회귀 모형
② 이동평균 모형
③ 자기 회귀 누적 이동평균 모형
④ 분해시계열

해설 • 현시점의 자료가 p 시점 전의 유한개의 과거자료로 설명될 수 있는 모형은 자기 회귀 모형이다.
• 자기 회귀 모형은 AR 모형이라고도 하며 다음과 같다.
• $Z_t = \varnothing_1 Z_{t-1} + \varnothing_2 Z_{t-2} + \cdots + \varnothing_p Z_{t-p} + a_t$

13 시간이 지날수록 관측치의 평균값이 지속적으로 증가하거나 감소하는 시계열 모형으로 가장 알맞은 것은?

① 자기 회귀 모형
② 이동평균 모형
③ 자기 회귀 누적 이동평균 모형
④ 분해시계열

해설 • 자기 회귀 모형은 현시점의 자료가 p 시점 전의 유한개의 과거 자료로 설명될 수 있다는 의미이다.
• 자기 회귀 누적 이동평균 모형은 분기/반기/연간 단위로 다음 지표를 예측하거나 주간/월간 단위로 지표를 리뷰하여 트렌드를 분석하는 기법이다.
• 분해 시계열은 시계열에 영향을 주는 일반적인 요인을 시계열에서 분리해 분석하는 방법이다.

14 다음 중 시간이 지날수록 관측치의 평균값이 지속적으로 증가하거나 감소하는 시계열 모형으로 가장 알맞은 것은?

① AR 모형　② ARIMA 모형
③ MA 모형　④ Trend 모형

해설 이동평균(MA; Moving Average) 모형은 시간이 지날수록 관측치의 평균값이 지속적으로 증가하거나 감소하는 시계열 모형이다.

15 다음 중 자기 회귀 누적 이동평균 모형(ARIMA 모형)에 대한 설명으로 가장 알맞은 않은 것은?

① 정상 시계열 모형이다.
② 차분이나 변환을 통해 AR 모형이나 MA 모형, ARMA 모형으로 정상화할 수 있다.
③ ARIMA(p, d, q) 모형은 차수 p, d, q의 값에 따라 모형의 이름이 다르게 된다.
④ d는 ARIMA에서 ARMA로 정상화할 때 몇 번 차분을 했는지를 의미한다.

해설 기본적으로 자기 회귀 누적 이동평균 모형은 비정상 시계열 모형이기 때문에 차분이나 변환을 한다.

16 아래는 자기 회귀 누적 이동평균 모형(ARIMA 모형)을 나타낸 것이다. 아래 모형은 ARIMA에서 ARMA로 정상화할 때 몇 번 차분을 하였는가?

ARIMA(1, 2, 3)

① 1회 ② 2회
③ 3회 ④ 6회

해설 시계열 $\{Z_t\}$의 d번 차분한 시계열이 ARMA(p, q) 모형일 때, $\{Z_t\}$는 차수가 p, d, q인 ARIMA(p, d, q) 모형을 갖는다. 따라서 차분을 한 횟수는 2회가 된다.

17 다음 중 시계열의 구성요소로 올바르지 않은 것은?

① 추세 요인 ② 교호 요인
③ 계절 요인 ④ 순환 요인

해설 시계열을 구성하는 4가지 요소에는 추세(경향) 요인, 계절 요인, 순환 요인, 불규칙 요인이 있다.

18 다음 중 여러 비선형 변환기법의 조합을 통해 높은 수준의 추상화를 시도하는 기계 학습 알고리즘의 집합으로 가장 알맞은 것은?

① 인공지능 ② 머신러닝
③ 딥러닝 ④ 통계분석

해설 • 여러 비선형 변환기법의 조합을 통해 높은 수준의 추상화를 시도하는 기계 학습 알고리즘의 집합은 딥러닝이다.
• 딥러닝은 인공지능, 머신러닝의 부분집합이다.

19 다음 중 시각적 이미지를 분석하는 데 사용되는 심층 신경망으로 합성곱 신경망으로 가장 알맞은 것은?

① ANN ② DNN
③ CNN ④ RNN

해설 CNN은 시각적 이미지를 분석하는 데 사용되는 심층신경망으로 합성곱 신경망이라고도 한다.

20 다음 중 CNN 알고리즘에서 이미지로부터 필터를 이용하여 특징을 추출하는 연산으로 가장 알맞은 것은?

① 합성곱(Convolution) 연산
② 서브샘플링(Sub-sampling) 연산
③ MLP
④ Softmax

해설 합성곱 연산을 통하여 사용자가 입력한 이미지에서 필터를 이용하여 특징(Feature)을 추출한 피처 맵하고 서브샘플링 연산을 통해 화면의 크기를 줄여 차원을 축소한다.

21 CNN에서 원본 이미지가 5×5에서 Stride가 2이고, 필터가 3×3일 때 Feature Map은 무엇인가?

① (1, 1) ② (2, 2)
③ (3, 3) ④ (4, 4)

해설 • 스트라이드가 적용되었을 때 피처 맵의 크기는 아래와 같다.
• 원본 이미지 축의 크기가 n이고, 필터 축의 크기가 f이고, 패딩이 p, 스트라이드는 s라고 할 때 공식은 다음과 같다.

$$\text{Feature Map} = \left(\frac{n+2p-f}{s}+1\right) \times \left(\frac{n+2p-f}{s}+1\right)$$

• 예시에서는 원본 이미지 n의 축이 모두 5이고, 스트라이드는 2, 필터의 축이 모두 3이고, 패딩은 존재하지 않으므로 다음과 같다.

$$\text{Feature Map} = \left(\frac{5+0-3}{2}+1\right) \times \left(\frac{5+0-3}{2}+1\right) = 2 \times 2$$

22 다음 중 텍스트 마이닝에서 데이터 전처리에 대한 설명으로 올바르지 않은 것은?

① 데이터 전처리는 문서 내 표현된 단어, 구, 절에 해당하는 내용을 가공할 수 있는 데이터로 변환하는 작업이다.
② Text 레벨 전처리는 크롤링 등으로 데이터 추출 후 HTML 태그나 XML 문법을 제거하는 작업이다.
③ Token 레벨 전처리 중 어간(Stemming) 추출은 텍스트의 단어, 어절을 분리하는 작업이다.
④ Sentence 레벨 전처리는 마침표, 문장 부호를 사용하여 문장을 구분하는 작업이다.

해설 • Token 레벨 전처리에 대한 세부 사항은 아래와 같다.

문장 토큰화 / 파싱	텍스트의 단어, 어절을 분리하는 작업
불용어 (Stopword) 제거	의미없는 단어(the, of 등) 제거
어간(Stemming) 추출	단어들에서 공통 음절을 뽑아내는 작업

23 다음 중 비정형 데이터 분석 기법이 아닌 것은 무엇인가?

① 사회 연결망 분석(Social Network Analysis)
② 웹 마이닝(Web Mining)
③ 오피니언 마이닝(Opinion Mining)
④ 군집 분석(Cluster analysis)

해설 군집 분석은 주어진 데이터들을 특성에 따라 유사한 것끼리 묶음으로써 각 유형별 특징을 구분 짓는 정형 데이터 분석 기법이다.

24 다음 중 앙상블 기법의 특징으로 올바르지 않은 것은?

① 다양한 모형의 예측 결과를 결합함으로써 단일 모형으로 분석했을 때보다 높은 신뢰성이 있다.
② 연속형 변수를 비연속적인 값으로 취급하기 때문에 분리의 경계점 근방에서는 예측 오류가 클 가능성이 있는 단점이 있다.
③ 이상값에 대한 대응력이 높아지고, 전체 분산을 감소시킨다.
④ 모형의 투명성이 떨어지게 되어 정확한 현상의 원인 분석에는 부적합하다.

해설 연속형 변수를 비연속적인 값으로 취급하기 때문에 분리의 경계점 근방에서는 예측 오류가 클 가능성이 있는 단점이 있는 기법은 의사결정나무이다.

25 사회 연결망 분석(SNA)의 주요 속성으로 가장 옳지 않은 것은 무엇인가?

① 명성(Prominence)
② 응집력(Cohesion)
③ 범위(Range)
④ 개성(Individuality)

해설

응집력(Cohesion)	행위자들 간 강한 사회화 관계의 존재
구조적 등위성 (Equivalence)	한 네트워크의 구조적 지위와 그 위치가 주는 역할이 동일한 사람들 간의 관계
명성(Prominence)	네트워크에서 누가 권력을 가지고 있는지 확인
범위(Range)	행위자의 네트워크 규모
중계(Brokerage)	다른 네트워크와 연결해주는 정도

26 다음 중 앙상블 기법의 유형으로 올바르지 않은 것은?

① 배깅 ② 부스팅
③ 랜덤 포레스트 ④ ReLU

해설 앙상블 기법의 유형으로는 배깅, 부스팅, 랜덤 포레스트가 있다.

27 앙상블 기법 중 부트스트랩 표본을 구성하는 재표본 과정에서 분류가 잘못된 데이터에 더 큰 가중치를 주어 표본을 추출하는 기법으로 알맞은 것은?

① 배깅 ② 부스팅
③ 의사결정나무 ④ 랜덤 포레스트

해설
- 배깅은 훈련 데이터에서 다수의 부트스트랩 자료를 생성하고 그 자료를 모델링한 후 결합하여 최종 예측 모형을 만드는 기법이다.
- 부스팅은 부트스트랩 표본을 구성하는 재표본 과정에서 분류가 잘못된 데이터에 더 큰 가중치를 주어 표본을 추출하는 기법이다.
- 의사결정나무는 의사결정 규칙을 나무 구조로 나타내어 전체 자료를 몇 개의 소집단으로 분류하거나 예측을 수행하는 기법이다.
- 랜덤 포레스트는 의사결정나무의 특징인 분산이 크다는 점을 고려하여 배깅과 부스팅보다 더 많은 무작위성을 주어 약한 학습기들을 생성한 후 이를 선형 결합하여 최종 학습기를 만드는 기법이다.

28 다음 중 주어진 자료에서 단순 랜덤 복원추출 방법을 활용하여 동일한 크기의 표본을 여러 개 생성하는 샘플링 방법은 무엇인가?

① 보팅(Voting)
② 부트스트랩(Bootstrap)
③ 가지치기(Pruning)
④ 정지 규칙(Stopping Rule)

해설 주어진 자료에서 단순 랜덤 복원추출 방법을 활용하여 동일한 크기의 표본을 여러 개 생성하는 샘플링 방법은 부트스트랩이다.

29 다음 중 배깅 기법의 특징으로 올바르지 않은 것은?

① 배깅 기법에서 최적 모델 결정은 독립수행 후 다수결로 결정한다.
② 일반적으로 성능 향상에 효과적이고, 결측값이 존재할 때 강하다.
③ 소량의 데이터(데이터 세트의 관측값 수)일수록 유리하다.
④ 배깅 기법의 주요 알고리즘은 에이다 부스트(AdaBoost)이다.

해설 배깅 기법의 주요 알고리즘은 랜덤 포레스트이다.

30 다음 중 아래에서 설명하는 앙상블 모형으로 가장 올바른 것은?

> 원 데이터 집합으로부터 크기가 같은 표본을 여러 번 단순 임의 복원 추출하여 각 표본에 대해 분류기를 생성한 후 그 결과를 앙상블 하여 결과를 도출하는 방법

① 부트스트랩 ② Dropout
③ 배깅 ④ CART

해설 배깅은 주어진 자료에서 여러 개의 부트스트랩 자료에 예측 모형을 만든 후 결합하여 최종 예측 모형을 만드는 방법이다.

31 다음 중 의사결정나무의 특징인 분산이 크다는 점을 고려하여 배깅과 부스팅보다 더 많은 무작위성을 주어 약한 학습기들을 생성한 후 이를 선형 결합하여 최종 학습기를 만드는 방법은 무엇인가?

① 배깅 ② 부스팅
③ 랜덤 포레스트 ④ 시그모이드

해설 랜덤 포레스트는 의사결정나무의 특징인 분산이 크다는 점을 고려하여 배깅과 부스팅보다 더 많은 무작위성을 주어 약한 학습기들을 생성한 후 이를 선형 결합하여 최종 학습기를 만드는 방법이다.

천기누설 **예상문제**

32 다음 중 아래에서 설명하는 기법은 무엇인가?

- 잘못 분류된 개체들에 가중치를 적용, 새로운 분류 규칙을 만들고, 이 과정을 반복해 최종 모형을 만드는 알고리즘이다.
- 예측력이 약한 모형(Weak Learner)들을 결합하여 강한 예측 모형을 만드는 방법이다.

① 배깅 ② 부스팅
③ 랜덤 포레스트 ④ 시그모이드

해설 • 부스팅은 잘못 분류된 개체들에 가중치를 적용, 새로운 분류규칙을 만들고, 이 과정을 반복해 최종 모형을 만드는 알고리즘이다.
• 부스팅은 예측력이 약한 모형들을 결합하여 강한 예측 모형을 만드는 방법이다.

33 다음 중 랜덤 포레스트에 대한 설명으로 올바르지 않은 것은?

① 포레스트가 작으면 트리들의 구성 및 테스트 시간이 짧은 대신, 일반화 능력이 떨어지는 반면, 포레스트의 크기가 크면 훈련과 테스트 시간은 증가하지만 포레스트 결괏값의 정확성 및 일반화 능력이 우수하다.
② 랜덤 포레스트의 최대 허용 깊이가 작으면 과대 적합이 일어나고, 최대 허용 깊이가 크면 과소 적합이 일어나기 때문에 적절한 값 설정이 필요하다.
③ 랜덤 포레스트의 임의성의 정도에 따라 비상관화 수준이 결정된다.
④ 랜덤 포레스트는 분석을 위해 준비된 데이터로부터 임의복원추출을 통해 여러 개의 훈련 데이터를 추출하고 각각 개별 학습을 시켜 트리를 생성하여 투표 또는 확률 등을 이용하여 최종 목표변수를 예측한다.

해설 랜덤 포레스트의 최대 허용 깊이가 작으면 과소 적합(Under-fitting)이 일어나고, 최대 허용 깊이가 크면 과대 적합(Over-fitting)이 일어나기 때문에 적절한 값 설정이 필요하다.

34 다음 중 의사결정나무 기법의 학습 방법에 대한 설명으로 가장 올바르지 않은 것은?

① 가지치기는 분류 오류를 크게 할 위험이 있거나 적절하지 못한 규칙을 가진 가지를 제거하는 작업이다.
② 이익도표 또는 검정용 자료에 의한 교차 타당성 등을 이용하여 의사결정나무를 평가한다.
③ 각 마디에서의 최적 분리 규칙은 분리 변수의 선택과 분리 기준에 의해 결정된다.
④ 분리 변수의 P차원 공간에 대한 현재 분할은 이전 분할에 영향을 받지 않고 이루어진다.

해설 분리 변수의 P차원 공간에 대한 현재 분할은 이전 분할에 영향을 받는다.

35 다음 중 아래의 설명은 의사결정나무 중 어떤 세부기법에 대한 설명인가?

- 의사결정나무의 끝마디가 너무 많이 나오면 모형이 과대 적합된 상태로 현실 문제에 적용할 수 있는 규칙이 나오지 않게 된다.
- 이를 해결하기 위해 분류된 관측치의 비율이나 MSE (Mean Squared Error) 등을 고려하여 과적합 문제를 해결하는 세부기법이다.

① 가지치기
② 타당성 평가
③ 해석 및 예측
④ 의사결정나무 형성

해설 가지치기란 의사결정나무 형성과정 중 오차를 크게 할 위험이 높거나 부적절한 추론규칙을 가지고 있는 가지 또는 불필요한 가지를 제거하는 단계이다.

36 아래 집단에 대해 지니 지수(Gini Index)로 가장 알맞은 것은 무엇인가?

① $\frac{1}{2}$　　② 2
③ 1　　④ 3

해설

지니 지수는 $Gini(T) = 1 - \sum_{l=1}^{k} P_l^2$로 계산한다.

$$1-\left(\frac{2}{4}\right)^2-\left(\frac{2}{4}\right)^2=\frac{1}{2}$$

37 다음 중 아래 의사결정나무에서 Y의 지니 지수를 계산한 결과로 가장 올바른 것은?

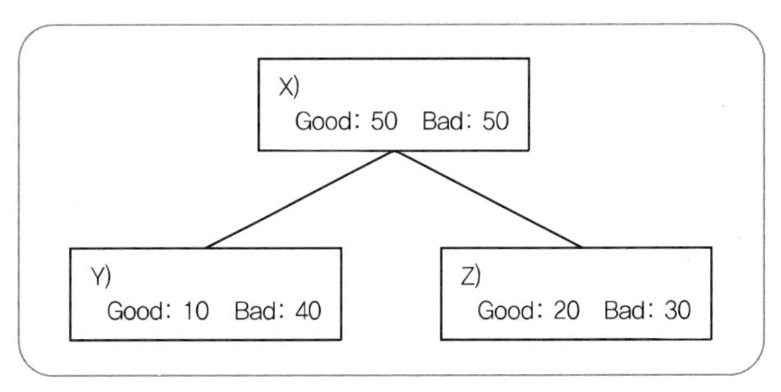

① 0.42　　② 0.32
③ 0.38　　④ 0.48

해설

Y의 지니 지수는 $1-\left(\frac{10}{50}\right)^2-\left(\frac{40}{50}\right)^2=0.32$이다.

38 훈련용 데이터 집합으로부터 미리 모형을 학습하는 것이 아니라 새로운 자료가 들어올 때 거리를 측정하여 모형을 구성하는 Lazy Model은 다음 중 무엇인가?

① K-NN　　② SVM
③ Decision Tree　　④ RMSProp

해설

- K-NN은 학습 절차 없이 새로운 데이터가 들어올 때 거리를 측정하여 모형을 구성하는 Lazy Model 이다.
- SVM과 Decision Tree(의사 결정 나무)는 학습 절차가 필요하므로 Lazy Model이 아니다.
- RMSProp은 매개변수 최적화 기법이다.

정답

01 ② 02 ④ 03 ② 04 ④ 05 ① 06 ① 07 ④ 08 ① 09 ④ 10 ④ 11 ① 12 ① 13 ② 14 ③ 15 ① 16 ② 17 ② 18 ③ 19 ③ 20 ①
21 ② 22 ③ 23 ④ 24 ② 25 ④ 26 ④ 27 ② 28 ② 29 ④ 30 ③ 31 ③ 32 ② 33 ② 34 ④ 35 ① 36 ① 37 ② 38 ①

선견지명 단원종합문제

01 두 개 이상의 집단 간 비교를 수행하고자 할 때 집단 내의 분산, 총 평균과 각 집단의 평균 차이에 의해 생긴 집단 간 분산 비교로 얻은 분포를 이용하여 가설검정을 수행하는 방법을 의미하는 분석 기법은 무엇인가?

① 상관 분석(Correlation Analysis)
② 회귀 분석(Regression Analysis)
③ 분산 분석(Analysis of Variance)
④ 주성분 분석(Principal Component Analysis)

해설

상관 분석	두 개 이상의 변수 간에 존재하는 상호 연관성의 정도를 측정하여 분석하는 방법
회귀 분석	하나 이상의 독립변수들이 종속변수에 미치는 영향을 추정할 수 있는 통계기법
분산 분석	두 개 이상의 집단 간 비교를 수행하고자 할 때 집단 내의 분산, 총 평균과 각 집단의 평균 차이에 의해 생긴 집단 간 분산 비교로 얻은 분포를 이용하여 가설검정을 수행하는 방법
주성분 분석	많은 변수의 분산방식(분산 · 공분산)의 패턴을 간결하게 표현하는 주성분 변수를 원래 변수의 선형 결합으로 추출하는 통계기법

02 다음 중 딥러닝(Deep Learning)에 대한 설명으로 올바르지 않은 것은?

① 딥러닝은 여러 비선형 변환 기법의 조합을 통해 높은 수준의 추상화를 시도하는 기계 학습 알고리즘의 집합이다.
② 딥러닝은 오차역전파를 사용한다.
③ 딥러닝에서는 기울기 소실 문제로 인해 tanh 함수와 같은 활성화 함수를 많이 사용한다.
④ 딥러닝 알고리즘 중에서 DNN은 은닉층(Hidden Layer)을 심층(Deep) 구성한 신경망(Neural Network)으로 학습하는 알고리즘이다.

해설 딥러닝에서는 기울기 소실 문제로 인해 ReLU 함수와 같은 활성화 함수를 많이 사용한다.

03 다음 중 예측 모델 기법들에 대한 설명으로 옳지 않은 것은?

① 회귀 분석: 관찰된 연속형 변수들에 대해 두 변수 사이의 모형을 구한 뒤 적합도를 측정해 내는 분석 방법
② 의사결정나무: 각 독립변수를 이분화하는 과정을 반복함으로써 예측 모형에는 사용이 불가능한 방법
③ 인공신경망: 사람 두뇌의 신경세포인 뉴런이 전기신호를 전달하는 모습을 모방한 예측 모델
④ 시계열 분석: 관측치가 시간적 순서를 가지는 시계열 데이터를 통해 미래의 값을 예측하는 기법

해설 의사결정나무는 의사결정 규칙을 나무 구조로 도표화하여 분류와 예측을 수행하는 분석 방법이다.

04 다음 중 군집화 모델의 계층적 방법에 대한 설명으로 옳지 않은 것은?

① 군집화는 이질적인 집단을 몇 개의 동질적인 소집단으로 세분화하는 작업이다.
② 군집방법은 크게 계층적 방법과 비 계층적 방법으로 구분한다.
③ 응집분석법은 각 객체를 하나의 소집단으로 간주하고 단계적으로 유사한 소집단들을 합쳐 새로운 소집단을 구성하는 방법이다.
④ 비 계층적 방법은 사전에 군집 수를 정하지 않고 단계적으로 단계별 군집 결과를 산출하는 방법이다.

해설 비 계층적 방법은 군집을 위한 소집단의 개수를 정해놓고 각 객체 중 하나의 소집단으로 배정하는 방법이다.

05 다음 중 분석 모형 기법에 대한 설명으로 옳지 않은 것은?

① 분류 분석: 문서를 분류하거나 조직을 그룹으로 나눌 때, 또는 온라인 수강생들을 특성에 따라 분류할 때 사용
② 유전자 알고리즘: 최적화가 필요한 문제의 해결책을 자연선택, 돌연변이 등과 같은 메커니즘을 통해 점진적으로 진화시켜 나가는 방법
③ 감성 분석: 특정인과 다른 사람이 몇 촌 정도의 관계인가를 파악할 때 사용하고, 영향력 있는 사람을 찾아낼 때 사용
④ 연관 분석: 변인 간에 주목할 만한 상관관계가 있는지를 찾아내는 방법

해설

분류 분석	문서를 분류하거나 조직을 그룹으로 나눌 때, 또는 온라인 수강생들을 특성에 따라 분류할 때 사용
유전자 알고리즘	최적화가 필요한 문제의 해결책을 자연선택, 돌연변이 등과 같은 메커니즘을 통해 점진적으로 진화시켜 나가는 방법
감성 분석	특정 주제에 대해 말하거나 글을 쓴 사람의 감정을 분석
연관 분석	변인 간에 주목할 만한 상관관계가 있는지를 찾아내는 방법

06 초매개변수에 대한 설명으로 옳은 것은?

① 모델 내부에서 확인이 가능한 변수로 데이터를 통해서 산출이 가능한 값
② 예측을 수행할 때, 모델에 의해 요구되는 값들
③ 주로 사람에 의해 수작업으로 측정되지 않음
④ 모델에서 외적인 요소로 데이터 분석을 통해 얻어지는 값이 아니라 사용자가 직접 설정해주는 값

해설 초매개변수는 모델에서 외적인 요소로 데이터 분석을 통해 얻어지는 값이 아니라 사용자가 직접 설정해주는 값이다.

07 다음 중 비지도 학습(Unsupervised Learning)에 대한 설명으로 올바르지 않은 것은?

① 비지도 학습은 입력 데이터에 대한 정답인 레이블(Label)이 없는 상태에서 데이터가 어떻게 구성되었는지를 알아내는 기계 학습 기법이다.
② 비지도 학습은 설명변수와 목적변수 간의 관계성을 표현해내거나 미래 관측을 예측해내는 것에 초점이 있으며 주로 분류 문제 해결에 적합하다.
③ 비지도 학습은 예측의 문제보다는 주로 현상의 설명(Description)이나 특징 도출, 패턴 도출 등의 문제에 많이 활용된다.
④ 비지도 학습 기법에는 차원 축소 기법, 자기 조직화 지도(SOM) 등이 있다.

해설 설명변수와 목적변수 간의 관계성을 표현해내거나 미래 관측을 예측해내는 것에 초점이 있으며 주로 분류 문제 해결에 적합한 학습은 지도학습이다.

08 다음 중 독립변수가 연속형이고, 종속변수가 연속성일 때 사용할 수 있는 분석 기법은 무엇인가?

① K-최근접 이웃기법 ② 로지스틱 회귀 분석
③ 카이제곱 분석 ④ 군집 분석

해설 독립변수가 연속형이고, 종속변수가 연속성일 때 사용할 수 있는 분석 기법은 K-최근접 이웃기법이다.

		종속변수(Y)	
		연속형 변수	이산형/범주형 변수
독립 변수 (X)	연속형 변수	• 회귀 분석 • 인공신경망 모델 • K-최근접 이웃기법 • 의사결정나무(회귀 나무)	• 로지스틱 회귀 분석 • 판별 분석 • K-최근접 이웃기법 • 의사결정나무(분류 나무)
	이산형/범주형 변수	• 회귀 분석 • 인공신경망 모델 • 의사결정나무(회귀 나무)	• 인공신경망 모델 • 의사결정나무(분류 나무) • 로지스틱 회귀 분석

09 다음 중 파이썬에 대한 설명으로 옳지 않은 것은?

① 프로그래밍 언어 자체가 어렵지 않고 초보자도 쉽게 배울 수 있다.
② 파이썬은 다른 언어와 마찬가지로 중괄호를 이용하여 블록을 구분하는 문법을 사용한다.
③ 파이썬에도 좋은 시각화 라이브러리가 있지만, R과 비교하면 선택의 폭이 좁다.
④ 파이썬은 Microsoft Windows, Mac OS, Linux 등 다양한 OS를 지원한다.

해설 파이썬은 다른 언어와는 다르게 들여쓰기를 이용하여 블록을 구분하는 문법을 사용한다.

10 다음 중 데이터 분할에 대한 설명으로 옳지 않은 것은?

① 훈련 데이터와 검증 데이터는 훈련 과정에서 사용하며 평가 데이터는 훈련 과정에 사용되지 않고 오로지 모형의 평가를 위한 과정에만 사용된다.
② 검증 데이터를 통하여 모형의 훈련 과정에서 모형이 제대로 학습되었는지 중간에 검증을 실시하고, 또한 과적합의 발생 여부 등을 확인하여 모형의 튜닝에도 사용이 된다.
③ 훈련이 완료된 모형에 대하여 여러 번 사용한 평가 데이터를 통하여 모형을 평가하며, 이때 사용된 결과가 모형의 평가지표가 된다.
④ 데이터를 일반적으로 훈련 데이터와 검증 데이터를 60~80% 사용하고, 평가 데이터를 20~40%로 분할하지만 절대적인 기준은 아니다.

해설 훈련이 완료된 모형에 대하여 한 번도 사용하지 않은 평가 데이터를 통하여 모형을 평가하며, 이때 사용된 결과가 모형의 평가 지표가 된다.

11 다음 중 SVM에 대한 설명으로 올바르지 않은 것은?

① SVM은 공간상에서 최적의 분리 초평면(Hyperplane)을 찾아서 분류만 수행하고 예측은 수행하지 않는다.
② SVM은 훈련 시간이 상대적으로 느리지만, 정확성이 뛰어나며 다른 방법보다 과대 적합의 가능성이 낮은 모델이다.
③ SVM은 변수 속성 간의 의존성은 고려하지 않으며 모든 속성을 활용하는 기법이다.
④ SVM은 서포트 벡터만을 이용해서 결정 경계를 생성하므로 데이터가 적을 때 효과적이다.

해설
- SVM은 공간상에서 최적의 분리 초평면(Hyperplane)을 찾아서 분류 및 회귀를 수행한다.
- SVM은 예측을 수행할 수 있다.
- SVM의 장단점은 아래와 같다.

장점	단점
• 서포트 벡터만을 이용해서 결정 경계를 생성하므로 데이터가 적을 때 효과적 • 새로운 데이터가 입력되면 전체 데이터 포인트와의 거리를 계산하지 않고 서포트 벡터와의 거리만 계산하면 되기 때문에 연산량 최소화 • 정확성이 뛰어나며, 커널 트릭을 활용하여 비선형 모델 분류 가능 • 다른 모형보다 과대 적합의 가능성이 낮고, 노이즈의 영향이 적음	• 데이터 전처리 과정이 중요 • 데이터 세트의 크기가 클 경우 모델링에 많은 시간이 소요됨 • 데이터가 많아질수록 최적화된 테스트를 위한 테스트 과정이 많아져서 다른 모형에 비해 속도가 느림 • 커널과 모델의 매개변수를 조절하기 위해 많은 테스트가 필요

12 변수 선택 방법 중 절편만 있는 상수모형부터 시작해 중요하다고 생각되는 설명변수를 차례로 모형에 추가하는 방식은 무엇인가?

① 전진 선택법 ② 중진 선택법
③ 후진 소거법 ④ 단계적 방법

해설

전진 선택법	절편만 있는 상수모형부터 시작해 중요하다고 생각되는 설명변수를 차례로 모형에 추가하는 방식
후진 소거법	독립변수 후보 모두를 포함한 모형에서 출발해 제곱합의 기준으로 가장 적은 영향을 주는 변수부터 하나씩 제거하면서 더 이상 유의하지 않은 변수가 없을 때까지 설명변수들을 제거하고 이때의 모형을 선택하는 방법
단계적 방법	변수를 추가하면서 새롭게 추가된 변수에 기인해 기존 변수가 그 중요도가 약화되면 해당 변수를 제거하는 단계별 추가 또는 제거되는 변수의 여부를 검토해 더 이상 없을 때 중단

13 다음 중 의사결정나무의 분석 과정으로 가장 옳은 것은?

① 의사결정나무 성장 → 타당성 평가 → 가지치기 → 해석 및 예측
② 타당성 평가 → 의사결정나무 성장 → 가지치기 → 해석 및 예측
③ 가지치기 → 의사결정나무 성장 → 타당성 평가 → 해석 및 예측
④ 의사결정나무 성장 → 가지치기 → 타당성 평가 → 해석 및 예측

해설

의사결정나무의 분석 과정	
성가타해	의사결정나무 성장 / 가지치기 / 타당성 평가 / 해석 및 예측

14 지니 지수에 대한 설명으로 옳지 않은 것은?

① 노드의 불순도를 나타내는 값이다.
② 열역학에서 쓰는 개념으로 무질서 정도에 대한 측도이다.
③ 지니 지수는 $1-\sum_{l=1}^{k} P_l^2$로 계산한다.
④ 지니 지수의 값이 클수록 이질적(Diversity)이며 순수도(Purity)가 낮다고 볼 수 있다.

해설 열역학에서 쓰는 개념으로 무질서 정도에 대한 측도는 엔트로피 지수이다.

15 다음 중 단층 퍼셉트론을 통해 해결하지 못했던 문제를 다층 퍼셉트론을 이용해 해결한 연산은 무엇인가?

① AND 연산
② OR 연산
③ XOR 연산
④ NOT 연산

해설 퍼셉트론은 AND, OR 연산은 선형 분리가 가능했지만, XOR는 선형 분리를 할 수 없는 문제점이 있다.

- 퍼셉트론의 XOR 선형 분리 문제점은 다층퍼셉트론으로 해결하였다.

16 다음 빈칸에 알맞은 용어로 가장 알맞은 것을 고르시오.

(Ⓐ)는 기울기 소실 현상의 원인이었으며, (Ⓑ) 함수를 통해 기울기 소실 현상의 문제를 해결하였다.

① Ⓐ 시그모이드 함수, Ⓑ ReLU
② Ⓐ 부호 함수, Ⓑ ReLU
③ Ⓐ ReLU, Ⓑ 시그모이드 함수
④ Ⓐ tanh, Ⓑ 계단 함수

해설 시그모이드 함수는 기울기 소실 현상의 원인이었으며, ReLU 함수를 통해 기울기 소실 현상의 문제를 해결하였다.

17 다음 중 서포트 벡터 머신의 구성요소로 옳지 않은 것은?

① 결정 경계
② 초평면
③ 랜덤 포레스트
④ 슬랙 변수

해설

	서포트 벡터 머신의 구성요소
결초마서슬	결정 경계 / 초평면 / 마진 / 서포트 벡터 / 슬랙 변수

18 다음 중 Tree 구조를 통해 최소 지지도를 만족하는 빈발 아이템 집합을 추출하는 알고리즘으로 데이터 세트가 큰 경우 효과적인 알고리즘은 무엇인가?

① 아프리오리 알고리즘
② CART 알고리즘
③ 의사결정나무
④ FP-Growth 알고리즘

해설 • FP-Growth 알고리즘은 아프리오리 알고리즘을 개선한 알고리즘으로 FP-Tree라는 구조를 통해 최소 지지도를 만족하는 빈발 아이템 집합을 추출하는 알고리즘이다.
• 데이터 세트가 큰 경우 모든 후보 아이템 세트들에 대하여 반복적으로 계산하는 단점이 있는 아프리오리 알고리즘을 개선한 알고리즘이다.

19 다음 중 군집 간의 연결법에 대한 설명으로 옳지 않은 것은?

① 최단연결법: 두 군집 사이의 거리를 각 군집에서 하나씩 관측값을 뽑았을 때 나타날 수 있는 거리의 최솟값으로 측정
② 중심연결법: 모든 항목에 대한 거리 평균을 구하면서 가장 유사성이 큰 군집을 병합해 나가는 방법
③ 최장연결법: 두 군집 사이의 거리를 각 군집에서 하나씩 관측값을 뽑았을 때 나타날 수 있는 거리의 최댓값으로 측정
④ 와드 연결법: 군집 간의 거리에 기반하는 다른 연결법과는 다른 군집 내의 오차 제곱합에 기초하여 군집을 수행

해설 모든 항목에 대한 거리 평균을 구하면서 군집화는 평균 연결법이다.

최단연결법	두 군집 사이의 거리를 각 군집에서 하나씩 관측값을 뽑았을 때 나타날 수 있는 거리의 최솟값으로 측정
최장연결법	두 군집 사이의 거리를 각 군집에서 하나씩 관측값을 뽑았을 때 나타날 수 있는 거리의 최댓값으로 측정
중심연결법	두 군집의 중심 간의 거리를 측정
평균 연결법	모든 항목에 대한 거리 평균을 구하면서 가장 유사성이 큰 군집을 병합해 나가는 방법
와드 연결법	군집 간의 거리에 기반하는 다른 연결법과는 다른 군집 내의 오차 제곱합에 기초하여 군집을 수행

20 연관성 분석의 향상도(Lift)가 1인 경우는 어떤 의미를 가지는가?

① 양(+)의 상관관계
② 음(−)의 상관관계
③ 서로 동일한 관계
④ 서로 독립적인 관계

해설 • 향상도는 규칙이 우연히 일어날 경우 대비 얼마나 나은 효과를 보이는지에 대한 척도이다.
• 향상도가 1일 경우 서로 독립적인 관계를 갖는다.

21 다음 중 자카드 계수에 대한 설명으로 가장 옳지 않은 것은?

① 명목형 변수 거리에 사용되는 방법이다.
② 수식은 $J(A, B) = \frac{|A \cap B|}{|A \cup B|} = \frac{|A \cap B|}{|A| + |B| - |A \cap B|}$ 이다.
③ 0과 1 사이의 값을 가지며 두 집합이 동일하면 0의 값, 공통의 원소가 하나도 없으면 1의 값을 가진다.
④ 두 집합 사이의 유사도를 측정하는 방법이다.

해설 0과 1 사이의 값을 가지며 두 집합이 동일하면 1의 값, 공통의 원소가 하나도 없으면 0의 값을 가진다.

22 다음 연속형 변수 거리 중 수학적 거리로 가장 알맞지 않은 것은?

① 유클리드 거리
② 맨하탄 거리
③ 민코프스키 거리
④ 표준화 거리

해설 • 연속형 변수 거리는 수학적 거리와 통계적 거리로 나눌 수 있다.
• 수학적 거리에는 유클리드 거리, 맨하탄 거리, 민코프스키 거리가 있고, 통계적 거리에는 표준화 거리, 마할라노비스 거리가 있다.

23 다음 중 SOM(Self-Organizing Maps)에 대한 설명으로 가장 옳지 않은 것은?

① 코호넨에 의해 제시, 개발되었으며 코호넨 맵(Kohonen Maps)으로 알려져 있다.
② 지도 신경망으로 고차원의 데이터를 이해하기 쉬운 저차원의 뉴런으로 정렬하여 지도의 형태로 형상화한다.
③ 실제 공간의 입력변수가 가까이 있으면 지도상에는 가까운 위치에 있게 된다.
④ SOM은 입력층과 경쟁층으로 구성된다.

해설 비지도 신경망으로 고차원의 데이터를 이해하기 쉬운 저차원의 뉴런으로 정렬하여 지도의 형태로 형상화한다.

24 한국이 축구에서 스페인을 이길 확률이 10%라고 할 때 승산(Odds)은 얼마인가?

① $\frac{1}{10}$　　② 9
③ 10　　④ $\frac{1}{9}$

해설 • 성공 확률을 p라고 하였을 경우 승산(Odds) $= \frac{p}{1-p}$ 이다.
• 따라서 승산비(Odds) $= \frac{0.1}{1-0.1} = \frac{1}{9}$ 이다.

선견지명 단원종합문제

25 남/여 학생 200명을 대상으로 남/여 학생이 선호하는 커피에 연관성이 있는지 여부를 알아보고자 한다. 이때 남자이면서 B 커피를 좋아하는 학생의 기댓값은 얼마인가? (남/여 학생 200명의 커피 선호도 조사결과는 아래 분포표와 같다.)

학년별 커피 선호도 조사결과

성별	A 커피	B 커피	C 커피	계
남	30	50	20	100
여	50	30	20	100
계	80	80	40	200

① 20 ② 30
③ 40 ④ 50

해설 $E_{ij} = \frac{O_{i,} \times O_{,j}}{n}$, $O_{남자,} = 100$, $O_{,B커피} = 80$이므로,

$\therefore E_{남자,B커피} = \frac{O_{남자,} \times O_{,B커피}}{200} = \frac{100 \times 80}{200} = 40$

26 다음 중 아래 카이제곱 검정 공식에 대한 설명으로 가장 올바르지 않은 것은?

$$\chi^2 = \sum_{i=1}^{k} \frac{(O_i - E_i)^2}{E_i}$$

① O_i는 i번째 범주가 실제로 관찰된 관측 빈도(Observered Frequency)이다.
② E_i는 i번째 범주가 발생할 것으로 기대되는 기대 빈도(Expected Frequency)이다.
③ 자유도는 k이다. (k: 범주의 수)
④ χ^2 값은 편차의 제곱 값을 기대빈도로 나눈 값들의 합이다.

해설 카이제곱 검정의 자유도는 $k-1$이다.

27 다음 중 주성분 분석(PCA)에 대한 설명으로 가장 옳지 않은 것은?

① 상관관계가 있는 고차원 자료를 자료의 변동을 최대한 보존하는 저차원 자료로 변환하는 차원축소 방법이다.
② 차원축소는 고윳값이 낮은 순으로 정렬해서, 낮은 고윳값을 가진 고유벡터만으로 데이터를 복원한다.
③ 자료의 차원을 축약시키는 데 주로 사용된다.
④ 누적 기여율이 85% 이상이면 주성분의 수로 결정할 수 있다.

해설 차원축소는 고윳값이 높은 순으로 정렬해서, 높은 고윳값을 가진 고유벡터만으로 데이터를 복원한다.

28 다음 중 시계열 모형이 아닌 것은?

① 백색잡음 모형
② 확률 보행 모형
③ 자기 회귀 모형
④ 시그모이드 모형

해설
- 시그모이드 함수는 S자형 곡선(시그모이드 곡선)을 갖는 수학 함수이다.
- ARIMA 차수에 따른 모형은 다음과 같다.

ARIMA(0,0,0)	백색잡음 모형
ARIMA(0,1,0)	확률 보행 모형
ARIMA(p,0,0)	자기 회귀 모형
ARIMA(0,0,q)	이동평균 모형

29 다음 중 분해식의 요인이 잘못 짝지어진 것은?

① T_t : 경향(추세) 요인

② S_t : 계절 요인

③ C_t : 순환 요인

④ Z_t : 불규칙 요인

해설 • 분해식은 시계열에서 일반적인 요인을 분리하는 식이다.
• 경향(추세), 계절, 순환, 불규칙, 시계열 값, 미지의 함수로 구성된다.

30 ARIMA(p, d, q) 모형에서 다음 설명에 대한 차수로 알맞게 짝지어진 것은?

> Ⓐ ARIMA에서 ARMA로 정상화할 때 몇 번 차분을 했는지를 의미
> Ⓑ AR 모형과 관련
> Ⓒ MA 모형과 관련이 있는 차수

① Ⓐ: d, Ⓑ p, Ⓒ q

② Ⓐ: p, Ⓑ d, Ⓒ q

③ Ⓐ: d, Ⓑ q, Ⓒ p

④ Ⓐ: p, Ⓑ p, Ⓒ d

해설

p	AR 모형과 관련
q	MA 모형과 관련이 있는 차수
d	ARIMA에서 ARMA로 정상화할 때 몇 번 차분을 했는지를 의미

31 다음 중 입력층, 은닉층, 출력층으로 구성되며 은닉층에서 재귀적인 신경망을 갖는 알고리즘으로 가장 알맞은 것은?

① 순환신경망(RNN)

② 합성곱 신경망(CNN)

③ 심층신경망(DNN)

④ 인공신경망(ANN)

해설 순환신경망은 연속적인 시계열 데이터를 분석할 수 있는 신경망으로 확률적 경사하강법, 시간기반 오차역전파를 사용해서 가중치를 업데이트 한다.

32 CNN에서 원본 이미지가 3*3, Stride가 2이고, 필터가 3*3이며, 패딩의 크기가 1일 때 Feature Map은 무엇인가?

① (1, 1)　② (2, 2)

③ (3, 3)　④ (4, 4)

해설 스트라이드가 적용되었을 때 원본 이미지의 크기가 $n\times n$, Stride가 s, 패딩이 p, 필터가 $f\times f$일 때 피처 맵의 크기는 다음과 같다.

$$\left(\frac{n+2p-f}{s}+1, \frac{n+2p-f}{s}+1\right)$$

$n=3,\ s=2,\ f=3,\ p=1$이므로 $\left(\frac{n+2p-f}{s}+1, \frac{n+2p-f}{s}+1\right)$
$=\left(\frac{3+2\cdot1-3}{2}+1, \frac{3+2\cdot1-3}{2}+1\right)=(2,2)$이다.

33 다음 중 RNN(Recurrent Neural Network)에 대한 설명으로 가장 옳지 않은 것은?

① 입력층, 은닉층, 출력층으로 구성되며 은닉층에서 재귀적인 신경망을 갖는 알고리즘이다.
② 시각적 이미지를 분석하는 데 사용되는 심층신경망이다.
③ 음성신호, 연속적 시계열 데이터 분석에 적합하다.
④ 장기 의존성 문제와 기울기 소실 문제가 발생하여 학습이 이루어지지 않을 수 있다.

해설 시각적 이미지를 분석하는 데 사용되는 심층신경망은 CNN이다.

34 다음 중 부스팅 기법의 특징으로 올바르지 않은 것은?

① 부스팅 기법에서 최적 모델을 결정하기 위해서 이전 분류에서 정분류 데이터에는 높은 가중치를 부여하고, 이전 분류에서 오분류 데이터에는 낮은 가중치를 부여한다.
② 부스팅 기법의 목표는 분류하기 힘든 관측값들에 대해서 정확하게 분류를 잘하도록 유도해서 예측력을 강화시키는 것이다.
③ 부스팅은 대용량 데이터일수록 유리하고, 데이터와 데이터의 속성이 복잡할수록 유리하다.
④ 부스팅 기법의 주요 알고리즘은 에이다 부스트(Ada Boost)이다.

해설 부스팅 기법에서 최적 모델 결정하기 위해서 이전 분류에서 정분류 데이터에는 낮은 가중치를 부여하고, 이전 분류에서 오분류 데이터에는 높은 가중치를 부여한다.

35 다음 중 아래에서 설명하는 기법은 무엇인가?

> 여러 가지 동일한 종류 또는 서로 상이한 모형들의 예측/분류 결과를 종합하여 최종적인 의사결정에 활용하는 기법이다.

① 앙상블 기법
② 의사결정나무
③ 회귀기법
④ 시계열 기법

해설
- 여러 가지 동일한 종류 또는 서로 상이한 모형들의 예측/분류 결과를 종합하여 최종적인 의사결정에 활용하는 기법은 앙상블 기법이다.
- 앙상블이란 본래 프랑스어로 '통일, 조화' 등을 나타내는 용어이다.

36 다음 중 부스팅 기법의 특징으로 가장 옳지 않은 것은?

① 분류하기 힘든 관측값들에 대해서 정확하게 분류를 잘하도록 유도(예측력 강화)
② 이전 분류에서 정 분류 데이터에는 높은 가중치 부여
③ 특정 케이스의 경우 상당히 높은 성능을 보임
④ 다소 높은 계산 복잡도

해설 부스팅 기법의 특징으로 이전 분류에서 정 분류 데이터에는 낮은 가중치 부여하고, 이전 분류에서 오 분류 데이터에는 높은 가중치 부여한다.

37 각 독립변수를 이분화하는 과정을 반복하여 이진 트리 형태를 형성함으로써 분류를 수행하는 방법은 무엇인가?

① CART 기법
② 회귀 분석
③ CHAID 기법
④ 시계열 분석

해설 CART(Classification and Regression Trees) 알고리즘은 각 독립변수를 이분화하는 과정을 반복하여 이진 트리 형태를 형성함으로써 분류를 수행하는 방법이다.

38 다음 K-NN 알고리즘의 특징에 대한 설명 중 가장 올바르지 않은 것은 무엇인가?

① 분류와 회귀에 모두 사용이 가능하다.
② 예측 변수에 따른 정답 데이터가 제공되지 않는 비지도 학습 모형이다.
③ 학습 절차 없이 새로운 데이터 들어올 때 거리 측정하고 모형을 구성한다.
④ K값에 따라 예측 결과가 달라진다.

해설 K-NN은 예측 변수에 따른 정답 데이터가 제공되는 지도 학습 모형이다.

정답 01 ③ 02 ③ 03 ② 04 ④ 05 ③ 06 ④ 07 ② 08 ① 09 ② 10 ③ 11 ① 12 ① 13 ④ 14 ② 15 ③ 16 ① 17 ③ 18 ④ 19 ② 20 ④ 21 ③ 22 ④ 23 ② 24 ④ 25 ③ 26 ③ 27 ② 28 ④ 29 ④ 30 ① 31 ① 32 ② 33 ② 34 ① 35 ① 36 ② 37 ① 38 ②

접근 전략

어려운 고비를 잘 넘기셨습니다. 대단원의 마지막인 빅데이터 결과 해석 단원은 분석 모형을 평가하고 해석하는 여러 방법을 제공합니다. 혼동 행렬, 데이터 시각화 등 문제로 출제되기 좋은 개념이 많습니다. 학습 이후 문제를 반복적으로 풀어보신다면 부족한 점수를 보충할 수 있는 단원입니다. 마지막까지 힘내주시길 바랍니다!

미리 알아두기

분석 모형 평가

분석 모형 평가는 구축된 모형이 임의의 모형보다 더 우수한 분류 성과를 보이는지, 고려된 모형들 중 어느 것이 가장 우수한지 등을 분석하는 과정입니다.

교차 검증(Cross Validation)

교차 검증은 모델의 일반화 오차에 대해 신뢰할 만한 추정치를 구하기 위해 훈련, 평가 데이터를 기반으로 하는 검증 기법입니다.

적합도 검정(Goodness of Fit Test)

적합도 검정은 표본 집단의 분포가 주어진 특정 이론을 따르고 있는지를 검정하는 기법입니다.

데이터 시각화

데이터 시각화는 데이터에 대한 이해를 돕기 위해 그림, 도형 등 그래픽 요소들을 이용해 데이터를 묘사하고 표현하는 기법입니다.

과대 적합(Over-fitting)

과대 적합은 제한된 훈련 데이터 세트에 너무 지나치게 특화되어 새로운 데이터에 대한 오차가 매우 커지는 현상입니다.

핵심 키워드 베스트 일레븐(Best Eleven)

평가지표, 매개변수 최적화, 시공간 시각화, 관계 시각화, 비교 시각화, 인포그래픽, 모수 유의성 검증, 분석 모형리모델링, 혼동 행렬, 비즈니스 기여도 평가, 회귀 모형

빅데이터 결과 해석

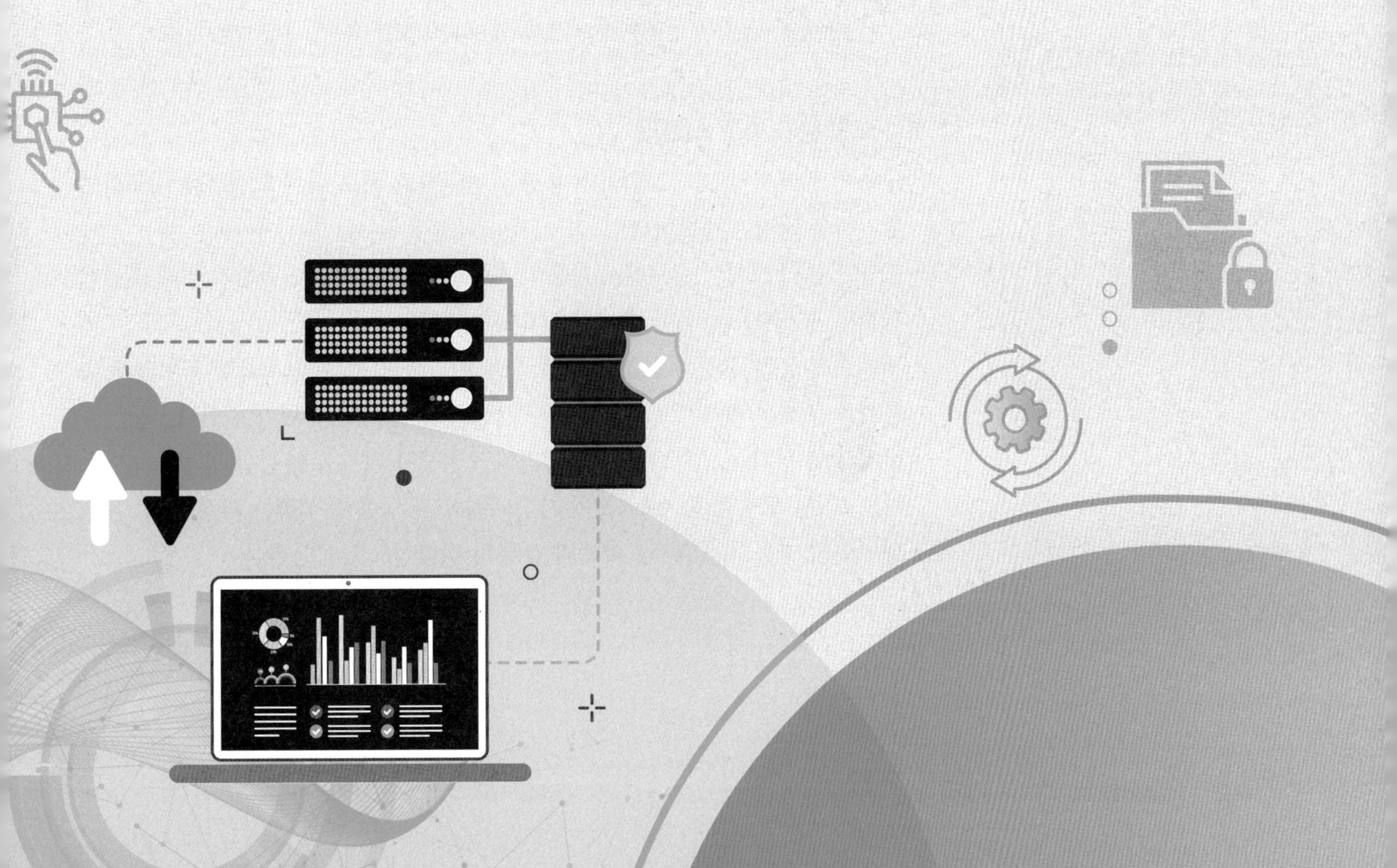

분석 모형 평가 및 개선

분석 모형 평가

1 평가지표 ★★★

빅데이터 분석 모형은 분류 모형과 회귀 모형(또는 예측 모형)에 따라 다른 평가지표를 이용하여 평가한다.

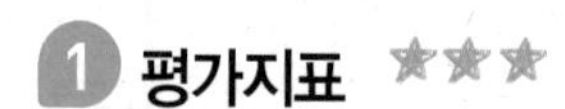

(1) 분석 모형 설정 및 평가 기준/방법

학습 POINT

이상적 모형에서의 편향과 분산에 대해 긴가민가하지 않게 잘 알아두시길 권장합니다!

① 분석 모형 설정 21년2회

이상적인 모형에서는 낮은 편향과 낮은 분산으로 설정되어야 한다.

설정	설명
편향(Bias)	학습 알고리즘에서 잘못된 가정을 했을 때 발생하는 오차
분산(Variance)	훈련 데이터(Training Set)에 내재된 작은 변동으로 발생하는 오차

잠깐! 알고가기

변동(Variation)
평균값의 주변에 있는 분포를 이루고 있는 현상이다.

분석 모형
빅데이터 분석 목적에 부합하고 수집된 데이터의 변수들을 고려하여 적합한 빅데이터 분석을 가능하게 하는 모형이다.

② 분석 모형 평가 기준 21년3회

- 구축한 빅데이터 분석 모형의 유용성을 판단하고 서로 다른 모형들을 비교하여 평가하는 과정은 중요하다.
- 구축한 분석 모형이 실무에서 사용이 가능할 수 있을지를 판단하기 위해서는 객관적인 평가지표를 통한 평가가 필요하다.
- 빅데이터 분석 모형은 만든 것으로 끝이 아니라 기존 운영 시스템과의 연계 및 통합을 통해서 지속적으로 빅데이터 분석 모형을 개선해 나가야 한다.
- 분석 모형 평가는 구축된 모형이 임의의 모형보다 더 우수한 분류 성과를 보이는지, 고려된 모형들 중 어느 것이 가장 우수한지 등을 분석하는 과정이다.
- 일반화의 가능성, 효율성, 예측과 분류의 정확성으로 구분한다.

⊗ 분석 모형 평가 기준

기준	설명
일반화의 가능성	데이터를 확장하여 적용할 수 있는지에 대한 평가 기준으로 모집단 내의 다른 데이터에 적용해도 안정적인 결과를 제공하는지를 평가
효율성	적은 입력변수가 필요할수록 효율성이 높은 것으로 평가
예측과 분류의 정확성	정확성 측면에서 평가

잠깐! 알고가기

모집단(Population)
정보를 얻고자 하는 관심 대상의 전체집합이다.

③ 분석 모형 평가방법 21년2회

- 분석 모형 평가방법은 종속변수 유형에 따라 다르다.

⊗ 종속변수 유형에 따른 분석 모형 평가방법

종속변수 유형	주요 분석 모형 평가방법
범주형	혼동 행렬(Confusion Matrix)
연속형	RMSE(Root Mean Squared Error; 평균 제곱근 오차)

- 예측모형에서 회귀모형은 RMSE(평균 제곱근 오차)를 사용하고 분류모형은 혼동 행렬 평가지표를 사용한다.

학습 POINT

분석 모형 평가방법에 대해서는 모든 내용을 머릿속에 잘 기억해 두세요!

IV 빅데이터 결과 해석

(2) 회귀 모형의 평가지표

① 회귀 모형의 이해를 위한 지표

⊗ 회귀 모형의 이해를 위한 지표

기호	설명	기호	설명
y_i	i번째 실제 y값	$\bar{y}$	y_i들의 평균값
$\hat{y_i}$	y에 대한 예측값($\hat{y_i} = \beta_1 x_i + \beta_o$)		

② 회귀 모형의 기본 평가지표 21년3회

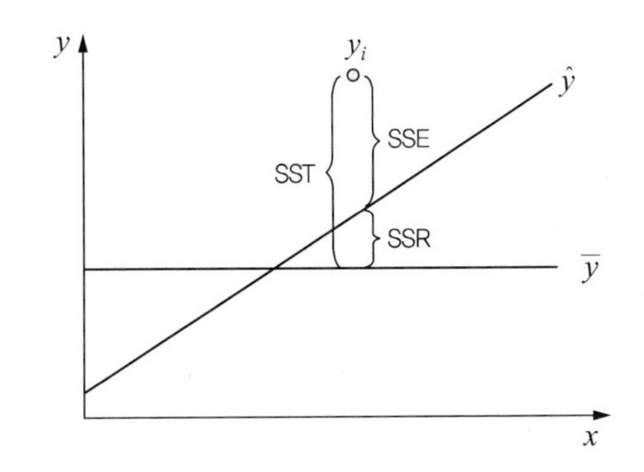

회귀 모형
관찰된 연속형 변수들에 대해 두 변수 사이의 모형을 구한 뒤 적합도를 측정해 내는 분석 모형이다.

학습 POINT

한글 단어와 전체 영어 단어를 표시하지 않고 영어 약어로만 문제가 출제될 수 있으므로 약어에 대하여 숙지해 주세요.

회귀 모형에 대한 평가지표를 살펴보면 다음과 같다.

⊗ 회귀 모형의 기본 평가지표

평가지표	설명	공식
SSE	• 오차 제곱합(Error Sum of Square) • 예측값과 실젯값의 차이(오차) 제곱의 합 • 회귀 모형 평가에 많이 사용되는 지표	$SSE=\sum_{i=1}^{n}(y_i-\hat{y}_i)^2$
SST	• 전체 제곱합(Total Sum of Squares) • TSS라고도 불림 • 실젯값과 평균값의 차이의 제곱 합	$SST=\sum_{i=1}^{n}(y_i-\bar{y})^2$ $=SSE+SSR$
SSR	• 회귀 제곱합(Regression Sum of Squares) • 예측값과 평균값의 차이 제곱의 합	$SSR=\sum_{i=1}^{n}(\hat{y}_i-\bar{y})^2$
AE	• 평균 오차(Average Error) • 예측한 결괏값의 오류 평균 • 예측값들이 평균적으로 미달하는지 초과하는지 확인	$AE=\frac{1}{n}\sum_{i=1}^{n}(y_i-\hat{y}_i)$
MAE	• 평균 절대 오차(Mean Absolute Error) • 평균 오차 절댓값의 평균	$MAE=\frac{1}{n}\sum_{i=1}^{n}\lvert y_i-\hat{y}_i\rvert$
MSE	• 평균 제곱 오차(Mean Squared Error) • SSE의 평균	$MSE=\frac{1}{n}\sum_{i=1}^{n}(y_i-\hat{y}_i)^2$
RMSE	• 평균 제곱근 오차(Root Mean Squared Error) • SSE 평균의 제곱근	$RMSE=\sqrt{\frac{1}{n}\sum_{i=1}^{n}(y_i-\hat{y}_i)^2}$
MPE	• 평균백분율 오차(Mean Percentage Error) • 예측값들이 평균적으로 미달하는지 초과하는지에 대한 백분율	$MPE=\frac{100}{n}\sum_{i=1}^{n}\left(\frac{y_i-\hat{y}_i}{y_i}\right)$
MAPE	• 평균 절대 백분율 오차(Mean Absolute Percentage Error) • 예측이 실젯값에서 평균적으로 벗어나는 정도를 백분율로 표현 • 절대 평균 오차(MAE)를 계산할 때 실젯값에 대한 상대적인 비율을 고려하여 계산된 값	$MAPE=\frac{100}{n}\sum_{i=1}^{n}\left\lvert\frac{y_i-\hat{y}_i}{y_i}\right\rvert$

③ 회귀 모형의 결정계수와 Mallow's C_p에 대한 평가지표

설명을 보고 어떤 평가지표인지 잘 알아두세요!

⊗ 회귀 모형의 결정계수와 Mallow's C_p에 대한 평가지표

평가지표	설명	공식
결정계수	• Coefficient of Determination(R^2; 상관계수 R의 제곱) • 선형 회귀 분석의 성능 검증지표로 많이 이용(선형이 아닌 회귀 모형에서도 사용 가능) • 회귀 모형이 실젯값을 얼마나 잘 나타내는지에 대한 비율 • 결정계수가 1에 가까울수록 실젯값을 잘 설명	$R^2=\frac{SSR}{SST}$ $=\frac{SST-SSE}{SST}$ $=1-\frac{SSE}{SST}$

평가지표	설명	공식
	• 값의 범위 : $0 \leq R^2 \leq 1$ • 독립변수의 개수가 많은 모형의 평가에는 사용이 부적합	
수정된 결정계수	• Adjusted Coefficient of Determination(R^2_{adj}) • 모형에 유의하지 않은 변수의 개수가 증가하더라도 결정계수는 증가하는 단점을 보완 • 적절하지 않은 독립변수를 추가하는 것에 페널티를 부과한 결정계수 • 적절하지 않은 변수들을 추가할수록 수정된 결정계수의 값은 감소 • 반대로 모형에 유용한 변수들을 추가할수록 수정된 결정계수의 값은 증가 • 수정된 결정계수는 결정계수보다 항상 작음($R^2 \rangle R^2_{adj}$) • 독립변수의 개수가 많은 모형을 평가할 때 사용 가능	$R^2_{adj} = 1 - \left(\frac{n-1}{n-p-1}\right)\frac{SSE}{SST}$ • n: 표본의 개수 • p: 선택된 독립변수의 개수
Mallow's C_p	• 수정된 결정계수와 마찬가지로 적절하지 않은 독립변수 추가에 대한 페널티를 부과한 통계량 • Mallow's C_p가 작을수록 실젯값을 잘 설명	$C_p = \frac{SSE_p}{MSE_n} + 2(p+1) - n$ • n: 모든 독립변수의 개수 • p: 선택된 독립변수의 개수 • SSE_p: p개의 독립변수로 예측한 오차 제곱합 • MSE_n: 모든 독립변수를 포함한 평균 제곱 오차

잠깐! 알고가기

독립변수
(Independent Variable)
- 다른 변수에 영향을 받지 않고 종속변수에 영향을 주는 변수이다.
- 연구자가 의도적으로 변화시키는 변수이다.

학습 POINT

Mallow's C_p는 공식을 외우는 것보다는 개념을 위주로 파악하시면 됩니다.

(3) 분류 모형의 평가지표

- 분류 모형의 결과를 평가하기 위해서 혼동 행렬(Confusion Matrix)을 이용한 평가지표와 ROC 곡선의 AUC를 많이 사용한다.
- 모형의 평가지표가 우연히 나온 결과가 아니라는 것을 카파(Kappa) 통계량을 통하여 설명할 수 있다.

학습 POINT

ROC, AUC, 카파는 바로 뒤에 나오는 개념이니 가볍게 읽고 넘어가시면 됩니다.

① 혼동 행렬 21년 2회, 3회

㉮ 혼동 행렬(Confusion Matrix; 정오 행렬) 개념

혼동 행렬은 분석 모델에서 구한 분류의 예측 범주와 데이터의 실제 분류 범주를 교차 표(Cross Table) 형태로 정리한 행렬이다.

학습 POINT

혼동 행렬의 TP, TN, FP, FN 등의 의미와 혼동 행렬에서의 위치까지 같이 고려하여 학습이 필요합니다.

㉯ 혼동 행렬 작성 방법

		예측 범주 값(Predicted Condition)	
		Predicted Positive	Predicted Negative
실제 범주 값 (Actual Condition)	Actual Positive	True Positive(TP)	False Negative(FN)
	Actual Negative	False Positive(FP)	True Negative(TN)

▲ 혼동 행렬

Predicted Positive	긍정으로 예측한 값
Predicted Nagative	부정으로 예측한 값
Actual Positive	실젯값이 긍정인 값
Actual Negative	실젯값이 부정인 값

이진 분류(참, 거짓과 같은 분류)에서 성능 지표로 혼동 행렬을 많이 사용합니다.

- 혼동 행렬을 작성함에 따라 모델의 성능을 평가할 수 있는 평가지표(Metric)가 도출된다.
- 모델의 정확도를 예측값과 실젯값의 일치 빈도를 통해 평가할 수 있다.

혼동 행렬의 작성 방법
「정티피엔, 틀프피엔」
예측이 정확한 경우 / TP / TN,
예측이 틀린 경우 / FP / FN

⊗ 혼동 행렬의 작성 방법

구분	분류 값	설명
예측이 정확한 경우	TP(True Positive)	실젯값이 Positive이고 예측값도 Positive인 경우
	TN(True Negative)	실젯값이 Negative이고 예측값도 Negative인 경우
예측이 틀린 경우	FP(False Positive)	실젯값은 Negative이었으나 예측값은 Positive이었던 경우
	FN(False Negative)	실젯값은 Positive이었으나 예측값은 Negative이었던 경우

㈐ 혼동 행렬을 통한 분류 모형의 평가지표

혼동 행렬로부터 계산될 수 있는 평가지표는 정확도, 오차 비율, 민감도 등이 있고, 그중에서 정확도, 민감도, 정밀도는 많이 사용되는 지표이다.

범주
같은 특성을 지닌 분류나 범위를 말한다.

참 긍정률 TP Rate는 줄여서 TPR로 쓰고, 거짓 긍정률 FP Rate는 줄여서 FPR로도 씁니다.

⊗ 혼동 행렬을 통한 분류 모형의 평가지표

평가지표	계산식	설명
정확도 (Accuracy) =정분류율	$\frac{TP+TN}{TP+TN+FP+FN}$	• 실제 분류 범주를 정확하게 예측한 비율 • 전체 예측에서 참 긍정(TP)과 참 부정(TN)이 차지하는 비율
오차 비율 (Error Rate)	$\frac{FP+FN}{TP+TN+FP+FN}$	• 실제 분류 범주를 잘못 분류한 비율 (오차 비율) = 1−(정확도)
참 긍정률(TP Rate) =재현율(Recall) =민감도(Sensitivity)	$\frac{TP}{TP+FN}$	• 실제로 '긍정'인 범주 중에서 '긍정'으로 올바르게 예측(TP)한 비율 • Hit Rate로도 지칭
특이도 (Specificity)	$\frac{TN}{TN+FP}$	• 실제로 '부정'인 범주 중에서 '부정'으로 올바르게 예측(TN)한 비율
거짓 긍정률 (FP Rate)	$\frac{FP}{TN+FP}$	• 실제로 '부정'인 범주 중에서 '긍정'으로 잘못 예측(FP)한 비율 (거짓 긍정률) = 1−(특이도)
정밀도 (Precision)	$\frac{TP}{TP+FP}$	• '긍정'으로 예측한 비율 중에서 실제로 '긍정'(TP)인 비율

<table>
<tr><th>평가지표</th><th>계산식</th><th>설명</th></tr>
<tr><td>F-Measure
(F1-Score)</td><td>$2 \times \frac{\text{Precision} \times \text{Recall}}{\text{Precision} + \text{Recall}}$</td><td>• 정밀도와 민감도(재현율)를 하나로 합한 성능평가 지표
• 0~1 사이의 범위를 가짐
• 정밀도와 민감도 양쪽이 모두 클 때 F-Measure도 큰 값을 가짐</td></tr>
<tr><td>카파 통계량
(Kappa Statistic)</td><td>$K = \frac{\Pr(a) - \Pr(e)}{1 - \Pr(e)}$
• K: 카파 상관계수
• $\Pr(a)$: 예측이 일치할 확률
• $\Pr(e)$: 예측이 우연히 일치할 확률</td><td>• 두 관찰자가 측정한 범주 값에 대한 일치도를 측정하는 방법
• 0~1의 값을 가지며 1에 가까울수록 모델의 예측값과 실젯값이 정확히 일치하며, 0에 가까울수록 모델의 예측값과 실젯값이 불일치
• 정확도 외에 카파 통계량을 통해 모형의 평가 결과가 우연히 나온 결과가 아니라는 것을 설명
<table>
<tr><th>K</th><th>일치 정도</th></tr>
<tr><td>0.8~1.0</td><td>매우 좋은 일치</td></tr>
<tr><td>0.6~0.8</td><td>좋은 일치</td></tr>
<tr><td>0.4~0.6</td><td>보통 일치</td></tr>
<tr><td>0.2~0.4</td><td>어느 정도 일치</td></tr>
<tr><td>0.0~0.2</td><td>거의 일치하지 않음</td></tr>
</table></td></tr>
</table>

② ROC 곡선 21년3회

㉮ ROC 곡선(Receiver Operating Characteristic Curve; ROC Curve) 개념

- ROC 곡선은 가로축(x)을 혼동 행렬의 거짓 긍정률(FP Rate)로 두고 세로축(y)을 참 긍정률(TP Rate)로 두어 시각화한 그래프이다.

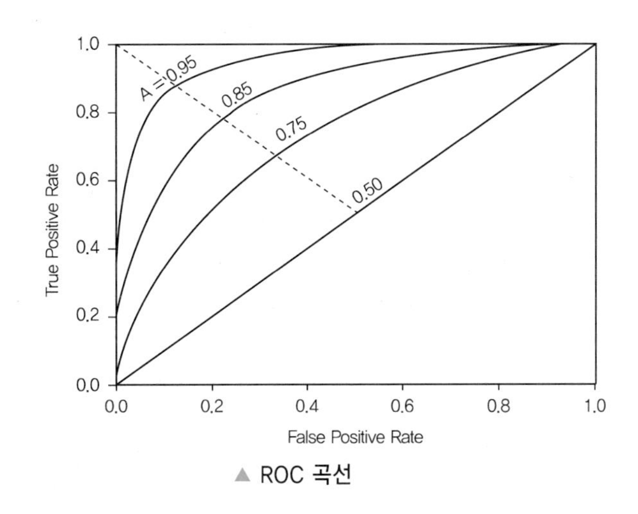

▲ ROC 곡선

- ROC 곡선은 그래프가 왼쪽 꼭대기에 가깝게 그려질수록 분류 성능이 우수하다.

학습 POINT

ROC 곡선의 특징과 판단기준은 필기 문제로 출제되기 좋습니다. 숙지하고 넘어가세요!

㉯ ROC 곡선의 특징

- ROC 곡선에서 거짓 긍정률(FP Rate)과 참 긍정률(TP Rate)은 어느 정도 비례 관계에 있다.
- AUC(Area Under the ROC Curve; AUROC)는 진단의 정확도를 측정할 때 사용하는 것으로 ROC 곡선 아래의 면적을 모형의 평가지표로 삼는다.
- AUC의 값은 항상 0.5~1의 값을 가지며 1에 가까울수록 좋은 모형이다.

㉰ AUC의 판단 기준

AUC	판단 기준 설명
0.9~1.0	Excellent(뛰어남)
0.8~0.9	Good(우수)
0.7~0.8	Fair(보통)
0.6~0.7	Poor(불량)
0.5~0.6	Fail(실패)

③ 이익 도표(Gain Chart)

- 분류 모형의 성능을 평가하기 위해서 사용되는 그래프 분석 방법이다.
- 이익(Gain)은 목표 범주에 속하는 개체들이 임의로 나눈 등급별로 얼마나 분포하고 있는지를 나타내는 값이다.
- 이익 도표(Gain Chart)는 이익 곡선(Gain Curve), 리프트 곡선(Lift Curve)이라고도 부른다.

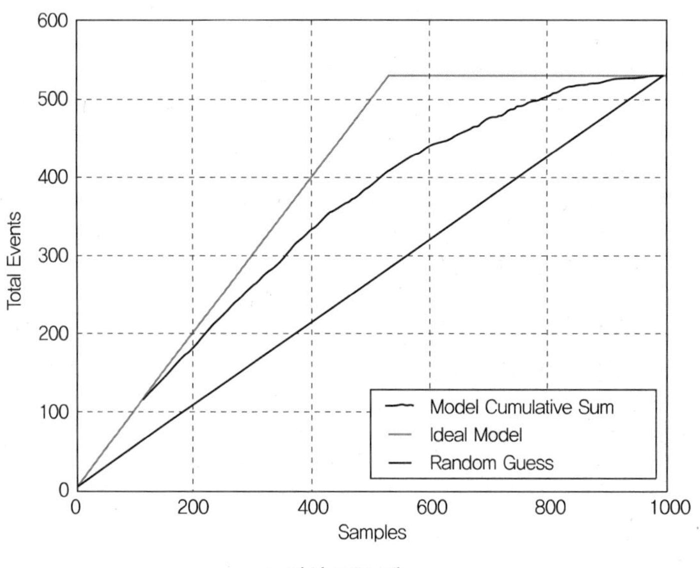

▲ 이익 도표 예

2 분석 모형 진단 ★

(1) 데이터 분석 모형의 오류

데이터 분석 모형 구축 시 발생할 수 있는 오류에는 일반화 오류와 학습 오류가 있다.

◈ 데이터 분석 모형의 오류

구분	설명
일반화 오류 (Generalization Error)	• 분석 모형을 만들 때 주어진 데이터 집합의 특성을 지나치게 반영하여 발생하는 오류 • 주어진 데이터 집합은 모집단 일부분임에도 불구하고 그것이 가지고 있는 주변적인 특성, 단순 잡음 등을 모두 묘사하기 때문에 일반화 오류가 발생 • 과대 적합(Over-fitting) 되었다고 함
학습 오류 (Training Error)	• 주어진 데이터 집합에 부차적인 특성과 잡음이 있다는 점을 고려하여 그것의 특성을 덜 반영하도록 분석 모형을 만들어 생기는 오류 • 학습 오류가 지나치게 자주 발생하는 모형은 과대 적합에 반대되는 개념으로 과소 적합(Under-fitting) 되었다고 함

분석 모형의 오류에서 과대 적합과 과소 적합 용어도 잘 챙겨가시면 좋겠습니다.

데이터 분석 모형의 오류

「일대학소」

일반화 오류 - 과대 적합 / 학습 오류 - 과소 적합

→ 일반대학 소극장

(2) 분석 모형 시각화

• 분석 결과를 그래프 혹은 그림과 같은 시각적인 도구를 통해 의사 결정자에게 제공함으로써 데이터 분석 결과를 쉽게 이해할 수 있도록 한다.

• 데이터 시각화는 정보 구조화, 정보 시각화, 정보 시각표현의 3단계로 진행한다.

정보 구조화	정보 시각화	정보 시각표현
데이터 수집 및 탐색	시간 시각화	그래픽 7요소
데이터 분류하기	분포 시각화	그래픽 디자인 기본 원리
데이터 배열하기	관계 시각화	인터랙션
데이터 재배열	비교 시각화	시각정보 디자인 7원칙
	여러 변수 비교	
	공간 시각화	

▲ 시각화 절차

분석 모형 시각화는 참고 정도로만 알고 넘어가시면 되겠습니다.

(3) 분석 모형 진단

• 데이터 분석에서 분석 모형의 기본 가정에 대한 진단 없이 모형이 사용될 경우 그 결과가 오용될 수도 있다.

- R과 같은 분석 소프트웨어 발달로 분석 결과를 쉽게 얻을 수 있지만 선택한 분석 방법이 적절했는지에 대해서는 진단이 필요하다.
- 분석 모형에 대한 기본 가정을 만족시키지 못했지만 가설검정은 통과하는 경우가 발생할 수도 있으므로 선정한 분석 모형에 대한 진단이 필요하다.

3 교차 검증 21년 2회, 3회 ★★★

잠깐! 알고가기

추정치(Estimator)
특정한 모수를 추정하기 위한 목적으로 사용되는 통계량이다.

(1) 교차 검증(Cross Validation) 개념

교차 검증은 모델의 일반화 오차에 대해 신뢰할 만한 추정치를 구하기 위해 훈련, 평가 데이터를 기반으로 하는 검증 기법이다.

(2) 교차 검증의 종류

빅데이터 분석 모형을 검증하기 위한 교차 검증으로는 홀드 아웃 교차 검증(Holdout Cross Validation), K-Fold Cross Validation, LOOCV(Leave One Out Cross Validation), LpOCV(Leave p Out Cross Validation) 등이 있다.

① 홀드 아웃 교차 검증

잠깐! 알고가기

비복원 추출(Sampling without Replacement)
한번 뽑은 표본을 모집단에 다시 넣지 않고 다른 표본을 추출하는 방법이다.

㉮ 홀드 아웃 교차 검증(Holdout Cross Validation) 개념

- 전체 데이터를 비복원 추출 방법을 이용하여 랜덤하게 훈련 데이터(Training Set), 평가 데이터(Test Set)로 나눠 검증하는 기법이다.
- 훈련 데이터로 분석 모형을 구축하고, 평가 데이터를 이용하여 분석 모형을 평가하는 기법이다.

학습 POINT

홀드 아웃 교차 검증은 과대적합(Overfitting) 방지를 위해 훈련 데이터, 검증 데이터, 평가 데이터로 나누기도 합니다.

㉯ 홀드 아웃 교차 검증 특징

- 계산량이 많지 않아 모형을 쉽게 평가할 수 있으나 전체 데이터에서 평가 데이터만큼은 학습에 사용할 수 없으므로 데이터 손실이 발생한다.
- 데이터를 어떻게 나누느냐에 따라 결과가 많이 달라질 수 있다.

잠깐! 알고가기

분류기(Classifier)
어떠한 대상 객체를 특정한 클래스에 할당할 수 있도록 기준이 되는 모형이다.

⊗ 홀드 아웃 교차 검증의 데이터 구분

데이터 구분	설명
훈련 데이터 (Training Set)	분류기를 만들 때 사용하는 데이터
검증 데이터 (Validation Set)	훈련 데이터로 만든 모델이 잘 예측하는지 성능을 평가하기 위한 데이터 세트
평가 데이터 (Test Set)	검증 데이터로 최종 모델을 선택하고 그 성능을 테스트하기 위해 사용되는 데이터 세트

② K–Fold Cross Validation

㉮ K–Fold Cross Validation(K겹 교차 검증) 개념

- K–Fold Cross Validation은 데이터 집합을 무작위로 동일 크기를 갖는 K개의 부분 집합으로 나누고, 그중 1개의 집합을 평가 데이터(Test Set)로, 나머지 (K–1)개 집합을 훈련 데이터(Training Set)로 선정하여 분석 모형을 평가하는 기법이다.
- 모든 데이터를 훈련(Training)과 평가(Test)에 사용할 수 있으나, K값이 증가하면 수행 시간과 계산량도 많아진다.
- K번 반복을 수행하며, 결과를 K에 다수결 또는 평균으로 분석한다.

K–Fold Cross Validation의 개념과 그림을 잘 알아두시길 바랍니다.

㉯ K–Fold Cross Validation 절차

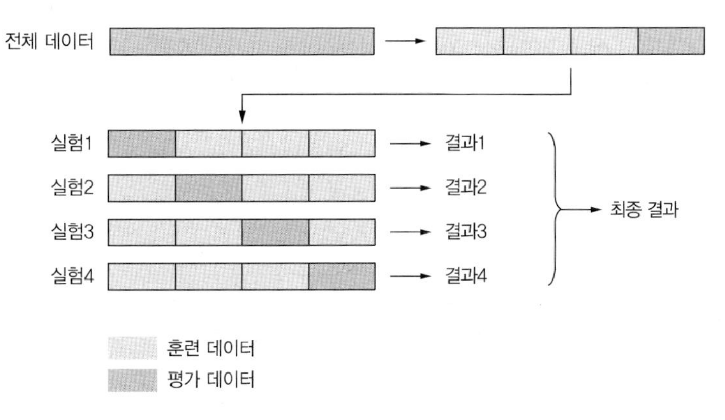

▲ K–Fold Cross Validation(k=4)

K–Fold CV, LOOCV, LpOCV 등 설명을 보고 어떤 기법인지 알 수 있어야 문제 풀이에 수월합니다.

◈ K–Fold Cross Validation 절차

순서	절차	설명
1	동등 분할	전체 데이터를 K개 같은 크기의 부분집합으로 랜덤하게 나눔
2	훈련/평가 데이터 구성	(K–1)개 부분집합들은 훈련 데이터로, 나머지 1개 부분 집합은 평가 데이터로 하는 K개의 실험 데이터(Experiment Set)를 구성
3	분류기 학습	각 실험 데이터마다 훈련 데이터로 분류기를 학습시키고, 평가 데이터로 분류기의 성능을 평가
4	분류기 성능 확인	실험 결과 K개를 종합하여 해당 분류기의 최종 성능을 구함

③ LOOCV(Leave–One–Out Cross Validation)

- LOOCV는 전체 데이터 N개에서 1개의 샘플만을 평가 데이터에 사용하고 나머지 (N–1)개는 훈련 데이터로 사용하는 과정을 N번 반복하는 교차 검증 기법이다.
- K–Fold와 같은 방법을 사용하며, 이때 K는 전체 데이터 N과 같다(K=N).
- 가능한 한 많은 데이터를 훈련에 사용할 수 있지만, 수행 시간과 계산량이 많다.

- 작은 크기의 데이터에 사용하기 좋다.

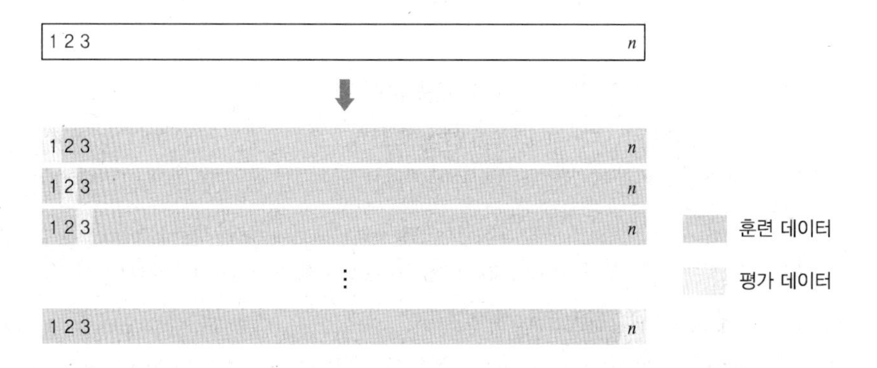

▲ Leave-One-Out Cross Validation(LOOCV)

④ LpOCV(Leave-p-Out Cross Validation)

- LpOCV는 LOOCV에서 1개의 샘플이 아닌 p개의 샘플을 테스트에 사용하는 교차 검증 기법이다.
- ${}_nC_p$, 즉 $\frac{n!}{(n-p)!p!}$ 만큼 교차 검증이 반복되므로 계산 시간에 대한 부담이 매우 크다.

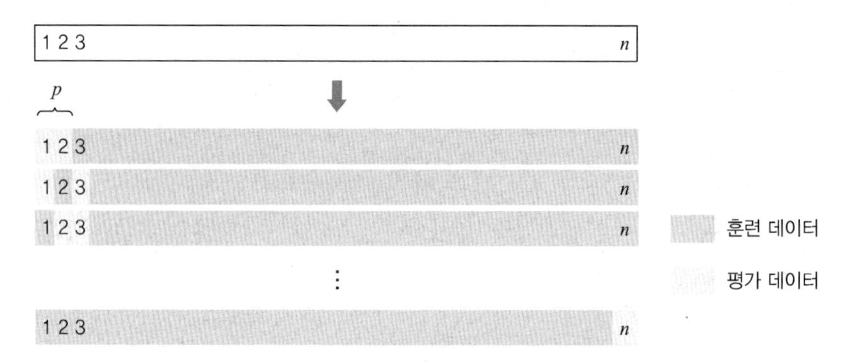

▲ Leave-p-Out Cross Validation(LpOCV)

⑤ 부트스트랩

복원 추출
(Sampling with Replacement)
한번 뽑은 표본을 모집단에 다시 넣고 다른 표본을 추출하는 기법이다.

㉮ 부트스트랩(Bootstrap) 개념

부트스트랩은 주어진 자료에서 단순 랜덤 복원 추출 방법을 활용하여 동일한 크기의 표본을 여러 개 생성하는 샘플링 방법이다.

㉯ 부트스트랩 특징

- 무작위 복원추출 방법으로, 전체 데이터에서 중복을 허용하여 데이터 크기만큼 샘플을 추출하고 이를 훈련 데이터(Training Set)로 한다.
- 전체 데이터 샘플이 N개이고 부트스트랩으로 N개의 샘플을 추출하는 경우 특정 샘플이 훈련 데이터에 포함될 확률은 약 63.2%이다.

- 부트스트랩을 통해 1,000개의 샘플을 추출하더라도 샘플에 한 번도 선택되지 않는 원 데이터가 발생할 수 있는데 전체 샘플의 약 36.8%가 이에 해당한다.
- 한 번도 포함되지 않은 OOB(Out-Of-Bag) 데이터는 검증(Validation)에 사용한다.

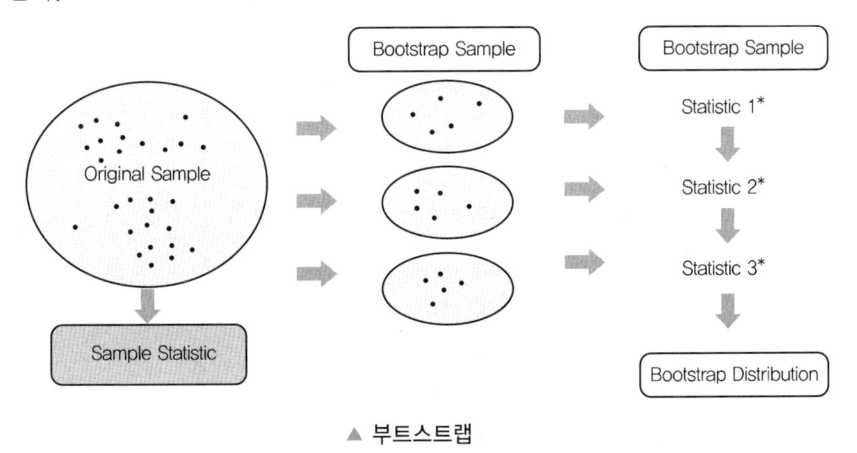

▲ 부트스트랩

4 모수 유의성 검정 ★★

검정 대상인 모집단의 평균 및 분산에 따라 가설의 유의성을 검정한다.

(1) 모집단과 모수 관계

- 모집단(Population)은 관심의 대상이 되는 전체 그룹이며, 모수(Parameter)는 모집단을 설명하는 어떤 값이다.

예) 모집단(Population)의 평균은 모수(Parameter)이다.

- 표본(Sample)은 모집단 분석을 위해 추출한 한 집단(Set)의 관측치이며, 통계량(Statistic)은 모집단을 설명하는 어떤 값을 표본으로부터 구한 값이다.

예) 표본(Sample)으로부터 구한 평균은 통계량(Statistic)이다.

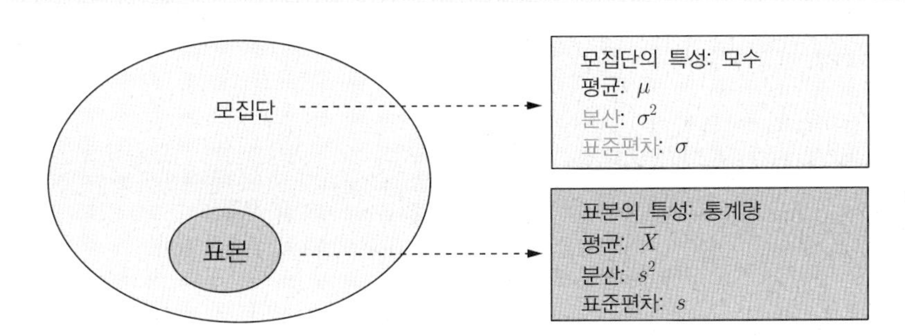

▲ 모집단, 표본, 모수, 통계량 관계

학습 POINT

모수 유의성 검정은 중요 개념이 많이 나옵니다. 집중해서 학습하시길 권장합니다!

학습 POINT

통계학에서 영어로 Parameter는 모집단의 특성을 나타내는 수치인 모수(Parameter)를 나타내지만, 머신러닝에서 Parameter는 주어진 데이터로부터 학습을 통해 모델 내부에서 결정되는 변수인 매개변수(Parameter)를 나타냅니다.

잠깐! 알고가기

분산(Variance)
확률변수가 기댓값으로부터 얼마나 떨어진 곳에 분포하는지를 가늠하는 숫자이다.

표준편차(Standard Deviation)
분산의 양(+)의 제곱근의 값으로 이 값을 통하여 평균에서 흩어진 정도를 알 수 있다.

학습 POINT

각 검정에 대해 설명을 보고 어떤 검정인지 알 수 있을 정도로 학습합시다.

잠깐! 알고가기

귀무가설(Null Hypothesis)
현재까지 주장되어 온 것 또는 기존과 비교하여 변화 혹은 차이가 없음을 나타내는 가설이다.

잠깐! 알고가기

등분산성(Homoskedasticity)
분산 분석을 통해 서로 다른 두 개 이상의 집단을 비교하고자 할 때, 해당 집단들이 만족해야 되는 조건 중 분산이 같다는 조건을 나타낸다.

(2) 모집단의 평균에 대한 유의성 검정

모집단 평균을 알고 있을 때 Z-검정, T-검정을 사용하여 유의성을 검정한다.

① Z-검정

㉮ Z-검정(Z-Test) 개념

Z-검정은 귀무가설에서 검정 통계량의 분포를 정규분포로 근사할 수 있는 통계 검정이다.

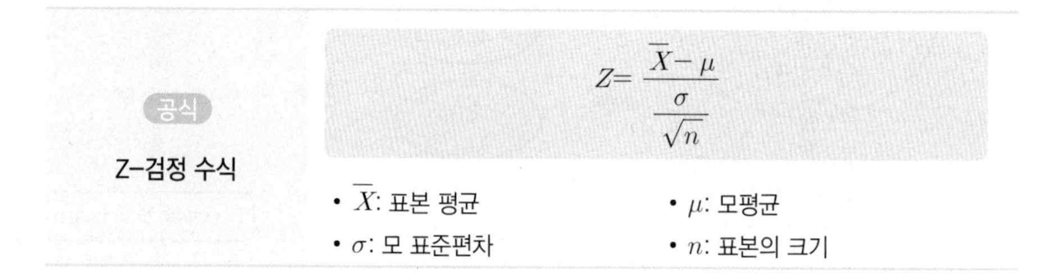

공식
Z-검정 수식

$$Z=\frac{\overline{X}-\mu}{\frac{\sigma}{\sqrt{n}}}$$

- $\overline{X}$: 표본 평균
- μ: 모평균
- σ: 모 표준편차
- n: 표본의 크기

㉯ Z-검정 절차

- 정규분포를 가정하며, 추출된 표본이 동일 모집단에 속하는지 가설을 검증하기 위해 사용한다.
- 모집단 분산 σ^2를 이미 알고 있을 때 분포의 평균을 테스트한다.
- Z-검정 통계량 값이 임계치(Critical Value)보다 크고 작음에 따라, 가설을 기각 또는 채택한다.

② T-검정

㉮ T-검정(T-Test) 개념

- 검정하는 통계량이 귀무가설 하에서 T-분포(T-Distribution)를 따르는 통계적 가설검정이다.
- 두 집단 간의 평균을 비교하는 모수적 통계 방법으로서 표본이 정규성, 등분산성, 독립성 등을 만족할 경우 적용한다.

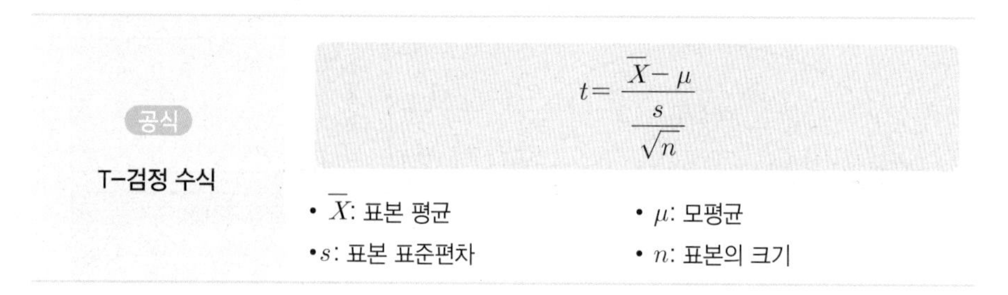

공식
T-검정 수식

$$t=\frac{\overline{X}-\mu}{\frac{s}{\sqrt{n}}}$$

- $\overline{X}$: 표본 평균
- μ: 모평균
- s: 표본 표준편차
- n: 표본의 크기

㉯ T-검정 특징

- 모집단이 정규분포라는 정도만 알고, σ^2(모분산)을 모를 때 s^2(표본분산)으로 대체하여 모평균 μ를 구할 때 사용한다.
- 적은 표본으로도 모집단 평균을 추정하려고 정규분포 대신에 사용되는 확률분포이다.

③ 분산 분석

㉮ 분산 분석(ANOVA; Analysis of Variance) 개념

분산 분석은 두 개 이상의 집단 간 비교를 수행하고자 할 때 집단 내의 분산, 총 평균과 각 집단의 평균 차이에 의해 생긴 집단 간 분산 비교로 얻은 F-분포를 이용하여 가설검정을 수행하는 방법이다.

㉯ 분산 분석 종류

분산 분석 종류

구분	분산 분석 유형	독립변수의 수	종속변수의 수
단일변량 분산 분석	일원배치 분산 분석(One-way ANOVA)	1개	1개
	이원배치 분산 분석(Two-way ANOVA)	2개	
	다원배치 분산 분석(Multi-way ANOVA)	3개 이상	
다변량 분산 분석	다변량 분산 분석(MANOVA)	1개 이상	2개 이상

㉰ 분산 분석 종류 – 일원배치 분산 분석

일원배치 분산 분석은 독립변수와 종속변수가 1개이고 모집단의 분산, 표준편차를 알지 못할 때 평균을 비교하기 위해 사용하는 기법이다.

일원 분산 분석표(k는 독립변수의 집단 수, n은 데이터 총수)

요인	제곱 합	자유도	제곱평균	F
집단 간	SSR	$k-1$	MSR=SSR/$k-1$	MSR/MSE
집단 내	SSE	$n-k$	MSE=SSE/$n-k$	
총	SST	$n-1$		

예 고등학교 학년별(1, 2, 3학년) 국어 과목 평균 차이 분석

㉱ 분산 분석 종류 – 이원배치 분산 분석

- 이원배치 분산 분석은 종속변수가 1개, 독립변수가 2개일 때 각 독립변수의 범주에 대응하는 종속변수 간에 평균의 차이를 검정하는 방법이다.

- 이원배치 분산 분석은 독립변수가 2개일 때, 각 독립변수의 영향이 있는가와 두 독립변수 간에 상호작용이 존재하는지를 검정할 수 있다.
- 자료를 두 개의 명목변수에 의해 행과 열로 이원배치하고, 행의 평균, 열의 평균, 전체의 총평균을 구한다.
- 명목 척도 변수(독립변수)는 서로 독립적이라고 가정할 때 종속변수의 분산이 특정한 명목 척도(독립변수)의 요인에 의해 변한다고 볼 수 있다.

㉦ 고등학교 학년별(1, 2, 3학년), 지역별(서울, 인천) 국어 과목 평균 차이 분석

㉤ 분산 분석 종류 – 다원배치 분산 분석

- 다원배치 분산 분석 독립변수가 3개 이상이고 종속변수가 1개일 때 분석하는 기법이다.

㉦ 고등학교 학년별(1, 2, 3학년), 지역별(서울, 인천), 성별(남, 여) 국어 과목 평균 차이 분석

㉥ 분산 분석 종류 – 다변량 분산 분석

- 다변량 분산 분석은 독립변수가 1개 이상이고 종속변수가 2개 이상일 때 두 집단 간 평균 차이를 검증하기 위해 사용하는 분석 기법이다.

㉦ 고등학교 학년별(1, 2, 3학년), 지역별(서울, 인천) 국어, 수학 과목 평균 차이 분석

(3) 모집단의 분산에 대한 유의성 검정

① 카이제곱 검정

카이제곱 검정, F–검정 역시 중요 개념입니다. 개념을 잘 알고 넘어 가시길 권장합니다!

- 카이제곱 검정은 관찰된 빈도가 기대되는 빈도와 유의미하게 다른지를 검정하기 위해 사용되며 카이제곱 분포에 기초한 통계적 검정 방법이다.
- 단일 표본의 모집단이 정규분포를 따르며 분산을 알고 있는 경우에 적용한다.
- 두 집단 간의 동질성 검정에 활용된다.

공식

카이제곱 검정 (Chi–Square Test)

$$\chi^2 = \sum_{i=1}^{k} \frac{(O_i - E_i)^2}{E_i}$$

- O_i: 범주 i의 실제 관측치
- k: 범주 개수, 자유도는 k–1
- E_i: 귀무가설이 옳다는 전제하에 기대되는 범주 i의 기대 빈도수

② F-검정

- F-검정은 두 표본의 분산에 대한 차이가 통계적으로 유의한가를 판별하는 검정 기법이다.
- 두 모집단 분산 간의 비율에 대한 검정이다.

F-검정 수식

$$F=\frac{s_1^2}{s_2^2}$$

s_1^2, s_2^2는 표본분산으로 s_1에 큰 값, s_2에 작은 값을 넣는다.

5 적합도 검정 ★★

(1) 적합도 검정(Goodness of Fit Test) 개념

적합도 검정은 표본 집단의 분포가 주어진 특정 이론을 따르고 있는지를 검정하는 기법이다.

(2) 적합도 검정 기법 유형

- 적합도 검정은 가정된 확률이 정해진 경우와 아닌 경우(정규성 검정)로 유형을 분리할 수 있다.
- 적합도 검정 기법으로는 카이제곱 검정, 샤피로-윌크 검정, K-S 검정, Q-Q Plot이 있다.

적합도 검정 기법 유형

검정 기법	설명
가정된 확률 검정	• 가정된 확률이 정해져 있을 경우에 사용하는 검정 방법 • 카이제곱 검정(Chi Square Test)을 이용하여 검정 수행 귀무가설(H_0): 데이터가 가정된 확률을 따름 대립가설(H_1): 데이터가 가정된 확률을 따르지 않음
정규성 검정 (Normality Test)	• 가정된 확률이 정해져 있지 않을 경우에 사용하는 기법 • 샤피로-윌크 검정(Shapiro-Wilk Test), 콜모고로프-스미르노프 적합성 검정(Kolmogorov-Smirnov Goodness of Fit Test; K-S Test)을 이용하여 검정 수행 • 시각화를 통한 검정 기법으로 히스토그램, Q-Q Plot(Quantile-Quantile Plot)을 사용

학습 POINT

다소 어렵게 느껴질 수 있는 부분입니다. 하지만 문제로 출제될 때는 개념을 중심으로 물어보는 형태이므로, 선별적 학습을 권장합니다.

① 가정된 확률 검정

R 언어에서 chisq.test() 함수를 이용하여 나온 결과의 p-값이 0.05보다 클 경우 관측된 데이터가 가정된 확률을 따른다고 할 수 있다.

우리나라의 알려진 흡연율이 22.4%일 경우, 300명의 설문을 통하여 관측된 흡연자의 비율이 22.4%인지 검증하는 예제이다.

설문결과 흡연자는 232명이고 비흡연자는 68명이라고 가정하면, 귀무가설(H_0)는 "흡연율은 22.4%이다."이고, 대립가설(H_1)은 "흡연율은 22.4%가 아니다"이다.

```
> chisq.test(c(232,68), p=c(0.776,0.224))

        Chi-squared test for given probabilities

data:  c(232, 68)
X-squared = 0.012273, df = 1, p-value = 0.9118
```

카이제곱 검정 결과 도출된 p-값이 0.9118로서 0.05보다 크므로 귀무가설을 채택한다. 설문결과 관측된 흡연율은 가정된 흡연율(22.4%)을 따른다고 할 수 있다.

② 정규성 검정(Normality Test)

- 일반적으로 데이터가 정규분포를 따른다는 가정 아래 검정 통계량과 p-값을 계산하므로, 정규성 가정을 만족하지 못한다면 모형의 타당성이 떨어지고 모형의 신뢰성을 의심 받게 된다.
- 따라서, 모형이 정규성 가정을 만족하는지 정규성 검정을 수행하여야 한다.
- 정규성 검정에는 샤피로-윌크 검정과 콜모고로프-스미르노프 적합성 검정을 이용한다.
- 시각화를 통한 정규성 검정은 히스토그램, Q-Q Plot(Quantile-Quantile Plot)이 주로 사용된다.

학습 POINT

샤피로-윌크 검정의 인자는 x 한 개이지만, 콜모고로프-스미르노프 적합성 검정의 인자는 x, y, Alternative 등 여러 개입니다.

㉮ 샤피로-윌크 검정(Shapiro-Wilk Test)

- 샤피로-윌크 검정은 데이터가 정규분포를 따르는지 확인하기 위한 검정 방법이다.
- 샤피로-윌크 검정은 R에서 sharpiro.test() 함수를 이용하여 검정하며 이때 귀무가설은 '표본은 정규분포를 따른다.'이다.
- shapiro.test() 함수의 인수에는 1개의 수치형 벡터만 사용할 수 있으며, 이때 데이터의 수는 3개부터 5,000개 이하만 사용이 가능(5,000개보다 큰 경우 오류가 발생)하다.

```
> shapiro.test(runif(6000, min=2, max=7))
Error in shapiro.test(runif(6000, min = 2, max = 7)) :
  샘플의 크기는 반드시 3 부터 5000 이내에 있어야 합니다
```

▲ 샤피로-윌크 검정 에러

- 일반적으로 표본의 수가 많을 경우(2000개 이상)에는 K-S 검정을, 데이터가 적을 경우에는 샤피로-윌크 검정을 사용한다.

학습 POINT

표본의 개수가 2,000개 이상이면 콜모고로프-스미르노프 적합성 검정을, 2,000개 이하이면 샤피로-윌크 검정을 주로 사용하지만, 절대적인 수치는 아닙니다.

잠깐! 알고가기

정규분포(Normal Distribution)
연속 확률 분포의 하나로 일반적으로 발견되는 좌우대칭의 종 모양으로 생긴 분포이다.

MASS 패키지에서 Pima.tr 데이터의 bmi가 정규분포를 따르는지에 대한 검정 결과이다.

```
> library(MASS)
> head(Pima.tr$bmi)
[1] 30.2 25.1 35.8 47.9 26.4 35.6
> shapiro.test(Pima.tr$bmi)

        Shapiro-Wilk normality test

data:  Pima.tr$bmi
W = 0.99104, p-value = 0.2523
```

샤피로-윌크 검정을 한 결과 p-값은 0.2523이며 0.05보다 크기 때문에 귀무가설인 '관측된 데이터가 정규분포를 따른다.'라고 할 수 있다.

아래의 그림은 위의 샘플 데이터가 정규분포와 유사한지 히스토그램을 통하여 확인해 본 결과이며, 정규분포와 유사하다는 것을 알 수 있다.

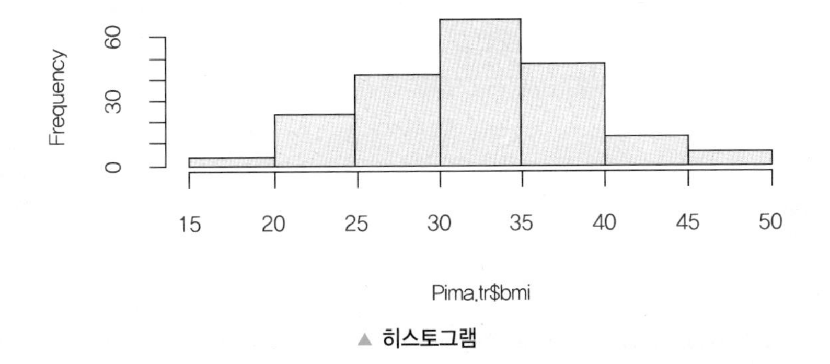

▲ 히스토그램

㈏ 콜모고로프-스미르노프 적합성 검정(Kolmogorov-Smirnov Goodness of Fit Test; K-S 검정)

- K-S 검정은 데이터가 어떤 특정한 분포를 따르는가를 비교하는 검정 기법이다.
- 비교 기준이 되는 데이터를 정규분포를 가진 데이터로 두어서 정규성 검정을 실시할 수 있다.

- K–S 검정은 R에서 ks.test() 함수를 이용하여 검정을 실시한다. (인자는 x, y, alternative 등이 있음)

아래의 예제는 평균이 10이고 분산이 2인 100개의 정규분포를 따르는 임의의 데이터를 추출한 후, 실제 추출한 데이터가 평균이 10이고 분산이 2인 정규분포를 따르는지에 대한 검정 결과이다.

```
> sample <- rnorm(100, 10, 2)
> ks.test(sample, "pnorm", mean = 10, sd = 2)

        One-sample Kolmogorov-Smirnov test

data:  sample
D = 0.059128, p-value = 0.8756
alternative hypothesis: two-sided
```

K–S Test 결과 p–값은 0.8756이며 0.05보다 크므로 귀무가설인 정규분포를 따른다고 할 수 있다. K–S Test는 두 그룹의 데이터가 동일한 분포인지에 대한 여부도 검정이 가능하다.

다음은 각각 100개, 150개의 데이터를 표준 정규분포로 임의 생성한 두 그룹의 데이터가 실제로 동일한 분포인지에 대한 검정 결과이다.

귀무가설(H_0)은 '두 그룹의 데이터는 동일한 분포이다.'이고 대립가설(H_1)은 '두 그룹의 데이터는 동일한 분포가 아니다.'이다.

```
> parent <- rnorm(150)
> sample <- rnorm(100)
> ks.test(sample, parent)

        Two-sample Kolmogorov-Smirnov test

data:  sample and parent
D = 0.14333, p-value = 0.1699
alternative hypothesis: two-sided
```

K–S Test 결과 p–값은 0.1699이며, 0.05보다 크므로 귀무가설을 채택하여 두 그룹의 분포가 동일하다고 할 수 있다.

p–값(p–value)
귀무가설이 사실인데도 불구하고 사실이 아니라고 판정할 때 실제 확률을 나타낸다.

학습 POINT

Q–Q Plot도 그림을 중심으로 이해를 하고 가볍게 넘어가시길 권장합니다.

㈐ Q–Q Plot(Quantile–Quantile Plot)

- Q–Q Plot은 그래프를 이용하여 정규성 가정을 시각적으로 검정하는 방법이다.
- Q–Q Plot에서 대각선 참조선을 따라서 값들이 분포하게 되면 정규성 가정을 만족한다고 할 수 있다.
- 한쪽으로 치우치는 모습이라면 정규성 가정에 위배되었다고 볼 수 있다.
- 한쪽으로 치우쳤다고 판단하는 기준이 모호하므로 결과 해석이 상당히 주관적일 수 있으므로 Q–Q Plot은 보조용으로 사용하는 것이 좋다.

아래는 샤피로-윌크 검정에서 사용한 체질량지수(bmi) 데이터에 대한 Q-Q Plot의 결과이다.

```
> bmi <- Pima.tr$bmi
> qqnorm(bmi)
> qqline(bmi)
```

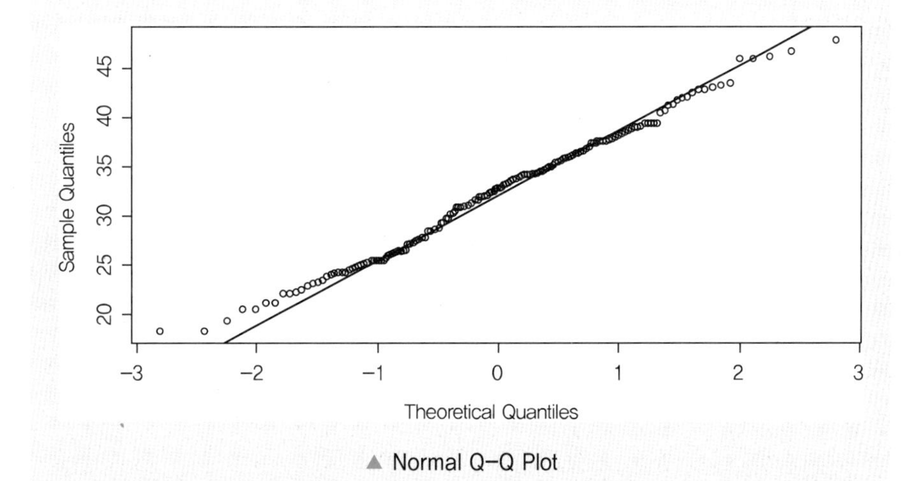

▲ Normal Q-Q Plot

위의 결과 대각선 참조선을 따라서 대부분 데이터가 분포하고 있으므로 정규성 가정을 따른다고 할 수 있다.

정규성 가정
데이터의 분포가 정규분포를 따른다는 가정을 의미한다.

지피지기 기출문제

01 다음 중 이상적인 분석 모형을 위해 Bias와 Variance는 어떻게 설정되어야 하는가? 21년 2회

① 높은 Bias, 높은 Variance가 있을 때
② 낮은 Bias, 높은 Variance가 있을 때
③ 낮은 Bias, 낮은 Variance가 있을 때
④ 높은 Bias, 낮은 Variance가 있을 때

해설 • 편향(Bias)은 학습 알고리즘에서 잘못된 가정을 했을 때 발생하는 오차이다.
• 분산(Variance)은 훈련 데이터(Training Set)에 내재된 작은 변동으로 발생하는 오차이다.
• 이상적인 분석 모형에서는 낮은 편향과 낮은 분산으로 설정되어야 한다.

02 다음 중 분석 모형의 평가방법에 대한 설명으로 틀린 것은? 21년 2회

① 종속변수의 유형에 따라 선택하는 평가방법이 다르다.
② 종속변수의 유형이 범주형일 때는 혼동 행렬을 사용할 수 있다.
③ 종속변수의 유형이 연속형일 때는 RMSE를 사용할 수 있다.
④ 종속변수가 범주형일 때 임곗값이 바뀌면 정분류율은 변하지 않는다.

해설 • 분석 모형 평가방법은 종속변수 유형에 따라 다르다.
• 종속변수가 범주형인 경우 혼동행렬을 사용하며, 연속형인 경우 RMSE를 사용한다.
• 종속변수가 범주형일 때 임곗값이 바뀌면 정분류율은 변한다.

03 K-Fold에 대한 설명으로 옳지 않은 것은? 21년 2회

① 데이터를 K개로 나눈다.
② 1개는 훈련 데이터, (K−1)개는 검증 데이터로 사용한다.
③ K번 반복 수행한다.
④ 결과를 K에 다수결 또는 평균으로 분석한다.

해설 • K-Fold Cross Validation은 데이터 집합을 무작위로 동일 크기를 갖는 K개의 부분 집합으로 나누고, 그중 1개 집합을 평가 데이터(Test Set)로, 나머지 (K−1)개 집합을 훈련 데이터(Training Set)로 선정하여 분석 모형을 평가하는 기법이다.
• 모든 데이터를 훈련(Training)과 평가(Test)에 사용할 수 있으나 k번 반복 수행하며, K값이 증가하면 수행 시간과 계산량도 많아진다.

04 다음 중 분석 모형 검증에 대한 설명으로 옳지 않은 것은? 21년 2회

① 데이터 수가 적으면 교차 검증하는 것이 좋다.
② 교차 검증을 통해 분석 모형의 일반화 성능을 확인할 수 있다.
③ K-Fold 교차 검증은 (K−1)개 부분 집합들은 훈련 데이터로, 나머지 1개 부분 집합은 평가 데이터로 하는 K개의 실험 데이터를 구성하여 진행한다.
④ 데이터 수가 많으면 검증 데이터로 충분하므로, 평가 데이터는 불필요하다.

해설 최종 모형을 선정할 때에는 데이터 수가 많아서 검증 데이터가 많더라도 테스트 데이터로 성능을 확인하는 과정은 필요하다.

05 주어진 원천 데이터를 두 분류로 분리하여 교차 검정을 실시하는 방법으로, 하나는 학습 데이터로, 하나는 평가 데이터로 사용하는 기법은 무엇인가? 21년 3회

① Bagging
② Ensenble
③ Boosting
④ Holdout

해설 • 주어진 원천 데이터를 두 분류로 분리하여 교차 검정을 실시하는 방법으로, 하나는 학습 데이터로, 하나는 평가 데이터로 사용하는 기법은 홀드아웃(Holdout) 교차 검증이다.
• 학습 데이터(Training Data), 검증 데이터(Validation Data), 평가 데이터(Test Data) 등으로 나누어서 활용한다.

06 이진 분류기의 평가측정 요소로 옳지 않은 것은? 21년 3회

① Precision ② Recall
③ Accuracy ④ MAE

해설 MAE는 평균 절대 오차(Mean Absolute Error)를 의미하며 이진 분류기가 아닌 회귀 모형의 기본 평가측정 요소로 활용된다.

07 다음은 혼동행렬(Confusion Matrix)이다. 민감도(Sensitivity)와 정밀도(Precision)를 계산한 결과는 무엇인가? 21년 3회

		실제(Actual)	
		참	거짓
예측 Predict	참	4	2
	거짓	1	3

① 민감도: 2/3, 정밀도: 4/5
② 민감도: 4/5, 정밀도: 2/3
③ 민감도: 3/5, 정밀도: 4/5
④ 민감도: 4/5, 정밀도: 3/5

해설 • 민감도의 계산식은 $\frac{TP}{TP+FN}$이므로, $\frac{4}{4+1}=\frac{4}{5}$이다.
• 정밀도의 계산식은 $\frac{TP}{TP+FP}$이므로, $\frac{4}{4+2}=\frac{2}{3}$이다.

08 혼동행렬의 평가지표에서 실제로 '부정'인 범주 중에서 '부정'으로 올바르게 예측한 비율은? 21년 3회

① 민감도(Sensitivity)
② 특이도(Specificity)
③ 지지도(Support)
④ 유사도(Similarity)

해설 • 특이도는 실제로 '부정'인 범주 중에서 '부정'으로 올바르게 예측(TN)한 비율을 의미한다.
• 특이도의 계산식은 $\frac{TN}{TN+FP}$으로 계산한다.

09 평균 절대 백분율 오차(MAPE; Mean Absolute Percentage Error)에 대한 공식으로 옳은 것은 무엇인가? (O_i : 관측빈도, E_i : 기대 빈도) 21년 3회

① $\frac{1}{n}\sum_{i=1}^{n}|O_i - E_i| \times 100$

② $\frac{1}{n}\sum_{i=1}^{n}(O_i - E_i)^2 \times 100$

③ $\frac{1}{n}\sum_{i=1}^{n}\left|\frac{O_i - E_i}{O_i}\right| \times 100$

④ $\sqrt{\frac{1}{n}\sum_{i=1}^{n}(O_i - E_i) \times 100}$

해설 • MAPE는 예측이 실젯값에서 평균적으로 벗어나는 정도를 백분율로 표현한다.
• 공식은 $\frac{1}{n}\sum_{i=1}^{n}\left|\frac{O_i - E_i}{O_i}\right| \times 100$이다.

지피지기 기출문제

10 다음은 ROC 곡선에 대한 그림이다. 설명으로 옳지 않은 것은? 21년 3회

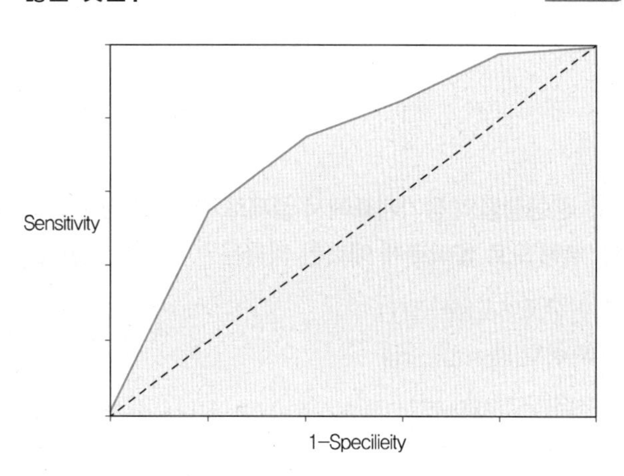

① AUC의 값은 항상 0.5~1의 값을 가지며 1에 가까울수록 좋은 모형이다.
② AUC는 곡선 아래 영역을 의미한다.
③ AUC는 진단의 정확도를 측정할 때 사용한다.
④ 참조선(Reference Line)에 가까울수록 성능이 좋다.

해설 • 참조선에서 거리가 멀 수록 분류 성능이 우수하다.
• AUC의 판단기준은 다음과 같다. (참조선은 0.5)

0.9~1.0	Excellent(뛰어남)
0.8~0.9	Good(우수)
0.7~0.8	Fair(보통)
0.6~0.7	Poor(불량)
0.5~0.6	Fail(실패)

11 회귀모형 진단을 위해 사용되는 적합도 검정기법과 가장 거리가 먼 것은 무엇인가? 21년 3회

① 종속변수 y의 절편
② 샤피로−윌크 검정
③ Q−Q Plot
④ 잔차의 히스토그램

해설 샤피로−윌크, Q−Q Plot, 잔차의 히스토그램은 정규성을 검정할 때 사용한다.

12 다음은 암 진단을 예측한 것과 실제 암 진단 결과를 혼동 행렬로 나타낸 것이다. 아래 표를 보고 TPR, FPR의 확률을 계산하시오. (단, 결과가 음성이라는 뜻인 0을 Positive로 한다.) 21년 2회

		Actual	
		0	1
Predict	0	45(TP)	15(FN)
	1	5(FP)	235(TN)

① TPR: 9/10, FPR: 1/4
② TPR: 9/10, FPR: 1/48
③ TPR: 3/4, FPR: 1/48
④ TPR: 3/4, FPR: 1/4

해설 • TPR(참 긍정률)은 재현율(Recall), 민감도(Sensitivity)로 공식은 TPR=TP/(TP+FN)=45/(45+15)=45/60=3/4
• FPR(거짓 긍정률) 공식은
FPR=FP/(FP+TN)=5/(5+235)=5/240=1/48

13 다음 혼동 행렬(Confusion Matrix)에서 참이 0이고 거짓이 1일 때, Specificity와 Precision은 무엇인가? 21년 2회

		예측		총합
		0	1	
실제	0	25	15	40
	1	15	75	90
총합		40	90	130

① Specificity: 5/8, Precision: 5/8
② Specificity: 5/8, Precision: 5/6
③ Specificity: 5/6, Precision: 5/6
④ Specificity: 5/6, Precision: 5/8

해설 • Specificity(특이도) 공식은
Specificity = TN/(TN+FP) = 75/(75+15)=75/90=5/6
• Precision(정밀도) 공식은
Precision = TP/(TP+FP) = 25/(25+15)=25/40=5/8

14 다음 중 혼동 행렬에 대한 설명으로 적절하지 않은 것은? 21년 2회

		Predict	
		Positive	Negative
Actual	Positive	TP	FN
	Negative	FP	TN

① 카파 값(Kappa Value)은 0~1 사이의 값을 가지며, 1에 가까울수록 예측값과 실젯값이 일치함을 알 수 있다.
② 부정(Negative)인 범주 중 부정으로 올바르게 예측(True Negative)한 비율은 민감도(Sensitivity) 지표를 사용한다.
③ 부정인 범주 중 긍정으로 잘못 예측(False Positive)한 비율을 정밀도(Precision)라고 하며, TP/(TP+FP)라고 표기한다.
④ 머신러닝 성능 평가지표 중 정확도(Accuracy)를 표기하는 식은 (TP+TN)/(TP+FP+FN+TN)이다.

해설

지표	계산식	설명
특이도 (Specificity)	TN/(TN+FP)	실제로 '부정'인 범주 중에서 '부정'으로 올바르게 예측(TN)한 비율
민감도 (Sensitivity)	TP/(TP+FN)	실제로 '긍정'인 범주 중에서 '긍정'으로 올바르게 예측(TP)한 비율
거짓 긍정률 (FP Rate)	FP/(TN+FP)	실제로 '부정'인 범주 중에서 '긍정'으로 잘못 예측(FP)한 비율
정밀도 (Precision)	TP/(TP+FP)	'긍정'으로 예측한 비율 중에서 실제로 '긍정'(TP)인 비율

15 다음 중 F1-Score에 들어가는 지표는? 21년 2회

① TP Rate, FP Rate
② Accuracy, Sensitivity
③ Specificity, Error Rate
④ Precision, Recall

해설
- F1-Score는 정밀도와 민감도(재현율)를 하나로 합한 성능 평가 지표로 0~1 사이의 범위를 갖는다.
- F1-Score를 표기하는 식은 $2 \times \frac{Precision \times Recall}{Precision + Recall}$이다.
- 정밀도(Precision)와 재현율(Recall)(=민감도(Sensitivity)) 양쪽이 모두 클 때 F1-Score도 큰 값을 갖는다.

16 다음 중 ROC 커브에 대한 설명으로 적합하지 않은 것은? 21년 2회

① x축은 특이도를 의미한다.
② y축은 민감도를 의미한다.
③ AUC(Area Under ROC) 1.0에 가까울수록 분석 모형 성능이 우수하다.
④ AUC(Area Under ROC) 0.5일 경우, 랜덤 선택에 가까운 성능을 보인다.

해설
- x축은 특이도가 아닌 거짓 긍정률(FP Rate)(=1-특이도)이다.
- y축은 참 긍정률(TP Rate)=재현율(Recall)=민감도(Sensitivity)이다.

17 전체 데이터 집합을 동일 크기를 갖는 K개의 부분 집합으로 나누고, 훈련 데이터와 평가 데이터로 나누는 기법은 무엇인가? 21년 2회

① K–Fold ② 홀드아웃(Holdout)
③ Dropout ④ Cross Validation

해설

K–Fold	데이터 집합을 무작위로 동일 크기를 갖는 K개의 부분집합으로 나누고, 그중 1개 집합을 평가 데이터(Test Set)로, 나머지 (K–1)개 집합을 훈련 데이터(Training Set)로 선정하여 분석 모형을 평가하는 기법
홀드아웃(Holdout)	전체 데이터를 비복원추출 방법을 이용하여 랜덤하게 훈련 데이터(Training Set)와 평가 데이터(Test Set)로 나눠 검증하는 기법
Dropout	인공신경망의 학습 과정에서 신경망 일부를 사용하지 않는 기법
Cross Validation	모델의 일반화 오차에 대해 신뢰할 만한 추정치를 구하기 위해 훈련, 평가 데이터를 기반으로 하는 검증 기법

정답 01 ③ 02 ④ 03 ② 04 ④ 05 ④ 06 ④ 07 ② 08 ② 09 ③ 10 ④ 11 ① 12 ③ 13 ④ 14 ②, ③ 15 ④ 16 ① 17 ①

천기누설 예상문제

01 다음 중 회귀 모형의 평가에 많이 사용되는 모형의 평가지표이며 오차 제곱합으로 계산되는 평가지표는?

① AE　② SSE
③ MAE　④ 결정계수

해설 SSE(Error Sum of Square): 예측값과 실젯값과 차이인 오차의 제곱의 합으로 계산되며, 회귀 모형의 평가에 많이 사용되는 평가지표이다.

02 회귀 모형의 평가지표 중 회귀 제곱합계를 무엇이라고 하는가?

① SSE　② SST
③ SSR　④ AE

해설

SSE	• 오차 제곱합(Error Sum of Square) • 예측값과 실젯값의 차이 제곱의 합
SST	• 전체 제곱합(Total Sum of Squares)
SSR	• 회귀 제곱합(Regression Sum of Squares)
AE	• 평균 오차(Average Error)

03 다음 중 ROC 곡선에 대한 설명으로 가장 옳지 않은 것은 무엇인가?

① 가로축(x)을 혼동 행렬의 FPR(거짓 긍정률, 1 − 특이도)로 두고 세로축(y)을 TPR(참 긍정률)로 두어 시각화한 그래프이다.
② TPR과 FPR은 어느 정도 비례관계에 있다.
③ AUC의 크기로 모형의 평가지표를 삼는다.
④ AUC의 값은 항상 0 ~ 1의 값을 가지며 1에 가까울수록 좋은 모형이다.

해설 AUC의 값은 항상 0.5 ~ 1의 값을 가지며 1에 가까울수록 좋은 모형이다.

04 다음과 같이 혼동 행렬(Confusion Matrix)이 주어졌을 경우, 다음 중 특이도(Specificity)를 나타내는 공식은 무엇인가?

		예측값	
		Positive	Negative
실젯값	Positive	Ⓐ	Ⓑ
	Negative	Ⓒ	Ⓓ

① $\frac{Ⓐ}{Ⓐ+Ⓑ}$　② $\frac{Ⓓ}{Ⓒ+Ⓓ}$
③ $\frac{Ⓑ}{Ⓑ+Ⓓ}$　④ $\frac{Ⓐ}{Ⓐ+Ⓑ+Ⓒ+Ⓓ}$

해설 • 특이도(Specificity)는 실제로 '부정(Negative)'인 범주 중에서 '부정'으로 올바르게 예측(True Negative)한 비율이다.
• 공식은 $\frac{TN}{TN+FP}$이므로 $\frac{Ⓓ}{Ⓒ+Ⓓ}$이다.

05 혼동 행렬(Confusion Matrix)을 사용하여 계산할 수 있는 평가지표 중 민감도와 동일하며 모형의 완전성(Completeness)을 평가하는 지표는 무엇인가?

① 특이도(Specificity)　② 재현율(Recall)
③ F1 지표　④ 정밀도(Precision)

해설 • 재현율이란 실제 True인 것 중에서 모델이 True라고 예측한 것의 비율이며, $\frac{TP}{(TP+FN)}$로 구할 수 있다.
• 혼동 행렬(Confusion Matrix)을 사용하여 개산할 수 있는 평가지표 중 민감도와 동일하며 모형의 완전성(Completeness)을 평가하는 지표는 재현율이다.

천기누설 예상문제

06 다음 혼동 행렬에서 F1 Score는 얼마인가?

		예측값		합계
		Positive	Negative	
실젯값	Positive	60	40	100
	Negative	20	80	100
합계		80	120	200

① $\frac{1}{3}$　② $\frac{2}{3}$

③ $\frac{1}{6}$　④ $\frac{1}{4}$

해설
- F1 값은 $2\times\frac{\text{Precision}\times\text{Recall}}{\text{Precision}+\text{Recall}}$ 이다.
- 먼저 정밀도(Precision)와 재현율(Recall)을 구한다.

		예측값		합계
		Positive	Negative	
실젯값	Positive	60(TP)	40(FN)	100
	Negative	20(FP)	80(TN)	100
합계		80	120	200

- 정밀도 $\frac{TP}{TP+FP}=\frac{60}{60+20}=\frac{6}{8}$
- 재현율 = 민감도 $=\frac{TP}{TP+FN}=\frac{60}{60+40}=\frac{6}{10}$
- $F1=2\times\frac{\frac{6}{8}\times\frac{6}{10}}{\frac{6}{8}+\frac{6}{10}}=\frac{2}{3}$

07 다음 분석 모형의 평가지표 공식 중에서 MAPE를 나타내는 공식은 무엇인가?

① $\frac{1}{n}\sum_{i=1}^{n}|y_i-\hat{y}|$　② $\sqrt{\frac{1}{n}\sum_{i=1}^{n}(y_i-\hat{y})^2}$

③ $1-\frac{\sum_{i=1}^{n}(y_i-\hat{y_i})^2}{\sum_{i=1}^{n}(y_i-\bar{y})^2}$　④ $\frac{100}{n}\sum_{i=1}^{n}\left|\frac{y_i-\hat{y}}{y_i}\right|$

해설 MAPE(Mean Absolute Percentage Error)의 공식은 $MAPE=\frac{100}{n}\sum_{i=1}^{n}\left|\frac{y_i-\hat{y}}{y_i}\right|$이다.

08 다음 중 수정된 결정계수(R_{adj}^2)에 대한 설명 중 가장 옳지 않은 것은?

① 적절하지 않은 독립변수를 추가하는 것에 페널티를 부과한 결정계수이다.

② 모형에 유용한 변수들을 추가할수록 수정된 결정계수의 값은 감소한다.

③ 수정된 결정계수는 항상 결정계수보다 작다.

④ 독립변수의 개수가 다른 모형을 평가할 때 사용할 수 있다.

해설 수정된 결정계수(R_{adj}^2)는 모형에 유용한 변수들을 추가할수록 수정된 결정계수의 값은 증가한다.

09 데이터 분석 모형을 할 때 발생하는 일반화 오류(Generalization Error)에 대한 설명으로 가장 옳지 않은 것은?

① 분석 모형을 만들 때 주어진 데이터 집합의 특성을 지나치게 반영하여 발생하는 오류이다.

② 주어진 데이터 집합은 모집단 일부분임에도 불구하고 그것이 가지고 있는 주변적인 특성, 단순 잡음 등을 모두 묘사하기 때문에 발생한다.

③ 과대 적합(Over-fitting) 되었다고 한다.

④ 주어진 데이터 집합에 부차적인 특성과 잡음이 있다는 점을 고려하여 그것의 특성을 덜 반영하도록 분석 모형을 만들어 생기는 오류이다.

해설 ④는 학습 오류에 대한 설명이다.

10 모형 평가방법 중 주어진 원천 데이터를 랜덤하게 두 분류로 분리하여 교차 검정을 실시하는 방법이 있다. 전체 데이터를 비복원추출 방법을 이용하여 하나는 모형의 학습 및 구축을 위한 훈련 데이터로, 다른 하나는 성과 평가를 위한 평가 데이터로 사용하는 방법은 무엇인가?

① LOOCV
② K-Fold Cross Validation
③ LpOCV
④ 홀드 아웃 방법

해설 홀드 아웃은 데이터 마이닝을 위해 데이터를 분할하는 방법으로 주어진 데이터를 랜덤하게 두 개의 데이터로 구분하여 사용하는 방법으로 주로 훈련 데이터와 평가 데이터로 분리하여 사용한다.

11 10개의 샘플 데이터를 LpOCV(Leave-p-Out Cross Validation)를 통하여 교차 검증을 실시하고자 한다. p = 2일 경우에 반복되는 교차 검증은 몇 번인가?

① 20　　② 80
③ 45　　④ 90

해설 • n개의 데이터에서 LpOCV를 사용할 때 반복되는 교차 검증의 횟수는 ${}_nC_p$이다.

• ${}_{10}C_2 = \frac{10!}{(10-2)! \times 2!} = \frac{10!}{8! \times 2!} = \frac{10 \times 9}{2 \times 1} = 45$이다.

12 다음 중 데이터의 정규성을 확인하기 위한 방법으로 가장 올바르지 않은 것은?

① 히스토그램
② 샤피로-윌크 검정(Shapiro-Wilk Test)
③ 더빈-왓슨 테스트(Durbin Watson Test)
④ Q-Q Plot

해설 더빈-왓슨 테스트(Durbin Watson Test)는 회귀 모형 오차항의 자기 상관이 있는지에 대한 검정이다.

검정기법	샤피로-윌크 검정(Shapiro-Wilk Test), 콜모고로프-스미르노프 적합성 검정(Kolmogorov-Smirnov Goodness of Fit Test; K-S Test) 등
시각화	히스토그램, Q-Q plot

13 다음 중에서 관측된 데이터가 가정된(알려진) 확률을 따르는지 확인하기 위하여 사용하는 적합도 검정 방법으로 가장 옳은 것은?

① Q-Q Plot
② 샤피로-윌크 검정
③ 홀드아웃 검정
④ 카이제곱 검정

해설 관측된 데이터가 가정된(알려진) 확률을 따르는지 확인하기 위하여 사용하는 적합도 검정 방법은 카이제곱 검정이다.

천기누설 예상문제

14 다음 중 Q-Q Plot에 대한 설명 중 가장 옳지 않은 것은?

① Q-Q Plot은 그래프를 통하여 정규성 가정을 검정하는 방법이다.
② Q-Q Plot에서 대각선 참조선을 따라서 값들이 분포하게 되면 정규성 가정을 만족한다고 할 수 있다.
③ 결과 해석이 객관적이다.
④ 대각선 참조선을 따라서 값들이 한쪽으로 치우치는 모습이라면 정규성 가정에 위배되었다고 볼 수 있다.

해설 한쪽으로 치우쳤다라고 판단하는 기준이 모호하므로 결과 해석이 상당히 주관적일 수 있기 때문에, Q-Q Plot은 보조용으로 사용하는 것이 좋다.

15 다음 중 두 모집단 분산 간의 비율에 대한 검정으로 가장 옳은 것은?

① F-검정
② 일원 분산 분석
③ ANOVA
④ 이원 분산 분석

해설 • F-검정은 두 표본의 분산에 대한 차이가 통계적으로 유의한가를 판별하는 검정 기법이다.

• $F=\frac{s_1^2}{s_2^2}$ 여기에서 s_1^2, s_2^2는 표본분산으로 s_1에 큰 값, s_2에 작은 값을 넣으면 된다.

정답 01 ② 02 ③ 03 ④ 04 ② 05 ② 06 ② 07 ④ 08 ② 09 ④ 10 ④ 11 ③ 12 ③ 13 ④ 14 ③ 15 ①

2 분석 모형 개선

1 과대 적합 방지 ★★

(1) 과대 적합(Over-fitting)의 개념

- 과대 적합은 제한된 훈련 데이터 세트가 지나치게 특화되어 새로운 데이터에 대한 오차가 매우 커지는 현상이다.
- 모델의 매개변수 수가 많거나 훈련 데이터 세트의 양이 부족한 경우에 발생한다.

학습 POINT
과대 적합은 중요 개념입니다. 기본 개념과 방지방법을 두음쌤의 도움을 받아 학습하세요!

⊗ 분석 모형 관련 용어

구분	개념도	설명
훈련 데이터 (Training Set)		• 관측된 데이터를 좌표계로 표현함
일반화 (Generalization)		• 테스트 데이터에 대한 높은 성능을 갖춤 • 과대 적합, 과소 적합을 피하고 정상추정함
과대 적합 (Over-fitting)		• 모델이 훈련 데이터에 너무 잘 맞지만, 일반화가 떨어짐
과소 적합 (Under-fitting)		• 모델이 너무 단순하여 데이터의 내재된 구조를 학습하지 못할 때 발생

(2) 과대 적합 발생 원인

- 훈련 데이터는 실제 데이터의 부분 집합이라서 실제 데이터의 모든 특성을 가지고 있지 않을 수 있다. (과대 적합 등의 문제가 발생할 수 있는 원인을 제공)
- 과대 적합의 발생 원인은 실제 데이터에서 편향된 부분만을 가지고 있거나 오류가 포함된 값을 가지고 있을 경우 발생할 수 있다.

- 모델이 과도하게 복잡하거나, 변수가 지나치게 많을 때도 과대 적합이 발생할 수 있다.

(3) 과대 적합 방지하기

과대 적합을 방지하기 위해 데이터 세트 증강, 모델 복잡도 감소, 가중치 규제, 드롭아웃 방법을 적용한다.

① 데이터 증강(Data Augmentation)

- 모델은 훈련 데이터 세트의 양이 적을 경우, 해당 데이터의 특정 패턴이나 노이즈까지 분석되어 과대 적합 현상이 발생할 확률이 높으므로 충분한 데이터 세트를 확보해야 한다.
- 데이터의 양이 적을 경우, 데이터를 변형해서 늘릴 수 있다.

② 모델의 복잡도 감소

- 인공신경망의 복잡도는 은닉층의 수나 모델의 수용력 등으로 결정된다.
- 과대 적합 현상이 발생할 때 인공신경망의 은닉층의 수를 감소하거나 모델의 수용력을 낮추어 복잡도를 줄일 수 있다.

③ 가중치 규제 적용

㉮ 가중치 규제(Weight Regularization) 개념

- 가중치 규제는 개별 가중치 값을 제한하여 복잡한 모델을 좀 더 간단하게 하는 방법이다.
- 복잡한 모델은 많은 수의 매개변수를 가진 모델로 과대 적합될 가능성이 크다.

㉯ 가중치 규제의 종류 21년 2회

<table>
<tr><th>구분</th><th colspan="2">설명</th></tr>
<tr><td rowspan="3">L1 노름 규제
(라쏘; Lasso Regression)</td><td colspan="2">• 기존 비용 함수에 모든 가중치 w들의 절댓값 합계를 추가하여 값이 최소가 되도록 함</td></tr>
<tr><td colspan="2">공식 L1 노름 규제</td></tr>
<tr><td>$\frac{1}{N}\sum_{i=1}^{N}(y_i-\hat{y}_i)^2+\lambda\sum_{j=1}^{M}|w_j|$</td><td>• $\frac{1}{N}\sum_{i=1}^{N}(y_i-\hat{y}_i)^2$: 기존 비용 함수
• $\lambda\sum_{j=1}^{M}|w_j|$: 절댓값 합계
• λ: 규제의 강도를 정하는 초매개변수
• y: 실젯값
• $\hat{y}$: 예측값 $(x_1w_1+\cdots+x_nw_n+b)$
• b: 편차
• w: 가중치(기울기)</td></tr>
</table>

두음 쌤 한마디

과대 적합 방지
「데모가드」
데이터 세트 증강 / 모델 복잡도 감소 / 가중치 규제 / 드롭아웃 방법
→ 데모를 했는데 경찰이 가드를 쳤다.

잠깐! 알고가기

노이즈(Noise)
실제는 입력되지 않았지만 입력되었다고 잘못 판단된 값이다.

인공신경망(ANN; Artificial Neural Network)
사람 두뇌의 신경세포인 뉴런이 전기신호를 전달하는 모습을 모방한 기계학습 모델이다.

은닉층(Hidden Layer)
인공신경망에서 입력층과 출력층 사이에 위치하여 내부적으로만 동작하는 계층이다.

모델의 수용력(Capacity)
인공신경망에서 모델에 있는 매개변수들의 수이다.

비용 함수(Cost Function)
관측된 값에서 연산된 값 간의 차이를 연산하는 함수이다.

노름(Norm)
벡터의 크기를 측정하는 방법이며, 두 벡터 사이의 거리를 측정하는 방법이기도 하다.

$\sum_{i=1}^{N}|x_j|^p$
- p: 노름의 차수($p=1$이면 L1 규제, $p=2$이면 L2 규제)
- N: 벡터의 원소 개수

초매개변수(Hyper Parameter)
모델에서 외적인 요소로 데이터 분석을 통해 얻어지는 값이 아니라 사용자가 직접 설정해주는 값

구분	설명
L2 노름 규제 (릿지; Ridge Regression)	• 기존 비용 함수에 모든 가중치 w들의 '제곱합'을 추가함 • 가중치 감소(Weight Decay)라고도 하며 가중치가 가장 큰 것은 페널티를 부과하여 과적합 위험을 줄임 공식 L2 노름 규제 $\frac{1}{N}\sum_{i=1}^{N}(y_i-\hat{y_i})^2+\frac{\lambda}{2}\sum_{j=1}^{M}\lvert w_j\rvert^2$ • $\frac{1}{N}\sum_{i=1}^{N}(y_i-\hat{y_i})^2$: 기존 비용 함수 • $\frac{\lambda}{2}\sum_{j=1}^{M}\lvert w_j\rvert^2$: 제곱합
Elastic Net	• 기존 비용 함수에 L1 노름 규제, L2 노름 규제를 추가함 • 알파와 베타의 조합에 따라 노름을 조절하여 정규화를 할 수 있음 공식 Elastic Net $\frac{1}{N}\sum_{i=1}^{N}(y_i-\hat{y_i})^2+\alpha\sum_{j=1}^{M}\lvert w_j\rvert^1+\beta\sum_{j=1}^{M}\lvert w_j\rvert^2$ • $\frac{1}{N}\sum_{i=1}^{N}(y_i-\hat{y_i})^2$: 기존 비용 함수 • $\alpha\sum_{j=1}^{M}\lvert w_j\rvert^1$: L1 규제 • $\beta\sum_{j=1}^{M}\lvert w_j\rvert^2$: L2 규제

- λ가 크다면 모델이 훈련 데이터에 대해서 적합한 매개변수를 찾는 것보다 규제를 위해 추가된 항들을 작게 유지하는 것을 우선한다는 의미이다.
- 비용 함수를 최소화하기 위해서는 가중치 w들의 값이 작아져야 한다.

④ 드롭아웃

㉮ 드롭아웃(Dropout) 개념

드롭아웃은 학습 과정에서 신경망 일부를 사용하지 않는 방법이다.

> 예 드롭아웃의 비율을 0.5로 한다면 학습 과정마다 랜덤으로 절반의 뉴런을 사용하지 않고, 절반의 뉴런만을 사용

L2 노름 규제는 능형 회귀, 능선 회귀로도 불립니다.

㉯ 드롭아웃 개념도

◎ 드롭아웃

구분	개념도	설명
신경망		전체 신경망을 모두 사용함
드롭아웃된 신경망		학습 과정에서 신경망 일부를 사용하지 않음

㉰ 드롭아웃 특징

- 드롭아웃은 신경망 학습 시에만 사용하고, 예측 시에는 사용하지 않는다.
- 학습 시에 인공신경망이 특정 뉴런 또는 특정 조합에 너무 의존적으로 되는 것을 방지해 준다.
- 서로 다른 신경망들을 앙상블하여 사용하는 것 같은 효과를 내어 과대 적합을 방지한다.

잠깐! 알고가기

앙상블(Ensemble)
여러 개의 모델을 조화롭게 학습시켜 그 모델들의 예측결과들을 이용하여 더 정확한 예측값을 구하는 기법이다

㉱ 드롭아웃 유형

◎ 드롭아웃 유형

유형	설명
초기 드롭아웃	• 학습 과정에서 노드들을 p의 확률(일반적으로 0.5)로 학습 횟수마다 임의로 생략하고, 남은 노드들과 연결 선들만을 이용하여 추론 및 학습을 수행하는 기법 • DNN(Deep Neural Network; 심층신경망) 알고리즘에 사용
공간적 드롭아웃	• 합성곱(Convolution) 계층에서의 드롭아웃 • 특징 맵 내의 노드 전체에 대해 드롭아웃의 적용 여부를 결정하는 기법 • CNN(Convolution Neural Network; 합성곱 신경망) 알고리즘에 사용
시간적 드롭아웃	• 노드들을 생략하는 방식이 아니라 연결선 일부를 생략하는 방식으로, Drop Connection 방식의 개선 기법 • RNN(Recurrent Neural Network; 순환 신경망) 알고리즘에 사용

드롭아웃 유형

「초공시」
초기 드롭아웃 / 공간적 드롭아웃 / 시간적 드롭아웃
→ 초창기 공시생

2 매개변수 최적화

(1) 매개변수(Parameter)의 개념

매개변수는 주어진 데이터로부터 학습을 통해 모델 내부에서 결정되는 변수이다.

(2) 매개변수 최적화(Parameter Optimization)의 개념

- 학습 모델과 실제 레이블과 차이는 손실 함수로 표현되며, 학습의 목적은 오차, 손실 함수의 값을 최대한 작게 하도록 하는 매개변수(가중치, 편향)를 찾는 것이다.
- 매개변수의 최적값을 찾는 문제이며, 이러한 문제를 푸는 것을 최적화라 한다.

(3) 매개변수 종류

매개변수 종류

종류	설명	예시
가중치(Weight)	각 입력값에 각기 다르게 곱해지는 수치	$y=ax+b$라고 하면 a가 가중치
편향(Bias)	하나의 뉴런에 입력된 모든 값을 다 더한 값(가중합)에 더해주는 상수	$y=ax+b$라고 하면 b가 편향

(4) 매개변수 최적화 과정

x축에는 가중치, y축에는 손실 값을 갖는 2차원 손실 함수 그래프를 이용하여 최적화를 한다.

(5) 매개변수 최적화 기법

① 확률적 경사 하강법

매개변수 최적화 과정

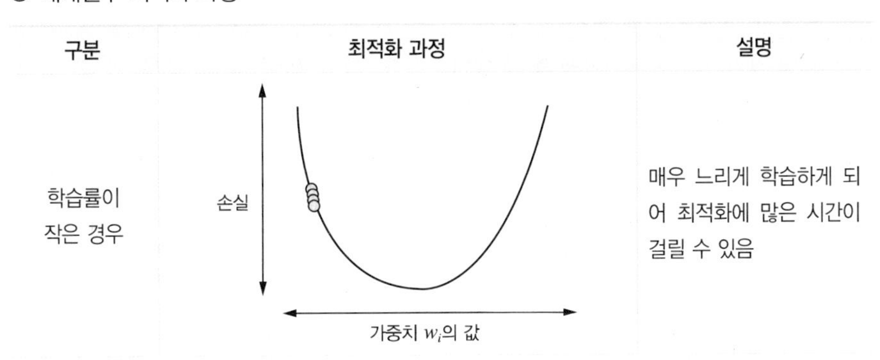

학습 POINT

매개변수 최적화는 기본이 되는 개념으로 개념부터 차근차근 읽어나가시길 권장합니다.

잠깐! 알고가기

손실 함수(Loss Function)
머신러닝 모델의 출력값과 사용자가 원하는 실젯값의 차이인 오차를 말한다.

구분	최적화 과정	설명
학습률이 높은 경우	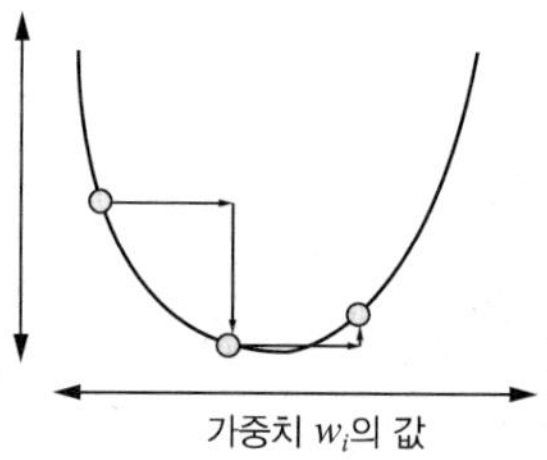 손실 가중치 w_i의 값	기울기가 0인 지점을 지나치게 되어 최적화가 되지 못함
학습률이 적절한 경우	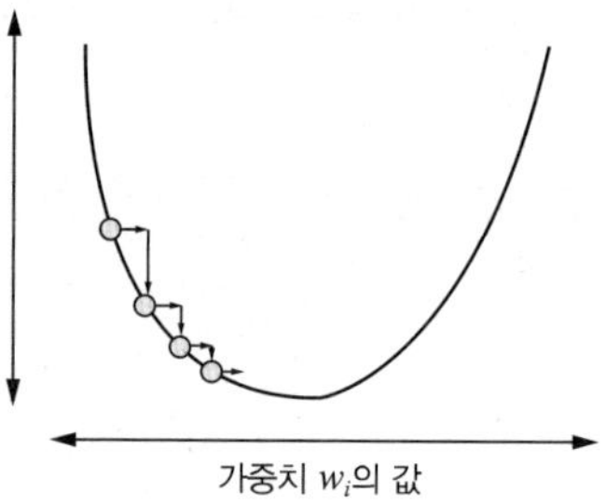 손실 가중치 w_i의 값	기울기가 0인 지점을 찾게 되어 최적화됨

㉮ 확률적 경사 하강법(SGD; Stochastic Gradient Descent)의 개념

- 확률적 경사 하강법이란 손실 함수의 기울기를 구하여, 그 기울기를 따라 조금씩 아래로 내려가 최종적으로는 손실 함수가 가장 작은 지점에 도달하도록 하는 알고리즘이다.
- 기울기를 구하는데 학습 1회에 필요한 한 개의 데이터가 무작위로 선택이 되어 확률적이라고 한다.
- 손실 함수 그래프에서 지역 극소점에 갇혀 전역 극소점을 찾지 못하는 경우가 많고, 손실 함수가 비등방성 함수일 때에서는 최적화에 있어 매우 비효율적이고 오래 걸리는 탐색 경로를 보여준다.
- 확률적 경사 하강법의 단점을 개선해 주는 기법으로 모멘텀, AdaGrad, Adam이 있다.

㉯ 확률적 경사 하강법 특징

- 기울기가 줄어드는 최적점 근처에서 느리게 진행한다.
- 탐색 경로가 지그재그로 크게 변한다.
- 확률적 경사 하강법은 다음 그림과 같이 심하게 굽어져 지그재그의 움직임을 보여준다.

잠깐! 알고가기

지역 극소점
(Local Minimum Point)
주위의 모든 점의 함숫값 이하의 함숫값을 갖는 점이다.

전역 극소점
(Global Minimum Point)
모든 점의 함숫값 이하의 함숫값을 갖는 점이다.

비등방성 함수
(Anisotropy Function)
방향에 따라 기울기가 달라지는 함수이다.

경사 하강법
(Gradient Descent)
함수의 기울기(경사)를 구하여 기울기가 낮은 쪽으로 계속 이동시켜서 극값에 이를 때까지 반복시키는 기법이다.

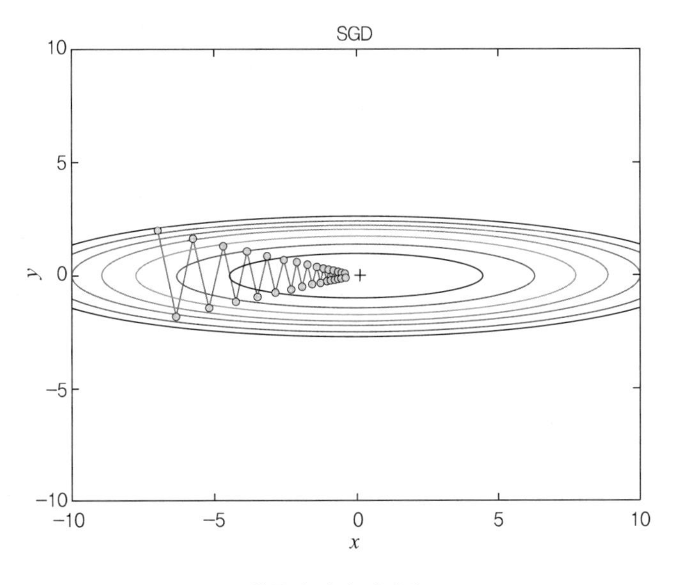

▲ 확률적 경사 하강법

② 모멘텀

㉮ 모멘텀(Momentum)의 개념

- 모멘텀은 기울기 방향으로 힘을 받으면 물체가 가속된다는 물리 법칙을 적용한 알고리즘이다.
- 모멘텀은 '운동량'을 뜻한다.
- 확률적 경사 하강법(SGD)에 속도라는 개념을 적용한다.
- 기울기가 줄어들더라도 누적된 기울기 값으로 인해 빠르게 최적점으로 수렴하게 된다.

㉯ 모멘텀의 특징

- 모멘텀 알고리즘의 최적점 탐색 경로를 보면 알 수 있듯이, 공이 구르는 듯한 모습을 보여준다.
- 관성의 방향을 고려해 진동과 폭을 줄이는 효과가 있다.
- 탐색 경로의 변위가 줄어들어 빠르게 최적점으로 수렴한다.
- 모멘텀의 갱신 경로는 공이 그릇 바닥을 구르듯 움직인다.
- 확률적 경사 하강법과 비교하면 '지그재그' 정도가 덜하다.
- x의 한 방향으로 일정하게 가속하고, y축 방향의 속도는 일정하지 않다.

학습 POINT

모멘텀의 개념과 특징을 알아두고 넘어가세요! 한 문제 챙깁시다.

기울기
직선이 기울어진 정도를 나타내는 수이다.

최적점
곡선 위의 평탄한 점이다.

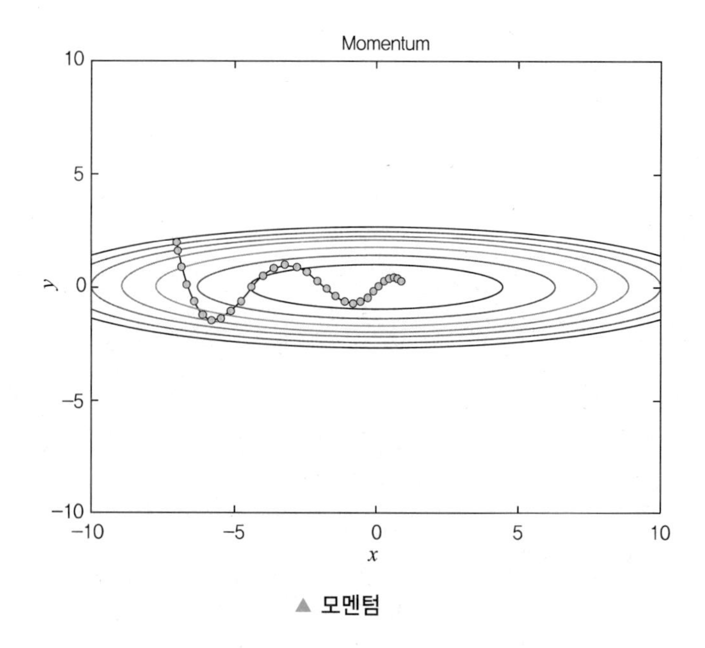

▲ 모멘텀

③ 네스테로프 모멘텀 21년 3회

㉮ 네스테로프 모멘텀(Nesterov Accelerated Gradient, NAG)의 개념

네스테로프 모멘텀은 모멘텀 방향과 현재 위치에서의 기울기를 반영한 모멘텀 최적화 알고리즘과는 다르게 모멘텀 방향을 미리 적용한 위치에서 기울기를 계산하는 방법이다.

모멘텀과 네스테로프 모멘텀 비교

㉧ 모멘텀과 네스테로프 모멘텀 비교

모멘텀	네스테로프 모멘텀
모멘텀 $\mu v^{(k-1)}$ / 다음 위치 $w^{(k+1)}$ / 속도 $v^{(k)}$ / 현재 위치 $w^{(k)}$ / 기울기 $vL(w^{(k)})$	기울기 $\nabla L(w^{(k)}+\mu v^{(k-1)})$ / 모멘텀 $\mu v^{(k-1)}$ / 다음 위치 $w^{(k+1)}$ / 속도 $v^{(k)}$ / 현재 위치 $w^{(k)}$
$w^{(k+1)}=w^{(k)}+v^{(k)}$ $v^{(k)}=\mu v^{(k-1)}-\eta\nabla L(w^{(k)})$	$w^{(k+1)}=w^{(k)}+v^{(k)}$ $v^{(k)}=\mu v^{(k-1)}-\eta\nabla L(w^{(k)}+\mu v^{(k-1)})$

- 네스테로프 모멘텀은 모멘텀을 개선한 것으로 속도(v)를 구하는 과정에서 차이가 있다.
- 모멘텀은 현재 위치에서 다음 위치로 최적화할 때 속도($v^{(k)}$)를 반영하며, 속도는 모멘텀과 현재 위치에서의 기울기를 반영한다.

μ는 모멘텀 계수이고, η는 학습률입니다.

- 네스테로프 모멘텀은 모멘텀과 동일하게 속도를 반영하지만 속도는 모멘텀과 다음 위치에서의 기울기($\nabla L(w^{(k)} + \mu v^{(k-1)})$)를 반영한다.
- μ는 일반적으로 0.9, 0.95 또는 0.99를 사용한다.

㈏ 네스테로프 모멘텀의 특징

- 네스테로프 모멘텀은 속도를 개선한 것으로 불필요한 계산량을 줄이고 정확도를 향상한 방법이다.
- 모멘텀은 관성에 의해 다른 방향으로 갈 수 있지만 네스테로프 모멘텀은 이동할 방향에서 기울기를 다시 계산하기 때문에 진동을 감소시키고 수렴을 빠르게 만들어 준다.
- 일반적으로 기본 모멘텀 최적화보다 훈련 속도가 빠르다.

④ AdaGrad 21년 3회

㈎ AdaGrad(Adaptive Gradient Algorithm)의 개념

- AdaGrad는 손실 함수의 기울기가 큰 첫 부분에서는 크게 학습하다가, 최적점에 가까워질수록 학습률을 줄여 조금씩 적게 학습하는 방식이다.
- 학습을 진행하면서 학습률을 점차 줄여나가는 학습률 감소 기법을 적용한 최적화 알고리즘이다.
- 매개변수 전체의 학습률 값을 일괄적으로 낮추는 것이 아니라 각각의 매개변수에 맞는 학습률 값을 만들어주는 방식이다.

AdaGrad의 기본 개념 정도는 챙겨갔으면 좋겠습니다.

㈏ AdaGrad의 특징

- AdaGrad 기법의 최적점 탐색 경로를 보면, 최적점을 향해 매우 효율적으로 움직인다.
- 처음에는 큰 폭으로 움직이지만, 그 큰 움직임에 비례하여 갱신 정도도 큰 폭으로 작아진다.
- 갱신 강도가 빠르게 약해지고, 지그재그 움직임이 눈에 띄게 줄어들어 빠르게 최적점으로 수렴한다.
- 최솟값을 향해 효율적으로 움직인다.
- y축 방향은 기울기가 커서 처음에는 크게 움직이지만, 큰 움직임에 비례해 갱신 정도도 큰 폭으로 작아지도록 조정된다.
- y축 방향으로 갱신 강도가 빠르게 약해지고, 지그재그 움직임이 줄어든다.

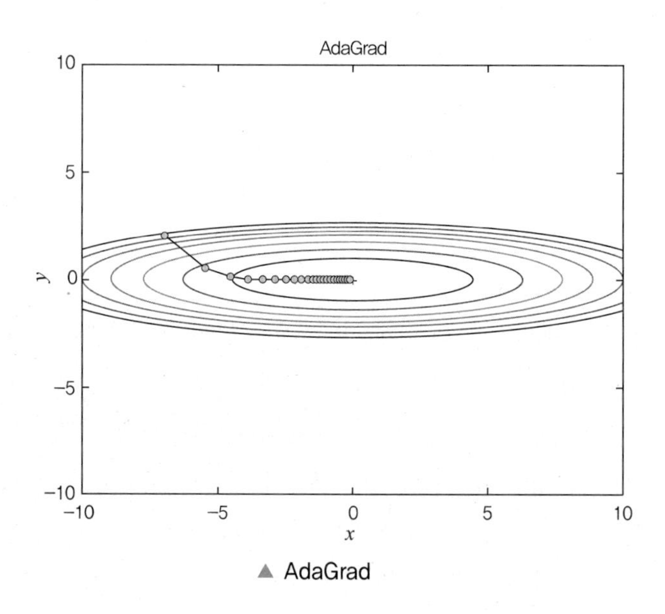

▲ AdaGrad

Adam 역시 기본 개념까지만 챙겨주세요. 땡큐!

⑤ Adam

㉮ Adam(Adaptive Moment Estimation)의 개념

- Adam은 모멘텀 방식과 AdaGrad 방식의 장점을 합친 알고리즘이다.
- 최적점 탐색 경로 또한 이 두 방식을 합친 것과 비슷한 양상으로 나타난다.

㉯ Adam의 특징

- 탐색 경로의 전체적인 경향은 모멘텀 방식처럼 공이 굴러가는 듯하고, AdaGrad로 인해 갱신 강도가 조정되므로 모멘텀 방식보다 좌우 흔들림이 덜 한 것을 볼 수 있다.
- Adam의 갱신 과정은 그릇 바닥을 구르듯 움직인다.
- 모멘텀과 비슷한 패턴이지만, 모멘텀보다 공의 좌우 흔들림이 적다.

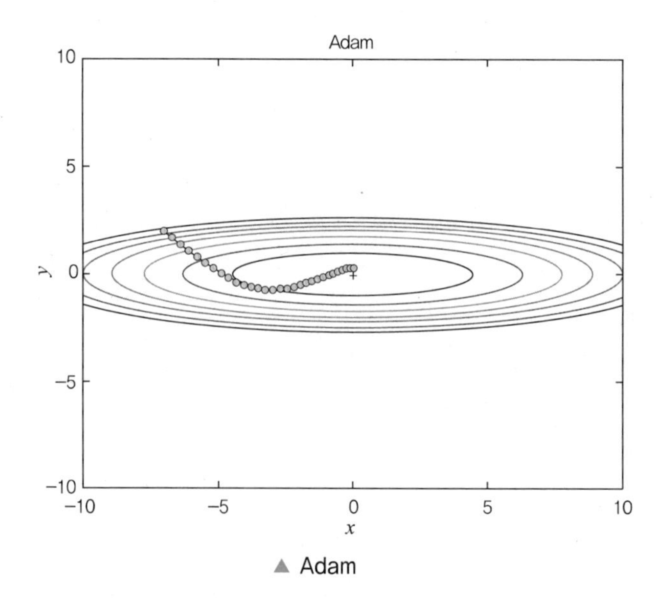

▲ Adam

⑥ RMSProp 21년 3회

㉮ RMSProp(Root Mean Square Prop)의 개념

- RMSProp은 기울기를 단순 누적하지 않고 지수 이동 평균을 사용하여 가장 최근의 기울기들이 더 크게 반영되도록 하는 기법이다.
- AdaGrad가 가지고 있는 이전 기울기의 누적값이 같은 특성으로 인해 학습률이 점점 낮아지는 문제를 개선한 기법이다.

㉯ RMSProp의 특징

- 과거의 모든 기울기를 균일하게 더하지 않고 새로운 기울기의 정보만 반영하여 학습률이 크게 떨어져 0에 가까워지는 것을 방지한다.
- 모멘텀과 같이 진동을 줄이는 효과가 있다.

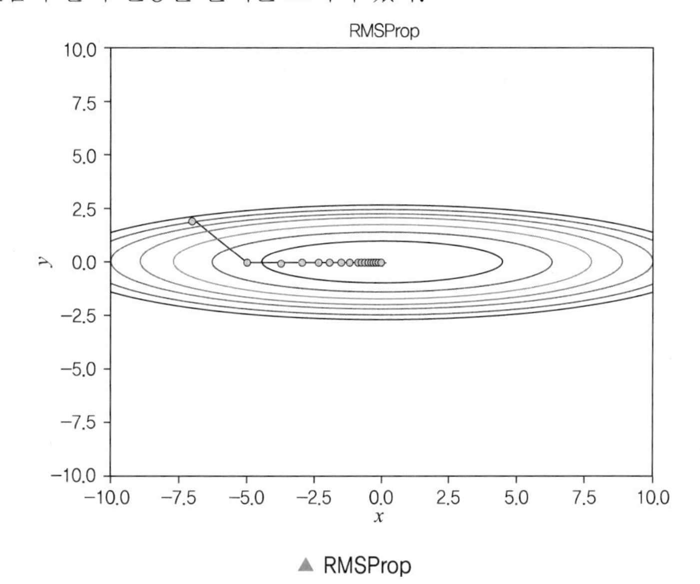

▲ RMSProp

잠깐! 알고가기

지수 이동 평균(EMA; Exponentially Moving Average)
최근 값을 더 잘 반영하기 위해 최근 값에 값과 이전 값에 각각 가중치를 주어 계산하는 기법이다.

개념 박살내기

최적화 기법 비교

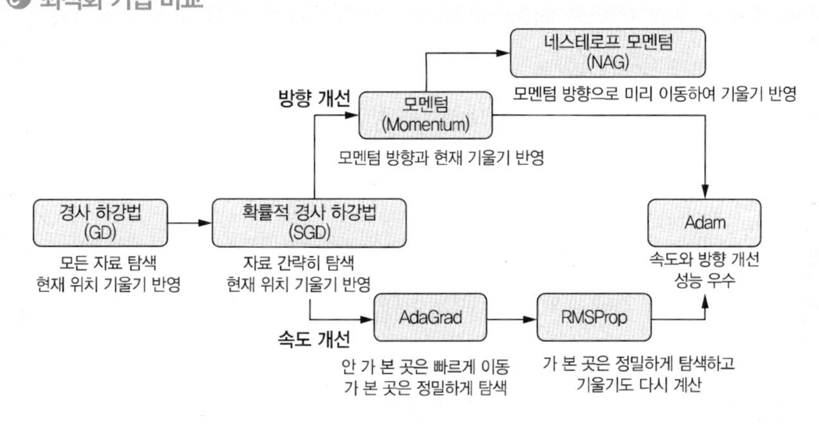

▲ 최적화 기법

- 경사 하강법은 전체 훈련 데이터를 탐색하며 확률적 경사 하강법은 임의로 선택한 데이터에 대해서만 기울기를 계산하므로 확률적 경사 하강법이 정확도는 낮을 수 있지만 성능은 빠르다.
- 확률적 경사 하강법에서 방향을 개선한 것으로는 모멘텀, 네스테로프 모멘텀이 있으며 속도를 개선한 것으로는 AdaGrad, RMSProp이 있다.
- 속도와 방향 모두를 개선한 것으로는 Adam이 있으며 Adam의 성능이 우수하여 가장 일반적으로 사용된다.
- AdaGrad에서 정지 방법을 개선한 AdaDelte, Adam에서 모멘텀이 아닌 네스테로프 모멘텀을 적용한 Nadam도 최적화 기법으로 활용된다.

학습 POINT

최종 모형 선정은 중요도가 높지 않습니다. 가볍게 이런게 있구나 정도로 알고 넘어가시길 권장합니다!

잠깐! 알고가기

하둡(Hadoop)
하둡은 일반 PC급 컴퓨터들로 가상화된 대형 스토리지를 형성하고 그 안에 보관된 거대한 데이터 세트를 병렬로 처리할 수 있도록 개발된 오픈 소스 기반의 분산 컴퓨팅 플랫폼이다.

3 최종 모형 선정

- 빅데이터 분석 모델 개발은 분석 데이터 수집/처리, 분석 알고리즘 수행, 분석 결과 평가 및 분석 모델 등록 순서로 진행한다.
- 빅데이터 분석 모델 개발에는 데이터 분석용 소프트웨어 또는 패키지, 분석 데이터 처리용 프로그래밍 언어 실행 환경, 데이터 시각화 도구, 하둡 프로그램, 스프레드시트 프로그램, 문서 작성 프로그램 등이 활용된다.
- 개선 모델의 구축 목적에 맞는 모형이 무엇인지 검토하고 현업 적용 가능성을 고려하여 최종 모형을 등록한다.

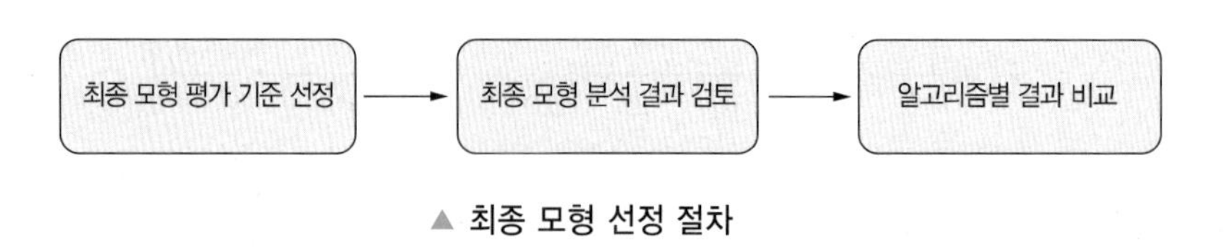

▲ 최종 모형 선정 절차

(1) 최종 모형 평가 기준 선정

- 빅데이터 개선 모형에 대한 개발이 완료되면 분석 알고리즘 수행결과를 검토하여 최종 모형을 선정한다.
- 정확도(Accuracy), 재현율(Recall), 정밀도(Precision) 등의 평가지표를 이용한다.

(2) 최종 모형 분석 결과 검토

- 최종 모형 선정 시에는 다양한 이해관계자(분석가, 데이터 처리자, 고객 등)가 모여 분석 모형에 대한 결과를 리뷰하고 검토 회의를 진행하여 최적의 분석 모형을 선정한다.

- 최적의 분석 모형 선정을 위해서는 분석 모형에 대한 평가 기준과 함께 해당 모델의 실질적인 활용 가능성에 대해서도 검토한다.

(3) 알고리즘별 결과 비교

- 분석 알고리즘별로 매개변수를 변경하여 알고리즘을 수행한다.
- 매개변수 변경 전·후에 대한 차이점을 비교하고 수행 결과를 기록한다.

지피지기 기출문제

01 다음 분석 변수 선택 방법이 설명하는 기법은? 21년 2회

$$\frac{1}{N}\sum_{i=1}^{N}(y_i - \hat{y_i})^2 + \frac{\lambda}{2}\sum_{j=1}^{M}|w_j|^2$$

① 릿지(Ridge)
② 라쏘(Lasso)
③ 엘라스틱 넷(Elastic Net)
④ RFE(Recursive Feature Elimination)

해설 • 가중치의 제곱합을 추가하는 것은 릿지이다.

라쏘	기존 비용 함수에 모든 가중치 w들의 절댓값 합계를 추가함
릿지	기존 비용 함수에 모든 가중치 w들의 제곱합을 추가함
엘라스틱 넷	기존 비용 함수에 L1 규제, L2 규제를 추가함

02 다음 중 경사 하강법(Gradient Descent)과 관련된 알고리즘으로 옳지 않은 것은? 21년 3회

① Adaboost
② RMSProp
③ Adagrad
④ Nesterov Momentum

해설 Adaboost는 이진 분류 문제에서 랜덤 분류기 보다 조금 더 좋은 분류기 n개에 각각 가중치를 설정하고 n개의 분류기를 결합하여 최종 분류기를 만드는 부스팅 알고리즘이다.

정답 01 ① 02 ①

천기누설 예상문제

01 다음 중 제한된 훈련 데이터 세트에 너무 지나치게 특화되어 새로운 데이터에 대한 오차가 매우 커지는 현상으로 가장 알맞은 것은?

① 훈련 데이터　　② 일반화
③ 과대 적합　　④ 과소 적합

해설 • 제한된 훈련 데이터 세트에 너무 지나치게 특화되어 새로운 데이터에 대한 오차가 매우 커지는 현상은 과대 적합이다.
• 모델이 훈련 데이터에 너무 잘 맞지만, 일반화가 떨어진다.

02 다음 중 과대 적합 방지 기법으로 가장 올바르지 않은 것은?

① 데이터 세트 증가
② 모델의 복잡도 감소
③ 가중치 규제
④ 확률적 경사 하강법

해설 확률적 경사 하강법은 매개변수 최적화 기법이다.

03 다음 중 인공신경망의 복잡도를 결정하는 것으로 가장 알맞은 것은?

① 은닉층의 수　　② 비용 함수
③ 손실 함수　　④ 노이즈

해설 인공신경망의 복잡도는 은닉층의 수나 모델의 수용력 등으로 결정된다.

04 다음 중 가중치 규제에 대한 설명으로 가장 올바르지 않은 것은?

① 개별 가중치 값을 제한하여 복잡한 모델을 좀 더 간단하게 하는 방법이다.
② 복잡한 모델은 많은 수의 매개변수를 가진 모델로 과소 적합될 가능성이 크다.
③ 가중치 규제에는 L1 규제와 L2 규제가 있다.
④ L1 규제는 기존의 비용 함수에 모든 가중치에 대해서 $\lambda|w|$를 더한 값을 비용함수로 한다.

해설 복잡한 모델은 많은 수의 매개변수를 가진 모델로 과대 적합될 가능성이 크다.

05 다음 중 과대 적합 방지를 위해 학습 과정에서 인공신경망 일부를 사용하지 않는 방법으로 가장 알맞은 것은?

① L1 규제　　② L2 규제
③ 데이터 세트 증가　　④ 드롭아웃(Dropout)

해설 드롭아웃(Dropout)은 과대 적합 방지를 위한 방법으로 신경망 학습 시에만 사용하고, 예측 시에는 사용하지 않는다.

06 다음 중 주어진 데이터로부터 학습을 통해 모델 내부에서 결정되는 변수로 가장 알맞은 것은?

① 오차　　② 지역 최적점
③ 매개변수　　④ 모멘텀

해설 • 모델 내부에서 결정되는 변수는 매개변수이며, 매개변수로는 가중치, 편향 등이 있다.
• 모델 외부에서 결정되는 변수는 초 매개변수가 있다.

천기누설 예상문제

07 다음 중 확률적 경사 하강법(SGD)에 속도라는 개념을 적용한 기법으로 가장 알맞은 것은?

① 랜덤 포레스트 ② 모멘텀
③ 앙상블 ④ 배깅

해설 확률적 경사 하강법(SGD)에 속도라는 개념을 적용한 기법으로 기울기 방향으로 힘을 받으면 물체가 가속된다는 물리 법칙을 적용한 알고리즘은 모멘텀이다.

08 다음 중 최적 모형 선정을 위한 분석 결과 검토에 관한 설명으로 가장 올바르지 않은 것은?

① 다양한 이해관계자가 모여 분석 모형에 대한 결과를 리뷰한다.
② 분석 모형에 대한 평가 기준을 검토한다.
③ 실질적인 활용 가능성에 대해서도 검토한다.
④ 이해관계자에는 고객이 포함되지 않는다.

해설 이해관계자에는 분석가, 데이터 처리자, 고객 등이 있다.

정답 01 ③ 02 ④ 03 ① 04 ② 05 ④ 06 ③ 07 ② 08 ④

분석 결과 해석 및 활용

1 분석 결과 해석

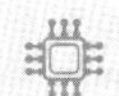

1 분석 모형 해석 ★★

분석 모형 해석의 기본이 되는 데이터 시각화의 개념에 대해 학습한다.

(1) 데이터 시각화(Data Visualization)의 개념

- 데이터에 대한 이해를 돕기 위해 그림, 도형 등 그래픽 요소들을 이용해 데이터를 묘사하고 표현하는 과정이다.
- 선, 막대, 원 등의 기하나 도형과 같은 양식을 이용해 데이터의 특징을 설명할 수 있는 모양으로 만들어 내거나, 색상, 레이블 등 특성을 활용하여 데이터를 표현한다.

(2) 데이터 시각화 목적

데이터 시각화의 목적은 시각화 결과물을 이용하는 사용자가 주제에 대해 더 잘 이해하고 느끼게 하는 것으로서 정보 전달, 설득으로 구분할 수 있다.

⊙ 데이터 시각화 목적

목적	설명
정보 전달	데이터의 진실을 간단하고 정확하게 전달, 분석할 수 있는 실용적이고 과학적인 측면의 목적
설득	데이터를 통해 전달하고자 하는 메시지에 대한 공감, 설득 등의 반응을 유도하는 추상적이고 예술적 측면의 목적

(3) 데이터 시각화 유형

데이터 시각화의 유형으로는 시간, 분포, 관계, 비교, 공간 시각화가 있다.

데이터 시각화 유형과 기법은 이후에 상세하게 다시 등장합니다. 대략적으로 알아두시면 좋겠습니다!

⊗ 데이터 시각화 유형

유형	설명
시간 시각화	• 시간 흐름에 따른 변화를 통해 경향(트렌드)을 파악하는 방법 **[기법]** 막대그래프, 누적 막대그래프, 선 그래프, 영역 차트, 계단식 그래프, 추세선
분포 시각화	• 분류에 따른 변화를 최대, 최소, 전체 분포 등으로 구분하는 방법 • 전체에서 부분 간 관계를 설명 **[기법]** 파이 차트, 도넛 차트, 트리맵, 누적 영역 차트
관계 시각화	• 집단 간의 상관관계를 확인하여 다른 수치의 변화 예측하는 방법 **[기법]** 산점도, 산점도 행렬, 버블 차트, 히스토그램, 네트워크 그래프(Map)
비교 시각화	• 각각의 데이터 간의 차이점과 유사성 관계도 확인하는 방법 **[기법]** 플로팅 바 차트, 히트맵, 체르노프 페이스, 스타 차트, 평행 좌표계
공간 시각화	• 지도를 통해 시점에 따른 경향, 차이 등을 확인하는 방법 **[기법]** 등치 지역도, 등치선도, 도트 플롯맵, 버블 플롯맵, 카토그램

(4) 빅데이터 시각화 도구

빅데이터 시각화 도구로는 태블로, 인포그램, 차트 블록, 데이터 래퍼가 있다.

⊗ 빅데이터 시각화 도구

도구	설명
태블로 (Tableau)	• 차트, 그래프, 지도를 포함한 다양한 그래픽 기능을 제공하는 시각화 도구 • 클라우드 기반으로 데이터를 클라우드에 저장
인포그램 (Infogram)	• 실시간으로 인포그래픽을 연동해주는 시각화 도구 • 교육, 강의, 미디어 등 자료 제작에 유용
차트 블록 (Chart Blocks)	• 코딩 없이 스프레드시트, 데이터베이스 형태 데이터를 쉽게 가시화하는 시각화 도구 • 웹 기반 차트 구현(트위터, 페이스북 등 공유 가능)
데이터 래퍼 (Data Wrapper)	• 쉽게 데이터를 업로드하고 차트나 맵으로 변환하는 시각화 도구 • 사용자 목적에 따라 제작할 수 있는 레이아웃 제공(워싱턴 포스트, 월스트리트 저널 등 사용)

시각화 유형
「**시**분**관비공**」
시간 / **분**포 / **관**계 / **비**교 / **공**간 시각화
→ 시분을 다퉈 관비들이 공사한다.

잠깐! 알고가기

히스토그램(Histogram)
자료 분포의 형태를 직사각형 형태로 시각화하여 보여주는 차트로, 수평축에는 각 계급을 나타내고, 수직축에는 도수 또는 상대도수를 나타낸다.

히트맵(Heat Map)
색상으로 표현할 수 있는 다양한 정보를 일정한 이미지 위에 열분포 형태의 그래픽으로 출력하는 표현방법이다.

체르노프 페이스(Chernoff Faces)
데이터를 눈, 코, 귀, 입 등과 일대일 대응하여 얼굴 하나로 표현하는 방법이다.

평행 좌표계(Parallel Coordinates Plot; Parallel Coordinates Graph)
다변량 데이터를 2차원 평면에 선으로 표현하는 효과적인 가시화 방법이다.

(5) 데이터 시각화 절차

데이터 시각화 절차는 구조화 → 시각화 → 시각표현의 세 단계로 구분된다.

데이터 시각화 절차는 중요도가 높진 않습니다. 단계 정도만 가볍게 알고 넘어가셔도 좋습니다.

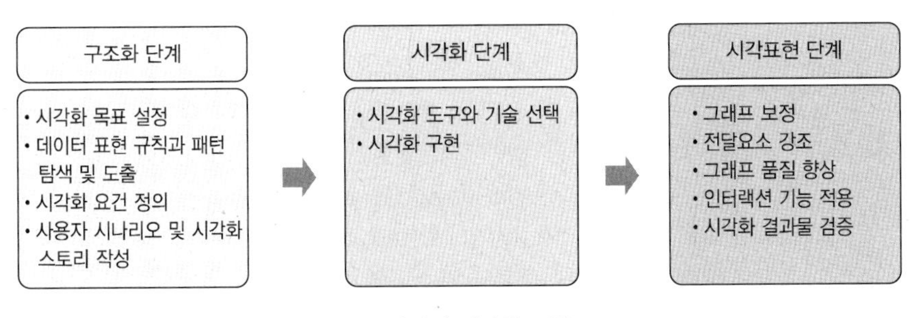

▲ 데이터 시각화 절차

⊗ 데이터 시각화 절차

단계	상세 설명	세부 단계
구조화	• 데이터 시각화 목표를 설정하고 분석 결과를 토대로 데이터의 표현 규칙과 패턴을 탐색 • 시각화를 위한 요건을 정의한 후 사용자에 따른 시나리오를 작성하고 스토리를 구성하는 단계	• 시각화 목표 설정 • 데이터 표현 규칙과 패턴 탐색 및 도출 • 시각화 요건 정의 • 사용자 시나리오 시각화 스토리 작성
시각화	• 단순하고 명료한 메시지 전달을 위해 시각화 과정을 반복적으로 수행하여 시각화 • 구조화 단계에서 정의된 시각화 요건, 스토리를 기반으로 적절한 시각화 도구와 기술을 선택하여 데이터 분석 정보의 시각화를 구현하는 단계	• 시각화 도구, 기술 선택 • 시각화 구현
시각표현	• 시각화 단계에서 만들어진 결과물을 보정 • 정보표현을 위한 그래픽 요소를 반영하여 그래픽 품질을 향상시킴 • 최종 시각화 결과물이 구조화 단계에서 정한 목적과 의도에 맞게 구현되었는지를 확인하는 단계	• 그래프 보정 • 전달 요소 강조 • 그래프 품질 향상 • 인터랙션 기능 적용 • 시각화 결과물 검증

인터랙션(Interaction)
인간이 제품이나 서비스를 사용하면서 상호 간 작용하는 방식이다.

(6) 시각화 분석을 위한 데이터 유형

⊗ 데이터 분석 수행 내용

데이터 유형	구분	분석 수행 내용
범주, 비율	범위	• 값의 범위를 파악
	분포	• 개별의 변수들, 변수의 조합이 갖는 분포 형태를 파악
	순위	• 크기를 기준으로 데이터의 순서를 확인 • 최댓값, 최솟값, 중위수, 사분위수 등
	측정	• 값이 갖는 중요성을 파악 • 숫자 자체보다 깊이 있는 조사 수행

데이터 유형	구분	분석 수행 내용
추세, 패턴	추세 방향	• 값이 증가하거나 감소하는 등 변화 확인
	추세 패턴	• 선형이나 지수형으로 변하는지, 변화가 없는지 확인
	추세 속도	• 추세가 어느 정도로 급한지를 파악
	변동 패턴	• 반복되는 패턴, 변동 폭, 무작위 패턴 등 확인
	중요도	• 확인한 패턴이 중요한 신호인지, 잡음인지를 파악
	교차	• 변수 사이에 교차, 중첩 발생 여부 • 교차점이 발생하는지 확인
관계, 연결	예외	• 이상값과 같은 정상범위를 벗어난 변수 파악
	상관성	• 변수 간의 관련성이 강하거나 약한 상관관계 존재 확인
	연관성	• 변수와 값의 조합 간 의미 있는 관계 파악
	계층 관계	• 데이터 범주의 구성, 분포, 관련성 파악

이상값(Outlier)
관측된 데이터의 범위에서 많이 벗어난 아주 작은 값이나 아주 큰 값을 말한다.

2 비즈니스 기여도 평가 ★

학습 POINT
비즈니스 기여도 평가기법은 출제 가능성이 낮습니다. 가볍게 보고 넘어가시길 권장합니다.

(1) 비즈니스 기여도 평가의 개념

- 비즈니스 기여도 평가는 사업수행에 영향을 주는 요소를 수치화된 자료형태로 산출하는 평가방법이다.
- 의미 있는 분석 결과를 확보하기 위해 비즈니스 기여도를 산출할 수 있어야 한다.

(2) 비즈니스 기여도 평가지표

비즈니스 기여도 평가지표에는 TCO, ROI, NPV, IRR, PP 등이 있다.

⊗ 비즈니스 기여도 평가 기법

기법	설명
총 소유 비용(TCO)	• Total Cost of Ownership의 약자 • 하나의 자산을 획득하려 할 때 주어진 기간 동안 모든 연관 비용을 고려할 수 있도록 확인하기 위해 사용
투자 대비 효과(ROI)	• Return On Investment의 약자 • 자본 투자에 따른 순 효과의 비율을 의미(투자 타당성) 계산식: (누적 순 효과 / 총비용) * 100 (%)
순 현재가치(NPV)	• Net Present Value의 약자 • 특정시점의 투자금액과 매출금액의 차이를 이자율을 고려하여 계산한 값 • 예상 투자비용의 할인가치를 예상 수익의 할인가치에서 공제했을 때, 나온 값을 합한 금액(미래시점의 순이익 규모)

기법	설명
내부 수익률(IRR)	• Internal Rate of Return의 약자 • 순 현재가치를 "0"으로 만드는 할인율(연 단위 기대수익 규모)
투자 회수 기간(PP)	• Payback Period의 약자 • 누계 투자금액과 매출금액의 합이 같아지는 기간 • 프로젝트의 시작 시점부터 누적 현금흐름이 흑자로 돌아서는 시점까지의 기간(흑자 전환 시점)

(3) 비즈니스 기여도 평가 고려 사항

비즈니스 기여도 평가 시 고려 사항

검증 항목	고려 사항
효과 검증	• 데이터 모델링 과정을 통해 검출률(Detection Rate) 증가, 향상도(Lift) 개선 등의 효과를 제시
성능 검증	• 시뮬레이션을 통해 처리량, 대기 시간, 대기행렬의 감소를 통한 성능 측면의 효과를 제시
중복 검증	• 타 모델링과의 중복에 따른 효과를 통제·제시할 수 있어야 함 • 단위 프로젝트별 수익과 비용으로 평가하는 것이 원칙
최적화 검증	• 최적화를 통해 목적함수가 증가한 만큼의 효과를 제시함

최적화(Optimization)
현 위치에서 함수 값이 감소 또는 증가하는 방향으로 매개변수값을 조금씩 이동해나가는 기법이다.

목적함수(Objective Function)
이익/효과 등을 최대화하거나, 비용/시간 등을 최소화하기 위한 성능 변수이다.

천기누설 예상문제

01 데이터 시각화 분석을 위한 데이터 유형으로 가장 옳지 않은 것은?

① 범주, 비율 ② 추세, 패턴
③ 의견, 경험 ④ 관계, 연결

해설 의견, 경험과 관련된 데이터 유형은 존재하지 않는다.

범주, 비율	범위, 분포, 순위, 측정
추세, 패턴	추세 방향, 추세 패턴, 추세 속도, 변동 패턴, 중요도, 교차
관계, 연결	예외, 상관성, 연관성, 계층 관계

02 다음이 설명하는 데이터 시각화 유형은 무엇인가?

- 분류에 따른 변화를 최대, 최소, 전체 분포 등으로 구분
- 전체에서 부분 간 관계를 설명
- 파이 차트, 도넛 차트 등의 기법 존재

① 시간 시각화 ② 관계 시각화
③ 분포 시각화 ④ 공간 시각화

해설 전체에서 부분 간 관계를 설명하는 기법은 분포 시각화이다.

시간 시각화	• 시간 흐름에 따른 변화를 통해 경향(트렌드) 파악
관계 시각화	• 집단 간의 상관관계를 확인하여 다른 수치의 변화 예측
분포 시각화	• 분류에 따른 변화를 최대, 최소, 전체 분포 등으로 구분 • 전체에서 부분 간 관계를 설명
공간 시각화	• 지도를 통해 시점에 따른 경향, 차이 등을 확인 가능

03 다음이 설명하는 데이터 시각화 유형은 무엇인가?

- 집단 간의 상관관계를 확인하여 다른 수치의 변화 예측
- 산점도, 버블 차트 등의 기법 존재

① 비교 시각화 ② 관계 시각화
③ 시간 시각화 ④ 공간 시각화

해설 집단 간의 상관관계를 확인하여 변화를 예측하는 기법은 관계 시각화이다.

비교 시각화	각각의 데이터 간의 차이점과 유사성 관계도 확인 가능
관계 시각화	집단 간의 상관관계를 확인하여 다른 수치의 변화 예측
시간 시각화	시간 흐름에 따른 변화를 통해 경향(트렌드) 파악
공간 시각화	지도를 통해 시점에 따른 경향, 차이 등을 확인 가능

정답 01 ③ 02 ③ 03 ②

② 분석 결과 시각화

1 시공간 시각화 ★★

(1) 시간 시각화

① 시간 시각화의 개념

- 시간 시각화는 시간에 따른 데이터의 변화를 표현한 시각화 방법이다.
- 시계열 데이터에서 주요 관심 요소는 경향성(Trend)으로, 추세선과 산점도의 경우 시간의 흐름에 따른 추세를 알아볼 수 있다.
- 시간 시각화는 시간의 흐름에 따라 변하는 데이터를 표현하기 때문에 개별적인 데이터를 보기보다는 전체적인 흐름을 파악해야 한다.

② 시간 시각화의 유형

시간 시각화의 유형으로 막대그래프, 누적 막대그래프, 선 그래프, 영역 차트, 계단식 그래프, 추세선이 있다.

⊗ 시간 시각화의 유형

유형	설명
막대그래프 (Bar Graph)	• 동일한 너비의 여러 막대를 사용하여 데이터를 표시하며, 각 막대는 특정 범주를 나타내는 그래프 (0, 50, 100, 150, 200 / 100, 50, 120, 150) ▲ 막대그래프 예시

학습 POINT

분석결과 시각화는 문제가 많이 출제될 것으로 예상합니다. 먼저 시간 시각화를 두음쌤의 도움을 받아 이해하고 넘어가시길 권장합니다!!

시간 시각화 유형

「막누 선영 계추」

막대그래프 / 누적 막대그래프 / 선 그래프 / 영역 차트 / 계단식 그래프 / 추세선

→ 막내 누나 선영은 개(계) 추하다.

유형	설명
누적 막대그래프 (Stacked Bar Graph)	• 막대를 사용하여 전체 비율을 보여주면서 여러 가지 범주를 동시에 차트로 표현가능 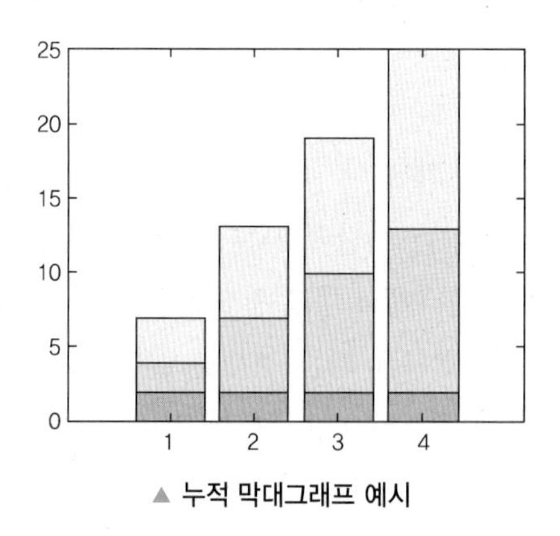 ▲ 누적 막대그래프 예시
선 그래프 (Line Graph)	• 수량을 점으로 표시하고, 점들을 선분으로 이어 그린 그래프 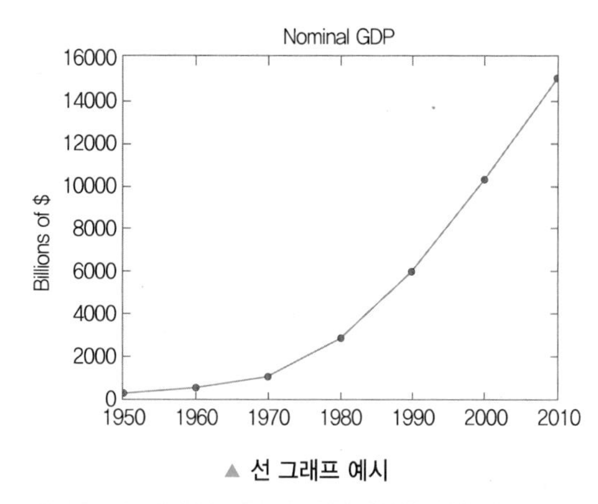 ▲ 선 그래프 예시
영역 차트 (Area Chart)	• 선 그래프와 같이 시간에 값에 따라 크기 변화를 보여줌 • 색을 채운 영역으로 보여준다는 것과 y축의 값은 0부터 시작해야 하는 것이 특징 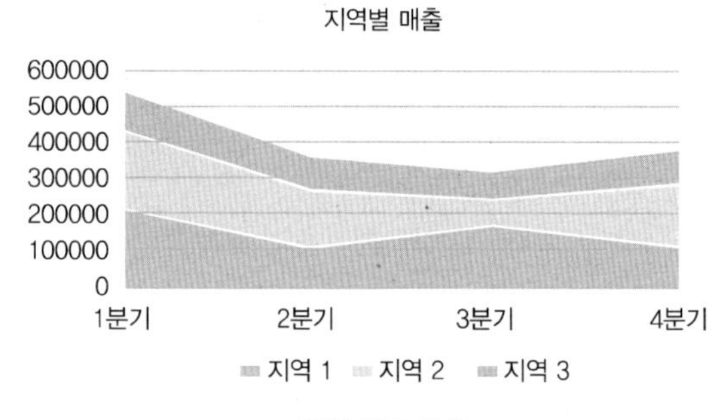 ▲ 영역 차트 예시

유형	설명
계단식 그래프 (Step Line Graph)	• 두 지점 사이를 선분으로 연결하기보다는 변화가 생길 때까지 x축과 평행하게 일정한 선을 유지 • 다음 값으로 변하는 지점에서 급격하게 뛰어오르는 계단형으로 그리는 그래프 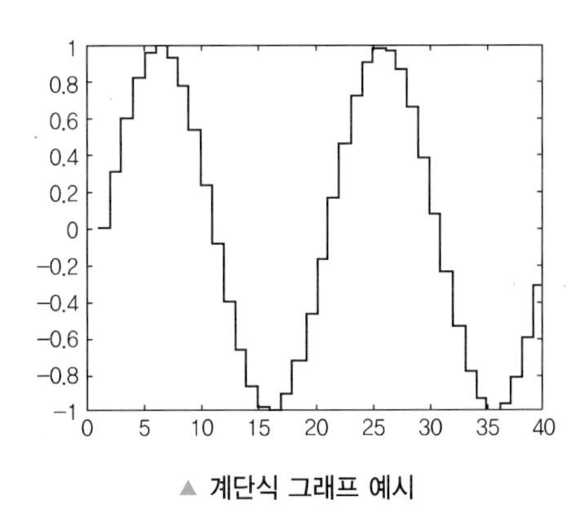 ▲ 계단식 그래프 예시
추세선 (Trend Line)	• 데이터값의 즉각적인 변화보다는 변화하는 경향성을 보여주는 직선 또는 곡선 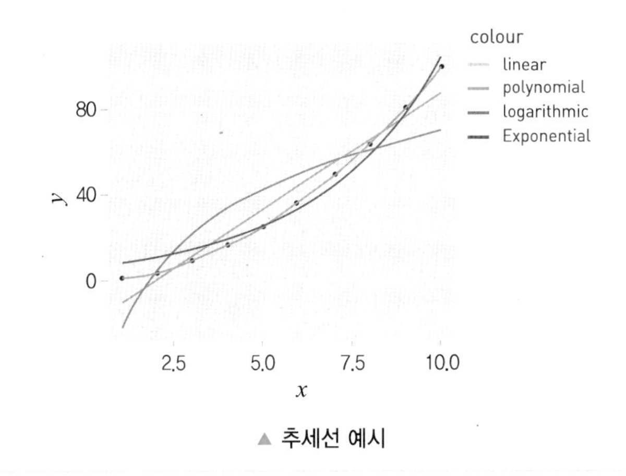 ▲ 추세선 예시

③ 시간 시각화의 해석

- 시간 시각화는 시간에 따라 변화하는 데이터를 표현하는 방법으로서 막대그래프, 누적 막대그래프로 나타낸다.
- 한 지역의 월별 교통사고 추이를 시각화하기 위해 R의 ggplot2 패키지에서 제공하는 함수를 이용하여 막대그래프를 작성한다.
- 막대그래프는 R 언어의 geom_bar( ) 함수를 이용하여 작성한다.

```
> p4 <- ggplot(data=junggu2020, aes(x=월, y=발생 건수))
> p4 <- p4 + geom_bar(stat="identity", colour="gray", fill="blue")
> p4 <- p4 + coord_cartesian(xlim=c(0, 13), ylim=c(0,150))
> p4 <- p4 + ggtitle("2020년 중구지역의 월별 교통사고 발생 건수")
> print(p4)
```

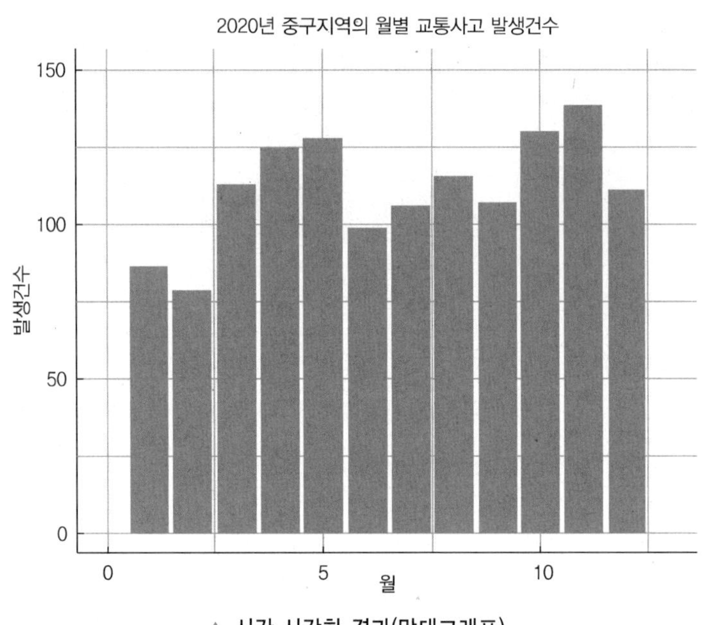

▲ 시간 시각화 결과(막대그래프)

학습 POINT

공간 시각화의 유형을 그림과 설명을 통해 잘 이해하고 넘어가셔야 합니다!

- 시계열 데이터로부터 중구지역의 월별 교통사고 발생 건수 추이를 알 수 있으며, 11월에 발생 건수가 가장 많음을 알 수 있다.
- 여름, 겨울과 비교하여 상대적으로 봄, 가을에 사고 발생 건수가 많음을 알 수 있다.

(2) 공간 시각화 21년 3회

① 공간 시각화의 개념

- 공간 시각화는 지도상에 해당하는 정보를 표현하는 시각화 방법이다.
- 지도 위에 위치를 표시하기 위해 대부분 위도와 경도를 사용한다.

② 공간 시각화의 유형

공간 시각화의 유형으로 등치지역도, 등치선도, 도트 플롯맵, 버블 플롯맵, 카토그램 등이 있다.

공간 시각화의 유형

유형	설명	예시
등치지역도 (Choropleth Map) =코로플레스 지도	• 지리적 단위로 데이터의 의미를 색상으로 구분하여 표시 • 색상은 수치화된 값을 기반으로 채도, 밝기를 변화 지도(Map) 지역(Region) 크기(Magnitude) ▲ 등치지역도 예시	런던의 지역별 경계를 표현
등치선도 (Isometric Map)	• 같은 값을 가지는 점을 선으로 이은 지도 • 등치지역도의 데이터 왜곡을 줄 수 있는 결점을 극복(등치선도의 경우 인구밀도가 상이할 경우 왜곡) • 색상의 농도를 활용하여 표현할 수 있음 – 개나리 개화 예정일(월.일.) 3.30. 3.25. 3.23. 3.20. 3.15. 3.10. 3.10. 0 100km ▲ 등치선도 예시	한국의 개나리 개화예정일 표현
도트맵 (Dot Map)/ 도트 플롯맵 (Dot Plot Map)	• 지도상의 위도와 경도에 해당하는 좌표점에 산점도와 같이 점을 찍어 표현 • 시간의 경과에 따라 점진적으로 확산을 나타내는 경우 사용	호주 코로나 바이러스 확진자 위치 표시

공간 시각화의 유형

「등등도버카」

등치 지역도 / 등치선도 / 도트맵 / 버블플롯맵 / 카토그램

→ 기타 등등 도시의 버스카드

IV 빅데이터 결과 해석

유형	설명	예시
	▲ 도트 플롯맵 예시	
버블맵 (Bubble Map) / 버블 플롯맵 (Bubble Plot Map)	• 수치화된 데이터값의 크기를 나타내는 서로 다른 크기의 원형으로 표시 ▲ 버블 플롯맵 예시	A사 제품의 미국 지역별 판매 수익 표현
카토그램 (Catogram)	• 지역의 값을 표현하기 위해 지리적 형상 크기를 조절 • 재구성된 지도로 왜곡되고 삐뚤어진 화면으로 표기함 지역별 득표 1위 지도 A후보 B후보 ▲ 카토그램 예시	대선 지역별 득표율 현황지도

학습 POINT

시각화 해석에 대해서는 필기시험에선 출제 가능성이 낮습니다. 이해를 목적으로 가볍게 봐두시면 좋겠습니다.

③ 공간 시각화의 해석

- 공간 시각화는 지도상에 해당하는 지리정보를 표현하는 방법으로, R의 지도 패키지 ggmap(), mapproj(), maps() 등을 이용하여 교통사고 현황 자료를 지도에 매핑한다.

• R에서 지리정보를 시각화하기 위해 지원하는 패키지는 크게 정적인 방법과 동적인 방법 있다. 이중 ggmap과 maps, mapproj을 사용한다.

⊗ 공간 시각화의 해석

구분	패키지	예시
정적	maps	• install.packages("maps") #패키지 설치 • library(maps) #패키지 불러오기
	mapproj	• install.packages("mapproj") • library(mapproj)
	maptools	• install.packages("maptools") • library(maptools)
	mapplots	• install.packages("mapplots") • library(mapplots)
동적	RgoogleMaps	• install.packages("RgoogleMaps") • library(RgoogleMaps)
	ggmap	• install.packages("ggmap") • library(ggmap)

서울시 25개 자치구의 구청 위치 좌표에 점을 찍어 표시한 지도를 그린다.

```
> sp1 <- ggmap(seoulmap)
> sp1 <- sp1 + geom_point(data = seoul2020_12, aes(x = lon, y = lat))
> print(sp1)
```

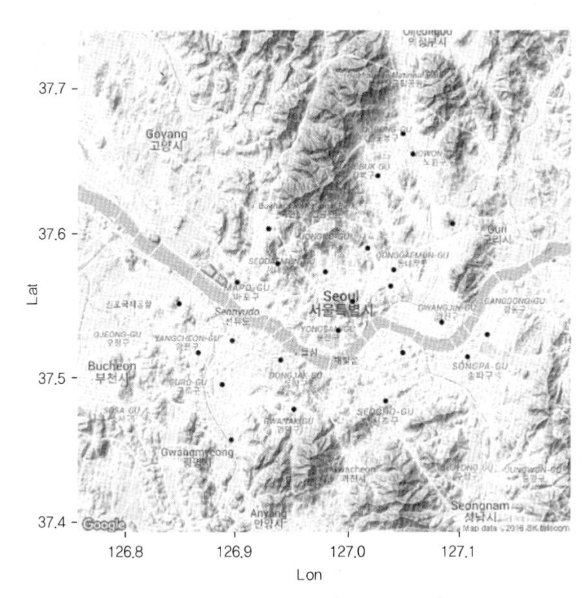

▲ 공간 시각화 결과(도트 플롯맵)

2 분포 시각화 ★★

분포 시각화는 출제 가능성이 높은 영역입니다. 두음쌤의 도움을 받아 각각의 개념을 혼동되지 않게 알아두세요!

(1) 분포 시각화 개념

- 분포 시각화는 데이터의 최댓값, 최솟값, 전체 분포 등을 나타내는 시각화 방법이다.
- 시계열 데이터와 비슷한 점이 있으나, 시계열 데이터와 다른 점은 구분 단위가 시간이 아니라 데이터가 차지하는 영역을 기준으로 삼는다.

(2) 분포 시각화의 유형

- 분포 시각화의 유형으로는 파이 차트, 도넛 차트, 트리맵, 누적 영역 차트 등이 있다.

분포 시각화 유형

「**파도트누**」

파이 차트 / **도**넛 차트 / **트**리맵 / **누**적 영역 그래프
→ 파도에 트럭이 누움

⊗ 분포 시각화의 유형

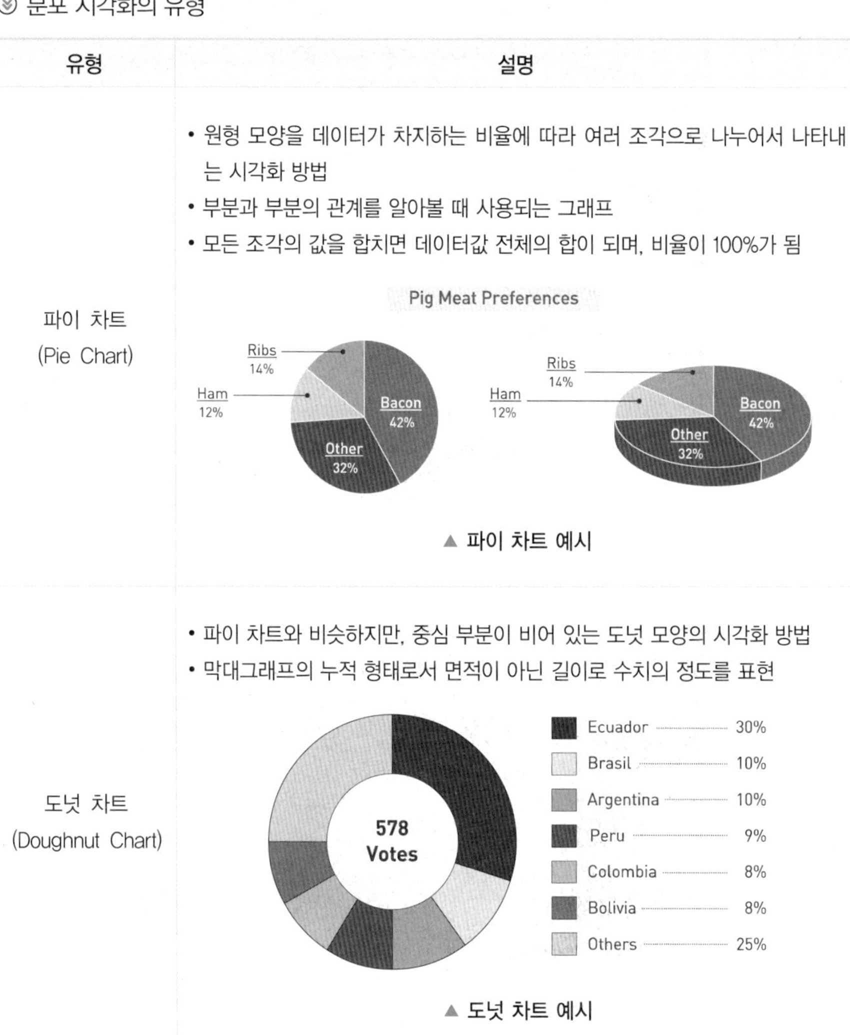

유형	설명
파이 차트 (Pie Chart)	• 원형 모양을 데이터가 차지하는 비율에 따라 여러 조각으로 나누어서 나타내는 시각화 방법 • 부분과 부분의 관계를 알아볼 때 사용되는 그래프 • 모든 조각의 값을 합치면 데이터값 전체의 합이 되며, 비율이 100%가 됨 ▲ 파이 차트 예시
도넛 차트 (Doughnut Chart)	• 파이 차트와 비슷하지만, 중심 부분이 비어 있는 도넛 모양의 시각화 방법 • 막대그래프의 누적 형태로서 면적이 아닌 길이로 수치의 정도를 표현 ▲ 도넛 차트 예시

<table>
<tr><th>유형</th><th>설명</th></tr>
<tr><td>트리맵
(Tree Map)</td><td>

• 여러 계층 구조(트리 구조) 데이터를 표현하는 시각화 방법
• 서로 다른 크기를 이용해서 비율을 나타내며, 사각형을 겹쳐 놓음으로써 대분류와 하위분류를 나타냄

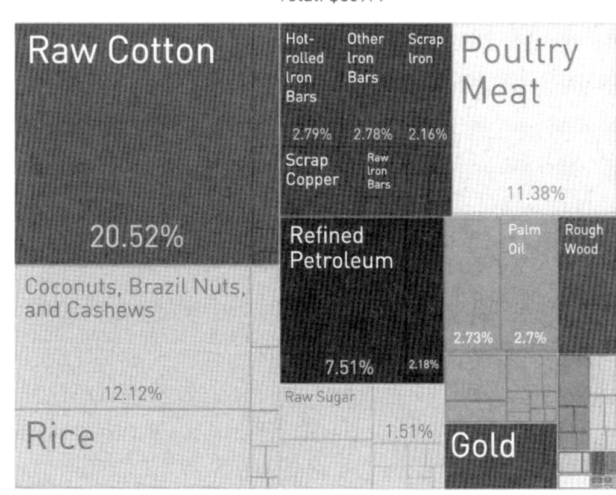

▲ 트리맵 예시

</td></tr>
<tr><td>

누적 영역 그래프
(Stacked Area Graph)
(=누적 연속 그래프)</td><td>

• 여러 개의 영역 차트를 겹겹이 쌓아놓은 모양의 시각화 방법
• 가로축은 시간을 나타내고 세로축은 데이터를 나타냄
• 데이터 전체 크기를 표현할 때 적합

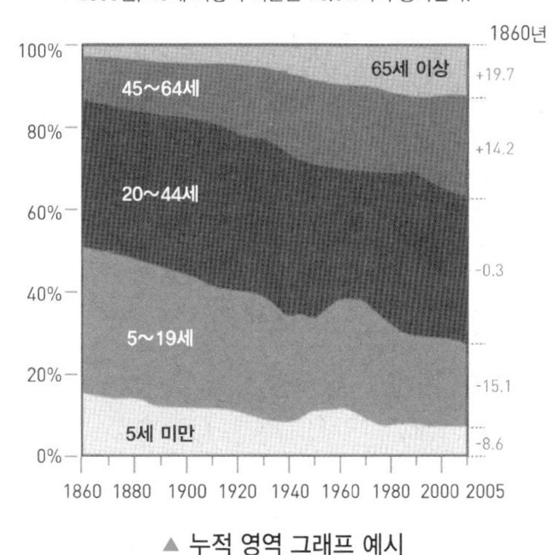

▲ 누적 영역 그래프 예시

</td></tr>
</table>

3 관계 시각화 21년 3회 ★★★

(1) 관계 시각화의 개념

• 관계 시각화는 다변량 데이터 사이에 존재하는 변수 사이의 연관성, 분포와 패턴을 찾는 시각화 방법이다.

학습 POINT

중요하다고 계속 강조 드렸던 시각화 문제가 출제된 영역입니다. 두음쌤을 중심으로 정리한 뒤 각각의 유형의 개념을 잘 알아두고 넘어가세요!

IV 빅데이터 결과 해석

- 변수 사이의 연관성인 상관관계는 한 가지 요소의 변화가 다른 요소의 변화와 관련이 있는지를 표현하는 시각화 기법이다.

(2) 관계 시각화의 유형 21년 2회

관계 시각화의 유형으로 산점도, 산점도 행렬, 버블 차트, 히스토그램, 네트워크 그래프 등이 있다

관계 시각화의 유형

「산행버히네」

산점도 / 산점도 행렬 / 버블 차트 / 히스토그램 / 네트워크 그래프

→ 산행버스에서 히히덕거리며 내(네)린다.

⊗ 관계 시각화의 유형

유형	설명
산점도 (Scatter Plot)	• x축과 y축 각각에 두 변숫값의 순서쌍을 한 점으로 표시하여 변수의 관계를 나타낸 그래프 • 상관관계, 군집화, 이상값 패턴을 파악하기에 유용한 그래프 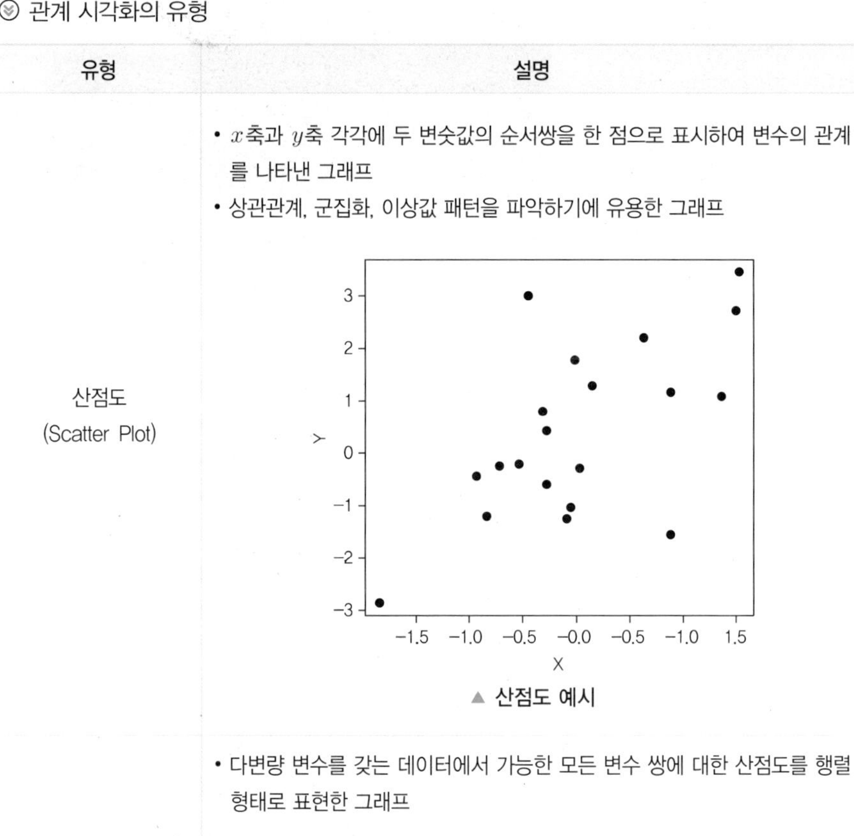 ▲ 산점도 예시
산점도 행렬 (Scatter Plot Matrix)	• 다변량 변수를 갖는 데이터에서 가능한 모든 변수 쌍에 대한 산점도를 행렬 형태로 표현한 그래프 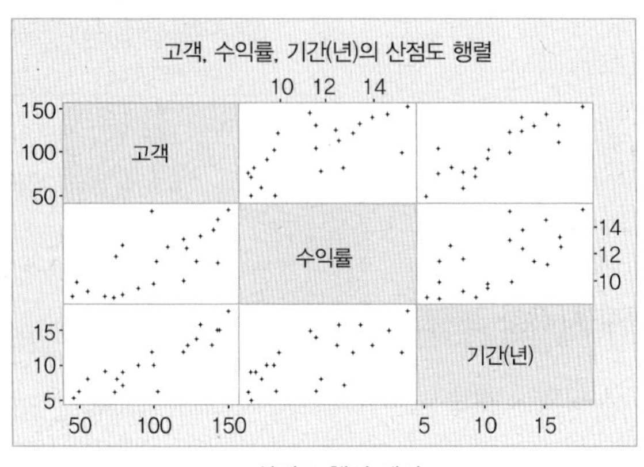 ▲ 산점도 행렬 예시

유형	설명
버블 차트 (Bubble Chart)	• 산점도에서 데이터값을 나타내는 점 또는 마크에 여러 가지 의미를 부여하여 확장된 차트 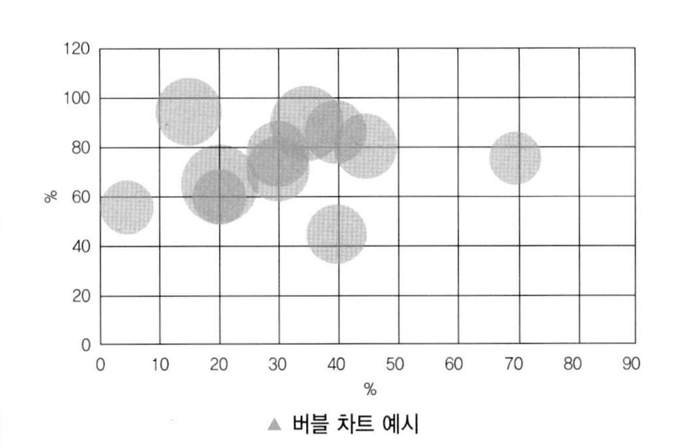 ▲ 버블 차트 예시
히스토그램 (Histogram)	• 자료 분포의 형태를 직사각형 형태로 시각화하여 보여주는 그래프 • 특정 변수에 대해 구간별 빈도수를 나타냄 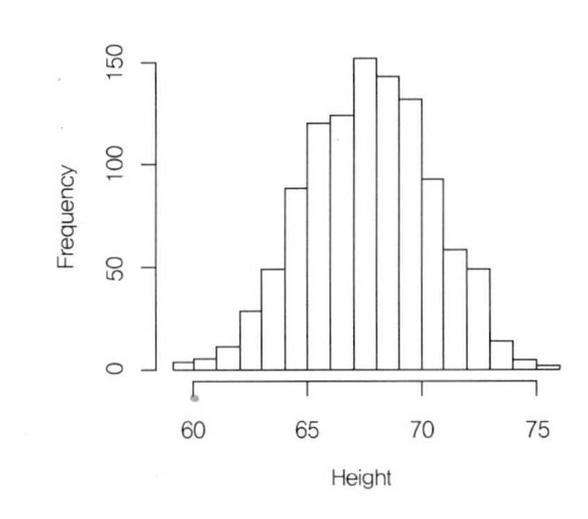 ▲ 히스토그램 예시
네트워크 그래프 (Network Graph)	• 개체 간 논리적인 관계를 표현하는 시각화 도구 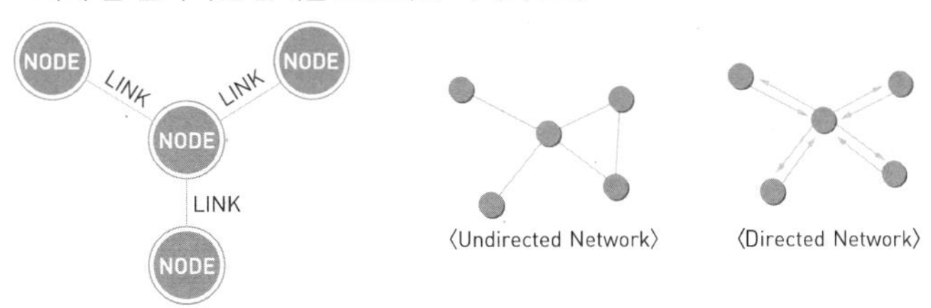 Undirected Network: 네트워크의 방향이 없는 그래프 Directed Network: 네트워크의 방향이 있는 그래프

(3) 관계 시각화의 해석

- 교통사고 발생 건수와 부상자 수 사이의 관계를 파악하기 위해 산점도를 이용하여 두 변수 사이의 관련성을 해석한다.
- geom_point( ) 함수를 사용하여 x와 y에 각각 변수를 지정하여 두 변수 사이의 관계를 나타내는 산점도를 그린다.

```
> p10 <- ggplot(data=traffic2020_12, aes(x=발생 건수, y=부상자 수))
> p10 <- p10 + geom_point()
> p10 <- p10 + ggtitle("교통사고 발생 건수와 사상자 수와의 관계(2020년 12월)")
> print(p10)
```

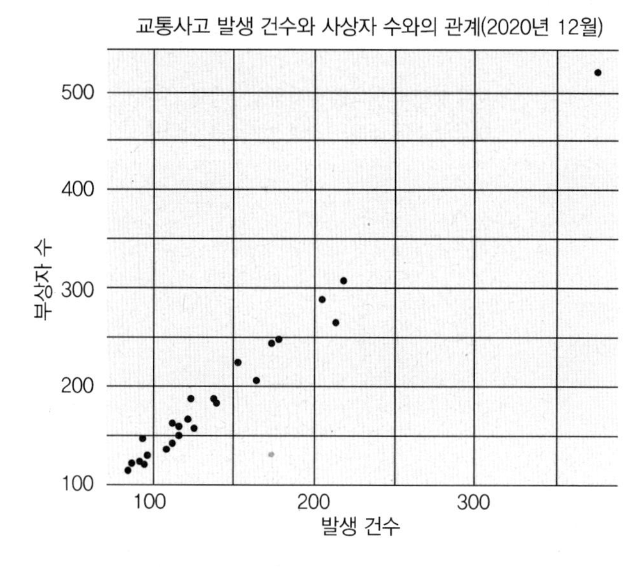

▲ 관계 시각화 결과(산점도)

- 그림을 통해 교통사고 발생 건수가 많을수록 이에 따른 부상자 수도 많아지는 것을 알 수 있다. (양의 상관관계)

학습 POINT

비교 시각화의 유형도 출제 되었습니다. 시각화의 유형이 너무 많다보니 혼동이 될 수도 있는데 두음쌤의 도움을 받아 유형별로 잘 구분해 놓으시면 문제 없습니다. 파이팅!

4 비교 시각화 21년3회 ★★★

(1) 비교 시각화의 개념

비교 시각화는 다변량 변수를 갖는 자료를 제한된 2차원에 효과적으로 표현하는 시각화 방법이다.

(2) 비교 시각화의 유형 21년 2회

비교 시각화의 유형으로 플로팅 바 차트(간트 차트), 히트맵, 체르노프 페이스, 스타 차트, 평행 좌표 그래프 등이 있다.

⊗ 비교 시각화의 유형

유형	설명
플로팅 바 차트 (Floating Bar Chart)	• 막대가 가장 낮은 수치부터 가장 높은 수치까지 걸쳐있게 표현한 차트 • 범주 내 값의 다양성, 중복 및 이상값 파악 가능 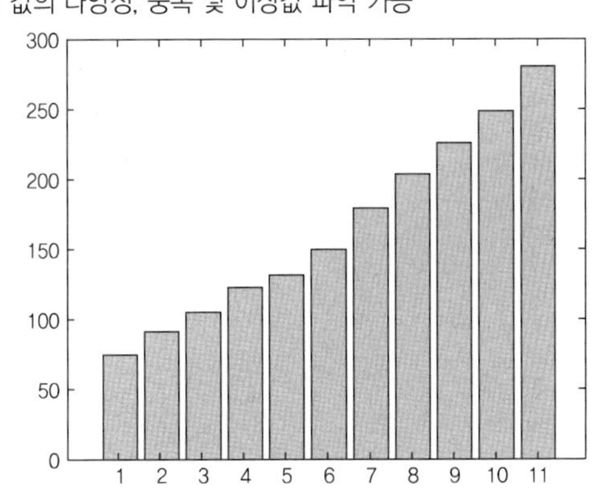 ▲ 플로팅 바 차트 예시
히트맵 (Heat Map)	• 여러 가지 변수를 비교할 수 있는 시각화 그래프 • 칸 별로 색상을 구분하여 데이터값을 표현 1: 45 60 32 2: 43 54 76 3: 32 94 68 4: 23 95 58 1 2 3 90 80 70 60 50 40 30 ▲ 히트맵 예시
체르노프 페이스 (Chernoff Faces)	• 데이터를 눈, 코, 귀, 입 등과 일대일 대응하여 얼굴 하나로 표현하는 방법 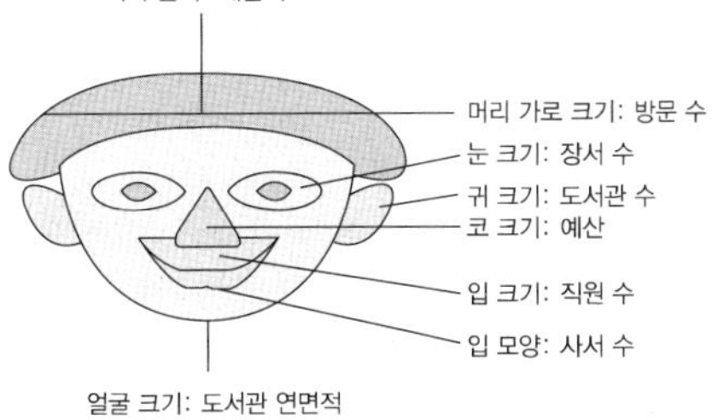 ▲ 체르노프 페이스 예시

비교 시각화 유형

「플히체스평」

플로팅 바 차트 / 히트맵 / 체르노프 페이스 / 스타 차트/ 평행좌표 그래프

→ 신작 게임 '플레이 히어로 체스'는 평이 좋다.

<table>
<tr><th>유형</th><th>설명</th></tr>
<tr><td>스타 차트
(Star Chart)</td><td>

• 각 변수를 표시 지점을 연결선을 통해 그려 별 모양의 도형으로 나타낸 차트
• 중심점은 축이 나타내는 값의 최솟값, 가장 먼 끝점은 최댓값을 의미
• 각 변수를 표시 지점을 연결선을 통해 그려 별 모양의 도형으로 나타낸 차트
• 중심점은 축이 나타내는 값의 최솟값, 가장 먼 끝점은 최댓값을 의미
• 설명변수가 늘어날 때마다 축이 늘어나는 시각화 방법

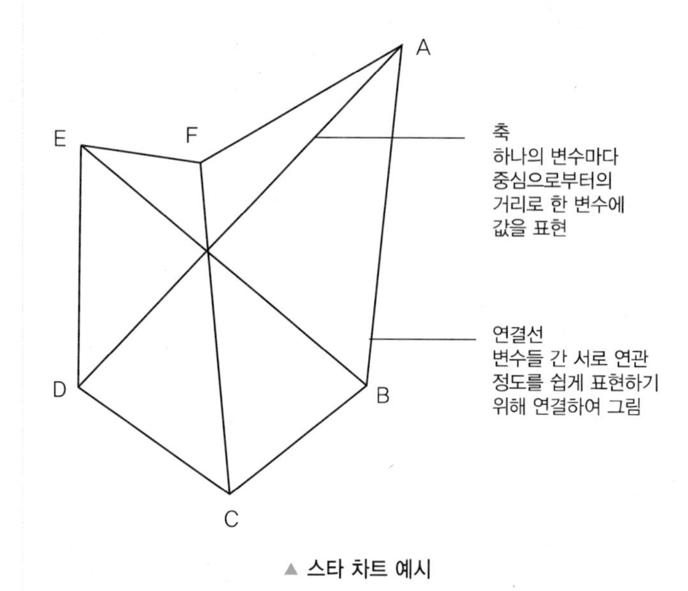

▲ 스타 차트 예시

</td></tr>
<tr><td>평행 좌표(Parallel Coordinates) 그래프</td><td>

• 다변량 데이터를 2차원 평면에 표현하는 효과적인 가시화 방법
• 다변량 데이터를 2차원 평면에 표현하는 효과적인 가시화 방법
• 여러 축을 평행으로 배치하는 비교 시각화 기술로 수직선엔 변수를 배치하고, 측정 대상은 변숫값에 따라 위아래로 이어지는 연결선으로 표현하는 그래프

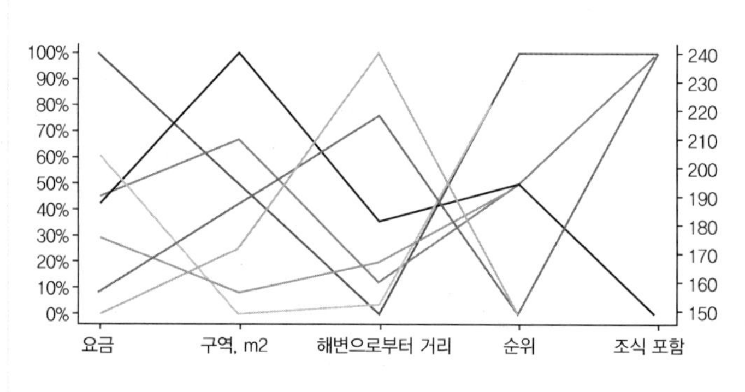

▲ 평행 좌표 그래프 예시

</td></tr>
</table>

5 인포그래픽 ★★★

(1) 인포그래픽(Infographics)의 개념 21년2회

- 인포그래픽은 중요 정보를 하나의 그래픽으로 표현해서 보는 사람들이 쉽게 정보를 이해할 수 있도록 만드는 시각화 방법이다.
- 복잡하고 어려운 데이터를 더 쉽고 명확하게 이해할 수 있도록 그래픽과 텍스트를 균형 있게 조합한다.
- 정보를 SNS상에 쉽고 빠르게 전달할 수 있다.

학습

인포그래픽에 대한 설명을 보고 틀린 것을 고를 수 있을 정도로 학습해두셔야 합니다. 한 번 출제된 문제는 다시 출제될 가능성이 높습니다!

(2) 인포그래픽의 유형

⊗ 인포그래픽의 유형

유형	설명	예시
지도형	특정 국가나 지역의 지도 안에 정보를 담는 방식	서비스 이용 현황, 연예인 선호도, 매장 분포 등
도표형	다양한 표와 그래프를 사용해 정보를 담는 방식	거의 모든 종류의 수치 데이터가 해당
스토리텔링형	하나의 사건이나 주제에 대해 이야기를 들려주는 구성방식	유명인사, 기업 관련 정보와 뉴스 등
타임라인형	주제를 선정하여 관련된 히스토리를 타임라인 형태로 나타내는 방식	기술, 기업, 인물의 발전 과정 등
비교분석형	두 가지 이상의 제품, 개념을 비교하는 방식	특정 제품군의 주요 제품 비교 등
만화형	캐릭터 등의 만화적 요소를 활용한 방식	행동, 직업, 심리 등과 관련된 정보표현 등

두음 쌤 한마디

인포그래픽의 유형

「지도스타비만」

지도형 / 도표형 / 스토리텔링형 / 타임라인형 / 비교분석형 / 만화형

→ 인지도 높은 스타 A군은 최근 비만이다.

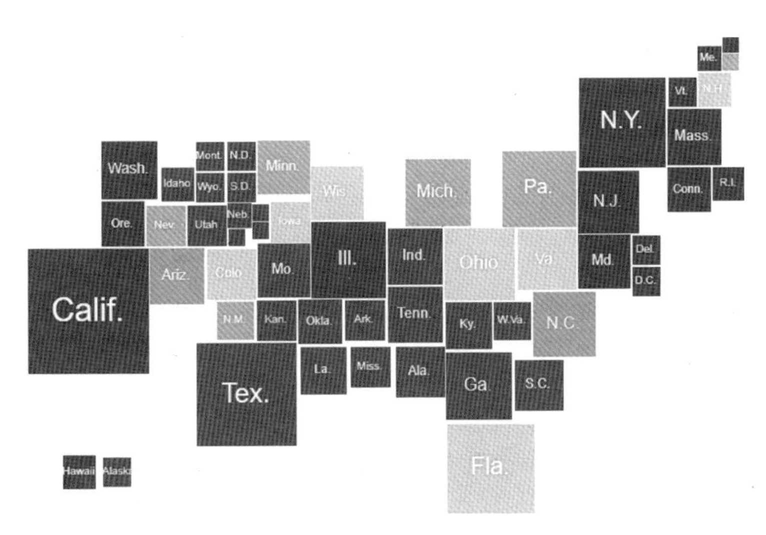

▲ 지도형 인포그래픽 예시–득표에 따른 지지율 추이

Ⅳ 빅데이터 결과 해석

(3) 인포그래픽의 활용방법

⊗ 인포그래픽의 활용방법

활용 방안	상세 설명
그래픽과 데이터 균형	인포그래픽에 포함된 정보는 깔끔하고 군더더기 없어야 함
퍼블릭 데이터 활용	구글 인사이트, 세계은행에서 나온 데이터 등을 효과적으로 사용
템플릿과 아이콘 배치	단순한 아이콘을 활용하여 데이터 설명에 도움을 줌
무료 툴 활용	StatSilk, Many Eyes, Creately, Visual.ly 등 인포그래픽 제작 툴 활용
저작권 설정	홍보를 제한하는 선에서 인포그래픽스에 CCL을 생성하여 게재
인포그래픽스 홍보	페이스북, 트위터, 플리커 등 SNS를 적극적으로 활용

CCL
(Creative Commons License)
자신의 창작물에 대하여 일정한 조건으로 다른 사람의 자유로운 이용을 허락하는 내용의 자유 이용 라이선스이다.

지피지기 기출문제

01 다음 중 산점도(Scatter Plot)와 같은 유형의 시각화 방법은 무엇인가? 21년 2회

① 파이 차트(Pie Chart)
② 버블 차트(Bubble Chart)
③ 히트맵(Heat Map)
④ 트리맵(Tree Map)

해설 산점도는 변수 간에 순서쌍을 한 점으로 표시하여 변수의 관계를 나타낸 그래프로서 관계 시각화 방법이다.

	관계 시각화 유형
산행버히네	산점도 / 산점도 행렬 / 버블 차트 / 히스토그램 / 네트워크 그래프

02 다음 중 비교 시각화의 유형으로, 설명 변수가 늘어날 때마다 축이 늘어나는 시각화 방법은 무엇인가? 21년 2회

① 플로팅 바 차트(Floating Bar Chart)
② 막대 차트(Bar Char)
③ 스타 차트(Star Chart)
④ 히트맵(Heat Map)

해설 • 스타 차트는 각 변수를 표시 지점을 연결선을 통해 그려 별 모양의 도형으로 나타낸 차트이다.
• 설명 변수가 늘어날수록 축이 늘어나는 특징을 가진다.

03 아래에서 설명하는 시각화 기법은 어떤 차트를 설명하고 있는가? 21년 2회

• 여러 축을 평행으로 배치하는 비교 시각화 기술이다.
• 수직선엔 변수를 배치한다.
• 측정 대상은 변숫값에 따라 위아래로 이어지는 연결선으로 표현한다.

① 산점도 ② 박스 플롯
③ 스타 차트 ④ 평행 좌표계

해설 평행 좌표계에 대한 설명은 다음과 같다.
• 여러 축을 평행으로 배치하는 비교 시각화 기술로 수직선엔 변수를 배치한다.
• 측정 대상은 변숫값에 따라 위아래로 이어지는 연결선으로 표현한다.
• 데이터 분석의 초기 단계에서 많은 변수 중 변수 간의 경향을 찾을 때 유용하다.

04 다음 중 인포그래픽에 대한 설명으로 옳지 않은 것은? 21년 2회

① 도표나 글에 비해 시각적 기법을 사용하여 기억에 오랫동안 남는다.
② 다양한 정보를 그래픽을 활용하여 나타내는 방법이다.
③ 빅데이터의 대량의 데이터를 표현하기에는 복잡하고 이해하기 어려울 수 있다.
④ 정보를 SNS상에 쉽고 빠르게 전달할 수 있다.

해설 인포그래픽은 복잡한 데이터를 그래픽을 활용하여 이해하기 쉽게 표현하는 시각화 방법이다.

05 다음 중 데이터 시각화에 대한 설명으로 옳지 않은 것은? 21년 3회

① 데이터 시각화는 분석 모형 해석의 기본이 된다.
② 정보 전달과 설득을 위한 목적으로 사용된다.
③ 시간 시각화 기법으로 막대그래프, 추세선 등을 사용한다.
④ 비교 시각화의 유형으로 파이 차트, 도넛 차트 등이 있다.

해설 비교 시각화의 유형으로는 플로팅 바 차트, 히트맵, 체르노프 페이스, 스타 차트, 평행 좌표계 등이 있다.

지피지기 기출문제

06 관계 시각화에 대한 설명으로 옳은 것은? 21년 3회

① 관계 시각화는 지도 위에 위치를 표시하기 위해 위도와 경도를 사용한다.
② 관계 시각화는 다변량 변수를 갖는 자료를 제한된 2차원에 효과적으로 표현하는 시각화 방법이다.
③ 복잡하고 어려운 데이터를 더 쉽고 명확하게 이해할 수 있도록 그래픽과 텍스트가 균형을 이루게 조합한다.
④ 버블 차트(Bubble Chart)는 대표적인 관계 시각화 기법이다.

해설 대표적인 관계 시각화 기법으로 산점도, 산점도 행렬, 버블 차트, 히스토그램 등이 있다.

07 다음이 설명하는 데이터 시각화 기법은 무엇인가? 21년 3회

- 다변량 데이터 사이에 존재하는 변수 사이의 연관성, 분포와 패턴을 찾는 시각화 방법이다.
- 버블 차트(Bubble Chart), 산점도(Scatter Plot) 등이 대표적인 시각화 유형이다.

① 시간 시각화 ② 분포 시각화
③ 관계 시각화 ④ 비교 시각화

해설 • 관계 시각화는 다변량 데이터 사이에 존재하는 변수, 사이의 연관성, 분포와 패턴을 찾는 시각화 방법이다.
• 관계 시각화의 유형으로 산점도, 산점도 행렬, 버블 차트, 히스토그램 등이 있다.

08 선거인단수, 인구 등의 특정한 데이터 값의 변화에 따라 지도의 면적이 왜곡되어 표현되는 공간 시각화 기법은? 21년 3회

① 카토그램(Catogram)
② 히트맵(Heatmap)
③ 버블차트(Bubble Chart)
④ 히스토그램(Histogram)

해설 카토그램은 지역의 값을 표현하기 위해 지리적 형상 크기를 조절하며, 재구성된 지도로 왜곡된 형태로 표현되는 공간 시각화 기법이다.

공간 시각화 기법	
등등도버카	등치 지역도 / 등치선도 / 도트맵 / 버블플롯맵 / 카토그램

09 시각화 기법이 아닌 것은? 21년 3회

① 원-핫 인코딩(One-Hot Encoding)
② 박스 플롯(Box Plot)
③ 산점도(Scatter Plot)
④ 파이 차트(Pie Chart)

해설 원-핫 인코딩 방식은 단어 집합의 크기를 벡터의 차원으로 하고, 표현하고 싶은 단어의 인덱스에 1의 값을 부여하고, 다른 인덱스에는 0을 부여하는 단어의 벡터 표현 방식으로 시각화 기법과 거리가 멀다.

정답 01 ② 02 ③ 03 ④ 04 ③ 05 ④ 06 ④ 07 ③ 08 ① 09 ①

천기누설 예상문제

01 다음 중 시간 시각화의 유형으로 가장 옳지 않은 것은?

① 막대그래프(Bar Graph)
② 선 그래프(Line Graph)
③ 영역 차트(Area Chart)
④ 카토그램(Catogram)

해설

시간 시각화 유형	
막누선영계추	막대그래프 / 누적 막대그래프 / 선 그래프 / 영역 차트 / 계단식 그래프 / 추세선

02 다음 설명에 들어갈 시각화의 유형으로 가장 옳은 것은?

- 선 그래프와 같이 시간에 값에 따라 크기 변화를 보여줌
- 색을 채운 영역으로 보여준다는 것과 y축의 값은 0부터 시작해야 하는 것이 특징

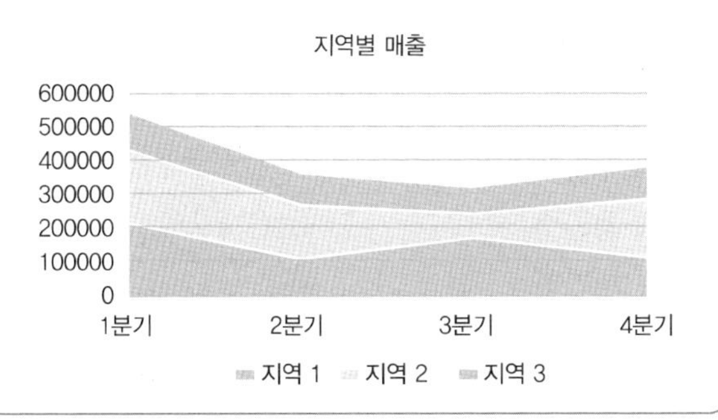

① 영역 차트(Area Chart)
② 버블 차트(Bubble Chart)
③ 히스토그램(Histogram)
④ 계단식 그래프(Step Line Graph)

해설 색을 채운 영역으로 보여준다는 것이 특징인 시각화 유형은 영역 차트에 대한 설명이다.

03 다음 중 공간 시각화 유형에 대한 설명으로 가장 옳지 않은 것은?

① 등치지역도(Choropleth Map): 지리적 단위로 데이터의 의미를 색상으로 구분하여 표시
② 등치선도(Isometric Map): 등치지역도의 데이터 왜곡을 줄 수 있는 결점을 극복
③ 도트맵(Dot Map)/도트 플롯맵(Dot Plot Map): 지도상의 위도와 경도에 해당하는 좌표점에 산점도와 같이 점을 찍어 표현
④ 버블맵(Bubble Map)/버블 플롯맵(Bubble Plot Map): 지역의 값을 표현하기 위해 지리적 형상 크기를 조절

해설 지역의 값을 표현하기 위해 형상 크기를 조절하는 기법은 카토그램에 대한 설명이다.

04 다음 중 관계 시각화 유형에 대한 설명으로 가장 옳지 않은 것은?

① 산점도(Scatter Plot): x축과 y축 각각에 두 변숫값의 순서쌍을 한 점으로 표시하여 변수의 관계를 나타낸 그래프
② 산점도 행렬(Scatter Plot Matrix): 다변량 변수를 갖는 데이터에서 가능한 모든 변수 쌍에 대한 산점도를 행렬 형태로 표현한 그래프
③ 버블 차트(Bubble Chart): 산점도에서 데이터값을 나타내는 점 또는 마크에 여러 가지 의미를 부여하여 확장된 차트
④ 히스토그램(Histogram): 칸 별로 색상을 구분하여 데이터값을 표현하는 그래프

해설 히스토그램은 표로 되어 있는 도수 분포를 정보 그림으로 나타낸 그래프이며, 특정 변수에 대해 구간별 빈도수를 나타낸다.

05 다음 중 비교 시각화 유형에 대한 설명으로 가장 옳지 않은 것은?

① 히트맵(Heat Map): 칸 별로 색상을 구분하여 데이터 값을 표현하는 시각화 그래프로 여러 가지 변수를 비교할 수 있음
② 플로팅 바 차트(Floating Bar Chart): 막대가 가장 낮은 수치부터 가장 높은 수치까지 걸쳐있게 표현한 차트로, 범주 내 값의 다양성, 중복 및 이상값 파악 가능
③ 체르노프 페이스(Chernoff Faces): 데이터를 눈, 코, 귀, 입 등과 일대일 대응하여 얼굴 하나로 표현하는 시각화 방법
④ 스타 차트(Star Chart): 각 변수를 표시 지점을 연결선을 통해 그려 별 모양의 도형으로 나타낸 차트로 중심점은 축이 나타내는 값의 최댓값, 가장 먼 끝점은 최솟값을 의미

해설 스타 차트는 중심점이 최솟값을 의미하며, 가장 먼 끝점은 최댓값을 의미한다.

06 다음 중 인포그래픽의 유형으로 가장 거리가 먼 것은?

① 지도형(연예인 선호도, 매장분포)
② 도표형(대부분의 수치 데이터)
③ 스토리텔링형(유명인사, 기업정보 뉴스)
④ 문자형(텍스트 중심의 정보)

해설

인포그래픽 유형	
지도스타비만	지도형 / 도표형 / 스토리텔링형 / 타임라인형 / 비교분석형 / 만화형

07 다음 중 인포그래픽에 대한 설명으로 가장 올바르게 설명한 것은?

① 복잡하고 어려운 전문지식 또는 데이터를 더 쉽고 명확하게 이해할 수 있도록 그래픽보다는 텍스트를 중심으로 조합한다.
② 중요 정보를 하나의 그래픽으로 표현해 보는 사람들이 쉽게 정보를 이해할 수 있도록 만드는 시각화 방법이다.
③ 인포그래픽의 유형으로는 지도형, 스토리텔링형, 히스토그램, 카토그램 등이 있다.
④ 다변량 변수를 갖는 자료를 제한된 2차원에 효과적으로 표현하는 시각화 방법이다.

해설
- 인포그래픽은 중요 정보를 하나의 그래픽으로 표현해 보는 사람들이 쉽게 정보를 이해할 수 있도록 만드는 시각화 방법이다.
- 인포그래픽은 그래픽과 텍스트를 균형 있게 조합한다.
- 인포그래픽의 유형으로는 지도형, 도표형, 스토리텔링형, 타임라인형 등이 있다.
- 다변량 변수를 갖는 자료를 제한된 2차원에 효과적으로 표현하는 시각화 방법은 비교 시각화의 개념이다.

08 다변량 변수를 갖는 자료를 제한된 2차원에 효과적으로 표현하는 시각화 유형은 무엇인가?

① 관계 시각화 ② 비교 시각화
③ 분포 시각화 ④ 인포그래픽

해설

구분	설명
관계 시각화	다변량 데이터 사이에 존재하는 변수 사이의 연관성, 분포와 패턴을 찾는 시각화 방법
비교 시각화	다변량 변수를 갖는 자료를 제한된 2차원에 효과적으로 표현하는 시각화 방법
분포 시각화	데이터의 최댓값, 최솟값, 전체 분포 등을 나타내는 시각화 방법
인포그래픽	중요 정보를 하나의 그래픽으로 표현해서 보는 사람들이 쉽게 정보를 이해할 수 있도록 만드는 시각화 방법

09 **다음 중 시간 시각화 유형에 대한 설명으로 가장 옳지 않은 것은?**

① 계단식 그래프(Step Line Graph): 수치화된 데이터 값의 크기를 나타내는 서로 다른 크기의 원형으로 표시하는 그래프
② 선 그래프(Line Graph): 수량을 점으로 표시하고, 점들을 선분으로 이어 그린 그래프
③ 영역 차트(Area Chart): 선 그래프와 같이 시간에 값에 따라 크기 변화를 보여주고, 색을 채운 영역으로 보여준다는 것과 y축의 값은 0부터 시작해야 하는 것이 특징인 그래프
④ 막대그래프(Bar Graph): 동일한 너비의 여러 막대를 사용하여 데이터를 표시하며, 각 막대는 특정 범주를 나타내는 그래프

해설 수치화된 데이터값의 크기를 나타내는 서로 다른 크기의 원형으로 표시하는 그래프는 버블 플롯맵(Bubble Plot Map)에 대한 설명이다.

정답 01 ④ 02 ① 03 ④ 04 ④ 05 ④ 06 ④ 07 ② 08 ② 09 ①

3 분석 결과 활용

빅데이터 모형 개발 및 운영 프로세스를 이해하시면 단원의 전체적인 맥락을 이해하는 데 도움이 됩니다.

1 분석 모형 전개(Deployment)

(1) 빅데이터 모형 운영 시스템 적용방안

① 빅데이터 모형 개발 및 운영 단계

절차에 따라 모형 평가가 완료되면 모형을 운영 시스템에 전개할 수 있다.

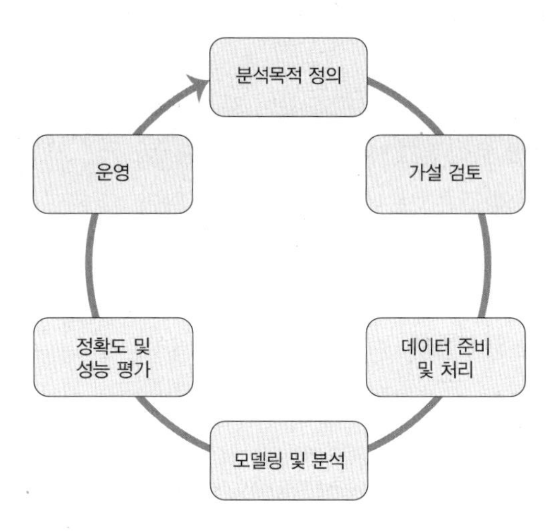

▲ 빅데이터 모형 개발 및 운영 프로세스

⊗ 빅데이터 모형 개발 및 운영 프로세스

프로세스	설명
분석 목적 정의	• 분석을 위해서 문제가 무엇인지, 어떠한 방식으로 분석하고 문제를 해결해야 하는지에 대한 목적을 명확히 해야 함 • 문제 해결을 위한 분석 기법으로서 빅데이터 모형의 적용 가능성을 판단해야 함
가설 검토	• 분석의 목적을 명확히 한 이후, 빅데이터 모형 개발을 통해 문제 해결에 적합한 가설 수립 • 통계적으로 어떤 유의미한 결론을 도출하며 그 결과를 어떻게 활용하여 문제를 해결할 것인지에 대한 구체적인 검토 수행
데이터 준비 및 처리	• 빅데이터 모형 구축 및 이를 활용한 분석을 위한 데이터를 파악하고 이들을 수집, 저장해야 함 • 변수에 대한 정의, 단위 및 수집/측정 기간에 대한 일관성 점검, 데이터 정제 및 결측값 처리 등의 데이터 전처리 과정을 수행 • 불필요한 변수는 제거하고 변수 변환, 새로운 파생변수를 생성하는 등의 작업을 통해 변수별로 분석 모형에 포함하는 것이 타당한지 확인 • 데이터 마이닝 기반 분석 모형을 개발할 때는 훈련 데이터 세트, 평가 데이터 세트, 검증 데이터 세트로 수집된 데이터를 나누는 작업 수행

잠깐! 알고가기

파생변수(Derived Variable)
사용자(분석자)가 특정 조건을 만족하거나 특정 함수에 의해 값을 만들어 의미를 부여한 변수이다.

데이터 마이닝(Data Mining)
대규모로 저장된 데이터 안에서 체계적이고 자동으로 통계적 규칙이나 패턴을 찾아내는 기법이다.

프로세스	설명
모델링 및 분석	• 앞선 단계에서 검토되었던 사안(분석 목적, 가설 검토 등)을 구체적인 통계적 질문으로 변환하는 단계 • 분석 목적에 부합하는 빅데이터 분석 유형 및 적합한 모형 선택 • 준비된 데이터(특히 훈련 데이터 세트를 이용)를 이용하여 분석 모형 도출
정확도 및 성능 평가	• 도출된 빅데이터 분석 모형에 대하여 검증 데이터 세트를 이용하여 분석 모형의 성능을 평가하는 단계
운영	• 분석 모형을 운영 시스템과 통합 • 분석 목적에 맞게 도출된 빅데이터 분석 모형 활용

② 빅데이터 모형의 운영 시스템 적용방안

- 수집된 빅데이터 기반으로 도출된 분석 모형을 의사결정에 활용하기 위해서는 운영 시스템과의 통합이 요구된다.
- 분석 모형을 도출하기 위해 통계 툴(R, SAS 등) 혹은 개발언어(파이썬, 자바 등)가 사용되었는지에 따라서 이를 운영 시스템과 통합하는 작업의 난이도가 결정된다.
- 운영 시스템의 개발언어와 분석 모형을 도출하기 위해 사용된 언어가 같을 경우에는 분석 모형의 운영 시스템 내 통합과정이 상대적으로 쉽다고 할 수 있다. 반면, 대부분의 통계 패키지들을 통해 분석 모형이 개발된 경우에는 운영 시스템과 통계 패키지와 호환하기 위한 인터페이스 개발이 추가로 필요하게 된다.
- 운영 시스템상에서 분석 모형을 호출하여 예측결과 등의 의사결정을 위해 필요한 데이터를 전달받기 위해서는 앞서 언급한 인터페이스를 통해 통계 패키지 혹은 개발언어로 구현된 모듈을 구동하고 그 결괏값을 인터페이스를 통해 직접 전달받거나 아니면 파일, DBMS를 통해 간접적으로 전달받아서 활용하는 방법도 가능하다.

학습

문제형태로 출제되기 어려운 부분입니다. 가볍게 보시기 바랍니다.

인터페이스(Interface)
서로 다른 두 개의 시스템, 장치 사이에서 정보나 신호를 주고받는 경우의 접점이나 시스템이다.

DBMS(Database Management System)
사용자와 데이터베이스 사이에서 사용자의 요구에 따라 정보를 생성해주고, 데이터베이스를 관리해주는 소프트웨어이다.

③ 빅데이터 모형의 운영 시스템 적용 단계

빅데이터 모형의 운영 시스템 적용 단계

단계	설명
분석 모형 적용 모듈 결정	• 빅데이터 분석 모형을 운영 시스템에 적용할 때, 먼저 운영 시스템의 구성을 이해하고 어떤 모듈에 도출된 분석 모형을 적용할지 판단 • 통계기반 빅데이터 분석 모형 개발은 분석 목적에 부합되게 개발되어야 함 • 초기 단계부터 분석 모형에 활용될 독립변수들에 해당하는 데이터를 어떻게 운영 시스템으로 전달받고, 분석 모형 결과물을 전체 비즈니스 프로세스 및 운영 시스템상에 어떠한 방식으로 활용할 것인지 명확하게 정의해야 함

단계	설명
분석 모형 통합 결정 및 구현	• 분석 모형 개발언어 혹은 패키지 등을 고려하여 운영 시스템 내 모듈과 어떠한 방식으로 통합할지를 결정하고 구현 • 분석 모형이 개발되고 성능 평가가 이루어진 이후에는 운영 시스템과의 통합을 위하여 통합 방식 결정 • 그에 맞춰 분석 모형에 해당하는 모듈과 운영 시스템상의 모듈 간 인터페이스를 위한 추가적인 작업을 통해 분석 모형과 운영 시스템 간의 통합작업 추진

(2) 빅데이터 모형의 운영 및 개선방안 수립

① 빅데이터 모형의 개선방안

- 빅데이터 분석 모형이 운영 시스템에 적용된 후 지속적인 분석 모형에 대한 성능 추적이 필요하다.
- 처음에는 성능이 좋은 분석 모형이라 할지라도 시간이 지남에 따라서 제반 상황이 변하게 되고 그에 따른 성능 저하가 발생할 수 있기 때문이다.

빅데이터 모형의 개선방안

구분	설명
예측 모형에 대한 성능추적	• 예측 모형에 대해 예측 오차를 지속적으로 추적하여 예측 오차가 계속 증가하는지 혹은 감소하는지 확인 필요 • 예측 오차의 추적을 통해 예측 모형의 타당성을 지속 확인 • 일반적으로 예측 오차의 추적은 추적 신호(Tracking Signal; TS) 값을 활용하여 지속해서 추적하게 됨 • 만일 예측 오차를 아래와 같이 정의하면 $y_i - \hat{y}_i$을 e_i • 추적 신호 TS는 다음과 같다. $TS = \dfrac{\sum_{t=1}^{n} e_t}{\dfrac{\sum_{t=1}^{n} \lvert e_t \rvert}{n}}$ • TS는 예측 오차들의 합을 예측 오차 절댓값들의 평균으로 나눈 값 • TS는 0 부근에 있는 것이 정상이며, 일반적으로 -4와 4 사이에 있다면 예측 모형이 정상적으로 성능을 유지하고 있다고 할 수 있음
예측 모형에 대한 개선방안	• 예측 오차의 지속적인 추적을 통해 예측 모형의 점검이 필요하게 되면 두 가지 방법을 따름 • 일반적으로 같은 분석 모형을 사용하되 새로운 데이터를 수집하여, 재학습을 위해 해당 분석 모형에 적용하여 수정된 분석 모형 도출 • 아예 다른 분석 기법을 적용하여 분석 모형 자체를 변경

잠깐! 알고가기

예측 오차(Forecast Error)
- 예측 오차는 관측값과 예측치의 차이이다.
- 여기에서 "오차"는 실수(Mistake)를 의미하는 것이 아니라 관측값에서 예측할 수 없는 부분을 의미한다.

② 빅데이터 모형 운영 및 개선방안 수립

- 빅데이터 모형 운영 및 개선방안 수립은 예측 오차 계산, 예측 모형의 점검 여부 결정, 예측 모형 개선 방향 결정 순으로 이루어진다.
- 예측값에 대응하는 실젯값이 주어지면 예측 오차 및 추적 신호를 계산하기 위해 지속적으로 예측 오차를 기록한다.
- 예측 모형 개선이 필요한 경우, 운영 시스템의 운영에 지장에 없도록 모형 개선이 이루어져야 한다.

⊗ 빅데이터 모형 운영 및 개선방안 수립 절차

순서	절차	설명
1	예측 오차 계산	• 예측 모형의 성능을 지속해서 추적하기 위해서 매회 예측 모형 수행 시 그 결괏값과 실젯값과의 차이인 예측 오차를 계산하고 기록
2	예측 모형의 점검 여부 결정	• 새로 계산된 예측 오차를 가지고 추적 신호를 다시 계산하고, 아래와 같은 형식의 관리도를 활용하여 추적 신호 추적 • 아래와 같이 만약 추적 신호가 추적 신호 상한 혹은 하한을 벗어나게 되면 예측 모델의 성능이 저하되고 있음을 의미하고, 이에 예측 모델 점검 필요 추적신호 / 추적신호 상한 / 추적신호 / + / 0 / − / 추적신호 하한 / 시간 ▲ 추적 신호에 대한 관리도 예시
3	예측 모형 개선 방향 결정	• 예측 모형이 추적 신호 상한 혹은 하한을 벗어나서 개선이 필요할 경우 예측 모형 개선방안을 모색해야 함 방법 1: 업데이트된 최근 데이터 세트를 활용하여 같은 예측 모형 적용을 통해 업데이트된 예측 모형을 구축하고 이를 다시 적용 방법 2: 다른 예측 모형을 구축하여 상호 비교평가를 통해 선정된 예측 모형으로 교체

2 분석 결과 활용 시나리오 개발 ★★★

학습 POINT★

분석 결과 활용을 위한 고려사항이 시험에 출제되었습니다. 해당 내용을 중점적으로 학습하시고 넘어가세요!

(1) 분석 결과 활용 시 고려사항 21년 2회

- 분석 모형 최종 평가 시에는 학습할 때 사용하지 않았던 데이터를 사용한다.
- 정확도, 재현율 등의 평가지표를 분석 모형 성능지표로 활용한다.
- 분석 모형 개발과 피드백 적용을 반복적으로 수행하여 분석 모형의 성능을 향상시킨다.

(2) 분석 결과에 따른 활용 분야 분류

빅데이터 분석 모형의 분석 결과를 이용해서 업무에 활용 가능한 분야를 파악하고, 비즈니스 목적에 부합하도록 활용 분야를 분류한다.

① 분석 모형의 결과를 활용할 수 있는 분야 파악

빅데이터 분석 결과를 이용해서 일차적으로 직접 활용할 수 있는 업무와 가치 사슬을 파악하고, 이를 바탕으로 유사/연관 분야에서 2차 활용할 수 있는 업무와 가치 사슬을 파악한다.

잠깐! 알고가기

가치 사슬(Value Chain)

기업에서 경쟁전략을 세우기 위해, 자신의 경쟁적 지위를 파악하고 이를 향상시킬 수 있는 지점을 찾기 위해 사용하는 모형이다.

분석 모형의 결과를 활용할 수 있는 분야 파악

구분	설명
직접 활용 분야 도출	• 빅데이터 분석 모형의 분석 결과를 이용해서 해당 업무의 가치 사슬에서 직접 활용할 수 있는 분야 파악 • 일반적으로 빅데이터 서비스를 위해 분석 모형을 구상해서 모형을 개발하는 경우 활용 방안이 정의되어 있음 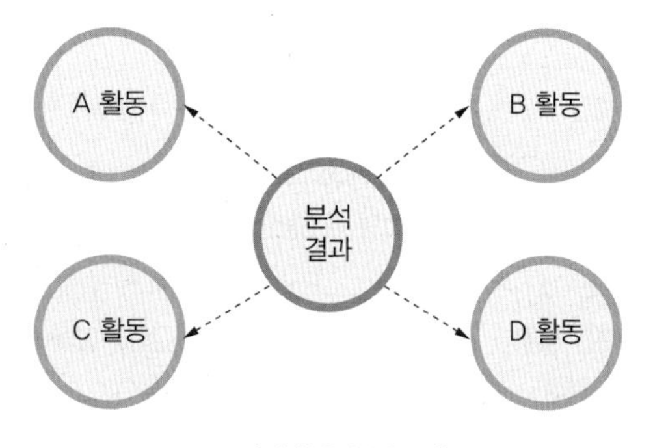 ▲ 직접 활용 분야 도출
파생 활용 분야 도출	• 빅데이터 분석 결과를 직접 활용할 수 있는 분야를 토대로 파생 활용이 가능한 분야 파악 • 분석 모형 정의서에 명시되어 있는 활용 방안을 확대하거나, 해당 분석 모형과 유사 또는 관련이 있는 업무의 가치 사슬에서 분석 결과를 활용할 수 있는 분야 파악

구분	설명
	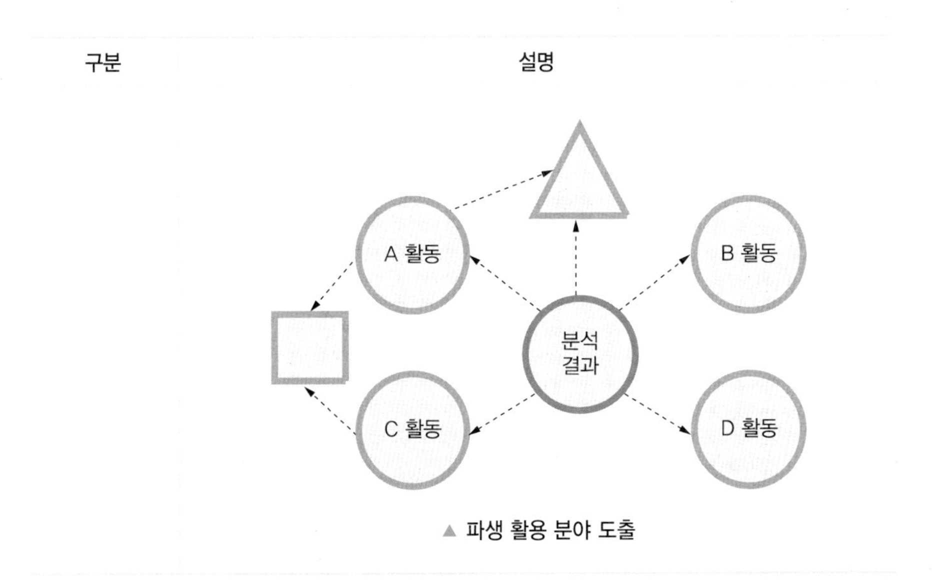

▲ 파생 활용 분야 도출

② 분석 결과를 활용할 수 있는 분야 분류

- 빅데이터 분석 결과를 활용할 수 있는 분야가 도출되면 관련이 있는 아이디어를 그룹화해서 분류한다.
- 활용 분야를 분류하는 기준이나 방식은 초기 아이디어 개발 관점의 분류, 가치 사슬 관점의 분류 두 가지로 구분할 수 있다.

㉮ 초기 아이디어 개발 관점의 분류

초기 아이디어 개발 관점의 분류에는 마인드맵, 친화 도표, 피라미드 구조와 같은 시각적인 방법을 이용해서 아이디어를 분류할 수 있다.

학습 POINT

흐름을 중심으로 학습하되, 빠르게 읽고 넘어가시기 바랍니다.

㉥ 초기 아이디어 개발 관점의 아이디어 분류 방법

분류 방법	설명
마인드맵 방식의 분류	마인드맵 방식의 분류는 생각하고 있는 것, 기억하고 있는 내용을 마음속에 지도를 그리듯이 줄거리를 이해하며 정리하는 방법 3. 생각의 확장 1. 하나의 중심 주제 마인드맵이란? 4. 키워드 필기 2. 방사형 ▲ 마인드맵 방식의 분류

분류 방법	설명
친화 도표 방식의 분류	친화 도표(Affinity Diagram)는 관련성이 있는 아이디어끼리 같이 묶어서 분류하는 방법 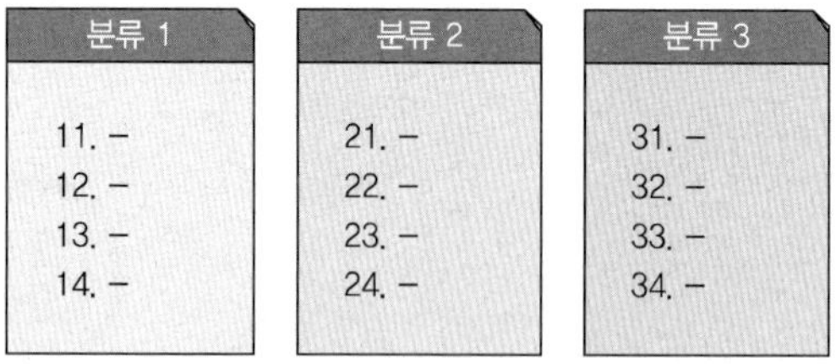 분류 1: 11. – 12. – 13. – 14. – 분류 2: 21. – 22. – 23. – 24. – 분류 3: 31. – 32. – 33. – 34. – ▲ **친화 도표 방식의 분류**
피라미드 방식의 분류	피라미드 방식의 분류는 계층 구조가 중요할 때 적용하면 유용한 방식 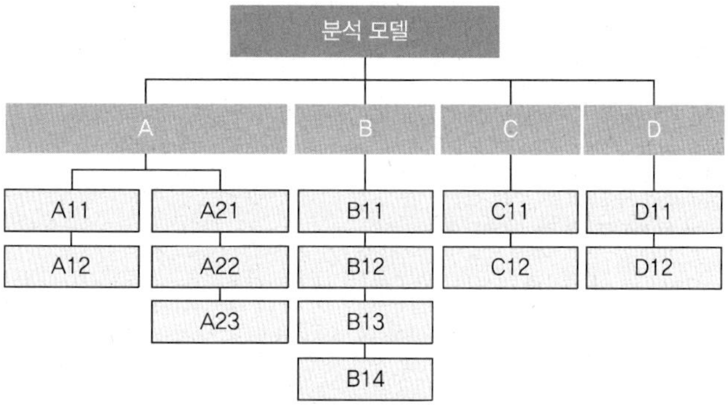 분석 모델 A: A11, A12, A21, A22, A23 B: B11, B12, B13, B14 C: C11, C12 D: D11, D12 ▲ **피라미드 방식의 분류**

㉯ 가치 사슬(Value Chain) 관점의 분류

가치 사슬 관점의 분류는 수평적/수직적으로 통합하거나 확대해서 새로운 가치 사슬을 발견할 때 유용한 방식이다.

㉾ 가치 사슬 관점의 분류

구분	프로세스 1	프로세스 2	프로세스 3	프로세스 4	프로세스 5
업무 A		○			
업무 B	○	○		○	
업무 C		○			

(3) 분류 결과를 토대로 적용 가능한 서비스 영역 도출

빅데이터 분석 결과를 활용할 수 있는 분야에 대하여 가치 사슬 관점으로 재구성하여 적용 가능한 서비스 영역을 도출한다.

㊉ 적용 가능한 서비스 영역 도출

영역 도출	설명
직접 활용이 가능한 서비스 영역 도출	분석 모형의 분석 결과를 이용해서 해당 업무나 프로세스에 직접 활용 가능한 서비스를 도출해서 가치 사슬에 매핑
파급 활용이 가능한 서비스 영역 도출	파급 활용을 하는 경우는 2개 이상의 영역에 대한 융합 활용을 전제로 하기 때문에 융합 활용 영역의 상호 작용을 파악하는 것이 필요

(4) 분류 결과를 토대로 적합한 신규 서비스 모형 도출

- 빅데이터 분석 결과를 활용할 수 있는 서비스 영역별로 아이디어를 도출해서 신규 서비스 모형을 도출한다.
- 새로운 서비스 모형을 도출하는 작업 또한 다양한 관점으로 수행될 수 있지만, 사용자와 제공 가치를 찾는 것이 가장 중요하다.

① 신규 서비스 모형에 대하여 개념 도출

- 새롭게 활용할 수 있는 빅데이터 분석 서비스 모형에 대한 개념을 도출한다.
- 새로운 서비스 모형을 구상할 때에는 서비스 사용자, 제공 가치 및 제공 방법 등을 검토한다.

㉮ 신규 서비스에 대한 사용자와 제공 가치 도출

신규 서비스에 대한 제공 가치는 질적인 측면과 양적인 측면에 따라서 달라진다.

㊉ 초기 아이디어 개발인 경우

구분	설명
제공 가치를 통해 신규 서비스 모형 도출	• 제공 가치를 통해 사용자를 정의해서 새로운 서비스 모형 개념을 도출하는 경우 • 분석 결과를 이용해서 현재 제공되는 서비스를 개선할 수 있는 경우에 적합한 방식 • 새로운 서비스 모형은 사용자는 동일하지만 제공 가치가 달라질 수 있음
사용자 정의 후 신규 서비스 모형 도출	• 사용자를 정의한 후 제공 가치를 정의해서 서비스 모형 개념을 도출하는 경우 • 분석 결과를 이용해서 새로운 사용자 그룹이나 유형을 발굴하고자 할 때 적용할 수 있는 방법 • 이 경우는 기존 서비스와 비교할 때 사용자와 제공 가치가 모두 달라질 수 있음 • 사용자/고객 분류는 비즈니스 도메인에 따라 다르지만, 대개 나이, 성별 등의 인구 통계학적 관점에서 접근하거나 취미/주된 활동 지역 등 라이프 스타일을 고려해서 분류하는 것이 일반적 • 영역을 확장해서 시장 전체 관점에서 고객을 분류하는 경우도 있는데, 이러한 경우는 주로 목표 시장을 고려하면서 서비스 모형을 도출할 때 사용

학습 POINT

가볍게 본다는 마음으로 학습하시길 권장합니다.

⊗ 서비스 품질 관점의 제공 가치 – 서브퀄(SERVQUAL) 모형 기준

서비스 품질 관점의 제공 가치	설명
반응성(Responsiveness)	고객의 질문, 요구 및 불만 등에 대하여 종업원 반응의 신속성
공감성(Empathy)	반응의 친절성이나 진정성
확신성(Assurance)	서비스에 대하여 고객이 느끼는 믿음과 확신, 또는 위험이나 불신·의혹으로부터의 자유
유형성(Tangibility)	서비스를 제공하는 건물, 장소, 시설, 인테리어 등과 같은 유형적인 것
신뢰성(Reliability)	약속한 서비스를 정확하게 수행하는 능력

• 신규 서비스에 대한 제공 가치 질적인 측면과 양적인 측면에 따라서 제공 가치가 달라진다.

⊗ 일반적인 관점의 제공 가치 사례

질적인 가치	양적인 가치
성능	가격
디자인	편리성
맞춤형	효용성
브랜드 가치	접근성
참신성	무게

별다른 언급이 없을 때까지는 중요도가 낮다고 생각하시면 됩니다. 가벼운 마음으로 읽어 나갑시다!

• 시장 전체 관점에서 신규 서비스에 대한 일반적인 고객은 매스마켓형, 틈새시장형, 세그먼트형, 복합 세그먼트형, 멀티사이드형으로 분류된다.

⊗ 시장 전체 관점에서의 일반적인 고객 분류 사례

고객 분류	설명
매스마켓형	사용자를 세분화하지 않고 전체 사용자를 대상으로 하는 분류
틈새시장형	일부 영역에 특화되거나 전문화된 사용자 분류
세그먼트형	주요 사용자가 누구인지 명확히 정의된 형태의 분류
복합 세그먼트형	복합적인 서비스 모형이 있는 경우 세분화된 사용자 분류나 그룹이 혼재된 형태
멀티사이드형	2개 이상의 개별적인 사용자 그룹을 목표로 하는 분류

세그먼트(Segment)
마케팅 영역에서의 세그먼트는 일반적으로 정량화할 수 있는 같은 속성을 공유하는 그룹을 의미한다.

㉯ 서비스를 통해 제공하는 기능이나 방법 도출

사용자에게 서비스나 가치를 제공하기 위한 기능을 도출하고, 해당 기능을 효과적으로 적용하기 위한 방법이나 채널을 도출한다.

② 신규 서비스 모형 정의

㉮ 서비스 개념도 관점으로 서비스 모형 정의

- 서비스 청사진 관점으로 빅데이터 서비스 모형을 정의한다.
- 서비스 모형을 정의할 때 일반적으로 서비스 명칭, 서비스 개념 설명, 사용자, 제공 가치 및 주요 기능 등의 항목을 정의한다.

서비스 명칭	~ 서비스
서비스 개념	~ 정보를 활용하여 ~분석 정보 제공
사용자	일반 사용자, ~업무 담당자
제공 가치	일반 사용자에게 ~와 관련된 신속한 정보를 제공

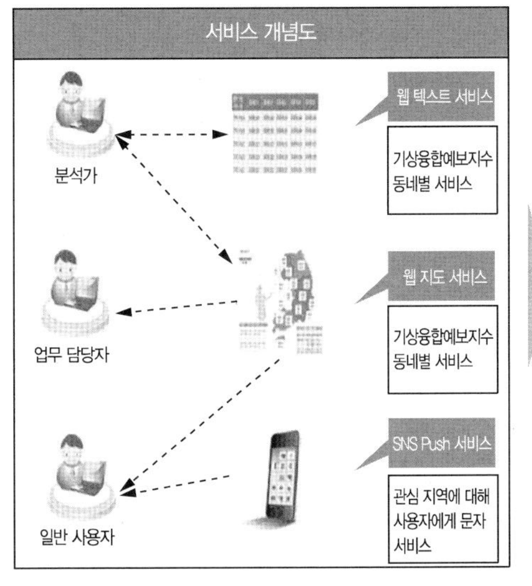

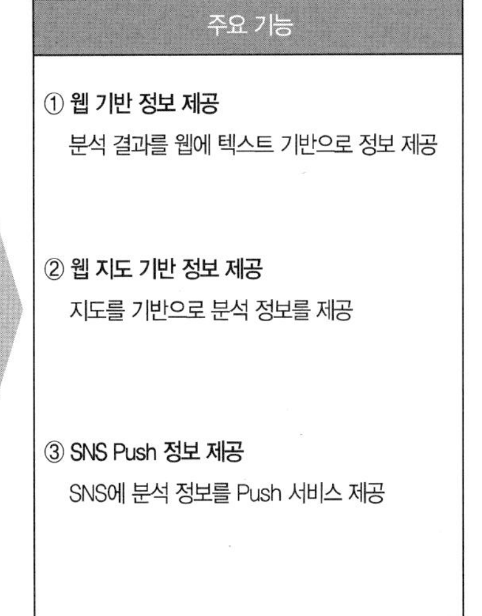

▲ 빅데이터 서비스 모형 정의서 사례

㉯ ITO 프로세스 관점으로 서비스 모형 정의

프로세스 관점으로 서비스 모형을 작성하면 청사진 관점의 서비스 모형에 비해서 좀 더 구체적으로 접근할 수 있는 장점이 있다.

ITO 프로세스
서비스 생산 시스템에서 활용되는 프로세스로 Inputs(투입), Transformation Process(변환 과정), Outputs(산출)로 구성된다.
예를 들어, 대학(서비스 생산 시스템)은 신입생(투입)을 교육(변환 과정)시켜서 졸업생(산출)을 배출한다.

ⓥ ITO 프로세스 관점의 서비스 모형 사례

시스템	투입 요소	변환 과정	산출	서비스 모델
항공	• 항공기 • 승객 • 조종사 • 승무원 • 화물	• 체크인(Check-in) • 탑승(Boarding) • 비행 • 운송 • 기내 서비스	목적지 도착	• 사전 체크인 • 서비스 간소화
백화점	• 상품 • 판매 직원 • 정보 시스템 • 고객	• 상품 소싱 • 상품 전시 • 상품 추천 • 상품 판매	고객의 상품 구매	• 상품 추천 서비스
냉동식품 제조사	• 신선식품 • 직원 • 냉동 처리 기술 • 냉동 설비	• 원재료 소싱 • 원재료 준비 • 원재료 냉동 • 포장	냉동 식품	• 절전형 냉동 처리

(5) 서비스 모형에 따른 활용 방안 제시

- 기존 운영 중인 시스템에 새로운 서비스 기능을 추가하거나, 신규로 시스템을 개발해서 서비스를 활용하는 방안을 수립한다.
- 서비스 모형을 기반으로 수익 창출과 연계하는 사업화 모형에 활용하는 방안을 수립한다.

① 조직 내부에서 빅데이터 서비스 제공을 위한 채널 시스템 활용 방안 수립

- 사용자에게 서비스를 제공하는 채널 시스템을 정의한다.
- 채널 시스템은 홈페이지, 모바일 웹, 모바일 앱 등에 따라 서비스를 활용하는 방식이 다양하게 정의될 수 있다.

ⓥ 조직 내부에서 빅데이터 서비스 제공을 위한 채널 시스템 활용 방안 수립

구분	설명
기존 시스템을 통해서 서비스 활용 방안 수립	• 사용자에게 제공할 서비스를 현재 운영 중인 시스템에 서비스하는 방안 수립 • 운영 중인 시스템에 새롭게 기능을 추가하는 것이므로, 시스템 운영 부서 및 유지 보수 조직과 협의를 거쳐 서비스 기능 추가 방안 수립
신규 시스템 개발을 통해서 서비스 활용 방안 수립	• 신규 시스템을 개발해서 서비스를 제공하기 위한 방안 수립 • 서비스를 제공할 예정인 부서에서 개발 조직과 협의를 거쳐 서비스 기능을 자체 개발하거나, 발주를 통해서 서비스를 추가하는 방안 수립

② 사업화를 추진하기 위한 비즈니스 모형 활용 방안 수립

- 빅데이터 서비스 모형을 이용하여 수익 창출에 활용할 수 있는 비즈니스 모형 활용 방안을 수립한다.
- 새로운 비즈니스 모형을 도출하여 서비스를 이용하는 방안을 수립한다.
- 빅데이터 서비스 모형을 이용해서 비즈니스 모형을 도출할 때 주요하게 고려할 사항은 빅데이터 서비스 모형의 사용자가 빅데이터 비즈니스 모형의 사용자와 동일한지, 동일하지 않은지를 파악하는 것이다.

㉮ 빅데이터 비즈니스 모형의 사용자와 제공 가치 파악

⊗ 빅데이터 비즈니스 모형의 사용자와 제공 가치 파악

구분	설명
서비스 모형 사용자와 고객이 동일한 경우	서비스 모형의 사용자와 비즈니스 모형의 사용자/고객이 동일한 경우, 사용자나 고객에게 서비스를 제공하는 대가로 수익을 창출할 수 있음
서비스 모형 사용자와 고객이 동일하지 않은 경우	서비스 모형의 사용자와 비즈니스 모형의 사용자/고객이 동일하지 않은 경우, 서비스를 제공받는 사용자나 고객에 대하여 이해관계자 분석 필요

㉯ 신규 빅데이터 비즈니스 모형 정의

- 분석 결과를 이용해서 새롭게 추진할 빅데이터 비즈니스 모형을 정의한다.
- 비즈니스 모형 접근법에 따라 구성요소가 다르므로, 비즈니스 모형 아이디어 수준, 상세화 가능성을 고려해서 적합한 접근 방식을 선택해서 정의한다.

⊗ 신규 빅데이터 비즈니스 모형 정의

구분	설명
빅데이터 비즈니스 모형을 최초로 도입하는 경우	• 빅데이터 비즈니스를 조직에서 최초로 도입하는 경우 빅데이터 비즈니스의 주요 실패 요인과 핵심 성공 요소 이해 • 핵심 성공 요소를 반영하여 비즈니스 모형 정의
기존의 서비스 모형을 확장해서 새로운 빅데이터 비즈니스 모형 정의	• 서비스 모형의 사용자와 비즈니스 모형의 사용자/고객이 동일한 경우, 사용자나 고객에게 서비스를 제공하는 대가로 수익 창출 가능

- 신규 빅데이터 비즈니스 모형을 정의할 때 목적 및 참여 요소 측면과 프로세스 측면으로 핵심 성공 요인을 나눌 수 있다.

핵심 성공 요인
(Critical Success Factor; CSF)
목표 성취를 위해 필요한 요소를 뜻하는 용어로 기업 경쟁력 향상을 위한 핵심 내부역량이며, 목표 달성을 위해 반드시 수행해야 하는 필수 요소이다.

⊗ 빅데이터 비즈니스의 핵심 성공 요인

구분	핵심 성공 요인
목적 및 참여 요소 측면	• 빅데이터 분석 목적, 사용자, 활용 목적에 대하여 명확하게 정의 • 데이터 볼륨보다는 가치 창출 관점에서의 검토가 필요 • 업무 전문가의 참여가 필수적
프로세스 측면	• 분석 목적에 따라 분석 모형을 정의한 후 분석 인프라 요건 검토 • 분석 모형 개발, 분석 시스템 구축 후 지속적으로 주기적인 모형 유의 변수를 모니터링하고 정제 • 작은 규모로 시작(Start Small)하고 성공 사례를 공유하고 확장하는 형태로 추진

• 빅데이터 비즈니스 주요 실패 요인에 대한 분석도 빅데이터 비즈니스 성공을 위해서 중요한 과정이다.

⊗ 빅데이터 비즈니스 주요 실패 요인

주요 실패 요인	설명
빅데이터 분석 목적, 빅데이터 서비스 목적의 불명확	빅데이터 분석 목적 및 서비스 목적이 명확하지 않은 상태에서 분석 모형을 개발할 경우, 산출된 분석 결과의 효용성이 낮고 제공할 가치도 불분명해질 수 있음
빅데이터 분석 결과를 이용할 사용자 및 활용 방안의 불명확	빅데이터 분석 결과를 이용할 사용자 및 활용 방안이 명확하지 않은 상태에서 분석 모형을 개발할 경우, 실제 비즈니스에 활용하지 않을 수 있음
분석 대상 데이터 품질의 저하	분석 대상 데이터 저품질로 인해 분석 결과의 신뢰도가 저하되어 효용성이 낮거나 상반된 분석 결과를 제시할 수 있음
분석 모형에 대한 정의 없이 인프라 우선 도입	인프라를 먼저 도입하는 경우, 분석 모형에서 활용할 데이터를 분석할 인프라가 없는 경우 발생 ㉠ 조직이 보유한 데이터는 99% 이상이 정형 데이터인데, 비정형 분석 솔루션만 도입됨

잠깐! 알고가기

신뢰도(Reliability)
측정의 전반적인 일관성이다. 동일한 조건에서 유사한 측정치를 얻을 수 있다면 신뢰도가 높다고 할 수 있다.

㉰ 신규 빅데이터 비즈니스 모형 사례

• 신규 빅데이터 비즈니스 모형 사례로는 비즈니스 모델 캔버스(Business Model Canvas 또는 9 Block Business Model)가 있다.

• 다음 그림은 빅데이터를 활용한 고객 유입 경로 분석 결과 사례이다.

핵심파트너 (Key Partners)	핵심 활동 (Key Activities)	제공 가치 (Value Propositions)	고객 관계 (Customer Relationships)	고객 분류 (Customer Segments)
기업가치 평가사 시스템 개발업체	분석 모델 개발 서비스시스템 개발 **핵심 자원** (Key Resources) 물리적: 인터넷 서버 인적: 모델개발팀 지적: 기업평가정보	고객: 적시 투자 정보 제공 조직: 분석 역량 강화 협력사: 신시장 공동 발굴	온라인/이메일 상담 오프라인 상담 **채널** (Channels) 웹 서비스 문자/SNS 서비스 오프라인 강의	35세 이상 가장 • 안전성+수익성 • 기존 서비스에 대한 주요 고객 35세 미만 싱글족 • 수익성+안정성

원가 구조 (Cost Structure)	수익원 (Revenue Streams)
2년 원가: 8억 = 분석 모델 개발비 + 분석 서비스 개발비 + 시스템 운영관리비	서비스 이용료 세미나 참가비

▲ **비즈니스 모델 캔버스(Business Model Canvas) 사례**

• 빅데이터 분석 모형은 분석 목적을 명확하게 정의하는 것에서 성패가 좌우된다.
• 빅데이터 분석 모형 정의와 개발 과정에서 처음부터 대규모 사업을 추진하는 것 보다는 소규모로 시작해서 성공 경험을 공유하고 영역을 확대해 가는 것이 바람직하다.
• 빅데이터 분석 모형을 이용하여 서비스를 개발하기 위해서는 분석 모형 결과에 대한 타당성이 뒷받침되어야 한다.

3 분석 모형 모니터링 ★

(1) 분석 모형 모니터링 개념

• 분석 모형이 운영 시스템에 적용되면 실시간 또는 배치 스케줄러가 정상적으로 실행되고 주기별로 성과가 예상했던 수준으로 나오고 있는지를 모니터링한다.
• 모니터링을 수작업으로 하게 되면 개발된 모델이 많아질수록 과업이 늘어날 수 있으니 DBMS에 성과자료를 누적하여 자동으로 모니터링하고 이상 시에만 확인하는 프로세스를 수립한다.

배치 스케줄러 (Batch Scheduler)
일련의 작업들을 하나의 작업 단위로 묶어서 일괄로 처리하는 작업을 실행하는 응용 프로그램이다.

(2) 분석 모형 모니터링 솔루션

- 데이터 분석 전문 솔루션으로 각종 분석 및 시각화 솔루션이 있다.
- 분석 솔루션 자체 상태, 정상 작동 상태 유무, 데이터 처리 및 분석 소요 시간, 분석 모델에 따른 처리 성능 관점에서 모니터링을 수행한다.
- 오픈 소스 R을 이용해 이 단계를 단순화할 수 있다. R은 GUI를 지원해 사용자가 직접 구체적인 작업을 하고, 분석 결과를 보고, 외부와의 연계를 단순화해 인터랙티브하게 진행할 수 있다.
- R Studio에서 제공하는 샤이니(Shiny)를 이용해 모델링 결과를 사용자 작업 파일과 서버상의 파일을 이용해 간단히 배포할 수도 있다.

잠깐! 알고가기

GUI
(Graphical User Interface)
그래픽 환경을 기반으로 한 마우스나 전자펜을 이용하는 사용자 인터페이스이다.

인터랙티브(Interactive)
사용자 인터페이스를 통한 사용자와 사용자 간의 상호 작용이다.

멀티 코어(Multi-Core)
두 개 이상의 독립 코어를 단일 집적 회로로 이루어진 하나의 패키지로 통합한 집적 회로다.

① 샤이니(Shiny)

- 샤이니는 사용자 작업 파일(ui.R)과 서버 파일(server.R)로 구성되어 있다.
- 샤이니는 싱글 코어는 무료지만, 멀티 코어는 동시 접속자 기준으로 비용이 다소 발생한다.

⊗ 샤이니 구성

구성	내용
사용자 작업 파일(ui.R)	사용자의 작업 화면에 대한 설계
서버 파일(server.R)	구체적 분석 작업 모델을 포함

(3) 분석 주기별 모니터링

측정 항목별로 성능 분석을 위한 모니터링 주기를 달리하여 적용할 수 있다.

⊗ 분석 주기별 모니터링 기준

분석 주기	내용
일간 성능 분석	• 측정 항목의 시간대별 성능 추이 및 특성을 기준으로 플랫폼의 안정성과 품질을 판단해야 하는 경우
주간 성능 분석	• 측정 항목의 주간 단위 데이터 수집 및 관리를 통해 주간 단위의 성능 변화 추이를 분석해야 하는 경우
월간(분기) 성능 분석	• 일간, 주간 성능 수집 데이터를 취합하여 월간(분기) 성능 추이를 집계하여 분석하는 경우에 사용 • 월간 또는 분기별 현황 보고 등에 활용
연간 성능 분석	• 연간 업무 계획 및 성능 현황을 토대로 플랫폼의 용량 확장 및 개선 필요 영역을 도출하여 업무에 반영하고자 할 경우 • 월간 집계 데이터를 활용하여 연간 리포트를 작성해야 하는 경우

(4) 분석 모형 모니터링 고려 사항

- 최종 모델링 결과를 실제 운영 정보 시스템에 적용하는 단계로, 상용 또는 오픈 소스 도구의 활용 또는 자체 개발을 고려한다.
- 모델 적용 자동화 및 모델 갱신 자동화를 고려할 수 있으나, 전용(상용 또는 오픈 소스) 도구에서 해당 기능 제공 시에만 적용한다.
- 적용할 때는 적용 대상 데이터의 사이즈와 처리 속도를 고려한다.

분석 모형 모니터링 고려 사항은 가볍게 읽고 넘어가시길 권장합니다!

⊗ 모니터링 고려 사항

기법	고려 사항
시뮬레이션	모델 적용을 위한 프로세스와 업무 규칙이 문서화되고 이해관계자 간 공유됨
최적화	최적화 솔루션의 결과를 시스템과 인터페이스가 가능하도록 데이터베이스 연동 프로그램을 개발

4 분석 모형 리모델링★

(1) 분석 모형 리모델링 개념

- 빅데이터 모형의 지속적인 성과모니터링을 통하여 편차가 일정수준 이상으로 지속적으로 하락하는 경우에 기존의 빅데이터 모형에 대하여 데이터 마이닝, 시뮬레이션, 최적화를 적용하는 개조 작업이다.
- 분석 모형 리모델링은 분기·반기·연 단위로 수행한다. 일·주 단위 리모델링은 특수 분야를 제외하고는 바람직하지 않다.

⊗ 리모델링 주기

기법	리모델링 주기
데이터 마이닝	분기별
시뮬레이션	주요 변경이 이뤄지는 시점, 반기
최적화	1년에 한 번

⊗ 리모델링 업무

기법	리모델링 시 수행하는 업무
데이터 마이닝	• 동일한 데이터를 이용해 학습을 다시 수행하거나 변수를 추가해 학습을 다시 수행
시뮬레이션	• 이벤트 발생 패턴의 변화, 시간 지연(Delay)의 변화, 이벤트를 처리하는 리소스 증가, 큐잉 우선순위, 자원 할당 규칙(Resource Allocation Rule) 변화 등을 처리
최적화	• 오브젝트 함수(Object Function)의 계수 변경이나 제약조건(Constraint)에 사용되는 제약 값의 변화와 추가

잠깐! 알고가기

큐잉 우선순위 (Queuing Priority)
우선순위가 높고 중요한 것에 High Priority를 부여하여 빠르게 처리하도록 하는 방식

(2) 분석 모형 리모델링 절차

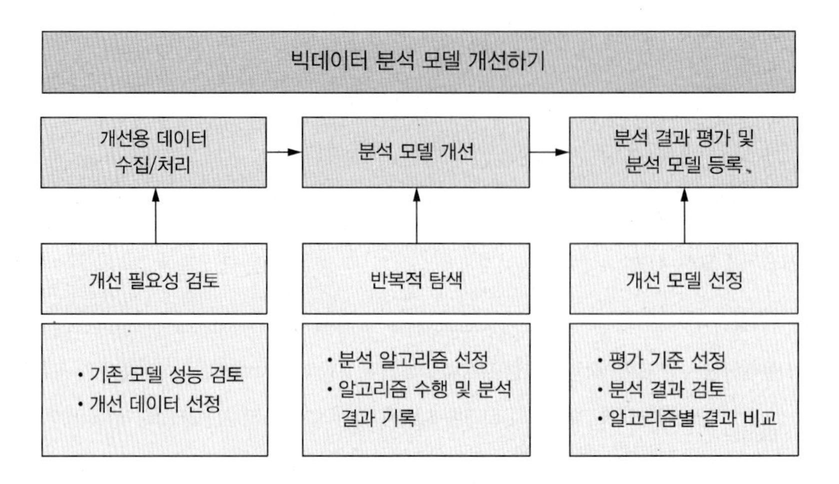

▲ 분석 모형 리모델링 절차

① 개선용 데이터 수집 및 처리

- 빅데이터 분석 모델은 일정 기간이 지나고, 새로운 데이터가 입력되면 기존 모델에 대한 성능이 떨어진다. 빅데이터 분석 모델의 성능이 떨어질 때 분석 모델에 대한 개선 필요성을 검토한 후 빅데이터 분석 모델의 개선 계획을 수립한다.

⊗ 개선용 데이터 수집 및 처리 절차

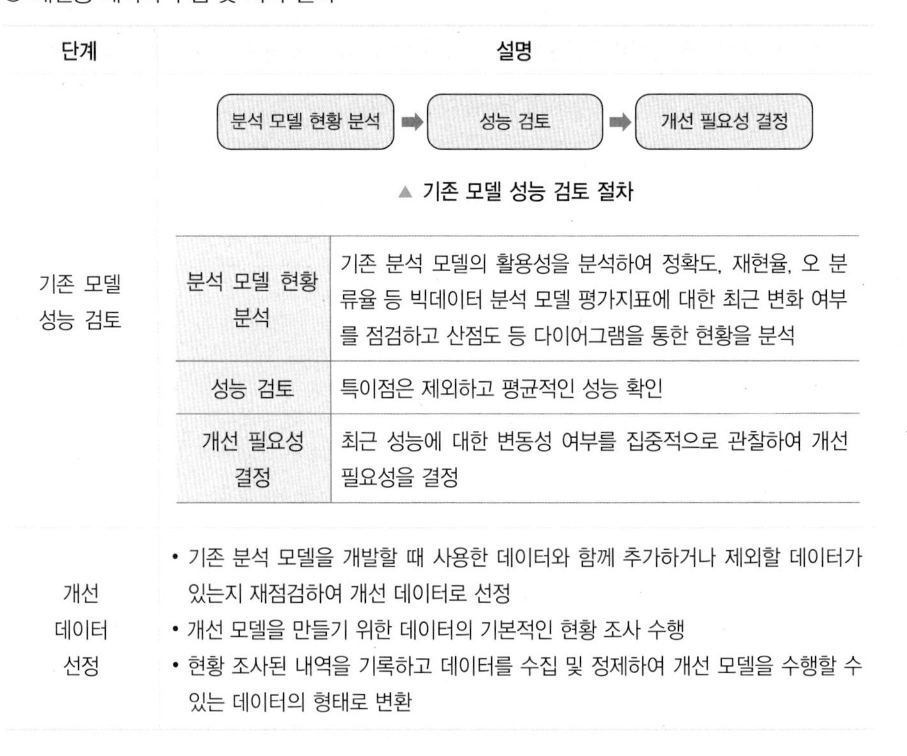

단계	설명
기존 모델 성능 검토	분석 모델 현황 분석 ➡ 성능 검토 ➡ 개선 필요성 결정 ▲ 기존 모델 성능 검토 절차 분석 모델 현황 분석: 기존 분석 모델의 활용성을 분석하여 정확도, 재현율, 오 분류율 등 빅데이터 분석 모델 평가지표에 대한 최근 변화 여부를 점검하고 산점도 등 다이어그램을 통한 현황을 분석 성능 검토: 특이점은 제외하고 평균적인 성능 확인 개선 필요성 결정: 최근 성능에 대한 변동성 여부를 집중적으로 관찰하여 개선 필요성을 결정
개선 데이터 선정	• 기존 분석 모델을 개발할 때 사용한 데이터와 함께 추가하거나 제외할 데이터가 있는지 재점검하여 개선 데이터로 선정 • 개선 모델을 만들기 위한 데이터의 기본적인 현황 조사 수행 • 현황 조사된 내역을 기록하고 데이터를 수집 및 정제하여 개선 모델을 수행할 수 있는 데이터의 형태로 변환

• 개선 데이터 선정할 때의 고려 사항은 다음과 같다.

⊗ 개선 데이터 선정 시 고려 사항

주요 항목	고려 사항
데이터 활용도	최신 데이터 적용이나 변수 추가 방식으로 분석 모형을 재조정
데이터 변경도	업무 프로세스 KPI의 변경 또는 주요 시스템 원칙 변경, 발생 이벤트의 건수 증가에 따라 성능 평가를 하고 필요시 재조정
신규 영향 데이터	조건이나 가중치가 변할 때 계수 값을 조정하거나 제약조건을 추가하여 재조정
데이터 오류율	기존 데이터 집합에 대한 데이터 오류율 점검
기타	분석가가 분석 모델에 영향이 있을 것으로 판단하는 데이터

② 분석 모델 개선

• 빅데이터 분석 알고리즘 수행은 빅데이터 분석 모델을 개발할 때와 동일한 절차로 수행한다.

• 다만 개선 모델은 기존 모델보다 높은 성능을 보이는 모델로 선정될 수 있도록 매개변수를 조정하여 수행한다.

매개변수(Parameter)
매개변수를 뜻하는 말로 메서드 수행에 필요한 입력값을 저장하는 변수이다.

⊗ 분석 모델 개선 절차

단계	설명
분석 알고리즘 선정	• 분석 모델에 대한 명확한 개선 목적 선정 예 분석 모델의 성능 향상, 비즈니스 업무 적용 가능성 향상 • 개선 데이터 선정 및 유형 구분 예 • 기존에 고려되지 않았던 데이터에 대한 적용 가능성을 검토함 • 정형 데이터와 비정형 데이터를 혼용하여 사용하는 것도 검토함 • 기존에 빅데이터 분석 모델을 만들 때 활용한 데이터에 대한 변경 내역 조사 예 기존 데이터 현황 조사서 기준으로 통계정보 변경 내역, 데이터 볼륨의 증가 현황
알고리즘 수행 및 분석 결과 기록	• 분석 수행 절차는 분석 모델 개발 절차와 동일하게 진행 • 훈련 데이터 및 검증 데이터, 시험 데이터를 구분할 때 신규로 추가된 데이터가 반영될 수 있도록 데이터를 구분

③ 분석 결과 평가 및 분석 모델 등록

빅데이터 개선 모델에 대한 개발이 완료되면 분석 알고리즘 수행결과를 검토하여 최종 모델을 선정한다. 최종 모델 선정 시에는 다양한 이해관계자(분석가, 데이터 처리자, 고객 등)가 모여 분석 모델에 대한 결과를 리뷰하고 검토 회의를 진행하여 최적의 분석 모델을 선정한다.

⊗ 분석 결과 평가 및 분석 모델 등록 절차

단계	설명
평가 기준 선정	• 최적의 분석 모델 선정을 위해서 분석 모델에 대한 평가 기준 선정
분석 결과 검토	• 해당 모델의 실질적인 활용 가능성 검토 • 개선 모델의 구축 목적에 맞는 모델인지 검토 • 현업 적용 가능성을 고려
알고리즘별 결과 비교	• 분석 모델의 알고리즘별로 결과 비교

분석 모형 리모델링의 고려사항은 상대적으로 중요도가 낮습니다. 가볍게 넘어가시면 되겠습니다. 고생 많으셨고 이제는 문제를 풀어봅시다!

(3) 분석 모형 리모델링 고려 사항

- 데이터 마이닝, 최적화 모델링 결과를 정기적(분기, 반기, 연 단위)으로 재평가해 결과에 따라 필요시 분석 모형을 재조정한다.
- 업무 특성에 따라 차이가 있으나, 일반적으로 초기에는 모형 재조정을 자주 수행하고 점진적으로 그 주기를 길게 설정한다.
- 관리 대상 모델이 월 20개 이상이거나, 기타 업무와 함께 수행해야 하는 경우 수작업이 아닌 도구를 통한 업무 자동화를 권고한다.

⊗ 리모델링 고려 사항

기법	고려 사항
데이터 마이닝	최신 데이터 적용이나 변수 추가 방식으로 분석 모형을 재조정
시뮬레이션	업무 프로세스 KPI의 변경 또는 주요 시스템 원칙 변경, 발생 이벤트의 건수 증가에 따라 성능 평가를 하고 필요시 재조정
최적화	조건 변화나 가중치 변화 시 계수 값 조정 또는 제약조건 추가로 재조정

지피지기 기출문제

01 다음 중 데이터 분석 결과 활용에 대한 설명으로 옳지 않은 것은? 21년 2회

① 분석 모형 최종 평가 시에는 학습할 때 사용하지 않았던 데이터를 사용한다.
② 분석 모형 개발과 피드백 적용 과정을 반복하는 것은 지양한다.
③ 정확도, 재현율 등의 평가지표를 분석 모형 성능지표로 활용한다.
④ 분석 결과는 비즈니스 업무 담당자, 시스템 엔지니어 등 관련 인원들에게 모두 공유되어야 한다.

해설 분석 모형 개발과 피드백 적용을 반복적으로 수행하여 분석 모형의 성능을 향상시킨다.

정답 01 ②

천기누설 예상문제

01 다음은 빅데이터 모형 개발 및 운영 프로세스이다. 괄호(　) 안에 들어갈 프로세스로 올바른 것은?

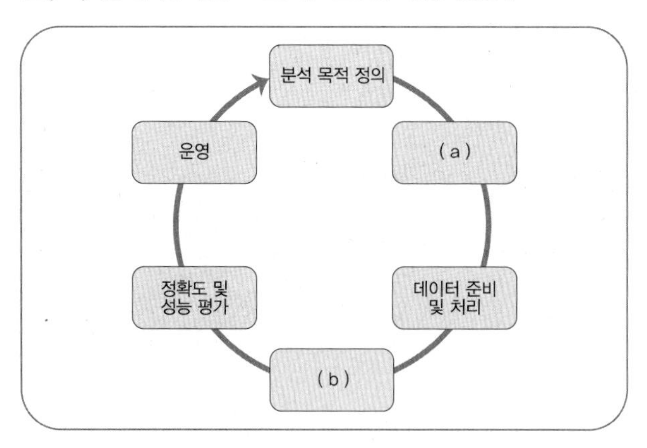

① a : 가설 검토, b: 모델링 및 분석
② a : 모델링 및 분석, b: 가설 검토
③ a : 표준 검토, b: 분포도 구성
④ a : 분포도 구성, b: 표준 검토

해설 • 빅데이터 모형 개발 및 운영 프로세스는 아래와 같다.
• 분석 목적 정의 → 가설 검토 → 데이터 준비 및 처리 → 모델링 및 분석 → 정확도 및 성능 평가 → 운영

02 다음 중 아래에서 설명하고 있는 빅데이터 모형 개발 및 운영 프로세스 단계로 올바른 것은?

> • 앞선 단계에서 검토되었던 사안(분석 목적, 가설 검토 등)을 구체적인 통계적 질문으로 변환하는 단계
> • 분석 목적에 부합하는 빅데이터 분석 유형 및 적합한 모형 선택

① 분석 목적의 정의 단계　② 가설 검토 단계
③ 모델링 및 분석 단계　④ 정확도 및 성능 평가 단계

해설 앞선 단계에서 검토되었던 사안(분석 목적, 가설 검토 등)을 구체적인 통계적 질문으로 변환하는 단계는 모델링 및 분석 단계이다.

03 다음 중 빅데이터 모형 운영 및 개선방안 수립에 대한 설명으로 올바르지 않은 것은?

① 예측 모형의 성능을 지속해서 추적하기 위해서 예측 오차를 계산하고 기록한다.
② 예측 모형이 추적 신호 상한 혹은 하한을 벗어나도 예측 모형에 대한 개선방안을 세울 필요는 없다.
③ 새로 계산된 예측 오차를 가지고 추적 신호를 다시 계산하고 추적 신호를 추적한다.
④ 예측 모형의 개선방안으로 업데이트된 최근 데이터 세트를 활용하여 같은 예측 모형 적용을 통해 업데이트된 예측 모형을 구축하고 이를 다시 적용한다.

해설 예측 모형이 추적 신호 상한 혹은 하한을 벗어나서 개선이 필요할 경우 예측 모형 개선방안을 모색해야 한다.

04 다음 중 아래에서 설명하는 용어는 무엇인가?

> 기업에서 경쟁전략을 세우기 위해, 자신의 경쟁적 지위를 파악하고 이를 향상시킬 수 있는 지점을 찾기 위해 사용하는 모형

① 가치 사슬　② 지식 모형
③ 생태계 모형　④ 경쟁 모형

해설 기업에서 경쟁전략을 세우기 위해, 자신의 경쟁적 지위를 파악하고 이를 향상시킬 수 있는 지점을 찾기 위해 사용하는 모형은 가치 사슬(Value Chain)이다.

05 빅데이터 분석 결과를 활용하기 위한 아이디어 개발 방법 중 아래 그림처럼 수평적/수직적으로 통합하거나 확대하는 방법은 무엇인가?

구분	프로세스 1	프로세스 2	프로세스 3	프로세스 4	프로세스 5
업무 A		○			
업무 B	○	○		○	
업무 C		○			

① 가치 사슬 방식 ② 친화 도표 방식
③ 피라미드 방식 ④ 마인드맵 방식

해설 가치 사슬 관점의 분류는 수평적/수직적으로 통합하거나 확대해서 새로운 가치 사슬을 발견할 때 유용한 방식이다.

06 빅데이터를 활용한 비즈니스의 주요 실패 요인으로 올바르지 않은 것은?

① 분석 모형에 대한 정의 후 빠른 인프라 도입
② 빅데이터 분석 목적, 빅데이터 서비스 목적의 불명확
③ 빅데이터 분석 결과를 이용할 사용자 불명확
④ 분석 대상 데이터 품질의 저하

해설 • 분석 모형에 대한 정의 후 빠른 인프라 도입은 빅데이터를 활용한 비즈니스의 주요 실패 요인이 아니다.
• 분석 모형에 대한 정의 없이 인프라 우선 도입을 하는 것이 빅데이터를 활용한 비즈니스의 실패 요인이 된다.

07 빅데이터를 활용한 비즈니스의 핵심 성공 요인으로 올바르지 않은 것은?

① 빅데이터 분석 목적, 사용자, 활용 목적에 대하여 명확하게 정의
② 데이터 볼륨보다는 가치 창출 관점에서의 검토가 필요
③ 빅데이터 비즈니스 초기부터 경제성을 고려하여 큰 규모의 시스템 구축 활용
④ 분석 모형 개발, 분석 시스템 구축 후 지속적으로 주기적인 모형 유의 변수를 모니터링하고 정제

해설 빅데이터를 활용한 비즈니스의 핵심 성공 요인은 작은 규모로 시작하고, 성공 사례를 공유하고 확장하는 형태로 추진하는 형태(Start Small)이다.

08 분석 모형이 운영 시스템에 적용되면 모니터링을 하는 방법으로 적절하지 않은 것은?

① 실시간 또는 배치 스케줄러(Batch Scheduler) 정상 실행 여부를 모니터링한다.
② 주기별로 성과가 예상했던 수준으로 나오고 있는지를 모니터링한다.
③ DBMS에 성과자료를 누적하여 모니터링한다.
④ 데이터 정합성을 체크해야 하므로 수동으로 모니터링 한다.

해설 모니터링은 자동으로 하고 이상 시에만 확인하는 프로세스를 수립해야 한다.

천기누설 예상문제

09 다음 중 분석 모형 리모델링에 대한 설명으로 가장 적절하지 않은 것은?

① 비즈니스 상황이 변화하므로 지속적으로 리모델링을 수행한다.
② 변화에 대응하기 위해 성과 모니터링을 지속적으로 하고 리모델링을 수행한다.
③ 일·주 단위로 리모델링을 주기적으로 실행한다.
④ 분석 결과를 고객에게 적용하게 되면 고객의 행동 패턴이 변하기 때문에 리모델링이 필요하다.

해설 일·주 단위 리모델링은 특수 분야를 제외하고는 수행하지 않는다.

10 다음 중 분석 모형 리모델링을 위한 업무로 적절하지 않은 것은?

① 데이터 마이닝은 신규 데이터만으로 학습을 다시 수행한다.
② 데이터 마이닝은 변수를 추가해 학습을 다시 수행한다.
③ 시뮬레이션은 이벤트 발생 패턴의 변화, 시간 지연(Delay)의 변화를 검토한다.
④ 최적화는 오브젝트 함수(Object Function)의 계수 변경을 검토한다.

해설 데이터 마이닝은 동일한 데이터를 이용해 학습을 다시 수행하거나 변수를 추가해 학습을 다시 수행한다.

11 다음 중 분석 모형 리모델링 시 고려 사항으로 적절하지 않은 것은?

① 일반적으로 초기에는 모형 재조정을 자주 수행한다.
② 데이터 마이닝, 최적화 모델링 결과를 정기적(분기, 반기, 연 단위)으로 재평가해 결과에 따라 필요시 분석 모형을 재조정한다.
③ 수작업이 아닌 도구를 통한 업무 자동화를 권고한다.
④ 점진적으로 모니터링 주기를 짧게 설정한다.

해설 분석 모형 리모델링은 초기에는 모형 재조정을 자주 수행하고 점진적으로 그 주기를 길게 설정한다.

12 다음 중 분석 모형 리모델링 주기로 가장 적절하지 않은 것은?

① 데이터 마이닝은 분기별로 리모델링한다.
② 시뮬레이션은 주요 변경이 이뤄지는 시점보다는 실시간으로 수행한다.
③ 시뮬레이션은 반기별로 리모델링이 가능하다.
④ 최적화는 1년에 한 번 리모델링을 수행한다.

해설 시뮬레이션은 주요 변경이 이뤄지는 시점이나 반기에 수행한다.

정답 01 ① 02 ③ 03 ② 04 ① 05 ① 06 ① 07 ③ 08 ④ 09 ③ 10 ① 11 ④ 12 ②

01 다음 중 회귀 모형의 기본 평가지표에 대한 설명 중 가장 올바르지 않은 것은?

① SSE는 오차 제곱합으로 예측값과 실젯값의 차이(오차) 제곱의 합이다.
② SST는 전체 제곱합으로 예측값과 평균값의 차이 제곱의 합이다.
③ AE는 평균 오차로 예측한 결괏값의 오류 평균이다.
④ MAE는 평균 절대 오차로 실젯값과 예측값 차이의 절댓값에 대한 평균이다.

해설 • SST는 전체 제곱합(Total Sum of Squares)으로 실젯값과 평균값의 차이 제곱의 합이다.

02 다음 중 아래 수식이 가리키는 회귀 모형의 평가지표는 무엇인가?

$$\sum_{i=1}^{n}(y_i-\bar{y})^2 = \text{SSE(오차 제곱합)} + \text{SSR(회귀 제곱합)}$$

① AE(평균 오차) ② MAE(평균 절대 오차)
③ SST(전체 제곱합) ④ MPE(평균백분율 오차)

해설

$$\text{SST(전체 제곱합)} = \sum_{i=1}^{n}(y_i-\bar{y})^2 = \text{SSE(오차 제곱합)} + \text{SSR(회귀 제곱합)}$$

03 다음 중 회귀 모형의 결정계수에 대한 설명으로 가장 올바르지 않은 것은?

① 선형 회귀 분석의 성능 검증지표로 많이 이용된다.
② 회귀 모형이 실젯값을 얼마나 잘 나타내는지에 대한 비율이다.
③ 결정계수가 1에 가까울수록 실젯값을 잘 설명할 수 있다.
④ 값의 범위는 $-1 \leq R^2 \leq 1$이다.

해설 값의 범위는 $0 \leq R^2 \leq 1$이다.

04 아래에서 설명하는 회귀 모형의 평가지표에 대한 설명으로 가장 올바르지 않은 것은?

$$\text{Mallow's } C_p = \frac{SSE_p}{MSE_n} + 2(p+1) - n$$

① n: 모든 독립변수의 개수이다.
② p: 선택된 종속변수의 개수이다.
③ SSE_p: p개의 독립변수로 예측한 오차 제곱합이다.
④ MSE_n : 모든 독립변수를 포함한 평균 제곱 오차이다.

해설 p: 선택된 독립변수의 개수이다.

05 다음 중 회귀 모형의 수정된 결정계수(R^2_{adj} ; Adjusted Coefficient of Determination)에 대한 설명으로 가장 올바르지 않은 것은?

① 선형 회귀 분석의 성능 검증지표로 많이 이용된다.
② 모형에 유의하지 않은 변수의 개수가 증가하더라도 결정계수는 증가하는 단점을 보완했다.
③ 수정된 결정계수는 결정계수보다 항상 크다($R^2 < R^2_{adj}$).
④ 독립변수의 개수가 다른 모형을 평가할 때 사용이 가능하다.

해설 수정된 결정계수는 결정계수보다 항상 작다($R^2 > R^2_{adj}$).

선견지명 단원종합문제

06 다음 중 분석 모델에서 구한 분류의 예측 범주와 데이터의 실제 분류 범주를 교차 표(Cross Table) 형태로 정리한 평가지표는 무엇인가?

① 혼동 행렬(Confusion Matrix)
② ROC 곡선
③ 교차 검증(Cross Validation)
④ 비복원추출(Sampling without Replacement)

해설 분석 모델에서 구한 분류의 예측 범주와 데이터의 실제 분류 범주를 교차 표(Cross Table) 형태로 정리한 평가지표는 혼동 행렬(Confusion Matrix)이다.

07 다음은 혼동 행렬을 나타내는 표이다. 괄호 안에 들어갈 분류 값으로 가장 올바른 것은?

		예측 범주 값(Predicted Condition)	
		Predicted Positive	Predicted Negative
실제 범주값 (Actual Condition)	Actual Positive	(A)	
	Actual Negative		(B)

① A: TP(True Positive), B: TN(True Negative)
② A: TP(True Positive), B: FN(False Negative)
③ A: FP(False Positive), B: TN(True Negative)
④ A: FP(False Positive), B: FN(False Negative)

해설 Positive/Negative는 예측한 값, True/False는 예측한 값과 실젯값의 비교 결과이다.

		예측 범주 값(Predicted Condition)	
		Predicted Positive	Predicted Negative
실제 범주값 (Actual Condition)	Actual Positive	True Positive(TP)	False Negative(FN)
	Actual Negative	False Positive(FP)	True Negative(TN)

혼동 행렬의 작성 방법	
정티피엔, 틀프피엔	예측이 정확한 경우 / TP / TN, 예측이 틀린 경우 / FP / FN

08 다음 중 혼동 행렬의 분류 값에 대한 설명으로 가장 올바르지 않은 것은?

① TP(True Positive)는 실젯값이 Positive이고 예측값도 Positive인 경우의 값이다.
② FP(False Positive)는 실젯값이 Positive이고 예측값도 Positive인 경우의 값이다.
③ TN(True Negative)은 실젯값이 Negative이고 예측값도 Negative인 경우의 값이다.
④ FN(False Negative)은 실젯값은 Positive이었으나 예측값은 Negative이었던 경우의 값이다.

해설 FP(False Positive)는 실젯값이 Negative이었으나, 예측값은 Positive이었던 경우의 값이다.

09 다음 중 혼동 행렬을 통한 분류 모형의 평가지표에 대한 설명으로 가장 올바르지 않은 것은?

① 정확도(Accuracy)는 $\frac{TP+TN}{TP+TN+FP+FN}$의 계산식으로 표현할 수 있다.
② 오차 비율(Error Rate)은 $\frac{FP+FN}{TP+TN+FP+FN}$의 계산식으로 표현할 수 있다.
③ 민감도(Sensitivity)는 $\frac{TN}{TN+FP}$의 계산식으로 표현할 수 있다.
④ 거짓 긍정률(FP Rate)은 $\frac{FP}{TN+FP}$의 계산식으로 표현할 수 있다.

해설 민감도(Sensitivity)는 $\frac{TP}{TP+FN}$의 계산식으로 표현할 수 있다.

10 아래에서 설명하고 있는 혼동 행렬을 통한 분류 모형의 평가지표는 무엇인가?

- 참 긍정률(TP Rate)이라고도 불리는 지표
- 실제로 '긍정'인 범주 중에서 '긍정'으로 올바르게 예측(TP)한 비율
- Recall, Hit Ratio, TP Rate로도 지칭되는 지표

① 정확도(Accuracy) ② 정밀도(Precision)
③ 특이도(Specificity) ④ 민감도(Sensitivity)

해설 민감도(Sensitivity)는 실제로 '긍정'인 범주 중에서 '긍정'으로 올바르게 예측(TP)한 비율이다.

11 다음 모형평가지표 중 True로 예측한 관측치 중 실젯값이 True인 정도를 나타내는 지표는 무엇인가?

① 민감도(Sensitivity) ② 정확도(Accuracy)
③ 정밀도(Precision) ④ 특이도(Specificity)

해설 정밀도는 True로 예측한 관측치 중 실젯값이 True인 정도를 나타내는 지표로 $\frac{TP}{TP+FP}$ 로 계산한다.

12 다음 중 분류 모형의 성능을 평가하기 위해서 사용되는 그래프 분석 방법은 무엇인가?

① 선형 회귀 곡선 ② 이익 도표
③ 간트 차트 ④ 영역 차트

해설
- 이익 도표는 분류 모형의 성능을 평가하기 위해서 사용되는 그래프 분석 방법이다.
- 이익은 목표 범주에 속하는 개체들이 임의로 나눈 등급별로 얼마나 분포하고 있는지를 나타내는 값이다.

13 다음 중 ROC 곡선에 대한 설명으로 올바르지 않은 것은?

① ROC 곡선은 가로축(x)을 혼동 행렬의 거짓 긍정률(FP Rate)로 두고 세로축(y)을 참 긍정률(TP Rate)로 두어 시각화한 그래프이다.
② 거짓 긍정률(FPR)은 특이도(Specificity)와 같다.
③ AUC는 ROC 곡선 아래의 면적으로 면적을 모형의 평가지표로 삼는다.
④ 참 긍정률(TPR)은 민감도(Sensitivity)와 같다.

해설 거짓 긍정률(FPR)은 1− 특이도(Specificity)와 같다.

14 다음 중 데이터 분석 모형의 일반화 오류(Generalization Error)에 대한 설명으로 올바르지 않은 것은?

① 분석 모형을 만들 때 주어진 데이터 집합의 특성을 지나치게 반영하여 발생하는 오류이다.
② 주어진 데이터 집합은 모집단 일부분임에도 불구하고 그것이 가지고 있는 주변적인 특성 등을 모두 묘사하기 때문에 발생한다.
③ 과소 적합(Under−fitting) 되었다고 할 수 있다.
④ 일반화 오류를 방지하기 위해 가중치 규제, 드롭아웃 등의 방법을 적용할 수 있다.

해설 일반화 오류(Generalization Error)는 과대 적합(Over−fitting) 되었다고 할 수 있다.

선견지명 단원종합문제

15 다음 중 아래에서 설명하는 기법은 무엇인가?

> 1 2 3 ... n
>
> ⬇
>
> 1 2 3 ... n
> 1 2 3 ... n
> 1 2 3 ... n
> ⋮
> 1 2 3 ... n
>
> 전체 데이터에서 1개 샘플 만을 Test에 사용하고 나머지 (N−1)개는 학습에 사용, 이 과정을 N번 반복하는 기법이다.

① LpOCV(Leave−p−Out Cross Validation)
② K−Fold Cross Validation
③ Leave−One−Out Cross Validation(LOOCV)
④ Holdout Cross Validation

해설 전체 데이터에서 1개 샘플 만을 Test에 사용하고 나머지 (N−1)개는 학습에 사용, 이 과정을 N번 반복하는 기법이 LOOCV이다.

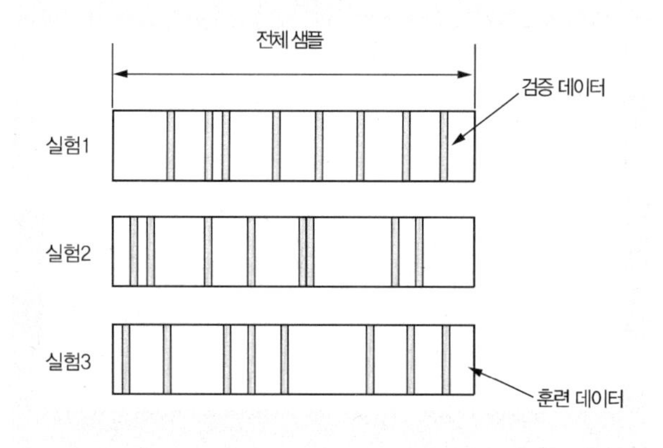

16 다음 중 비복원 추출을 이용한 교차 검증 방법은 무엇인가?

① Bootstrap
② Holdout Cross Validation
③ K−Fold Cross Validation
④ Leave−One−Out Cross Validation

해설 전체 데이터를 비복원 추출 방법을 이용하여 랜덤하게 훈련 데이터(Training Set)와 평가 데이터(Test Set)로 나눠 검증하는 기법은 Holdout Cross Validation이다.

17 다음 부트스트랩을 이용한 샘플링 방법에 대한 설명으로 가장 옳지 않은 것은?

① 주어진 자료에서 복원 추출 방법을 활용한 샘플링 방법이다.
② 샘플이 훈련 데이터에 포함될 확률은 약 63.2%이다.
③ 동일한 크기의 표본을 여러 개 생성하는 샘플링 방법이다.
④ 전체 데이터에서 중복을 허용하지 않는 무작위 샘플링 방법이다.

해설 부트스트랩은 전체 데이터에서 중복을 허용하는 무작위 복원 추출 방법이다.

18 다음 중 주어진 자료에서 단순 랜덤 복원추출 방법을 활용하여 동일한 크기의 표본을 여러 개 생성하는 샘플링 방법은 무엇인가?

① 모수 유의성 검정 ② 부트스트랩
③ 랜덤 샘플링 ④ 홀드 아웃 교차 검증

해설 주어진 자료에서 단순 랜덤 복원추출 방법을 활용하여 동일한 크기의 표본을 여러 개 생성하는 샘플링 방법은 부트스트랩(Bootstrap)이다.

19 **다음 중 모수 유의성 검정에 대한 설명으로 올바르지 않은 것은?**

① 모집단(Population)은 분석의 대상, 즉 관심의 대상이 되는 전체 그룹이며, 모수(Parameter)는 모집단을 설명하는 어떤 값이다.
② 표본(Sample)은 모집단 분석을 위해 추출한 한 집단(Set)의 통계치이다.
③ 모집단 평균을 알고 있을 때 Z-검정, T-검정을 사용하여 유의성을 검정한다.
④ Z-검정은 귀무가설에서 검정 통계량의 분포를 정규분포로 근사할 수 있는 통계 검정이다.

해설 표본(Sample)은 모집단 분석을 위해 추출한 한 집단(Set)의 관측치이다.

20 **다음 중 귀무가설에서 검정 통계량의 분포를 정규분포로 근사할 수 있는 통계 검정은 무엇인가?**

① Z-검정
② T-분포(T-Distribution)
③ 분산 분석
④ 카이제곱 검정

해설 귀무가설에서 검정 통계량의 분포를 정규분포로 근사할 수 있는 통계 검정은 Z-검정이다.

21 **다음 중 T-분포에 대한 설명으로 올바르지 않은 것은?**

① 적은 표본으로도 모집단 평균을 추정하려고 정규분포 대신에 사용되는 확률분포이다.
② 자유도가 감소할수록 표준 정규분포에 가까워진다.
③ 모집단이 정규분포라는 정도만 알고, σ^2(모분산)을 모를 때 S^2(표본분산)으로 대체하여 모평균 μ를 구할 때 사용한다.
④ 표준 정규분포와 유사하게 0을 중심으로 좌우대칭이나, 표준 정규분포보다 평평하다.

해설 자유도가 증가할수록 표준 정규분포에 가까워진다.

22 **다음 중 다음의 모집단 분산에 대한 설명에 해당하는 유의성 검정은 무엇인가?**

$$\chi^2 = \sum_{i=1}^{k} \frac{(O_i - E_i)^2}{E_i}$$

- O_i: 범주 i의 실제 관측치
- k: 범주 개수, 자유도는 $k-1$
- E_i: 귀무가설이 옳다는 전제하에 기대되는 범주 i의 기대 빈도수

관찰된 빈도가 기대되는 빈도와 유의미하게 다른지를 검정하기 위해 사용되는 검정 방법이다.

① Z-검정(Z-Test)
② F-검정(F-Test)
③ 적합도 검정(Goodness of Fit Test)
④ 카이제곱 검정(Chi-Square Test)

해설 카이제곱 검정은 관찰된 빈도가 기대되는 빈도와 유의미하게 다른지를 검정하기 위해 사용되며 카이제곱 분포에 기초한 통계적 검정 방법이다.

23 다음 중 정규성 검정 기법 중 Q-Q Plot(Quantile-Quantile Plot)에 대한 설명으로 올바르지 않은 것은?

① 그래프를 이용하여 정규성 가정을 시각적으로 검정하는 방법이다.
② Q-Q Plot에서 대각선 참조선을 따라서 값들이 분포하게 되면 정규성 가정을 만족한다고 할 수 있다.
③ 데이터가 어떤 특정한 분포를 따르는가를 비교할 때도 Q-Q Plot을 사용한다.
④ 정규성 가정에 위배되었다는 판단 기준이 모호해서 Q-Q Plot은 보조용으로 사용하는 것이 좋다.

해설 데이터가 어떤 특정한 분포를 따르는가를 비교할 때는 콜모고로프-스미르노프 적합성 검정(K-S 검정)을 사용한다.

24 다음 중에서 표본 집단의 분포가 주어진 특정 이론을 따르고 있는지를 검정하는 기법은 무엇인가?

① 적합도 검정 ② F-검정
③ 모수 유의성 검정 ④ T-검정

해설 표본 집단의 분포가 주어진 특정 이론을 따르고 있는지를 검정하는 기법은 적합도 검정이다.

25 다음 중 학습 과정에서 신경망 일부를 사용하지 않는 방법을 통해 과대 적합을 방지하기 위한 기법은 무엇인가?

① 데이터 세트 증가 ② 모델 복잡도 감소
③ 가중치 규제 ④ 드롭아웃 방법

해설 학습 과정에서 신경망 일부를 사용하지 않는 방법을 통해 과대 적합을 방지하기 위한 기법은 드롭아웃 방법이다.

26 다음 중 과대 적합을 방지하기 위한 가중치 규제에 대한 설명으로 올바르지 않은 것은?

① 가중치 규제의 종류에는 L_1 규제와 L_2 규제가 있다.
② L_2 규제는 모든 가중치 w들의 절댓값 합계를 비용 함수에 추가하는 기법이다.
③ 복잡한 모델은 많은 수의 매개변수를 가진 모델로 과대 적합 될 가능성이 크다.
④ 가중치 규제는 개별 가중치 값을 제한하여 복잡한 모델을 좀 더 간단하게 하는 방법이다.

해설 L_1 규제는 모든 가중치 w들의 절댓값 합계를 비용 함수에 추가하는 기법이고, L_2 규제는 모든 가중치 w들의 제곱합을 비용 함수에 추가하는 기법이다.

27 다음 중 드롭아웃의 유형에 대한 설명으로 올바르지 않은 것은?

① 초기 드롭아웃은 학습 과정에서 노드들을 p의 확률로(일반적으로 0.5) 학습 횟수마다 임의로 생략하고, 남은 노드들과 연결선들만을 이용하여 추론 및 학습을 수행하는 기법이다.
② 초기 드롭아웃은 DNN 알고리즘에 사용된다.
③ 공간적 드롭아웃은 특징 맵 내의 노드 전체에 대해 드롭아웃의 적용 여부를 결정하는 기법으로 RNN 알고리즘에 사용된다.
④ 시간적 드롭아웃은 노드들을 생략하는 방식이 아니라 연결선 일부를 생략하는 방식으로, Drop Connection 방식의 개선 기법이다.

해설 공간적 드롭아웃은 CNN 알고리즘에 사용되고, 시간적 드롭아웃은 RNN 알고리즘에 사용된다.

28 다음은 확률적 경사 하강법(Stochastic Gradient Descent; SGD)에 대한 설명이다. 괄호 ( ) 안에 들어갈 올바른 용어는?

- 확률적 경사 하강법(Stochastic Gradient Descent; SGD)이란 손실 함수의 기울기를 구하여, 그 기울기를 따라 조금씩 아래로 내려가 최종적으로는 손실 함수가 가장 작은 지점에 도달하도록 하는 알고리즘이다.
- 손실 함수 그래프에서 (Ⓐ)에 갇혀 (Ⓑ)을 찾지 못하는 경우가 많고, 손실 함수가 비등방성 함수일 때에서는 최적화에 있어 매우 비효율적이고 오래 걸리는 탐색 경로를 보여준다.

① Ⓐ: 전역 극소점, Ⓑ: 지역 최대점
② Ⓐ: 지역 최대점, Ⓑ: 전역 극소점
③ Ⓐ: 전역 극소점, Ⓑ: 지역 극소점
④ Ⓐ: 지역 극소점, Ⓑ: 전역 극소점

해설 확률적 경사 하강법은 손실 함수 그래프에서 지역 극소점에 갇혀 전역 극소점을 찾지 못하는 경우가 많다.

29 다음 중 기울기 방향으로 힘을 받으면 물체가 가속된다는 물리 법칙을 적용한 알고리즘으로 기울기가 줄어들더라도 누적된 기울기 값으로 인해 빠르게 최적점으로 수렴할 수 있는 매개변수 최적화 기법은?

① 확률적 경사 하강법(Stochastic Gradient Descent; SGD)
② 드롭아웃(Drop Out)
③ AdaGrad(Adaptive Gradient Algorithm)
④ 모멘텀(Momentum)

해설 모멘텀(Momentum)은 기울기 방향으로 힘을 받으면 물체가 가속된다는 물리 법칙을 적용한 알고리즘으로 기울기가 줄어들더라도 누적된 기울기 값으로 인해 빠르게 최적점으로 수렴하게 된다.

30 다음 중 아래에서 설명하고 있는 매개변수 최적화 기법으로 가장 올바른 것은?

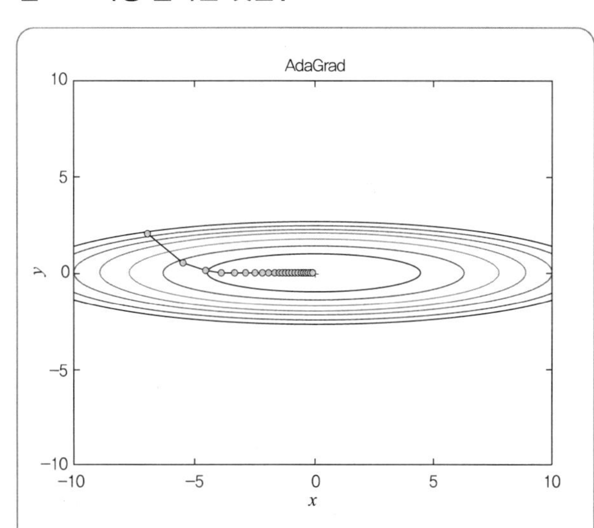

- 최솟값을 향해 효율적으로 움직이는 기법이다.
- y축 방향은 기울기가 커서 처음에는 크게 움직이지만, 큰 움직임에 비례해 갱신 정도도 큰 폭으로 작아지도록 조정된다.
- y축 방향으로 갱신 강도가 빠르게 약해지고, 지그재그 움직임이 줄어든다.

① 모멘텀(Momentum)
② 확률적 경사 하강법(Stochastic Gradient Descent; SGD)
③ AdaGrad(Adaptive Gradient Algorithm)
④ 랜덤 포레스트(Random Forests)

해설 • AdaGrad 기법의 최적점 탐색 경로를 보면, 최적점을 향해 매우 효율적으로 움직인다.
• 처음에는 큰 폭으로 움직이지만, 그 큰 움직임에 비례하여 갱신 정도도 큰 폭으로 작아진다.

선견지명 단원종합문제

31 다음 중 데이터 시각화 유형과 기법이 잘못 짝지어진 것은?

① 분포 시각화 - 막대그래프, 점그래프
② 관계 시각화 - 산점도, 버블 차트, 히스토그램
③ 비교 시각화 - 히트맵, 평행 좌표 그래프
④ 공간 시각화 - 등치선도, 도트맵

해설 • 시간 시각화 - 막대그래프, 점그래프
• 분포 시각화 - 파이 차트, 도넛 차트, 트리맵

32 다음 중 아래에서 설명하는 시간 시각화 유형은?

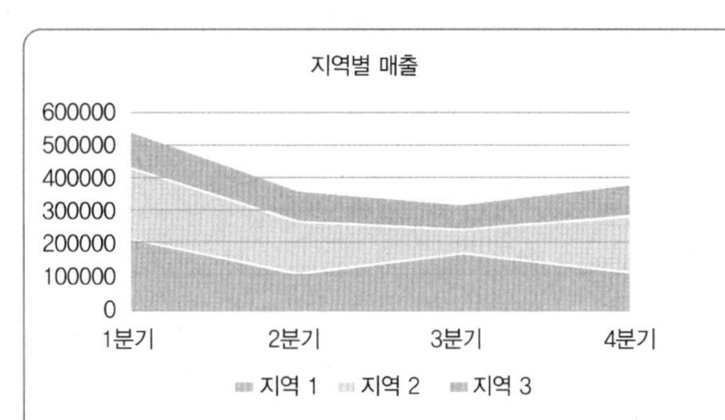

- 선 그래프와 같이 시간 경과에 따른 데이터 추세를 보여주는 특징이 있다.
- 색을 채운 영역으로 보여준다는 것과 y축의 값은 0부터 시작해야 하는 것이 특징이다.

① 막대그래프(Bar Graph)
② 누적 막대그래프(Stacked Bar Graph)
③ 영역 차트(Area Chart)
④ 계단식 그래프(Step Line Graph)

해설 시간 시각화 유형 중 영역 차트는 선 그래프와 같이 시간 경과에 따른 데이터 추세를 보여주고 색을 채운 영역으로 보여주며, y축의 값은 0부터 시작한다는 특징이 있다.

33 다음 중 아래에서 설명하는 공간 시각화 유형은?

- 지역의 값을 표현하기 위해 지리적 형상 크기를 조절하고, 재구성해서 왜곡되고 삐뚤어진 화면으로 표기하는 특징이 있다.
- 대선 지역별 득표율 현황지도에 사용할 수 있다.

① 등치선도(Isometric Map)
② 등치 지역도(Choropleth Map)
③ 도트 플롯맵(Dot Plot Map)
④ 카토그램(Catogram)

해설 공간 시각화 유형 중 카토그램은 지역의 값을 표현하기 위해 지리적 형상 크기를 조절하고, 재구성해서 왜곡되고 삐뚤어진 화면으로 표기하는 특징이 있다.

34 다음 중 비교 시각화 유형 중 플로팅 바 차트(Floating Bar Chart)에 대한 설명으로 가장 올바른 것은?

① 플로팅 바 차트는 막대가 가장 낮은 수치부터 가장 높은 수치까지 걸쳐있게 표현한 차트로 범주 내 값의 다양성, 중복 및 이상값 파악이 가능하다.
② 플로팅 바 차트는 여러 가지 변수를 비교할 수 있는 시각화 그래프로 칸 별로 색상을 구분하여 데이터값을 표현한다.
③ 플로팅 바 차트는 각 변수를 표시 지점을 연결선을 통해 그려 별 모양의 도형으로 나타낸 차트이다.
④ 플로팅 바 차트의 중심점은 축이 나타내는 값의 최솟값, 가장 먼 끝점은 최댓값을 의미한다.

해설 • 여러 가지 변수를 비교할 수 있는 시각화 그래프로 칸 별로 색상을 구분하여 데이터값을 표현하는 유형은 히트맵이다.
• 각 변수를 표시 지점을 연결선을 통해 그려 별 모양의 도형으로 나타낸 차트는 스타 차트이다.
• 스타 차트의 중심점은 축이 나타내는 값의 최솟값, 가장 먼 끝점은 최댓값을 의미한다.

35 다음 중 인포그래픽 유형에 대한 설명으로 올바르지 않은 것은?

① 스토리텔링형은 유명인사, 기업 관련 정보와 뉴스 등에 활용된다.
② 도표형은 서비스 이용 현황, 연예인 선호도, 매장분포 등에 활용된다.
③ 타임라인형은 기술, 기업, 인물의 발전 과정 등에 활용된다.
④ 비교분석형은 특정 제품군의 주요 제품 비교 등에 활용된다.

해설 • 서비스 이용 현황, 연예인 선호도, 매장분포 등에 활용되는 것은 지도형이다.
• 도표형은 거의 모든 종류의 수치 데이터에 활용된다.

정답 01 ② 02 ③ 03 ④ 04 ② 05 ③ 06 ① 07 ① 08 ② 09 ③ 10 ④ 11 ③ 12 ② 13 ② 14 ③ 15 ③ 16 ② 17 ④ 18 ② 19 ② 20 ①
21 ② 22 ④ 23 ③ 24 ① 25 ④ 26 ② 27 ③ 28 ④ 29 ④ 30 ③ 31 ① 32 ③ 33 ④ 34 ① 35 ②

부록

명견만리 최종모의고사

- 최종모의고사 1회
- 최종모의고사 2회
- 최종모의고사 3회

백전백승 기출문제

- 기출문제 2021년 2회

- 기출문제 2021년 3회

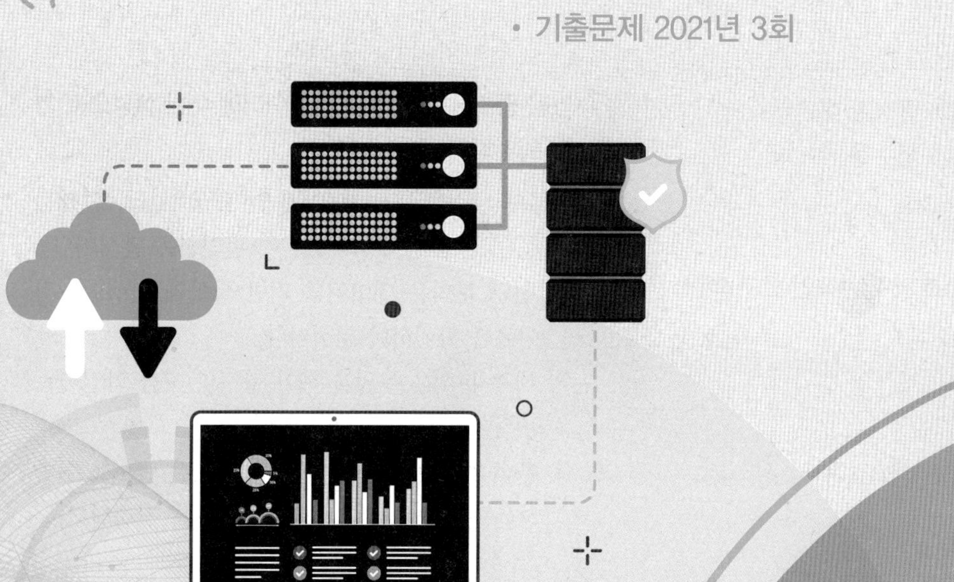

명견만리 **최종모의고사 1회**

1과목 빅데이터 분석 기획

01 분석 과제 우선순위 평가 기준에서 전략적 중요도, 목표 가치와 관련이 있는 빅데이터 특성은 무엇인가?

① Value
② Volume
③ Variety
④ Velocity

02 다음 중 빅데이터 유형의 사례를 설명한 것으로 가장 부적절한 것은 무엇인가?

① 정형 – 관계형 데이터베이스
② 정형 – HTML
③ 반정형 – JSON, XML
④ 비정형 – 텍스트 문서, 이미지

03 다음이 설명하는 빅데이터의 유형으로 가장 올바른 것은 무엇인가?

- 수집 데이터 각각이 데이터 객체로 구분
- 고정 필드 및 메타데이터(스키마 포함)가 정의되지 않음
- 텍스트 문서, 이진 파일, 이미지, 동영상 등

① 정형 데이터 ② 반정형 데이터
③ 비정형 데이터 ④ 정수형 데이터

04 다음 중 데이터 사이언티스트의 일반적인 요구 역량으로 가장 적합하지 않은 것은?

① 통찰력 있는 분석
② 다분야 간 협력
③ 빅데이터에 대한 이론적 지식
④ 높은 지능과 과학적 지식

05 다음 중 데이터 사이언티스트에게 요구되는 역량을 설명한 것으로 가장 부적절한 것은 무엇인가?

① 스토리텔링, 데이터 시각화를 사용한 등 설득력 있는 전달을 위해 Soft Skill이 필요하다.
② 빅데이터에 대한 이론적 지식인 Soft Skill이 필요하다.
③ 최적의 분석 설계 및 노하우 축적하는 등 분석기술에 대한 숙련을 위해 Hard Skill이 필요하다.
④ 창의적 사고, 호기심, 논리적 비판하는 Soft Skill이 필요하다.

06 빅데이터 플랫폼은 원천 데이터에서 정형, 반정형, 비정형 데이터를 수집하고 저장한다. 다음 중 빅데이터 수집 기술로 가장 부적절한 기법은 무엇인가?

① NoSQL
② ETL
③ EAI
④ 크롤러(Crawler)

07 다음 중 분석 가치 에스켈레이터에 대한 설명으로 가장 올바르지 않은 것은?

① 묘사 분석은 과거에 어떤 일이 일어났고, 현재는 무슨 일이 일어나고 있는지 확인하는 분석이다.
② 진단 분석은 데이터를 기반으로 왜 발생했는지 이유를 확인하는 분석이다.
③ 예측 분석은 무엇을 해야 할 것인지를 확인하는 분석이다.
④ 분석 가치 에스컬레이터에서는 높은 난도를 수반하는 데이터 분석은 더 많은 가치를 창출한다.

08 다음 중 대용량 파일을 저장하고 처리하기 위해서 개발된 파일 시스템으로 네임 노드(Master)와 데이터 노드(Slave)로 구성된 것은?

① 아파치 스파크(Apache Spark)
② 얀(YARN)
③ 맵리듀스(Map Reduce)
④ 하둡 분산 파일 시스템(HDFS)

09 다음의 하둡 에코시스템 중에서 비정형 데이터 수집을 위한 시스템으로 가장 부적절한 것은 무엇인가?

① 척와(Chukwa)
② 플럼(Flume)
③ 스크라이브(Scribe)
④ 피그(Pig)

10 데이터 거버넌스 체계에 대한 설명으로 가장 올바르지 않은 것은?

① 데이터 표준 용어 설명, 명명 규칙, 메타데이터 구축, 데이터 사전 구축 등 데이터 표준화를 관리해야 한다.
② 메타데이터와 데이터 사전의 관리 원칙 수립을 해야 한다.
③ 메타데이터 및 표준 데이터를 관리하기 위한 별도의 저장소 구축은 필요 없다.
④ 데이터 거버넌스 체계 구축 이후 표준 준수 여부를 주기적으로 점검 및 모니터링을 실시해야 한다.

11 다음 중 기업의 데이터 분석 수준을 파악하기 위한 조직 평가 성숙도 단계에 대한 설명으로 적절하지 않은 것은?

① 도입 단계는 분석을 시작하는 단계로 환경과 시스템을 구축하고, 전문 담당 부서에서 분석을 수행하는 단계이다.
② 활용 단계는 분석 결과를 실제 업무에 적용하는 단계로 분석 기법을 도입하는 단계이다.
③ 확산 단계는 전사 차원에서 분석을 관리하고 공유하는 단계이다.
④ 최적화 단계는 분석을 진화시켜서 혁신 및 성과 향상에 기여하는 단계이다.

12 다음 중 개인정보 비식별 조치 방법으로 가장 올바르게 설명한 것은 무엇인가?

① 데이터 마스킹: 정약용, 21세 → 박 씨, 20~30세
② 데이터 범주화: 정약용, 21세 → 정 씨, 평균 20세
③ 가명처리: 정약용, 21세 → 장길산, 20대
④ 총계처리: 장길산 160cm, 정약용 180cm → 학생 키 150~200cm

13 다음 중 개인정보의 수집·이용을 위해 정보주체의 동의를 받을 때 고지사항으로 가장 올바르지 않은 것은?

① 개인정보의 수집·이용 목적
② 동의를 거부할 권리가 있다는 사실 및 동의 거부에 따른 불이익이 있는 경우에는 그 불이익의 내용
③ 개인정보를 수집하는 기관, 담당자 연락처
④ 수집하려는 개인정보의 항목

14 다음 중 분석의 대상이 무엇인지를 인지하고 있는 경우(Known), 즉 해결해야 할 문제를 알고 있고 이미 분석의 방법도 알고 있는 경우(Known)에 사용하는 분석 유형은 무엇인가?

① 최적화(Optimization)
② 솔루션(Solution)
③ 통찰(Insight)
④ 발견(Discovery)

15 다음 중 CRISP-DM 분석 방법론에서의 데이터 준비 과정을 설명한 것으로 가장 적절한 것은 무엇인가?

① 다양한 모델링 기법과 알고리즘을 선택하고 파라미터를 최적화한다.
② 분석 결과 평가, 모델링 과정을 평가한다.
③ 전개 계획 수립, 모니터링과 유지보수 계획을 수립한다.
④ 분석용 데이터 세트 선택, 데이터 정제, 데이터 통합 등을 수행한다.

16 다음 중 개인정보를 목적 외의 용도로 이용하거나 제3자에게 제공이 가능한 경우로 옳지 않은 것은?

① 정보주체로부터 별도의 동의를 받은 경우
② 데이터 이용 활성화를 위한 통계작성에 이용해야 할 경우
③ 다른 법률에 특별한 규정이 있는 경우
④ 범죄의 수사와 공소의 제기 및 유지를 위하여 필요한 경우

17 다음 중 인터넷상에서 제공되는 다양한 웹 사이트로부터 소셜 네트워크 정보, 뉴스, 게시판 등의 웹 문서 및 콘텐츠를 수집하는 기술은 무엇인가?

① RSS(Rich Site Summary)
② Open API
③ 아파치 카프카(Apache Kafka)
④ 크롤링(Crawling)

18 빅데이터 수집 시스템에서 수집 대상이 되는 데이터를 시간 관점(활용 주기)에서 분류하면 실시간 데이터, 비실시간 데이터로 나눌 수 있다. 다음 중 실시간 데이터로 가장 부적절한 것은 무엇인가?

① IoT 센서 데이터 ② 네트워크 장비 로그
③ 구매 정보 ④ 알람

19 다음 중 가명처리 4단계 절차에 대한 설명으로 가장 올바르지 않은 것은?

① 사전준비 단계 – 가명처리 대상 항목 및 처리수준을 정의하기 위해서는 처리 목적이 적합한지 여부를 확인하고 사전 계획을 수립한다.
② 가명처리 단계 – 가명 정보처리 시에도 목적에 부합되면 개인정보를 최대한 제공할 수 있도록 처리해야 하며, 가명처리 방법을 정할 때에는 처리목적, 처리(이용 또는 제공)환경, 정보의 성격 등을 종합적으로 고려한다.
③ 적정성 검토 및 추가처리 – 목적달성을 위해 적절한 수준으로 가명처리가 이루어졌는지, 재식별 가능성은 없는지 등에 대한 최종적인 판단절차를 수행한다.
④ 사후관리 – 적정성 검토 결과 가명처리가 적정하다고 판단되면 가명 정보를 본래 활용 목적을 위해서 처리할 수 있으며, 법령에 따라 기술적·관리적 · 물리적 안전조치를 이행한다.

20 다음 중 l-다양성의 쏠림 공격, 유사성 공격을 보완하기 위한 프라이버시 보호 모델로 동질 집합에서 특정 정보의 분포와 전체 데이터 집합에서 정보의 기준값 이하의 차이를 보여야 하는 모델은?

① k-익명성 ② k-가명성
③ m-유일성 ④ t-근접성

2과목 빅데이터 탐색

21 다음 중 아래와 같은 수학적 정의를 갖는 이론은 무엇인가?

- 사건 A가 조건으로 일어났을 때 사건 B의 확률은 $P(B|A)=\dfrac{P(A\cap B)}{P(A)}$, $P(A)\neq 0$으로 정의할 수 있다.
- 사건 B가 조건으로 일어났을 때 사건 A의 확률은 $P(A|B)=\dfrac{P(A\cap B)}{P(B)}$, $P(B)\neq 0$으로 정의할 수 있다.

① 조건부 확률 ② 전 확률의 정리
③ 베이즈 정리 ④ 나이브 베이즈 정리

22 데이터 결측값 처리 방법에서 단순 확률 대치법이란 평균 대치법에서 관측된 자료를 토대로 추정된 통계량으로 결측값을 대치할 때 어떤 적절한 확률값을 부여한 후 대치하는 방법이다. 다음 중 단순 확률 대치법의 유형으로 가장 적절한 것은 무엇인가?

① 평균 대치법
② 핫덱(Hot-Deck) 대체
③ 완전 분석법
④ 다중 대치법

23 다음 중 데이터 이상값 검출 방법이 아닌 것은 무엇인가?

① 시각화
② 다중 대치법
③ 머신러닝 기법
④ 마할라노비스 거리 활용

24 성인 남성의 평균 보폭을 측정하기 위하여 임의로 성인 남성 81명을 추출하여 조사한 결과 평균 보폭은 60cm, 분산은 9cm이었다. 성인 남성의 평균 보폭에 대한 90% 신뢰구간의 하한과 상한은 다음 중 무엇인가? (단, $Z_{0.05}=1.65$, $Z_{0.1}=1.28$로 계산하며 계산 결과는 소수 3번째 자리에서 반올림한다.)

① 58.35, 61.65 ② 59.57, 60.43
③ 58.72, 61.28 ④ 59.45, 60.55

25 다음 중 변수를 변환하는 방법을 설명한 것으로 가장 부적절한 것은 무엇인가?

① 변수의 분포를 변경하기 위해서 로그 변환 기법을 사용한다.
② 기존 데이터를 범주화하기 위해서 비닝(Bining) 기법을 사용한다.
③ 데이터를 특정 구간으로 바꾸는 정규화 기법을 사용한다.
④ 무작위로 정상 데이터의 일부만 선택하는 과소 표집 기법을 사용한다.

26 다음이 설명하는 데이터 이상값 발생 원인은 무엇인가?

> 100미터 달리기를 하는데, 한 선수가 '출발' 신호를 못 듣고 늦게 출발했다면 그 선수의 기록은 다른 선수들보다 늦을 것이고, 그의 경기 시간은 이상값이 될 수 있음

① 고의적인 이상값 ② 표본추출 오류
③ 실험 오류 ④ 측정 오류

27 사건 A, B가 있다. x가 발생했을 때, A가 일어날 확률인 $P(A|x)$를 구하는 공식으로 옳은 것은?

① $P(A|x) = \dfrac{P(A) \cdot P(x|A)}{P(A) \cdot P(x|A) + P(B) \cdot P(x|B)}$

② $P(A|x) = \dfrac{P(A) \cdot P(A|x)}{P(A) \cdot P(A|x) + P(B) \cdot P(B|x)}$

③ $P(B|x) = \dfrac{P(x) \cdot P(B|x)}{P(x) \cdot P(A|x) + P(x) \cdot P(B|x)}$

④ $P(A|x) = \dfrac{P(x) \cdot P(x|A)}{P(x) \cdot P(x|A) + P(x) \cdot P(x|B)}$

28 다음 중 데이터를 탐색하기 위한 시각화 기법을 설명한 것으로 가장 부적절한 기법은 무엇인가?

① 자료 분포의 형태를 직사각형 형태로 보여주기 위해 히스토그램을 사용한다.

② 많은 데이터를 그림을 이용하여 집합의 범위와 중앙값을 빠르게 확인할 수 있으며, 또한 통계적으로 이상값이 있는지 빠르게 확인하기 위해 박스 플롯을 사용한다.

③ 데이터값이 큰 지역의 면적을 시각적으로 더 크게 표시하여 데이터를 직관적으로 보기 위해 버블 플롯맵을 사용한다.

④ 가로축과 세로축의 좌표평면상에서 각각의 관찰점들을 표시하여 2개의 연속형 변수 간의 관계를 보기 위하여 산점도를 사용한다.

29 다음 중 박스 플롯을 통해 알 수 없는 것은?

① 이상값 ② 최댓값
③ 중위수 ④ 분산

30 동전 던지기를 했을 때 앞면이 나오면 성공이고, 뒷면이 나오면 실패이다. 동전을 1번 던졌을 때 확률분포의 기댓값과 분산은 얼마인가?

① $E(X) = \dfrac{1}{2}$, $V(X) = \dfrac{1}{4}$

② $E(X) = \dfrac{1}{2}$, $V(X) = \dfrac{1}{2}$

③ $E(X) = 1$, $V(X) = 1$

④ $E(X) = 1$, $V(X) = 2$

31 다음 중 연속확률분포를 설명한 것으로 가장 적절한 것은 무엇인가?

① 정규 분포 함수에서 X를 Z로 정규화한 분포를 카이제곱 분포라고 한다.

② 모집단이 정규 분포이고, 모 표준편차(σ)는 모를 때 Z-분포를 사용한다.

③ 독립적인 χ^2-분포가 있을 때, 두 확률변수의 비는 F-분포이다.

④ 모평균이 μ, 모분산이 σ^2이라고 할 때, 종 모양의 분포는 T-분포이다.

32 데이터의 크기가 커지면 그 데이터가 어떠한 형태이던 그 데이터 표본의 분포는 최종적으로 정규 분포를 따른다는 원칙은 무엇인가?

① 큰 수의 법칙(Law Large Number)
② 중심극한정리(Central Limit Theorem)
③ 체비세프의 정리
④ 마르코프 부등식

33 다음 중 표본의 정보로부터 모집단의 모수를 하나의 값으로 추정하는 점 추정의 조건으로 가장 부적절한 것은 무엇인가?

① 불편성(Unbiasedness)
② 사용성(Usability)
③ 일치성(Consistency)
④ 충족성(Sufficient)

34 가설검정에 대한 설명으로 가장 옳지 않은 것은 무엇인가?

① 대립 가설은 H_0으로 표기하고, 귀무가설은 H_1으로 표기한다.
② 귀무가설은 현재까지 주장되어 온 것이거나 기존과 비교하여 변화 혹은 차이가 없음을 나타내는 가설이다.
③ 대립가설을 연구가설이라고 한다.
④ 표본을 통해 확실한 근거를 가지고 입증하고자 하는 가설은 대립가설이다.

35 다음 중 추정과 가설검정에 대한 설명으로 가장 부적절한 것은?

① 점 추정은 표본의 정보로부터 모집단의 모수를 하나의 값으로 추정하는 것이다.
② 구간 추정은 추정량의 분포에 대한 전제가 주어져야 하고, 구해진 구간 안에 모수가 있을 가능성의 크기(신뢰수준)가 주어져야 한다.
③ 귀무가설이 사실일 때, 관측된 검정 통계량의 값보다 더 대립가설을 지지하는 검정 통계량이 나올 확률을 p-값이라고 한다.
④ 신뢰수준이란 추정값이 존재하는 구간에 모수가 포함될 확률을 의미한다.

36 다음 중 제1종 오류를 설명한 것으로 가장 적절한 것은 무엇인가?

① 귀무가설이 참인데 이를 채택하는 결정
② 귀무가설이 참이 아닌데 이를 채택하지 않는 결정
③ 귀무가설이 참인데 이를 기각하는 결정
④ 귀무가설이 참이 아닌데 이를 채택하는 결정

37 우리나라 고등학생의 영어성적을 추정하려고 한다. 16명의 고등학생을 임의로 조사한 결과 평균이 80점이었다. 우리나라 고등학생의 영어성적의 95% 신뢰구간은 다음 중 무엇인가? (단, 모집단의 분포를 정규분포라고 가정하고 모분산은 16, $Z_{0.025} = 1.96$, $Z_{0.05} = 1.645$이다.)

① $78.36 \leq \mu \leq 81.65$
② $78.04 \leq \mu \leq 81.96$
③ $79.02 \leq \mu \leq 80.98$
④ $79.18 \leq \mu \leq 80.82$

38 다음 중 T-분포를 설명한 것으로 가장 부적절한 것은 무엇인가?

① 정규 분포의 평균(μ)의 해석에 많이 쓰이는 분포이다.
② 모집단이 정규 분포라는 정도만 알고, 모 표준편차(σ)는 모를 때 사용한다.
③ 독립적인 카이제곱 분포가 있을 때, 두 확률변수의 비이다.
④ T-분포에서는 자유도가 표본의 수인 n보다 1 적은 $n-1$이 된다.

39 표본평균의 표준오차에 대한 설명으로 가장 옳지 않은 것은 무엇인가?

① 표준오차는 0 이상의 값을 가진다.
② 표본평균의 표준편차이다.
③ 모집단의 표준편차가 클수록 표본평균의 표준오차는 작아진다.
④ 표본의 크기가 커질수록 표본평균의 표준오차는 작아진다.

40 다음 중 표본추출 기법에 대하여 설명한 것으로 가장 부적절한 것은 무엇인가?

① 단순 무작위 추출: 200개의 구슬에서 무작위로 20개의 구슬을 추출
② 계통 추출: 100명의 교육 참석자에게 이벤트 쿠폰을 나눠주고 자리가 2로 끝나는 사람들을 선정
③ 층화 추출: 연령별 여론 조사를 위해 연령대를 나누고, 각 연령대에서 무작위로 50명씩 선정
④ 군집 추출: 검은색, 흰색, 빨간색 구슬을 무작위로 추출

3과목 빅데이터 모델링

41 시계열 데이터는 관측치가 시간적 순서를 가지며 이러한 데이터를 통해 미래의 값을 예측하는 기법을 시계열 분석이라고 한다. 다음 중 시계열 데이터 분석 기법의 종류가 아닌 것은 무엇인가?

① 분해법
② 지수 평활법
③ ARIMA 모델
④ 응집분석법

42 다음 중 분석 기법에 따른 활용 사례를 설명한 것으로 가장 부적절한 것은 무엇인가?

① 연관규칙학습: 우유를 구매하는 사람이 사과를 더 많이 사는가?
② 의사결정나무: 구매자의 나이가 디지털 가전의 구매 유형에 어떤 영향을 미치는가?
③ 유전자 알고리즘: 물류비 절감을 위해 최소 배송 경로를 구하려면?
④ 분류 분석: 이 사용자는 어떤 특성을 가진 집단에 속하는가?

43 다음 중 분석 모형 구축 절차로 가장 적합한 것은 무엇인가?

① 요건 정의 → 모델링 → 적용 → 검증 및 테스트
② 요건 정의 → 모델링 → 검증 및 테스트 → 적용
③ 모델링 → 검증 및 테스트 → 요건 정의 → 적용
④ 모델링 → 요건 정의 → 적용 → 검증 및 테스트

44 다음 중 모든 고객에게 광고물을 발송하지 않고 특정 고객에게 광고물을 발송하여, 우편 비용을 줄일 때 사용할 수 있는 분석 기법으로 가장 적절한 것은 무엇인가?

① 분류 ② 예측
③ 연관성 분석 ④ 군집

45 CNN에서 원본 이미지가 4*4에서 스트라이드(Stride)가 1이고, 필터가 3*3일 때 Feature Map은 무엇인가?

① (1, 1) ② (2, 2)
③ (3, 3) ④ (4, 4)

46 **다음 중에서 RNN(Recurrent Neural Network) 알고리즘에 대한 설명으로 가장 옳지 않은 것은 무엇인가?**

① 은닉층에서 재귀적인 신경망을 갖는 알고리즘이다.
② 음성신호, 연속적 시계열 데이터 분석에 적합하다.
③ 확률적 경사 하강법, 시간 기반 오차 역전파를 사용해서 가중치를 업데이트한다.
④ 필터 기능을 이용하여 입력 이미지로부터 특징을 추출한 뒤 신경망에서 분류작업을 수행한다.

47 **다음 중에서 지도 학습 유형이 아닌 것은 무엇인가?**

① 로지스틱 회귀(Logistic Regression)
② 인공신경망 분석(Artificial Neural Network)
③ 서포트 벡터 머신(Support Vector Machine)
④ 자기 조직화 지도(Self-Organizing Map)

48 **다음 중 의사결정나무의 구성요소를 설명한 것으로 옳지 않은 것은 무엇인가?**

① 뿌리 마디(Root Node)는 시작되는 마디로 전체 자료를 포함한다.
② 가지(Branch)는 뿌리 마디로부터 끝마디까지 연결된 상태의 마디들이다.
③ 깊이(Depth)는 뿌리 마디부터 끝마디까지의 부모 마디들의 수이다.
④ 자식 마디(Child Node)는 하나의 마디로부터 분리되어 나간 2개 이상의 마디들이다.

49 **다음 중에서 초매개변수는 무엇인가?**

① 인공신경망에서의 가중치
② KNN에서의 K의 개수
③ 서포트 벡터 머신에서의 서포트 벡터
④ 로지스틱 회귀 분석에서의 결정계수

50 **다음 중에서 편향(Bias)을 발생시키지는 않으나 과대적합을 발생시켜 예측 성능을 저하시키는 부적합 모형 현상은 무엇인가?**

① 모형 선택 오류　② 변수 누락
③ 부적합 변수 생성　④ 동시 편향

51 **인공신경망은 입력값을 받아서 출력값을 만들기 위해 활성화 함수를 사용한다. 다음 중 인공신경망의 활성화 함수를 설명한 것으로 가장 부적절한 것은 무엇인가?**

① 활성화 함수는 순 입력함수로부터 전달받은 값을 출력값으로 변환해 주는 함수이다.
② 활성화 함수에는 계단함수, 부호함수, 선형함수, 시그모이드 함수, tanh 함수, ReLU 함수가 있다.
③ 인공신경망은 입력값을 받아서 출력값을 만들기 위해 활성화 함수를 사용한다.
④ ReLU는 x값이 증가하면 y값도 지속적으로 증가한다.

52 **다음 중에서 회귀 모형의 가정이 아닌 것은 무엇인가?**

① 상관성　② 선형성
③ 독립성　④ 정상성

53 서포트 벡터 머신(SVM; Support Vector Machine)은 기계학습의 한 분야로 사물 인식, 패턴 인식, 손 글씨 숫자 인식 등 다양한 분야에서 활용되고 있는 지도 학습 모델이다. 다음 중 서포트 벡터 머신을 설명한 것으로 가장 적절하지 않은 것은 무엇인가?

① 서포트 벡터(Support Vector)는 훈련 데이터 중에서 결정 경계와 가장 가까이에 있는 데이터들의 집합이다.
② 결정 경계(Decision Boundary)는 데이터 분류의 기준이 되는 경계이다.
③ SVM은 훈련 시간이 상대적으로 빠르고 다른 방법보다 과대 적합의 가능성이 높은 모델이다.
④ SVM은 공간상에서 최적의 분리 초평면(Hyperplane)을 찾아서 분류 및 회귀를 수행한다.

54 연관성 분석으로 어떤 상품을 고객에게 판매해야 하는지를 예측하려고 한다. 다음은 고객의 영수증 데이터를 확인하여 집계한 결과이다. 사과를 구매한 고객 중에서 우유를 구매한 고객의 신뢰도는 얼마인가?

판매품목	판매 건수
사과	4,000
우유	2,000
사과, 우유 동시 구매	1,000
커피	3,000
전체 거래량	10,000

① 10% ② 20%
③ 25% ④ 30%

55 다음 중 시계열 분석에서 시점에 상관없이 시계열의 특성이 일정하다는 것은 무엇인가?

① 신속성 ② 적합성
③ 유의성 ④ 정상성

56 다음 중에서 로지스틱 회귀 분석에 대한 설명으로 가장 바르지 않은 것은?

① 로지스틱 회귀 분석은 반응변수가 범주형인 경우 적용되는 회귀 분석 모형이다.
② 모형의 적합을 통해 추정된 확률을 사후 확률(Posterior Probability)로도 부른다.
③ 로지스틱 회귀 분석은 분류하는 목적으로 사용될 수 있다.
④ 독립변수가 한 개인 경우 회귀계수의 부호와 상관 없이 그래프의 형태는 S자 모양을 가진다.

57 다음이 설명하는 딥러닝 알고리즘은 무엇인가?

- 시각적 이미지를 분석하는 데 사용되는 심층신경망으로 합성곱 신경망이라고도 한다.
- 기존 영상처리의 필터 기능과 신경망을 결합하여 성능을 발휘하도록 만든 구조이다.

① DNN ② CNN
③ RNN ④ GAN

58 다음 중 비정형 데이터 분석 기법에 대한 설명으로 가장 부적절한 것은 무엇인가?

① 사회 연결망 분석(SNA)은 그룹에 속한 사람들 간의 네트워크 특성과 구조를 분석하고 시각화하는 분석 기법이다.
② 오피니언 마이닝(Opinion Mining)은 비정형화된 로그 데이터에서 정보를 수집하는 기법이다.
③ 웹 마이닝(Web Mining)은 웹에서 발생하는 고객의 행위 분석과 특성 데이터를 추출, 정제하여 의사결정에 활용하기 위한 기법이다.
④ 텍스트 마이닝(Text Mining)은 텍스트 형태로 이루어진 비정형 데이터들을 자연어 처리방식을 이용해 정보를 추출하는 기법이다.

59 다음 앙상블 기법 중 훈련 데이터에서 다수의 부트스트랩(Bootstrap) 자료를 생성하고, 각 자료를 모델링한 후 결합하여 최종 예측 모형을 만드는 것은 무엇인가?

① 배깅(Bagging)
② 부스팅(Boosting)
③ 랜덤 포레스트(Random Forest)
④ 스태킹(Stacking)

60 다음 중 비모수 통계에 대한 설명으로 가장 부적절한 것은 무엇인가?

① 비모수 통계분석에서는 빈도(Frequency), 부호(Sign), 순위(Rank) 등의 통계량을 사용한다.
② 평균이나 분산 같은 모집단의 분포에 대한 모수성을 가정하지 않고 분석하는 통계적 방법이다.
③ 표본의 크기가 커질수록 간편하고 반복적인 계산이 없어서 효율적이다.
④ 모집단의 분포에 무관하게 사용할 수 있다.

4과목 빅데이터 결과 해석

61 다음 혼동 행렬의 평가지표 중에서 실제로 '부정'인 범주 중에서 '부정'으로 올바르게 예측(TN)한 비율은 무엇인가?

① 특이도(Specificity)
② 정확도(Accuracy)
③ 민감도(Sensitivity)
④ 정밀도(Precision)

62 1학년부터 3학년까지 3개의 학년 50명을 대상으로 각 학년별 국어 평균을 구하여 일원 배치 분산 분석을 하려고 한다. 다음의 일원 분산 분석표의 ㉠과 ㉡에 들어갈 값은 얼마인가?

요인	제곱합	자유도	제곱평균	F
집단 간	SSR	㉠	MSR	MSR/MSE
집단 내	SSE	㉡	MSE	
총	SST	49		

① 3, 47
② 2, 47
③ 2, 48
④ 3, 46

63 교차 검증은 모델의 일반화 오차에 대해 신뢰한 추정치를 구하기 위해 훈련, 평가 데이터를 기반으로 하는 검증 기법이다. 다음 중 홀드 아웃 교차 검증을 설명한 것으로 가장 적합한 것은 무엇인가?

① 전체 데이터에서 평가 데이터를 학습에도 사용하므로 데이터 손실이 발생하지 않는다.
② 전체 데이터를 비복원추출 방식을 이용하여 랜덤하게 훈련 데이터(Training Set)와 평가 데이터(Test Set)로 나눠 검증하는 기법이다.
③ 검증 데이터(Validation Set)는 최적화된 분류기의 성능을 평가할 때 사용하는 데이터이다.
④ 데이터 집합을 무작위로 동일 크기를 갖는 K개의 부분 집합으로 나누고, 그중 1개를 평가 데이터(Test Set)로, 나머지 (K−1)개를 훈련 데이터(Training Set)로 선정하여 분석 모형을 평가하는 기법이다.

64 다음 중 두 개 이상의 집단 간 비교를 수행하고자 할 때 집단 내의 분산, 총 평균과 각 집단의 평균 차이에 의해 생긴 집단 간 분산 비교로 얻은 F-분포를 이용하여 가설검정을 수행하는 방법은 무엇인가?

① Z-검정 ② T-검정
③ 분산 분석 ④ 카이제곱 검정

65 다음 중 적합도 검정 방법에서 카이제곱 검정에 대한 설명으로 가장 부적절한 것은 무엇인가?

① 관측된 데이터가 가정된(알려진) 확률을 따르는지 확인한다.
② 가정된 확률이 정해져 있을 경우에 사용하는 검정 방법이다.
③ 데이터가 가정된 확률을 따르는 경우 대립 가설(H_1)을 채택한다.
④ R 언어의 chisq.test() 함수를 이용하여 검정이 가능하다.

66 다음 중 과대 적합(Over-Fitting)을 방지하기 위한 드롭아웃을 설명한 것으로 가장 부적절한 것은 무엇인가?

① 개별 가중치 값을 제한하여 복잡한 모델을 좀 더 간단하게 하는 방법이다.
② 드롭아웃은 신경망 학습 시에만 사용하고, 예측 시에는 사용하지 않는다.
③ 학습 시에 인공신경망이 특정 뉴런 또는 특정 조합에 너무 의존적이게 되는 것을 방지해준다.
④ 드롭아웃은 학습 과정에서 신경망의 일부를 사용하지 않는 방법이다.

67 다음 중 주어진 데이터로부터 학습을 통해 모델 내부에서 결정되는 매개변수를 최적화하는 기법으로 가장 부적절한 것은 무엇인가?

① 확률적 경사 하강법
② 모멘텀
③ AdaGrad
④ 드롭아웃

68 다음 중 데이터 시각화 기법을 설명한 것으로 가장 적합한 것은 무엇인가?

① 시간의 변화에 따른 경향(트렌드)을 파악하기 위해 산점도를 사용한다.
② 집단 간의 상관관계를 확인하여 다른 수치의 변화를 예측하기 위해 히트맵을 사용한다.
③ 지도를 통해 시점에 따른 경향, 차이 등을 확인하기 위해 카토그램을 사용한다.
④ 전체에서 부분 간 관계를 설명하기 위해 막대그래프를 사용한다.

69 다음이 설명하는 관계 시각화 유형으로 가장 올바른 것은?

- x축과 y축 각각에 두 변숫값의 순서쌍을 한 점으로 표시하여 변수의 관계를 나타낸 그래프
- 상관관계, 군집화, 이상값 패턴을 파악하기에 유용한 그래프

① 산점도(Scatter Plot)
② 버블 차트(Bubble Chart)
③ 히스토그램(Histogram)
④ 히트맵(Heat Map)

70 다음 혼동 행렬(Confusion Matrix)에서 참이 0이고 거짓이 1일 때, 특이도(Specificity)와 정밀도(Precision)는 무엇인가?

		실제		총합
		0	1	
예측	0	25	15	40
	1	30	70	100
총합		55	85	140

① 특이도: 7/10, 정밀도: 5/11
② 특이도: 5/7, 정밀도: 5/11
③ 특이도: 7/10, 정밀도: 5/9
④ 특이도: 5/7, 정밀도: 5/9

71 다음 중 공간 시각화에서 사용되는 기법으로 가장 부적합한 것은 무엇인가?

① 카토그램
② 버블 플롯맵
③ 도트맵
④ 히스토그램

72 다음 중 인포그래픽 유형의 예시를 설명한 것으로 가장 부적절한 것은 무엇인가?

① 매장분포 - 지도형
② 유명인사 - 스토리텔링형
③ 심리정보 - 만화형
④ 주요 제품 비교 - 타임라인형

73 다음 중 ROC 곡선에 대한 설명으로 가장 옳지 않은 것은 무엇인가

① AUC(Area Under ROC; AUROC)는 ROC 곡선 아래의 면적으로 면적을 모형의 평가지표로 삼는다.
② ROC 곡선은 가로축을 특이도(Specificity), 세로축을 참 긍정률(TP Rate)로 두어 시각화한 그래프이다.
③ AUC의 값은 항상 0.5~1의 값을 가지며, 1에 가까울수록 좋은 모형이다.
④ 거짓 긍정률(FP Rate)과 참 긍정률(TP Rate)은 어느 정도 비례 관계에 있다.

74 다음 중 버블 차트(Bubble Chart)의 시각화 유형과 같은 것은 무엇인가?

① 체르노프 페이스(Chernoff Faces)
② 산점도(Scatter Plot)
③ 트리맵(Tree Map)
④ 히트맵(Heat Map)

75 다음 중 빅데이터 모형 모니터링을 수행하는 방법으로 가장 부적절한 것은 무엇인가?

① 성능 모니터링을 위한 주요 성능 측정 항목을 정의한다.
② 개발된 모델의 성능을 확인하기 위해 모니터링을 수작업으로 수행한다.
③ 이벤트 등급별로 알람을 통해 이벤트 모니터링에서 성능을 관리하도록 한다.
④ 측정 항목별 임계치를 설정한다.

76 다음 중 빅데이터 활용 분야를 검토할 때 아이디어 개발 관점의 분류로 가장 적합하지 않은 것은 무엇인가?

① 마인드맵 방식
② 친화 도표 방식
③ 피라미드 방식
④ 버블차트 방식

77 다음 중 여러 가지 변수를 비교할 수 있는 시각화 그래프로 칸 별로 색상을 구분하여 데이터값을 표현한 비교 시각화 기법은 무엇인가?

① 체르노프 페이스
② 히트맵
③ 스타 차트
④ 평행 좌표 그래프

78 다음 중 지도상의 위도와 경도에 해당하는 좌표점에 산점도와 같이 점을 찍어서 표현하고, 시간의 경과에 따라 점진적으로 확산을 나타내는 경우에 사용하는 공간 시각화 유형은 무엇인가?

① 등치지역도 ② 등치선도
③ 도트 플롯맵 ④ 버블 플롯맵

79 다음 중 부트스트랩을 설명한 것으로 가장 부적합한 것은 무엇인가?

① 무작위로 복원추출하는 기법이다.
② 전체 데이터에서 중복을 허용한다.
③ 데이터 크기만큼 샘플을 추출하고 이를 훈련 데이터(Training Set)로 한다.
④ 샘플에 한 번도 선택되지 않는 원 데이터가 발생할 수 없다.

80 다음 중 혼동 행렬을 설명한 것으로 가장 부적합한 것은 무엇인가?

① 정확도(Accuracy) – 전체 예측에서 참 긍정(TP)과 참 부정(TN)이 차지하는 비율
② 민감도(Sensitivity) – 실제로 '긍정'인 범주 중에서 '긍정'으로 올바르게 예측(TP)한 비율
③ 정밀도(Precision) – 실제로 '부정'인 범주 중에서 '부정'으로 올바르게 예측(TN)한 비율
④ 거짓 긍정률(FP Rate) – 실제로 '부정'인 범주 중에서 '긍정'으로 잘못 예측(FP)한 비율

1과목 빅데이터 분석 기획

01 다음 중 데이터에 양을 측정하는 바이트의 크기로 잘못 연결된 것은 무엇인가?

① 킬로바이트(KB): 10^3Bytes
② 페타바이트(PB): 10^{15}Bytes
③ 테라바이트(TB): 10^{12}Bytes
④ 메가바이트(MB): 10^9Bytes

02 다음이 설명하는 개념으로 적합한 용어는 무엇인가?

> 개인이 정보 관리의 주체가 되어 능동적으로 본인의 정보를 관리하고, 본인의 의지에 따라 신용 및 자산관리 등에 정보를 활용하는 일련의 과정이다.

① 표준 데이터 ② 마이 데이터
③ 오픈 데이터 ④ 금융 데이터

03 다음 중 데이터 거버넌스의 구성요소로 올바르지 않은 것은?

① 원칙 ② 플랫폼
③ 조직 ④ 프로세스

04 다음 중 다음 그림과 같은 빅데이터 조직 구조로 가장 적절한 것은 무엇인가?

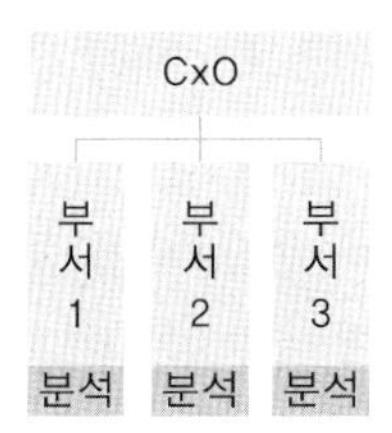

① 집중 구조 ② 기능 구조
③ 분산 구조 ④ 협업 구조

05 다음이 설명하는 개인정보 비식별화 절차는 어떤 단계에 속하는가?

> 비식별 정보 안전조치, 재식별 가능성 모니터링 등 비식별 정보 활용 과정에서 재식별 방지를 위해 필요한 조치 수행

① 사전검토 ② 비식별 조치
③ 적정성 평가 ④ 사후관리

06 다음이 설명하는 CRISP-DM 분석 방법론의 절차는 무엇인가?

> • 분석을 위한 데이터를 수집 및 속성을 이해하고, 문제점을 식별하며 숨겨져 있는 인사이트를 발견하는 단계
> • 초기 데이터 수집, 데이터 기술 분석, 데이터 탐색, 데이터 품질 확인

① 업무 이해 (Business Understanding)
② 데이터 이해 (Data Understanding)
③ 데이터 준비(Data Preparation)
④ 모델링(Modeling)

07 다음 중 아래에서 설명하는 프라이버시 보호 모델은 무엇인가?

> • 동질성 공격, 배경 지식에 의한 공격을 방어하기 위한 프라이버시 모델이다.
> • 주어진 데이터 집합에서 함께 비식별 되는 레코드들은 (동질 집합에서) 적어도 몇 개의 서로 다른 민감한 정보를 가져와야 하는 프라이버시 모델이다.
> • 비식별 조치 과정에서 충분히 다양한 서로 다른 민감한 정보를 갖도록 동질 집합을 구성한다.

① k-익명성 ② l-다양성
③ m-유일성 ④ t-근접성

08 다음 중 개인정보 비식별 조치 방법으로 가장 적절한 것은 무엇인가?

조치 전	주민등록번호 901212-1234567
조치 후	90년대 생, 남자

① 가명처리 ② 총계처리
③ 데이터 삭제 ④ 데이터 마스킹

09 다음 중 분석 로드맵 단계로 가장 적절한 것은 무엇인가?

① 데이터 분석체계 도입 → 데이터 분석 유효성 검증 → 데이터 분석 확산 및 고도화
② 데이터 분석체계 도입 → 데이터 분석 확산 및 고도화 → 데이터 분석 유효성 검증
③ 데이터 분석 유효성 검증 → 데이터 분석 확산 및 고도화 → 데이터 분석체계 도입
④ 데이터 분석 유효성 검증 → 데이터 분석체계 도입 → 데이터 분석 확산 및 고도화

10 다음 중 분석의 대상이 명확하게 무엇인지 모르는 경우 기존 분석 방식을 활용하여 새로운 지식을 도출하는 것으로 가장 적절한 것은 무엇인가?

① 최적화(Optimization)
② 솔루션(Solution)
③ 통찰(Insight)
④ 발견(Discovery)

11 빅데이터의 3V(Volume, Variety, Velocity)의 특징에 해당하지 않는 것은?

① 가치(Value)
② 다양성(Variety)
③ 속도(Velocity)
④ 규모(Volume)

12 다음 중 분석과제 우선순위 선정 매트릭스에서 분석과제의 적용 우선순위를 "난이도"에 둘 때 가장 올바른 우선순위는?

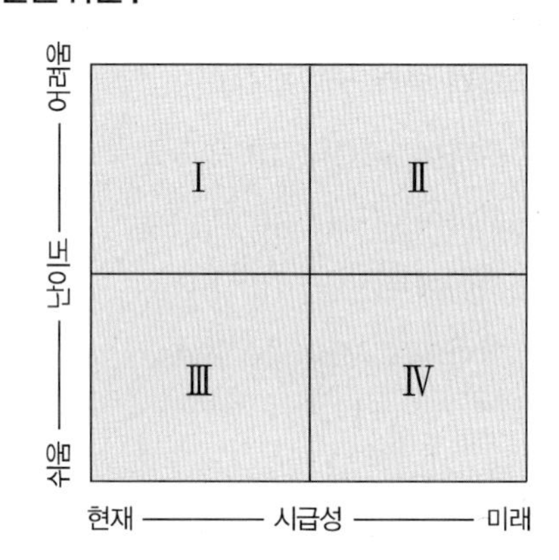

① III → I → II ② III → IV → II
③ III → II → IV ④ III → II → I

13 다음 중 CRISP-DM 분석 방법론 단계로 올바른 것은?

① 데이터 이해 → 데이터 준비 → 업무 이해 → 모델링 → 평가 → 전개
② 업무 이해 → 데이터 이해 → 데이터 준비 → 모델링 → 평가 → 전개
③ 데이터 이해 → 데이터 준비 → 업무 이해 → 모델링 → 전개 → 평가
④ 업무 이해 → 데이터 이해 → 데이터 준비 → 모델링 → 전개 → 평가

14 개인정보를 제공하기 위해 정보주체의 동의를 받을 때 고지 사항으로 올바르지 않은 것은?

① 개인정보의 수집 · 이용 목적
② 개인정보에 대한 암호화 여부 및 안전성 확보 조치 여부
③ 개인정보를 제공받는 자
④ 수집하려는 개인정보의 항목

15 다음 중 반정형 데이터로 가장 부적절한 것은 무엇인가?

① XML
② JSON
③ HTML
④ 오디오

16 다음 중 데이터로부터 잡음을 제거하기 위해 데이터 추세에 벗어나는 값들을 변환하는 기법으로 구간화, 군집화 등의 기법을 적용하는 데이터 변환 기술은 무엇인가?

① 정규화
② 평활화
③ 집계
④ 일반화

17 다음 중 빅데이터 위기 요인의 통제 방안에 대한 설명으로 가장 옳지 않은 것은?

① 개인정보 유출 및 사용으로 발생하는 피해에 대해 사용자가 책임을 지게 한다.
② 예측 알고리즘을 통해 범죄를 일으킬 가능성이 있는 사람에 대하여 사전에 구속, 접근 금지 등의 조치를 취한다.
③ 예측 알고리즘의 부당함을 반증할 수 있도록 알고리즘에 대한 접근권을 제공한다.
④ 알고리즈미스트를 통하여 불이익을 당한 사람들을 대변한다.

18 다음 중에서 암묵지와 형식지 간의 4단계 지식 전환 단계를 순서대로 가장 바르게 나타낸 것은 무엇인가?

① 공통화 → 표출화 → 연결화 → 내면화
② 내면화 → 연결화 → 공통화 → 표출화
③ 표출화 → 공통화 → 연결화 → 내면화
④ 연결화 → 표출화 → 공통화 → 내면화

19 상향식 접근 방식(Bottom Up Approach)으로서 시행 착오를 통한 문제 해결을 위해 사용되며 가설의 생성(Hypotheses), 디자인에 대한 실험(Design Experiments), 실제 환경에서의 테스트(Test), 테스트 결과에서의 통찰(Insight) 도출 및 가설 확인의 프로세스로 구성되는 접근법은 다음 중 무엇인가?

① 프로토타이핑(Prototyping)
② 최적화(Optimization)
③ 디자인 사고(Design Thinking)
④ 지도 학습(Supervised Learning)

20 개인정보가 유출되었음을 알게 되었을 때에 개인정보처리자가 지체 없이 해당 정보주체에게 알려야 하는 사실로 올바르지 않은 것은?

① 유출된 개인정보의 항목
② 유출로 인하여 발생할 수 있는 피해를 최소화하기 위하여 정보주체가 할 수 있는 방법 등에 관한 정보
③ 개인정보처리자의 대응조치 및 피해 구제절차
④ 개인정보 유출 사고의 실시간 수사 진행 상황

2과목 빅데이터 탐색

21 다음 중 실시간으로 발생하는 이벤트 처리에 대한 결괏값을 수집하고 처리하는 기술은 무엇인가?

① CEP
② 맵리듀스
③ ETL
④ 피그

22 다음 중 불완전 자료는 모두 무시하고 완전하게 관측된 자료만 사용하여 분석하는 방법으로 가장 적절한 것은 무엇인가?

① 평균 대치법
② 핫덱(Hot-Deck) 대체
③ 완전 분석법
④ 다중 대치법

23 다음 중 데이터값을 몇 개의 버킷으로 분할하여 계산하는 방법은 무엇인가?

① 박스-콕스 변환
② 정규화
③ 로그 변환
④ 비닝

24 다음 중 특정 모델링 기법에 의존하지 않고 데이터의 통계적 특성으로부터 변수를 택하는 기법으로 적절한 것은 무엇인가?

① 필터 기법
② 임베디드 기법
③ 라쏘
④ 릿지

25 다음 중 변수들의 공분산 행렬이나 상관행렬을 이용하고 원래 데이터 특징을 잘 설명해주는 성분을 추출하기 위하여 고차원 공간의 표본들을 선형 연관성이 없는 저차원 공간으로 변환하는 기법으로 가장 적절한 것은?

① 주성분 분석
② 특이값 분해
③ 상관 분석
④ 다차원 척도법

26 반도체를 생산하는 회사에서 불량률을 관리하기 위하여 임의로 100개를 추출하여 조사하였다. 그 중 불량인 반도체 수를 X라 할 때, X의 기댓값이 10이면 X의 분산은 얼마인가?

① 9 ② 0.1
③ 0.9 ④ 1

27 포아송 분포에서 사건 발생 확률이 λ이고, 사건이 일어나는 횟수를 n이라고 할 때, 기댓값과 분산은 얼마인가?

① 기댓값: λ, 분산: λ
② 기댓값: $1/\lambda$, 분산: np
③ 기댓값: λ, 분산: np
④ 기댓값: $1/\lambda$, 분산: λ

28 다음 중 다수 클래스의 데이터를 일부만 선택하여 데이터의 비율을 맞추는 방법은 무엇인가?

① 앙상블 기법
② 과대 표집
③ 과소 표집
④ 임곗값 이동

29 다음 중 변수의 속성에 따른 분석 방법에 대한 설명 중 올바르지 않은 것은?

① 수치로 표현을 할 수 있는 측정 가능한 데이터 변수는 피어슨(Pearson) 상관계수를 통해서 분석한다.
② 데이터의 순서에 의미를 부여한 데이터 변수는 T-분포를 통해서 분석한다.
③ 명목적 데이터는 카이제곱 검정을 통해서 분석한다.
④ 데이터에 대한 분류의 의미를 지닌 명목적 데이터 변수 사이의 상관계수를 계산하는 것은 큰 의미가 없다.

30 확률 변수 X와 확률 질량 함수 $P(X)$가 다음과 같이 주어질 때, 확률 변수 X의 기댓값은 얼마인가?

X	1	2	3	4
$P(X)$	1/6	2/6	1/6	2/6

① 1
② $\frac{4}{3}$
③ $\frac{5}{3}$
④ $\frac{8}{3}$

31 다음 데이터 중 최빈수으로 가장 적절한 것은 무엇인가?

3, 5, 6, 4, 5

① 3
② 4
③ 5
④ 6

32 컴퓨터를 소유하고 있는 집단 A는 전체 학생의 80%이고, 그중에 50%가 League Of Legend를 플레이해본 적이 있다. 컴퓨터를 소유하고 있지 않은 집단 B는 전체 학생의 20%이고, 그중에 20% 학생이 League Of Legend를 플레이해본 적이 있다. League Of Legend를 플레이해본 학생을 임의로 선택했을 때 학생이 컴퓨터를 소유하지 않는 집단 B에 속할 확률은 얼마인가?

① $\frac{1}{3}$
② $\frac{1}{5}$
③ $\frac{1}{11}$
④ $\frac{3}{4}$

33 크기가 100인 표본으로 95% 신뢰수준을 가지도록 모평균을 추정하였는데, 신뢰구간의 길이가 20이었다. 동일한 조건에서 크기가 400인 표본으로 95% 신뢰수준을 가지도록 모평균을 추정할 경우에 표본의 길이는 얼마인가?

① 10　② 20
③ 40　④ 80

34 다음 일변량 데이터 탐색 방법으로 가장 알맞은 것은 무엇인가?

① 기술 통계량　② 산점도 행렬
③ 별 그림　④ 등고선 그림

35 다음 중 확률변수의 분산에 대한 성질로서 바르지 않은 것은? (단, X, Y는 확률변수이고 서로 독립이며, a는 상수이다.)

① $V(X-Y)=V(X)-V(Y)$
② $V(a)=0$
③ $V(aX)=a^2V(X)$
④ $V(X+Y)=V(X)+V(Y)$

36 다음 중 제1종 오류를 범할 최대 허용확률을 의미하는 용어는 무엇인가?

① 신뢰수준(Level of Confidence)
② 유의수준(Level of Significance)
③ 베타 수준(β Level)
④ 검정력

37 평균이 10이고 분산이 25인 정규 모집단에서 크기가 9인 표본을 추출하였을 경우 표본평균의 표준편차는 얼마인가?

① $\frac{5}{2}$　② $\frac{5}{3}$
③ $\frac{25}{9}$　④ $\frac{10}{9}$

38 다음 중 모집단이 정규 분포라는 정도만 알고, 모 표준편차(σ)는 모를 때 사용하는 분포로 가장 알맞은 것은 무엇인가?

① 정규 분포　② F-분포
③ T-분포　④ χ^2-분포

39 동전을 세 번 던졌을 때 앞면이 한 번 나올 확률은 얼마인가?

① 0.125　② 0.375
③ 0.5　④ 0.625

40 고등학교 남학생의 키를 추정하기 위하여 100명을 임의로 선택하여 평균 키를 측정하였더니 175cm, 분산은 25였다. 고등학교 남학생의 평균 키에 대한 95% 신뢰구간은 다음 중 무엇인가? (단, $Z_{0.025}=1.96$, $Z_{0.05}=1.645$)

① $174.18 \le \mu \le 175.82$
② $174.02 \le \mu \le 175.98$
③ $173.36 \le \mu \le 176.65$
④ $173.04 \le \mu \le 176.96$

3과목 빅데이터 모델링

41 다음 중에서 의사결정나무의 알고리즘에 대한 설명으로 가장 옳지 않은 것은?

① CART는 목적변수가 이산형일 경우에 불순도의 측도로 엔트로피 지수를 이용한다.
② C4.5와 C5.0은 각 마디에서 다지 분리(Multiple Split)가 가능하다.
③ CHAID에서는 불순도의 측도로 카이제곱 통계량을 이용한다.
④ QUEST에서 분리규칙은 분리변수 선택과 분리점 선택의 두 단계로 나누어 시행한다.

42 다음 중 매개변수(Parameter)의 예시로 가장 알맞지 않은 것은?

① 신경망 학습에서 학습률(Learning Rate)
② 인공신경망에서의 가중치
③ 서포트 벡터 머신에서의 서포트 벡터
④ 선형 회귀나 로지스틱 회귀 분석에서의 결정계수

43 다음 중 분석 모형 구축 절차 중 요건 정의에 따라 상세 분석 기법을 적용해 모델을 개발하는 과정으로 가장 적합한 것은 무엇인가?

① 요건 정의
② 모델링
③ 적용
④ 검증 및 테스트

44 다음 중 인공신경망에 대한 설명으로 가장 바람직하지 않은 것은?

① 은닉 노드의 수가 너무 적으면 네트워크가 복잡한 의사 결정 경계를 만들 수 없다.
② 시그모이드 함수는 기울기 소실 문제가 있다.
③ 은닉층의 수와 은닉 노드의 수는 자동으로 결정된다.
④ 은닉층의 수와 은닉 노드가 많으면 과대 적합이 발생 할 수 있다.

45 다음 중 데이터 분할에 대한 설명으로 가장 알맞지 않은 것은?

① 데이터 분할은 데이터를 훈련 데이터, 검증 데이터, 평가 데이터로 분할하는 작업이다.
② 데이터 분할을 하는 이유는 모형이 주어진 데이터에 대해서만 높은 성능을 보이는 과대 적합의 문제를 예방하여 1종 오류인 잘못된 귀무가설을 채택하는 오류를 방지하는 데 목적이 있다.
③ 훈련 데이터와 검증 데이터는 학습 과정에서 사용하며 평가 데이터는 학습 과정에 사용되지 않고 오로지 모형의 평가를 위한 과정에만 사용된다.
④ 검증 데이터를 사용하여 모형의 학습 과정에서 모형이 제대로 학습되었는지 중간에 검증을 실시하고, 과대 적합과 과소 적합의 발생 여부 등을 확인하여 모형의 튜닝에도 사용한다.

46 다음 중 다중 회귀 모형의 수식으로 가장 알맞은 것은?

① $Y = \beta_0 + \beta_1 X + \epsilon$
② $Y = \beta_0 + \beta_1 X_1 + \beta_2 X_2 + \ldots + \beta_k X_k + \epsilon$
③ $Y = \alpha e^{-\beta X} + \epsilon$
④ $Y = \beta_0 + \beta_1 X^1 + \beta_2 X^2 + \epsilon$

47 다음 중 로지스틱 회귀 분석에 대한 설명으로 가장 알맞지 않은 것은?

① 반응변수가 범주형인 경우 적용되는 회귀 분석 모형이다.
② 새로운 설명변수의 값이 주어질 때 반응변수의 각 범주에 속할 확률이 얼마인지를 추정하여 추적 확률을 기준치에 따라 분류하는 목적으로 사용될 수 있다.
③ 승산은 $\frac{1-p}{p}$로 계산한다.
④ R을 사용하여 로지스틱 회귀 분석을 수행하고 결과를 해석할 수 있다.

48 다음 중 의사결정나무의 분석 과정으로 가장 알맞은 것은 무엇인가?

① 의사결정나무 성장 → 가지치기 → 타당성 평가 → 해석 및 예측
② 의사결정나무 성장 → 타당성 평가 → 가지치기 → 해석 및 예측
③ 타당성 평가 → 가지치기 → 의사결정나무 성장 → 해석 및 예측
④ 타당성 평가 → 의사결정나무 성장 → 가지치기 → 해석 및 예측

49 다음 중 시간이 지날수록 관측치의 평균값이 지속적으로 증가하거나 감소하는 시계열 모형으로 가장 알맞은 것은?

① 자기 회귀 모형
② 이동평균 모형
③ 백색잡음
④ 분해 시계열

50 다음 중 서포트 벡터 머신의 구성요소로 가장 알맞지 않은 것은?

① 초평면 ② 활성화 함수
③ 서포트 벡터 ④ 슬랙 변수

51 다음은 수제비 쇼핑몰의 거래내역이다. 연관 규칙 "커피 → 빵"에 대한 지지도(Support)는 얼마인가?

항목	거래 수
커피	10
빵	20
커피, 빵 동시 구매	50
기타	20
전체 거래 수	100

① $\frac{3}{5}$ ② $\frac{1}{3}$
③ $\frac{1}{2}$ ④ $\frac{2}{5}$

52 다음 중 아래 그림과 같이 군집 내의 오차 제곱합(Error Sum of Square)에 기초하여 군집을 수행하는 기법은 무엇인가?

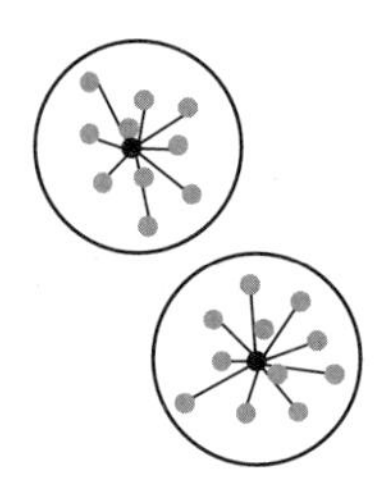

① 최장연결법 ② 중심연결법
③ 평균연결법 ④ 와드연결법

53 데이터 분석 모형을 정의할 때 모델 내부에서 확인이 가능한 변수로 데이터를 통해서 산출이 가능한 값은 무엇인가?

① 매개변수(Parameter)
② 편향(Bias)
③ 신경망 학습에서 학습률(Learning Rate)
④ KNN에서의 K의 개수

54 다음이 설명하는 의사결정나무 분석 과정 단계는 무엇인가?

> 분석 목적과 자료구조에 따라 적절한 분리 규칙(Splitting Rule) 및 정지 규칙(Stopping Rule)을 지정함

① 의사결정나무 성장(Growing)
② 가지치기(Pruning)
③ 해석 및 예측
④ 타당성 평가

55 다음 중 입력층과 출력층으로만 구성된 최초의 인공 신경망은 무엇인가?

① 퍼셉트론(Perceptron)
② 순방향 신경망(Feed Forward Neural Network)
③ 합성곱 신경망(Convolutional Neural Network)
④ 다층 퍼셉트론(Multi-Layer Perceptrons; MLP)

56 다음 중 활성화 함수로 옳지 않은 것은?

① 계단함수 ② 시그모이드 함수
③ ReLU 함수 ④ 우도 함수

57 다음에서 설명하는 변수 거리의 측정 방법은 무엇인가?

> • 명목형 변수의 거리 측정 방법
> • 두 집합 사이의 유사도를 측정하는 방법
> • 0과 1 사이의 값을 가지며 두 집합이 동일하면 1의 값, 공통의 원소가 하나도 없으면 0의 값을 가짐

① 단순 일치계수
② 자카드 계수
③ 순위 상관계수
④ 맨하튼 거리

58 다음 중 텍스트 형태로 이루어진 비정형 데이터들을 자연어 처리 방식을 이용해 정보를 추출하는 기법으로 가장 알맞은 것은 무엇인가?

① 배깅(Bagging)
② 서포트 백터 머신(SVM)
③ ADASYN
④ 텍스트 마이닝(Text Mining)

59 다음 중 서포트 벡터 머신(SVM)에 대한 설명으로 옳지 않은 것은?

① 서포트 벡터 머신에서 서포트 벡터는 여러 개 일 수도 있다.
② 서포트 벡터 머신은 기계학습의 한 분야로 사물 인식, 패턴 인식, 손 글씨 숫자 인식 등 다양한 분야에서 활용되고 있는 지도 학습 모델이다.
③ 최대 마진(Margin; 여유 공간)을 가지는 비확률적 선형 판별에 기초한 이진 분류기이다.
④ SVM은 훈련 시간이 상대적으로 빠르지만, 정확성이 낮고 다른 방법보다 과대 적합의 가능성이 높은 모델이다.

60 다음 중 잘못 분류된 개체들에 가중치를 적용, 새로운 분류 규칙을 만들고, 이 과정을 반복해 최종 모형을 만드는 알고리즘으로 가장 알맞은 것은?

① 배깅(Bagging)
② 보팅(Voting)
③ 랜덤 포레스트(Random Forest)
④ 부스팅(Boosting)

63 데이터 집합을 무작위로 동일 크기를 갖는 K개의 부분 집합으로 나누고, 그중 1개 부분 집합을 평가 데이터(Test Set)로, 나머지 (K-1)개의 부분 집합을 훈련 데이터(Training Set)로 선정하여 분석 모형을 평가하는 기법으로 가장 알맞은 것은?

① 랜덤 서브샘플링(Random Sub-Sampling)
② K-fold Cross Validation
③ 홀드 아웃(Holdout)
④ LOOCV

4과목 빅데이터 결과 해석

61 다음 예측값과 실젯값의 차이의 제곱합으로 가장 알맞은 것은?

① SSE ② SST
③ SSR ④ AE

62 다음 중 데이터 분석 모형의 오류에 대한 설명으로 가장 알맞지 않은 것은?

① 일반화 오류는 분석 모형을 만들 때 주어진 데이터 집합의 특성을 지나치게 반영하여 발생하는 오류이다.
② 일반화 오류는 과소 적합되었다고 한다.
③ 일반화 오류는 주어진 데이터 집합은 모집단 일부분임에도 불구하고 그것이 가지고 있는 주변적인 특성, 단순 잡음 등을 모두 묘사하기 때문에 일반화 오류가 발생한다.
④ 학습오류는 주어진 데이터 집합에 부차적인 특성과 잡음이 있다는 점을 고려하여 그것의 특성을 덜 반영하도록 분석 모형을 만들어 생기는 오류이다.

64 다음 중 범주에 따라 분류된 변수가 정규 분포되어 있다면 빈도가 실제 기대되는 값으로부터 유의미한 차이가 관찰되는가를 보기 위한 검증으로 가장 알맞은 것은?

① Z-검정 ② 카이제곱 검정
③ 분산 분석 ④ T-검정

65 다음 적합도 검정 방법 중에서 정규성 검정에 사용되지 않는 검정 방법은?

① 샤피로-윌크 검정
② 콜모고로프-스미르노프 적합성 검정
③ 카이제곱 검정
④ Q-Q Plot

66 다음 중 과대 적합(Over-fitting)을 방지하는 방법으로 가장 알맞지 않은 것은?

① 데이터 세트 감소 ② 모델 복잡도 감소
③ 가중치 규제 ④ 드롭아웃

67 매개변수 중 하나의 뉴런에 입력된 모든 값을 다 더한 값(가중합)에 더해주는 상수는 무엇인가?

① 손실 함수　② 가중치
③ 학습률　④ 편향

68 다음 중 아래에서 설명하는 매개변수 최적화 기법은 무엇인가?

> • 기울기 방향으로 힘을 받으면 물체가 가속된다는 물리 법칙을 적용한 알고리즘
> • 기울기가 줄어들더라도 누적된 기울기 값으로 인해 빠르게 최적점으로 수렴하게 됨
> • 최적점 탐색 경로를 보면 알 수 있듯이, 공이 구르는 듯한 모습을 보여줌
> • 관성의 방향을 고려해 진동과 폭을 줄이는 효과가 있고, 탐색 경로의 변위가 줄어들어 빠르게 최적점으로 수렴함

① 확률적 경사 하강법(Stochastic Gradient Descent)
② 모멘텀(Momentum)
③ AdaGrad(Adaptive Gradient Algorithm)
④ Adam(Adaptive Moment Estimation)

69 평균 오차(AE; Average Error)에 대한 공식으로 옳은 것은? (y_i: i번째 실제 y값, $\hat{y}$: y에 대한 예측값)

① $\frac{1}{n}\sum_{i=1}^{n}(y_i - \hat{y_i})$　② $\frac{1}{n}\sum_{i=1}^{n}|y_i - \hat{y_i}|$

③ $\frac{100}{n}\sum_{i=1}^{n}\left|\frac{y_i - \hat{y_i}}{y_i}\right|$　④ $\frac{100}{n}\sum_{i=1}^{n}\left(\frac{y_i - \hat{y_i}}{y_i}\right)$

70 다음 중 관계 시각화 기법으로 가장 알맞지 않은 것은?

① 산점도　② 도넛 차트
③ 버블 차트　④ 히스토그램

71 다음 중 하나의 자산을 획득하려 할 때 주어진 기간 동안 모든 연관 비용을 고려할 수 있도록 확인하기 위해 사용되는 평가 기법으로 가장 알맞은 것은?

① TCO　② ROI
③ NPV　④ IRR

72 다음 중 막대를 사용하여 전체 비율을 보여주면서 여러 가지 범주를 동시에 차트로 표현 가능한 그래프로 가장 알맞은 것은 무엇인가?

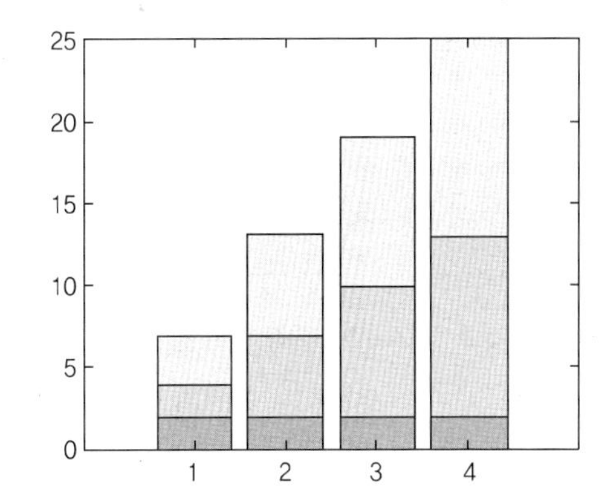

① 막대그래프
② 선 그래프
③ 영역 차트
④ 누적 막대그래프

73 다음 중 관계 시각화에 대한 설명으로 가장 알맞지 않은 것은?

① 다변량 데이터 사이에 존재하는 변수 사이의 연관성, 분포와 패턴을 찾는 시각화 방법이다.
② 변수 사이의 연관성인 상관관계는 한 가지 요소의 변화가 다른 요소의 변화와 관련이 있는지를 표현하는 시각화 기법이다.
③ 산점도 행렬은 산점도에서 데이터값을 나타내는 점 또는 마크에 여러 가지 의미를 부여하여 확장된 차트이다.
④ 관계 시각화의 유형으로 산점도, 산점도 행렬, 버블 차트, 히스토그램 등이 있다.

74 다음 중 여러 가지 변수를 비교할 수 있는 시각화 그래프로 가장 알맞은 것은?

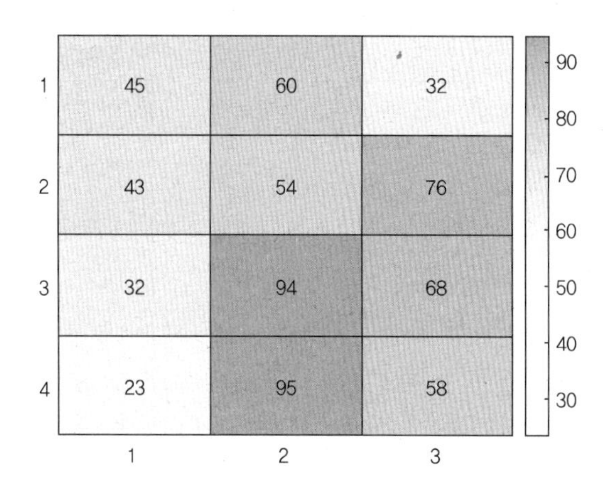

① 히트맵
② 플로팅 바 차트
③ 체르노프 페이스
④ 스타 차트

75 다음 중 인포그래픽 유형으로 가장 알맞지 않은 것은?

① 지도형은 특정 국가나 지역의 지도 안에 정보를 담는 방식이다.
② 스토리텔링형은 캐릭터 등의 만화적 요소를 활용한 방식이다.
③ 도표형은 다양한 표와 그래프를 사용해 정보를 담는 방식이다.
④ 타임라인형은 주제를 선정하여 관련된 히스토리를 타임라인 형태로 나타내는 방식이다.

76 다음 혼동 행렬(Confusion Matrix)에서 특이도(Specificity)와 정밀도(Precision)는 무엇인가?

		예측		총합
		Positive	Negative	
실제	Positive	5	35	40
	Negative	15	45	60
총합		20	80	100

① 특이도: 3/4, 정밀도: 2/4
② 특이도: 3/4, 정밀도: 1/4
③ 특이도: 1/4, 정밀도: 3/4
④ 특이도: 1/4, 정밀도: 2/4

77 초기 아이디어 개발 관점 분류 중 생각하고 있는 것, 기억하고 있는 내용을 마음속에 지도를 그리듯이 줄거리를 이해하며 정리하는 방법으로 가장 알맞은 것은?

① 친화 도표 방식
② 마인드맵 방식
③ 피라미드 방식
④ 평행 좌표 그래프

78 다음 중 초매개변수(Hyper Parameter)로 설정이 가능하지 않은 것은?

① 학습률(Learning Rate)
② 가중치(Weight)
③ 은닉층(Hidden Layer)의 수
④ 의사결정 나무(Decision Tree)의 깊이

79 다음 중 개선 데이터 선정 시 고려 사항으로 가장 알맞지 않은 것은 무엇인가?

① 최신 데이터 적용이나 변수 추가 방식으로 분석 모형을 재조정한다.
② 업무 프로세스 KPI의 변경 또는 주요 시스템 원칙 변경, 발생 이벤트의 건수 증가에 따라 성능 평가를 하고 필요하면 재조정한다.
③ 조건 변화나 가중치 변화 시 계수 값 조정 또는 제약조건 추가로 재조정한다.
④ 최근 데이터 위주로만 오류율을 점검하고 기존 데이터 집합에 대한 데이터 오류율은 점검하지 않는다.

80 다음 중 혼동 행렬에 대한 설명으로 적절하지 않은 것은?

		실제(Predicted)	
		Positive	Negative
예측 (Actual)	Positive	TP	FN
	Negative	FP	TN

① 실제로 부정인 범주 중 부정으로 올바르게 예측(True Negative)한 비율을 정확도(Accuracy)라고 하며, (TP+TN)/(TP+TN+FP+FN)라고 표기한다.
② 카파 값(Kappa value)은 0~1 사이의 값을 가지며, 1에 가까울수록 예측값과 실젯값이 일치하는 것을 의미한다.
③ 정밀도(Precision)는 '긍정'으로 예측한 비율 중에서 실제로 긍정인 비율로 TP/(TP+FP)라고 표기한다.
④ 머신러닝 성능 평가지표 중 오차 비율(Error Rate)을 표기하는 식은(FP+FN)/(TP+TN+FP+FN)이다.

1과목 빅데이터 분석 기획

01 다음 중 DIKW 피라미드에서 아래 설명에 해당하는 피라미드 요소는?

> 근본 원리에 대한 깊은 이해를 바탕으로 도출되는 창의적 아이디어
>
> 예 A 사이트의 다른 상품들도 B 사이트보다 쌀 것이라 판단

① 데이터(Data)
② 지식(Knowledge)
③ 지혜(Wisdom)
④ 정보(Information)

02 다음 중 빅데이터의 특징에 대한 설명으로 올바르지 않은 것은?

① 휘발성(Volatility): 데이터가 얼마나 오래 저장될 수 있고, 타당하여 오랫동안 쓰일 수 있을지에 관한 특징
② 규모(Volume): 정형 데이터뿐만 아니라 비정형, 반정형 데이터를 포함하는 특징
③ 속도(Velocity): 사물 정보(센서, 모니터링), 스트리밍 정보 등 실시간성 정보의 생성 속도 증가에 따라 처리 속도의 가속화가 요구되는 특징
④ 정확성(Validity): 데이터의 규모가 아무리 크더라도 질 높은 데이터를 활용한 정확한 분석 수행이 없다면 의미가 없다는 특징

03 다음 중 데이터 지식경영의 암묵지, 형식지의 상호작용에 대한 설명으로 올바르지 않은 것은?

① 내재화는 형식지가 상호결합하면서 새로운 형식지를 창출하는 과정이다.
② 공통화는 다른 사람과의 대화 등 상호작용을 통해 개인이 암묵지를 습득하는 단계이다.
③ 내면화는 행동과 실천 교육 등을 통해 형식지가 개인의 암묵지로 체화되는 단계이다.
④ 표출화는 형식지 요소 중 하나로 개인에게 내재된 경험을 객관적인 데이터로 문서나 매체에 저장, 가공, 분석하는 과정이다.

04 1996년 Fayyad가 프로파일링 기술을 기반으로 통계적 패턴이나 지식을 찾기 위해 체계적으로 정리한 방법론으로 분석 절차가 데이터 세트 선택, 데이터 전처리, 데이터 변환, 데이터 마이닝, 데이터 마이닝 결과 평가 단계로 이루어진 분석 방법론은 무엇인가?

① KDD 분석 방법론
② CRISP-DM 분석 방법론
③ SEMMA 분석 방법론
④ SAS 분석 방법론

05 다음 중 빅데이터 조직 구조에 대한 설명으로 가장 올바르지 않은 것은?

① 집중 구조는 전사 분석 업무를 별도의 분석 전담 조직에서 담당하고, 전략적 중요도에 따라 분석 조직이 우선순위를 정해서 진행이 가능한 조직이다.
② 기능 구조는 일반적인 형태로 별도 분석조직이 없고 해당 부서에서 분석을 수행하는 조직이다.
③ 혼합 구조는 전사적 핵심 분석이 어려우며 과거에 국한된 분석을 수행하는 구조이다.
④ 분산 구조는 분석조직 인력들을 현업 부서로 직접 배치해 분석 업무를 수행하는 조직이다.

06 다음 중 데이터 사이언티스트에 대한 설명으로 가장 올바르지 않은 것은?

① 데이터 사이언티스트는 복잡한 비즈니스 문제를 모델링하고 인사이트를 도출하며 통계학, 알고리즘, 데이터 마이닝 그리고 시각화 기법 등을 통해 그 속에서 가치를 찾아내는 사람이다.
② 데이터 사이언티스트의 요구역량에는 Hard Skill과 Soft Skill이 있다.
③ 데이터 사이언티스트의 Soft Skill에는 통찰력 있는 분석과 설득력 있는 전달이 있다.
④ 데이터 사이언티스트의 Hard Skill에는 다분야 간 협력이 있다.

07 다음은 빅데이터 플랫폼 기술에 대한 설명이다. 괄호 ( ) 안에 들어갈 용어로 맞는 것은?

- 데이터 수집 기술에는 수집 대상 데이터를 추출, 가공(변환, 정제)하여 데이터 웨어 하우스 및 데이터 마트에 저장하는 기술인 (Ⓐ)이/가 있다.
- 데이터 저장 기술에는 2차원 테이블인 데이터 모델에 기초를 둔 관계형 데이터베이스를 생성하고 수정하고 관리할 수 있는 소프트웨어인 (Ⓑ)이/가 있다.

① Ⓐ: ETL, Ⓑ: NoSQL
② Ⓐ: 데이터 레이크, Ⓑ: NoSQL
③ Ⓐ: ETL, Ⓑ: RDBMS
④ Ⓐ: 데이터 레이크, Ⓑ: RDBMS

08 개인정보처리자는 정보주체의 동의를 받은 경우에는 정보주체의 개인정보를 제3자에게 제공(공유 포함)할 수 있다. 개인정보를 제공하기 위해 정보주체의 동의를 받을 때 고지해야 할 사항으로 옳지 않은 것은?

① 개인정보 폐기 사유
② 개인정보를 제공받는 자의 개인정보 이용 목적
③ 제공하는 개인정보의 항목
④ 개인정보를 제공받는 자의 개인정보 보유 및 이용 기간

09 다음 중 가명처리 가이드라인에 따라 개인정보처리자가 정당한 처리 범위 내에서 정보주체의 동의 없이 가명정보를 처리할 수 있는 분야로 올바르지 않은 것은?

① 시장조사와 같은 상업적 목적의 통계 작성
② 기술의 개발과 실증, 기초 연구, 응용 연구뿐만 아니라 새로운 기술 · 제품 · 서비스 개발 등 산업적 목적을 위한 연구
③ 선거관리위원회에 정식으로 등록된 정당에서 지역 주민의 정치 성향 분석 연구
④ 민간기업, 단체 등이 일반적인 공익을 위한 기록 보존

10 다음 중 하향식 접근 방식에 대한 설명으로 가장 올바르지 않은 것은?

① 업무, 제품, 고객, 규제와 감사, 지원 인프라 5가지 영역으로 기업 비즈니스를 분석한다.
② 문제 탐색 시 분석 유스케이스를 정의한다.
③ 절차는 문제 탐색, 문제 정의, 해결방안 탐색, 타당성 검토, 선택 순이다.
④ 문제에 대한 비지도 학습 방법 및 프로토타이핑 접근법을 사용해서 분석한다.

11 빅데이터 분석 방법론의 계층 중에서 입력자료(Input), 처리 및 도구(Process & Tool), 출력자료(Output)로 구성된 단위 프로세스(Unit Process)는 무엇인가?

① 단계(Phase)
② 태스크(Task)
③ 스텝(Step)
④ 프로세스 그룹(Process Group)

12 다음 중 추가정보의 사용 없이는 특정 개인을 알아볼 수 없게 조치한 정보를 무엇이라고 하는가?

① 개인 정보
② 가명 정보
③ 익명 정보
④ 신용 정보

13 다음 중 SEMMA 분석 방법론에 대한 설명으로 가장 올바르지 않은 것은?

① SEMMA 분석 방법론의 분석 절차는 샘플링, 탐색, 수정, 최적화, 검증의 5단계로 되어 있다.
② 분석 솔루션 업체 SAS사가 주도한 통계 중심의 5단계 방법론이다.
③ 탐색 단계에서는 기초통계, 그래프 탐색, 요인별 분할표, 클러스터링, 변수 유의성 및 상관 분석을 통한 분석 데이터를 탐색한다.
④ 수정 단계에서는 수량화, 표준화, 각종 변환, 그룹화를 통한 분석 데이터 수정 및 변환을 한다.

14 다음 중 원천 데이터 수집 유형에 대한 설명으로 올바르지 않은 것은?

① 내부 데이터는 조직(인프라) 내부에 데이터가 위치하며, 데이터 담당자와 수집 주기 및 방법 등을 협의하여 데이터를 수집한다.
② 내부 데이터는 내부 조직 간 협의를 통한 데이터를 수집해야 한다.
③ 내부 데이터는 주로 수집이 용이한 정형 데이터이고, 서비스의 수명 주기 관리가 용이하다.
④ 내부 데이터의 유형으로는 센서 데이터, 장비 간 발생 로그, LOD 등이 있다.

15 익명화 기법 중 동일한 확률적 정보를 가지는 변형된 값에 대하여 원래 데이터를 대체하는 기법은 무엇인가?

① 가명처리(Pseudonym)
② 일반화(Generalization)
③ 치환(Permutation)
④ 섭동(Perturbation)

16 다음 중 대상별 분석 기획 유형 중 분석 대상(What)이 명확하게 무엇인지 모르는 경우 기존 분석 방식을 활용하여 새로운 지식을 도출해 내는 유형은?

① 최적화(Optimization)
② 솔루션(Solution)
③ 통찰(Insight)
④ 발견(Discovery)

17 다음 중 기업에서 사용하는 데이터의 가용성, 유용성, 통합성, 보안성을 관리하기 위한 정책과 프로세스를 다루며 프라이버시, 보안성, 데이터품질, 관리규정 준수를 강조하는 모델로 가장 적절한 것은 무엇인가?

① 데이터 거버넌스 ② 데이터 레이크
③ 데이터 마트 ④ 데이터 사이언스

18 다음 중 상향식 접근 방식 절차로 올바른 것은?

① 프로세스 흐름 분석 → 프로세스 분류 → 분석 요건 식별 → 분석 요건 정의
② 프로세스 흐름 분석 → 프로세스 분류 → 분석 요건 정의 → 분석 요건 식별
③ 프로세스 분류 → 프로세스 흐름 분석 → 분석 요건 식별 → 분석 요건 정의
④ 프로세스 분류 → 프로세스 흐름 분석 → 분석 요건 정의 → 분석 요건 식별

19 다음 중 개인정보의 파기에 관한 사항으로 올바르지 않은 것은?

① 개인정보처리자는 보유 기간의 경과, 개인정보의 처리 목적 달성 등 그 개인정보가 불필요하게 되었을 때는 지체 없이 그 개인정보를 파기하여야 한다.
② 개인정보처리자가 개인정보를 파기하지 아니하고 보존하여야 하는 경우에는 해당 개인정보 파일을 다른 개인정보와 함께 저장할 수 있다. 함께 저장할 때는 반드시 개인정보 파일을 암호화하여 저장·관리하여야 한다.
③ 개인정보처리자가 제1항에 따라 개인정보를 파기할 때에는 복구 또는 재생되지 아니하도록 조치하여야 한다.
④ 개인정보의 파기방법 및 절차 등에 필요한 사항은 대통령령으로 정한다.

20 다음 중 HDFS에 대한 설명으로 올바르지 않은 것은?

① HDFS는 수십 테라바이트 또는 페타바이트 이상의 대용량 파일을 분산된 서버에 저장하고, 그 저장된 데이터를 빠르게 처리할 수 있게 하는 파일 시스템이다.
② HDFS는 블록 구조의 파일 시스템으로 파일을 특정 크기의 블록으로 나누어 분산된 서버에 저장되는데, 블록 크기는 64MB에서 하둡 2.0부터는 128MB로 증가되었다.
③ HDFS의 유형에는 Key-Value Store, Column Family Data Store, Document Store, Graph Store가 있다.
④ HDFS는 하나의 네임 노드(Name Node)와 하나 이상의 보조 네임 노드, 다수의 데이터 노드(Data Node)로 구성된다.

2과목 빅데이터 탐색

21 다음 중 데이터 정제에 대한 설명으로 가장 올바르지 않은 것은?

① 데이터 정제는 결측값을 채우거나 이상값을 제거하는 과정을 통해 데이터의 신뢰도를 높이는 작업이다.
② 데이터 정제 절차는 데이터 오류 원인 분석, 데이터 정제 대상 선정, 데이터 정제 방법 결정 순으로 처리된다.
③ 데이터 오류 원인 중 결측값(Missing Value)은 실제는 입력되지 않았지만 입력되었다고 잘못 판단된 값으로 일정 간격으로 이동하면서 주변보다 높거나 낮으면 평균값으로 대체해서 처리한다.
④ 데이터 정제는 삭제, 대체, 예측값 삽입 등의 방법을 사용한다.

22 영향력이 가장 큰 변수를 하나씩 추가하는 변수 선택 기법은 다음 중 무엇인가?

① 후진 소거법
② 전진 선택법
③ 단계적 방법
④ 필터 기법

23 다음이 설명하는 데이터 이상값 발생 원인은 무엇인가?

> 음주량을 묻는 조사가 있다고 가정했을 때 10대 대부분은 자신들의 음주량을 적게 기입할 것이고, 오직 일부만 정확한 값을 적는 경우 발생

① 고의적인 이상값
② 표본추출 오류
③ 실험 오류
④ 데이터 처리 오류

24 다음 중 데이터 결측값에 대한 설명으로 가장 올바르지 않은 것은?

① 데이터 결측값이란 입력이 누락된 값을 의미하고, 결측값은 NA, 999999, Null 등으로 표현한다.
② 데이터 결측값의 종류에는 완전 무작위 결측(MCAR), 무작위 결측(MAR), 비 무작위 결측(MNAR)이 있다.
③ 무작위 결측(MAR; Missing At Random)은 변수상에서 발생한 결측값이 다른 변수들과 아무런 상관이 없는 결측값을 말한다.
④ 데이터 결측값은 결측값 식별, 결측값 부호화, 결측값 대체 절차로 처리된다.

25 다음 중 데이터 결측값을 처리하는 방법 중 단순 대치법(Single Imputation)에 대한 설명으로 가장 올바르지 않은 것은?

① 단순 대치법은 결측값을 그럴듯한 값으로 대체하는 통계적 기법이다.
② 단순 대치법의 종류에는 완전 분석법, 평균 대치법, 단순 확률 대치법이 있다.
③ 평균 대치법의 종류에는 핫덱 대체, 콜드덱 대체, 혼합방법이 있다.
④ 단순 확률 대치법은 평균 대치법에서 관측된 자료를 토대로 추정된 통계량으로 결측값을 대치할 때 어떤 적절한 확률값을 부여한 후 대치하는 방법이다.

26 다음의 임베디드 기법(Embedded Method)들에 대한 설명으로 가장 올바르지 않은 것은?

① 라쏘(LASSO): 가중치의 절댓값의 합을 최소화하는 것을 추가적인 제약조건으로 하는 방법이다.
② 릿지(Ridge): L1-norm을 통해 제약을 주는 방법이다.
③ 엘라스틱 넷(Elastic Net): 라쏘(LASSO)와 릿지(Ridge) 두 개를 선형 결합한 방법이다.
④ SelectFromModel: 의사결정나무 기반 알고리즘에서 피처를 추출하는 방법이다.

27 확률 변수 X, Y가 있을 때, $E(X)=2$, $E(X^2)=5$이고, $Y=2X+3$와 같이 주어질 경우에 $V(Y)$는 얼마인가?

① 1 ② 2
③ 4 ④ 6

28 데이터 분포의 모양이 왼쪽 편포(왼쪽 꼬리 분포)일 경우에 평균(Mean)과 중위수(Median), 최빈수(Mode)의 크기를 가장 바르게 설명한 것은 무엇인가?

① 평균(Mean) < 최빈수(Mode) < 중위수(Median)
② 평균(Mean) < 중위수(Median) < 최빈수(Mode)
③ 중위수(Median) < 평균(Mean) < 최빈수(Mode)
④ 중위수(Median) = 평균(Mean) = 최빈수(Mode)

29 아래의 그림은 선거인단에 따른 미국 대선 지형도이다. 이와 같이 특정한 데이터값의 변화에 따라 지도의 면적이 왜곡되는 지도를 무엇이라고 하는가?

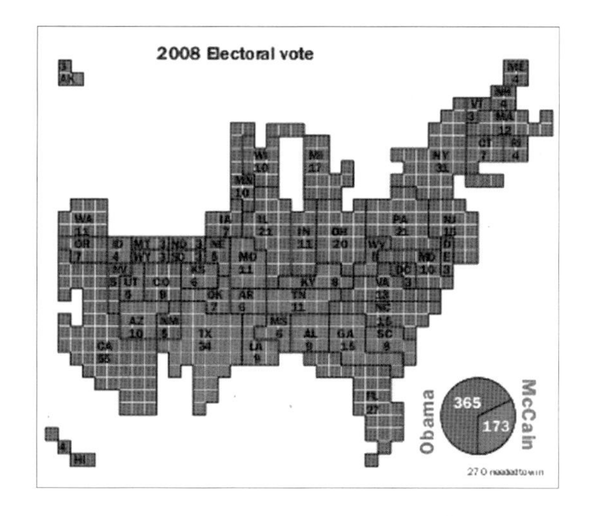

① 코로플레스 지도(Choropleth Map)
② 카토그램(Cartogram)
③ 버블 차트(Bubble Chart)
④ 도트맵(Dot map)

30 표본추출 기법 중에서 다음이 설명하는 기법으로 가장 옳은 것은?

> 100명의 사람에게 번호표를 나눠주고 끝자리가 7로 끝나는 사람들을 대상으로 설문 조사를 실시하였다.

① 단순 무작위 추출(Simple Random Sampling)
② 계통 추출(Systematic Sampling)
③ 층화 추출(Stratified Random Sampling)
④ 군집 추출(Cluster Random Sampling)

31 다음 중 확률적 경사 하강법을 개선한 알고리즘으로 옳지 않은 것은?

① RMSProp
② 모멘텀(Momentum)
③ Adam
④ Adaboost

32 A 보험회사에서 가입자를 세 그룹인 고위험군, 중위험군, 저위험군으로 나누고 있다. 고위험군은 전체 가입자의 20%, 중위험군은 전체 가입자의 30%, 저위험군은 전체 가입자의 50%를 차지하고 있다. 고위험군, 중위험군, 저위험군에 속한 가입자가 보험금을 청구할 확률은 각각 50%, 30%, 20%이다. 어느 가입자가 보험금을 청구했을 때, 이 가입자가 고위험군에 속한 가입자일 확률은 얼마인가?

① $\frac{1}{10}$　② $\frac{1}{5}$
③ $\frac{5}{29}$　④ $\frac{10}{29}$

33 건전지를 대량 생산하는 제조 회사의 건전지 16개를 표본추출하여 수명을 추출하였더니 평균이 25시간이고 표준편차가 2시간이었다. 모집단이 정규분포를 따른다고 가정하였을 때 이 제조회사 건전지의 평균 수명에 대한 95% 신뢰 수준은 다음 중 무엇인가? (t-분포표는 다음의 표와 같으며 계산 결과는 소수 3째 자리에서 반올림하여라.)

df \ α	0.4	0.25	0.1	0.05	0.025	0.01	0.005	0.0025	0.001	0.0005
1	0.325	1.000	3.078	6.314	12.706	31.821	63.657	127.32	318.31	636.62
2	0.289	0.816	1.886	2.920	4.303	6.965	9.925	14.089	22.327	31.599
3	0.277	0.765	1.638	2.353	3.182	4.541	5.841	7.453	10.215	12.924
4	0.271	0.741	1.533	2.132	2.776	3.747	4.604	5.598	7.173	8.610
						⋮				
13	0.259	0.694	1.350	1.771	2.160	2.650	3.012	3.372	3.852	4.221
14	0.258	0.692	1.345	1.761	2.145	2.624	2.977	3.326	3.787	4.140
15	0.258	0.691	1.341	1.753	2.131	2.602	2.947	3.286	3.733	4.073
16	0.258	0.690	1.337	1.746	2.120	2.583	2.921	3.252	3.686	4.015
17	0.257	0.689	1.333	1.740	2.110	2.567	2.898	3.222	3.646	3.965
18	0.257	0.688	1.330	1.734	2.101	2.552	2.878	3.197	3.610	3.922
19	0.257	0.688	1.328	1.729	2.093	2.539	2.861	3.174	3.579	3.883
20	0.257	0.687	1.325	1.725	2.086	2.528	2.845	3.153	3.552	3.850

① $23.93 \le \mu \le 26.07$
② $23.93 \le \mu \le 25.98$
③ $24.12 \le \mu \le 25.88$
④ $24.12 \le \mu \le 26.07$

34 다음 중 불균형 데이터 처리 방법으로 가장 올바르지 않은 것은?

① 불균형 데이터 처리 방법으로는 임겟값 이동, 과소 표집, 과대 표집, 앙상블 기법이 있다.
② 임겟값 이동은 같거나 서로 다른 여러 가지 모형들의 예측/분류 결과를 종합하여 최종적인 의사결정에 활용하는 기법이다.
③ 과소 표집은 무작위로 정상 데이터의 일부만 선택하는 방법으로 유의미한 데이터만을 남기는 방식으로 데이터의 소실이 매우 크고, 때로는 중요한 정상 데이터를 잃게 될 수 있다.
④ 과대 표집은 무작위로 소수의 데이터를 복제하는 방법으로 정보가 손실되지 않는다는 장점이 있으나, 복제된 관측치를 원래 데이터 세트에 추가하면 여러 유형의 관측치를 다수 추가하여 과적합(Over-fitting)을 초래할 수 있다.

35 정확한 데이터 분석을 위해서는 불균형 데이터를 처리하는 것이 필요하다. 다음 중 불균형 데이터 처리에 대한 설명 중 올바르지 않은 것은?

① 불균형 데이터 처리 방법 중 과소 표집(Under-Sampling)은 데이터량을 감소시켜서 불균형 데이터를 처리하는 방법이고, 과대 표집(Over-Sampling)은 데이터량을 증가시켜서 불균형 데이터를 처리하는 방법이다.
② 앙상블 기법(Ensemble Technique)은 같거나 서로 다른 여러 가지 모형들의 예측·분류 결과를 종합하여 최종적인 의사결정에 활용하는 기법이다.
③ SMOTE(Synthetic Minority Over-sampling TEchnique)는 소수 클래스에서 중심이 되는 데이터와 주변 데이터 사이에 가상의 직선을 만든 후, 그 위에 데이터를 추가하는 방법이다.
④ 임겟값 이동(Cut-Off Value Moving)은 임겟값을 데이터가 많은 쪽으로 이동시키는 방법으로 학습 단계에서부터 임겟값을 이동한다.

36 A 버스 정류장에서 4분에 2명씩 승객이 온다. A 버스 정류장에 2분 동안 1명 이내로 올 확률을 구하시오. (e는 자연상수)

① $\frac{1}{e}$ ② $\frac{2}{e}$
③ e ④ $2e^2$

37 검정 통계량 및 이의 확률분포에 근거하여 귀무가설이 참일 때 귀무가설을 기각하게 되는 제1종 오류를 범할 확률은 다음 중 무엇인가?

① p-값　② $1-\alpha$
③ α　④ β

38 다음 중 이산확률분포(Discrete Probability Distribution)에 대한 설명으로 올바르지 않은 것은?

① 이산확률분포는 확률변수 X가 0, 1, 2, 3, …와 같이 하나씩 셀 수 있는 값을 갖는 이산확률변수 X가 가지는 확률분포이다.
② 확률 질량 함수는 이산확률변수가 특정 값보다 작거나 같을 확률을 나타내는 함수이다.
③ 포아송 분포는 이산형 확률분포 중 주어진 시간 또는 영역에서 어떤 사건의 발송 횟수를 나타내는 확률분포이다.
④ 베르누이 분포는 특정 실험의 결과가 성공 또는 실패로 두 가지의 결과 중 하나를 얻는 확률분포이다.

39 모표준편차 $\sigma = 16$인 정규분포를 따르는 모집단에서 표본의 크기가 16인 표본을 추출하였을 때 표본평균($\overline{X}$)는 52이다. 모평균 μ에 대한 95% 신뢰구간을 구하여라. (단, $Z_{0.05} = 1.645$, $Z_{0.025} = 1.96$이다.)

① $44.16 \leq \mu \leq 59.84$
② $45.42 \leq \mu \leq 58.58$
③ $50.04 \leq \mu \leq 53.96$
④ $50.355 \leq \mu \leq 53.645$

40 다음 중 추론통계에 대한 설명으로 올바르지 않은 것은?

① 점 추정(Point Estimation)은 표본의 정보로부터 모집단의 모수를 하나의 값으로 추정하는 것으로 표본의 평균, 중위수, 최빈수 등을 사용한다.
② 점 추정에 사용되는 통계는 표본평균, 표본분산, 중위수, 최빈수이 있다.
③ 구간 추정(Interval Estimate) 은 신뢰도를 제시하면서 범위로 모수를 추정하는 방법이다.
④ 가설의 종류에는 귀무가설과 대립가설이 있고, 귀무가설은 표본을 통해 확실한 근거를 가지고 입증하고자 하는 가설이다.

3과목 빅데이터 모델링

41 다음 중 데이터 마이닝(Data Mining) 기반 분석 모형 선정에 대한 설명으로 올바르지 않은 것은?

① 데이터 마이닝 기반 분석 모델은 분류(Classification), 예측(Prediction), 군집화(Clustering), 연관규칙(Association Rule) 모델이 있다.
② 분류 모델(Classification Model)은 범주형 변수 혹은 이산형 변수 등의 범주를 예측하는 것으로, 다수의 속성 혹은 변수를 가지는 객체들을 사전에 정해진 그룹이나 범주 중의 하나로 분류하는 모델이다.
③ 예측 모델(Prediction Model)은 데이터에 숨어 있는, 동시에 발생하는 사건 혹은 항목 간의 규칙을 수치화하는 것이다.
④ 군집화 모델(Clustering Model)은 이질적인 집단을 몇 개의 동질적인 소집단으로 세분화하는 모델로 크게 계층적 방법과 비 계층적 방법으로 구분한다.

42 **다음 중 분석 모형의 활용 사례에 대한 설명으로 가장 올바르지 않은 것은?**

① 연관규칙학습 – 햄버거를 구매하는 사람이 탄산음료를 더 많이 사는가?
② 유전 알고리즘 – 최소의 비용을 위한 최적의 배송 경로는 무엇인가?
③ 분류 분석 – 구매자의 나이가 구매 차량의 유형에 어떤 영향을 미치는가?
④ 소셜 네트워크 분석 – 고객들 간 관계망은 어떻게 구성되어 있나?

43 **다음 중 지도 학습(Supervised Learning)에 대한 설명으로 가장 올바르지 않은 것은?**

① 지도 학습은 정답인 레이블(Label)이 포함되어 있는 훈련 데이터를 통해 컴퓨터를 학습시키는 방법으로 설명변수와 목적변수 간의 관계성을 표현해내거나 미래 관측을 예측해 내는 것에 많이 활용된다.
② 지도 학습 유형에는 로지스틱 회귀, 인공신경망 분석(ANN), 의사결정나무, 서포트 벡터 머신(SVM), Q-Learning 등이 있다.
③ 지도 학습은 분석하고자 하는 목적변수(혹은 반응변수, 종속변수)의 형태가 수치형(양적 변수)인가 범주형(질적 변수)인가에 따라 분류와 수치 예측 방법으로 다시 나눌 수 있다.
④ 지도 학습 유형 중 서포트 벡터 머신(Support Vector Machine)은 주어진 훈련 데이터를 회귀 분석을 이용해서 2개의 그룹으로 분류하는 지도 학습 모델이다.

44 **버섯을 구매한 고객이 치즈도 구매할 연관성에 대하여 분석할 때 향상도는 무엇인가?**

항목	거래 수
버섯만 구매	100
버섯과 치즈 동시에 구매	300
치즈만 구매	500
합계	1200

① 9/8
② 8/9
③ 1/4
④ 3/4

45 **다음 중 군집 분석(Cluster Analysis)에 대한 설명으로 가장 옳지 않은 것은?**

① 관측된 여러 개의 변숫값들로부터 유사성에만 기초하여 n개의 군집으로 집단화하고, 형성된 집단의 특성으로부터 관계를 분석하는 다변량 분석 기법이다.
② 군집 간의 연결법으로는 최단연결법, 최장연결법, 중심연결법 등이 있다.
③ 군집 간의 거리 계산을 위해 다익스트라(Dijkstra) 알고리즘을 활용한다.
④ 순위상관계수(Rank Correlation Coefficient)를 이용하여 거리를 측정한다.

46 다음 중 주성분 분석(PCA)에 대한 설명으로 옳은 것은?

① 상관관계가 있는 저차원 자료를 자료의 변동을 최대한 보존하는 고차원 자료로 변환하는 차원축소 방법이다.
② 차원축소는 고윳값이 낮은 순으로 정렬해서, 낮은 고윳값을 가진 고유벡터만으로 데이터를 복원한다.
③ 분석을 통해 나타나는 주성분으로 변수들 사이의 구조를 이해하기는 매우 쉽다.
④ 주성분 분석은 서로 상관성이 높은 변수들의 선형 결합으로 만들어 기존의 상관성이 높은 변수들을 요약, 축소하는 기법이다.

47 다음 중 회귀 분석(Regression Analysis)에 대한 설명으로 올바르지 않은 것은?

① 회귀 분석은 데이터들이 가진 속성들로부터 분할 기준 속성을 판별하고, 분할 기준 속성에 따라 트리 형태로 모델링하는 분류 예측 모델이다.
② 회귀 모형에서는 선형성, 독립성, 등분산성, 비상관성, 정상성의 가정을 만족시킬 수 있어야 한다.
③ 회귀 분석에서 단순선형 회귀 모형은 회귀 모형 중에서 가장 단순한 모형으로 독립변수와 종속변수가 각각 한 개이며 오차항이 있는 선형관계로 이뤄져 있다.
④ 로지스틱 회귀 분석은 반응변수가 범주형인 경우 적용되는 회귀 분석 모형으로 새로운 설명변수의 값이 주어질 때 반응변수의 각 범주에 속할 확률이 얼마인지를 추정하여 추적 확률을 기준치에 따라 분류하는 목적으로 사용될 수 있다.

48 다음 중 아래에서 설명하는 용어는 무엇인가?

- 회귀계수를 추정하는 데 사용한다.
- 측정값을 기초로 하여 제곱합을 만들고 그것을 최소로 하는 값을 구하여 측정결과를 처리하는 방법으로 오차 제곱의 합이 가장 작은 해를 구하는 것을 의미한다.

① 전체 제곱법 ② 지수 평활법
③ 최소 제곱법 ④ 오차 제곱법

49 다음 중 다중선형 회귀 분석(다변량 회귀 분석; Multi Linear Regression Analysis)에 대한 설명으로 가장 올바르지 않은 것은?

① 다중선형 회귀 분석 회귀식은 $Y = \beta_0 + \beta_1 X_1 + \beta_2 X_2 + \cdots + \beta_k X_k + \epsilon$이다.
② 모형의 통계적 유의성은 P-통계량으로 확인한다.
③ 다중 선형 회귀 분석에서 다중공선성의 문제가 발생하면 문제가 있는 변수를 제거하거나 주성분 회귀, 능형 회귀 모형을 적용하여 문제를 해결한다.
④ 다중선형 회귀 분석의 결정계수(R^2)는 전체 데이터를 회귀 모형이 얼마나 잘 설명하고 있는지를 보여주는 지표로 회귀선의 정확도를 평가하는 데 사용한다.

50 다음 중 의사결정나무(Decision Tree)에 대한 설명으로 가장 올바르지 않은 것은?

① 의사결정나무는 주어진 입력값에 대하여 출력값을 예측하는 모형으로 예측나무 모형과 군집나무 모형이 있다.
② 의사결정나무 알고리즘 중 CART는 가장 성취도가 좋은 변수 및 수준을 찾는 것에 중점을 둔 알고리즘으로 개별 입력변수뿐만 아니라 입력변수들의 선형 결합 중에서 최적의 분리를 구할 수 있다.
③ 의사결정나무의 분석 과정은 의사결정나무 성장, 가지치기, 타당성 평가, 해석 및 예측 순으로 되어 있다.
④ 의사결정나무는 데이터들이 가진 속성들로부터 분할 기준 속성을 판별하고, 분할 기준 속성에 따라 트리 형태로 모델링하는 분류 예측 모델이다.

51 다음 중 인공신경망(Artificial Neural Network; ANN)에 대한 설명으로 가장 올바르지 않은 것은?

① 인공신경망은 인간의 뉴런 구조를 모방하여 만든 기계학습 모델로 입력값을 받아서 출력값을 만들기 위해 활성화 함수를 사용한다.
② 기초 형태의 인공신경망인 퍼셉트론(Perceptron)의 구조는 입력값, 가중치, 순 입력함수, 활성 함수, 예측값(출력값)으로 되어 있다.
③ 퍼셉트론에 은닉층(Hidden Layer)을 다층으로 하여 만든 인공신경망인 다층 퍼셉트론은 과대적합(Over-fitting)과 기울기 소멸의 문제점이 있다.
④ 활성화 함수 중 ReLU 함수는 기울기 소실의 원인이었지만, 시그모이드 함수 또는 tanh 함수를 통해 기울기 소실의 문제를 해결하였다.

52 다음 중 군집 분석(Cluster Analysis)에 대한 설명으로 가장 올바르지 않은 것은?

① 군집 분석 중 계층적 군집을 형성하는 방법에는 병합적 방법과 분할적 방법이 있고, 분할적 방법은 큰 군집으로부터 출발하여 군집을 분리해 나가는 방법으로 R의 {cluster} 패키지의 diana(), mona() 함수가 있다.
② 군집 간의 연결법에는 최단연결법, 최장연결법, 평균 연결법, 중심연결법, 와드연결법이 있다.
③ 군집 간의 거리 계산에 사용되는 연속형 변수 거리로는 유클리드 거리, 맨하튼 거리, 민코프스키 거리, 표준화 거리, 자카드(Jaccard) 계수 등이 있다.
④ 군집 분석 종류 중 혼합 분포 군집은 데이터가 K개의 모수적 모형의 가중합으로 표현되는 모집단 모형으로부터 나왔다는 가정하에서 모수와 함께 가중치를 자료로부터 추정하는 방법이다.

53 다음 중 교차 분석(카이제곱 검정; Chi-Squared Test)에 대한 설명으로 가장 올바르지 않은 것은?

① 교차 분석은 적합도 검정(Goodness Fitness Test), 독립성 검정(Test of Independence), 동질성 검정(Test of Homogeneity)의 3가지로 분류할 수 있다.
② 카이제곱 검정 공식은

$$\theta = \frac{\sum (r_i - \bar{r})(s_i - \bar{s})}{\sqrt{\sum (r_i - \bar{r})^2}\sqrt{\sum (s_i - \bar{s})^2}} \ (-1 \le \theta \le 1)$$

이다.
③ 교차 분석에서 적합도 검정은 1개의 요인을 대상으로 표본 집단의 분포가 주어진 특정 이론을 따르고 있는지를 검정하는 기법이다.
④ 교차 분석에서 독립성 검정은 여러 범주를 가지는 2개의 요인이 독립적인지, 서로 연관성이 있는지를 검정하는 기법이다.

54 다음 중 시계열 구성요소로 가장 옳지 않은 것은 무엇인가?

① 추세 요인(Trend Factor)
② 순환 요인(Cyclical Factor)
③ 계절 요인(Seasonal Factor)
④ 규칙 요인(Regular Factor)

55 다음이 설명하는 딥러닝 알고리즘에 해당하는 것은?

- 입력층, 은닉층, 출력층으로 구성되며 은닉층에서 재귀적인 신경망을 갖는 알고리즘이다.
- 음성신호, 연속적 시계열 데이터 분석에 적합하다.
- 장기 의존성 문제와 기울기 소실문제가 발생하여 학습이 이루어지지 않을 수 있다.

① RNN ② DNN
③ CNN ④ GAN

56 다음 중 딥러닝(Deep Learning) 분석에 대한 설명으로 가장 올바르지 않은 것은?

① 딥러닝 알고리즘에는 DNN, CNN, RNN, GAN 등 다양한 알고리즘이 존재한다.
② CNN 알고리즘은 시각적 이미지를 분석하는 데 사용되는 심층신경망으로 기존 영상처리의 필터 기능(Convolution)과 신경망(Neural Network)을 결합하여 성능을 발휘하도록 만든 구조이다.
③ RNN 알고리즘은 입력층에서 가중치가 곱해져서 은닉층으로 이동시키고, 은닉층에서도 가중치가 곱해지면서 다음 계층으로 이동한다.
④ DNN 알고리즘은 은닉층(Hidden Layer)을 심층(Deep) 구성한 신경망(Neural Network)으로 학습하는 알고리즘으로 입력층, 다수의 은닉층, 출력층으로 구성되어 있다.

57 다음 중 비모수 통계 검정 방법에 대한 설명으로 가장 올바르지 않은 것은?

① 부호 검정(Sign Test)은 차이의 부호와 상대적인 크기를 고려한 검정 방법이다.
② 윌콕슨 순위 합 검정(Wilcoxon Rank Sum Test)은 두 표본의 혼합 표본에서 순위 합을 이용한 검정 방법으로 자료의 분포가 연속적이고 독립적인 분포에서 나온 것이라는 기본 가정 외에 자료의 분포에 대한 대칭성 가정이 필요하다.
③ 대응 표본 검정(Paired Sample Test)은 하나의 모집단에서 두 가지 처리를 적용하여 관찰 값을 얻은 후 각 쌍의 차이를 이용하여 두 중위수의 차이를 검정하는 방법이다.
④ 크루스칼 왈리스 검정(Kruscal-Wallis Test)은 세 집단 이상의 분포를 비교하는 검정 방법으로 모수적 방법에서의 One-Way ANOVA와 같은 목적으로 쓰이고, 그룹별 평균이 아닌 중위수가 같은지를 검정한다.

58 다음 중 런 검정(Run Test)에 대한 설명으로 가장 올바르지 않은 것은?

① 런 검정은 두 개의 값을 가지는 연속적인 측정값들이 어떤 패턴이나 경향이 없이 임의적으로 나타난 것인지를 검정하는 방법이다.
② 런 검정은 이분화된 자료가 아닌 경우는 이분화된 자료로 변환시켜야 하고, 평균, 중위수, 최빈수 또는 사용자가 정의한 숫자 등의 기준값을 이용하여 이분화한다.
③ 동전의 앞면과 뒷면이 각각 1, 0이라고 할 때 '101001'이 나타났을 경우 3개의 연속적인 런(Run)이라고 한다.
④ 검정 통계량 계산 공식은 $\mu = \frac{2n_1n_2}{n_1 + n2} + 1$, $\sigma^2 = \frac{2n_1n_2(2n_1n_2 - n1 - n2)}{(n_1 + n_2)^2(n_1 + n_2 - 1)}$, $z = \frac{r - \mu}{\sigma}$ 이다.

59 다음 중 앙상블 분석에 대한 설명으로 가장 올바르지 않은 것은?

① 앙상블 알고리즘은 주어진 자료로부터 여러 개의 예측 모형을 만든 후 예측 모형들을 조합하여 하나의 최종 예측 모형을 만드는 방법으로 다중 모델 조합(Combining Multiple Models), 분류기 조합(Classifier Combination)이 있다.
② 앙상블 기법 중 배깅(Bagging)은 잘못 분류된 개체들에 가중치를 적용, 새로운 분류 규칙을 만들고, 이 과정을 반복해 최종 모형을 만드는 알고리즘이다.
③ 앙상블 기법 중 랜덤 포레스트는 의사결정나무의 특징인 분산이 크다는 점을 고려하여 배깅과 부스팅보다 더 많은 무작위성을 주어 약한 학습기들을 생성한 후 이를 선형 결합하여 최종 학습기를 만드는 방법이다.
④ 앙상블 기법 중 랜덤 포레스트의 주요기법에는 배깅 이용한 포레스트 구성, 임의노드 최적화 등이 있다.

60 다음 중 회귀 분석 유형 중 독립변수가 K개이며 종속변수와의 관계가 선형(1차 함수)인 것은?

① 단순선형 회귀
② 다중선형 회귀
③ 곡선 회귀
④ 로지스틱 회귀

4과목 빅데이터 결과 해석

61 다음 중 분포 시각화의 유형으로, 여러 개의 영역 차트를 겹겹이 쌓아놓은 모양의 시각화 방법은 무엇인가?

① 플로팅 바 차트(Floating Bar Chart)
② 누적 영역 차트(Stacked Area Graph)
③ 스타 차트(Star Chart)
④ 파이 차트(Pie Chart)

62 다음 중 혼동 행렬(Confusion Matrix; 정오 행렬)에 대한 설명으로 가장 올바르지 않은 것은?

① 혼동 행렬은 분석 모델에서 구한 분류의 예측 범주와 데이터의 실제 분류 범주를 교차 표(Cross Table) 형태로 정리한 행렬이다.
② 혼동 행렬에서 True/False는 예측한 값, Positive/Negative는 예측한 값과 실젯값의 비교 결과이다.
③ 혼동 행렬을 통한 분류 모형의 평가지표에서 정확도(Accuracy)에 대한 계산식은 $\frac{TP + TN}{TP + TN + FP + FN}$ 이다.
④ 혼동 행렬에서 F1-Score는 정밀도와 민감도(재현율)를 하나로 합한 성능평가지표이고, 정밀도와 민감도 양쪽 다 클 때 F1-Score도 큰 값을 가진다.

63 다음은 혼동 행렬을 통한 분류 모형의 평가지표에 대한 설명이다. 괄호 안에 들어갈 계산식으로 올바른 것은?

> 혼동 행렬을 통한 분류 모형의 평가지표에서 민감도(Sensitivity)의 계산식은 (Ⓐ)이고, 정밀도(Precision)의 계산식은 (Ⓑ)이다.

① Ⓐ: $\frac{TN}{TN+FP}$, Ⓑ: $\frac{TP}{TP+FP}$

② Ⓐ: $\frac{TN}{TN+FP}$, Ⓑ: $\frac{FP}{TN+FP}$

③ Ⓐ: $\frac{TP}{TP+FN}$, Ⓑ: $\frac{FP}{TN+FP}$

④ Ⓐ: $\frac{TP}{TP+FN}$, Ⓑ: $\frac{TP}{TP+FP}$

64 다음 중 교차 검증(Cross Validation)에 대한 설명으로 가장 올바르지 않은 것은?

① 홀드 아웃 교차 검증은 전체 데이터를 비복원 추출 방식을 이용하여 랜덤하게 훈련 데이터(Training Set)와 평가 데이터(Test Set)로 나눠 검증하는 기법이다.

② 홀드 아웃 교차 검증에서 훈련 데이터는 분류기를 만들 때 사용하는 데이터이고, 검증 데이터는 분류기들의 매개변수를 최적화하기 위해 사용하는 데이터이다.

③ 랜덤 서브샘플링은 모집단으로부터 조사의 대상이 되는 표본을 무작위로 추출하는 기법으로 모든 데이터를 학습(Training)과 평가(Test)에 사용할 수 있으나, K값이 증가하면 수행 시간과 계산량도 많아진다.

④ 부트스트랩은 주어진 자료에서 단순 랜덤 복원추출 방법을 활용하여 동일한 크기의 표본을 여러 개 생성하는 샘플링 방법이다.

65 다음 중 관계 시각화에 대한 설명으로 옳지 않은 것은?

① 다변량 데이터 사이에 존재하는 변수 사이의 연관성, 분포와 패턴을 찾는 시각화 방법이다..

② 관계 시각화의 주요 유형으로 히트맵, 체르노프 페이스, 스타차트 등이 있다.

③ 변수 사이의 연관성인 상관관계는 한 가지 요소의 변화가 다른 요소의 변화와 관련이 있는지를 표현하는 시각화 기법이다.

④ 정보를 SNS상에 쉽고 빠르게 전달할 수 있다.

66 다음 중 적합도 검정(Goodness of Fit Test)에 대한 설명으로 가장 올바르지 않은 것은?

① 적합도 검정은 표본 집단의 분포가 주어진 특정 이론을 따르고 있는지를 검정하는 기법이다.

② 적합도 검정 기법으로는 카이제곱 검정, 샤피로-윌크 검정, K-S 검정, Q-Q Plot이 있다.

③ 카이제곱 검정에서는 R 언어에서 chisq.test() 함수를 이용하여 나온 결과의 p-value 값이 0.05보다 클 경우 관측된 데이터가 가정된 확률을 따른다고 할 수 있다.

④ 정규성 검정(Normality Test)은 R에서 sharpirowilk.test() 함수를 이용하여 검정할 수 있으며, 이때 귀무가설은 "표본은 정규 분포를 따른다."이다.

67 다음 중 아래에서 설명하고 있는 검정 방법은 무엇인가?

- 데이터가 어떤 특정한 분포를 따르는가를 비교하는 검정 기법이고, 비교 기준이 되는 데이터를 정규 분포를 가진 데이터로 두어서 정규성 검정을 실시할 수 있다.
- *R*에서 ks.test() 함수를 이용하여 검정을 실시한다. (인자는 x, y, alternative 등이 있음)
- x는 검정할 데이터, y는 비교 검정할 데이터이거나 이론적 분포이다.

① 콜모고로프-스미르노프 적합성 검정(Kolmogorov-Smirnov Goodness of Fit Test; K-S 검정)
② 정규성 검정(Normality Test)
③ 샤피로-윌크 검정(Shapiro-Wilk Test)
④ F-검정(F-test)

68 다음 중 과대 적합(Over-fitting)에 대한 설명으로 가장 올바르지 않은 것은?

① 과대 적합은 제한된 훈련 데이터 세트에 너무 과하게 특화되어 새로운 데이터에 대한 오차가 매우 커지는 현상이다.
② 과대 적합을 방지하기 위해 데이터 세트 증가, 모델 복잡도 감소, 가중치 규제, 드롭아웃 방법을 적용한다.
③ 가중치 규제는 개별 가중치 값을 제한하여 복잡한 모델을 좀 더 간단하게 하는 방법으로 종류에는 P1 규제와 P2 규제가 있다.
④ 드롭아웃은 학습 과정에서 신경망 일부를 사용하지 않는 방법이다.

69 다음 중 매개변수 최적화에 대한 설명으로 가장 올바르지 않은 것은?

① 매개변수 최적화는 학습 모델과 실제 레이블과 차이는 손실 함수로 표현되며, 학습의 목적은 오차, 손실 함수의 값을 최대한 작게 하도록 하는 매개변수(가중치, 편향)를 찾는 것이다.
② 매개변수의 종류에는 하나의 뉴런에 입력된 모든 값을 다 더한 값(가중합)에 더해주는 상수인 가중치(Weight)와 각 입력값에 각기 다르게 곱해지는 수치인 편향(Bias)이 있다.
③ 매개변수 최적화 기법 중 확률적 경사 하강법이란 손실 함수의 기울기를 구하여, 그 기울기를 따라 조금씩 아래로 내려가 최종적으로는 손실 함수가 가장 작은 지점에 도달하도록 하는 알고리즘이다.
④ 매개변수 최적화 기법 중 모멘텀은 기울기 방향으로 힘을 받으면 물체가 가속된다는 물리 법칙을 적용한 알고리즘이다.

70 다음 중 아래에서 설명하는 매개변수 최적화 기법은 무엇인가?

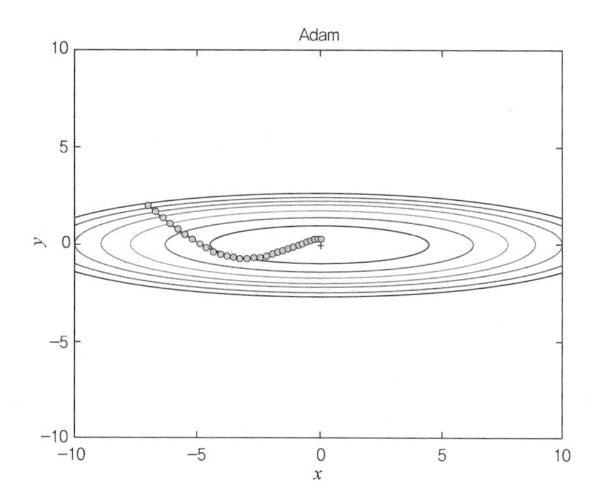

① AdaGrad ② Adam
③ 확률적 경사 하강법 ④ 드롭아웃

71 다음 중 AUC(Area Under ROC)에 대한 설명으로 옳지 않은 것은?

① ROC 곡선 아래의 면적을 모형의 평가지표로 삼는다.
② AUC는 진단의 정확도를 측정할 때 사용한다.
③ AUC의 값은 항상 0.5~1의 값을 가진다.
④ AUC의 값이 0.5인 경우 우수한 모형으로 판단한다.

72 다음 중 데이터 시각화 유형 중 가장 올바르지 않은 것은?

① 시간 시각화는 시간 흐름에 따른 변화를 통해 경향(트렌드) 파악하는 방법으로 막대그래프 기법과 점그래프 기법이 있다.
② 분포 시각화는 전체에서 부분 간 관계를 설명하는 방법으로 파이 차트 기법, 도넛 차트 기법, 트리 차트 기법이 있다.
③ 관계 시각화는 집단 간의 상관관계를 확인하여 다른 수치의 변화를 예측하는 방법으로 산점도 기법, 버블 차트 기법, 히스토그램 기법이 있다.
④ 비교 시각화는 각각의 데이터 간의 차이점과 유사성 관계도 확인 가능한 방법으로 등치선도 기법, 도트맵 기법, 카토그램 기법이 있다.

73 아래의 데이터 시각화 유형에 대한 설명 중 괄호( ) 안에 들어갈 가장 올바른 용어는 무엇인가?

> (Ⓐ)은/는 직교 좌표계를 이용해 두 개 변수 간의 관계를 나타내는 방법이고, (Ⓑ)은/는 자료 분포의 형태를 직사각형 형태로 시각화하여 보여주는 차트로, 수평축에는 각 계급을 나타내고, 수직축에는 도수 또는 상대도수를 나타낸다.

① Ⓐ: 산점도, Ⓑ: 히스토그램
② Ⓐ: 산점도, Ⓑ: 히트맵
③ Ⓐ: 등치선도, Ⓑ: 히스토그램
④ Ⓐ: 등치선도, Ⓑ: 히트맵

74 다음 중 빅데이터 시각화 도구 중 코딩 없이 스프레드시트, 데이터베이스 형태 데이터를 쉽게 가시화하는 시각화 도구는 무엇인가?

① 태블로(Tableau)
② 차트 블록(Chart Blocks)
③ 인포그램(Infogram)
④ 데이터 래퍼(Data Wrapper)

75 다음 혼동 행렬(Confusion Matrix)에서 참이 0이고 거짓이 1일 때, 특이도(Specificity)와 정밀도(Precision)는 무엇인가?

		예측		총합
		0	1	
실제	0	55	45	100
	1	20	40	60
총합		75	85	160

① 특이도: 1/3, 정밀도: 7/15
② 특이도: 1/3, 정밀도: 7/15
③ 특이도: 2/3, 정밀도: 11/15
④ 특이도: 2/5, 정밀도: 11/15

76 다음 중 공간 시각화 유형으로 가장 올바르지 않은 것은?

① 등치지역도　② 도트맵
③ 산점도　④ 카토그램

77 다음 중 응용 프로그램 성능 측정 항목의 측정 주기에 대한 설명으로 가장 올바르지 않은 것은?

① 응답시간/트랜잭션 처리량은 실시간 측정을 한다.
② 메모리 사용은 정기적 측정을 한다.
③ 데이터베이스 처리는 실시간 측정을 한다.
④ 오류 및 예외 발생 여부는 정기적 측정을 한다.

78 다음 중 카파 통계량(Kappa Statistic)에 대한 설명으로 가장 옳지 않은 것은?

① 두 관찰자가 측정한 범주 값에 대한 일치도를 측정하는 방법이다.
② 0~1의 값을 가지며 1에 가까울수록 모델의 예측값과 실젯값이 정확히 일치하며, 0에 가까울수록 모델의 예측값과 실젯값이 불일치한다.
③ 정확도 외에 카파 통계량을 통해 모형의 평가 결과가 우연히 나온 결과가 아니라는 것을 설명
④ 카파 통계량의 계산식은 $2 \times \frac{Precision \times Recall}{Precision + Recall}$ 이다.

79 다음 중 아래에서 설명하는 기법은 무엇인가?

> 두 개 이상의 집단 간 비교를 수행하고자 할 때 집단 내의 분산, 총 평균과 각 집단의 평균 차이에 의해 생긴 집단 간 분산 비교로 얻은 F-분포를 이용하여 가설검정을 수행하는 방법

① 분산 분석　② 카이제곱 검정
③ Z-검정　④ T-검정

80 다음 중 아래에서 설명하고 있는 비교 시각화 유형은 무엇인가?

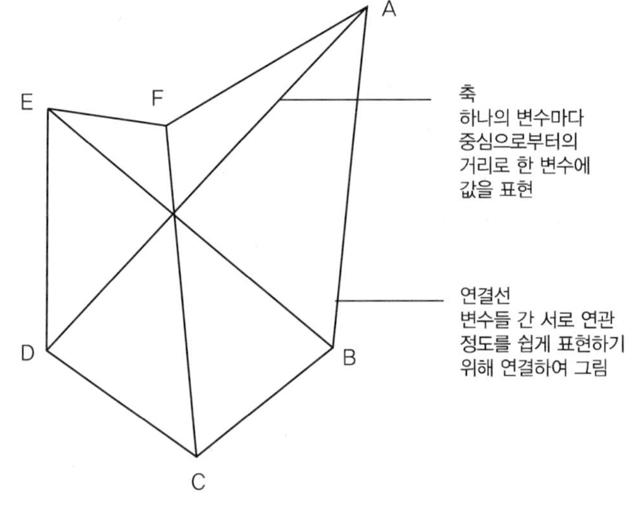

① 플로팅 바 차트　② 스타 차트
③ 히트맵　④ 평행 좌표

1과목 빅데이터 분석 기획

01 다음 중 수집 대상 데이터를 추출, 가공하여 데이터 웨어하우스 및 데이터 마트에 저장하는 기술은 무엇인가?

① ETL ② CEP
③ EAI ④ ODS

02 딥러닝에 대한 설명으로 옳은 것은?

① 오차 역전파를 사용한다.
② ReLU보다 Sigmoid를 사용한다.
③ 딥러닝은 각 은닉층의 가중치를 통해 모형의 결과를 해석하기 용이하다.
④ Dropout은 무작위 비율로 신경망을 제거한다.

03 다음 중 빅데이터 분석 방법론 절차로 옳은 것은 무엇인가?

① 분석 기획 → 데이터 준비 → 데이터 분석 → 평가 및 전개 → 시스템 구현
② 분석 기획 → 데이터 준비 → 데이터 분석 → 시스템 구현 → 평가 및 전개
③ 데이터 준비 → 분석 기획 → 데이터 분석 → 시스템 구현 → 평가 및 전개
④ 데이터 준비 → 분석 기획 → 데이터 분석 → 평가 및 전개 → 시스템 구현

04 다음 중 Label을 통해서만 학습하는 기법으로 옳은 것은?

① 지도 학습 ② 비지도 학습
③ 강화 학습 ④ 준지도 학습

05 다음 비식별화 조치에 대한 설명으로 옳지 않은 것은?

① k-익명성은 주어진 데이터 집합에서 식별자 속성들이 동일한 레코드가 적어도 k개 이상 존재해야 한다.
② *l*-다양성은 *l*개의 서로 다른 민감정보를 가져야 한다.
③ t-근접성은 특정 정보의 분포와 전체 데이터 집합에서 정보의 분포가 t 이상의 차이를 보이도록 해야 한다.
④ m-유일성은 원본 데이터와 동일한 속성값의 조합이 비식별 결과 데이터에 최소 m개가 존재해야 한다.

06 익명화 기법이 아닌 것은?

① 가명처리
② 특이화(Specialization)
③ 치환(Permutation)
④ 섭동(Perturbation)

07 기술통계에 해당하지 않는 것은 무엇인가?

① 평균 ② 분산
③ 가설검정 ④ 시각화

08 다음 중 분석의 대상이 무엇인지를 인지하고 있는 경우, 즉 해결해야 할 문제를 알고 있고 이미 분석의 방법도 알고 있는 경우 사용하는 분석 기획 유형은?

① 최적화(Optimization) ② 솔루션(Solution)
③ 통찰(Insight) ④ 발견(Discovery)

09 개인정보 수집 시 동의를 얻지 않아도 되는 경우로 옳지 않은 것은?

① 사전 동의를 받을 수 없는 경우로서 명백히 정보 주체 또는 제3자의 급박한 생명, 신체, 재산의 이익을 위하여 필요하다고 인정되는 경우
② 입사 지원자에 대해 회사가 범죄경력을 조회하는 경우
③ 정보 주체와의 계약의 체결을 위하여 불가피하게 필요한 경우
④ 요금 부과를 위해 회사가 사용자의 정보를 조회하는 경우

10 수집된 정형 데이터 품질 보증을 위한 방법으로 적합하지 않은 것은?

① 데이터 프로파일링 - 정의된 표준 도메인에 맞는지 검증한다.
② 메타 데이터 분석 – 실제 운영 중인 데이터베이스의 테이블명·컬럼명·자료형·도메인·제약조건 등이며 데이터베이스 설계에는 반영되지 않은 한글 메타데이터·도메인 정보·엔티티 관계·코드 정의 등도 검증한다.
③ 데이터 표준 - 데이터 표준 준수 진단, 논리/물리 모델 표준에 맞는지 검증한다.
④ 비업무 규칙 적용 - 업무 규칙에 정의되어 있지 않는 값을 검증한다.

11 데이터가 가지고 있는 특성을 파악하기 위해 해당 변수의 분포 등을 시각화하여 분석하는 분석방식은 무엇인가?

① 전처리 분석
② 탐색적 데이터 분석(EDA)
③ 공간 분석
④ 다변량 분석

12 빅데이터 분석 절차에서 문제의 단순화를 통해 변수 간의 관계로 정의하는 것을 무엇이라고 하는가?

① 연구 조사
② 탐색적 데이터 분석
③ 요인분석
④ 모형화

13 다음 중 진단 분석(Diagnosis Analysis)에 대한 설명으로 가장 적합한 것은?

① 과거에 어떤 일이 일어났고 현재는 무슨 일이 일어나고 있는지?
② 데이터를 기반으로 왜 발생했는지?
③ 무슨 일이 일어날 것인지?
④ 어떤 대응을 해야 하는지?

14 데이터 이상값 발생 원인으로 옳지 않은 것은?

① 측정 오류(Measurement Error)
② 보고 오류(Reporting Error)
③ 처리 오류(Processing Error)
④ 표본 오류(Sampling Error)

15 다음 중 데이터 수집 방법으로 가장 적절하지 않은 것은?

① Open API로 센서 데이터를 수집한다.
② FTP를 통해 문서를 수집한다.
③ 동영상 데이터는 스트리밍(Streaming)을 통해 수집한다.
④ DBMS로부터 크롤링한다.

16 조직을 평가하기 위한 성숙도 단계로 적절하지 않은 것은?

① 도입 ② 최적화
③ 활용 ④ 인프라

17 개인정보 주체자가 개인에게 알리지 않아도 되는 사실로 옳지 않은 것은?

① 동의를 거부할 수 있는 권리
② 개인정보의 수집 보유 및 이용 기간
③ 개인정보 파기 사유
④ 개인정보 수집 항목

18 프로세스 분석을 통한 분석 기회 발굴 절차로 올바른 것은 무엇인가?

① 프로세스 분류 → 프로세스 흐름 분석 → 분석 요건 식별 → 분석 요건 정의
② 프로세스 흐름 분석 → 프로세스 분류 → 분석 요건 식별 → 분석 요건 정의
③ 프로세스 흐름 분석 → 프로세스 분류 → 분석 요건 정의 → 분석 요건 식별
④ 프로세스 분류 → 프로세스 흐름 분석 → 분석 요건 정의 → 분석 요건 식별

19 수집 데이터의 메타데이터 등 설명이 누락되거나 충분하지 않을 경우 자료 활용성에 있어 어떤 문제점 및 결함이 존재하는지 여부를 확인하는 품질 검증 기준은 무엇인가?

① 유용성 ② 완전성
③ 일관성 ④ 정확성

20 다음이 설명하는 모델은 무엇인가?

> 기업에서 사용하는 데이터의 가용성, 유용성, 통합성, 보안성을 관리하기 위한 정책과 프로세스를 다루며 프라이버시, 보안성, 데이터 품질, 관리 규정 준수를 강조하는 모델

① 데이터 거버넌스
② IT 거버넌스
③ 데이터 레이크
④ 데이터 리터러시

2과목 빅데이터 탐색

21 시각적 데이터 탐색에서 자주 사용되는 박스 플롯(Box-Plot)으로 알 수 없는 통계량은 무엇인가?

① 평균
② 분산
③ 이상값
④ 최댓값

22 모든 변수가 포함된 모형에서 시작하여 영향력이 가장 작은 변수를 하나씩 삭제하는 변수 선택 기법은 다음 중 무엇인가?

① 후진 소거법
② 전진 선택법
③ 단계적 방법
④ 필터 기법

23 다음 중 머신 러닝에서 훈련 데이터의 클래스가 불균형한 문제를 처리하는 방법에 대한 설명으로 가장 옳지 않은 것은 무엇인가?

① 과소 표집(Under-Sampling)은 많은 클래스의 데이터 일부만 선택하는 기법으로 정보가 유실되는 단점이 있다.
② 과대 표집(Over-Sampling)은 소수 데이터를 복제해서 많은 클래스의 양만큼 증가시키는 기법이다.
③ 불균형 문제를 처리하지 않으면 정확도(Accuracy)는 낮아지고 작은 클래스의 재현율(Recall)은 높아진다.
④ 클래스가 불균형한 훈련 데이터를 그대로 이용할 경우 과대 적합 문제가 발생할 수 있다.

24 다음 중에서 파생변수 생성 방법으로 가장 올바르지 않은 것은?

① 주어진 변수의 단위 혹은 척도를 변환하여 새로운 단위로 표현
② 요약 통계량 등을 활용
③ 다양한 함수 등 수학적 결합을 통해 새로운 변수를 정의
④ 소수의 데이터를 복제하여 생성한다.

25 한 회사에서 A 공장은 부품을 50% 생산하고 불량률은 1%이다. B 공장은 부품을 30% 생산하고 불량률은 2%이고, C 공장은 부품을 20% 생산하고 불량률은 3%이다. 불량품이 발생하였을 때 C 공장에서 생산한 부품일 확률은 얼마인가?

① 1/3 ② 6/17
③ 1/2 ④ 3/5

26 모표준편차 $\sigma = 8$인 정규분포를 따르는 모집단에서 표본의 크기가 25인 표본을 추출하였을 때 표본평균($\overline{X}$)는 90이다. 모평균 μ에 대한 90% 신뢰구간을 구하여라. (단, $Z_{0.05} = 1.645$, $Z_{0.025} = 1.96$이다.)

① $86.864 \le \mu \le 93.136$
② $87.368 \le \mu \le 92.632$
③ $87.368 \le \mu \le 93.136$
④ $86.864 \le \mu \le 92.632$

27 다음의 확률밀도함수로부터 표본 3, 1, 2, 3, 3이 추출되었다. 최대우도 추정법을 이용해 θ에 대한 최대우도 추정값을 구하시오

> x_1, x_2가 서로 독립일 때, $f(x_1, x_2|\theta) = f(x_1|\theta) \cdot f(x_2|\theta)$
> 이다. $f(\theta) = f(t|\theta) = \begin{cases} \theta e^{-t\theta} (t \ge 0) \\ 0 (t < 0) \end{cases}$

① 1/3 ② 5/12
③ 1/2 ④ 5/13

28 산점도에 대한 설명으로 옳은 것을 모두 고른 것은?

> 가. 관계 시각화의 유형이다.
> 나. 직교 좌표계를 이용하여 좌표상의 점들을 표현하는 시각화 기법이다.
> 다. 두 변수 사이의 상관관계를 알 수 있다.

① 가 ② 나
③ 다 ④ 가, 나, 다

29 두 변수 간에 직선 관계가 있는지를 나타낼 때 가장 적절한 통계량은 다음 중 무엇인가?

① F-통계량 ② t-통계량
③ p-값 ④ 표본상관계수

30 아래에서 설명하는 시각화 기법은 어떤 차트를 설명하고 있는가?

> • 여러 축을 평행으로 배치하는 비교 시각화 기술이다.
> • 수직선엔 변수를 배치한다.
> • 측정 대상은 변숫값에 따라 위아래로 이어지는 연결선으로 표현한다.

① 산점도 ② 박스 플롯
③ 스타 차트 ④ 평행 좌표계

31 A 고등학교에서 남학생 25명을 대상으로 키를 측정하였더니 평균 키는 170cm이고, 분산이 25이다. A 고등학교 남학생의 평균 키에 대한 95% 신뢰 구간은 얼마인가?

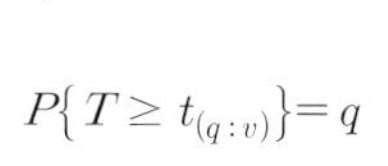

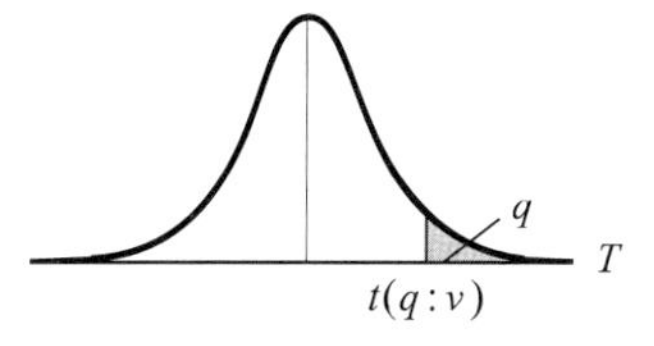

자유도 v	꼬리확률 q									
	0.4	0.25	0.1	0.05	0.025	0.01	0.005	0.0025	0.001	0.0005
1	0.325	1.000	3.078	6.314	12.706	31.821	63.657	127.32	318.31	636.62
2	0.289	0.816	1.886	2.920	4.303	9.965	9.925	14.089	23.326	31.598
3	0.277	0.765	1.638	2.353	3.182	4.541	5.841	7.453	10.213	12.924
4	0.271	0.741	1.533	2.132	2.776	3.747	4.604	5.598	7.173	8.610
5	0.267	0.727	1.476	2.015	2.571	3.365	4.032	4.773	5.893	6.869
⋮	⋮									
23	0.256	0.685	1.319	1.714	2.069	2.500	2.807	3.104	3.485	3.767
24	0.256	0.685	1.318	1.711	2.064	2.492	2.792	3.091	3.467	3.745
25	0.256	0.684	1.316	1.708	2.060	2.485	2.787	3.078	3.450	3.725
26	0.256	0.684	1.315	1.706	2.056	2.479	2.779	3.067	3.435	3.707
27	0.256	0.684	1.314	1.703	2.052	2.473	2.771	3.057	3.421	3.690

① 167.936≤키≤172.064
② 167.940≤키≤172.060
③ 168.289≤키≤171.711
④ 168.292≤키≤171.708

32 다음 중 추론통계에 대한 설명으로 가장 올바르지 않은 것은 무엇인가?

① 표본의 개수가 많을수록 표준 오차는 커진다.
② 신뢰구간은 신뢰수준을 기준으로 추정된 통계적으로 유의미한 모수의 범위이다.
③ 점 추정은 모집단의 모수를 하나의 값으로 추정하는 것이다.
④ 신뢰수준은 추정값이 존재하는 구간에 모수가 포함될 확률을 말한다.

33 다음 중 빈칸에 알맞은 값은?

		실젯값	
		H_0	H_1
예측값	H_0	ⓐ	ⓑ
	H_1	ⓒ	ⓓ

① ⓐ: 제1종 오류, ⓑ: 올바른 결정, ⓒ: 제2종 오류, ⓓ: 올바른 결정
② ⓐ: 제2종 오류, ⓑ: 올바른 결정, ⓒ: 제1종 오류, ⓓ: 올바른 결정
③ ⓐ: 올바른 결정, ⓑ: 제2종 오류, ⓒ: 제1종 오류, ⓓ: 올바른 결정
④ ⓐ: 올바른 결정, ⓑ: 제1종 오류, ⓒ: 올바른 결정, ⓓ: 제2종 오류

34 다음 중에서 주성분 분석에 대한 설명으로 가장 적절하지 않은 것은?

① 여러 변수 간에 내재하는 상관관계, 연관성을 이용해 소수의 주성분으로 차원을 축소한다.
② 주성분 분석에서 누적 기여율이 85% 이상인 지점까지 주성분의 수로 결정한다.
③ 데이터 간 높은 상관관계가 존재하는 상황에서 상관관계를 제거할 경우 분석이 어려워진다.
④ 스크리 산점도의 기울기가 완만해지기 직전까지 주성분의 수로 결정할 수 있다.

35 다음 사례에서 설명하는 A 야구팀 연봉의 대푯값을 구하기 위한 가장 적절한 통계량은 무엇인가?

> A 야구 구단의 상위 1~2명이 구단 전체 연봉의 50% 이상을 차지하며 나머지 선수들의 연봉은 일반적인 범주에 있다.

① 평균 ② 최빈수
③ 중위수 ④ 이상값

36 다음에서 설명하는 표본추출 방법은 무엇인가?

> 다수의 이질적인 원소들로 구성된 모집단에서 각 계층을 고루 대표할 수 있도록 표본을 추출하는 방법이다. 이질적인 모집단의 원소들로 서로 유사한 것끼리 몇 개의 층을 나눈 후, 각 계층에서 표본을 랜덤하게 추출한다.

① 층화추출법
② 계통추출법
③ 군집추출법
④ 단순무작위추출법

37 각 클래스의 데이터에 불균형이 발생한 경우 학습 단계에서의 처리 방법으로 가장 옳지 않은 것은?

① 과소 표집(Under-Sampling)
② 과대 표집(Over-Sampling)
③ 임계값(Cut-Off Value) 이동
④ 가중치(Weight) 적용

38 다음 중에서 분포의 성격이 다른 분포는 무엇인가?

① 정규분포 ② 이항분포
③ F-분포 ④ 지수분포

39 다음 중에서 확률 분포에 대한 설명으로 가장 올바르지 않은 것은 무엇인가?

① 포아송 분포는 독립적인 두 카이제곱 분포가 있을 때, 두 확률 변수의 비이다.
② 카이제곱 분포는 서로 독립적인 표준 정규 확률 변수를 각각 제곱한 다음 합해서 얻어지는 분포이다.
③ T-분포는 모집단이 정규분포라는 정도만 알고 모 표준편차는 모를 때 모집단의 평균을 추정을 위하여 사용한다.
④ 베르누이 분포는 특정 실험의 결과가 성공 또는 실패로 두 가지의 결과 중 하나를 얻는 확률 분포이다.

40 다음 중 T-분포와 Z-분포에 대한 설명으로 가장 적절하지 않은 것은?

① 표본의 크기가 작은 소표본의 경우 T-분포를 사용한다.
② 표본의 크기가 큰 대표본의 경우에는 Z-분포를 사용한다.
③ Z-분포의 평균은 0이고 분산은 1이다.
④ 표본의 크기와 상관없이 T-분포는 정규분포를 따른다.

3과목 빅데이터 모델링

41 가장 적은 영향을 주는 변수부터 하나씩 제거하면서 더 이상 유의하지 않은 변수가 없을 때까지 설명변수들을 제거하고 이때의 모형을 선택하는 방법은 무엇인가?

① 중위 선택법 ② 전진 선택법
③ 후진 소거법 ④ 단계적 방법

42 인공신경망은 어떤 값을 알아내는게 목적인가?

① 커널값 ② 뉴런
③ 가중치 ④ 오차

43 CNN에서 원본 이미지가 5*5에서 Stride가 1이고, 필터가 3*3일 때 Feature Map은 무엇인가?

① (1, 1) ② (2, 2)
③ (3, 3) ④ (4, 4)

44 선형 회귀 모형의 가정에서 잔차항과 관련없는 것은?

① 선형성 ② 독립성
③ 등분산성 ④ 정상성

45 서포트 벡터 머신에 대한 설명으로 옳지 않은 것은?

① 다른 모형에 비해 속도가 빠르다
② 다른 모형보다 과대적합에 강하다.
③ 비선형으로 분류되는 모형에 사용할 수 있다.
④ 서포트 벡터가 여러 개일 수 있다.

46 다차원 척도법에 대한 설명으로 옳지 않은 것은?

① 개체들 사이의 유사성, 비유사성을 측정하여 2차원 또는 3차원 공간상에 점으로 표현하여 개체들 사이의 집단화를 시각적으로 표현하는 분석 방법이다.
② 공분산행렬을 사용하여 고윳값이 1보다 큰 주성분의 개수를 이용한다.
③ 스트레스 값이 0에 가까울수록 적합도가 좋다
④ 유클리드 거리와 유사도를 이용하여 구한다.

47 다음 분석 변수 선택 방법이 설명하는 기법은?

$$\frac{1}{N}\sum_{i=1}^{N}(y_i-\hat{y}_i)^2+\frac{\lambda}{2}\sum_{j=1}^{M}|w_j|^2$$

① 릿지(Lidge)
② 라쏘(Lasso)
③ 엘라스틱 넷(Elastic Net)
④ RFE(Recursive Feature Elimination)

48 데이터 분석 절차로 가장 적합한 것은 무엇인가?

① 문제 인식 → 자료 수집 → 연구 조사 → 자료 분석 → 모형화 → 분석 결과 공유
② 연구 조사 → 문제 인식 → 자료 수집 → 모형화 → 자료 분석 → 분석 결과 공유
③ 문제 인식 → 연구 조사 → 모형화 → 자료 수집 → 자료 분석 → 분석 결과 공유
④ 문제 인식 → 연구 조사 → 자료 수집 → 자료 분석 → 모형화 → 분석 결과 공유

49 독립변수가 연속형이고 종속변수가 이산형일 때 사용하는 분석 모형은?

① 주성분 분석 ② 로지스틱 회귀 분석
③ 회귀 분석 ④ 군집 분석

50 다음은 암 진단을 예측한 것과 실제 암 진단 결과를 혼동행렬로 나타낸 것이다. 아래 표를 보고 TPR, FPR의 확률을 계산하시오. (단, 결과가 음성이라는 뜻인 0을 Positive로 한다.)

		Precision	
		0	1
Actual	0	45(TP)	15(FN)
	1	5(FP)	235(TN)

① TPR: 9/10, FPR: 1/4
② TPR: 9/10, FPR: 1/48
③ TPR: 3/4, FPR: 1/48
④ TPR: 3/4, FPR: 1/4

51 예측력이 약한 모형을 연결하여 강한 모형으로 만드는 기법으로 경사하강법을 이용하고, 가중치를 업데이트함으로써 최적화된 결과를 얻는 앙상블 기법과 알고리즘은?

① 배깅 – AdaBoost
② 배깅 – 랜덤 포레스트
③ 부스팅 – 랜덤 포레스트
④ 부스팅 – GBM

52 사건 A, B가 있다. x가 발생했을 때, B가 일어날 확률인 $P(B|x)$를 구하는 공식으로 옳은 것은?

① $P(B|x) = \dfrac{P(B|x) \cdot P(B)}{P(A|x) \cdot P(A) + P(B|x) \cdot P(B)}$

② $P(B|x) = \dfrac{P(x|B) \cdot P(B)}{P(x|A) \cdot P(A) + P(x|B) \cdot P(B)}$

③ $P(B|x) = \dfrac{P(B|x) \cdot P(x)}{P(A|x) \cdot P(x) + P(B|x) \cdot P(x)}$

④ $P(B|x) = \dfrac{P(x|B) \cdot P(x)}{P(x|A) \cdot P(x) + P(x|B) \cdot P(x)}$

53 전체 데이터 집합을 동일 크기를 갖는 K개의 부분 집합으로 나누고, 훈련 데이터와 평가 데이터로 나누는 기법은 무엇인가?

① K–Fold ② 홀드아웃(Holdout)
③ Dropout ④ Cross Validation

54 다음 중 비지도 학습 알고리즘의 사례로 옳은 것은?

① 과거 데이터를 기준으로 날씨 예측
② 제품의 특성, 가격 등으로 판매량 예측
③ 페이스북 사진으로 사람을 분류
④ 부동산으로 지역별 집값을 예측

55 다음에 이미지를 판별하기 위한 가장 적절한 분석방법은 무엇인가?

① 군집 ② 예측
③ 분류 ④ 연관성

56 학생들의 교복의 표준 치수를 정하기 위해 학생들의 팔길이, 키, 가슴둘레를 기준으로 할 때 어떤 방법이 가장 적절한 기법인가?

① 이상치 ② 군집
③ 분류 ④ 연관성

57 다음 중 시계열 모형이 아닌 것은?

① 백색잡음 ② 이항분포
③ 자기회귀 ④ 이동평균

58 비정형 데이터에 대한 설명으로 옳지 않은 것은?

① 텍스트는 문자 데이터로 저장한다.
② 오디오는 CMYK 형태로 저장한다.
③ 이미지는 RGB 방식으로 저장한다.
④ 비디오는 이미지 스트리밍으로 저장한다.

59 랜덤 포레스트에 대한 설명으로 적절하지 않은 것은?

① 훈련을 통해 구성해놓은 다수의 나무들로부터 투표를 통해 분류 결과를 도출한다.
② 분류기를 여러 개 쓸수록 성능이 좋아진다.
③ 트리의 수가 많아지면 Overfit된다.
④ 여러 개의 의사결정 트리가 모여서 랜덤 포레스트 구조가 된다.

60 K-Fold에 대한 설명으로 옳지 않은 것은?

① 데이터를 K개로 나눈다.
② 1개는 훈련 데이터, (K-1)개는 검증 데이터로 사용한다.
③ K번 반복 수행한다.
④ 결과를 K에 다수결 또는 평균으로 분석한다.

4과목 빅데이터 결과 해석

61 다음 중 이상적인 분석 모형을 위해 Bias와 Variance는 어떻게 설정되어야 하는가?

① 높은 Bias, 높은 Variance가 있을 때
② 낮은 Bias, 높은 Variance가 있을 때
③ 낮은 Bias, 낮은 Variance가 있을 때
④ 높은 Bias, 낮은 Variance가 있을 때

62 다음 중 초매개변수(Hyper Parameter)로 설정 가능한 것은?

① 편향(Variance)
② 기울기(Bias)
③ 서포트 벡터(Support Vector)
④ 은닉층(Hidden Layer) 수

63 다음 중 산점도(Scatter Plot)와 비슷한 시각화는 무엇인가?

① 파이 차트(Pie Chart)
② 버블 차트(Bubble Chart)
③ 히트맵(Heat Map)
④ 트리맵(Tree Map)

64 다음 중 분포 시각화의 유형으로, 설명 변수가 늘어날 때마다 축이 늘어나는 시각화 방법은 무엇인가?

① 플로팅 바 차트(Floating Bar Chart)
② 막대 차트(Bar Char)
③ 스타 차트(Star Chart)
④ 히트맵(Heat Map)

65 불균형 데이터 세트(Imbalanced Dataset)로 이진 분류 모형을 생성 시 불균형을 해소하기 위한 방법으로 옳지 않은 것은 무엇인가?

① 다수 클래스의 데이터를 일부만 선택하여 데이터의 비율을 맞춘다.
② 임곗값을 데이터가 적은 쪽으로 이동시킨다.
③ 서로 다른 여러 가지 모형들의 예측 결과를 종합한다.
④ 소수 클래스의 데이터를 복제 또는 생성하여 데이터의 비율을 맞춘다.

66 다음 중 ROC 커브에 대한 설명으로 적합하지 않은 것은?

① x축은 특이도를 의미한다.
② y축은 민감도를 의미한다.
③ AUC(Area Under ROC) 1.0에 가까울수록 분석 모형 성능이 우수하다.
④ AUC(Area Under ROC) 0.5일 경우, 랜덤 선택에 가까운 성능을 보인다.

67 다음 혼동행렬(Confusion Matrix)에서 참이 0이고 거짓이 1일 때, Specificity와 Precision은 무엇인가?

		예측		종합
		0	1	
실제	0	25	15	40
	1	15	75	90
종합		40	90	130

① Specificity: 5/8, Precision: 5/8
② Specificity: 5/8, Precision: 5/6
③ Specificity: 5/6, Precision: 5/6
④ Specificity: 5/6, Precision: 5/8

68 다음 중 매개변수(Parameter), 초매개변수(Hyper Parameter)에 대한 것으로 적절하지 않은 것은?

① 매개변수는 사람에 의해 수작업으로 설정한다.
② 매개변수는 측정되거나 데이터로부터 학습된다.
③ 초매개변수는 학습을 위해 임의로 설정하는 값이다.
④ 초매개변수의 종류에는 은닉층의 수, 학습률 등이 있다.

69 다음 중 k-평균 군집(k-means clustering) 알고리즘을 통해 K 값을 구하는 기법은 무엇인가?

① K-Centroid 기법
② 최장 연결법
③ 엘보우 기법
④ 역전파 알고리즘

70 다음 중 F1-Score에 들어가는 지표는?

① TP Rate, FP Rate
② Accuracy, Sensitivity
③ Specificity, Error Rate
④ Precision, Recall

71 종속변수가 범주형이고 독립변수가 수치형 변수 여러 개로 이루어진 변수 간의 관계를 분석하기 위해 적용할 수 있는 알고리즘으로 올바른 것은?

① 로지스틱 회귀 분석(Logistic Regression Analysis)
② k-평균 군집(k-means clustering)
③ 주성분 분석(Principal Component Analysis)
④ DBSCAN

72 다음 중 적합도 검정 기법으로 올바르지 않은 것은?

① 적합도 검정에서 자유도는 (범주의 수) +1이다.
② 적합도 검정은 카이제곱 검정 기법의 유형에 속한다.
③ 적합도 검정의 자료를 구분하는 범주가 상호 배타적이어야 한다.
④ 적합도 검정은 표본 집단의 분포가 주어진 특정 이론을 따르고 있는지를 검정하는 기법이다.

73 다음 중 인포그래픽에 대한 설명으로 옳지 않은 것은?

① 도표나 글에 비해 시각적 기법을 사용하여 기억에 오랫동안 남는다.
② 다양한 정보를 그래픽을 활용하여 나타내는 방법이다.
③ 빅데이터의 대량의 데이터를 표현하기에는 복잡하고 이해하기 어려울 수 있다.
④ 정보를 SNS상에 쉽고 빠르게 전달할 수 있다.

74 다음 중 분석모형의 평가방법에 대한 설명으로 틀린 것은?

① 종속변수의 유형에 따라 선택하는 평가 방법이 다르다.
② 종속변수의 유형이 범주형일 때는 혼동행렬을 사용할 수 있다.
③ 종속변수의 유형이 연속형일 때는 RMSE을 사용할 수 있다.
④ 종속변수가 범주형일 때 임곗값이 바뀌면 정분류율은 변하지 않는다.

75 다음 중 혼동행렬에 대한 설명으로 적절하지 않은 것은?

		Predicted	
		Positive	Negative
Actual	Positive	TP	FN
	Negative	FP	TN

① 카파 값(Kappa Value)은 0~1 사이의 값을 가지며, 1에 가까울수록 예측값과 실젯값이 일치함을 알 수 있다.
② 부정(Negative)인 범주 중 부정으로 올바르게 예측(True Negative)한 비율은 민감도(Sensitivity) 지표를 사용한다.
③ 부정인 범주 중 긍정으로 잘못 예측(False Positive)한 비율을 정밀도(Precision)라고 하며, TP/(TP+FP)라고 표기한다.
④ 머신러닝 성능 평가지표 중 정확도(Accuracy)를 표기하는 식은 (TP+TN)/(TP+FP+FN+TN)이다.

76 다음 중 분석 모형 검증에 대한 설명으로 옳지 않은 것은?

① 데이터 수가 적으면 교차 검증하는 것이 좋다.
② 교차 검증을 통해 분석 모형의 일반화 성능을 확인할 수 있다.
③ K-Fold 교차 검증은 (K-1)개 부분 집합들은 훈련 데이터로, 나머지 1개 부분 집합은 평가 데이터로 하는 K개의 실험 데이터를 구성하여 진행한다.
④ 데이터 수가 많으면 검증 데이터로 충분하므로, 평가 데이터는 불필요하다.

77 다음 중 데이터 분석 결과 활용에 대한 설명으로 옳지 않은 것은?

① 분석 모형 최종 평가 시에는 학습할 때 사용하지 않았던 데이터를 사용한다.
② 분석 모형 개발과 피드백 적용 과정을 반복하는 것은 지양한다.
③ 정확도, 재현율 등의 평가지표를 분석 모형 성능 지표로 활용한다.
④ 분석 결과는 비즈니스 업무 담당자, 시스템 엔지니어 등 관련 인원들에게 모두 공유되어야 한다.

78 아래의 시계열 분해 그래프를 통하여 파악이 가능한 것이 아닌 것은 무엇인가?

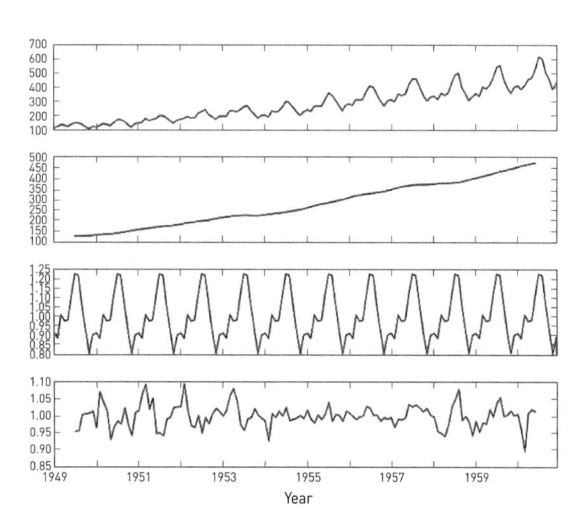

① 계절
② 추세
③ 예측
④ 잔차

79 다음 회귀 모형 결과를 해석한 것으로 옳은 것을 〈보기〉에서 모두 고른 것은?

	Estimate	Std.Error	t value	Pr(>|t|)
(Intercept)	41.107678	2.842426	14.462	1.62e-14
X1	0.007473	0.011845	0.631	0.00651
X2	−3.635677	1.040138	−3.495	0.00160
X3	−4.784944	0.607110	−2.940	0.53322

가. 유의수준 0.05에서 X1, X2는 유의하다고 할 수 있다.
나. X2의 계수는 41.107678이다.
다. 변수 X3는 회귀 모형에서 제거 가능하다.

① 가 ② 나
③ 가, 다 ④ 가, 나, 다

80 회귀 모형의 잔차를 분석한 결과가 아래와 같이 나타날 때, 이에 대한 설명으로 옳은 것은?

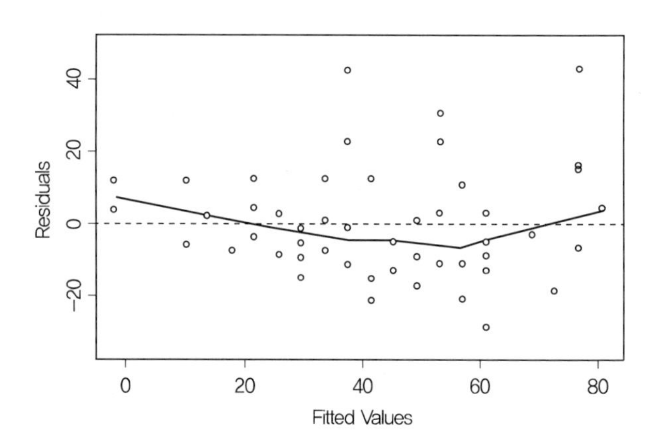

① 잔차가 등분산 가정을 만족한다.
② 종속변수를 log로 변환하여 문제를 해결한다.
③ 독립변수 중 하나를 제곱하여 문제를 해결한다.
④ 잔차가 정규분포를 따른다.

1과목 빅데이터 분석 기획

01 다음 중 가트너에서 정의한 3V에 해당하지 않은 것은?

① 규모(Volume) ② 다양성(Variety)
③ 속도(Velocity) ④ 신뢰성(Veracity)

02 다음 중 2018년 5월 25일부터 시행되는 EU(유럽연합)의 개인정보보호 법령으로, 정보 주체의 권리와 기업의 책임성 강화, 개인정보의 EU 역외이전 요건 명확화 등을 주요 내용으로 용어는?

① GDPR ② PIMS
③ ISMS ④ ISO27001

03 개인정보 비식별화 기법으로 올바르지 않은 것은?

① 가명처리 ② 총계처리
③ 데이터값 대체 ④ 데이터 마스킹

04 다음 중 빅데이터 분석 방법론의 분석 절차로 올바른 것은?

① 데이터 준비 → 데이터 분석 → 분석 기획 → 시스템 구현 → 평가 및 전개
② 데이터 준비 → 분석 기획 → 데이터 분석 → 시스템 구현 → 평가 및 전개
③ 분석 기획 → 데이터 준비 → 데이터 분석 → 시스템 구현 → 평가 및 전개
④ 분석 기획 → 데이터 준비 → 시스템 구현 → 데이터 분석 → 평가 및 전개

05 트랜잭션을 사용하는 관계형 데이터베이스와 비교했을 때 데이터 웨어하우스(DW)에 저장되어있는 데이터베이스의 특징으로 올바르지 않은 것은?

① 소멸적(Volatile)
② 시간에 따라 변화(Time-variant)
③ 주제 지향적(Subject Oriented)
④ 통합적(Integrated)

06 데이터 분석을 위한 데이터를 데이터 저장소인 DW(Data Warehouse) 및 DM(Data Mart)으로 이동시키기 위해 다양한 소스 시스템으로부터 필요한 원본 데이터를 추출하고 변환하여 저장하는 기술은 무엇인가?

① ETL ② EAI
③ DW ④ ODS

07 대규모 데이터를 저장할 수 있고, HBase, Cassandra 등의 제품이 있는 저장 기술은 무엇인가?

① Sqoop ② NoSQL
③ HDFS ④ Scribe

08 다양한 데이터 소스를 위한 하둡(Hadoop) 기반의 ETL(Extract Transform Load) 기술을 이용해서 데이터 웨어하우스(DW)에 적재하는 시스템은 무엇인가?

① HBase ② Tajo
③ Oozie ④ Zookeeper

09 다음 중 아래 설명에 나오는 이것은 무엇인가?

> A 은행은 사용자의 가입정보를 보관하고 있고, 사용자가 B 은행의 상품 가입을 하려고 하고 있다. B 은행에서 사용자의 가입정보를 새롭게 수집하지 않고, 사용자의 동의하에 이것을 통해서 A 은행에서 가지고 있는 사용자의 가입정보를 B 은행에서 받아서 사용하려고 한다.

① 인터페이스 ② API
③ 인증정보 ④ 마이 데이터

10 다음 중 분석 과제 우선순위 평가에 대한 설명으로 올바르지 않은 것은?

① 분석 과제 우선순위 평가 기준에서 시급성도 고려해야 한다.
② 분석 과제 우선순위 평가에서 난이도는 현시점에서 과제를 추진하는 것이 범위 측면과 적용 비용 측면에서 바로 적용하기 쉬운 것인지 또는 어려운 것인지에 대한 판단 기준으로 데이터 분석의 적합성 여부의 기준이 된다.
③ 우선순위 선정 기준을 토대로 난이도 또는 시급성을 고려하여 분석 과제를 4가지 유형으로 구분하여 분석 과제의 적용 우선순위를 결정한다.
④ 분석 과제 우선순위 평가에서 투자 비용 요소에는 데이터 획득/저장/가공 비용 및 가치가 포함되어 있고, 비즈니스 효과에는 분석 적용 비용이 포함된다.

11 다음 중 재현 데이터(Synthetic Data)에 대한 설명으로 올바른 것은?

① 재현하는 데이터에는 원 데이터의 속성을 포함하고 있어야 한다.
② 재현 데이터는 기존 변수에 특정 조건 혹은 함수 등을 사용하여 새롭게 재정의 한 파생 변수이다.
③ 재현 데이터 중 완전 재현 데이터(Fully Synthetic Data)는 민감하지 않은 정보는 그대로 두고, 민감한 정보에 대해서만 재현 데이터로 대체한 데이터이다.
④ 생성하는 방법은 단위 변환, 표현형식 변환, 요약 통계량 변환, 정보 추출, 변수 결합, 조건문 이용 등이 있다.

12 전통적인 기계학습에 비해서 최근에 부각하고 있는 빅데이터를 활용한 인공지능의 특징으로 올바르지 않은 것은?

① 인간의 통찰을 통해 기준을 설정하여 학습에 활용한다.
② 상호보완 관계로 빅데이터는 인공지능 구현 완성도를 높여주고, 빅데이터는 인공지능을 통해 문제 해결 완성도를 높이게 되었다.
③ 빅데이터를 통해 자체 알고리즘을 가지고 학습하는 딥러닝 기술을 활용할 수 있게 되었고, 특정 분야에서 인간의 지능을 뛰어넘는 능력을 갖추게 되었다.
④ 빅데이터의 다양한 데이터를 스스로 학습하는 딥러닝 기술은 다양한 분야에서 상용화가 이루어지고 있다.

13 다음 중 민감정보가 아닌 것은?

① 정치적 성향
② 개인의 사상 및 신념
③ 건강 상태
④ 취미 생활

14 데이터 사이언티스트(Data Scientist)가 데이터 엔지니어와 다르게 지녀야 하는 소양으로 올바르지 않은 것은?

① 머신러닝 모델을 사용해 정형, 비정형 데이터에서 인사이트 창출 능력
② 사내 데이터를 이용해서 고객 행동 패턴 모델링을 통해 패턴을 찾아내거나 이상치를 탐지하는 능력
③ 데이터 분석 및 활용에 사용될 소프트웨어 개발 능력
④ 예측 모델링, 추천 시스템 등을 개발해 비즈니스 의사결정에 필요한 인사이트 제공 능력

15 다음 중 개인정보 보호 원칙에 대한 설명으로 올바르지 않은 것은?

① 개인정보처리자는 개인정보의 처리 목적에 필요한 범위에서 적합하게 개인정보를 처리하여야 하며, 그 목적 외의 용도로 활용하여서는 아니 된다.
② 개인정보처리자는 개인정보의 익명처리가 가능한 경우에는 익명에 의하여 처리될 수 있도록 하여야 한다.
③ 개인정보처리자는 수집된 개인정보를 필요한 목적에 의해서 활용하고, 그 이외는 정보 주체의 사생활 침해를 최소화하는 방법으로 개인정보를 처리하여야 한다.
④ 개인정보처리자는 개인정보의 처리 방법 및 종류 등에 따라 정보 주체의 권리가 침해받을 가능성과 그 위험 정도를 고려하여 개인정보를 안전하게 관리하여야 한다.

16 다음 중 데이터의 적절성, 정확성, 상호 운용성 등 명시된 요구와 내재된 요구를 만족하는 데이터 품질 기준은?

① 데이터 기능성　② 데이터 접근성
③ 데이터 일관성　④ 데이터 효율성

17 다음 중 빅데이터 분석 기획 단계에서 수행해야 하는 작업으로 올바른 것은?

① 프로젝트 진행을 위해 비즈니스에 대한 충분한 이해와 도메인 이슈를 도출한다.
② 정형/비정형/반정형 등의 모든 내/외부 데이터와 데이터 속성, 오너, 담당자 등을 포함하는 데이터 정의서를 작성한다.
③ 비즈니스 룰을 확인하여 분석용 데이터셋을 준비한다.
④ 테스트 데이터 세트를 이용하여 모델 검증 작업을 실시하고 보고서를 작성한다.

18 다음 중 데이터 분석 업무로 올바르지 않은 것은?

① 탐색적 분석과 데이터 모델링을 수행해야 한다.
② 데이터의 수집 및 정합성 검증을 수행해야 한다.
③ 데이터 분석 유효성 검증을 수행해야 한다.
④ 모델 평가 및 검증을 수행한다.

19 다음 중 분석 마스터 플랜에 대한 설명으로 올바르지 않은 것은?

① 분석 과제를 수행함에 있어 그 과제의 목적이나 목표에 따라 전체적인 방향성을 제시하는 기본 계획이다.
② 분석 마스터 플랜의 우선순위 고려 요소에는 전략적 중요도, 비즈니스 성과, ROI, 실행 용이성이 있다.
③ 중·장기적 마스터 플랜 수립을 위해 분석 과제를 대상으로 다양한 기준을 고려하여 우선순위를 설정한다.
④ 분석 마스터 플랜 로드맵 수립 시 고려 요소에는 개인정보보호법, 분석 데이터 적용 수준, 비식별화 적용 기법이 있다.

20 다음 중 분석 문제 정의에 대한 설명으로 틀린 것은?

① '과제'는 처리해야 할 문제(이슈)이며, '분석'은 과제와 관련된 현상이나 원인, 해결방안에 대한 자료를 수집 및 분석하여 의사결정에 활용하는 활동이다.
② 분석 문제에서 '문제'라는 것은 기대 상태와 현재 상태를 동일한 수준으로 맞추는 과정이다.
③ 하향식 접근 방식과 상향식 접근 방식을 반복적으로 수행하면서 상호 보완하여 분석 과제를 발굴한다.
④ 상향식 접근 방식(Bottom Up Approach)은 분석 과제가 정해져 있고 이에 대한 해법을 찾기 위해 체계적으로 분석하는 방법이다.

2과목 빅데이터 탐색

21 점 추정 조건에 대한 설명 중 옳지 않은 것은?

① 불편성(Unbiasedness): 추정량의 기댓값이 모집단의 모수와 차이가 없는 특성
② 효율성(Efficiency): 추정량의 분산이 작은 특성
③ 일치성(Consistency): 표본의 크기가 커지면 추정량이 모수와 거의 같아지는 특성
④ 편의성(Convenience): 모수를 추정할 때 복잡한 정도를 나타내는 특성

22 다음 중 전수 조사에 해당하는 것은?

① 전구의 수명
② 우주 왕복선의 부품 검사
③ 암 환자 치료제의 효과
④ 동해안 고래의 개체 수

23 집단 내 이질적이고, 집단 간 동질적인 특성을 갖는 추출 방법은?

① 군집 추출 ② 층화 추출
③ 계통 추출 ④ 다단계 추출

24 이상값에 대한 설명으로 옳은 것은?

① 이상값은 필수적인 데이터가 입력되지 않고 누락된 값이다.
② 이상값은 평균에 영향을 미친다.
③ 통계에 활용하기 위해서는 이상값을 반드시 제거해야 한다.
④ 이상값으로만 구성되어 있을 수 있다.

25 PCA에 대한 설명으로 옳지 않은 것은?

① 차원축소 시 변수 추출(Feature Extraction) 방법을 사용한다.
② Eigen Decomposition, Singular Value Decomposition을 이용한 행렬분해기법이다.
③ 상관관계가 있는 고차원 자료를 자료의 변동을 최대한 제거하는 기법이다.
④ PCA는 수학적으로 직교 선형 변환으로 정의한다.

26 차원 축소에 대한 설명으로 옳지 않은 것은?

① 차원 축소의 방법에는 변수 선택과 변수 추출이 있다.
② 여러 변수의 정보를 최대한 유지하기 위해 데이터 세트 변수의 개수를 유지한다.
③ 차원 축소 후 학습할 경우, 회귀나 분류, 클러스터링 등의 머신러닝 알고리즘이 더 잘 작동된다.
④ 새로운 저차원 변수 공간에서 시각화하기 쉽다.

27 상관관계에 대한 설명으로 옳은 것은?

① 범주형 값이어야 하고, $-1 \sim 1$의 값을 가진다.
② 명목적 데이터 상관관계를 분석할 때 피어슨 상관계수를 이용한다.
③ 상관계수의 절댓값이 작을수록 강한 상관관계를 갖는다.
④ 상관계수가 -1에 가까울수록 강한 음의 상관관계를 가진다.

28 포아송 분포를 가지는 X 변수는 평균이 4이고, Y 변수는 평균이 9일 때 $E\left(\frac{3X+2Y}{6}\right)$, $V\left(\frac{3X+2Y}{6}\right)$을 계산한 결과는 무엇인가?

① 3, 2 ② 3, 4
③ 5, 2 ④ 5, 4

29 χ^2 분포에 대한 설명으로 옳지 않은 것은?

① n개의 서로 독립적인 표준 정규 확률변수를 각각 제곱한 다음 합해서 얻어지는 분포이다.
② 자유도 n이 작을수록 왼쪽으로 치우치는 비대칭적 모양이다.
③ 자유도가 $n \geq 2$이면 단봉 형태이다.
④ 기댓값은 n이다.

30 평균에 대한 설명으로 옳은 것은?

① 제2사분위수(Q_2)와 같다.
② 왜도가 0보다 클 때 평균은 중위수보다 작다.
③ 평균과 관측치의 단위는 같다
④ 데이터값 중에서 빈도수가 가장 높은 데이터값이다.

31 불균형 데이터에 대한 설명으로 옳지 않은 것은?

① 데이터가 적으면 민감도는 낮아진다.
② 불균형 데이터에서는 정확도(Accuracy)가 낮아지는 경향이 있다.
③ 과소 표집은 무작위로 정상 데이터의 일부만 선택하는 방법으로 유의미한 데이터만을 남기는 방식으로 데이터의 소실이 매우 크고, 때로는 중요한 정상 데이터를 잃게 될 수 있다.
④ 과대 표집으로 데이터를 복제하면 일반화 오류가 발생한다.

32 Box-Cox 변환에 대한 설명으로 옳지 않은 것은?

① 변수변환이 가능하다.
② 로그변환을 포함한다.
③ 파생변수를 생성한다.
④ 데이터를 정규 분포에 가깝게 만들기 위한 목적으로 사용한다.

33 다음 중 성격이 다른 지표는 무엇인가?

① 평균 ② 범위
③ 중위수 ④ 최빈수

34 유의 확률에 대한 설명으로 옳은 것은?

① 유의 확률이 유의 수준보다 크면 H_0를 채택한다.
② 1종 오류를 범할 최대 허용 확률이다.
③ 2종 오류를 범할 최대 허용 확률이다.
④ 가설검정의 대상이 되는 모수를 추론하기 위해 사용되는 표본 통계량이다

35 다음 중 대표값에 대한 설명으로 옳지 않은 것은?

① 산술 평균은 자료를 모두 더한 후 자료 개수로 나눈 값이다.
② 기하 평균은 숫자들을 모두 곱한 후 거듭제곱근을 취해서 얻는 평균이다.
③ 조화 평균은 속도를 평균낼 때 사용하기에 적합하다.
④ 중위수는 이상값에 영향을 많이 받는다.

36 다음 중 정제 과정에서 수행하는 내용은 무엇인가?

① 데이터의 결측값을 처리하고 데이터를 탐색한다.
② 수집된 데이터를 통합한다.
③ 데이터를 분석 목적에 맞게 데이터 검증을 한다.
④ ETL 프로그램을 개발한다.

37 PCA에 대한 설명으로 옳지 않은 것은?

① 차원 축소는 고윳값이 낮은 순으로 정렬해서, 높은 고윳값을 가진 고유벡터만으로 데이터를 복원한다.
② 변동 폭이 작은 축을 선택한다.
③ 축들은 서로 직교되어 있다.
④ 주성분은 상관성이 높은 변수들을 요약, 축소하는 기법이다.

38 중심 극한 정리에 대한 설명으로 옳지 않은 것은?

① 표본 크기 n이 충분히 클 때 만족한다.
② 모집단의 분포 형태에 관계없이 성립한다.
③ 모집단의 분포는 연속형, 이산형 모두 가능하다.
④ 표본평균의 기댓값과 분산은 모집단의 기댓값과 분산과 동일하다.

39 동일 집단에 대해 처치 전과 후를 비교할 때 평균 추정에 대한 설명으로 옳은 것은? 본문 반영X

① 처치 전과 후의 평균에 대한 차이를 추정한다.
② 표본의 크기가 30 이상이면 T-분포를 30 미만이면 Z-분포를 사용한다.
③ 처치 전과 후를 추정할 때 표본표준편차는 표본의 개수와 비례한다.
④ 표본표준편차는 처치 전의 표준편차와 처치 후의 표준편차를 합해서 계산한다.

40 스케일링에 대한 설명으로 옳지 않은 것은?

① 범주형에 대해 정규화를 수행할 수 있다.
② 최소-최대 정규화는 -1과 1 사이의 값을 가진다.
③ 평균이 0, 분산이 1인 Z-점수 정규화를 수행한다.
④ 편향된 데이터에 대해 스케일링할 수 있다.

3과목 빅데이터 모델링

41 다음 중 훈련 데이터에서 다수의 부트스트랩(Bootstrap) 자료를 생성하고 각 자료를 모델링한 후 결합하여 최종 예측 모형을 만드는 앙상블 기법으로 가장 알맞은 것은?

① 배깅　② 부스팅
③ 보팅　④ 의사나무결정

42 소프트맥스 함수에 대한 설명으로 가장 올바르지 않은 것은?

① 출력값은 0에서 1 사이의 실수이다.
② 분산 1이 된다.
③ 출력값을 확률로 해석할 수 있다.
④ 출력값의 총합이 1이 된다.

43 다음 중 활성화 함수에 대한 설명으로 가장 알맞지 않은 것은 무엇인가?

① 하이퍼볼릭 탄젠트는 -1에서 1의 값을 가진다.
② 부호함수는 임곗값을 기준으로 활성화 또는 비활성화가 된다.
③ ReLU함수는 시그모이드의 기울기 소실 문제를 해결하였다.
④ 시그모이드함수 입력값이 0일 때, 미분값은 0이다.

44 다음 중 다중공선성을 제거하는 방법으로 가장 올바르지 않은 것은 무엇인가?

① Box-Cox　② 릿지
③ PCA　④ 변수 제거

45 다음 중 의사결정나무의 분류나무(이산형 목표변수)에서 사용되는 분리 기준이 아닌 것은?

① 지니지수
② 엔트로피 지수
③ 카이제곱 분포
④ 분산 분석에서 F-통계량

46 다음 중 시계열 구성요소로 가장 알맞지 않은 것은 무엇인가?

① 추세 요인　② 계절 요인
③ 순환 요인　④ 규칙 요인

47 다음 중 SVM RBF(Radial Basis Function)에 대한 설명으로 가장 옳지 않은 것은 무엇인가?

① 비선형 데이터가 있는 경우에 일반적으로 활용된다.
② 2차원의 점을 3차원의 점으로 변환한다.
③ 가장 많이 사용되는 커널이다.
④ 데이터에 대한 사전 지식이 없는 경우 적절하게 분리할 때 활용된다.

48 다음 중 ARIMA에 대한 설명으로 가장 알맞지 않은 것은?

① 자기회귀 누적 이동평균 모형이다.
② 차분이나 변환을 통해 AR모형이나 MA모형, ARMA모형으로 정상화할 수 있다.
③ 현시점의 자료를 유한개의 백색잡음의 선형결합으로 표현되어 항상 정상성을 만족한다.
④ ARIMA(p, d, q) 모형은 차수 p, d, q가 있다.

기출문제

49 10명의 혈당을 측정하여 측정 전과 측정 후의 짝을 이룬 표본에 대한 비모수 검정으로 가장 알맞은 것은 무엇인가?

① 윌콕슨 부호 순위 검정
② 윌콕슨 순위 합 검정
③ T-검정
④ 크루스칼 왈리스(Kruskal-Wallis) 검정

50 다음 중 비모수 통계에 대한 설명으로 가장 알맞지 않은 것은?

① 모집단의 분포에 대한 가정의 불만족으로 인한 오류의 가능성이 크다.
② 모수적 방법에 비해 통계량의 계산이 간편하여 직관적으로 이해하기 쉽다.
③ 이상값으로 인한 영향이 적다.
④ 검정 통계량의 신뢰성이 부족하다.

51 다음 중 인공지능 적용 분야와 기법이 올바르게 주어진 것으로 가장 알맞은 것은?

(가) 음성 인식	(나) 필기체 인식
(다) 사진 이미지 영상	(라) 로봇 최적화

① (가) 순환 신경망, (나) 순환 신경망, (다) 순환 신경망, (라) 강화학습
② (가) 합성곱 신경망, (나) 강화학습, (다) 순환 신경망, (라) 순환 신경망
③ (가) 순환 신경망, (나) 순환 신경망, (다) 합성곱 신경망, (라) 강화학습
④ (가) 합성곱 신경망, (나) 강화학습, (다) 순환 신경망, (라) 순환 신경망

52 아래와 같은 거래 데이터 셋(Data Set)이 주어졌을 때 연관규칙 '오렌지, 사과 → 자몽'의 지지도와 신뢰도는 각각 얼마인가?

{오렌지, 사과, 자몽},
{수박, 레몬},
{오렌지, 사과, 레몬, 자몽},
{딸기, 수박, 사과, 레몬},
{딸기, 수박, 레몬, 자몽},
{오렌지, 사과}

① 지지도 : 50% 신뢰도 : 66%
② 지지도 : 50% 신뢰도 : 50%
③ 지지도 : 33% 신뢰도 : 66%
④ 지지도 : 33% 신뢰도 : 50%

53 다음 중 로지스틱 회귀분석에 대한 설명으로 가장 알맞지 않은 것은 무엇인가?

① 독립변수가 범주형이다.
② 종속변수는 0과 1이다.
③ 로짓 변환을 사용 한다.
④ 시그모이드 함수를 이용한다.

54 다음 중 심층신경망에 대한 설명으로 가장 알맞지 않은 것은 무엇인가?

① 은닉층이 1개 존재한다.
② 오파 역전파를 사용한다.
③ 시그모이드는 오차 역전파로 결과 해석이 어렵다.
④ 은닉층(Hidden Layer)를 심층(Deep)으로 구성한다.

55 다음 중 SNA 중심성으로 가장 알맞지 않은 것은 무엇인가?

① 연결정도 중심성 ② 근접 중심성
③ 매개 중심성 ④ 조화 중심성

56 다음 중 기계학습 기반 분석 절차로 가장 알맞은 것은 무엇인가?

① 비즈니스 이해 및 문제 정의 → 데이터 수집 → 데이터 전처리와 탐색 → 데이터에 대한 모델훈련 → 모델 성능 평가 → 모델 성능 향상 및 현업 적용
② 비즈니스 이해 및 문제 정의 → 데이터 전처리와 탐색 → 데이터 수집 → 데이터에 대한 모델훈련 → 모델 성능 평가 → 모델 성능 향상 및 현업 적용
③ 데이터 전처리와 탐색 → 비즈니스 이해 및 문제 정의 → 데이터 수집 → 데이터에 대한 모델훈련 → 모델 성능 평가 → 모델 성능 향상 및 현업 적용
④ 데이터 전처리와 탐색 → 데이터 수집 → 비즈니스 이해 및 문제 정의 → 데이터에 대한 모델훈련 → 모델 성능 평가 → 모델 성능 향상 및 현업 적용

57 다음 중 선형회귀와 로지스틱 회귀에 대한 설명으로 가장 알맞지 않는 것은 무엇인가?

① 선형회귀에서 잔차는 정규분포를 따른다.
② 선형회귀는 독립변수를 사용해 종속변수의 움직임을 예측한다.
③ 로지스틱 회귀는 종속변수가 이진이며 분류에 사용한다.
④ 선형회귀에서 로짓 변환을 사용한다.

58 다음 중 데이터 분할에 대한 설명으로 가장 올바르지 않은 것은 무엇인가?

① 데이터는 학습, 검증, 평가 데이터로 구분한다.
② 훈련 데이터를 한 번 더 분할하여 훈련 데이터와 검증 데이터로 나누어서 사용한다.
③ Early Stopping을 사용할 수 있다.
④ 평가 데이터는 학습에 사용할 수 있다.

59 다음 중 시계열 모형으로 가장 알맞지 않은 것은 무엇인가?

① AR모형 ② MA모형
③ ARIMA모형 ④ 로지스틱 회귀 모형

60 다음 중 은닉층이 순환적으로 연결된 것은 무엇인가?

① CNN ② ANN
③ RNN ④ DNN

4과목 빅데이터 결과 해석

61 다음 중 매개변수(Parameter)와 초매개변수(Hyper Parameter)에 대한 설명으로 옳지 않은 것은?

① 매개변수는 종종 학습된 모델의 일부로 저장된다.
② 초매개변수는 모델의 알고리즘 구현 과정에서 사용한다.
③ 매개변수는 사람에 의해 수작업으로 측정되지 않는다.
④ 초매개변수는 주어진 데이터로부터 학습을 통해 모델 내부에서 결정되는 변수이다.

62 다음 중 경사하강법(Gradient Descent)과 관련된 알고리즘으로 옳지 않은 것은?

① Adaboost
② RMSProp
③ Adagrad
④ Nesterov Momentum

63 관계 시각화에 대한 설명으로 옳은 것은?

① 관계 시각화는 지도 위에 위치를 표시하기 위해 위도와 경도를 사용한다.
② 관계 시각화는 다변량 변수를 갖는 자료를 제한된 2차원에 효과적으로 표현하는 시각화 방법이다.
③ 복잡하고 어려운 데이터를 더 쉽고 명확하게 이해할 수 있도록 그래픽과 텍스트가 균형을 이루게 조합한다.
④ 버블 차트(Bubble Chart)는 대표적인 관계 시각화 기법이다.

64 다음이 설명하는 데이터 시각화 기법은 무엇인가?

- 다변량 데이터 사이에 존재하는 변수 사이의 연관성, 분포와 패턴을 찾는 시각화 방법이다.
- 버블 차트(Bubble Chart), 산점도(Scatter Plot) 등이 대표적인 시각화 유형이다.

① 시간 시각화　② 분포 시각화
③ 관계 시각화　④ 비교 시각화

65 평균 절대 백분율 오차(MAPE;Mean Absolute Percentage Error)에 대한 공식으로 옳은 것은 무엇인가? (O_i : 관측빈도, E_i : 기대 빈도)

① $\frac{1}{n}\sum_{i=1}^{n}|O_i - E_i| \times 100$
② $\frac{1}{n}\sum_{i=1}^{n}(O_i - E_i)^2 \times 100$
③ $\frac{1}{n}\sum_{i=1}^{n}\left|\frac{O_i - E_i}{O_i}\right| \times 100$
④ $\sqrt{\frac{1}{n}\sum_{i=1}^{n}(O_i - E_i) \times 100}$

66 선거인단수, 인구 등의 특정한 데이터 값의 변화에 따라 지도의 면적이 왜곡되어 표현되는 공간 시각화 기법은?

① 카토그램(Catogram)
② 히트맵(Heatmap)
③ 버블차트(Bubble Chart)
④ 히스토그램(Histogram)

67 주어진 원천 데이터를 두 분류로 분리하여 교차 검정을 실시하는 방법으로, 하나는 학습 데이터로, 하나는 평가 데이터로 사용하는 기법은 무엇인가?

① Bagging
② Ensenble
③ Boosting
④ Holdout

68 다음은 ROC 곡선에 대한 그림이다. 설명으로 옳지 않은 것은?

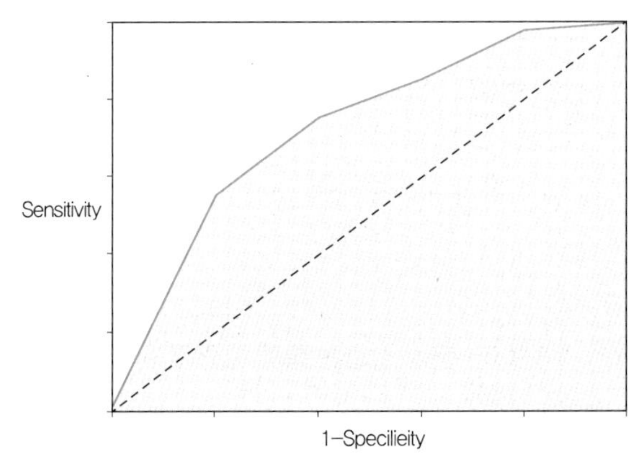

① AUC의 값은 항상 0.5~1의 값을 가지며 1에 가까울수록 좋은 모형이다.
② AUC는 곡선 아래 영역을 의미한다.
③ AUC는 진단의 정확도를 측정할 때 사용한다.
④ 참조선(Reference Line)에 가까울수록 성능이 좋다.

69 다음의 그래프에서 왜도, 평균, 중위수, 최빈값에 대한 관계로 옳은 것은?

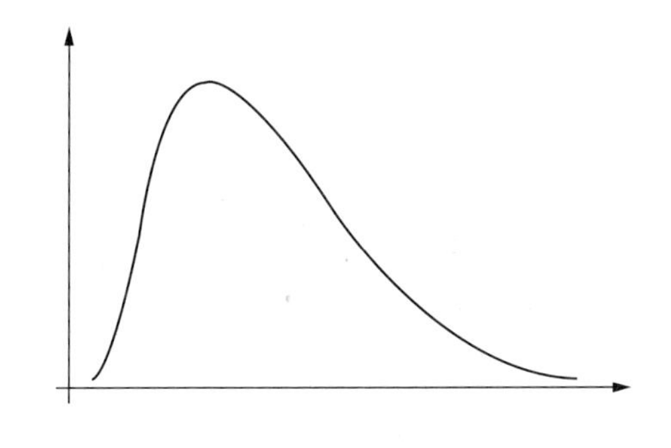

① 왜도 〉 0, 평균 〉 중위수 〉 최빈수
② 왜도 〉 0, 평균 〈 중위수 〈 최빈수
③ 왜도 〈 0, 평균 〈 중위수 〈 최빈수
④ 왜도 〈 0, 평균 〉 중위수 〉 최빈수

70 다음 중 회귀모형의 가정으로 가장 옳지 않은 것은 무엇인가?

① 등분산성　② 독립성
③ 선형성　④ 일관성

71 시각화 기법이 아닌 것은?

① 원-핫 인코딩(One-Hot Encoding)
② 박스 플롯(Box Plot)
③ 산점도(Scatter Plot)
④ 파이 차트(Pie Chart)

72 인공신경망의 과대 적합(Overfitting)을 방지하는 방법으로 옳지 않은 것은 무엇인가?

① 가중치의 합을 조절한다.
② 설명 노드의 수를 줄여서 가중치의 비중을 조절한다.
③ 학습률을 감소하는 방향으로 변경한다.
④ 에포크(epoch)를 제한한다.

73 다음은 1973년 미국의 지역별 강력 범죄율 데이터를 주성분 분석하여 도출된 결과이다. 제 3주성분을 기준으로 했을 때의 누적 기여율은 얼마인가?

```
Importance of components:
                          Comp.1    Comp.2    Comp.3     Comp.4
Standard deviation     1.5748783 0.9948694 0.5971291 0.41644938
Proportion of Variance 0.6200604 0.2474413 0.0891408 0.04335752
Cumulative Proportion  0.6200604 0.8675017 0.9566425 1.00000000
```

① 85.69%　② 95.66%
③ 90.00%　④ 99.99%

기출문제

74 이진 분류기의 평가측정 요소로 옳지 않은 것은?

① Precision ② Recall
③ Accuracy ④ MAE

75 다음은 성별 차이에 따른 우울증 빈도에 대한 결과이다. 카이제곱을 통한 계산식은 무엇인가? (O_i : 관측 빈도, E_i : 기대 빈도)

	우울증 있음	우울증 없음	계
여자	400	250	650
남자	200	150	350
계	600	400	1000

① $\chi^2 = \sum_{i=1}^{k} \left| \frac{(O_i - E_i)}{E_i} \right|$

② $\chi^2 = \sum_{i=1}^{k} \frac{(O_i - \widehat{E_i})^2}{E_i}$

③ $\chi^2 = \sum_{i=1}^{k} \frac{(O_i - E_i)^2}{O_i}$

④ $\chi^2 = \sum_{i=1}^{k} \frac{(O_i - E_i)^2}{E_i}$

76 다음은 혼동행렬(Confusion Matrix)이다. 민감도(Sensitivity)와 정밀도(Precision)를 계산한 결과는 무엇인가?

		실제(Actual)	
		참	거짓
예측(Predict)	참	4	2
	거짓	1	3

① 민감도: 2/3, 정밀도: 4/5
② 민감도: 4/5, 정밀도: 2/3
③ 민감도: 3/5, 정밀도: 4/5
④ 민감도: 4/5, 정밀도: 3/5

77 회귀모형 진단을 위해 사용되는 적합도 검정기법과 가장 거리가 먼 것은 무엇인가?

① 종속변수 y의 절편
② 샤피로-윌크 검정
③ Q-Q Plot
④ 잔차의 히스토그램

78 빅데이터 분석 결과를 통해 수립된 전략으로 옳지 않은 것은?

① 작업공간의 효율화
② 병목현상의 제거
③ 성능의 최적화
④ 초과 근무의 의무화

79 다음 중 데이터 시각화에 대한 설명으로 옳지 않은 것은?

① 데이터 시각화는 분석 모형 해석의 기본이 된다.
② 정보 전달과 설득을 위한 목적으로 사용된다.
③ 시간 시각화 기법으로 막대그래프, 추세선 등을 사용한다.
④ 비교 시각화의 유형으로 파이차트, 도넛차트 등이 있다.

80 혼동행렬의 평가지표에서 실제로 '부정'인 범주 중에서 '부정'으로 올바르게 예측한 비율은?

① 민감도(Sensitivity)
② 특이도(Specificity)
③ 지지도(Support)
④ 유사도(Similarity)

정답 및 해설

- 최종모의고사 1회
- 최종모의고사 2회
- 최종모의고사 3회
- 기출문제 2021년 2회
- 기출문제 2021년 3회

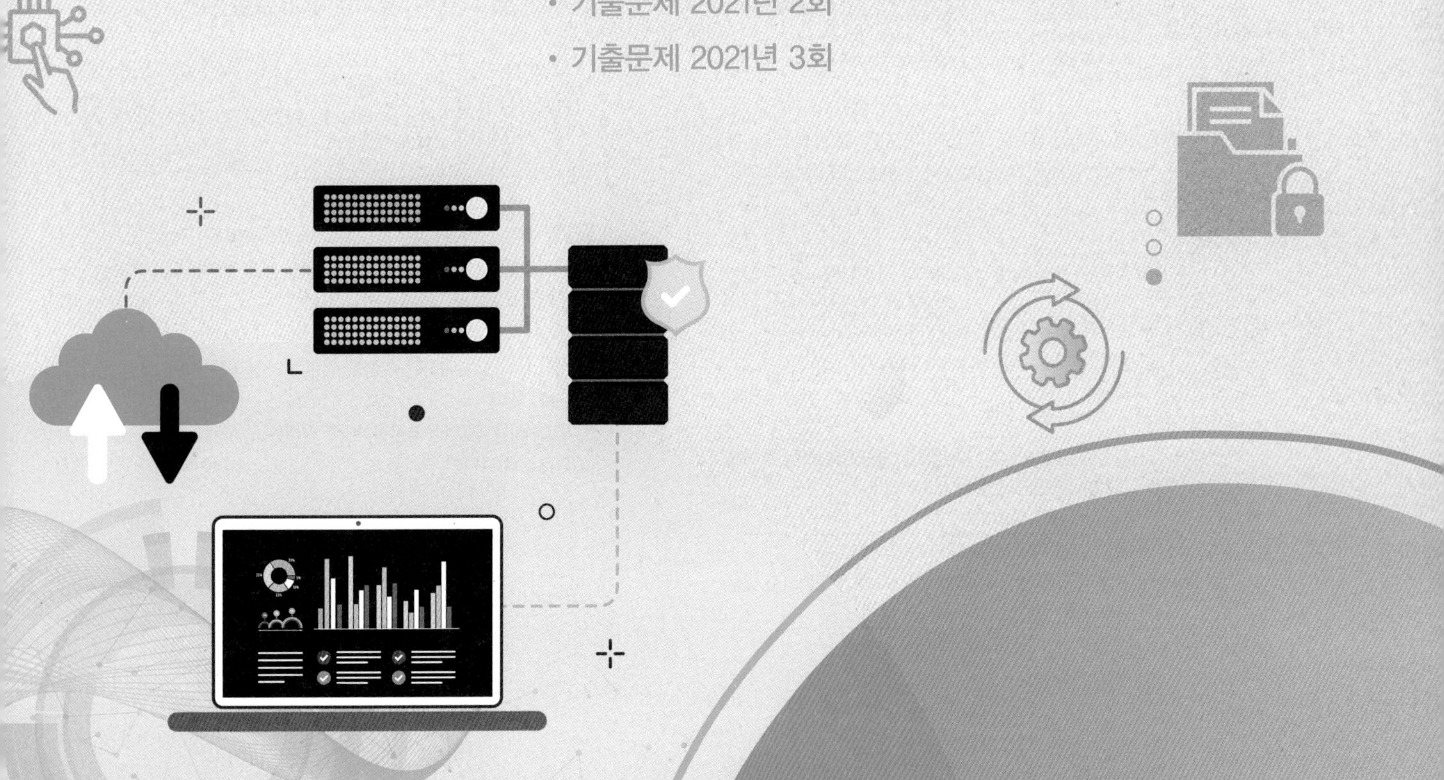

1회 정답

01	02	03	04	05	06	07	08	09	10
①	②	③	④	②	①	③	④	④	③
11	12	13	14	15	16	17	18	19	20
①	③	③	①	④	②	④	③	②	④
21	22	23	24	25	26	27	28	29	30
①	②	②	④	④	③	①	③	④	①
31	32	33	34	35	36	37	38	39	40
③	②	②	①	③	③	②	③	③	④
41	42	43	44	45	46	47	48	49	50
④	②	②	①	②	④	④	③	②	③
51	52	53	54	55	56	57	58	59	60
④	①	③	②	④	④	②	②	①	③
61	62	63	64	65	66	67	68	69	70
①	②	②	③	③	①	④	③	①	①
71	72	73	74	75	76	77	78	79	80
④	④	②	②	②	④	②	③	④	③

01 해설 분석 과제 우선순위 평가기준에서 전략적 중요도, 목표가치와 관련이 있는 빅데이터 특성은 Value이다.

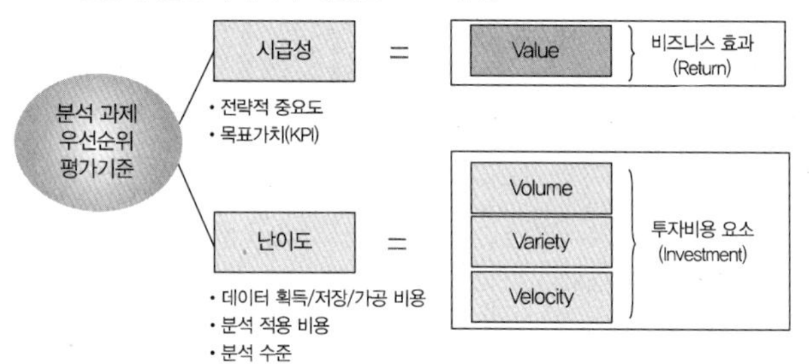

02 해설 반정형은 고정된 필드에 저장되어 있지만, 메타데이터나 데이터 스키마 정보를 포함하는 데이터로 XML, HTML, JSON 등이 있다.

03 해설

정형	• 정형화된 스키마 구조, DBMS에 내용이 저장될 수 있는 구조 • 고정된 필드(속성)에 저장된 데이터 • 관계형 데이터베이스(Oracle, MS-SQL 등)
반정형	• 데이터 내부에 데이터 구조에 대한 메타 정보 포함된 구조 • 고정된 필드에 저장되어 있지만, 메타데이터나 데이터 스키마 정보를 포함하는 데이터 • XML, HTML, JSON 등
비정형	• 수집 데이터 각각이 데이터 객체로 구분 • 고정 필드 및 메타데이터(스키마 포함)가 정의되지 않음 • 텍스트 문서, 이진 파일, 이미지, 동영상 등

04 해설 • 높은 지능과 과학적 지식은 데이터 사이언티스트의 일반적인 요구 역량으로 올바르지 않다.
• 가트너(Gartner)는 데이터 사이언티스트가 갖추어야 할 역량으로 분석 모델링, 데이터 관리, 소프트 스킬, 비즈니스 분석을 제시했다.

05 해설 데이터 사이언티스트는 빅데이터에 대한 이론적 지식인 Hard Skill이 필요하다.

데이터 사이언티스트의 요구 역량	
협통전 숙지	(소프트 스킬) 협력 능력 / 통찰력 / 전달력 (하드 스킬) 숙련도 / 지식

06 해설 • 빅데이터 플랫폼은 크게 수집, 저장, 분석, 활용 단계로 구성된다.
• NoSQL은 빅데이터 저장 기술이다.

07 해설 • 무엇을 해야 할 것인지를 확인하는 분석은 처방 분석이다.
• 가트너의 분석 가치 에스컬레이터는 아래와 같다.

묘사 분석 (Descriptive Analysis)	• 분석의 가장 기본적인 지표 • 과거에 어떤 일이 일어났고, 현재는 무슨 일이 일어나고 있는지 확인
진단 분석 (Diagnostic Analysis)	• 묘사 단계에서 찾아낸 분석의 원인을 이해하는 과정 • 데이터를 기반으로 왜 발생했는지 이유를 확인
예측 분석 (Predictive Analysis)	• 데이터를 통해 기업 혹은 조직의 미래, 고객의 행동 등을 예측하는 과정 • 무슨 일이 일어날 것인지를 예측
처방 분석 (Prescriptive Analysis)	• 예측을 바탕으로 최적화하는 과정 • 무엇을 해야 할 것인지를 확인 • 무엇을 해야 할 것인지를 확인하는 분석은 처방 분석이다.

08 해설 네임 노드(Master)와 데이터 노드(Slave)로 구성되어 있고 대용량 파일을 저장하고 처리하기 위해서 개발된 파일 시스템은 하둡 분산 파일 시스템(HDFS)이다.

09 해설 • 비정형 데이터 수집을 위한 시스템에는 척와, 플럼, 스크라이브가 있다.
• 피그(Pig)는 데이터 가공을 위해 맵리듀스 API를 매우 단순화시키고, SQL과 유사한 형태로 설계된 시스템으로 데이터 정제 기술이다.

10 해설 데이터 거버넌스 체계는 데이터 표준화, 데이터 관리체계, 데이터 저장소 관리, 표준화 활동으로 구분된다.

데이터 표준화	• 데이터 표준 용어 설명, 명명 규칙, 메타데이터 구축, 데이터 사전 구축 • 데이터 표준 준수 진단, 논리·물리 모델 표준에 맞는지 검증
데이터 관리 체계	• 메타데이터와 데이터 사전의 관리 원칙 수립
데이터 저장소 관리	• 메타데이터 및 표준 데이터를 관리하기 위한 전사 차원의 저장소 구성
표준화 활동	• 데이터 거버넌스 체계 구축 이후 표준 준수 여부를 주기적으로 점검 및 모니터링 실시

11 해설 • 도입 단계는 분석을 시작하는 단계로 환경과 시스템을 구축하고, 일부 부서에서 분석을 수행하여, 담당자 역량에 의존하는 단계이다.
• 기업의 데이터 분석 수준을 파악하기 위한 조직 평가 성숙도 단계는 아래와 같다.

도입 단계	분석을 시작해 환경과 시스템을 구축	• 일부 부서에서 수행 • 담당자 역량에 의존
활용 단계	분석 결과를 실제 업무에 적용	• 전문 담당 부서에서 수행 • 분석 기법 도입 • 관리자가 분석 수행
확산 단계	전사 차원에서 분석을 관리하고 공유	• 전사 모든 부서 수행 • 분석 COE 조직 운영 • 데이터 사이언티스트 확보
최적화 단계	분석을 진화시켜서 혁신 및 성과 향상에 기여	• 데이터 사이언스그룹 • 경영진 분석 활용 • 전략 연계

12 해설 • 가명처리는 개인 식별이 가능한 데이터를 직접적으로 식별할 수 없는 다른 값으로 대체하는 기법으로 휴리스틱 가명화, 암호화, 교환 방법이 있다.
• 데이터 범주화는 단일 식별 정보를 해당 그룹의 대푯값으로 변환(범주화)하거나 구간 값으로 변환(범위화)하여 고유 정보 추적 및 식별 방지하는 것이다.
• 데이터 마스킹은 개인 식별 정보에 대하여 전체 또는 부분적으로 대체 값(공백, '*', 노이즈 등)으로 변환하는 것이다.
• 총계처리는 개인정보에 대하여 통곗값을 적용하여 특정 개인을 판단할 수 없도록 하는 것이다.

13 해설 • 개인정보의 수집·이용을 위해 정보주체의 동의를 받을 때 고지사항(개인정보보호법 15조 2항)

개인정보의 수집·이용을 위해 정보주체의 동의를 받을 때 고지사항	
목항기불	개인정보의 수집 · 이용 목적 / 수집하려는 개인정보의 항목 / 개인정보의 보유 및 이용 기간 / 동의를 거부할 권리가 있다는 사실 및 동의 거부에 따른 불이익이 있는 경우에는 그 불이익의 내용

14 해설 분석 대상과 방법을 모두 알고 있는 경우(Known)에는 최적화 기법을 사용한다.

분석의 방법(How) \ 분석의 대상(What)	*Known*	*Un-Known*
Known	Optimization	Insight
Un-Known	Solution	Discovery

15 해설 • 데이터 정제, 새로운 데이터 생성 등 자료를 분석 가능한 상태로 만드는 것은 데이터 준비 단계이다.
• 데이터 준비는 많은 시간이 소요되며 분석용 데이터 세트 선택, 데이터 정제, 데이터 통합, 학습/검증 데이터 분리 등을 수행한다.

16 해설 • 개인정보를 목적 외의 용도로 이용하거나 제3자에게 제공이 가능한 경우는 아래와 같다. (개인정보보호법 18조 2항)

1. 정보주체로부터 별도의 동의를 받은 경우
2. 다른 법률에 특별한 규정이 있는 경우
3. 정보주체 또는 그 법정대리인이 의사표시를 할 수 없는 상태에 있거나 주소불명 등으로 사전 동의를 받을 수 없는 경우로서 명백히 정보주체 또는 제3자의 급박한 생명, 신체, 재산의 이익을 위하여 필요하다고 인정되는 경우
4. 삭제
5. 개인정보를 목적 외의 용도로 이용하거나 이를 제3자에게 제공하지 아니하면 다른 법률에서 정하는 소관 업무를 수행할 수 없는 경우로서 보호위원회의 심의 · 의결을 거친 경우
6. 조약, 그 밖의 국제협정의 이행을 위하여 외국정부 또는 국제기구에 제공하기 위하여 필요한 경우
7. 범죄의 수사와 공소의 제기 및 유지를 위하여 필요한 경우
8. 법원의 재판업무 수행을 위하여 필요한 경우
9. 형 및 감호, 보호처분의 집행을 위하여 필요한 경우

17 해설

RSS	XML 기반으로 정보를 배포하는 프로토콜을 활용하여 데이터를 수집하는 기술
Open API	공개된 API를 이용하여 데이터를 수집하는 기술
아파치 카프카	레코드 스트림을 발행(Publish), 구독(Scribe)하는 방식의 분산 스트리밍 플랫폼 기술
크롤링	인터넷상에서 제공되는 다양한 웹 사이트로부터 소셜 네트워크 정보, 뉴스, 게시판 등의 웹 문서 및 콘텐츠 수집 기술

18 해설 • 실시간 데이터는 생성된 이후 수 초~수 분 이내에 처리되어야 의미가 있는 현재 데이터이다.
• 센서 데이터, 시스템 로그, 네트워크 장비 로그, 알람, 보안 장비 로그가 있다.
• 구매 정보는 비실시간 데이터로, 생성된 데이터가 수 시간 또는 수주 이후에 처리되어야 의미가 있는 과거 데이터이다.

19 해설 • 가명 정보처리 시에도 개인정보의 최소처리원칙을 준수해야 한다.

사전준비	가명처리 대상 항목 및 처리수준을 정의하기 위해서는 처리 목적이 적합한지 여부를 확인하고 사전 계획을 수립함
가명처리	가명 정보처리 시에도 개인정보의 최소처리원칙을 준수하여야 하며, 가명처리 방법을 정할 때에는 처리목적, 처리(이용 또는 제공)환경, 정보의 성격 등을 종합적으로 고려함
적정성 검토 및 추가처리	목적달성을 위해 적절한 수준으로 가명처리가 이루어졌는지, 재식별 가능성은 없는지 등에 대한 최종적인 판단절차를 수행함
사후관리	적정성 검토 결과 가명처리가 적정하다고 판단되면 가명 정보를 본래 활용목적을 위해서 처리할 수 있으며, 법령에 따라 기술적 · 관리적 · 물리적 안전조치를 이행함

20 해설 • 프라이버시 보호 모델은 다음과 같다.

k-익명성 (k-Anonymity)	• 주어진 데이터 집합에서 같은 값이 적어도 k개 이상 존재하도록 하여 쉽게 다른 정보로 결합할 수 없도록 하는 모델 • 공개된 데이터에 대한 연결 공격 취약점을 방어하기 위한 모델
l-다양성 (l-Diversity)	• 주어진 데이터 집합에서 함께 비식별 되는 레코드들은(동질 집합에서) 적어도 l개의 서로 다른 민감한 정보를 가져야 하는 프라이버시 모델 • 비식별 조치 과정에서 충분히 다양한(l개 이상) 서로 다른 민감한 정보를 갖도록 동질 집합을 구성 • k-익명성에 대한 두 가지 취약점 공격인 동질성 공격, 배경 지식에 의한 공격을 방어하기 위한 프라이버시 모델
t-근접성 (t-Closeness)	• 동질 집합에서 특정 정보의 분포와 전체 데이터 집합에서 정보의 분포가 t 이하의 차이를 보여야 하는 모델 • l-다양성의 쏠림 공격, 유사성 공격을 보완하기 위해 제안된 모델
m-유일성 (m-Uniqueness)	• 원본 데이터와 동일한 속성 값의 조합이 비식별 결과 데이터에 최소 m개 이상 존재하도록 하여 재식별 가능성 위험을 낮춘 모델

21 해설 • $P(B|A) = \dfrac{P(A \cap B)}{P(A)}$ 의 위의 수학적 정의를 갖는 이론은 조건부 확률(Conditional Probability)이다.

• 조건부 확률은 어떤 사건이 일어난다는 조건에서 다른 사건이 일어날 확률로 두 개의 사건 A와 B에 대하여 사건 A가 일어난다는 선행 조건 아래에 사건 B가 일어날 확률이다.

22 해설 • 단순 확률 대치법에는 핫덱(Hot-Deck) 대체, 콜드덱(Cold-Deck) 대체, 혼합방법이 있다.

• 핫덱(Hot-Deck) 대체는 무응답을 현재 진행 중인 연구에서 "비슷한" 성향을 가진 응답자의 자료로 대체하는 방법이며 표본조사에서 주로 사용되는 기법이다.

23 해설 다중 대치법은 단순 대치법을 한 번 하지 않고 m번 대치를 통해 m개의 가상적 완전한 자료를 만들어서 분석하는 데이터 결측값 처리 기법이다.

데이터 이상값 검출 방법	
개통시 머마엘아	개별 데이터 관찰 / 통곗값 / 시각화 / 머신러닝 기법 / 마할라노비스 거리 활용 / LOF / iForest

24 해설 • 모평균을 모르는 대표본일 경우 평균의 $100 \times (1-\alpha)\%$ 신뢰구간은 표본 분산이 s인 Z-분포를 이용하며 공식은 다음과 같다.

$$\overline{X} - Z_{\frac{\alpha}{2}} \frac{s}{\sqrt{n}} \le \mu \le \overline{X} + Z_{\frac{\alpha}{2}} \frac{s}{\sqrt{n}}$$

• $\overline{X} = 60, n = 81$이고 표본 분산($s^2$) = 9이므로 표본 표준편차(s) = 3이 된다. 또한, 90% 신뢰구간이므로 $\alpha = 0.1$이고, $\frac{\alpha}{2} = 0.05$이므로 $Z_{\frac{\alpha}{2}} = Z_{0.05} = 1.65$이다.

• 공식에 대입하면 $60 - 1.65\frac{3}{\sqrt{81}} \le \mu \le 60 + 1.65\frac{3}{\sqrt{81}}$ 이므로 $59.45 \le \mu \le 60.55$이다.

• 따라서, 신뢰 구간의 하한은 59.45, 상한은 60.55가 된다.

25 해설 무작위로 정상 데이터의 일부만 선택하는 과소 표집 기법은 변수를 변환하는 방법이 아니고 불균형 데이터 처리기법이다.

26 해설 • 데이터 이상값 발생 원인은 다음과 같다.

표본추출 오류	데이터를 샘플링하는 과정에서 나타나는 오류
고의적인 이상값	자기 보고식 측정에서 나타나는 오류
데이터 입력 오류	데이터를 수집, 기록 또는 입력하는 과정에서 발생할 수 있는 오류
실험 오류	실험조건이 동일하지 않은 경우 발생하는 오류
측정 오류	데이터를 측정하는 과정에서 발생하는 오류
데이터 처리 오류	여러 개의 데이터에서 필요한 데이터를 추출하거나, 조합해서 사용하는 경우에 발생하는 오류
자연 오류	인위적이 아닌, 자연스럽게 발생하는 이상 값

27 해설 • 전 확률의 정리 공식에 따르면 $P(x) = P(A)P(x|A) + P(B)P(x|B)$이다.

• 베이즈 정리는 $P(B|x) = \dfrac{P(B \cap x)}{P(x)} = \dfrac{P(A)P(x|A)}{P(A)P(x|A) + P(B)P(x|B)}$

28 해설 • 데이터값이 큰 지역의 면적을 시각적으로 더 크게 표시하여 데이터를 직관적으로 보기 위해 사용하는 기법은 카토그램이다.
• 시공간 데이터 탐색에서 버블 플롯맵은 위도와 경도를 사용하여 좌표를 원으로 정의하는 차트이다.

29 해설

하위 경계	• 제1 사분위에서 1.5 IQR을 뺀 위치
최솟값	• 하위 경계 내의 관측치의 최솟값
제1 사분위(Q_1)	• 자료들의 하위 25%의 위치를 의미
제2 사분위(중위수)	• 자료들의 50%의 위치로 중앙값(Median)을 의미
제3 사분위(Q_3)	• 자료들의 하위 75%의 위치를 의미
최댓값	• 상위 경계 내의 관측치의 최댓값
상위 경계	• 제3 사분위에서 IQR의 1.5배 위치
수염	• Q_1, Q_3로부터 IQR의 1.5배 내에 있는 가장 멀리 떨어진 데이터까지 이어진 선
이상값	• 수염보다 바깥쪽에 데이터가 존재한다면, 이것은 이상값으로 분류

30 해설 • 성공/실패로 두 가지 결과 중 하나를 얻는 확률분포로 베르누이 분포를 따른다.
• 성공 확률이 p는 $\frac{1}{2}$이고, 기댓값 $E(X)=p=\frac{1}{2}$이고, $V(X)=p(1-p)=\frac{1}{2}\left(1-\frac{1}{2}\right)=\frac{1}{4}$이다.

31 해설 • 정규분포 함수에서 X를 Z로 정규화한 분포는 표준 정규분포이다.
• 모집단이 정규분포라는 정도만 알고, 모 표준편차(σ)는 모를 때에는 T-분포를 사용한다.
• 모평균이 μ, 모분산이 σ^2이라고 할 때, 종 모양의 분포는 정규분포이다.
• 독립적인 χ^2-분포가 있을 때, 두 확률변수의 비는 F-분포이다.

32 해설 표본수가 무한히 크면 표본의 분포와 관련 없이 표본합 또는 표본평균은 정규분포를 따른다는 것은 중심극한정리이다.

33 해설 점 추정은 표본의 정보로부터 모집단의 모수를 하나의 값으로 추정하는 것이다.

점 추정 조건	
불효일충	불편성 / 효율성 / 일치성 / 충족성

34 해설 귀무가설은 H_0으로 표기하고, 대립가설은 H_1으로 표기한다.

35 해설 p-값은 귀무가설이 옳다는 가정하에 얻은 통계량이 귀무가설을 얼마나 지지하는지를 나타낸 확률이다.

36 해설 귀무가설이 참인데 잘못하여 기각하게 되는 것은 제1종 오류이다.

37 해설 • 모분산을 알고 있는 경우 모평균에 대한 $100\times(1-\alpha)$ 신뢰구간을 구하는 공식은 $\overline{X}-Z_{\frac{\alpha}{2}}\frac{\sigma}{\sqrt{n}}\le\mu\le\overline{X}+Z_{\frac{\alpha}{2}}\frac{\sigma}{\sqrt{n}}$이다.
• 표본평균 $\overline{X}=80$, 표본의 크기 $n=16$이다.
• 95% 신뢰구간이므로 $\alpha=0.05$, $\frac{\alpha}{2}=0.025$이다. 또한, 모분산 $\sigma^2=16$이므로 모표준편차 $\sigma=\sqrt{16}=4$이다.
• 공식에 값들을 대입하면 $80-1.96\frac{4}{\sqrt{16}}\le\mu\le80+1.96\frac{4}{\sqrt{16}}$.
따라서 모평균에 대한 신뢰구간은 $78.04\le\mu\le81.96$이 된다.

38 해설 독립적인 카이제곱 분포가 있을 때, 두 확률변수의 비는 F-분포이다.

39 해설 • 표준오차는 $\frac{\sigma}{\sqrt{n}}$이고, $n>0$, $\sigma\ge0$이므로 항상 0 이상의 값을 가진다.
• 표본의 크기가 커지면 표준오차는 작아지고 모집단의 표준편차가 클수록 표준오차도 커진다.

40 해설 • 군집 추출은 모집단을 여러 군집으로 나누고, 일부 군집의 전체를 추출하는 방식이다.
• 100개의 구슬에 무작위로 검은색, 흰색, 빨간색을 칠하고 빨간색의 구슬을 모두 추출하는 기법이다.

41 해설 응집분석법은 각 객체를 하나의 소집단으로 간주하고 단계적으로 유사한 소집단들을 합쳐 새로운 소집단을 구성하는 것으로 군집 방법이다.

42 해설 • 독립변수의 조작에 따른 종속변수의 변화를 확인하여 두 변수 간의 관계를 파악할 때 사용하는 것은 회귀 분석이다.
• "구매자의 나이가 디지털 가전의 구매 유형에 어떤 영향을 미치는가?"는 회귀 분석을 사용한다.

43 해설 분석 모형 구축은 요건 정의, 모델링, 검증 및 테스트, 적용 단계로 진행한다.

분석 모형 구축 절차	
요모검적	요건 정의 / 모델링 / 검증 및 테스트 / 적용

44 해설 분류 모델은 다음과 같은 경우에 사용 가능하다.
• 신용평점자들에 대해서 저신용, 중간, 고신용 등과 같은 분류, 개별 고객의 재무 배경 및 구매 내역에 대한 데이터를 평가하는 경우 이를 "낮음", "중간" 또는 "높음" 신용 위험으로 분류할 때 사용한다.
• 모든 고객에게 광고물을 발송하지 않고 특정 고객만을 분류해서 광고물을 발송하여, 우편 비용을 줄일 때 사용한다.
• 고객이 신용카드를 사용할 때 분실 및 복제 등의 오용을 분류하여 탐지할 때 사용한다.

45 해설 • 원본 이미지 필터 축의 크기가 4이고 필터 축의 크기가 3, 스트라이드가 1이므로 공식에 의해 Feature Map은 2x2이다.

$$\text{Feature Map} = \left(\frac{n+2p-f}{s}+1\right) \times \left(\frac{n+2p-f}{s}+1\right)$$

(원본 이미지 축의 크기 n, 필터 축의 크기 f, 패딩 p, 스트라이드 s)

$$\text{Feature Map} = \left(\frac{4+2\times0-3}{1}+1\right) \times \left(\frac{4+2\times0-3}{1}+1\right) = 2\times2$$

- 예를 들어, 아래와 같이 4*4 이미지를 3*3 필터로 계산하면 Feature Map은 2*2가 된다.
- 그림과 같이 입력과 필터에서 대응하는 원소끼리 곱한 후 그 총합을 구한다.

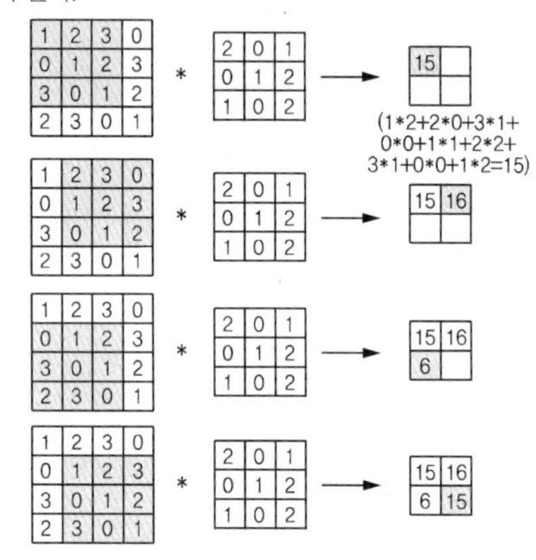

46 해설 필터 기능을 이용하여 입력 이미지로부터 특징을 추출한 뒤 신경망에서 분류작업을 수행하는 알고리즘은 CNN(Convolution Neural Network) 알고리즘이다.

47 해설 자기 조직화 지도(Self-Organizing Map)는 비지도 학습의 유형이다.

48 해설 깊이(Depth)는 뿌리 마디부터 끝마디까지의 중간 마디들의 수이다.

49 해설 • 초매개변수는 모델에서 외적인 요소로 데이터 분석을 통해 얻어지는 값이 아니라 사용자가 직접 설정해주는 값이다.
- KNN에서 K는 사용자가 직접 설정해주는 값이므로 초매개변수이다.

50 해설 • 부적합 변수 생성은 편향(Bias)을 발생시키지는 않으나 과대 적합을 발생시켜 예측 성능을 저하시킨다.

51 해설 ReLU는 x값이 0보다 큰 경우에만 y값도 지속적으로 증가한다.

52 해설

회귀 모형 가정	
선독등분비상정	선형성 / 독립성 / 등분산성 / 비상관성 / 정상성

53 해설 서포트 벡터 머신(SVM; Support Vector Machine)은 훈련 시간이 상대적으로 느리지만, 정확성이 뛰어나며 다른 방법보다 과대적합의 가능성이 낮은 모델이다.

54 해설

지지도	전체 거래 중 사과, 우유를 모두 구매한 고객의 비율 $\frac{\text{사과}\cap\text{우유}}{\text{전체거래수}} = \frac{1,000}{10,000} = 10\%$
신뢰도	사과를 구매한 고객 중 우유를 구매한 고객의 비율 $\frac{\text{사과}\cap\text{우유}}{\text{사과}} = \frac{1,000}{4,000+1,000} = 20\%$

55 해설 • 시계열 분석을 위해서는 정상성을 만족해야 한다.
- 정상성(Stationary)은 시점에 상관없이 시계열의 특성이 일정하다는 의미이다.

56 해설 독립변수가 한 개(x_1)인 경우 회귀계수 β_1부호에 따라 그래프의 형태는 S자 모양(β_1 >0) 또는 역 S자 모양(β_1 <0)을 가진다.

57 해설 시각적 이미지를 분석하는 데 사용되는 심층신경망으로 합성곱 신경망은 CNN(Convolution Neural Network)이다.

58 해설 • 오피니언 마이닝(Opinion Mining)은 주관적인 의견이 포함된 데이터에서 사용자가 게재한 의견과 감정을 나타내는 패턴을 분석하는 기법이다.
- 긍정, 부정, 중립으로 선호도를 판별할 때 사용된다.

59 해설 • 부트스트랩은 주어진 자료에서 동일한 크기의 표본을 랜덤 복원추출로 뽑은 자료를 의미한다.
- 훈련 데이터에서 다수의 부트스트랩 자료를 생성하고, 각 자료를 모델링한 후 결합하여 최종 예측 모형을 만드는 알고리즘은 배깅이다.

60 해설 • 모수 통계로 검정이 가능한 데이터를 비모수 통계를 이용하면 효율성이 떨어진다.
- 비모수 통계 기법은 표본의 크기가 커질수록 간편하지만 지루한 반복 계산을 요구한다.

61 해설 혼동 행렬에서 실제로 '부정'인 범주 중에서 '부정'으로 올바르게 예측(TN)한 비율은 특이도이다.

특이도 = $\frac{TN}{TN + FP}$

62 해설 일원 배치 분산 분석표는 다음의 표와 같다.
전체 n = 50이고 k = 3이므로 ㉠은 2 ㉡은 47이 된다.

요인	제곱합	자유도	제곱평균	F
집단 간	SSR	k – 1	MSR	MSR/MSE
집단 내	SSE	n – k	MSE	
총	SST	n – 1		

63 해설 • 계산량이 많지 않아 모형을 쉽게 평가할 수 있으나 전체 데이터에서 평가 데이터만큼은 학습에 사용할 수 없으므로 데이터 손실이 발생한다.
• 검증 데이터는 분류기들의 매개변수를 최적화하기 위해 사용하는 데이터이다.
• 최적화된 분류기의 성능을 평가할 때 사용하는 데이터는 평가 데이터이다.
• 데이터 집합을 무작위로 동일 크기를 갖는 K개의 부분 집합으로 나누고, 그중 1개를 평가 데이터(Test Set)로, 나머지 (K-1)개를 훈련 데이터(Training Set)로 선정하여 분석 모형을 평가하는 기법은 K-fold Cross Validation이다.
• 홀드 아웃 교차 검증은 전체 데이터를 비복원추출 방식을 이용하여 랜덤하게 훈련 데이터(Training Set)와 평가 데이터(Test Set)로 나눠 검증하는 기법이다.

64 해설 분산 분석(ANOVA; Analysis of Variance)은 두 개 이상의 집단 간 비교를 수행하고자 할 때 집단 내의 분산, 총 평균과 각 집단의 평균 차이에 의해 생긴 집단 간 분산 비교로 얻은 F-분포를 이용하여 가설검정을 수행하는 방법이다.

65 해설 • 카이제곱 검정은 가정된 확률을 검정하는 것이다.
• 데이터가 가정된 확률을 따르는 경우 귀무가설(H_0)을 채택한다.

66 해설 개별 가중치 값을 제한하여 복잡한 모델을 좀 더 간단하게 하는 방법은 가중치 규제(Weight Regularization)이다.

67 해설 드롭아웃은 과대 적합(Over-fitting)을 방지하기 위한 기법이다.

68 해설 데이터 시각화 기법은 다음과 같다.

시간 시각화	• 시간 흐름에 따른 변화를 통해 경향(트렌드) 파악	• 막대그래프 • 점그래프
분포 시각화	• 분류에 따른 변화를 최대, 최소, 전체 분포 등으로 구분 • 전체에서 부분 간 관계를 설명	• 파이 차트 • 도넛 차트 • 트리맵
관계 시각화	• 집단 간의 상관관계를 확인하여 다른 수치의 변화 예측	• 산점도 • 버블 차트 • 히스토그램
비교 시각화	• 각각의 데이터 간의 차이점과 유사성 관계도 확인 가능	• 히트맵 • 평행 좌표 그래프 • 체르노프 페이스
공간 시각화	• 지도를 통해 시점에 따른 경향, 차이 등을 확인 가능	• 등치선도 • 도트맵 • 카토그램

69 해설 • 버블 차트는 산점도에서 데이터값을 나타내는 점 또는 마크에 여러 가지 의미를 부여하여 확장된 차트이다.
• 히스토그램은 표로 되어 있는 도수 분포를 정보 그림으로 나타낸 그래프이다.
• 히트맵은 여러 가지 변수를 비교할 수 있는 시각화 그래프이다.

70 해설 • 특이도(Specificity)=TN/(TN+FP)=70/(70+30)=70/100= 7/10
• 정밀도(Precision)= TP/(TP+FP) = 25/(25+30)=25/55=5/11

71 해설 • 공간 시각화의 유형으로 등치지역도, 등치선도, 도트 플롯맵, 버블 플롯맵, 카토그램 등이 있다.
• 히스토그램은 다변량 데이터 사이에 존재하는 변수 사이의 연관성, 분포와 패턴을 찾는 관계 시각화 방법이다.

72 해설 • 타임라인형은 주제를 선정하여 관련된 히스토리를 타임라인 형태로 나타내는 방식이다.
• 특정 제품군의 주요 제품 비교 등에는 비교분석형을 사용한다.

73 해설 ROC곡선은 가로축을 거짓 긍정률(FP Rate, 1-Specificity)로, 세로축을 참 긍정률(TP Rate)로 두어 시각화한 그래프이다.

74 해설 • 버블 차트는 산점도에서 데이터값을 나타내는 점 또는 마크에 여러 가지 의미를 부여하여 확장된 차트이다.

관계 시각화 유형	
산행버히네	산점도 / 산점도 행렬 / 버블 차트 / 히스토그램 / 네트워크 그래프

75 해설 모니터링을 수작업으로 하게 되면 개발된 모델이 많아질수록 과업이 늘어날 수 있으니 DBMS에 성과자료를 누적하여 자동으로 모니터링하고 이상 시에만 확인하는 프로세스를 수립한다.

76 해설 빅데이터 활용 분야를 검토하기 위해 초기 아이디어 개발 관점을 분류할 때에는 마인드맵, 친화 도표, 피라미드 구조와 같은 시각적인 방법을 이용해서 아이디어를 분류할 수 있다.

77 해설 여러 가지 변수를 비교할 수 있는 시각화 그래프이며, 칸 별로 색상을 구분하여 데이터값을 표현한 것은 히트맵이다.

78 해설 지도상의 위도와 경도에 해당하는 좌표점에 산점도와 같이 점을 찍어서 표현하고, 시간의 경과에 따라 점진적으로 확산을 나타내는 경우에 사용하는 공간 시각화는 도트 플롯맵이다.

79 해설 부트스트랩을 통해 100개의 샘플을 추출하더라도 샘플에 한 번도 선택되지 않는 원 데이터가 발생할 수 있다.

80 해설 • 실제로 '부정'인 범주 중에서 '부정'으로 올바르게 예측(TN)한 비율은 특이도(Specificity)이다.
• 정밀도(Precision)는 '긍정'으로 예측한 비율 중에서 실제로 '긍정'(TP)인 비율이다.

최종모의고사 정답 및 해설

2회 정답

01	02	03	04	05	06	07	08	09	10
④	②	②	②	④	②	②	③	①	③
11	**12**	**13**	**14**	**15**	**16**	**17**	**18**	**19**	**20**
①	①	②	②	④	②	②	①	①	④
21	**22**	**23**	**24**	**25**	**26**	**27**	**28**	**29**	**30**
①	③	④	①	①	①	①	③	②	④
31	**32**	**33**	**34**	**35**	**36**	**37**	**38**	**39**	**40**
③	③	①	①	①	②	②	③	②	②
41	**42**	**43**	**44**	**45**	**46**	**47**	**48**	**49**	**50**
①	①	③	③	②	②	③	①	②	②
51	**52**	**53**	**54**	**55**	**56**	**57**	**58**	**59**	**60**
③	④	①	①	①	④	②	④	④	④
61	**62**	**63**	**64**	**65**	**66**	**67**	**68**	**69**	**70**
①	②	②	②	③	①	④	②	④	②
71	**72**	**73**	**74**	**75**	**76**	**77**	**78**	**79**	**80**
①	④	③	①	②	②	②	②	④	①

01 해설 10^9Bytes는 기가바이트(GB)에 해당한다.

킬로바이트(KB)	10^3Bytes
메가바이트(MB)	10^3KB = 10^6Bytes
기가바이트(GB)	10^3MB = 10^9Bytes
테라바이트(TB)	10^3GB = 10^{12}Bytes
페타바이트(PB)	10^3TB = 10^{15}Bytes
엑사바이트(EB)	10^3PB = 10^{18}Bytes
제타바이트(ZB)	10^3EB = 10^{21}Bytes
요타바이트(YB)	10^3ZB = 10^{24}Bytes

02 해설 마이데이터란 정보주체가 개인 데이터에 대한 열람, 제공 범위, 접근 승인 등을 직접 결정함으로써 개인의 정보 활용 권한을 보장, 데이터 주권을 확립하는 패러다임, 서비스 등을 통칭한다.

03 해설 데이터 거버넌스 구성요소는 아래와 같다.

원칙 (Principle)	• 데이터를 유지 · 관리하기 위한 지침과 가이드 • 품질기준, 보안, 변경관리
조직 (Organization)	• 데이터를 관리할 조직의 역할과 책임(R&R) • 데이터 관리자, 데이터베이스 관리자(DBA), 데이터 아키텍트 등
프로세스 (Process)	• 데이터 관리를 위한 활동과 체계 • 작업 절차, 모니터링 활동, 측정 활동 등

04 해설 • 조직 구조에는 집중, 기능, 분산 구조가 있다.
• 기능 구조는 일반적인 형태로 별도 분석 조직이 없고, 해당 부서에서 분석 수행한다.

05 해설 개인정보 비식별화 절차는 다음과 같다.

사전검토	• 데이터가 개인정보에 해당하는지 검토 • 개인정보가 아닐 경우 법적 규제 없이 자유롭게 활용
비식별 조치	• 데이터 집합에서 개인을 식별할 수 있는 요소를 전부 또는 일부 삭제하거나 대체하는 등의 방법을 활용해 개인을 알아볼 수 없도록 하는 조치
적정성 평가	• 다른 정보와 쉽게 결합하여 개인을 식별할 수 있는지를 비식별 조치, 적정성 평가단을 통해 평가
사후관리	• 비식별 정보 안전조치, 재식별 가능성 모니터링 등 비식별 정보 활용 과정에서 재식별 방지를 위해 필요한 조치 수행

06 해설 CRISP-DM 절차는 다음과 같다.

업무 이해 (Business Understanding)	• 각종 참고 자료와 현업 책임자와의 커뮤니케이션을 통해 비즈니스를 이해하는 단계
데이터 이해 (Data Understanding)	• 분석을 위한 데이터를 수집 및 속성을 이해하고, 문제점을 식별하며 숨겨져 있는 인사이트를 발견하는 단계
데이터 준비 (Data Preparation)	• 데이터 정제, 새로운 데이터 생성 등 자료를 분석 가능한 상태로 만드는 단계
모델링 (Modeling)	• 다양한 모델링 기법과 알고리즘을 선택하고 파라미터를 최적화하는 단계
평가 (Evaluation)	• 데이터 정제, 새로운 데이터 생성 등 자료를 분석 가능한 상태로 만드는 단계 • 평가에 많은 시간이 소요를 수행
전개 (Deployment)	• 데이터 정제, 새로운 데이터 생성 등 자료를 분석 가능한 상태로 만드는 단계 • 전개에 많은 시간이 소요

07 해설 • 주어진 데이터 집합에서 함께 비식별 되는 레코드들은(동질 집합에서) 적어도 몇 개의 서로 다른 민감한 정보를 가져와야 하는 프라이버시 모델은 l-다양성이다.
• 프라이버시 보호 모델에는 k-익명성, l-다양성, t-근접성, m-유일성 등이 있다.

k-익명성 (k-Anonymity)	• 주어진 데이터 집합에서 같은 값이 적어도 k개 이상 존재하도록 하여 쉽게 다른 정보로 결합할 수 없도록 하는 모델 • 공개된 데이터에 대한 연결 공격 취약점을 방어하기 위한 모델

l-다양성 (l-Diversity)	• 주어진 데이터 집합에서 함께 비식별 되는 레코드들은(동질 집합에서) 적어도 l개의 서로 다른 민감한 정보를 가져야 하는 프라이버시 모델 • 비식별 조치 과정에서 충분히 다양한(l개 이상) 서로 다른 민감한 정보를 갖도록 동질 집합을 구성 • k-익명성에 대한 두 가지 취약점 공격인 동질성 공격, 배경 지식에 의한 공격을 방어하기 위한 프라이버시 모델
t-근접성 (t-Closeness)	• 동질 집합에서 특정 정보의 분포와 전체 데이터 집합에서 정보의 분포가 t 이하의 차이를 보여야 하는 모델 • l-다양성의 쏠림 공격, 유사성 공격을 보완하기 위해 제안된 모델
m-유일성 (m-Uniqueness)	• 원본 데이터와 동일한 속성 값의 조합이 비식별 결과 데이터에 최소 m개 이상 존재하도록 하여 재식별 가능성 위험을 낮춘 모델

08 해설 • 출생년도, 성별 외에 개인식별에 중요한 나머지 값을 삭제하였으므로 데이터 삭제에 해당한다.
• 주민등록번호에서 연도 정보와 성별(남자) 정보만 남기고 주민등록번호는 삭제처리한다.

09 해설 분석 로드맵은 3단계로서 데이터 분석체계 도입, 데이터 분석 유효성 검증, 데이터 분석 확산 및 고도화의 단계로 이루어진다.

10 해설 • 빅데이터 분석은 분석의 대상과 방법에 따라 최적화, 솔루션, 통찰, 발견의 4가지로 분류한다.
• 분석의 대상이 명확하게 무엇인지 모르는 경우 기존 분석 방식을 활용하여 새로운 지식을 도출하는 것은 통찰이다.

11 해설 빅데이터는 전통적으로 3V(Volume, Variety, Velocity)의 특징이 있지만, 최근에는 4V(Value 추가), 5V(Veracity, Value 추가), 7V(Validity, Volatility 추가)로 확장되고 있다.

12 해설 분석과제의 적용 우선순위 기준을 '시급성'에 둔다면 Ⅲ → Ⅳ → Ⅱ 영역 순이며, 우선순위 기준을 '난이도'에 둔다면 Ⅲ → Ⅰ → Ⅱ 영역 순으로 의사결정을 할 수 있다.

13 해설 CRISP-DM 분석 방법론 단계는 업무 이해 → 데이터 이해 → 데이터 준비 → 모델링 → 평가 → 전개이다.

14 해설 개인정보를 제공하기 위해 정보주체의 동의를 받을 때 고지사항(개인정보보호법 17조 2항)

개인정보를 제공하기 위해 정보주체의 동의를 받을 때 고지사항	
자목항기불	개인정보를 제공받는 자 / 개인정보의 수집 · 이용 목적 / 수집하려는 개인정보의 항목 / 개인정보의 보유 및 이용 기간 / 동의를 거부할 권리가 있다는 사실 및 동의 거부에 따른 불이익이 있는 경우에는 그 불이익의 내용

15 해설 반정형 데이터는 스키마(형태) 구조 형태를 가지고 메타데이터를 포함하며, 값과 형식에서 일관성을 가지지 않는 데이터로 XML, HTML, JSON 등이 있다.

16 해설 평활화는 데이터 집합에 존재하는 잡음으로 인해 거칠게 분포된 데이터를 매끄럽게 만들기 위해 구간화, 군집화 등의 기법 적용된다.

17 해설 예측 알고리즘을 통한 판단을 근거로 불이익을 줄 수 없다.

18 해설 다른 사람과의 대화 등 상호 작용을 통해 개인이 암묵지를 습득하는 단계는 공통화 단계이다.

19 해설 시행착오를 통한 문제 해결을 위해 사용되는 상향식 접근법은 프로토타이핑 접근법이다.

20 해설 • 개인정보 유출 시 정보주체에게 고지해야 할 사항(개인정보보호법 34조 1항)

개인정보 유출 시 정보주체에게 고지해야 할 사항	
항시주대부	유출된 개인정보의 항목 / 유출된 시점과 그 경위 / 유출로 인하여 발생할 수 있는 피해를 최소화하기 위하여 정보주체가 할 수 있는 방법 등에 관한 정보 / 개인정보처리자의 대응조치 및 피해 구제절차 / 정보주체에게 피해가 발생한 경우 신고 등을 접수할 수 있는 담당부서 및 연락처

21 해설 • 실시간 이벤트 처리 기술에는 CEP(Complex Event Processing)가 있다.
• IoT 센싱 데이터, 로그, 음성 데이터 등 실시간 데이터 처리가 가능하다.

22 해설 • 단순 대치법은 결측값을 그럴듯한 값으로 대체하는 통계적 기법으로 종류에는 완전 분석법, 평균 대치법, 단순 확률 대치법이 있다.
• 불완전 자료는 모두 무시하고 완전하게 관측된 자료만 사용하여 분석하는 방법은 완전 분석법이다.

23 해설 로그 변환은 단순 기능 변환 중 한 가지 방법이다.

박스-콕스 변환	• 데이터를 정규 분포에 가깝게 만들기 위한 목적으로 사용하는 변환 방법
비닝	• 데이터값을 몇 개의 버킷으로 분할하여 계산하는 방법
정규화	• 데이터를 특정 구간으로 바꾸는 척도법

24 해설 • 특정 모델링 기법에 의존하지 않고 데이터의 통계적 특성으로부터 변수를 택하는 기법은 필터 기법(Filter Method)이다.

25 해설 • 변수들의 공분산 행렬이나 상관행렬을 이용하고 행의 수와 열의 수가 같은 정방행렬에서만 사용한다.
• 원래의 데이터 세트의 변수들을 선형 변환하여 서로 직교하도록 선택된 새로운 변수들(주성분)을 생성, 이를 통해 원래 변수를 설명하고자 하는 기법은 주성분 분석이다.

26 해설 • 이항분포에서 분산을 구하는 문제이다.
• E(X) = 10, n = 100이 주어졌으므로, 이항분포의 기댓값의 공식에서 기댓값 E(X) = np이므로 10 = 100 x p이다. p = 10/100 = 0.1이 된다. 그러므로, X의 분산 V(X) = np(1-p) = 10 x (1-0.1) = 10 x 0.9 = 9가 된다.

27 해설 포아송 분포는 다음과 같다.

$P=\frac{\lambda^n e^{-\lambda}}{n!}$	• λ: 정해진 시간/영역 안에 어떤 사건이 일어날 횟수에 대한 기댓값 • n: 정해진 시간/영역 안에 사건이 일어나는 횟수
기댓값: $E(X)=\lambda$ 분산: $V(X)=\lambda$	

28 해설 과소 표집은 다수 클래스의 데이터를 일부만 선택하여 데이터의 비율을 맞추는 방법이다.

29 해설 • 데이터의 순서에 의미를 부여한 데이터 변수는 스피어만(Spearman) 순위 상관 분석을 통해서 분석한다.
• 변수의 속성에 따른 상관성 분석 방법의 분류는 다음과 같다.

수치적 데이터	피어슨 상관계수
순서적 데이터	스피어만 순위 상관 분석
명목적 데이터	카이제곱(χ^2) 검정(교차분석)

30 해설 기댓값의 공식에 의해서 다음과 같이 계산한다.

$$E(X)=\sum xf(x)=\left(1\times\frac{1}{6}\right)+\left(2\times\frac{2}{6}\right)+\left(3\times\frac{1}{6}\right)+\left(4\times\frac{2}{6}\right)$$
$$=\frac{16}{6}=\frac{8}{3}$$

31 해설 최빈수는 가장 많이 관측되는 수로, 5가 2회 관측되어 최빈수에 해당한다.

32 해설 • $P(L)$: League Of Legend 플레이 경험
• $P(A)$: A 집단의 학생 = 80%
• $P(L|A)$: A 집단에서 League Of Legend 플레이 경험이 있는 확률 = 50%
• $P(B)$: B 집단의 학생 = 20%
• $P(L|B)$: B 집단에서 League Of Legend 플레이 경험이 있는 확률 = 20%일 때 $P(B|L)$를 구하는 문제이다.
• 베이즈 정리에 의해서

$$P(B|L)=\frac{P(L|B)\times P(B)}{P(L|A)\times P(A)+P(L|B)\times P(B)}$$
$$=\frac{(20\%\times 20\%)}{(80\%\times 50\%)+(20\%\times 20\%)}=\frac{0.04}{0.4+0.04}=\frac{1}{11}$$

33 해설 • 모평균 추정 시 신뢰구간의 길이는 표준오차에 비례하고 표본의 크기의 제곱근에 반비례한다.
• 표본의 크기를 100에서 400으로 4배 증가시켰으므로 신뢰구간의 길이는 $\frac{1}{\sqrt{4}}=\frac{1}{2}$배 감소한다. 따라서 신뢰구간의 길이는 $20\times\frac{1}{2}=10$이 된다.

34 해설 • 일변량 데이터 탐색 방법에는 기술 통계량, 그래프 통계량 두 가지 종류가 있다.
• 기술 통계량에는 평균, 분산, 표준편차 등이 있고 그래프 통계량에는 히스토그램, 상자 그림 등이 있다.
• 다변량 데이터 탐색 도구로는 산점도 행렬, 별 그림, 겨냥도 그림이 이다.

35 해설 확률변수에 대한 분산의 성질에서
$V(X-Y)=V(X)+V(Y)-2Cov(X,Y)$이며,
서로 독립일 경우
$Cov(X,Y)=0$이므로 $V(X-Y)=V(X)+V(Y)$이다.

36 해설

유의수준 (Level of Significance)	• 제1종 오류를 범할 최대 허용확률을 의미 • α로 표기
신뢰수준 (Level of Confidence)	• 귀무가설이 참일 때 이를 참이라고 판단하는 확률$(1-\alpha)$
베타 수준 (β Level)	• 제2종 오류를 범할 최대 허용확률을 의미 • β로 표기
검정력	• 귀무가설이 참이 아닌 경우 이를 기각할 수 있는 확률$(1-\beta)$

37 해설 표본평균의 표준편차는 표준오차이다.

$n=9, \sigma=\sqrt{25}=5$이므로, 표준오차는 $\frac{\sigma}{\sqrt{n}}=\frac{5}{\sqrt{9}}=\frac{5}{3}$이다.

38 해설 T-분포는 정규분포의 평균(μ)의 해석에 많이 쓰이는 분포이다.

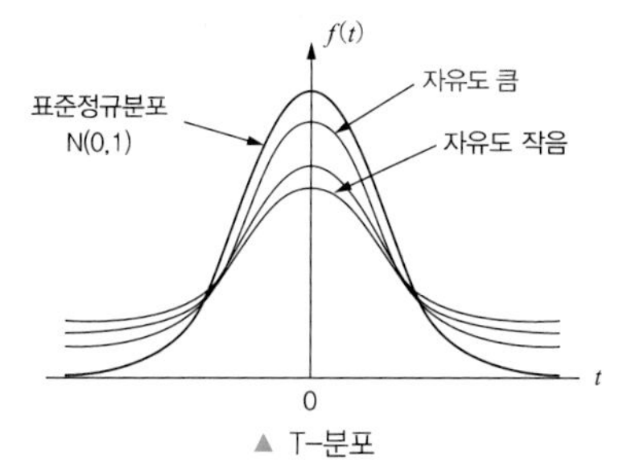

▲ T-분포

39 해설 • 세 번(n번) 시행 중에 한 번(k번) 성공할 확률이므로 이항분포이다.

- 동전을 세 번 던지기 때문에 $n=3$, 동전 앞면이 나올 확률 p=0.5, 앞면이 한 번 나오므로 $k=1$이다.
- $P=\binom{n}{1}p^k(1-p)^{n-k}=\binom{3}{2}p^1(1-0.5)^{3-1}=\frac{3!}{1!(3-1)!}0.5\times 0.5^2=3\times0.5^3=0.375$이다.

40 해설 • 모분산을 모르는 대표본($n\geq30$)일 경우 $100\times(1-\alpha)$ 신뢰구간을 구하는 공식은 $\overline{X}-Z_{\frac{\alpha}{2}}\frac{s}{\sqrt{n}}\leq\mu\leq\overline{X}+Z_{\frac{\alpha}{2}}\frac{s}{\sqrt{n}}$이다.

- 표본평균 $\overline{X}=175$, 표본의 크기 $n=100$이다.
- 95% 신뢰구간이므로 $\alpha=0.05$, $\frac{\alpha}{2}=0.025$이다.
- 또한, 표본 표준편차 $s=\sqrt{25}=5$이므로 공식에 값들을 대입하면 $175-1.96\frac{5}{\sqrt{100}}\leq\mu\leq175+1.96\frac{5}{\sqrt{100}}$
- 따라서 모평균에 대한 신뢰구간은 $174.02\leq\mu\leq175.98$이 된다.

41 해설 CART는 목적변수가 이산형일 경우에 불순도의 측도로 지니지수를 이용한다.

42 해설 • 매개변수는 모델 내부에서 확인이 가능한 변수로 데이터를 통해서 산출이 가능한 값이다.

- 매개변수의 예시로 인공신경망에서의 가중치, 서포트 벡터 머신에서의 서포트 벡터, 선형 회귀나 로지스틱 회귀 분석에서의 결정계수가 있다.
- 신경망 학습에서 학습률(Learning Rate)은 초매개변수 예시이다.

43 해설 • 요건 정의는 기획단계의 분석 과제 정의를 통해 도출된 내용을 구체화하는 과정이다.

- 검증 및 테스트는 분석용 데이터를 학습용과 테스트용으로 분리한 다음 분석용 데이터를 이용해 자체 검증 후 실제 테스트에서는 신규 데이터 모델을 적용해 결과를 도출하는 단계이다.
- 적용은 분석결과를 업무 프로세스에 완전히 통합해 실제 일, 주, 월 단위로 운영하는 단계이다.
- 요건 정의에 따라 상세 분석 기법을 적용해 모델을 개발하는 과정은 모델링이다.

44 해설 은닉층의 수와 은닉 노드의 수는 사용자가 직접 설정해주는 초매개변수(Hyper-Parameter)이다.

45 해설 2종 오류인 잘못된 귀무가설을 채택하는 오류를 방지하는 데 목적이 있다.

46 해설

단순선형회귀	$Y=\beta_0+\beta_1X+\epsilon$
다중선형회귀	$Y=\beta_0+\beta_1X_1+\beta_2X_2+\ldots+\beta_kX_k+\epsilon$
다항 회귀	K=2이고 2차 함수인 경우 $Y=\beta_0+\beta_1X_1+\beta_2X_2+\beta_{11}X_1^2+\ldots+\beta_{22}X_2^2+\beta_{12}X_1X_2+\epsilon$
곡선 회귀	2차 곡선인 경우: $Y=\beta_0+\beta_1X+\beta_2X^2+\epsilon$ 3차 곡선인 경우: $Y=\beta_0+\beta_1X+\beta_2X^2+\beta_3X^3+\epsilon$
로지스틱 회귀	$\pi(x)=\frac{\exp(\alpha+\beta_1x_1+\cdots+\beta_kx_k)}{1+\exp(\alpha+\beta_1x_1+\cdots+\beta_kx_k)}$
비선형 회귀	$Y=\alpha e^{-\beta X}+\epsilon$

47 해설 승산비는 교차비라고도 하며 odds = $\frac{p}{1-p}$로 계산한다.

48 해설

의사결정나무의 분석 과정	
성가타해	의사결정나무 성장 / 가지치기 / 타당성 평가 / 해석 및 예측

49 해설 • 자기 회귀 모형은 현시점의 자료가 p 시점 전의 유한개의 과거 자료로 설명될 수 있다는 의미이다.

- 백색잡음은 모든 개별 확률변수들이 서로 독립이고 동일한 확률분포를 따르는 확률 과정을 말한다.
- 분해 시계열은 시계열에 영향을 주는 일반적인 요인을 시계열에서 분리해 분석하는 방법이다.

50 해설 활성화 함수는 인공신경망에서 순 입력함수로부터 전달받은 값을 출력값으로 변환해 주는 함수이다.

서포트 벡터 머신의 구성요소	
결초마서슬	결정 경계 / 초평면 / 마진 / 서포트 벡터 / 슬랙 변수

51 해설 지지도는 전체 거래 중 항목 A와 B를 동시에 포함하는 거래의 비율이다. 따라서 $\frac{\text{커피, 빵 동시구매 거래 수}}{\text{전체 거래 수}} = \frac{50}{100} = \frac{1}{2}$ 이다.

52 해설 군집 내의 오차 제곱합(Error Sum of Square)에 기초하여 군집을 수행하는 기법은 와드 연결법이다.

최단연결법	두 군집 사이의 거리를 각 군집에서 하나씩 관측값을 뽑았을 때 나타날 수 있는 거리의 최솟값으로 측정
최장연결법	두 군집 사이의 거리를 각 군집에서 하나씩 관측값을 뽑았을 때 나타날 수 있는 거리의 최댓값으로 측정
중심연결법	두 군집이 결합될 때 새로운 군집의 평균은 가중 평균을 통해 구함
평균연결법	모든 항목에 대한 거리 평균을 구하면서 군집화

53 해설 • 매개변수는 경험에 의해 정해지기도 하며, 예측 알고리즘 모델링의 문제점을 위해 조절한다.

54 해설

의사결정나무 성장(Growing)	분석의 목적과 자료구조에 따라서 적절한 분리 규칙을 찾아서 나무를 성장시키는 과정
가지치기 (Pruning)	분류 오류를 크게 할 위험이 높거나 부적절한 추론규칙을 가지고 있는 가지 또는 불필요한 가지를 제거하는 단계
타당성 평가	이익 도표, 위험 도표 또는 평가 데이터를 이용하여 교차 타당성 등을 이용한 평가 수행 단계
해석 및 예측	구축된 의사결정나무 모형을 해석하고, 분류 및 예측 모형을 설정하여 데이터의 분류 및 예측에 활용하는 단계

55 해설 퍼셉트론은 인공신경망의 한 종류로서, 1957년에 코넬 항공 연구소의 프랑크 로젠블라트에 의해 고안되었다.

56 해설 활성화 함수에는 계단함수, 부호함수, 선형함수, 시그모이드 함수, tanh 함수, ReLU 함수가 있다.

57 해설 자카드(Jaccard) 계수에 대한 설명으로 자카드 계수는 두 집합에 대한 합집합과 교집합에 대한 비(Proportion)이다.

58 해설 • 텍스트 마이닝은 인간이 이해할 수 있는 언어를 기계가 이해할 수 있도록 하는 자연어 처리 기술에 기반한다.
- 텍스트 마이닝 절차는 텍스트 수집, 의미추출, 패턴 분석, 정보 생성이다.

59 해설 SVM은 훈련 시간이 상대적으로 느리지만, 정확성이 뛰어나며 다른 방법보다 과대 적합의 가능성이 낮은 모델이다.

60 해설 • 배깅은 훈련 데이터에서 다수의 부트스트랩(Bootstrap) 자료를 생성하고, 각 자료를 모델링한 후 결합하여 최종 예측 모형을 만드는 알고리즘이다.
- 보팅은 여러 개의 머신러닝 알고리즘 모델을 학습시킨 후 새로운 데이터에 대해 각 모델의 예측값을 가지고 다수결 투표를 통해 최종 클래스를 예측하는 기법이다.
- 랜덤 포레스트는 의사결정나무의 특징인 분산이 크다는 점을 고려하여 배깅과 부스팅보다 더 많은 무작위성을 주어 약한 학습기들을 생성한 후 이를 선형 결합하여 최종 학습기를 만드는 방법이다.

61 해설 • SST는 전체 제곱합으로 실젯값과 평균값의 차이의 제곱합이다.
- SSR은 제곱 잔차 합계로 예측값과 평균값의 차이(잔차) 제곱합이다.
- AE는 평균 오차로 예측한 결괏값의 오류 평균이다.
- 예측값과 실젯값 차이(오차)의 제곱합은 SSE이다.

62 해설 일반화 오류는 과대 적합, 학습오류는 과소 적합되었다고 한다.

63 해설 • 랜덤 서브샘플링은 모집단으로부터 조사의 대상이 되는 표본을 무작위로 추출하는 기법이다.
- 홀드 아웃은 전체 데이터를 비복원추출 방식을 이용하여 랜덤하게 훈련 데이터(Training Set)와 평가 데이터(Test Set)로 나눠 검증하는 기법이다.
- LOOCV은 전체 데이터에서 1개 샘플 만을 Test에 사용하고 나머지 (N-1)개는 학습에 사용하고, 이 과정을 N번 반복하는 기법이다.
- 데이터 집합을 무작위로 동일 크기를 갖는 K개의 부분 집합으로 나누고, 그중 1개를 평가 데이터(Test Set)로, 나머지 (K-1)개를 훈련 데이터(Training Set)로 선정하여 분석 모형을 평가하는 기법은 K-fold Cross Validation이다.

64 해설 • Z-검정은 귀무가설에서 검정 통계량의 분포를 정규분포로 근사할 수 있는 통계 검정이다.
- T-검정은 두 집단 간의 평균을 비교하는 모수적 통계 방법으로서 표본이 정규성, 등분산성, 독립성 등을 만족할 경우 적용한다.
- 분산 분석(ANOVA)은 두 개 이상의 집단 간 비교를 수행하고자 할 때 집단 내의 분산, 총평균과 각 집단의 평균 차이에 의해 생긴 집단 간 분산 비교로 얻은 F-분포를 이용하여 가설검정을 수행하는 방법이다.
- 카이제곱 검정은 범주에 따라 분류된 변수가 정규분포되어 있다면 빈도가 실제 기대되는 값으로부터 유의미한 차이가 관찰되는가를 보기 위한 검증 방법이다.

65 해설 • 카이제곱 검정은 가정된 확률을 검정하는 것이다.
- 적합도 검정기법은 다음과 같다.

가정된 확률 검정	카이제곱 검정
정규성 검정	샤피로-윌크 검정, 콜모고로프-스미르노프 적합성 검정, Q-Q Plot

66 해설 • 과대 적합은 모델이 훈련 데이터에 너무 잘 맞지만, 일반화가 떨어지는 현상이다.
- 과대 적합 방지는 데이터 세트를 증가시켜서 방지한다.

67 해설 • 매개변수에는 가중치와 편향이 있다.
- 가중치는 각 입력값에 각기 다르게 곱해지는 수치이다.
- 매개변수 중 하나의 뉴런에 입력된 모든 값을 다 더한 값(가중합)에 더해주는 상수는 편향이다.

68 해설

확률적 경사 하강법	손실 함수의 기울기를 구하여, 그 기울기를 따라 조금씩 아래로 내려가 최종적으로는 손실 함수가 가장 작은 지점에 도달하도록 하는 알고리즘
모멘텀	기울기 방향으로 힘을 받으면 물체가 가속된다는 물리 법칙을 적용한 알고리즘
AdaGrad	손실 함수의 기울기가 큰 첫 부분에서는 크게 학습하다가, 최적점에 가까워질수록 학습률을 줄여 조금씩 적게 학습하는 방식
Adam	모멘텀 방식과 AdaGrad 방식의 장점을 합친 알고리즘

69 해설

평균 오차 (Average Error)	$AE=\frac{1}{n}\sum_{i=1}^{n}(y_i-\hat{y_i})$
평균 절대 오차 (Mean Absolute Error)	$MAE=\frac{1}{n}\sum_{i=1}^{n}\lvert y_i-\hat{y_i}\rvert$
평균 절대 백분율 오차 (Mean Absolute Percentage Error)	$MAPE=\frac{100}{n}\sum_{i=1}^{n}\left\lvert\frac{y_i-\hat{y_i}}{y_i}\right\rvert$
평균백분율 오차 (Mean Percentage Error)	$MPE=\frac{100}{n}\sum_{i=1}^{n}\left(\frac{y_i-\hat{y_i}}{y_i}\right)$

70 해설 도넛 차트는 분포 시각화 기법이다.

71 해설 • TCO(Total Cost of Ownership)는 총 소유 비용이다.
- TCO는 하나의 자산을 획득하려 할 때 주어진 기간 동안 모든 연관 비용을 고려할 수 있도록 확인하기 위해 사용되는 평가 기법이다.

72 해설

막대그래프	동일한 너비의 여러 막대를 사용하여 데이터를 표시하며, 각 막대는 특정 범주를 나타내는 그래프
선 그래프	수량을 점으로 표시하고, 점들을 선분으로 이어 그린 그래프
영역 차트	선 그래프와 같이 시간에 값에 따라 크기 변화를 보여주는 그래프
누적 막대그래프	막대를 사용하여 전체 비율을 보여주면서 여러 가지 범주를 동시에 차트로 표현 가능한 그래프

73 해설 • 산점도 행렬은 다변량 변수를 갖는 데이터에서 가능한 모든 변수 쌍에 대한 산점도를 행렬 형태로 표현한 그래프이다.
- 버블 차트는 산점도에서 데이터값을 나타내는 점 또는 마크에 여러 가지 의미를 부여하여 확장된 차트이다.

74 해설 • 플로팅 바 차트는 막대가 가장 낮은 수치부터 가장 높은 수치까지 걸쳐있게 표현한 차트이다.
- 체르노프 페이스는 데이터를 눈, 코, 귀, 입 등과 일대일 대응하여 얼굴 하나로 표현하는 방법이다.
- 스타 차트는 각 변수를 표시 지점을 연결선을 통해 그려 별 모양의 도형으로 나타낸 차트이다.
- 여러 가지 변수를 비교할 수 있는 시각화 그래프는 히트맵이다.

75 해설 • 스토리텔링형은 하나의 사건이나 주제에 대해 이야기를 들려주는 구성방식이다.
- 만화형이 캐릭터 등의 만화적 요소를 활용한 방식이다.

76 해설 • 특이도(Specificity)=TN/(TN+FP)=45/(45+15)=45/60 =3/4
- 정밀도(Precision)= TP/(TP+FP) = 5/(5+15)=5/20=1/4

77 해설 마인드맵은 줄거리를 이해하며 정리하는 방법으로 많이 이용된다.

78 해설 초매개변수로 설정 가능한 예시로는 학습률(Learning Rate), 의사결정나무의 깊이(Depth), 신경망에서 은닉층(Hidden Layer)의 개수 등이 있다.

79 해설 기존 데이터 집합에 대한 데이터 오류율도 점검한다.

80 해설 혼동행렬 관련 주요 평가지표는 다음과 같다.

특이도 (Specificity)	TN/(TN+FP)	실제로 '부정'인 범주 중에서 '부정'으로 올바르게 예측(TN)한 비율
민감도 (Sensitivity)	TP/(TP+FN)	실제로 '긍정'인 범주 중에서 '긍정'으로 올바르게 예측(TP)한 비율
거짓 긍정률 (FP Rate)	FP/(TN+FP)	실제로 '부정'인 범주 중에서 '긍정'으로 잘못 예측(FP)한 비율
정밀도 (Precision)	TP/(TP+FP)	'긍정'으로 예측한 비율 중에서 실제로 '긍정'(TP)인 비율
정확도 (Accuracy)	(TP+TN)/(TP+TN+FP+FN)	전체 예측에서 실제로 '긍정(TP)'와 '부정'으로 올바르게 예측(TN)이 차지하는 비율
오차비율 (Error Rate)	(FP+FN)/(TP+TN+FP+FN)	실제 분류 범주를 잘못 분류한 비율

3회 정답

01	02	03	04	05	06	07	08	09	10
③	②	①	①	③	④	③	①	③	④
11	**12**	**13**	**14**	**15**	**16**	**17**	**18**	**19**	**20**
③	②	①	④	④	③	①	③	②	③
21	**22**	**23**	**24**	**25**	**26**	**27**	**28**	**29**	**30**
③	②	①	③	③	②	③	②	②	②
31	**32**	**33**	**34**	**35**	**36**	**37**	**38**	**39**	**40**
④	④	①	②	④	②	①	②	①	④
41	**42**	**43**	**44**	**45**	**46**	**47**	**48**	**49**	**50**
③	③	②	①	③	④	①	③	②	①
51	**52**	**53**	**54**	**55**	**56**	**57**	**58**	**59**	**60**
④	③	②	④	①	③	①	③	②	②
61	**62**	**63**	**64**	**65**	**66**	**67**	**68**	**69**	**70**
②	②	④	③	②	④	①	③	②	②
71	**72**	**73**	**74**	**75**	**76**	**77**	**78**	**79**	**80**
④	④	①	②	③	③	④	④	①	②

01 해설 DIKW 피라미드에서 근본 원리에 대한 깊은 이해를 바탕으로 도출되는 창의적 아이디어는 지혜(Wisdom)이다.

02 해설 정형 데이터뿐만 아니라 비정형, 반정형 데이터를 포함하는 특징은 다양성(Variety)에 대한 특징이다.

03 해설 형식지가 상호결합하면서 새로운 형식지를 창출하는 과정은 연결화이다.

04 해설

KDD 분석 방법론 분석 절차	
선전변마평	데이터 세트 선택 / 데이터 전처리 / 데이터 변환 / 데이터 마이닝 / 데이터 마이닝 결과 평가

05 해설 전사적 핵심 분석이 어려우며 과거에 국한된 분석을 수행하는 구조는 기능 구조이다.

06 해설

데이터 사이언티스트의 요구 역량	
협통전 숙지	(소프트 스킬) 협력 능력 / 통찰력 / 전달력 (하드 스킬) 숙련도 / 지식

07 해설 • ETL은 수집 대상 데이터를 추출, 가공(변환, 정제)하여 데이터 웨어 하우스 및 데이터 마트에 저장하는 데이터 수집 기술이다.
• RDBMS는 2차원 테이블인 데이터 모델에 기초를 둔 관계형 데이터베이스를 생성하고 수정하고 관리할 수 있는 소프트웨어이다.

08 해설

개인정보를 제공하기 위해 정보주체의 동의를 받을 때 고지사항	
「자목항기불」	개인정보를 제공받는 자 / 개인정보를 제공받는 자의 개인정보 이용 목적 / 제공하는 개인정보의 항목 / 개인정보를 제공받는 자의 개인정보 보유 및 이용 기간 / 동의를 거부할 권리가 있다는 사실 및 동의 거부에 따른 불이익이 있는 경우에는 그 불이익의 내용

09 해설 개정된 가명처리가이드 라인에 따라 개인정보처리자는 정당한 처리 범위 내에서 통계작성, 과학적 연구, 공익적 기록보존 등의 목적으로 정보주체의 동의 없이 가명정보를 처리할 수 있다.

구분	내용
통계 작성	• 통계란 특정 집단이나 대상 등에 관하여 작성한 수량적인 정보 • 시장조사와 같은 상업적 목적의 통계 처리도 포함됨
과학적 연구	• 과학적 연구는 기술의 개발과 실증, 기초연구, 응용연구 및 민간 투자 연구 등 과학적 방법을 적용하는 연구
공익적 기록보존	• 공공의 이익을 위하여 지속적으로 열람할 가치가 있는 정보를 기록하여 보존하는 것

10 해설 비지도 학습 방법 및 프로토타이핑 접근법을 사용해서 분석하는 접근 방식은 상향식 접근 방식이다.

11 해설 스텝은 빅데이터 분석 방법론 계층에서 입력자료, 처리 및 도구, 출력자료로 구성된 단위 프로세스이다.

12 해설

구분	내용
개인 정보	• 특정 개인에 관한 정보 • 개인을 알아볼 수 있게 하는 정보
가명 정보	• 추가정보의 사용 없이는 특정 개인을 알아볼 수 없게 조치한 정보
익명 정보	• 더 이상 개인을 알아볼 수 없게(복원 불가능한 정도로) 조치한 정보

13 해설 SEMMA 분석 방법론의 분석 절차는 샘플링, 탐색, 수정, 모델링, 검증의 5단계로 되어 있다.

14 해설 센서 데이터, 장비 간 발생 로그, LOD 등은 외부 데이터이다.

15 해설 개인정보 익명처리 기법은 아래와 같다.

가명 (Pseudonym)	개인 식별이 가능한 데이터에 대하여 직접 식별할 수 없는 다른 값으로 대체하는 기법
일반화 (Generalization)	더 일반화된 값으로 대체하는 것으로 숫자 데이터의 경우 구간으로 정의하고, 범주화된 속성은 트리의 계층적 구조에 의해 대체하는 기법
섭동 (Perturbation)	동일한 확률적 정보를 가지는 변형된 값에 대하여 원래 데이터를 대체하는 기법
치환 (Permutation)	속성 값을 수정하지 않고 레코드 간에 속성 값의 위치를 바꾸는 기법

16 해설 대상별 분석 기획 유형은 아래와 같다.

최적화 (Optimization)	• 분석의 대상이 무엇인지를 인지하고 있는 경우(Known), 즉 해결해야 할 문제를 알고 있고 이미 분석의 방법도 알고 있는 경우(Known) 사용 • 개선을 통한 최적화 형태로 분석을 수행
솔루션 (Solution)	• 분석의 대상은 인지(Known)하고 있으나 방법을 모르는 경우(Un-Known)에는 해당 분석 주제에 대한 솔루션을 찾아냄
통찰 (Insight)	• 분석의 대상이 명확하게 무엇인지 모르는 경우(Un-Known)에는 기존 분석 방식을 활용(Known)하여 새로운 지식인 통찰을 도출
발견 (Discovery)	• 분석의 대상과 방법을 모르는 경우(Un-Known)에는 발견 접근법으로 분석의 대상 자체를 새롭게 도출

17 해설 • 데이터 마트는 전사적으로 구축된 데이터 속의 특정 주제, 부서 중심으로 구축된 소규모 단위 주제의 데이터 웨어하우스이다.
• 데이터 레이크는 정형, 반정형, 비정형 데이터를 비롯한 모든 가공되지 않은 다양한 종류의 데이터(Raw Data)를 저장할 수 있는 시스템 또는 중앙 집중식 데이터 저장소이다.
• 데이터 사이언스란 데이터 공학, 수학, 통계학, 컴퓨터공학, 시각화, 해커의 사고방식, 해당 분야의 전문지식을 종합한 학문이다.

18 해설 상향식 접근 방식 절차는 아래와 같다.

프로세스 분류	전사 업무 프로세스를 가치사슬, 메가 프로세스, 메이저 프로세스, 프로세스 단계로 구조화해 업무 프로세스 정의
프로세스 흐름 분석	프로세스 맵을 통해 프로세스별로 업무 흐름을 상세히 표현
분석 요건 식별	각 프로세스 맵상의 주요 의사결정 포인트 식별
분석 요건 정의	각 의사결정 시점에 무엇을 알아야만 의사결정을 할 수 있는지 정의

19 해설 개인정보 파기(개인정보보호법 제21조)

①항 개인정보처리자는 보유 기간의 경과, 개인정보의 처리 목적 달성 등 그 개인정보가 불필요하게 되었을 때는 지체 없이 그 개인정보를 파기하여야 한다. 다만, 다른 법령에 따라 보존하여야 하는 경우에는 그러하지 아니하다.

②항 개인정보처리자가 제1항에 따라 개인정보를 파기할 때에는 복구 또는 재생되지 아니하도록 조치하여야 한다.

③항 개인정보처리자가 제1항 단서에 따라 개인정보를 파기하지 아니하고 보존하여야 하는 경우에는 해당 개인정보 또는 개인정보파일을 다른 개인정보와 분리하여서 저장 · 관리하여야 한다.

④항 개인정보의 파기방법 및 절차 등에 필요한 사항은 대통령령으로 정한다.

20 해설 • Key-Value Store, Column Family Data Store, Document Store, Graph Store는 NoSQL의 유형이다.
• NoSQL은 전통적인 RDBMS와 다른 DBMS를 지칭하기 위한 용어로 데이터 저장에 고정된 테이블 스키마가 필요하지 않고 조인(Join) 연산을 사용할 수 없으며, 수평적으로 확장이 가능한 DBMS이다.

21 해설 • 실제는 입력되지 않았지만 입력되었다고 잘못 판단된 값은 노이즈(Noise)이다.
• 노이즈는 일정 간격으로 이동하면서 주변보다 높거나 낮으면 평균값으로 대체하거나 일정 범위 중간값으로 대체한다.
• 결측값은 필수적인 데이터가 입력되지 않고 누락된 값이다.
• 결측값은 중심 경향값 넣기(평균값, 중위수, 최빈수), 분포기반(랜덤에 의하여 자주 나타나는 값 넣기)으로 넣기 등을 통해 처리한다.

22 해설 변수 선택 방법은 다음과 같다

전진 선택법	영향력이 가장 큰 변수를 하나씩 추가하는 변수 선택 기법
후진 소거법	모든 변수가 포함된 모형에서 시작하여 영향력이 가장 작은 변수를 하나씩 삭제하는 변수 선택 기법
단계적 방법	후진 소거법과 전진 선택법의 절충적인 형태의 기법

23 해설 데이터 이상값 발생 원인은 다음과 같다.

표본추출 오류	데이터를 샘플링하는 과정에서 나타나는 오류
고의적인 이상값	자기 보고식 측정에서 나타나는 오류
데이터 입력 오류	데이터를 수집, 기록 또는 입력하는 과정에서 발생할 수 있는 오류
실험 오류	실험조건이 동일하지 않은 경우 발생하는 오류
측정 오류	데이터를 측정하는 과정에서 발생하는 오류
데이터 처리 오류	여러 개의 데이터에서 필요한 데이터를 추출하거나, 조합해서 사용하는 경우에 발생하는 오류
자연 오류	인위적이 아닌, 자연스럽게 발생하는 이상값

24 해설 • 변수상에서 발생한 결측값이 다른 변수들과 아무런 상관이 없는 결측값은 완전 무작위 결측(MCAR)이다.

- 무작위 결측(MAR)은 누락된 자료가 특정 변수와 관련되어 일어나지만, 그 변수의 결과는 관계가 없는 결측값이다.
- 비 무작위 결측(MNAR)은 누락된 값(변수의 결과)이 다른 변수와 연관 있는 결측값이다.

25 해설 • 핫덱 대체, 콜드덱 대체, 혼합방법은 단순 확률 대치법이다.

- 평균 대치법의 종류에는 비 조건부 평균 대치법과 조건부 평균 대치법 등이 있다.

26 해설 릿지(Ridge)는 L2-norm을 통해 제약을 주는 방법이다.

27 해설 확률변수의 분산, 기댓값 특징에 의해 다음과 같이 계산한다.

$$V(Y)=V(2X+3)=2^2V(X)=4V(X)$$
$$=4\{E(X^2)-E(X)^2\}=4(5-2^2)=4$$

28 해설 • 왼쪽 편포(왼쪽 꼬리 분포)일 경우 평균(Mean) < 중위수(Median) < 최빈수(Mode)이다.

- 편포에 상관없이 항상 중위수는 가운데 값임을 기억하자.

29 해설 카토그램은 특정한 데이터값의 변화에 따라 지도의 면적이 왜곡되는 지도로 변량비례도라고도 한다.

30 해설 계통 추출은 모집단을 일정한 간격으로 추출하는 방식이다.

31 해설 • 확률적 경사 하강법에서 방향을 개선한 것으로는 모멘텀, 네스테로프 모멘텀이 있으며 속도를 개선한 것으로는 AdaGrad, RMSProp이 있다.

- 속도와 방향 모두를 개선한 것으로는 Adam이 있다.
- Adaboost는 잘못 예측한 데이터에 가중치를 부여하여 오류를 개선하는 부스팅 알고리즘이다.

32 해설 • $P(E)$: 보험금을 청구할 확률

- $P(A)$: 전체 가입자 중 고위험군에 속한 가입자의 비율 = 20%
- $P(E|A)$: 고위험군에 속한 가입자가 보험금을 청구할 확률 = 50%
- $P(B)$: 전체 가입자 중 중위험군에 속한 가입자의 비율 = 30%
- $P(E|B)$: 중위험군에 속한 가입자가 보험금을 청구할 확률 = 30%
- $P(C)$: 전체 가입자 중 저위험군에 속한 가입자의 비율 = 50%
- $P(E|C)$: 저위험군에 속한 가입자가 보험금을 청구할 확률 = 20%
- 문제는 보험금을 청구했을 때, 가입자가 고위험군에 속한 가입자일 확률 $P(A|E)$를 구하는 문제이다.
- 베이즈 정리에 의해서

$$P(A|E)=\frac{P(E|A)\times P(A)}{P(E|A)\times P(A)+P(E|B)\times P(B)+P(E|C)\times P(C)}$$
$$=\frac{20\%\times 50\%}{20\%\times 50\%+30\%\times 30\%+50\%\times 20\%}=\frac{10}{29}$$

33 해설 • 모분산을 모르는 소표본($n<30$)일 경우 자유도가 $n-1$인 t-분포를 따르며, $100\times(1-\alpha)$ 신뢰구간을 구하는 공식은 $\overline{X}-t_{\frac{\alpha}{2},n-1}\frac{s}{\sqrt{n}}\le\mu\le\overline{X}+t_{\frac{\alpha}{2},n-1}\frac{s}{\sqrt{n}}$이다.

- 표본평균 $\overline{X}=25$, 표본의 크기 $n=16$, 표본 표준편차 $s=2$이다.
- 95% 신뢰구간이므로 $\alpha=0.05$, $\frac{\alpha}{2}=0.025$이다.
- 따라서 $t_{\frac{\alpha}{2},n-1}=t_{0.025,15}$이다.
- t-분포표에서 df = 15 $\alpha=0.025$인 교차지점을 찾으면 $t_{0.025,15}=2.131$이다.

df \ α	0.4	0.25	0.1	0.05	0.025	0.01	0.005	0.0025	0.001	0.0005
1	0.325	1.000	3.078	6.314	12.706	31.821	63.657	127.32	318.31	636.62
2	0.289	0.816	1.886	2.920	4.303	6.965	9.925	14.089	22.327	31.599
3	0.277	0.765	1.638	2.353	3.182	4.541	5.841	7.453	10.215	12.924
4	0.271	0.741	1.533	2.132	2.776	3.747	4.604	5.598	7.173	8.610
⋮										
13	0.259	0.694	1.350	1.771	2.160	2.650	3.012	3.372	3.852	4.221
14	0.258	0.692	1.345	1.761	2.145	2.624	2.977	3.326	3.787	4.140
15	0.258	0.691	1.341	1.753	2.131	2.602	2.947	3.286	3.733	4.073
16	0.258	0.690	1.337	1.746	2.120	2.583	2.921	3.252	3.686	4.015
17	0.257	0.689	1.333	1.740	2.110	2.567	2.898	3.222	3.646	3.965
18	0.257	0.688	1.330	1.734	2.101	2.552	2.878	3.197	3.610	3.922
19	0.257	0.688	1.328	1.729	2.093	2.539	2.861	3.174	3.579	3.883
20	0.257	0.687	1.325	1.725	2.086	2.528	2.845	3.153	3.552	3.850

- 공식에 각각의 값들을 대입하면, $25-2.131\frac{2}{\sqrt{16}}\le\mu\le 25+2.131\frac{2}{\sqrt{16}}$
- 따라서 모평균에 대한 신뢰구간은 $23.93\le\mu\le 26.07$이 된다.

34 해설 • 같거나 서로 다른 여러 가지 모형들의 예측/분류 결과를 종합하여 최종적인 의사결정에 활용하는 기법은 앙상블 기법(Ensemble Technique)이다.

- 임곗값 이동(Cut-Off Value Moving)은 임곗값(Threshold)을 데이터가 많은 쪽으로 이동시키는 방법으로 학습 단계에서는 변화 없이 학습하고, 테스트 단계에서 임곗값을 이동하는 방법이다.

35 해설 임곗값 이동(Cut-Off Value Moving)은 임곗값을 데이터가 많은 쪽으로 이동시키는 방법으로 학습 단계에서는 변화 없이 학습하고 테스트 단계에서 임곗값을 이동한다.

36 해설 • 주어진 시간 또는 영역에서 어떤 사건의 발생 횟수를 나타내는 확률 분포이므로 포아송 분포를 사용한다.

- 4분에 2명씩 오면 2분에 1명씩 오기 때문에 사건 발생 확률은 λ=1이다.
- 2분 동안 0명 또는 1명이 온다고 했으므로 n=0일 때, n=1일 때 포아송 값을 합쳐야 한다.

$$P=\sum_{n=0}^{1}\frac{\lambda^n e^{-\lambda}}{n!}=\frac{1^0\times e^{-1}}{0!}+\frac{1^1\times e^{-1}}{1!}$$
$$=e^{-1}+e^{-1}=2e^{-1}$$
$$=\frac{2}{e}$$

37 **해설** 검정 통계량 및 이의 확률분포에 근거하여 귀무가설이 참일 때 귀무가설을 기각하게 되는 제1종 오류를 범할 확률은 p-값(p-Value)이다.

38 **해설** 확률 질량 함수와 누적 질량 함수의 개념은 아래와 같다.

확률 질량 함수	이산확률변수에서 특정 값에 대한 확률을 나타내는 함수
누적 질량 함수	이산확률변수가 특정 값보다 작거나 같을 확률을 나타내는 함수

39 **해설** • 정규분포를 따르는 모집단에서 모표준편차가 알려져 있으므로 Z-분포를 이용한다.
• 95% 신뢰구간이므로 α=0.05이고, 따라서 $Z_{\frac{\alpha}{2}}=Z_{0.025}$이다.

$$\bar{X}-Z_{\frac{\alpha}{2}}\frac{\sigma}{\sqrt{n}}\le\mu\le\bar{X}+Z_{\frac{\alpha}{2}}\frac{\sigma}{\sqrt{n}}$$
$$=52-1.96\frac{16}{\sqrt{16}}\le\mu\le52+1.96\frac{16}{\sqrt{16}}$$
$$=44.16\le\mu\le59.84$$

40 **해설** • 귀무가설은 현재까지 주장되어 온 것이거나 기존과 비교하여 변화 혹은 차이가 없음을 나타내는 가설이다.
• 대립가설은 표본을 통해 확실한 근거를 가지고 입증하고자 하는 가설이다.

41 **해설** • 데이터에 숨어있는, 동시에 발생하는 사건 혹은 항목 간의 규칙을 수치화하는 모델은 연관규칙 모델(Association Rule Model)이다.
• 예측 모델(Prediction Model)은 범주형 및 수치형 등의 과거 데이터로부터 특성을 분석하여 다른 데이터의 결괏값을 예측하는 기법이다.
• 예측 모델 기법으로는 회귀 분석, 의사결정나무, 인공신경망 모델, 시계열 분석 등이 있다.

42 **해설** • 구매자의 나이가 구매 차량의 유형에 어떤 영향을 미치는가? 분석에 활용되는 분석 모형은 회귀 분석이다.
• 분류 분석은 '이 사용자는 어떤 특성을 가진 집단에 속하는가?'라는 분석에 활용된다.

43 **해설** • 지도 학습 유형에는 로지스틱 회귀, 인공신경망 분석(ANN), 의사결정나무, 서포트 벡터 머신(SVM), 랜덤 포레스트 등이 있다.
• Q-Learning은 강화 학습의 유형이다.

44 **해설** $P(A)$, $P(B)$는 다음과 같다.

버섯을 구매할 확률	$P(A)=\frac{100+300}{1200}=\frac{1}{3}$
치즈를 구매할 확률	$P(B)=\frac{300+500}{1200}=\frac{2}{3}$

지지도, 신뢰도, 향상도는 다음과 같다.

지지도	$P(A\cap B)=\frac{300}{1200}=\frac{1}{4}$
신뢰도	$\frac{지지도}{P(A)}=\frac{1/4}{400/1200}=\frac{3}{4}$
향상도	$\frac{신뢰도}{P(B)}=\frac{3/4}{800/1200}=\frac{9}{8}$

45 **해설** 군집 간의 거리 측정을 위해 유클리드 거리, 맨하튼 거리, 민코프스키 거리, 표준화 거리, 마할라노비스 거리 등을 활용한다.

46 **해설** • 상관관계가 있는 고차원 자료를 자료의 변동을 최대한 보존하는 저차원 자료로 변환하는 차원축소 방법이다.
• 차원축소는 고윳값이 높은 순으로 정렬해서, 높은 고윳값을 가진 고유벡터만으로 데이터를 복원한다.
• 분석을 통해 나타나는 주성분으로 변수들 사이의 구조를 쉽게 이해하기는 어렵다.

47 **해설** • 회귀 분석은 하나 이상의 독립변수들이 종속변수에 미치는 영향을 추정할 수 있는 통계 기법이다.
• 데이터들이 가진 속성들로부터 분할 기준 속성을 판별하고, 분할 기준 속성에 따라 트리 형태로 모델링하는 분류 예측 모델은 의사결정나무이다.

48 **해설** 측정값을 기초로 하여 제곱합을 만들고 그것을 최소로 하는 값을 구하여 측정결과를 처리하는 방법으로 오차 제곱의 합이 가장 작은 해를 구하는 것을 의미하는 것은 최소 제곱법이다

49 **해설** • 다중 선형 회귀 분석에서 모형의 통계적 유의성은 F-통계량으로 확인한다.
• 유의수준 5% 이하에서 F-통계량의 p-값이 0.05보다 작으면 추정된 회귀식은 통계적으로 유의하다고 볼 수 있다.

50 **해설** 의사결정나무는 주어진 입력값에 대하여 출력값을 예측하는 모형으로 분류나무와 회귀나무 모형이 있다.

51 **해설** 활성화 함수 중 시그모이드 함수는 기울기 소실의 원인이었지만, ReLU 함수를 통해 기울기 소실의 문제를 해결하였다

52 해설 • 군집 간의 거리 계산에 사용되는 연속형 변수 거리로는 유클리드 거리, 맨하튼 거리, 민코프스키 거리, 표준화 거리, 마할라노비스 거리 등이 있다.
• 군집 간의 거리 계산에 사용되는 명목형 변수 거리로는 단순 일치 계수(Simple Matching Coefficient), 자카드(Jaccard) 계수 등이 있다.

53 해설 카이제곱 검정 공식은 $\chi^2 = \sum_{i=1}^{k} \frac{(O_i - E_i)^2}{E_i}$ 이다.
$\theta = \frac{\sum(r_i - \bar{r})(s_i - \bar{s})}{\sqrt{\sum(r_i - \bar{r})^2}\sqrt{\sum(s_i - \bar{s})^2}}(-1 \le \theta \le 1)$는 피어슨 상관계수 공식이다.

54 해설

시계열 구성요소	
추계불순	추세 / 계절 / 불규칙 / 순환

55 해설 • DNN은 은닉층(Hidden Layer)을 심층(Deep) 구성한 신경망(Neural Network)으로 학습하는 알고리즘이다.
• CNN은 시각적 이미지를 분석하는 데 사용되는 심층신경망으로 합성곱 신경망이라고도 한다.
• GAN은 생성자(Generator)와 구분자(Discriminator)를 경쟁적으로 학습시키는 적대적 학습 알고리즘이다.
• 입력층, 은닉층, 출력층으로 구성되며 은닉층에서 재귀적인 신경망을 갖는 알고리즘은 RNN이다.

56 해설 • 입력층에서 가중치가 곱해져서 은닉층으로 이동시키고, 은닉층에서도 가중치가 곱해지면서 다음 계층으로 이동하는 딥러닝 알고리즘은 DNN 알고리즘이다.
• RNN(Recurrent Neural Network) 알고리즘은 입력층, 은닉층, 출력층으로 구성되며, 은닉층에서 재귀적인 신경망을 갖고, 장기 의존성 문제와 기울기 소실문제가 발생하여 학습이 이루어지지 않을 수 있다.

57 해설 부호 검정(Sign Test)은 차이의 크기는 무시하고 차이의 부호만을 이용한 중위수(Median)의 위치에 대한 검정 방법으로 자료를 중위수와 차이의 부호인 +와 −의 부호로 전환한 다음 부호들의 수를 근거로 검정한다.

58 해설 • 런(Run)은 동일한 측정값들이 시작하여 끝날 때까지의 덩어리를 말한다.
• 동전의 앞면과 뒷면이 각각 1, 0이라고 할 때 '101001'이 나타났을 경우, 1/0/1/00/1로서 5개의 연속적인 런이라고 한다.

59 해설 • 잘못 분류된 개체들에 가중치를 적용, 새로운 분류 규칙을 만들고, 이 과정을 반복해 최종 모형을 만드는 알고리즘은 앙상블 기법 중 부스팅(Boosting)이다.
• 앙상블 기법 중 배깅(Bagging)은 훈련 데이터에서 다수의 부트스트랩(Bootstrap) 자료를 생성하고, 각 자료를 모델링한 후 결합하여 최종 예측 모형을 만드는 알고리즘이다.

60 해설 • 회귀 분석 유형 중 독립변수가 K개이며 종속변수와의 관계가 선형(1차 함수)인 것은 다중선형 회귀이다.
• 단순선형 회귀는 독립변수가 1개이며 종속변수와의 관계가 직선이다.

61 해설 • 누적 영역 차트는 분포 시각화의 유형으로, 여러 개의 영역 차트를 겹겹이 쌓아놓은 모양의 시각화 방법이다.
• 가로축은 시간을 나타내고 세로축은 데이터를 나타낸다.

62 해설 혼동 행렬에서 Positive/Negative는 예측한 값, True/False는 예측한 값과 실젯값의 비교 결과이다.

63 해설 민감도(Sensitivity)의 계산식은 $\frac{\mathrm{TP}}{\mathrm{TP}+\mathrm{FN}}$이고, 정밀도(Precision)의 계산식은 $\frac{\mathrm{TP}}{\mathrm{TP}+\mathrm{FP}}$이다.

64 해설 모든 데이터를 학습(Training)과 평가(Test)에 사용할 수 있으나, K값이 증가하면 수행 시간과 계산량도 많아지는 교차 검증 기법은 K-fold Cross Validation이다.

65 해설 관계 시각화의 유형으로는 산점도, 산점도 행렬, 버블차트, 히스토그램, 네트워크 그래프 등이 있다.

66 해설 샤피로-윌크 검정은 R에서 sharpiro.test() 함수를 이용하여 검정하며, 이때 귀무가설은 "표본은 정규분포를 따른다."이다.

67 해설 데이터가 어떤 특정한 분포를 따르는가를 비교하는 검정 기법이고, 비교 기준이 되는 데이터를 정규분포를 가진 데이터로 두어서 정규성 검정을 실시할 수 있는 것은 콜모고로프-스미르노프 적합성 검정(Kolmogorov-Smirnov Goodness of Fit Test; K-S 검정)이다.

68 해설 가중치 규제는 개별 가중치 값을 제한하여 복잡한 모델을 좀 더 간단하게 하는 방법으로 종류에는 L1 규제와 L2 규제가 있다.

69 해설 매개변수의 종류에는 하나의 뉴런에 입력된 모든 값을 다 더한 값(가중합)에 더해주는 상수인 편향(Bias)과 각 입력값에 각기 다르게 곱해지는 수치인 가중치(Weight)가 있다.

70 해설 매개변수 최적화 기법인 Adam은 탐색 경로의 전체적인 경향은 모멘텀 방식처럼 공이 굴러가는 듯하고, 모멘텀 방식보다 좌우 흔들림이 덜 한 특징이 있다.

71 해설 AUC의 값은 1에 가까울수록 우수한 모형으로 판단한다.

72 해설 • 공간 시각화에는 등치선도 기법, 도트맵 기법, 카토그램 기법이 있다.
• 비교 시각화에는 히트맵 기법, 평행 좌표 그래프 기법, 체르노프 페이스 기법이 있다.

73 해설 산점도는 직교 좌표계를 이용해 두 개 변수 간의 관계를 나타내는 방법이고, 히스토그램은 자료 분포의 형태를 직사각형 형태로 시각화하여 보여주는 차트로, 수평축에는 각 계급을 나타내고, 수직축에는 도수 또는 상대도수를 나타낸다.

74 해설 • 빅데이터 시각화 도구 중 코딩 없이 스프레드시트, 데이터베이스 형태 데이터를 쉽게 가시화하는 시각화 도구는 차트 블록(Chart Blocks)이다.
• 차트 블록은 웹 기반 차트 구현(트위터, 페이스북 등 공유 가능)한다.

75 해설 • 특이도(Specificity)=TN/(TN+FP)=40/(40+20)=40/60=2/3
• 정밀도(Precision)= TP/(TP+FP) = 55/(55+20)=55/75=11/15

76 해설 • 산점도는 관계 시각화 유형이다.
• 공간 시각화 유형에는 등치지역도, 등치선도, 도트 플롯맵, 버블 플롯맵, 카토그램 등이 있다.

77 해설 오류 및 예외 발생 여부는 실시간 측정을 한다.

78 해설 카파 통계량의 계산식은 $K=\frac{\Pr(a)-\Pr(e)}{1-\Pr(e)}$ 이다.

K: 카파 상관계수 $\Pr(a)$: 예측이 일치할 확률 $\Pr(e)$: 예측이 우연히 일치할 확률

79 해설 분산 분석(ANOVA; Analysis of Variance)은 두 개 이상의 집단 간 비교를 수행하고자 할 때 집단 내의 분산, 총 평균과 각 집단의 평균 차이에 의해 생긴 집단 간 분산 비교로 얻은 F-분포를 이용하여 가설검정을 수행하는 방법이다.

80 해설 각 변수를 표시 지점을 연결선을 통해 그려 별 모양의 도형으로 나타낸 차트는 스타 차트이다.

백전백승 기출문제 정답 및 해설

2021년 2회 정답

01	02	03	04	05	06	07	08	09	10
①	①	②	①	③	②	③	①	②	④
11	**12**	**13**	**14**	**15**	**16**	**17**	**18**	**19**	**20**
②	④	②	②	④	④	③	①	②	①
21	**22**	**23**	**24**	**25**	**26**	**27**	**28**	**29**	**30**
①,②	①	③	④	②	②	②	④	④	④
31	**32**	**33**	**34**	**35**	**36**	**37**	**38**	**39**	**40**
①	①	③	③	③	①	③	②	①	④
41	**42**	**43**	**44**	**45**	**46**	**47**	**48**	**49**	**50**
③	③	③	①	①	②	①	③	②	③
51	**52**	**53**	**54**	**55**	**56**	**57**	**58**	**59**	**60**
④	②	①	③	③	②	②	②	③	②
61	**62**	**63**	**64**	**65**	**66**	**67**	**68**	**69**	**70**
③	④	②	③	②	①	④	①	③	④
71	**72**	**73**	**74**	**75**	**76**	**77**	**78**	**79**	**80**
①	①	③	④	②,③	④	②	③	③	②

01 해설 ETL에 대한 설명이다.

ETL	수집 대상 데이터를 추출, 가공하여 데이터 웨어하우스 및 데이터 마트에 저장하는 기술
CEP	CEP는 여러 이벤트 소스로부터 발생한 이벤트를 실시간으로 추출하여 대응되는 액션을 수행하는 처리 기술
EAI	EAI는 기업에서 운영되는 서로 다른 플랫폼 및 애플리케이션들 간의 정보 전달, 연계, 통합을 가능하게 해 주는 연계 기술
ODS	데이터에 대한 추가 작업을 위해 다양한 데이터 원천(Source)들로부터 데이터를 추출 및 통합한 데이터베이스

02 해설 • Sigmoid는 기울기 소실 문제로 인해 ReLU, tanh와 같은 활성화 함수를 많이 사용한다.
- 딥러닝은 은닉층을 사용하여 결과에 대한 해석이 어렵다.
- Dropout은 일정한 비율을 가지고 무작위로 신경망을 제거한다.

03 해설

빅데이터 분석 방법론 절차	
기준 분시평	분석 기획 / 데이터 준비 / 데이터 분석 / 시스템 구현 / 평가 및 전개

04 해설 레이블을 통해서만 학습 하는 기법은 지도학습이다.

지도 학습	정답인 레이블(Label)이 포함되어 있는 훈련 데이터를 통해 학습시키는 방법
비지도 학습	입력 데이터에 대한 정답인 레이블(Label)이 없는 상태에서 훈련 데이터를 통해 학습시키는 방법
강화학습	선택 가능한 행동들 중 보상을 최대화하는 행동 혹은 행동 순서를 선택하는 학습 방법
준지도 학습	정답인 레이블(Label)이 포함되어 있는 훈련 데이터와 레이블(Label)이 없는 훈련 데이터를 모두 훈련에 사용하는 학습 방법

05 해설 t-근접성은 특정 정보의 분포와 전체 데이터 집합에서 정보의 분포가 t이하의 차이를 보이도록 해야 한다.

k-익명성 (k-anonymity)	• 주어진 데이터 집합에서 같은 값이 적어도 k개 이상 존재하도록 하여 쉽게 다른 정보로 결합할 수 없도록 하는 모델 • 공개된 데이터에 대한 연결 공격 취약점을 방어하기 위해 제안
l-다양성 (*l*-diversity)	• 주어진 데이터 집합에서 함께 비식별 되는 레코드들은(동질 집합에서) 적어도 *l*개의 서로 다른 민감한 정보를 가져와야 하는 모델 • 비식별 조치 과정에서 충분히 다양한(*l*개 이상) 서로 다른 민감한 정보를 갖도록 동질 집합을 구성 • k-익명성에 대한 두 가지 취약점 공격인 동질성 공격, 배경지식에 의한 공격을 방어하기 위해 제안
t-근접성 (t-closeness)	• 동질 집합에서 특정 정보의 분포와 전체 데이터 집합에서 정보의 분포가 t 이하의 차이를 보여야 하는 모델 • *l*-다양성의 쏠림 공격, 유사성 공격을 보완하기 위해 제안
m-유일성 (m-uniqueness)	• 원본 데이터와 동일한 속성 값의 조합이 비식별 결과 데이터에 최소 m개 이상 존재하도록 하여 재식별 가능성 위험을 낮춘 모델

06 해설 익명화 기법으로는 가명처리, 일반화, 대체, 섭동 등이 있다.

가명 (Pseudonym)	개인 식별이 가능한 데이터에 대하여 직접 식별할 수 없는 다른 값으로 대체하는 기법
일반화 (Generalization)	더 일반화된 값으로 대체하는 것으로 숫자 데이터의 경우 구간으로 정의하고, 범주화된 속성은 트리의 계층적 구조에 의해 대체하는 기법
섭동 (Perturbation)	동일한 확률적 정보를 가지는 변형된 값에 대하여 원래 데이터를 대체하는 기법
치환 (Permutation)	속성 값을 수정하지 않고 레코드 간에 속성 값의 위치를 바꾸는 기법

개인정보 익명 처리 기법	
가일섭치	가명 / 일반화 / 섭동 / 치환

07 해설 기술 통계는 통계적 수치(평균, 분산, 표준편차)를 계산하고 도출하거나 시각화를 활용하여 데이터에 대한 전반적인 이해를 돕는다.

08 해설 대상별 분석 기획 유형은 최적화, 솔루션, 통찰, 발견 등이 있다.

최적화 (Optimization)	• 분석의 대상이 무엇인지를 인지하고 있는 경우(Known), 즉,해결해야 할 문제를 알고 있고 이미 분석의 방법도 알고 있는 경우(Known) 사용 • 개선을 통한 최적화 형태로 분석을 수행
솔루션 (Solution)	• 분석의 대상은 인지(Known) 하고 있으나 방법을 모르는 경우(Un-Known)에는 해당 분석 주제에 대한 솔루션을 찾아냄
통찰 (Insight)	• 분석의 대상이 명확하게 무엇인지 모르는 경우(Un-Known)에는 기존 분석 방식을 활용(Known)하여 새로운 지식인 통찰을 도출
발견 (Discovery)	• 분석의 대상과 방법을 모르는 경우(Un-Known)에는 발견 접근법으로 분석의 대상 자체를 새롭게 도출

09 해설 입사 지원자에 대한 신원 조회에는 개인정보 수집 및 사용에 대한 동의가 필요하다.

개인정보의 수집·이용이 가능한 경우	
동법소계 3이	정보주체의 동의 / 법률에 특별한 규정 / 공공기관이 법령 등에서 정하는 소관 업무의 수행 / 정보주체와의 계약의 체결 및 이행 / 제3자의 급박한 생명, 신체, 재산의 이익 / 개인정보처리자의 정당한 이익을 달성하기 위하여 필요한 경우

10 해설 업무 규칙을 프로파일 또는 VOC에 의해 도출하고 업무(규정)에 정의된 값이 업무 규칙(BR; Business Rule)으로 저장되어 있는지 검증한다.

11 해설 빅데이터는 전통적으로 3V(Volume, Variety, Velocity)의 특징이 있지만, 최근에는 5V(Veracity, Value 추가), 7V(Validity, Volatility 추가)로 확장되고 있다.

12 해설 분석 문제를 단순화하여 수치나 변수 사이의 관계로 정의하는 것을 모형화라고 한다.

연구 조사	목표 달성을 위한 각종 문헌을 조사
탐색적 데이터 분석	수집한 데이터를 분석하기 전에 그래프나 통계적인 방법을 이용하여 다양한 각도에서 데이터의 특징을 파악하고 자료를 직관적으로 바라보는 분석 방법
요인분석	모형을 세운 뒤 관찰 가능한 데이터를 이용하여 해당 잠재 요인을 도출하고 데이터 안의 구조를 해석하는 기법
모형화	분석 문제를 단순화하여 수치나 변수 사이의 관계로 정의하는 방법

13 해설 • 진단 분석(Diagnosis Analysis)은 데이터를 기반으로 왜 발생했는지 이유를 확인하는 분석이다.
• 가트너의 분석 가치 에스컬레이터(Analytic Value Escalator)는 아래와 같다.

묘사 분석 (Descriptive Analysis)	• 분석의 가장 기본적인 지표 • 과거에 어떤 일이 일어났고 현재는 무슨 일이 일어나고 있는지 확인
진단 분석 (Diagnostic Analysis)	• 묘사 단계에서 찾아낸 분석의 원인을 이해하는 과정 • 데이터를 기반으로 왜 발생했는지 이유를 확인
예측 분석 (Predictive Analysis)	• 데이터를 통해 기업 혹은 조직의 미래, 고객의 행동 등을 예측하는 과정 • 무슨 일이 일어날 것인지를 예측
처방 분석 (Prescriptive Analysis)	• 예측을 바탕으로 최적화하는 과정 • 무엇을 해야 할 것인지를 확인

14 해설 데이터 이상값 발생 원인에는 표본추출 오류, 고의적인 이상값, 데이터 입력 오류, 실험 오류, 측정 오류가 있다.

데이터 이상값 발생 원인	
표고 입실측	표본추출 오류 / 고의적인 이상값 / 데이터 입력 오류 / 실험 오류 / 측정 오류

15 해설 크롤링은 인터넷상에서 제공되는 다양한 웹 사이트로부터 소셜 네트워크 정보, 뉴스, 게시판 등의 웹 문서 및 콘텐츠 수집 기술이다.

16 해설 데이터 분석 성숙도 모델은 도입, 활용, 확산, 최적화 단계로 구성된다.

도입 단계	분석을 시작해 환경과 시스템을 구축
활용 단계	분석 결과를 실제 업무에 적용
확산 단계	전사 차원에서 분석을 관리하고 공유
최적화 단계	분석을 진화시켜서 혁신 및 성과 향상에 기여

성숙도 단계	
도활확최	도입 / 활용 / 확산 / 최적화

17 해설 개인정보의 파기 사유는 개인에게 통지하지 않아도 된다.

개인정보의 수집·이용을 위해 정보주체의 동의를 받을 때 고지사항(15조 2항)	
목항기불	개인정보의 수집·이용 목적 / 수집하려는 개인정보의 항목 / 개인정보의 보유 및 이용 기간 / 동의를 거부할 권리가 있다는 사실 및 동의 거부에 따른 불이익이 있는 경우에는 그 불이익의 내용

18 해설 상향식 접근방식에서 특정 업무 영역의 주제 지향적 분석기회를 발굴하는 절차는 프로세스 분류 → 프로세스 흐름 분석 → 분석 요건 식별 → 분석 요건 정의이다.

구분	설명
프로세스 분류	전사 업무 프로세스를 가치사슬, 메가 프로세스, 메이저 프로세스, 프로세스 단계로 구조화해 업무 프로세스 정의
프로세스 흐름 분석	프로세스 맵을 통해 프로세스별로 업무 흐름을 상세히 표현
분석 요건 식별	각 프로세스 맵 상의 주요 의사결정 포인트 식별
분석 요건 정의	각 의사결정 시점에 무엇을 알아야만 의사결정을 할 수 있는지 정의

상향식 접근 방법	
분흐식정	프로세스 분류 / 프로세스 흐름 분석 / 분석 요건 식별 / 분석 요건 정의

19 해설 필수 항목에 누락이 없어야 하는 것은 완전성이다.

구분	설명
완전성	수집된 빅데이터 질이 충분하고 완전한지에 대한 품질 관리 기준을 정의
유일성	수집된 빅데이터 처리 용이성, 하드웨어 및 소프트웨어 제약 사항 관련 품질 관리 기준을 정의
일관성	수집된 빅데이터와 원천소스가 연결되지 않는 비율 정도
정확성	자료의 값들이 허용 범위 내에 존재하는지 여부

20 해설
- IT 거버넌스는 IT 자원과 정보를 통해 조직의 경영목표를 충족시킬 수 있는 계획을 개발하고 통제하는 프로세스이다.
- 데이터 레이크는 정형, 반정형, 비정형 데이터를 비롯한 모든 가공되지 않은 다양한 종류의 데이터(Raw Data)를 저장할 수 있는 시스템 또는 중앙 집중식 데이터 저장소이다.
- 데이터 리터러시는 데이터를 기술적으로 다루는 것에서부터 데이터에 숨겨진 의미있는 인사이트를 도출해내는 등 데이터 활용 과정 전반에 필요로 하는 역량이다.

21 해설
- 평균과 분산은 박스 플롯으로 알 수 없다.
- 박스 플롯의 구성 요소는 아래의 표와 같다.

구분	설명
하위 경계	제1 사분위에서 1.5 IQR을 뺀 위치
최솟값	하위 경계 내의 관측치의 최솟값
제1 사분위	자료들의 하위 25%의 위치를 의미
제2 사분위 (중위수)	자료들의 50%의 위치로 중위수(Median)를 의미
제3 사분위	자료들의 하위 75%의 위치를 의미
최댓값	상위 경계 내의 관측치의 최댓값
상위 경계	제3 사분위에서 IQR의 1.5배 위치
수염	제1 사분위, 제 3 사분위로부터 IQR의 1.5배 내에 있는 가장 멀리 떨어진 데이터까지 이어진 선
이상값	수염보다 바깥쪽에 데이터가 존재한다면, 이상값으로 분류

22 해설 변수 선택 방법은 다음과 같다.

구분	설명
전진 선택법	영향력이 가장 큰 변수를 하나씩 추가하는 변수 선택 기법
후진 소거법	모든 변수가 포함된 모형에서 시작하여 영향력이 가장 작은 변수를 하나씩 삭제하는 변수 선택 기법
단계적 방법	후진 소거법과 전진 선택법의 절충적인 형태의 기법

23 해설 불균형 문제를 처리하지 않으면 모델은 가중치가 더 높은 클래스를 더 예측하려고 하므로 정확도(Accuracy)는 높아질 수 있지만 분포가 작은 클래스의 재현율(Recall)은 낮아지는 문제가 발생할 수 있다.

24 해설 파생변수 생성 방법은 다음과 같다.

구분	설명
단위 변환	주어진 변수의 단위 혹은 척도를 변환하여 새로운 단위로 표현
표현 형식 변환	단순한 표현 방법으로 변환
요약 통계량 변환	요약 통계량 등을 활용하여 생성
변수 결합	다양한 함수 등 수학적 결합을 통해 새로운 변수를 정의

25 해설
- $P(E)$: 불량품이 발생할 확률.
- $P(A)$: A 공장의 생산율= 0.5, $P(E|A)$: A 공장에서 불량품이 발생할 확률=0.01,
- $P(B)$: A 공장의 생산율=0.3, $P(E|B)$: B 공장에서 불량품이 발생할 확률=0.02,
- $P(C)$: A 공장의 생산율=0.2, $P(E|C)$: C 공장에서 불량품이 발생할 확률=0.03일 때
- $P(C|E)$를 구하는 문제이다. 베이즈 정리에 의해서

$$P(C|E) = \frac{P(E|C) \times P(C)}{P(E|A) \times P(A) + P(E|B) \times P(B) + P(E|C) \times P(C)}$$

$$= \frac{(0.03 \times 0.2)}{(0.5 \times 0.01) + (0.3 \times 0.02) + (0.2 \times 0.03)} = \frac{6}{17}$$

26 **해설** • 정규분포를 따르는 모집단에서 모 표준편차가 알려져 있으므로 Z-분포를 이용한다.

• 90% 신뢰 구간이므로 $\alpha = 0.1$이고, 따라서 $Z_{\frac{\alpha}{2}} = Z_{0.05}$이다.

$$\overline{X} - Z_{\frac{\alpha}{2}} \frac{\sigma}{\sqrt{n}} \le \mu \le \overline{X} + Z_{\frac{\alpha}{2}} \frac{\sigma}{\sqrt{n}}$$

$$= 90 - 1.645 \frac{8}{\sqrt{25}} \le \mu \le 90 + 1.645 \frac{8}{\sqrt{25}}$$

• 따라서 모평균의 90% 신뢰구간은 $87.368 \le \mu \le 92.632$ 이다.

27 **해설** 확률 밀도 함수의 최대우도 추정값은 최대 우도법을 이용한다.

① $L^*(\theta) = \sum_{i=1}^{n} \ln f_\theta(x_i)$ 공식에 값을 넣어 계산

$$L^*(t|\theta) = \sum_{i=1}^{5} \ln f(t|\theta) = \ln\theta e^{-2\theta} + \ln\theta e^{-\theta} + 3\ln\theta e^{-3\theta}$$

$$= \ln\theta - 2\theta + \ln\theta - \theta + 3\ln\theta - 9\theta$$

$$= 5\ln\theta - 12\theta$$

② 양변을 미분

$$\frac{\partial}{\partial\theta} L^*(t|\theta) = \frac{\partial}{\partial\theta}(5\ln\theta - 12\theta)$$

③ $\frac{\partial}{\partial\theta} L^*(t|\theta) = 0$을 넣어 계산

$$0 = \frac{\partial}{\partial\theta}(5\ln\theta - 12\theta)$$

$$0 = 5\frac{1}{\theta} - 12$$

$$\theta = \frac{5}{12}$$

28 **해설** 산점도는 직교 좌표계를 이용하여 좌표상의 점들을 표현하는 관계 시각화 유형으로 두 변수 사이의 상관관계를 알 수 있다.

29 **해설** 두 변수 간에 직선 관계가 있는지를 나타낼 때 표본상관계수를 이용한다.

30 **해설** 평행 좌표계에 대한 설명은 다음과 같다.

• 여러 축을 평행으로 배치하는 비교 시각화 기술로 수직선엔 변수를 배치한다.

• 측정 대상은 변수 값에 따라 위아래로 이어지는 연결선으로 표현한다.

• 데이터 분석의 초기 단계에서 많은 변수들 중 변수들 간의 경향을 찾을 때 유용하다.

31 **해설** • 표본의 크기가 30보다 작은 소표본이므로 자유도가 n-1인 t-분포를 따른다.

• 표본평균 $\overline{X} = 170$, 표본 분산 $s^{2=25}$이며 자유도가 24인 t-분포이다.

• 95% 신뢰 구간이므로 $\alpha = 0.05$이고 따라서 $\frac{\alpha}{2} = 0.025$가 된다. t-분포의 신뢰 구산 공식에 각 값들을 대입한다.

$$\overline{X} - t_{\frac{\alpha}{2}, n-1} \frac{s}{\sqrt{n}} \le \mu \le \overline{X} + t_{\frac{\alpha}{2}, n-1} \frac{s}{\sqrt{n}}$$

$$= 170 - t_{0.025, 24} \frac{5}{\sqrt{25}} \le \mu \le 170 - t_{0.025, 24} \frac{5}{\sqrt{25}}$$

• 자유도가 24이고 $\alpha = 0.025$인 값을 t-분포표에서 찾으면 $t_{0.025, 24}$의 값은 2.064이다.

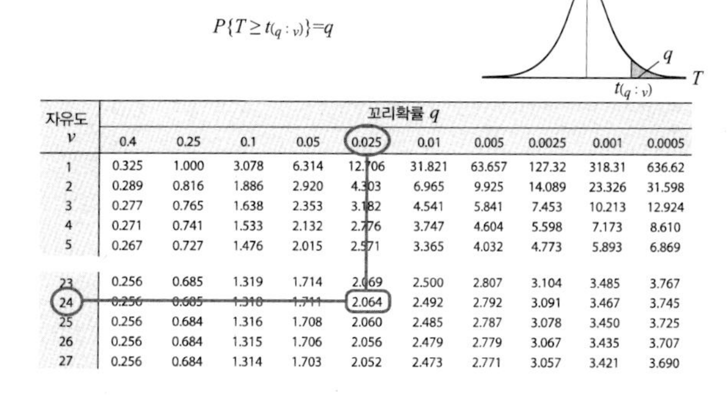

자유도 v	꼬리확률 q									
	0.4	0.25	0.1	0.05	0.025	0.01	0.005	0.0025	0.001	0.0005
1	0.325	1.000	3.078	6.314	12.706	31.821	63.657	127.32	318.31	636.62
2	0.289	0.816	1.886	2.920	4.303	6.965	9.925	14.089	23.326	31.598
3	0.277	0.765	1.638	2.353	3.182	4.541	5.841	7.453	10.213	12.924
4	0.271	0.741	1.533	2.132	2.776	3.747	4.604	5.598	7.173	8.610
5	0.267	0.727	1.476	2.015	2.571	3.365	4.032	4.773	5.893	6.869
23	0.256	0.685	1.319	1.714	2.069	2.500	2.807	3.104	3.485	3.767
24	0.256	0.685	1.318	1.711	2.064	2.492	2.792	3.091	3.467	3.745
25	0.256	0.684	1.316	1.708	2.060	2.485	2.787	3.078	3.450	3.725
26	0.256	0.684	1.315	1.706	2.056	2.479	2.779	3.067	3.435	3.707
27	0.256	0.684	1.314	1.703	2.052	2.473	2.771	3.057	3.421	3.690

• 따라서 170−2.064≤키≤170+2.064이므로 정답은 167.936≤키≤ 172.064이다.

32 **해설** 표본의 개수가 많을수록 표본 오차는 감소한다.

33 **해설** ⓐ와 ⓓ는 올바른 결정이며, ⓑ는 실제로 틀린 것을 옳다고 예측한 경우이므로 제2종 오류이다. ⓒ는 반대로 실제로 옳은 것을 틀리게 예측한 경우이므로 제1종 오류이다.

34 **해설** • 데이터 간 높은 상관관계가 존재하는 상황에서 상관관계를 제거하여 분석의 용이성이 증가한다.

• 주성분 분석에서 누적 기여율이 85% 이상인 지점까지 주성분의 수로 결정한다.

• 스크리 산점도의 기울기가 완만해지기 직전까지 주성분의 수로 결정할 수 있다.

35 **해설** 상위 3명으로 인한 이상치에 영향을 받지 않으며, A구단의 연봉을 대표할 수 있는 통계량은 중위수이다.

36 **해설** 층화추출법이란 이질적인 원소들로 구성된 모집단에서 각 계층을 고루 대표할 수 있도록 표본을 추출하는 방법으로 유사한 원소끼리 몇 개의 층으로 나누어 각 층에서 랜덤 추출하는 방법이다.

37 **해설** 임계값(Cut-off value) 이동은 데이터가 많은 클래스로 임계값을 이동시키는 방법으로 학습 단계에서는 그대로 학습하고 테스트 단계에서 임계값을 이동한다.

38 해설 정규분포, F-분포, 지수분포는 연속확률분포이고 이항분포는 이산 확률 분포이다.

39 해설 독립적인 두 카이제곱 분포가 있을 때, 두 확률변수의 비를 나타내는 확률 분포는 F-분포이다.

40 해설 표본의 크기인 n의 크기가 클 경우에 중심 극한 정리에 의하여 T-분포는 정규분포를 따른다.

41 해설
- 가장 적은 영향을 주는 변수부터 하나씩 제거하면서 더 이상 유의하지 않은 변수가 없을 때까지 설명변수들을 제거하고 이때의 모형을 선택하는 방법은 후진 소거법이다.
- 중위 선택법은 존재하지 않는 방법이다.

전진 선택법 (Forward Selection)	절편만 있는 상수 모형부터 시작해 중요하다고 생각되는 설명변수를 차례로 모형에 추가하는 방식
후진 소거법 (Backward Elimination)	독립변수 후보 모두를 포함한 모형에서 출발해 제곱합의 기준으로 가장 적은 영향을 주는 변수부터 하나씩 제거하면서 더 이상 유의하지 않은 변수가 없을 때까지 설명변수들을 제거하고 이때의 모형을 선택하는 방법
단계적 방법 (Stepwise Method)	변수를 추가하면서 새롭게 추가된 변수에 기인해 기존 변수가 그 중요도가 약화 되면 해당 변수를 제거하는 단계별 추가 또는 제거되는 변수의 여부를 검토해 더 이상 없을 때 중단하는 방법

42 해설
- 인공신경망의 목적은 출력 층에서 계산된 출력과 실제 출력의 값 차이를 최소화시키는 가중치를 알아내는 것이다.
- 인공신경망에서 가중치의 변화에 따른 오차의 변화를 계산한다.
- 인공신경망에서 뉴런(노드)은 인공신경망의 가장 기본적인 단위이다.
- CNN에서 필터를 커널 이라고도 한다.

43 해설
- 필터는 이미지(Image)를 지정한 간격(Stride)으로 순회하면서 합성곱을 계산한다.
- 이미지는 5*5 이고 Stride는 1 이므로 필터(3*3)는 아래와 같이 계산한다.

0	0	1	1	1
1	0	0	0	1
1	1	0	0	0
1	1	0	0	0
1	0	0	1	1

\+

0	0	1
1	0	1
0	1	1

=

0×0	0×0	1×1
1×1	0×0	0×1
1×0	1×1	0×1

→ 3

- 이미지에서 필터의 크기인 3*3을 이미지의 값과 계산을 하면 0*0 + 0*0 + 1*1 + 1*1 + 0*0 + 0*1 + 1*0 + 1*1 + 0*1을 계산한 3이 된다.

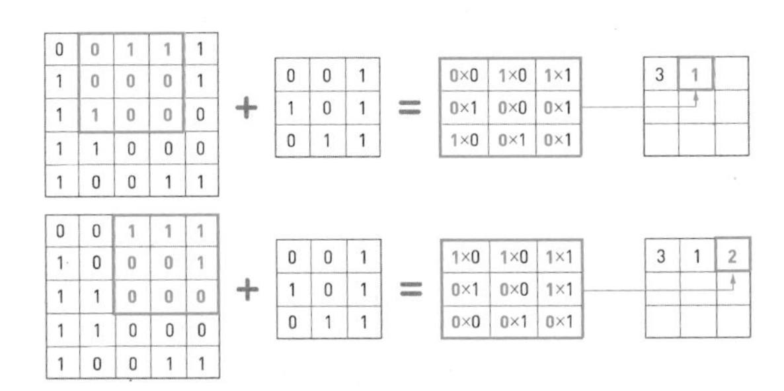

- 위와 같은 과정을 반복하여 3*3 의 Feature Map을 계산한다.

0	0	1	1	1
1	0	0	0	1
1	1	0	0	0
1	1	0	0	0
1	0	0	1	1

\+

0	0	1
1	0	1
0	1	1

=

0×0	0×0	0×1
0×1	0×0	0×1
0×0	1×1	1×1

→

3	1	2
2	1	1
1	2	2

44 해설
- 선형 회귀 모형의 가정은 선형성, 독립성, 등분산성, 비상관성, 정상성이다. 오차와 관련 없는 것은 선형성이다.

선형성	• 독립변수와 종속변수가 선형적이어야 함 • 독립변수의 변화에 따라 종속변수도 일정 크기로 변화
독립성	• 단순선형 회귀 분석에서는 잔차와 독립 변수의 값이 서로 독립적이어야 함 • 다중선형 회귀 분석에서는 독립 변수 간 상관성이 없이 독립적이어야 함
등분산성	• 잔차의 분산이 독립 변수와 무관하게 일정해야 함 • 잔차가 고르게 분포되어야 함
비상관성	• 관측치들의 잔차들끼리 상관이 없어야 함 • 잔차끼리 서로 독립이면 비상관성이 있다고 판단
정규성 (정상성)	• 잔차항이 정규분포의 형태를 이뤄야 함 • Q-Q plot에서는 잔차가 대각방향의 직선의 형태를 띠면 잔차는 정규분포를 따른다고 할 수 있음

45 해설 서포트 벡터 머신은 데이터가 많아질수록 최적화된 테스트를 위한 테스트 과정이 많아져서 다른 모형에 비해 속도가 느리다.

장점	단점
• 서포트 벡터만을 이용해서 결정경계를 생성하므로 데이터가 적을 때 효과적 • 새로운 데이터가 입력되면 전체 데이터 포인트와의 거리를 계산하지 않고 서포트 벡터와의 거리만 계산하면 되기 때문에 연산량 최소화 • 정확성이 뛰어나며, 커널 트릭을 활용하여 비선형 모델 분류 가능 • 다른 모형 보다 과대 적합의 가능성이 낮고, 노이즈의 영향이 적음	• 데이터 전처리 과정이 중요 • 데이터 세트의 크기가 클 경우 모델링에 많은 시간이 소요됨 • 데이터가 많아질수록 최적화된 테스트를 위한 테스트 과정이 많아져서 다른 모형에 비해 속도가 느림 • 커널과 모델의 파라미터를 조절하기 위해 많은 테스트가 필요

46 해설 • 공분산행렬을 사용하여 고윳값이 1보다 큰 주성분의 개수를 이용하는 방법은 PCA이다.
• 스트레스 값은 0에 가까울수록 적합도 수준이 좋고 1에 가까울수록 나쁘다.

47 해설 • 가중치의 제곱합을 추가하는 것은 릿지이다.

라쏘	기존 비용 함수에 모든 가중치 w들의 절댓값 합계를 추가함
릿지	기존 비용 함수에 모든 가중치 w들의 제곱합을 추가함
엘라스틱 넷	기존 비용 함수에 L1규제, L2규제를 추가함

48 해설 • 빅데이터 분석 절차는 문제 인식 → 연구 조사 → 모형화 → 자료 수집 → 자료 분석 → 분석 결과 공유이다.

	빅데이터 분석 절차
문연모수 분공	문제인식 / 연구조사 / 모형화 / 자료 수집 / 자료 분석 / 분석 결과 공유

49 해설

		종속변수(Y)	
		연속형	이산형/범주형 변수
독립 변수 (X)	연속형 변수	• 회귀 분석 • 인공신경망 모델 • K-최근접 이웃기법 • 의사결정나무(회귀 나무)	• 로지스틱 회귀 분석 • 판별 분석 • K-최근접 이웃기법 • 의사결정나무(분류 나무)
	이산형/범주형 변수	• 회귀 분석 • 인공신경망 모델 • 의사결정나무(회귀 나무)	• 인공신경망 모델 • 의사결정나무(분류 나무) • 로지스틱 회귀 분석

50 해설 • TPR(참 긍정률)은 재현율(Recall), 민감도(Sensitivity)로 공식은 TPR = TP/(TP+FN) = 45/(45+15)=45/60 = 3/4
• FPR(거짓 긍정률) 공식은 FPR = FP/(FP+TN) = 5/(5+235)=1/48

51 해설 • 배깅은 훈련 데이터에서 다수의 부트스트랩 자료를 주어진 자료에서 동일한 크기의 표본을 랜덤 복원추출로 뽑은 자료이며, 가중치를 주어 표본을 추출하는 기법은 부스팅이다.
• 앙상블 기법은 예측력이 약한 모형을 연결하여 강한 모형으로 만드는 기법이다.

앙상블 기법	주요 알고리즘	알고리즘 설명
배깅 (Bagging)	랜덤 포레스트	부트스트랩을 통해 조금씩 다른 훈련 데이터에 대해 훈련된 기초 분류기들을 결합시키는 알고리즘
부스팅 (Boosting)	AdaBoost (Adaptive Boost)	잘못 예측한 데이터에 가중치를 부여하여 오류를 개선하는 알고리즘
	GBM (Gradient Boost Machine)	경사 하강법(Gradient Descent)을 이용하여 가중치를 업데이트함으로써 최적화된 결과를 얻는 알고리즘

52 해설 전 확률의 정리 공식에 따르면 $P(x)=P(A\cap x)+P(B\cap x)$이다.

베이즈 정리는 $P(B|x)=\dfrac{P(B\cap x)}{P(x)}$

$=\dfrac{P(B)P(x|B)}{P(A)P(x|A)+P(B)P(x|B)}$ 이다.

53 해설

K-Fold	데이터 집합을 무작위로 동일 크기를 갖는 K개의 부분 집합으로 나누고, 그중 1개 집합을 평가 데이터(Test Set)로, 나머지 (K-1)개 집합을 훈련 데이터(Training Set)로 선정하여 분석 모형을 평가하는 기법
홀드아웃 (Holdout)	전체 데이터를 비복원추출 방법을 이용하여 랜덤하게 훈련 데이터(Training Set)와 평가 데이터(Test Set)로 나눠 검증하는 기법
Dropout	인공신경망의 학습 과정에서 신경망 일부를 사용하지 않는 기법
Cross Validation	모델의 일반화 오차에 대해 신뢰할 만한 추정치를 구하기 위해 훈련, 평가 데이터를 기반으로 하는 검증 기법

54 해설 페이스북 사진으로 사람을 분류하기 위해 비지도 학습을 활용한다.

항목	비지도 학습	지도 학습
설명	레이블이 없는 훈련 데이터를 사용하여 시스템이 스스로 학습하는 방법	정답인 레이블이 포함되어 있는 훈련 데이터를 통해 컴퓨터를 학습시키는 방법
특징	예측의 문제보다는 주로 현상의 설명, 특징/패턴 도출, 분류 등의 문제 해결에 활용	주로 인식, 분류, 진단 예측 등의 문제 해결에 활용

55

군집	• 각 개체에 대해 관측된 여러 개의 변숫값에서 유사한 성격을 갖는 몇 개의 군집으로 집단화하여 군집들 사이의 관계를 분석하는 다변량 분석 기법
예측	• 범주형 및 수치형 등의 과거 데이터로부터 특성을 분석하여 다른 데이터의 결괏값을 예측하는 기법
분류	• 범주형 변수 혹은 이산형 변수 등의 범주를 예측하는 것으로, 다수의 속성 혹은 변수를 가지는 객체들을 사전에 정해진 그룹이나 범주 중의 하나로 분류하는 모델
연관성	• 데이터에 숨어있으면서 동시에 발생하는 사건 혹은 항목 간의 규칙을 수치화하는 것

56

군집	• 각 개체에 대해 관측된 여러 개의 변숫값에서 유사한 성격을 갖는 몇 개의 군집으로 집단화하여 군집들 사이의 관계를 분석하는 다변량 분석 기법
분류	• 범주형 변수 혹은 이산형 변수 등의 범주를 예측하는 것으로, 다수의 속성 혹은 변수를 가지는 객체들을 사전에 정해진 그룹이나 범주 중의 하나로 분류하는 모델
연관성	• 데이터에 숨어있으면서 동시에 발생하는 사건 혹은 항목 간의 규칙을 수치화하는 것

57 • ARIMA 차수에 따른 모형은 다음과 같다.

ARIMA(0,0,0)	백색잡음 모형
ARIMA(0,1,0)	확률 보행 모형
ARIMA(p,0,0)	자기 회귀 모형
ARIMA(0,0,q)	이동평균 모형

58 해설 비정형 데이터는 스키마 구조 형태를 가지지 않고 고정된 필드에 저장되지 않는 데이터이며 텍스트, 이미지, 오디오, 비디오 등이 있다.

텍스트	문자/문자열 형태로 저장
이미지	RGB 방식으로 저장
오디오	시간에 따른 진폭(Amplitude) 형태로 저장
비디오	이미지 스트리밍으로 저장

59
• 의사결정나무가 트리의 수가 많아지면 Overfit이 될 수 있으며, 이 문제를 해결한 알고리즘이 랜덤 포레스트이다.
• 랜덤 포레스트는 여러 개의 의사결정 트리를 모아놓은 구조이며, 훈련을 통해 다수의 나무들로부터 투표를 통해 분류 결과를 도출한다.
• 랜덤 포레스는 앙상블 기법으로 분류기를 여러 개 쓸수록 성능이 좋아진다.

60
• K-Fold Cross Validation은 데이터 집합을 무작위로 동일 크기를 갖는 K개의 부분 집합으로 나누고, 그중 1개 집합을 평가 데이터(Test Set)로, 나머지 (K-1)개 집합을 훈련 데이터(Training Set)로 선정하여 분석 모형을 평가하는 기법이다.
• 모든 데이터를 훈련(Training)과 평가(Test)에 사용할 수 있으나 k번 반복 수행하며 K값이 증가하면 수행 시간과 계산량도 많아진다.

61 해설
• 편향(Bias)은 학습 알고리즘에서 잘못된 가정을 했을 때 발생하는 오차이다.
• 분산(Variance)은 훈련 데이터(Training Set)에 내재된 작은 변동으로 발생하는 오차이다.
• 이상적인 모형에서는 낮은 편향과 낮은 분산으로 설정되어야 한다.

62 해설 초매개변수로 설정 가능한 예시로는 학습률(Learning Rate), 의사결정 나무의 깊이(Depth), 신경망에서 은닉층(Hidden Layer)의 개수 등이 있다.

63 해설 산점도는 변수 간에 순서쌍을 한 점으로 표시하여 변수의 관계를 나타낸 그래프로 관계 시각화 방법이다.

관계 시각화 유형	
산행버히네	산점도 / 산점도 행렬 / 버블 차트 / 히스토그램 / 네트워크 그래프

64 해설
• 스타 차트는 각 변수를 표시 지점을 연결선을 통해 그려 별 모양의 도형으로 나타낸 차트이다.
• 설명 변수가 늘어날수록 축이 늘어나는 특징을 가진다.

65 해설 임곗값 이동(Cut-Off Value Moving)은 임곗값을 데이터가 많은 쪽으로 이동시키는 방법이다.

66 해설
• x축은 특이도가 아닌 거짓 긍정률(FP Rate)(=1−특이도)이다.
• y축은 참 긍정률(TP Rate) = 재현율(Recall) = 민감도(Sensitivity)이다.

67 해설
• 특이도(Specificity) 공식은
Specificity=TN/(TN+FP) = 75/(75+15)=75/90=5/6
• 정밀도(Precision) 공식은
Precision=TP/(TP+FP)=25/(25+15)= 25/40=5/8

68 해설 사람에 의해 수작업으로 설정하는 것은 매개변수가 아닌 초매개변수이다.

69 해설

엘보우 (Elbow) 기법	x축에 클러스터의 개수(k 값)를 y축에 SSE(= $\sum_{i=1}^{n}(y_i - \hat{y})^2$) 값을 두었을 때 기울기가 완만한 부분(팔꿈치 부분)에 해당하는 클러스터를 선택하는 기법
실루엣 (Silhouette) 기법	각 군집 간의 거리가 얼마나 분리 되었는지를 나타냄 실루엣 계수를 두는데, 1에 가까울수록 군집 간 거리가 멀어서 최적화가 잘 되어 있다고 할 수 있고, 0에 가까울수록 군집간 거리가 가까워서 최적화가 잘 안 되어 있다고 할 수 있음

70 해설 • F1-Score는 정밀도와 민감도(재현율)를 하나로 합한 성능평가 지표로 0~1 사이의 범위를 갖는다.

- F1-Score를 표기하는 식은 $2 \times \frac{Precision \times Recall}{Precision + Recall}$이다.
- 정밀도(Precision)와 민감도(Recall) 양쪽이 모두 클 때 F1-Score도 큰 값을 갖는다.

71 해설

로지스틱 회귀분석	독립 변수가 수치형이고 반응변수(종속변수)가 범주형(이항형)인 경우 적용되는 회귀 분석 모형
k-평균 군집 (k-means clustering)	K개 소집단의 중심좌표를 이용하여 각 객체와 중심좌표 간의 거리를 산출하고, 가장 근접한 소집단에 배정한 후 해당 소집단의 중심좌표를 업데이트하는 방식의 군집화 알고리즘
주성분 분석	데이터 분포를 잘 설명함과 동시에 정보의 손실을 최소화하도록 고차원의 데이터를 저차원의 데이터로 변환하는 차원 축소 분석 기법
DBSCAN	개체들의 밀도(Density) 계산을 기반으로 밀접하게 분포된 개체들끼리 그룹핑하는 군집분석 알고리즘

72 해설 적합도 검정에서 자유도는 (범주의 수) − 1이다.

73 해설 인포그래픽은 복잡한 데이터를 그래픽을 활용하여 이해하기 쉽게 표현하는 시각화 방법이다.

74
- 분석모형 평가방법은 종속변수 유형에 따라 다르다.
- 종속변수가 범주형인 경우 혼동행렬을 사용하며, 연속형인 경우 RMSE를 사용한다.
- 종속변수가 범주형일 때 임곗값이 바뀌면 정분류율은 변한다.

75 해설

지표	계산식	설명
특이도 (Specificity)	TN/(TN+FP)	실제로 '부정'인 범주 중에서 '부정'으로 올바르게 예측(TN)한 비율
민감도 (Sensitivity)	TP/(TP+FN)	실제로 '긍정'인 범주 중에서 '긍정'으로 올바르게 예측(TP)한 비율
거짓 긍정률 (FP Rate)	FP/(TN+FP)	실제로 '부정'인 범주 중에서 '긍정'으로 잘못 예측(FP)한 비율
정밀도 (Precision)	TP/(TP+FP)	'긍정'으로 예측한 비율 중에서 실제로 '긍정'(TP)인 비율

76 해설 최종 모형을 선정할 때에는 데이터 수가 많아서 검증 데이터가 많더라도 테스트 데이터로 성능을 확인하는 과정은 필요하다.

77 해설 분석 모형 개발과 피드백 적용을 반복적으로 수행하여 분석 모형의 성능을 향상시킨다.

78 해설 시계열 분해 그래프의 관측치(Observed)를 통해 추세(Trend), 계절성(Seasonal), 잔차(Residual)를 알 수 있다.

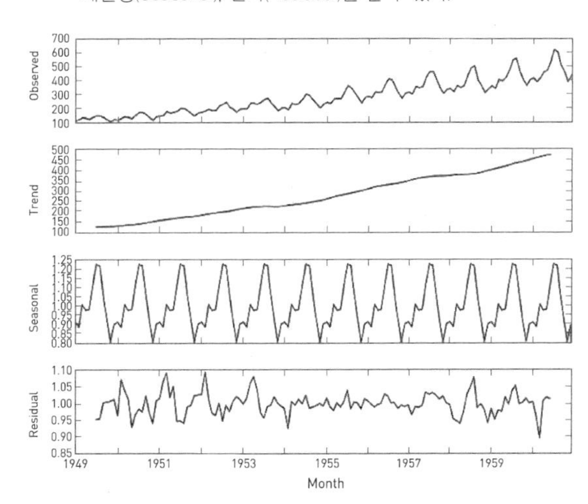

79 해설 • X1, X2는 Pr(>|t|) 값이 0.05보다 작으므로 통계적으로 유의하다고 할 수 있다.
- X2의 계수는 -3.635677이다.
- X3는 Pr(>|t|) 값이 0.05보다 커서 통계적으로 유의하지 않으므로 삭제가 가능하다.

80 해설 잔차가 등분산 가정을 만족하지 않을 경우에는 종속변수를 log로 변환하거나 WLS(Weighted Least Square)를 사용한다.

기출문제 정답 및 해설

2021년 3회 정답

01	02	03	04	05	06	07	08	09	10
④	①	③	③	①	①	②	②	④	④
11	12	13	14	15	16	17	18	19	20
①	①	④	③	③	①	①	②	④	④
21	22	23	24	25	26	27	28	29	30
④	②	①	②	③	②	④	③	③	③
31	32	33	34	35	36	37	38	39	40
②	③	②	①	④	①	②	④	①	②
41	42	43	44	45	46	47	48	49	50
①	②	②	①	④	④	②	③	①	①
51	52	53	54	55	56	57	58	59	60
③	③	①	①	④	①	④	④	④	③
61	62	63	64	65	66	67	68	69	70
④	①	④	③	③	①	④	④	①	④
71	72	73	74	75	76	77	78	79	80
①	②	②	④	④	②	①	④	④	②

01 **해설** 가트너에서 정의한 3V에는 Volume, Variety, Velocity가 있다.

규모 (Volume)	• 빅데이터 분석 규모에 관련된 특징 • ICT 기술 발전으로 과거의 텍스트 데이터부터 SNS로부터 수집되는 사진, 동영상 등의 다양한 멀티미디어 데이터까지 디지털 정보량의 기하급수적 증가
다양성 (Variety)	• 빅데이터 자원 유형에 관련된 특징 • 정형 데이터뿐만 아니라 비정형, 반정형 데이터를 포함
속도 (Velocity)	• 빅데이터 수집·분석·활용 속도에 관련된 특징 • 사물 정보(센서, 모니터링), 스트리밍 정보 등 실시간성 정보의 생성 속도 증가에 따라 처리 속도 가속화 요구 • 가치 있는 정보 활용을 위해 데이터 처리 및 분석 속도의 중요성 증가

02 **해설** • GDPR(General Data Protection Regulation)은 2018년 5월 25일부터 시행되는 EU(유럽연합)의 개인정보보호 법령으로, 정보주체의 권리와 기업의 책임성 강화, 개인정보의 EU 역외이전 요건 명확화 등을 주요 내용으로 한다.
• GDPR은 EU 내 사업장을 운영하는 기업뿐만 아니라 전자상거래 등을 통해 해외에서 EU 주민의 개인정보를 처리하는 기업에도 적용될 수 있고, 위반 시 높은 과징금 부과를 규정하고 있다.

03 **해설** • 데이터값 대체 기법은 개인정보 비식별화 기법에 포함되지 않는다.

데이터 비식별화 처리 기법	
가총 삭범마	가명처리 / 총계처리 / 데이터 값 삭제 / 범주화 / 데이터 마스킹

04 **해설**

빅데이터 분석 방법론의 분석 절차	
기준 분시평	분석 기획 / 데이터 준비 / 데이터 분석 / 시스템 구현 / 평가 및 전개

05 **해설** 데이터 웨어하우스(DW; Data Warehouse)의 특징은 다음과 같다.

주제 지향적 (Subject Oriented)	기능이나 업무가 아닌 주제 중심적으로 구성되는 특징
통합적 (Integrated)	데이터의 일관성을 유지하면서 전사적 관점에서 하나로 통합되는 특징
시간에 따라 변화 (Time-variant)	시간에 따른 변경을 항상 반영하고 있다는 특징
비휘발적 (Volatile)	적재가 완료되면 읽기 전용 형태의 스냅 샷 형태로 존재한다는 특징

06 **해설**

ETL (Extract Transform Load)	데이터 분석을 위한 데이터를 데이터 저장소인 DW(Data Warehouse) 및 DM(Data Mart)으로 이동시키기 위해 다양한 소스 시스템으로부터 필요한 원본 데이터를 추출(Extract)하고 변환(Transform)하여 적재(Load)하는 작업 및 기술
EAI (Enterprise Application Integration)	기업에서 운영되는 서로 다른 플랫폼 및 애플리케이션들 간의 정보 전달, 연계, 통합을 가능하게 해 주는 연계 기술
DW (Data Warehouse)	사용자의 의사결정에 도움을 주기 위하여, 기간 시스템의 데이터베이스에 축적된 데이터를 공통 형식으로 변환해서 관리하는 데이터베이스
ODS (Operational Data Store)	데이터에 대한 추가 작업을 위해 다양한 데이터 원천(Source)들로부터 데이터를 추출 및 통합한 데이터베이스

07 해설

스쿱 (Sqoop)	• 커넥터(Connector)를 사용하여 관계형 데이터베이스 시스템(RDBMS)에서 하둡 파일 시스템(HDFS)으로 데이터를 수집하거나, 하둡 파일 시스템에서 관계형 데이터베이스로 데이터를 보내는 대용량 데이터 전송 솔루션
NoSQL (Not Only SQL)	• 대규모 데이터를 저장하기 위하여 고정된 테이블 스키마가 없고 조인(Join) 연산을 사용할 수 없으며, 수평적으로 확장이 가능한 DBMS • NoSQL 제품은 Redis, DynamoDB, HBase, Cassandra, MongoDB, Couchbase, Neo4j, AllegroGraph가 있음
HDFS (Hadoop Distributed File System)	• 수십 테라바이트 또는 페타바이트 이상의 대용량 파일을 분산된 서버에 저장하고, 저장된 데이터를 빠르게 처리할 수 있게 하는 분산 파일 시스템
스크라이브 (Scribe)	• 다수의 서버로부터 실시간으로 스트리밍되는 로그 데이터를 수집하여 분산 시스템에 데이터를 저장하는 대용량 실시간 로그 수집 기술

08 해설

HBase	• HDFS를 기반으로 구현된 컬럼 기반의 분산 데이터베이스
Tajo	• 다양한 데이터 소스를 위한 하둡(Hadoop) 기반의 ETL(Extract Transform Load) 기술을 이용해서 데이터 웨어하우스(DW)에 적재하는 시스템 • HDFS 및 다양한 형태의 데이터를 추출하고 분석 시스템에 전송하여 집계 및 연산, 조인, 정렬 기능을 제공
Oozie	• 하둡 작업을 관리하는 워크플로우 및 코디네이터 시스템 • 맵리듀스나 피그와 같은 특화된 액션들로 구성된 워크플로우 제어
Zookeeper	• 분산 환경에서 서버들 간에 상호 조정이 필요한 다양한 서비스를 제공하는 분산 코디네이션

09 해설 • 마이 데이터(My Data)는 개인이 자신의 정보를 관리, 통제할 뿐만 아니라 이러한 정보를 신용이나 자산관리 등에 능동적으로 활용하는 일련의 과정을 의미한다.
• 마이 데이터에서 개인은 데이터 주권인 자기 정보결정권으로 개인 데이터의 활용과 관리에 대한 통제권을 개인이 가진다는 것이 핵심 원리이다.
• 마이데이터를 통해서 개인의 동의하에 타 기업에 저장된 개인정보를 받아서 필요한 곳에 활용할 수 있게 된다.

10 해설 시급성은 ROI 관점의 비즈니스 효과(전략적 중요도와 목표 가치(KPI)와 관련 있고, 난이도는 ROI 관점의 투자비용 요소(데이터 획득/저장/가공 비용, 분석 적용 비용, 분석 수준)와 관련 있다..

11 해설 • 재현 데이터는 실제로 측정된 원본 자료(Real Data)를 활용하여 통계적 방법이나 기계학습 방법 등을 이용하여 새롭게 생성한 모의 데이터(Simulated Data)이다.
• 재현 데이터는 원본 자료와 최대한 유사한 통계적 성질을 보이는 가상의 데이터를 생성하기 위해서 개인정보의 특성을 분석하여 새로운 데이터를 생성한다.
• 원본 자료와 다르지만, 원본 자료와 동일 분포를 따르도록 통계적으로 생성한 자료이다.
• 재현 데이터는 모집단의 통계적 특성들을 유지하면서도 민감한 정보를 외부에 직접 공개하지 않는 특징이 있다.

12 해설 최근에 부각하고 있는 빅데이터를 활용한 인공지능은 자체 알고리즘을 가지고 스스로 문제 해결 기준을 설정하여 학습하는 특징이 있다.

13 해설 민감정보는 사상·신념, 노동조합·정당의 가입·탈퇴, 정치적 견해, 건강, 성생활 등에 관한 정보, 그 밖에 정보 주체의 사생활을 현저히 침해할 우려가 있는 개인정보로서 대통령령이 정하는 정보, 유전정보, 범죄경력에 관한 정보가 포함된다.

14 해설 • 데이터 분석 및 활용에 사용될 소프트웨어 개발 능력은 데이터 엔지니어가 지녀야 할 업무적 능력이다.
• 데이터 사이언티스트(Data Scientist)가 지녀야 할 업무적 능력은 다음과 같다.

- 머신러닝 모델을 사용해 정형, 비정형 데이터에서 인사이트 창출
- 사내 데이터를 이용해서 고객 행동 패턴 모델링 진행, 패턴을 찾아내거나 이상치 탐지
- 예측 모델링, 추천 시스템 등을 개발해 비즈니스 의사결정에 필요한 인사이트 제공

15 해설 개인정보처리자는 수집된 개인정보를 필요한 목적에 의해서 활용하고, 그 이외는 원칙적으로 정보 주체의 사생활 침해를 하지 말아야 한다.

16 해설 데이터의 적절성, 정확성, 상호 운용성 등 명시된 요구와 내재된 요구를 만족하는 데이터 품질 기준은 데이터 기능성이다.

17 해설 빅데이터 분석 방법론의 분석 절차 중 분석 기획(Planning) 단계에서 수행해야 하는 작업은 다음과 같다.

비즈니스 이해 및 범위 설정	• 프로젝트 진행을 위해 비즈니스에 대한 충분한 이해와 도메인 문제점 파악 • 업무 매뉴얼 및 업무 전문가 도움 필요, 구조화된 명세서 작성
프로젝트 정의 및 계획 수립	• 모델의 운영 이미지를 설계하고 모델 평가 기준을 설정, 프로젝트의 정의를 명확하게 함 • WBS를 만들고 데이터 확보계획, 빅데이터 분석 방법, 일정계획, 예산계획, 품질계획, 인력구성계획, 의사소통계획 등을 포함하는 프로젝트 수행 계획을 작성

프로젝트 위험계획 수립	• 발생 가능한 모든 위험(Risk)을 발굴하여 사전에 대응 방안을 수립함으로써 프로젝트 진행의 완전성을 높임 • 위험대응 방법에는 회피(Avoid), 전가(Transfer), 완화(Mitigate), 수용(Accept)이 있음

18 해설 데이터의 수집 및 정합성 검증은 데이터 준비 업무이다.

분석 기획 (Planning)	• 비즈니스 이해 및 범위 설정 • 프로젝트 정의 및 계획 수립 • 프로젝트 위험계획 수립
데이터 준비 (Preparing)	• 필요 데이터 정의 • 데이터 스토어 설계 • 데이터 수집 및 정합성 검증
데이터 분석 (Analyzing)	• 분석용 데이터 준비 • 텍스트 분석 • 탐색적 분석(EDA) • 모델링 • 모델 평가 및 검증 • 모델 적용 및 운영 방안수립
시스템 구현 (Developing)	• 설계 및 구현 • 시스템 테스트 및 운영
평가 및 전개 (Deploying)	• 모델 발전 계획 수립 • 프로젝트 평가 보고

19 해설 분석 마스터 플랜 로드맵 수립 시 고려 요소에는 업무 내재화 적용 수준, 분석 데이터 적용 수준, 기술 적용 수준이 있다.

20 해설 • 분석 과제가 정해져 있고 이에 대한 해법을 찾기 위해 체계적으로 분석하는 방법은 하향식 접근 방식(Top Down Approach)이다.
• 상향식 접근 방식(Bottom Up Approach)은 문제 정의 자체가 어려운 경우 데이터를 기반으로 문제를 지속적으로 개선하는 방식이다.

21 해설

점 추정 조건	
불효일충	불편성 / 효율성 / 일치성 / 충족성

22 해설 • 전구의 수명은 측정 형태가 파괴성이 있으므로 표본조사를 사용한다.
• 우주 왕복선의 부품 검사는 대상이 비파괴성이고, 모집단이 상대적으로 작기 때문에 전수 조사를 수행할 수 있다.
• 암 환자 치료제의 효과는 조사할 때 시간과 비용이 크기 때문에 표본 조사를 사용한다.
• 동해안 고래의 개체 수는 조사할 때 시간과 비용이 크기 때문에 표본 조사를 사용한다.

23 해설

군집 추출	• 모집단을 여러 군집으로 나누고, 일부 군집의 전체를 추출하는 방식 • 집단 내부는 이질적이고, 집단 외부는 동질적
층화 추출	• 모집단을 여러 계층으로 나누고, 계층별로 무작위 추출을 수행하는 방식 • 층내는 동질적이고, 층간은 이질적
계통 추출	• 모집단을 일정한 간격으로 추출하는 방식

24 해설 결측값은 필수적인 데이터가 입력되지 않고 누락된 값이다.
• 이상값을 반드시 제거해야 하는 것은 아니므로 이상값을 처리할지는 분석의 목적에 따라 적절한 판단이 필요하다.
• 이상값은 관측된 데이터의 범위에서 많이 벗어난 값이기 때문에 이상값끼리 구성되어 있을 수 없다.

25 해설 상관관계가 있는 고차원 자료를 자료의 변동을 최대한 보존하는 저차원 자료로 변환하는 차원축소 방법이다.

26 해설 차원축소는 분석 대상이 되는 여러 변수의 정보를 최대한 유지하면서 데이터 세트 변수의 개수를 줄이는 탐색적 분석기법이다.

정보 유지	• 차원 축소를 수행할 때, 축약되는 변수 세트는 원래의 전체 데이터의 변수들의 정보를 최대한 유지 • 변수들 사이에 내재한 특성이나 관계를 분석하여 이들을 잘 표현할 수 있는 새로운 선형 혹은 비선형 결합을 만들어내서 해당 결합변수만으로도 전체변수를 적절히 설명할 수 있어야 함
모델 학습의 용이	• 고차원 변수(Feature)보다 변환된 저차원으로 학습할 경우, 회귀나 분류, 클러스터링 등의 머신러닝 알고리즘이 더 잘 작동
결과 해석의 용이	• 새로운 저차원 변수(Feature) 공간에서 시각화하기도 쉬움

27 해설 • 상관관계는 수치형 데이터도 가능하다.
• 명목적 데이터 상관관계를 분석할 때 카이제곱 검정을 이용한다.
• 상관계수의 절댓값이 클수록 강한 상관관계를 갖는다.

28 해설 포아송 분포는 기댓값과 분산이 같다.(X의 평균 $E(X)$가 4이므로, X의 분산 $V(X)$도 4이고, Y의 평균 $E(Y)$가 9이므로, Y의 분산 $V(Y)$도 9이다.

$$E\left(\frac{3X+2Y}{6}\right)=E\left(\frac{3}{6}X\right)+E\left(\frac{2}{6}Y\right)$$
$$=\frac{1}{2}E(X)+\frac{1}{3}E(Y)=\frac{1}{2}\times4+\frac{1}{3}\times9=5$$
$$V\left(\frac{3X+2Y}{6}\right)=V\left(\frac{3}{6}X\right)+V\left(\frac{2}{6}Y\right)$$
$$=\frac{1}{2^2}V(X)+\frac{1}{3^2}E(Y)=\frac{1}{4}\times4+\frac{1}{9}\times9=2$$

29 해설 자유도가 $n \geq 30$이면 단봉 형태이다.

30 해설 • 제2사분위수(Q_2)는 중위수와 같다.
• 왜도가 0보다 클 때 최빈수<중위수<평균이다.
• 데이터값 중에서 빈도수가 가장 높은 데이터값은 최빈수이다.

31 해설 불균형 데이터에서는 정확도(Accuracy)는 높지만 분포가 작은 데이터에 대하여 정밀도(Precision)와 재현율(민감도; Recall)이 낮아지는 문제가 발생할 수 있다.

32 해설 • 박스-콕스 변환은 Box와 Cox에 의해 소개되었으며, 데이터를 정규 분포에 가깝게 만들기 위한 목적으로 사용하는 변환 방법이다.
• $\lambda = 0$일 때 로그 변환(Log Transformation)과 $\lambda \neq 0$일 때 멱 변환(Power Transformation)을 둘 다 포함하는 변환 기법이다.

33 해설

대푯값	평균값, 중위수, 최빈수, 사분위수
산포도	분산, 표준편차, 범위, IQR, 사분편차

34 해설 유의 확률이 유의 수준보다 크면 H_0를 채택하는 확률이다.

35 해설

산술 평균	• 자료를 모두 더한 후 자료 개수로 나눈 값
기하 평균	• 숫자들을 모두 곱한 후 거듭제곱근을 취해서 얻는 평균 • 성장률, 백분율과 같이 자료가 비율이나 배수와 같이 곱의 관계일 때 사용
조회 평균	• 자료들의 역수에 대해 산술 평균을 구한 후 그것을 역수로 취한 평균 • 속도의 평균, 여러 곳의 평균 성장률과 같은 곳에 사용
중위수	• 모든 데이터값을 오름차순으로 순서대로 배열하였을 때 중앙에 위치한 데이터값 • 이상치에 영향을 받지 않음

36 해설 • 데이터 정제 과정에서는 결측값, 노이즈, 이상값인 오류 데이터값을 정확한 데이터로 수정하거나 삭제한다.
• 수집된 데이터를 통합하거나 ETL 프로그램 개발은 데이터 수집 단계에서 수행한다.
• 데이터 검증은 분석모형 평가 단계에서 수행한다.

37 해설 • 차원축소 시 변수 추출(Feature Extraction) 방법을 사용한다.
• Eigen Decomposition, Singular Value Decomposition을 이용한 행렬분해기법이다.
• PCA는 수학적으로 직교 선형 변환으로 정의한다.
• PCA는 변동 폭이 큰 축을 선택한다.

38 해설 표본의 크기인 n이 증가할수록(보통 30 이상) 평균이 μ이고 분산이 σ^2인 모집단으로부터 확률적으로 독립인 표본을 추출하면 표본평균은 평균이 μ이고 분산이 σ^2/n인 정규분포에 근사한다.

39 해설 • 동일 집단에 대해 처치 전과 후를 비교할 때 평균 추정은 처치 전과 후의 평균에 대한 차이를 추정한다.
• 표본의 크기가 30 이상이면 Z-분포를, 30미만이면 T-분포를 사용한다.

40 해설 최소-최대 정규화는 변수의 값 범위를 모두 일정한 수준으로 맞춰주기 위해 모든 값을 0과 1 사이의 값으로 변환한다.

41 해설 앙상블 기법 중 다수의 부트스트랩 자료를 생성하여 각 자료를 모델링한 후 결합하여 최종 예측 모형을 만드는 기법은 배깅이다.

배깅	학습 데이터에서 다수의 부트스트랩(Bootstrap) 자료를 생성하고, 각 자료를 모델링한 후 결합하여 최종 예측 모형을 만드는 알고리즘
부스팅	잘못 분류된 개체들에 가중치를 적용, 새로운 분류 규칙을 만들고, 이 과정을 반복해 최종 모형을 만드는 알고리즘

42 해설 • 소프트맥스 함수는 출력값이 여러 개로 주어지고 목표치가 다범주인 경우 각 범주에 속할 사후 확률을 제공하는 함수이다.
• 출력값은 0과 1 사이의 실수로 확률로 해석할 수 있고, 출력값의 총합은 1이 된다.

43 해설 부호함수는 임곗값을 기준으로 양의부호 또는 음의부호를 출력한다.

계단함수	• 임곗값을 기준으로 활성화(y축 1) 또는 비활성화(y축 0)가 되는 함수
시그모이드함수	• 인공 뉴런의 활성화 함수인 실함수로서 유한한 영역을 가지는 집합이고 미분 가능하며, 모든 점에서 음이 아닌 미분 값을 가지고 단 하나의 변곡점을 가지는 함수 • 입력값이 0일 때, 미분값은 0이다.
tanh함수	• 하이퍼볼릭 탄젠트 함수로 -1에서 1의 값을 가지는 함수
ReLU함수	• x값이 0보다 큰 경우 y값도 지속적으로 증가하고, x값이 0보다 작거나 같은 경우 기울기가 0이기 때문에 뉴런이 죽을 수 있는 단점이 존재하는 함수 • 시그모이드의 기울기 소실 문제를 해결

44 **해설** • 다중공선성은 회귀 분석에서 독립변수들 간의 강한 상관관계가 나타나는 문제를 의미한다.
- 다중공선성은 PCA, 릿지, 변수 제거 등을 통해 제거할 수 있다.
- Box-Cox는 선형회귀모형에서 정규성 가정이 성립한다고 보기 어려울 경우에 종속 변수를 정규 분포에 가깝게 변환시키기 위하여 사용하는 기법이다.

45 **해설** 분산 분석에서 F-통계량은 회귀나무(연속형 목표변수)에서 사용되는 분리 기준이다.

분류나무(이산형 목표변수)에서 사용되는 분리 기준	카이제곱 통계량의 p-값, 지니 지수, 엔트로피 지수
회귀나무(연속형 목표변수)에서 사용되는 분리 기준	분산 분석에서 F-통계량, 분산의 감소량

46 **해설**

시계열 구성요소	
추계순불	추세 / 계절 / 순환 / 불규칙

47 **해설** 2차원의 점을 무한한 차원의 점으로 변환한다.

48 **해설** 이동평균 모형(Moving Average Model)은 현시점의 자료를 유한개의 백색잡음의 선형결합으로 표현되어 항상 정상성을 만족한다.

49 **해설** 혈당 측정 전과 측정 후의 짝을 이룬 표본은 대응 표본이므로 가장 알맞은 비모수 검정은 윌콕슨 부호 순위 검정이다.

구분	비모수 통계	모수 통계
단일 표본	• 부호 검정(Sign Test) • 윌콕슨 부호 순위 검정 (Wilcoxon Signed Rank Test)	단일 표본 T-검정
두 표본	• 윌콕슨 순위 합 테스트 (Wilcoxon Rank Sum Test)	독립 표본 T-검정
	• 부호 검정(Sign Test) • 윌콕슨 부호 순위 검정 (Wilcoxon Signed Rank Test)	대응 표본 T-검정
분산 분석	• 크루스칼-왈리스 검정 (Kruscal- Wallis Test)	ANOVA
무작위성	• 런 검정(Run Test)	없음
상관 분석	• 스피어만 순위 상관계수 (Spearman's Rank Correlation Coefficient)	피어슨 상관계수 (Pearson's Correlation Coefficient)

50 **해설** 모집단의 분포에 대한 가정의 불만족으로 인한 오류의 가능성이 작다.

51 **해설** • 순환 신경망(RNN)은 입력층, 은닉층, 출력층으로 구성되며 은닉층에서 재귀적인 신경망을 갖는 알고리즘으로 음성인식, 필기체 인식에 활용된다.
- 합성곱 신경망(CNN)은 시각적 이미지를 분석하는 데 사용되는 심층신경망이다.
- 강화학습은 선택 가능한 행동 중 보상을 최대화하는 행동 혹은 행동 순서를 선택하는 학습 방법이다.

52 **해설** • 지지도와 신뢰도는 다음과 같이 계산된다.

지지도	$P(A \cap B) = \frac{A\text{와 }B\text{가 동시에 포함된 거래 수}}{\text{전체거래수}}$
신뢰도	$\frac{P(B \mid A)}{P(A)} = \frac{A\text{와 }B\text{가 동시에 포함된 거래 수}}{A\text{를 포함하는 거래수}}$

- 오렌지, 사과 → 자몽의 지지도는 $\frac{2}{6} = \frac{1}{3} = 33\%$이며, 신뢰도는 $\frac{2}{3} = 66\%$이다.

53 **해설** • 로지스틱 회귀 분석은 독립변수가 수치형이고 반응변수가 범주형인 경우 적용되는 회귀 분석 모형이다.
- 새로운 설명변수의 값이 주어질 때 반응변수의 각 범주에 속할 확률이 얼마인지를 추정하여 추정 확률을 기준치에 따라 분류하는 목적으로 사용된다.

54 **해설** 심층신경망(DNN) 알고리즘은 입력층, 다수의 은닉층, 출력층으로 구성되어 있다.

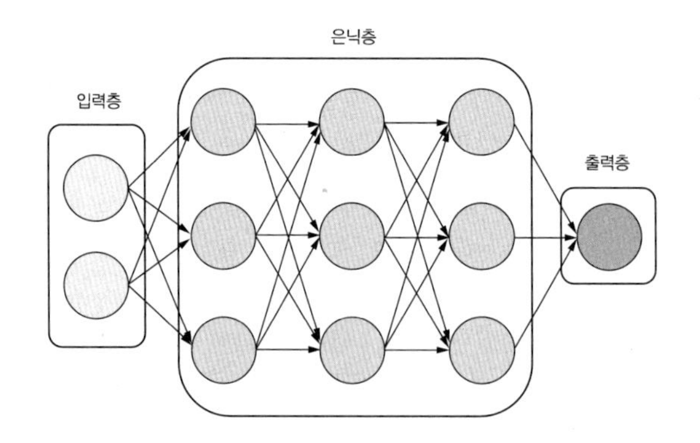

55 **해설** • SNA는 개인과 집단 간의 관계를 노드와 링크로 그룹에 속한 사람들 간의 네트워크 특성과 구조를 분석하고 시각화하는 분석 기법이다.
- SNA 중심성으로 연결 정도 중심성, 근접 중심성, 매개 중심성, 위세 중심성 등이 있다.

56 **해설** 기계학습 기반 분석 절차는 비즈니스 이해 및 문제 정의 → 데이터 수집 → 데이터 전처리와 탐색 → 데이터에 대한 모델훈련 → 모델 성능 평가 → 모델 성능 향상 및 현업 적용 순으로 진행된다.

57 **해설** 로짓 변환은 로지스틱 회귀에서 사용한다.

58 **해설** 데이터 분할 과정에서 평가 데이터는 학습 과정에 사용되지 않고 오로지 모형의 평가를 위한 과정에만 사용된다.

59 **해설** 시계열 모형으로는 자기 회귀(AR) 모형, 이동평균(MA) 모형, 자기 회귀 누적 이동평균(ARIMA) 모형이 있다.

시계열 모형	
자이누	자기 회귀 모형 / 이동 평균 모형 / 자기 회귀 누적 이동평균 모형

60 **해설** • RNN(Recurrent Neural Network)은 입력층, 은닉층, 출력층으로 구성되며 은닉층에서 재귀적인 신경망을 갖는 알고리즘으로 순환신경망이라고도 한다.

61 **해설** 초매개변수는 데이터로부터 학습을 통해 얻어지는 것이 아닌 사용자가 직접 설정해주는 값이다.

62 **해설** Adaboost는 이진 분류 문제에서 랜덤 분류기 보다 조금 더 좋은 분류기 n개에 각각 가중치를 설정 하고 n개의 분류기를 결합하여 최종 분류기를 만드는 부스팅 알고리즘이다.

63 **해설** 대표적인 관계 시각화 기법으로 산점도, 산점도 행렬, 버블 차트, 히스토그램 등이 있다.

64 **해설** • 관계 시각화는 다변량 데이터 사이에 존재하는 변수 사이의 연관성, 분포와 패턴을 찾는 시각화 방법이다.
• 관계 시각화의 유형으로 산점도, 산점도 행렬, 버블 차트, 히스토그램 등이 있다.

65 **해설** • MAPE는 예측이 실젯값에서 평균적으로 벗어나는 정도를 백분율로 표현한다.
• 공식은 $\frac{1}{n}\sum_{i=1}^{n}\left|\frac{O_i - E_i}{O_i}\right| \times 100$이다.

66 **해설** 카토그램은 지역의 값을 표현하기 위해 지리적 형상 크기를 조절하며, 재구성된 지도로 왜곡된 형태로 표현되는 공간 시각화 기법이다.

공간 시각화 기법	
등등도버카	등치 지역도 / 등치선도 / 도트맵 / 버블플롯맵 / 카토그램

67 **해설** • 주어진 원천 데이터를 두 분류로 분리하여 교차 검정을 실시하는 방법으로, 하나는 학습 데이터로, 하나는 평가 데이터로 사용하는 기법은 홀드아웃(Holdout) 교차검증 이다.
• 학습 데이터(Training Data), 검증 데이터(Validation Data), 평가 데이터(Test Data) 등으로 나누어서 활용한다.

68 **해설** • 참조선에서 거리가 멀수록 분류 성능이 우수하다.
• AUC의 판단기준은 다음과 같다. (참조선은 0.5)

0.9~1.0	Excellent(뛰어남)
0.8~0.9	Good(우수)
0.7~0.8	Fair(보통)
0.6~0.7	Poor(불량)
0.5~0.6	Fail(실패)

69 **해설** 왜도의 값이 왼쪽으로 치우칠 경우 왜도는 양수이며, 평균>중위수>최빈수의 형태를 가진다. 반대로 왜도의 값이 오른쪽으로 치우칠 경우 왜도는 음수이며, 평균<중위수<최빈값의 형태를 가진다.

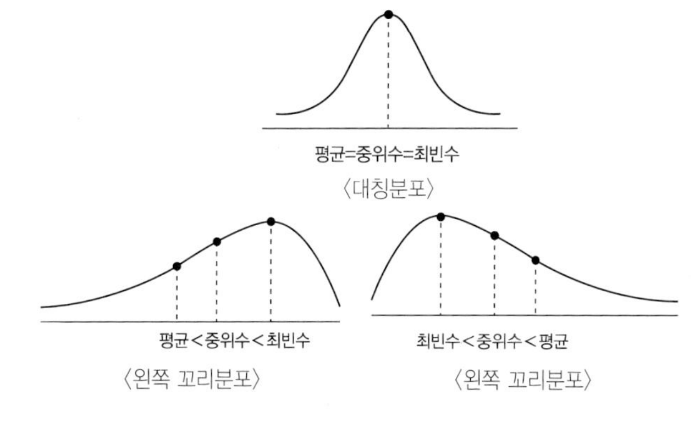

70 **해설** 회귀모형은 데이터가 선형성, 독립성, 등분산성, 비상관성, 정상성의 가정을 만족시킬 수 있어야 한다.

71 **해설** 원-핫 인코딩 방식은 단어 집합의 크기를 벡터의 차원으로 하고, 표현하고 싶은 단어의 인덱스에 1의 값을 부여하고, 다른 인덱스에는 0을 부여하는 단어의 벡터 표현 방식으로 시각화 기법과 거리가 멀다.

72 **해설** 과대적합을 방지를 위해 설명 노드의 수를 줄이는 것이 아니라 설명 변수의 수를 줄여야 한다.

73 해설 보기는 미국의 강력 범죄율 데이터인 USArrests에서 4개 주성분의 비율을 나타낸다. 제 3주성분인 Comp.3에서 누적 기여율(Cumulative Proportion)을 살펴보면 0.9566425를 가지고 있으므로 약 95.66%라는 것을 확인할 수 있다.

74 해설 MAE는 평균 절대 오차(Mean Absolute Error)를 의미하며 이진 분류기가 아닌 회귀 모형의 기본 평가측정 요소로 활용된다.

75 해설 카이제곱은 데이터의 분포와 사용자가 선택한 기대 또는 가정된 분포 사이의 차이를 나타내는 측정값으로, 계산식은 $\chi^2 = \sum_{i=1}^{k} \frac{(O_i - E_i)^2}{E_i}$ 이다.

76 해설 • 민감도의 계산식은 $\frac{\text{TP}}{\text{TP}+\text{FN}}$ 이므로, $\frac{4}{4+1} = \frac{4}{5}$ 이다.

• 정밀도의 계산식은 $\frac{\text{TP}}{\text{TP}+\text{FP}}$ 이므로, $\frac{4}{4+2} = \frac{2}{3}$ 이다.

77 해설 샤피로-윌크, Q-Q Plot, 잔차의 히스토그램은 정규성을 검정할 때 사용한다.

78 해설 초과 근무의 의무화는 기존 문제를 해결하는 방식이 아니므로 옳지 않은 방법이다.

79 해설 비교 시각화의 유형으로는 플로팅 바 차트, 히트맵, 체르노프 페이스, 스타 차트, 평행 좌표계 등이 있다.

80 해설 • 특이도는 실제로 '부정'인 범주 중에서 '부정'으로 올바르게 예측(TN)한 비율을 의미한다.

• 특이도의 계산식은 $\frac{\text{TN}}{\text{TN}+\text{FP}}$ 으로 계산한다.

찾아보기

찾아보기

ㅅ

ㅇ

찾아보기

ㅈ

ㅊ

ㅋ

ㅌ

ㅍ

ㅎ

기타

찾아보기